novum pro

MARTIN STRIEGEL

REIFER WERDEN

ALLTAG, MEDITATION UND
ZEICHEN VON REIFE

novum ✦ pro

www.novumverlag.com

Bibliografische Information der Deutschen Nationalbibliothek:

Die Deutsche Nationalbibliothek verzeichnet diese Publikation in der Deutschen Nationalbibliografie. Detaillierte bibliografische Daten sind im Internet über http://www.d-nb.de abrufbar.

© 2021 novum Verlag

ISBN 978-3-99107-363-5
Lektorat: Marie Schulz-Jungkenn
Umschlagfoto: Christian Striegel
Umschlaggestaltung, Layout & Satz: novum Verlag
Innenabbildungen: Martin Striegel, Seite 281: Deutsche Stiftung Weltbevölkerung

Gedruckt in der Europäischen Union auf umweltfreundlichem, chlor- und säurefrei gebleichtem Papier.

www.novumverlag.com

ALLEN MENSCHEN
IN EHRFURCHT

Inhaltsverzeichnis

VORWORT

Ohne Reifen ist es wie in diesen Versen eines großen Dichters:

Denn Herr, die großen Städte sind
verlorene und aufgelöste;
[…]
Da leben Menschen, leben schlecht und schwer,
in tiefen Zimmern, bange von Gebärde,
geängstigter denn eine Erstlingsherde;
da draußen wacht und atmet deine Erde,
sie aber sind und wissen es nicht mehr.
[…]
Dort ist der Tod. Nicht jener, dessen Größe
sie in der Kindheit wundersam gestreift, –
der kleine Tod, wie man ihn dort begreift.
Ihr eigener hängt grün und ohne Süße
wie eine Frucht in ihnen, die nicht reift.[1]

Was heißt also reifer werden?
Als Erklärung möchte ich Titel für dieses Buch anführen,
die ich in Betracht zog und verwarf
(bitte langsam zu Gemüte führen):

ERWACHSENWERDEN FÜR ERWACHSENE
EINFACH SEIN IST (NICHT) LEICHT
DAS GROSSE LABYRINTH DER LIEBE
ALLEN ERNSTES VON HERZEN LACHEN

Sie verstehen schon, was ich meine.

---

1 Aus dem Stundenbuch von Rainer Maria Rilke, zit. in Rainer Maria Rilke, *Die Gedichte*, S. 291–293.

Oder nicht, oder zumindest nicht ganz? Dann lade ich Sie auf eine Reise ein, um unterwegs das zu *ent-decken*, was hinter den Worten liegt.

Beunruhigendes, Rätselhaftes, Bedenkenswertes, Anregendes und Beglückendes.

Unsere Reiseleiterin ist die Neugier, begleitet von ihrer großen Schwester, der Sehnsucht.

Die Sehnsucht, endlich klar zu sehen, was wir eigentlich wissen, und das zu sein, was wir eigentlich sind.

Und die Mutter von allen, die Liebe, wunderschön trotz ihrer Wunden, winkt uns entgegen.

1 EINFÜHRUNG UND GRUNDGEDANKEN

Wie alles, was lebt, dazu bestimmt ist, sich voll zu sich selbst zu entfalten, so auch der Mensch. Der Mensch aber wird, was er sein soll, nicht von selbst. Er wird es nur, wenn er sich selbst in die Hand nimmt, an sich arbeitet und sich zur Vollendung des Werkes ohne Unterlass *übt*. Das wichtigste Werk seines Lebens also ist er selbst, ER SELBST, als der „rechte Mensch".

(Karlfried Graf Dürckheim, Psychologe,
Zen-Lehrer und Vermittler zwischen Ost und West)

Eine Welt, in der ein Mensch weniger leidet, ist eine bessere Welt.

(Caritas Schweiz)

Am ersten Tag deutete jeder auf sein Land. Am dritten oder vierten Tag zeigte jeder auf seinen Kontinent. Ab dem fünften Tag achteten wir nicht mehr auf die Kontinente. Wir sahen nur noch die Erde als den einen, ganzen Planeten.

(Sultan Ben Salman Al Saud, Astronaut)

Du bist zwar nicht verpflichtet, das Werk zu vollenden, aber es steht dir auch nicht frei, dich ihm zu entziehen.

(Aus der Mischna, einem Teil des jüdischen Talmuds)

Im Jahr 2016 fanden je eine Volksabstimmung und eine Präsidentschaftswahl statt, deren Ergebnisse nicht nur von historischer Tragweite sind, sondern die auch mich persönlich aufgewühlt haben. Die Rede ist von der Brexit-Abstimmung in Großbritannien und der Wahl von Donald Trump zum Präsidenten der USA. Ich fragte mich damals und frage mich heute: Wie konnte eine Mehrheit der Stimmenden (bzw. eine entscheidende Minderheit im Falle der USA, wo die Anzahl Wahlmänner und nicht die einfache Mehrheit der Stimmen ausschlaggebend ist) einen so offensichtlich unreifen Entscheid treffen? Unreif im Fall Großbritanniens in dem Sinn, dass das Land – langfristig betrachtet und unter Berücksichtigung aller mir vorliegenden Analysen, Zahlen und Fakten – unter dem Entscheid wirtschaftlich mit großer Wahrscheinlichkeit mehr leiden wird, als dass es davon profitiert; es isoliert sich auch in anderen, nicht-wirtschaftlichen Bereichen, der Zusammenhalt des Königreichs wird gefährdet und in Irland werden alte Gräben neu aufgerissen. Oder, im Fall von Trump, dass ein Mann, dem es an so vielen Eigenschaften mangelt, die von einem Staatspräsidenten in der Regel erwartet werden – Würde, Weitsicht, Sachkenntnis in politisch relevanten Themen sowie die Fähigkeit, seine Egozentrik zum Wohl der Nation etwas im Zaum zu halten –, dennoch mittels einer freien Wahl und in Kenntnis seines Charakters auf diesen Posten gehievt wurde? Ich schreibe dies 2020 und die Folgen sind noch nicht absehbar.[2]

Auch weitere politische Erfolge von Populisten – etwa in den Philippinen, Polen, Ungarn und Brasilien – sowie deren Vormarsch in anderen Ländern stellen mich vor dieselbe Frage. Wieso gibt es derart viele Menschen, die so naiv sind, dass sie den simplizistischen und kaum einzuhaltenden Lösungsversprechungen dieser Politiker vertrauen und diesen ihre Stimme geben? Oder werden sie von anderen, selbstsüchtigen Motiven geleitet? Wählen sie mehr aus einer Stimmungslage heraus als mit dem Verstand? Wird ihre Stimmabgabe von Ressentiments – gegen das Establishment, gegen die Elite – diktiert? Direkt verbunden mit diesem Phänomen ist die Sturmflut von Obszönitäten, Verunglimpfungen, Hasstiraden und bewusster Lügen, die über die Landschaft der sozialen Medien, Online-Medien und sogar teilweise der Print-Medien in den letzten Jahren hereingebrochen ist. Als hätte sich der Deckel einer Büchse voller weltweit angestauter Neidgefühle, Ressentiments und Frustrationen geöffnet und sich der toxische Inhalt – wie bei der Büchse der Pandora – nicht mehr zurückhalten lassen und in alle Winde zerstreut …

Noch ernster: Der Klimawandel und das dadurch mitverursachte, extrem beschleunigte Massensterben und teils auch Aussterben von Pflanzen- und Tierarten bringen diverse Ökosysteme stets mehr aus dem Gleichgewicht, gefährden verschiedene Nahrungsketten und somit – zusammen mit dem steigenden Meeresspiegel – die Lebensgrundlage eines signifikanten Teils der Menschheit. Bekanntlich werden abstrakte Erklärungen und Statistiken zwar

---

2 Es soll hier nicht nahegelegt werden, dass Menschen, die für Trump oder Brexit gestimmt haben, per se unreif sind. Wer kann schon aufgrund einer einzigen Handlung, noch dazu ohne Kenntnis der Umstände und Hintergründe, die zu dieser führten, über eine Person ein vertretbares Urteil fällen? Und überhaupt geht es weder hier noch im Folgenden darum, den Reifegrad irgendeines Menschen bestimmen zu wollen.

zur Kenntnis genommen; **aufrütteln** jedoch lassen sich die meisten von uns erst durch wiederholt vor Augen geführte drastische Beispiele. Das Abholzen der Regenwälder oder das Absterben der Korallenriffe gehören inzwischen zum Allgemeinwissen – betrachten wir deshalb zwei weniger bekannte Einzelfälle, die überdies den Zusammenhang zwischen Klimazerrüttung und Massensterben illustrieren:

Im Jahr 2015 verendeten auf einer ca. 20 km^2 großen Grasfläche in Kasachstan innerhalb von nur einer Woche rund 200'000 Saiga-Antilopen. Dass sie sich gegenseitig mit einer Krankheit angesteckt hatten, war ausgeschlossen; dafür war der Zeitraum zu kurz. Obduktionen ergaben einen anderen Befund. In den Mandeln dieser Antilopen leben Bakterien der Art *Pasteurella multocida*, die unter normalen Umständen für die Tiere unschädlich sind. Aufgrund einer Hitzewelle in der Region, mit Temperaturen um die 37 °C, und einer extrem hohen Luftfeuchtigkeit, hatten sich die Bakterien jedoch derart vermehrt, dass sie bei ihren Wirten eine tödliche Blutvergiftung auslösten.

Zwei Jahre zuvor, 2013, verrotteten an der amerikanischen Westküste bis hinauf nach Alaska Hunderte von Millionen Seesterne – über 20 Arten waren betroffen – zu einem weißlichen Brei. Was war geschehen? Die klimabedingte Erwärmung des Pazifiks hatte die Tiere geschwächt und ein zuvor harmloses Virus in ihrem Körper virulenter werden lassen.[3]

Vor der Jahrtausendwende warnten bloß Spezialisten vor der Gefahr der Klimaerwärmung und den drohenden ökologischen Katastrophen, heute ist dies Allgemeinwissen. Vor 2020 warnten bloß Spezialisten vor der Gefahr von Pandemien, heute ist dies Allgemeinwissen. Die globale Rezession als Folge der Coronakrise droht das zuvor schon inakzeptable Reich-Arm-Gefälle, das entsprechende Konfliktpotenzial und den dadurch verursachten Migrationsdruck weiter zu verschärfen. Zu den weltweit tickenden Zeitbomben zählen ferner (mehr als nur metaphorisch) die Entwicklung und Anhäufung von Waffen mit einer solch unvorstellbaren Vernichtungskraft, dass eine einzige davon, wenn eingesetzt, über irgendein „vernünftiges" strategisches Ziel um ein Vielfaches hinausschießen würde. Und doch wird das weitgehend als normal hingenommen.

Es gibt immer noch eine enorm große Anzahl Menschen, die selbst in Kenntnis dieser und weiterer globaler Bedrohungen sowie bei mindestens verschwommener Wahrnehmung des eigenen Unwohlseins nicht bereit sind

---

3 Beide Beispiele aus Fred Hageneder, *Happy Planet*, S. 67–68.

oder es schlicht nicht schaffen, ihre Denk- und Lebensweise entsprechend anzupassen. Wie dies im vorliegenden Buch begründet werden soll, ist das ein Zeichen von **mangelnder Reife** (kein Grund, liebe Leserinnen und Leser, für voreilige Abwehrreaktionen oder Minderwertigkeitsgefühle – Sie und ich und zahllose andere sitzen da im gleichen Boot). „Mangelnd" nicht gemessen an irgendwelchen von außen aufgestülpten Normen, sondern schlicht an den konkreten Anforderungen an ein verantwortungsvolles Leben im 21. Jahrhundert. Noch gravierender wird die Problematik, sobald uns klar wird, dass die Diagnose „mangelnde Reife" weltweit auch auf die Mehrheit der politischen und wirtschaftlichen Entscheidungsträger zutrifft. Das Krankheitsbild ist also gezeichnet.

Hat die Coronakrise etwas an dieser Diagnose geändert? Wir sind aufgerüttelt worden, zweifellos. In vielerlei Hinsicht wird die Welt post-Corona nicht mehr dieselbe sein wie zuvor. Vielleicht kommt es zu Fortschritten, die bis anhin bloß angedacht und diskutiert wurden – etwa bei der Arbeitslosenabsicherung, der Mobilität oder der Energiegewinnung (falls sich beispielsweise die Kohlen- und Erdölindustrie nicht mehr von der Krise erholen). Möglicherweise wird sich angesichts der weltumspannenden Wirtschaftskrise, welche die Pandemie verursacht hat, die Vordringlichkeit von Solidarität stärker einprägen. Die gezwungenermaßen weniger hektische Gangart des Lockdowns könnte bei vielen tatsächlich einen Gesinnungswandel auslösen. Die Zukunft wird es weisen. Gemäß Epidemiologen ist das Risiko groß, dass es infolge weiterer Virenmutationen künftig wiederholt zu Pandemien dieser Art kommen wird. Werden wir vorbereitet sein? Werden wir insgesamt ein Stückchen reifer geworden sein?

Was im Einzelnen unter Reife verstanden wird, soll in diesem Buch ausführlich beleuchtet werden. Als Ausgangspunkt habe ich drei Qualitäten gewählt, die meines Erachtens zentrale Kennzeichen einer reifen Person darstellen, nämlich **Weisheit, Güte und Übernahme von Verantwortung** (Eigen- und Mitverantwortung). Beim **Reifungsprozess** geht es demnach um ein Heranwachsen dieser Qualitäten. Was das auf der Alltagsebene bedeutet, wird speziell im Kapitel „Individuelles Reifen" verdeutlicht, wo diese Grundaspekte in verschiedene konkrete Ausprägungen heruntergebrochen werden. Es soll dabei auch klargemacht werden, dass es kein Weiß oder Schwarz, kein Reif oder Unreif gibt. Wir sind alle unterwegs.

Betrachtet wird das Reifen aber nicht nur auf individueller, sondern auch auf kollektiver Stufe. Insbesondere angesichts der oben aufgelisteten Gefahren, kombiniert mit der gängigen Art der Medienberichterstattung, kommen viele Menschen heute zum Schluss, die Welt werde immer schlechter. Schlägt man einen großen historischen Bogen, so zeigt sich jedoch, dass sich die Lage der Menschheit als Ganzes auf vielen Kerngebieten nicht nur in materieller, sondern auch in nichtmaterieller Hinsicht deutlich verbessert hat (wobei immer noch allzu viele Bevölkerungsteile und Einzelpersonen von diesen Fortschritten ausgeschlossen sind oder höchstens marginal daran teilhaben). Beispiele dieses Fortschritts: Ächtung und weitreichende Abschaffung der Sklaverei („Sklaverei" im Vollsinn des Wortes), Bildung und medizinische Grundversorgung für einen stetig wachsenden Anteil der Menschheit, Verringerung der Macht und Verfügungsgewalt von wenigen Menschen über viele dank der Demokratisierung, zunehmende Möglichkeiten und Rechte für Frauen, humanere und weniger willkürliche Rechtsprechung (vor 200 Jahren konnte ein Schafsdieb in England noch gehängt werden), seit 1945 kaum noch Eroberungsfeldzüge zwischen den Nationen und anderes mehr. Dies alles zeugt von einem – wenn auch weder rasch noch geradlinig noch allumfassend verlaufenden – **Reifungsprozess der Menschheit** (Kapitel 4.2.2). In die genannten Richtungen weitergehen kann der Prozess allerdings nur, wenn die vordringlichen globalen Gefahren erkannt und in breitem Maße angegangen werden – was das deutlichste Zeichen einer weiterhin reifenden Menschheit darstellen würde.

Auf politischer Ebene genügt es offensichtlich nicht mehr, einfach auf Führungspersönlichkeiten oder Regierungen zu hoffen, die es, wie man sagt, schon richten werden. Es braucht vielmehr das **Mitwirken einer genügend großen Anzahl** „reifer", das heißt auch **verantwortungsbewusster Menschen**. Es gibt Anzeichen, dass dies teilweise schon passiert: Immer mehr Gruppierungen bilden sich rasch, dezentral und mit wenig bis keinem hierarchischen Machtgefüge und werden durchaus wirksam, auch dank den heutigen Kommunikationsmöglichkeiten. Dies gilt jedoch nicht nur für Gruppierungen, die aufbauend, kooperativ und zusammenführend wirken. Auch solche, die herabwürdigend, konfrontativ und spaltend wirksam sind, profitieren von diesen Kommunikations- und Vernetzungsmöglichkeiten.

Ferner soll aufgezeigt werden, dass sowohl im individuellen als auch im kollektiven Bereich ein Reifeprozess, im Gegensatz etwa zum Heranreifen eines Apfels, nicht von selber abläuft. Es braucht Anstöße von außen – zumeist leidvolle, die uns aus unserer Komfortzone stoßen – und danach ein bewusstes Mitwirken unsererseits. Außerdem verläuft kein Reifeweg geradlinig oder gleichmäßig. Wir verirren uns und lassen uns auf Abwege locken oder von Gegenkräften blockieren. Von einer einmal erreichten Reifestufe (beispielsweise in Sachen „Güte") können wir unter bestimmten Umständen auf eine weniger hoch entwickelte Stufe zurückfallen. Diese Punkte werden in den Kapiteln 4.3 bis 4.5 beleuchtet.

Ein mögliches Missverständnis soll an dieser Stelle im Keim erstickt werden: **Reife bedeutet keinesfalls Vollkommenheit.** Vollkommenheit als Mensch ist eine Illusion. Unser jeweiliger Reifegrad hingegen ist eine Realität bzw. ein Zwischenstand in einem Entwicklungsprozess. Irgendwo auf der Reifeskala stehen wir in jeder Phase unseres Lebens. Bei uns selbst können wir durch ehrliche Innenschau einigermaßen feststellen, in welchen Bereichen unserer Persönlichkeit wir gewachsen sind und, vor allem, wo noch Arbeit ansteht. Hingegen sind Versuche, andere Menschen einzuschätzen, von zweifelhaftem Wert. Zu sehr lassen wir uns von Fassaden blenden, zu wenig tief können wir ins Innere anderer blicken, zu wenig wissen wir Bescheid über ihre Vorgeschichte und über das, was sie im Leben gezeichnet hat. Wir fühlen uns zwar in der Gegenwart einer deutlich gereiften Person generell wohl und spüren andererseits das Unwohlsein und das unechte Gebaren einer Person, die anscheinend eine solche Reife noch nicht erreicht hat. Dennoch sollten wir davon absehen, über den Entwicklungsgrad anderer Menschen zu urteilen. Zu groß ist die Gefahr, dass uns ein solches Urteil einen unmittelbaren Zugang zu dieser Person versperrt.

Selbstkenntnis ist also einer der Schlüssel. **Ohne zunehmende Selbstkenntnis findet kein Reifen statt.** Und die Voraussetzung hierfür ist ein **wacher und fokussierter werdendes Bewusstsein.** Nicht nur nach außen, sondern eben auch nach innen. Wir alle geraten früher oder später in Situationen, die uns schmerzhaft unsere eigenen Schwächen, Illusionen und blinden Flecken aufzeigen. Wenn nötig so oft, bis wir nicht anders können, als ihnen ins Gesicht zu schauen. So würde man zumindest meinen. Wie leicht aber schauen wir selbst nach wiederholten Krisen nur nach außen, bloß um einen unverstellten Blick nach innen zu vermeiden. Wir empfinden uns als Opfer und weisen alle „Schuld" an den Widerwärtigkeiten in unserem Leben den Mitmenschen, der Gesellschaft oder ganz einfach dem Schicksal zu. Und sehen keinen Grund, unser eigenes Verhalten zu ändern (die anderen – meine Partnerin oder mein Partner, meine Familienmitglieder, meine dumpfen Mitmenschen, die machthungrigen Politiker, die bösen Konzerne, die arrogante Elite – sie sollen sich ändern). Oder aber wir bemühen uns doch, klarere Einsichten in unsere guten und weniger guten Persönlichkeits-merkmale zu gewinnen (ohne dass dies zu einer obsessiven Nabelschau aus-wächst). Wir erkennen dann sukzessive jene Elemente in unserer seelisch-geistigen Struktur, die unser zumeist reaktives und konditioniertes Verhalten mitbestimmen. Wir begreifen unsere eigene – mal größere, mal kleinere – Rolle in dem, was uns zustößt. Ferner bekommen wir eine Ahnung dessen, was noch unverdaut und unaufgearbeitet in unserem Schattenbereich lauert.

Außenstehende, besonders Freunde, können uns mit ihren zahlreichen direkten und indirekten Hinweisen bei diesem Prozess unterstützen. Thera-pien können helfen. Es gibt jedoch auch eine seit Jahrtausenden bestehende Praxis, die den Selbsterkennungs- und damit den Reifungsprozess entschei-dend voranbringt, und das ist die **Meditation.**

Die Bezeichnung „Meditation" soll hier als Sammelbegriff verwendet werden. Gemeint ist **jede Praxis, bei der ein Wechsel von pausenlosem Tun zu wachem Sein stattfindet.** Dieses „Sein" kann auch mit Bedacht ausgeführte Bewegungen beinhalten. Sie umfasst somit neben der Sitzmedi-tation auch meditativ ausgerichtetes Yoga, Qi Gong, das kontemplative Gebet und weitere Formen der Sammlung, Versenkung und (wortlosen) Andacht. Meditation ist ein Weg, der mittels Stille und Wachsein in jenen inneren Raum führt, der zumeist durch Automatismen, Alltagshektik und emotiona-len Wellengang verdeckt ist. Einen Raum, aus dem heraus wir entspannter, achtsamer und mit mehr Mitgefühl uns selbst und anderen gegenüber leben können. Meditation ist nicht kompliziert. Ähnlich wie beim Fitnesstraining für den Körper ist die gewählte Methode zweitrangig. Wichtig ist das kon-tinuierliche Dranbleiben. Man lernt dabei, der Stille zu vertrauen. Sie lässt eine innere Weite entstehen, aus der intuitive Einsichten und mitfühlendes Verständnis leichter aufsteigen können. Ausführungen hierzu finden Sie in den Kapiteln 2.2 bis 2.3.4.

Bevor wir uns jedoch mit diesem Themenbereich befassen, wenden wir uns dem Ausgangspunkt und dem Endpunkt eines jeglichen Reifeprozesses zu, nämlich unserem **Alltag** (Kapitel 2.1 und 2.3). Was nehmen wir wahr? Was geht *in* uns Augenblick für Augenblick vor? Wie wirkt sich das auf un-ser Sprechen und Handeln aus? Wir sind bekanntlich geprägt von unseren genetischen Gegebenheiten sowie von unserer Erziehung und Umwelt. Zu-sammen mit den gesammelten Erfahrungen führen diese Faktoren zu Ge-wohnheiten und Automatismen bei unserem täglichen Tun und Lassen – und zwar je länger wir leben, desto mehr. Wie viel Raum bleibt da noch für freie Entscheide? Können wir die immer stärker ausgetretenen Pfade unserer gewohnheitsmäßigen Muster einfach verlassen und in unserer Denk-, Fühl- und Verhaltensweise Neuland betreten? Denn das würde Wandel bedeuten. Und wenn Wandel stattfindet, zu wie viel Prozent ist er unser Verdienst, zu wie viel Prozent „Geschenk" (so wie das Leben selbst Geschenk ist)? Einem Geschenk, dem wir uns einfach öffnen müssen, indem wir unsere Widerstände aufgeben?

Dies bringt uns zu einer weiteren Dimension unserer Wirklichkeit, nämlich dem **Fundament** von allem sowie der **Kraftquelle** für unsere Entwicklung. Was trägt uns letztlich? Was hält alles zusammen? Woher kommt die Energie, von der auch alles Materielle bloß eine verdichtete Form darstellt? Woher das Leben, woher das Bewusstsein? Wohin führt unser Leben, wohin führt die gesamte Evolution? Was gibt all diesem einen Sinn?

In allen Kulturen waren es über die Jahrhunderte primär die **Religionen**, die mittels Mythen, Theologien und Philosophien mehr oder weniger systematische Antworten auf derartige Fragen anboten. Mit der Aufklärung im 18. Jahrhundert (als sich die Philosophie und andere Wissenschaften endgültig aus der Schirmherrschaft der Religion lösten), der Evolutionstheorie im 19. Jahrhundert und der Verbreitung und Vertiefung der Psychologie sowie dem exponentiellen Zuwachs an Kenntnissen in den Naturwissenschaften im 20. Jahrhundert kamen weitere Erklärungsmodelle hinzu. Zum Teil traten sie mit den Religionen in Konkurrenz, zum Teil ergänzten sie diese und zwangen sie zum Weiter- bzw. Umdenken (ein Prozess, dem sich die fundamentalistischen Stränge der Religionen bis heute größtenteils verweigern). Im 20. Jahrhundert kam es auch zu einem weiteren, nie zuvor dagewesenen Phänomen: eine materialistische Welterklärung verbunden mit einem politisch aufgezwungenen Atheismus. Erfasst davon wurden zeitweise halb Europa und ein wesentlicher Teil Asiens (insbesondere die Sowjetunion und der von ihr abhängige Ostblock, Albanien, China und Nordkorea, kurzzeitig auch Kambodscha). Die zugrundeliegende Ideologie erwies sich aber als nicht durchsetzungsfähig. Oder anders gesagt: Der Urdrang der Menschen nach einer spirituellen Dimension erwies sich als stärker. In all diesen Ländern (außer Nordkorea) wird Religion von den Machthabern inzwischen wieder toleriert oder sogar, in ihrem Sinne zwar, gefördert.

In der westlichen Welt hat sich die religiös-spirituelle Landschaft auch nachhaltig verändert – nicht als Folge von Zwang, sondern aufgrund der Säkularisierung. Religion ist nicht, wie manche im 20. Jahrhundert voraussagten, verschwunden, aber sie befindet sich mitten in einem tiefgreifenden Wandlungsprozess; tendenziell weg von institutionsgebundener Ausübung und hin zu mehr individualisierter **Spiritualität**. Im Kielwasser des Westens zeigen sich Ansätze dieses Wandels – teils unter der Oberfläche – auch in weiten Teilen der restlichen Welt. Wie sich dieser Wandel vollzieht und warum die spirituelle Dimension als Kraftquelle und Orientierungshilfe beim Reifen der Menschen so wichtig ist, wird in den Kapiteln 3 bis 3.2 erläutert.

Alle Menschen werden älter.[4] **Aber nicht alle werden dabei spürbar reifer.** Um dies festzustellen, genügt zumeist ein Blick in das eigene Familienumfeld sowie in den Bekanntenkreis: Viele Menschen gehen auf das Ende ihres Lebens zu und treten dann von der Bühne ab, ohne merkliche Zeichen der Reifung erkennen zu lassen. Ganz im Gegenteil. Wir alle haben schon verbittert, argwöhnisch oder stumpf gewordene alte Menschen erlebt. Oder solche, die in ihrer Bedürftigkeit auf die Ebene eines Kleinkindes zurückgefallen sind (Demenzkranke sind hier nicht gemeint, denn Demenz ist ein neurologischer Zerfallsprozess, auf den die Betroffenen keinen Einfluss haben). Sind diese Personen in ihrem Menschsein letztlich gescheitert? Oder geht der Prozess auch nach dem Tod weiter, sei es durch Wiedergeburt oder als weiteres Sein in einer anderen Dimension? Was sind ferner die besonderen Schwierigkeiten und Chancen auf dem Reifungsweg im Alter, wo sich die Prioritäten im Leben oft notgedrungen verschieben? Und wie steht es um den Sterbeprozess, bei dem Zeugenberichten zufolge gerade in den letzten Tagen, ja manchmal sogar Stunden vor dem Tod ein tiefgreifender innerer Wandel stattfinden kann? All dies gehört zur Thematik der Kapitel 5 bis 5.3.

Führen wir die Schwerpunkte des Buches hier kurz zusammen: **Was geht in meinem Inneren von Augenblick zu Augenblick vor** und **wie wirkt sich das auf mein Handeln aus?** Wie kann eine im weitesten Sinn verstandene **Meditationspraxis einen Wandel hin zu wachsender Reife unterstützen?** Was ist überhaupt Reife und **was sind die Merkmale eines gereiften Menschen?** Ferner: **Lässt sich ein kollektives Reifen** oder, anders gesagt, ein (nichtmaterieller) zivilisatorischer Fortschritt in der

---

4 Natürlich sterben manche jung, sogar schon als Kinder oder Babys. Der Frage, was einem solch kurzen Leben als Sinn abzugewinnen sein könnte, wird im Kapitel „Die letzten Schritte" nachgegangen.

Geschichte der Menschheit **feststellen und belegen?** (Die Antwort lautet „ja".) Und schließlich: **Was ist das Fundament**, auf dem unser Sein und damit auch unsere Entwicklung gründen? Diese Fragen bilden den Bogen, der das ganze Buch umspannt.

Innerhalb dieses Bogens werden sich folgende drei Bilder ab und zu als hilfreich erweisen:

Stellen Sie sich zunächst einmal ein riesiges, unvorstellbar reichhaltiges *Puzzle*, ein Zusammensetzspiel, vor. **Jedes Puzzleteilchen** – und dazu zählen Sie und ich und alle anderen Menschen und Naturerscheinungen – ist sowohl **einzigartig** als auch für das Ganze **unentbehrlich**. Sie kennen dies wahrscheinlich aus eigener Erfahrung: Selbst das größte Puzzle, bei dem auch nur *ein* Stück fehlt, wirkt bereits auf den ersten Blick unvollständig. Alle Menschen, aber auch alle anderen Erscheinungen im Kosmos haben also ihren je eigenen Platz im Gesamtbild. Aber finden wir den unsrigen? Oder bleiben wir, gefühlt, ein einsames, isoliertes Stückchen? Dabei muss berücksichtigt werden, dass das kosmische Puzzle noch nicht fertiggestellt ist. Es ist „work in progress". Auch ich als Teilchen bin noch nicht vollendet; auch ich bin am Werden. Alles jedoch, was wir denken, sagen und tun, fügt Elemente zum Gesamtwerk hinzu.

Jetzt kommen also **Bewegung und Entwicklung** hinzu, und dafür wechseln wir zu einem zweiten Bild: Wir sind keine unbeweglichen Teilchen mehr, sondern **Tänzerinnen und Tänzer**, die – ob wir es wollen oder nicht – am **kosmischen Tanz** teilnehmen. Viele unserer Schritte sind durch die Musik um uns und in uns vorgegeben. Wir hören auf verschiedene Melodien und Rhythmen und schauen Mittänzern ihre Schritte ab. Wir stolpern, wir fallen, wir lernen hinzu. Wir klammern uns an kleine Arrangements, bis wir merken, dass sie im Gesamtgefüge stören – manchmal auch stur darüber hinaus. Oft halten uns Fesseln daran zurück, frei zu tanzen. Es liegt dann an uns, bei den Verstrickungen zu unterscheiden, welche davon uns von außen und welche von uns selbst angelegt wurden, und entsprechende Lösungen zu suchen. Unlösbar fesseln lässt sich aber höchstens der Körper, nicht die Seele oder der Geist. So könn(t)en wir stets, als Mitgestalter des kosmischen Tanzes, eigene Bewegungsabläufe schaffen und durch Übung verfeinern, womit wir auch andere beeinflussen. **Ein Gesamtwerk**, dessen Harmonie und Majestät seit Beginn in Spuren durchschimmert, **ist am Entstehen**. Die Choreographin weist uns unaufdringlich an, aber ihre Stimme ist leise.

Schließlich kommt **Wachstum** dazu, und dafür benötigen wir ein drittes Bild: ein aus unzähligen **Zellen** und **Zellverbänden** bestehender **Gesamtorganismus**. Dieser Gesamtorganismus ist mit **Bewusstsein und Intelligenz** ausgestattet, an denen seine Bestandteile in verschiedenem Maß teilhaben. Die einzelnen Zellen und Zellverbände haben mit Krankheit zu kämpfen und Konflikte zu bewältigen. Und doch ist der Gesamtorganismus (die Natur, der Kosmos und mehr), dem wir alle zwar untrennbar angehören, den wir jedoch höchstens erahnen und in Bruchstücken wahrnehmen können, von einer solchen Erhabenheit und Schönheit, dass er in klaren Momenten Ehrfurcht und gleichzeitig Demut und Funken von unaussprechlicher Freude hervorrufen kann.

Zellen, Tänzerinnen und Tänzer sowie Puzzleteilchen sind auf Verbundenheit und Bezogenheit ausgerichtet; isoliert ergeben sie keinen Sinn. Man kann noch weiter gehen und sagen, „Sein" in Isolation gibt es nicht. „Sein" bedeutet immer „Sein in Beziehung". Dies ist viel mehr als eine abstrakte Behauptung. Es ist eine so naheliegende Tatsache, dass wir sie vor lauter Nähe kaum noch wahrnehmen. Überprüfen Sie es selbst: Auch wenn Sie physisch allein sind, sind Sie im Tun, mit dem Körper, den Gedanken oder den Gefühlen dauernd mit einem Gegenstand, einer Idee oder einem anderen Lebewesen – einem fernen oder nahen, fiktiven oder reellen, lebenden oder verstorbenen – in Beziehung. Unser Beziehungsgeschehen umzugestalten – von unbewussten zu bewussten, geträumten zu realen, unguten zu guten Beziehungen; anders gesagt, von Ablehnung, Gleichgültigkeit oder Fantasieblasen zu realitätsbezogener Güte und Liebe – darum geht es in diesem Buch, darum geht es im Leben. Alles ist mit allem verbunden – wie bei einem Zusammensetzspiel, einem gemeinschaftlichen Tanz oder einem Organismus. Dies ist etwas, das Mystiker aller Zeiten und Kulturen schon gespürt haben und das Quantenphysiker heute bestätigen.

Dieser Beziehungswirklichkeit in ihrem unendlich komplexen Werden und Wesen ist – für den Alltagsgebrauch[5] – nicht anders beizukommen, als

---

5 Manches, das für den Verstand unvorstellbar ist, lässt sich mathematisch erfassen – etwa die quantenmechanischen Gegebenheiten. Diese mathematischen Formeln sind aber nur einer verschwindenden Minderheit der Menschen zugänglich und selbst diesen wenigen Menschen, so nehme ich an, werden sie bei der Gestaltung ihres Alltags kaum von Nutzen sein.

durch einen Wechsel von Bild zu Bild. Immer im Bewusstsein, dass jedes Bild nur eine vereinfachende Annäherung ist. Auf dieser Feststellung gründet auch die Verwendung von narrativen, poetischen und paradoxen Elementen im gesamten Buch. Sie lassen vieles, bei dem der Verstand allein an Grenzen stößt, erspüren. Die Aufnahme von Fakten und das rationale Denken sind zwar für uns Menschen unentbehrlich, allein damit lässt sich die Beziehungsvielfalt, die sich Realität nennt, jedoch nur in beschränktem Maß erfassen. Für die Bewältigung des Lebens braucht es mehr.

Es folgen nun einige Erläuterungen bezüglich der Art, Absicht und Methodik des Buches, verbunden mit weiteren Leitgedanken (deshalb bitte nicht überspringen).

Dies ist kein wissenschaftliches Werk. Das Schwergewicht wird nicht auf empirisch nachweisbare Aussagen gelegt. Das ergäbe ein dünnes Bändchen, denn wenn es um das Wesen des Menschen und seine seelisch-geistige Entwicklung geht, lässt sich streng genommen kaum etwas beweisen oder widerlegen. Dieses Buch ist aber auch nicht wissenschaftlich in dem Sinn, dass vor allem die Ansichten von Koryphäen zusammengestellt werden (obwohl diese natürlich auch zu Wort kommen). Hingegen führe ich sehr wohl wo immer möglich Belege für die dargebotenen Inhalte an und bemühe mich durchwegs um logische Stringenz bei der Argumentation. Das entscheidende Kriterium für all die hier festgehaltenen Gedankengänge ist die **Glaubwürdigkeit**. Wenn sich also eine Aussage nicht beweisen lässt, so soll sie zumindest **nachvollziehbar und plausibel** sein. Stellen Sie sich vor, Sie seien ein Richter, der über Fälle zu urteilen hat, bei denen die Beweislage unklar ist. Sie müssen also aufgrund von **Indizien** entscheiden. In diesem Buch werden Indizien zu existenziellen Fragen vorgelegt.

Dies ist auch kein systematisches Werk. Es geht um die Wirklichkeit des Menschseins in ihrer ganzen, sich stets entwickelnden Komplexität. Wer wird diese in fest strukturierte Gedankengebäude pferchen wollen oder können? Wenn im Folgenden gewisse Systeme (z. B. Typologien des menschlichen Charakters oder Stufen der Bewusstseinsentwicklung) herangezogen werden, so fungieren sie als **Modelle** zur Veranschaulichung, nicht als Abbildungen der Wirklichkeit. Der Veranschaulichung dienen schließlich auch die bereits angesprochenen **Fallbeispiele** und **Geschichten**, inklusive die durch Kursivschrift kenntlich gemachten **fiktiven Episoden**.

Im Fokus stehen, wie schon erwähnt, sowohl die Entwicklung des Einzelnen als auch die Entwicklung der Menschheit als Ganzes. Noch nie, so behaupte ich, waren diese beiden Stränge enger miteinander verknüpft als heute. In einer freiheitlichen Demokratie und mit den heutigen technologischen Möglichkeiten ist es jeder Einzelperson möglich, sich in Minutenschnelle bemerkbar zu machen und zum Beispiel Menschen für Ideen und Projekte zusammenzubringen. Somit haben auch nicht in Machtpositionen stehende Menschen Einflussmöglichkeiten, von denen sie in früheren Zeiten und auch heute unter nicht-demokratischen Regimen nur träumen konnten bzw. können. Derartige **Möglichkeiten** bringen aber auch **Verantwortung** mit sich.

An dieser Stelle werden Sie vielleicht einwenden: Gut und recht, aber nicht alle haben die Muße, per Facebook oder Twitter eine Massenveranstaltung gegen das Verhalten skrupelloser Konzerne oder gegen den Verlust an Biodiversität ins Leben zu rufen oder sich an solchen Aktionen zu beteiligen. Was ist mit denjenigen, die sich abrackern und dennoch kaum über die Runden kommen? Die von persönlichen Sorgen erdrückt werden? Dazu Folgendes: Wir alle, ob wir es wollen oder nicht, haben mit unserem Tun, Lassen, Sprechen und Schweigen – ja, sogar schlicht mit unserem Dasein – eine Wirkung, direkt auf unsere unmittelbare Umgebung und indirekt auf alles, was energetisch schwingt, also alles. Die genannte Verantwortung liegt somit auch darin, dass **sich unsere Wirkung und unsere Ausstrahlung tagtäglich als möglichst konstruktiv und heilsam erweisen**. Dass dies sogar bei großer Armut und Schwerstbehinderung sowie ohne Internet möglich ist, zeigt folgender Bericht:

Der buddhistische Mönch und renommierte Buchautor *Matthieu Ricard* (geb. 1946) erzählt von einem Mann, den er seit über 20 Jahren kennt. Er lebt in einem kleinen Dorf inmitten der Berglandschaft von Bhutan. Ursprünglich aus Tibet, wurde er von Bekannten – ebenfalls Flüchtlingen – dorthin getragen, denn er kam ohne Arme und Beine zur Welt. Er verbringt praktisch sein ganzes Leben in einer Bambus-Hütte mit einer Fläche von wenigen Quadratmetern. Was ihn laut Ricard auszeichnet, ist eine große Gelassenheit, Freude und Sanftmut. Wenn der Franzose ihm kleine Geschenke bringt – Essen, Decken, ein tragbares Radio – erhält er ein strahlendes Lächeln zurück und den Kommentar, er brauche doch diese Dinge alle nicht. Zuweilen trifft Ricard auch andere Dorfbewohner in der Hütte an. Sie kommen vorbei, um kurz zu plaudern, oft aber auch, um den Mann ohne Arme und Beine um Rat zu fragen. Gibt es Konflikte im Dorf, ist es gewöhnlich er, der gebeten wird, den Streit zu schlichten. [6]

Das vorliegende Buch ist also kein streng wissenschaftliches, kein systematisches Werk. Aber dennoch ist nichts, was hier geschrieben steht, einfach aus der Luft gegriffen. Woher stammen also die im Folgenden dargestellten Einsichten? Letztlich geht es dabei um die Frage, woher überhaupt unser Weltverständnis stammt, jenseits des kleinen Teils, der sich mit wissenschaftlicher Präzision erfassen lässt. Dieser Frage wird vertieft im Kapitel über das Erfassen der Wirklichkeit mittels **Verstand, Gefühl und Intuition** nachgegangen (2.1.3). An dieser Stelle möchte ich versuchen, exemplarisch und als Vorgeschmack auf jene Ausführungen, den eigenen Wissenserwerb nachzuzeichnen. In der Annahme, dass dieser bei Ihnen und den meisten anderen Menschen nicht wesentlich anders verläuft.

Die Grundlage all dessen, was ich in mir trage, bildet ein intuitiv erahntes Urwissen, das schon so lange, wie ich zurückdenken kann, in mir schlummert. Es geht dabei um ganzheitliche Ahnungen, nicht um konkrete Einzelheiten. Beispielsweise um ein Gespür für Wahrhaftigkeit, das mir manchmal etwas als „stimmig" oder „nicht stimmig" erscheinen lässt, sowie eine grundsätzliche „Eichung" in Sachen „gut" und „ungut/böse". Lesen Sie einem vier- bis fünfjährigen Kind eine Geschichte mit einer guten und einer bösen Fee vor. Es wird vielleicht Fragen zur Existenz von Feen oder zu deren Verbreitung stellen. Aber eine Frage wird kaum vorkommen: Was heißt eigentlich „gut" und „böse"? Deren Bedeutung wird ahnend verstanden. Das war bei mir so und auch bei anderen Kleinkindern, die ich erlebt habe. Eventuelle Vorstellungen zum Wortinhalt sind kindliche. Aber der Kerngehalt wird intuitiv erfasst.

Dieser intuitive Gesamtrahmen war (und ist) phasenweise in meinem Bewusstsein präsent, phasenweise bildete er bloß eine vage Gestimmtheit im Hintergrund. Im Lauf der Jahrzehnte wurde er mit Weltwissen gefüllt. Dieses ergab sich – und ergibt sich weiter – aus Zuhören und Hinschauen, Erlebnissen, Gesprächen, Lektüre und Nachdenken, aus den daraus erweckten Gefühlen sowie aus intuitiven Einsichten, die unvermittelt aufblitzen. All diese Inhalte wurden bzw. werden unwillkürlich mit einem Urteil versehen (richtig, falsch, erfreulich, bedenklich, wertvoll usw.). Von diesem Mix versinkt das meiste unbemerkt ins Unterbewusstsein und prägt von dort aus

---

6 Erzählt in Matthieu Ricard, *Happiness*, S. 77.

mein Denken und Handeln mit; ein kleiner Teil wird anhand von neuem Input überprüft und dann modifiziert oder ergänzt.

Bei der Analyse des Prozesses, *wie* sich mein Weltverständnis gebildet hat, bin ich auf eine Gefahr und ein Wunder gestoßen. **Die Gefahr besteht in der Verallgemeinerung.** Ein Bekannter verbrachte einmal einen Urlaub in Vietnam. Dort kam er insgesamt mit rund einem Dutzend Einheimischen in Kontakt, natürlich nur über ein beidseitig gebrochenes Englisch. Seitdem erzählt er jedem, der zuzuhören bereit ist, wie die Vietnamesen (ein Volk von über 95 Millionen) charakterlich zu beurteilen seien. In diese Falle bin auch ich schon unzählige Male getappt. Die Tendenz zur Verallgemeinerung führt zur **Illusion des Bescheidwissens.** Diese Illusion ist einerseits der Nährboden für Vorurteile und stereotypes Denken, andererseits erstickt sie die Neugierde. Wenn ich meine, über eine Angelegenheit oder eine Person Bescheid zu wissen, fehlt weitgehend die Offenheit und Bereitschaft, neue Aspekte an ihnen zu entdecken.

Das Wunder ist unsere Assoziationsfähigkeit. Durch sie kann ich aus meinem größtenteils unter der Bewusstseinsoberfläche liegenden Wissensschatz etwas Passendes abrufen bzw. es hochsteigen lassen und dann ergänzen. Ich begegne einer Person, mit der ich schon lange keinen Kontakt mehr hatte. Kaum erblicke ich sie, kommen mir Erinnerungen an gemeinsam Erlebtes sowie Wissensbruchstücke über ihre Lebensumstände in den Sinn. Da es ihr natürlich ähnlich geht, öffnet sich ein Schatz, aus dem wir beide schöpfen können – und es kommt nun etwas Neues hinzu. Oder ich lese einen Artikel über den Zweiten Weltkrieg und ungebeten stehen mir plötzlich weitere Einzelheiten, die ich über die Jahre hinweg zu diesem Thema aufgenommen habe, wieder zur Verfügung. Sie ergänzen und färben das neu Gelesene, während dieses sich wiederum eingliedert und zumindest fragmentarisch für künftigen assoziativen Gebrauch zur Verfügung steht.[7] Unser Weltwissen baut sich assoziativ auf.

---

7 Gelesenes und Erfahrenes wird nicht mit allen Einzelheiten, sondern in Bruchstücken abgespeichert. Es ist wie ein in Stücke gerissenes Foto – manche Stücke sind praktisch gesehen verloren (d.h. sie sind zu tief im Unterbewusstsein vergraben). Unser Hirn mag aber keine unvollständigen Bilder. Und so ergänzt es einfach die fehlenden Teile. Je klarer ich mir über mein Wissen bzw. Nichtwissen bewusst bin, desto klarer kann ich in meiner Beobachterrolle unterscheiden, bei welchen Bildteilen in meinen auftauchenden Erinnerungen es sich um Fakten und bei welchen es sich um Angenommenes oder Erschlossenes handelt.

Manches von dem, was ich als Kind, Jugendlicher und junger Erwachsener fraglos für mein Weltverständnis übernommen hatte, sei es von Eltern, Lehrern oder Gleichaltrigen („peers"), war irgendwann **nicht mehr stimmig**. Entweder widersprach es neu hinzukommenden Fakten oder Erfahrungen, oder ich empfand es intuitiv, klarer als zuvor, als unzutreffend oder unzureichend. Gemäß einem nicht mehr stimmigen Weltbild weiterzuleben, verursacht eine innere Spannung. Um aus einer solchen herauszufinden, braucht es bewusste Anstrengung. Scheute ich diese Anstrengungen, gewannen Unsicherheit und vages oder unterlassenes Denken gegenüber Bestimmtheit und Klarheit die Oberhand. Zu Hilfe kamen mir jeweils ehrliche und tiefgehende Gespräche sowie qualitativ hochstehende Lektüre. Zuletzt half auch das Schreiben, das stets klärend wirkt.

Als Resultat dieses Lernprozesses haben sich über die Jahrzehnte unter diversen Erklärungsmodellen der Wirklichkeit und speziell des Menschseins die für mich plausibelsten herausgeschält. Diese sind es, die ich in diesem Buch vorlege, so weit als möglich untermauert mit faktischen Belegen sowie den Einsichten renommierter Denkerinnen und Denker.

Da jedoch immer wieder Neues hinzukommt, ist nichts in Stein gemeißelt. Was ich also hier festhalte, ist eine Momentaufnahme in einem fortlaufenden Geschehen. Allerdings bedeutet das nicht, dass ich in ein paar Jahren möglicherweise zu den gleichen Themen völlig andere, ja, gegenteilige Ansichten vertreten werde. Schwerpunkte können sich verlagern, manche Einzelheiten können sich als irrig oder irrelevant erweisen und natürlich werden künftige Ereignisse von globaler Bedeutung die in den folgenden Kapiteln beschriebenen Entwicklungen beeinflussen.[8] Aber die Stoßrichtung steht für mich fest. Dafür hat sich das hier Dargelegte in seinen Grundzügen schon zu lange in meinem Leben bewährt und ist schon zu oft von den Einsichten geachteter Denkgrößen weltweit sowie durch eigene Beobachtungen bestätigt worden. Manches erahnte Urwissen hat sich zu einer Urgewissheit konsolidiert. Intuitiv – jenseits also aller nie lösbaren verstandesmäßig-philosophischen

---

8 Während der Fertigstellung des Manuskripts ist, wie schon erwähnt, die Corona-Pandemie ausgebrochen. Dass sie langfristige Auswirkungen auf Politik, Wirtschaft und unser gesellschaftliches Leben haben wird, steht außer Frage. *Was* aber das für Folgen sein werden und welche davon nur kurzfristig und welche langfristig wirksam sein werden, wird sich erst in mehreren Jahren feststellen lassen.

Debatten – weiß ich beispielsweise, dass mir ein freier Wille zur Verfügung steht. Nicht, dass ich in jeder Situation genügend davon Gebrauch mache, denn oft handle ich reaktiv und routinemäßig. Aber potenziell ist er da. Zwei weitere schon stets erahnten Einsichten sind für mich seit meiner Kindheit zentral: „Gott ist" und „Der Tod ist nicht Ende, sondern Übergang". Wenn mir jemand sagt, das könnte auch Wunschdenken sein, so antworte ich: Nein, ich kenne auch Wunschdenken, und dieses fühlt sich merklich anders an – es ist „angespannter". Das heißt, es ist weniger auf eine luftig-leichte Art beglückend und befreiend als eine – nachhaltige – intuitiv geahnte Einsicht.

Die Gewissheit um diese Ahnungen besteht jedoch nur bezüglich ihrer Ganzheit, nicht bezüglich spezifischer Einzelheiten. Wenn ich beispielsweise sage: „Gott ist", so heißt das nicht, dass ich über Ihn/Sie/Es Bescheid weiß. Es geht hier nicht um konkrete Ausprägungen, sondern um eine Gewissheit des Umfassenden. Diese Gewissheit ist für mich *wesentlich* – das heißt, sie macht einen (im Lauf des Lebens immer wieder freizuschaufelnden) Teil meines Wesens aus. Ihre Inhalte sind nicht bloß auf Verstandesebene akzeptiert, sondern auch auf Gefühls- und Intuitionsebene gutgeheißen und haben sich so einverleibt. Ganz in diesem Sinne versuche ich beim Schreiben, Sie als Leserinnen und Leser auf allen drei Ebenen – intuitiv, gefühlsmäßig und verstandesmäßig – anzusprechen.

So soll das Buch auch als **Ermutigung** dienen. Es soll Sie ermutigen, den **eigenen** zwar **subtilen,** jedoch **lebensrelevanten Ahnungen zu trauen** und ihnen Raum zu geben. Ahnungen, die Sie vielleicht schon in jungen Jahren tief im Innern spürten, aber nie ganz in Worte fassen konnten. Bei vielen Erwachsenen werden sie über die Jahre weitgehend aus dem Bewusstsein verdrängt – andere Fragen und Sorgen sind wichtiger –, sodass man sich dann bei existenziellen Themen mehr von der vorherrschenden Stimmung, dem Zeitgeist, den Meinungen des Umfeldes, den Äußerungen von „Spezialisten" – oder wahrscheinlich einer Mischung aus all diesen Einflüssen – als vom eigenen Urgespür leiten lässt.

Vor über 2'300 Jahren behauptete bereits *Platon* (428/427–348/347 v. Chr.), dass die Kenntnis um das Wesentliche des Menschseins verborgen und verschüttet im Inneren eines jeden von uns liege. Es braucht, laut Platon, bloß eine **„Wiedererinnerung"** (griechisch: „Anamnesis").

Die Quelle des uns intuitiv zugänglichen Urwissens um die essenziellen Dinge des Lebens steht uns zwar zur Verfügung, aber sie lässt sich nicht einfach auf Knopfdruck anzapfen. Sich für ihre leisen Töne zu öffnen, setzt eine **innere Stille** voraus. So wie der Grund eines Sees nur sichtbar wird, wenn das Wasser auf der Oberfläche ruhig ist. Erleichtert wird der Zugang zu diesem Wissen zudem durch **ethische Klarheit und Standfestigkeit**. Wie lässt sich dies belegen? Schauen wir die Sache einfach vom Gegenteil her an: Wie viel aus dem Schatz der Weisheiten (nicht zu verwechseln mit Aperçus), aus dem Menschen Inspiration für eine positive Lebensgestaltung schöpfen, stammt von Diktatoren oder Kriminellen? Oder breiter gefasst, von Menschen, deren Blick auf die Realität vom Drang nach Macht, Ansehen oder Besitz, oder von Begierden und Aversionen aller Art verzerrt und getrübt wird? „Reinheit des Auges macht tüchtig zu klarem Sehen",[9] so formulierte es *Thomas von Aquin* (1225–1274), der wohl bedeutendste Theologe und Philosoph des europäischen Mittelalters. Und wie nicht nur die Überlegungen zum Gegenteil nahelegen, sondern auch Thomas von Aquin im weiteren Textverlauf ausführt, geht der Reinheitsgrad des Auges unweigerlich mit dem Reinheitsgrad des Herzens einher.

Um einen Augenblick lang diese Art von Klarheit oder Wiedererinnerung in uns wachzurufen, genügt oft etwas ganz Kleines – Vogelgesang, Kinderaugen, ein Blick auf eine harmonisch wirkende Landschaft. Ein solcher Augenblick ist meistens mit einer inneren „Entblockierung" verbunden, die es dem zutiefst stets vorhandenen „Wissen" in uns ermöglicht, in der Form eines intuitiven Aufleuchtens ins Bewusstsein zu gelangen. Vielleicht wirkt bei Ihnen der eine oder andere Satz dieses Buchs als ein solcher Anstoß. Dann hat es seinen Zweck erfüllt.

Ohne weise und inspirierende Lehrerinnen und Lehrer sowie verschiedenste Dialogpartner wäre ich nie in der Lage gewesen, ein Buch wie dieses vorzulegen. Gemeint sind sowohl die Menschen, mit denen ich in lebendigem Austausch stand bzw. stehe, als auch diejenigen, deren Gedankengut via Bücher (vor allem sie), Filme oder andere Medien wesentlich zu den Inhalten meines Denkens beigetragen und geholfen haben, dieses klarer und differenzierter werden zu lassen. Eine Liste dieser Personen findet sich bei der Danksagung bzw. im Literaturverzeichnis. In beiden Kategorien lassen sich natürlich nur die wichtigsten nennen.

Aber der Kreis der Dankbarkeit muss noch weiter gezogen werden. Nur dank dem heute über das Internet möglichen „Crowdsourcing" von Wissen

---

9 Zit. aus Josef Pieper (Hrsg.), *Thomas von Aquin, Sentenzen über Gott und die Welt*, S. 177.

aus Wikipedia im Speziellen und einer Myriade von anderen Webseiten im Allgemeinen war es mir möglich, das Buch in der vorliegenden Form zu schreiben. Vor 30 Jahren hätte ich mich auf die eigenen, beschränkten Kenntnisse sowie eine überschaubare Anzahl Bücher verlassen müssen – das Ergebnis wäre wohl ziemlich armselig ausgefallen. Unentgeltlich zur Verfügung gestelltes Wissen und ähnliche Formen von entgrenzter Kooperation sowie die sie ermöglichenden Technologien verändern unsere Welt zurzeit in allen Bereichen – Bildung, Kultur, sozialen Verhaltensweisen, Politik und mehr. Darauf wird in Kapitel 4.2.2 näher eingegangen.

Fragen des Reifens sind aufs Engste mit Fragen des Menschseins schlechthin verknüpft. Es muss also aus einem enorm breiten Spektrum an einzelnen Wissensgebieten geschöpft werden. Dazu zählen Philosophie, Psychologie, Religionswissenschaft und Theologie, Sprachwissenschaft, Geschichte, Soziologie und Politwissenschaft sowie die Naturwissenschaften. Ohne interdisziplinären Ansatz, habe ich festgestellt, entsteht auf dem Gebiet des Wesentlichen wenig Brauchbares. Einbezogen werden müssen diesbezüglich auch Mythen, Märchen, Romane, Dramen, Lyrik und andere Formen der Kunst; insbesondere dort, wo sie Wesentliches zu **archetypischen Themen** wie Liebe und Leiden, Krieg (Konflikt) und Frieden, Ursprung und Sinn, Gut und Böse, Tod und Gott beigetragen haben und weiterhin beitragen (das Wort „Gott" soll hier ein Platzhalter sein für das, was in uns Ehrfurcht erweckt und uns heilig ist). Der Kerngehalt dieser Themen liegt jenseits dessen, was sich präzis fassen lässt – deshalb besteht stets auch die Notwendigkeit von Andeutung und Vermittlung durch die Künste.

Angesichts dieser Fülle müssen im Folgenden oft kurze Hinweise genügen, damit das Gesamtwerk nicht ins Uferlose anwächst. Sie als Leserinnen und Leser werden unweigerlich Lücken entdecken, an manchen Stellen Ergänzungen anbringen wollen und an anderen Widerspruch erheben. Und so soll es auch sein, denn eigenes Weiterdenken ist ein erklärtes Ziel.

Wenn ich nur *einen* Zweck des Buches nennen dürfte, würde ich sagen, dass es als **Anregung** dienen soll. Es soll anregen zur Selbstbeobachtung und zum Nachdenken über das, was im eigenen Leben wichtig ist, sowie über das, was geändert werden kann, soll oder muss. Es möchte dazu anstoßen, selber eine **Meditationspraxis aufzunehmen**, in derjenigen Form von Versenkung oder Andacht, die für Sie am besten auf Ihre Weltsicht und persönlichen Neigungen zugeschnitten ist. Und es soll ein paar **Wegweiser** bieten, die helfen können, das eigene **Potenzial zur Reifung besser**

auszuschöpfen und so **der Welt, ja, der Schöpfung zu dienen**. Außerdem (man wagt es fast nicht zu sagen, daher schreibe ich es hier nicht fett) soll es auch Vergnügen bereiten.

2 ALLTAG UND MEDITATION

Alltag

Wie der Alltag in der westlichen Welt im frühen 21. Jahrhundert äußerlich aussah, musste vor 2020 nicht im Detail erläutert werden. Wir erlebten ihn ja tagtäglich mit und nahmen daran teil. Die Corona-Krise hat uns viele ganz alltägliche Vorgänge hinterfragen lassen – denken Sie an die Berührungen und Umarmungen zur Begrüßung und zum Abschied, das Massenpendeln von Berufstätigen, das bedenkenlose Reisen oder die Besuche von Großveranstaltungen im Kultur- und Sportbereich. Es sind wichtige Veränderungen des äußeren Lebens im Einzelnen wie im Kollektiven im Gang. Der Fokus im Folgenden jedoch richtet sich weniger auf die äußeren Vorgänge, sondern mehr auf das, was **von Augenblick zu Augenblick in uns drinnen abläuft**. Auch darauf haben die Umbrüche im äußeren Leben natürlich ihre Auswirkungen. Erfahrungsgemäß aber nehmen wir uns selten die Zeit, wirklich anhaltend und differenziert unsere Gefühle, Gedankenabfolgen, Emotionen, Stimmungen und Triebe zu beobachten und zu analysieren. Diese jedoch prägen unsere Handlungsweise. Und unser Tun sowie die Geschehnisse um uns herum liefern ihrerseits unserem inneren Geschehen laufend neuen Stoff. Die folgenden vier Kapitel (2.1 bis 2.1.3) stellen einen Versuch dar, unser Innenleben zu beleuchten und die **Wechselwirkung von Innen- und Außenleben** aufzuzeigen.

Fundamental wichtig für unsere Alltagsbewältigung sind auch die **verschiedenen Arten der Erkenntnisaufnahme** sowie die Fähigkeit, mittels **Sprache** diese Erkenntnisse zu erfassen, auszudrücken und auszutauschen. Sie sind wunderbare Hilfsmittel, aber sie haben ihre Grenzen. Erkenntnisse aus verschiedenen Quellen können miteinander in Widerstreit liegen, wenn beispielsweise der Verstand mich in die eine, das Gespür für die entsprechende Situation mich in die andere Richtung schicken möchte. Ferner stoßen unsere Erkenntnismöglichkeiten immer wieder an Grenzen. Ich glaube vielleicht, die Absicht eines Menschen zu durchschauen, kann mir aber nie sicher sein. Und auch die Sprache scheitert an manchen Gegebenheiten, etwa wenn wir versuchen, Phänomene wie „Bewusstsein" oder „Heiligkeit" präzis in Worte zu fassen. Ferner bringt Sprache nicht nur Klarheit, sondern auch Missverständnisse und damit Konflikte hervor. In den entsprechenden zwei Kapiteln werden die Möglichkeiten und Unzulänglichkeiten unserer Erkenntnisquellen einerseits und unserer Sprache andererseits genauer beleuchtet.

Es gibt jedoch Möglichkeiten, um jenseits solcher Begrenztheiten zu gelangen. Eine der zentralen ist die Meditation. Indem sie der Stille Zeit und Raum gewährt, kann diese ihre Wirkung entfalten. Die Stille ist unbegrenzt.

Meditation

In unserer heutigen Gesellschaft ist unser Alltag derart mit Reizen überfüllt, dass die für eine Klarsicht notwendige Ruhe zur Mangelware geworden ist. Um diesen Mangel zu beheben, braucht es einen Gegenpol zum alltäglichen Treiben, und einen solchen finden wir in der Meditation. Diese wird im weitesten Sinn verstanden. Sie umfasst hier und im Folgenden also neben der Sitzmeditation auch das kontemplative Gebet, mantraartige Wiederholungen von heiligen Namen oder wohltuenden Worten, meditatives Yoga oder Qi Gong (also Meditation in Bewegung) sowie weitere Formen der Sammlung und Versenkung. Die Meditation bietet uns ein wunderbares Werkzeug, um jene Ruhe sich ausbreiten und jene Klärungsarbeit geschehen zu lassen, die im Alltag zu kurz kommen. Dass sie darüber hinaus noch einiges mehr bietet, soll weiter unten angedeutet und in den Kapiteln 2.2 bis 2.3.4 breiter ausgeführt werden.

Bis vor etwa 50 Jahren fristete die Meditation im Westen ein absolutes Randdasein und wurde in der breiten Öffentlichkeit als Phänomen kaum wahrgenommen. Aber auch in den asiatischen Regionen, in denen sie weltweit am verbreitetsten war, wurde sie noch vor 50 bis 100 Jahren aufgrund des Kontakts mit der westlichen Denkweise oft als rückständig angesehen. Es ist also weltweit zu einer Entdeckung bzw. Wiederentdeckung von Meditation und zu einer Erneuerung gekommen.

Warum das Interesse an Meditation derart stark gestiegen ist – mit zusätzlicher Beschleunigung seit etwa der Jahrtausendwende – wurde bereits angedeutet. Es herrscht eine Malaise mit Symptomen wie Ruhelosigkeit, Sinnkrisen, Oberflächlichkeit, depressiven Abstürzen sowie innerer Vereinsamung trotz scheinbar intakter Einbindung in die Gesellschaft. Solche Symptome werden immerhin schon regelmäßig thematisiert, was eine erste Diagnose darstellt. Mit dieser gewappnet, machen sich heutzutage immer mehr Menschen auf, um Mittel zur Besserung zu finden. Und dass eine Meditationspraxis ein solches Mittel sein kann, spricht sich anscheinend herum. Nicht nur das; es gibt inzwischen einen immer größer werdenden Korpus an neurologischen und psychologischen Untersuchungen, welche die heilsame Wirkung von Meditation wissenschaftlich belegen.

Werden Teilnehmende an einem Meditationstreffen – insbesondere jüngere – nach den Gründen für Ihr Kommen gefragt, fällt bei den allermeisten das Wort „Stress". Der Wunsch nach weniger Hektik und Daueranspannung speziell in der Arbeitswelt, aber nicht selten auch in Beziehungen und sogar in der Freizeit, ist heutzutage die häufigste Motivation hinter der Aufnahme einer Meditationspraxis. Vielfach bleibt es zwar – wie beim Ziel, die körperliche Fitness zu steigern – bei einzelnen Versuchen, aber ein Samen ist gesät. Man kann später einen erneuten Anlauf starten. **Entstressen** heißt das Ziel. Und es lässt sich bei regelmäßiger und langfristig angelegter Übung (dieser Punkt kann nicht oft genug betont werden) nachweislich auch erreichen.

Ein zweites Ziel bildet der Wunsch nach **größerer Achtsamkeit**. Das Wort in all seinen Spielarten (achtsames Gehen, achtsames Essen, achtsame Kommunikation, achtsames Pflanzengießen) ist inzwischen derart zu einem Modebegriff geworden, dass es aufgrund inflationären Gebrauchs stetig an Aussagewert zu verlieren droht. Aber damit ist die Achtsamkeit in guter Gesellschaft. Dem Wort „Liebe" geht es nicht anders. Und beim Wort „Gott" ist es inzwischen so weit, dass es vor lauter Über- und Missbrauch praktisch zu einem Tabuwort geworden ist. Egal, wie es dem Wort ergeht – die Sache dahinter bleibt enorm wichtig. Und der geeignetste Weg zu größerer Achtsamkeit in einem ablenkungsreichen Alltag ist ohne Zweifel die Meditation.

Etwas anders gelagert ist die Zielsetzung bei Menschen, die mit dem Erwerbsleben abgeschlossen haben. Ihnen soll Meditation aufs Alter hin beispielsweise bei der **Sinnsuche** helfen. Oder sie suchen schlicht die **Gemeinschaft** einer regelmäßig zusammenkommenden Meditationsgruppe. Wie so oft im Leben ist meist eine Kombination von Antriebsfaktoren im Spiel.

Es sind also verschiedene Gründe, die zur Aufnahme einer Meditationspraxis führen können. Und Erfahrungen zeigen, dass die genannten Hoffnungen nicht zu hoch geschraubt sind – immer unter der Voraussetzung, dass die Praxis als ein lebenslanger Übungsweg in Angriff genommen wird. Ja, es gibt sogar noch weitere Früchte, die zumindest zu Beginn weniger oft im Fokus stehen. Dazu zählt eine **verfeinerte Wahrnehmung der Wirklichkeit**. Voreilige Schlussfolgerungen, Stereotype und Vorurteile haben bei einer wachen, realitätsnäheren Wahrnehmung, die sich in der meditativen Versenkung ergibt, einen schweren Stand. Viele verflüchtigen sich allmählich oder platzen wie Seifenblasen. Sich öffnen für die Wirklichkeit per se – weder gedacht noch gegliedert noch einfangbar – heißt schließlich auch, **sich für das Heilige zu öffnen**.

Erfahrungsberichte sprechen davon, dass das Leben mit einer integrierten Meditationspraxis reichhaltiger wird. Kleinigkeiten des Augenblicks – was ich sehe, höre, rieche, schmecke und ertaste – huschen nicht mehr quasi unbeachtet vorüber. Auch die Person, mit der ich in *diesem* Augenblick zu tun habe, bekommt einen größeren Wert. So fühlt es sich mit der Zeit stets weniger danach an, als ob das ganze Leben an mir vorbeirasen würde.

Zurück zum Alltag

Neben der formellen Meditation gibt es auch noch einfache meditative Alltagsübungen, welche die Wege des Alltagslebens und der Meditationspraxis näher zusammenführen sollen. Eine solche Übung kann beispielsweise darin bestehen, dass wir jede Handbewegung bei einer unspektakulären Verrichtung, etwa beim Geschirrabwaschen, langsam und ganz bewusst durchführen. Verstärken können wir die Übung noch, indem wir jeden Gegenstand mit Dankbarkeit in die Hand nehmen.

Solche Alltagsübungen stellen ein wichtiges Bindeglied zwischen der formellen Meditation und dem Alltag dar. Denn das ist ja das Ziel eines jeden Meditationsweges: Er soll früher oder später in den alltäglichen Lebensweg münden und in diesem aufgehen, sodass wir eine stets wachsende Zahl an Alltagsaktivitäten in einem Geist der **Ruhe**, der **Gelassenheit** und der **Dankbarkeit** ausführen. Selbst dann, wenn es um uns herum hektisch und lärmig zu- und hergeht. Umgekehrt können Achtsamkeit und Dankbarkeit im Kleinen uns auch aus einer lähmenden Lustlosigkeit wecken. Und der **Frieden** aus dem geschützten Raum der Meditationssitzungen soll in den Alltag hinübergerettet werden und dort **zur Entschärfung von inneren und äußeren Konflikten beitragen**. Auch die in der Meditation **klarer gewordenen Aspekte meines Selbst** sollen mir im Alltag helfen, meine Lebensweise etwas mehr zu hinterfragen und als Folge die durch Automatismen gepfadete Spur zumindest zwischendurch auf eine mutige und kreative Weise zu verlassen.

Es sind viele kleine Schritte, die uns auf diese Ziele hinführen (ganz erreichen wir sie nie), und zwischendurch erleben wir Zeiten der Stagnation oder gar des Rückschritts. Aber nur so wachsen wir als Personen und so – ob wir oder andere es merken oder nicht – trägt unser reiferes Verhalten auch zur Reifung unseres Umfeldes bei.

2.1 ALLTAG ALS AUSGANGSORT

Beim Verlassen des Supermarkts kommt mir eine Frau mit einer blonden Strähne im dunklen Haar entgegen, wie sie Mira manchmal trägt. Warum ausgerechnet Mira, denke ich. Ausgerechnet sie, die in so vielen Situationen für Heiterkeit gesorgt hat, als wir heranwuchsen. Burnout, Depression ... Die Henkel der Einkaufstasche schneiden sich in die Handflächen ein. Zum wiederholten Mal wechsle ich von einer Hand zur anderen. Auf der gegenüberliegenden Straßenseite lese ich auf einem Plakat in großen Lettern: „Niemals wieder". Niemals wieder was? Aber der restliche Text ist zu klein, ich kann ihn nicht ausmachen. Ich sehe nicht mehr so gut in die Weite, ich sollte zum Optiker gehen. Am Abend gibt es Champions League im Fernsehen – Barcelona spielt. Eine schrille Frauenstimme ertönt: „Das glaub ich ja nicht!" Ein Blick in Richtung der Stimme – auch andere drehen den Kopf –, ich stolpere auf einer Stufe und fange mich mit einem hastigen Griff ans Geländer. Die Frau kreischt weiter. Die hat nicht alle Tassen im Schrank. Mensch, sollte ich nicht noch die Käsemischung für morgen kaufen? Ich kehre um, verärgert und doch erleichtert. Zum Glück nicht vergessen. Fondue wird es geben; wir haben Gäste. Der letzte Besuch unserer ehemaligen Nachbarn ... Da lag Spannung ... Er ist so stur ... Zurück in den Supermarkt. Die Packung ist gefunden. Anstehen. Müdigkeit macht sich bemerkbar – und wieder hinaus in die frische Luft. Ich nähere mich der Bahnhofsunterführung. Mein Fahrrad auf der anderen Seite habe ich doch abgeschlossen, oder nicht? Die Kette muss geölt werden. Klänge. Ein paar Schritte weiter und sie sind immer noch zu hören. Angekommen in der Unterführung, erblicke ich sie: Eine Frau spielt Geige, ein Mann Gitarre, sie singen, ein Junge spielt ... Wie heißt das Instrument? Zigeunermusik. Rassig. Gut aufeinander abgestimmt. Die Frau hat eine schöne Figur. Auch der Gesang. Ja, die können was. Ich halte an, stelle die Tasche vor mich hin und lasse mich vom Rhythmus ein wenig wiegen. Tamburin heißt das Instrument. Menschen hasten vorbei. Arme, Mäntel, Taschen ... Ein Mann mit gebücktem Rücken und Gehstock bleibt neben dem Trio stehen. Achtung! Zwei Jugendliche biegen ihre Körper nach außen, um sich ungebremst an ihm vorbeizuzwängen. Kaum jemand verlangsamt den Schritt, unglaublich, kaum jemand lässt sich auch nur ein bisschen vom Klang bewegen. Der Rhythmus ist wieder da, ja, er steckt an. Und doch, nur wenige drehen überhaupt den Kopf. Genügt den Übrigen vielleicht ein Blick aus den Augenwinkeln? Die Augen der Sängerin ... Am Geburtstagsfest unserer Mutter vor einem Jahr hat uns Mira auf der Geige etwas vorgespielt. Ihr Gesichtsausdruck während des Stücks – hochkonzentriert, zwischendurch ein Strahlen wie aus einer anderen Sphäre. Von vorne, mühsam, sie muss sich einen Weg bahnen, nähert sich eine Mutter mit zwei kleinen Kindern. Eines davon – ein

Mädchen – schärt aus in Richtung der Musiker, macht ein paar Tanzschritte, dann rennt es verschämt zur Mutter zurück und versucht, sie zum Anhalten zu bewegen. Vergeblich. Zeit zum Weitergehen. Ich steige die Treppe hoch und erblicke nach wenigen Metern mein rotes Kettenschloss am Hinterrad. Mit dem Bein schiebe ich ein anderes Rad zur Seite, dann schnalle ich die Tasche auf den Gepäckträger. Unterwegs nach Hause, die Szene nochmals vor Augen, schießt es mir durch den Kopf: Ich habe den Musikern nicht einmal eine Münze in den Gitarrenkoffer gelegt.

2.1.1 Alltag unter der Lupe

Wenn hier von Alltag die Rede ist, so ist in erster Linie unser alltägliches Innenleben gemeint. Es soll verdeutlicht werden, wie eine komplexe Außenwelt über die Sinneswahrnehmungen unaufhörlich auf unser Fühlen und Denken einwirkt, was das für Vorgänge im Innen auslöst, wie sich diese in der Folge nach außen manifestieren und so erneut Input in der Form von Reaktionen von außen generieren. Im Blickpunkt sind primär erwachsene Menschen in einem urban geprägten Umfeld. Bei einem Kleinkind, einem Hirten in den Bergen oder einer alten Frau im Pflegeheim mögen die Schwerpunkte der Wahrnehmung und des Handelns zwar anders liegen, aber auch bei ihnen sind die Elemente des Erlebens und die grundsätzlichen Abläufe dieselben.

Nehmen wir als Beispiele von **Außenwahrnehmung** (Sinneswahrnehmungen und Erfassen von Stimmungen) ein paar kurze Sequenzen: Passanten auf der Straße mit ausdruckslosen Blicken, Pflastersteinmuster, Gebäudesilhouetten, Autofolgen, Brummen, Quietschen, ein Schlag durch einen herunterhängenden Ast, Regen, Kälte, Plakate. Später: menschliche Präsenz in einem Raum, die Farben von Kleidern, die Formen von Körpern und die Ausstrahlung von Persönlichkeiten, meine Ellbogen auf dem Tisch, die stickige Luft, teils sich überlappende Wortfolgen in verschiedenen Tonhöhen und Lautstärken. Später: fertigzustellende Wortfolgen auf dem Computerbildschirm, gepaart mit Informationen, Mitteilungen, Nachrichten- und Werbefetzen auf dem Smartphone-Display. Schritte im Gang, die Fassade gegenüber, ein Foto aus alten Zeiten. Später: das Grün einer Wiese mit vereinzelten Blumen, dahinter verschiedenförmige Gebäude, der verwitterte Zaun, das Knirschen meiner Schuhe auf den Kieselsteinen, das Entgegenwehen des Windes. Nochmals später: Essensgeruch, ein warmes Stück Pizza im

Mund. Die Sofalehne im Rücken. Bilderfolgen und Endlosgerede aus dem Fernsehen. Später: Das Kreisen der Zahnbürste über Zähne und Zahnfleisch während der Sichtung meines Spiegelbilds …

Sie merken es, liebe Leserin, lieber Leser: Wir sind von frühmorgens bis zum Schlafengehen, meist ohne uns dessen bewusst zu sein, einer permanenten Flut von Sinnes- und Stimmungseindrücken ausgesetzt. Dabei sind bei den obigen Sequenzen die Komplikationen zwischenmenschlichen Geschehens ausgespart worden. Beispielsweise das Unterscheiden der (akustischen) Wortfolgen in Höflichkeitsfloskeln, Schmeicheleien, Gefühlsausbrüche, sachbezogene Dialoge, scherzhaftes Geplänkel oder gegenseitige Anschuldigungen; daneben Blicke aller Art und Berührungen. Nehmen wir diese noch hinzu, ergibt sich insgesamt eine riesige Menge an Eindrücken, die, während wir wach sind, permanent auf uns einwirken. Unser Hirn filtert nach Leibeskräften und ist manchmal doch überfordert. Kein Wunder, sind wir so oft erschöpft.

Und dabei ist dies noch nicht einmal die halbe Geschichte. In unserem Innern geht es nämlich meist nicht weniger turbulent zu und her. Zu jedem Element der Außenwahrnehmung und des zwischenmenschlichen Austauschs kommt unsererseits eine Deutung und Einordnung hinzu. Beginnen wir mit den **Gedanken**: Neu Gedachtes fügt sich in ablaufende Gedankenfolgen ein, teils als Worte, teils als Bilder. Innere Dialoge laufen ab, oft mit wenig Variation in einer Endlosschleife; dazu gesellen sich gerne Fantasievorstellungen. Erinnerungen mischen sich hinzu, ebenso wie Vorstellungen von dem, was sein sollte oder könnte und was noch zu erledigen ist. Das, was uns bewegt (und hier kommen wir zum nächsten Faktor), wird immer und immer wieder durchgekaut.

Gedanken treten nie allein auf, sie sind stets mit Emotionen verbunden. **Emotionale Regungen** (Wut, Ungeduld, Angst, Irritation, Druckgefühl aufgrund von Erwartungen, Handlungsimpulse, erotische Anziehung, Vorfreude, Genugtuung usw.) können schubartig aufflackern und wieder erlöschen oder sich, in Verbindung mit den sie anfeuernden Gedanken, eine Zeit lang halten. Dies hat entsprechende körperliche Reaktionen – hormonelle, nervliche, kreislaufverbundene und/oder muskuläre – zur Folge.

Sowohl bei den Gedanken als auch den Emotionen besteht eine **Bandbreite**, die für unser darauffolgendes Handeln entscheidend sein kann. Im Falle der **Emotionen** bezieht sich die Bandbreite auf die **Stärke der energetischen Ladung**. Sie lässt sich mit Wellen am Meer vergleichen; die Skala reicht von kaum wahrnehmbar bis zu überwältigender Sturmstärke. Bei den **Gedanken** geht es um die **Klarheit**: Die Skala hier reicht von äußerst diffus bis messerscharf. Mitgeformt werden unsere Gedanken und Emotionen auch durch **empathisch Aufgenommenes** und **erahnte Zusammenhänge** sowie durch **Sehnsüchte** und **Ängste** aus der Tiefe. Schließlich wird dieses im Wachzustand praktisch ununterbrochen andauernde sinnlich-gedanklich-emotionale Wechselspiel zusätzlich angereichert durch **Triebregungen** – Lust auf Essen, Trinken oder Sex, Ablenkung und Unterhaltung – und ihr Gegenpart, die Unlust oder das Widerstreben, sowie **Körperempfindungen**, die meist Unwohlsein oder Schmerzen melden.

All dies findet statt vor dem Hintergrund einer länger anhaltenden, aber sich doch auch wandelnden **Stimmung**.

Wenn Außeneindrücke oder Aufgaben uns in den Bann ziehen, nimmt die Innenwahrnehmung ab. Der **Filter** zwischen Innenleben und Aufmerksamkeit ist dann weniger durchlässig. Sind wir umgekehrt mehr mit inneren Vorgängen beschäftigt, wird der Außenwelt ein Großteil der Aufmerksamkeit entzogen – die meisten Sinneseindrücke werden herausgefiltert, bevor sie das Bewusstsein erreichen. Aber auch dann richtet sich der Fokus zumeist nur auf einzelne Elemente der komplexen inneren Vorgänge, etwa auf die schmerzhafte Erinnerung an eine (vermeintliche) Kränkung. Alles Übrige bildet eine undifferenzierte, dumpf wahrgenommene Restmasse im Innern.

Es ist bisher von zwei Ebenen die Rede gewesen – **permanente Eindrücke von außen** einerseits, **permanente innere Vorgänge** andererseits. Dazu kommt – als dritte Ebene sozusagen – unser **Sprechen und Handeln**. Schauen wir genau hin, sehen wir, wie sich die drei Ebenen in dauernder Interaktion miteinander befinden. Wahrnehmungen von außen generieren innere Vorgänge, diese führen zu äußerem Agieren. Das, was durch den Wahrnehmungsfilter nach innen durchdringt, wird mit bereits Vorhandenem verknüpft und vom Verstand unaufhörlich kommentiert, bewertet und kategorisiert; parallel dazu findet ein emotionales Nachbearbeiten statt. Triebschübe und Aufwallungen aus dem Unbewussten mischen mit. So bildet sich ein unübersichtlicher, manchmal heftiger, manchmal kaum wahrgenommener Strom, dessen Ingredienzen durch stets neue Elemente von außen entweder angereichert oder ersetzt werden.

Es kann sein, dass Sie nur schon vom Lesen dieser Vorgänge erschöpft sind. Wie muss es dann wohl sein, wenn Sie Tag für Tag so etwas praktisch nonstop durchmachen? Zwei Fragen drängen sich also an dieser Stelle auf: *Erstens*: Was von Augenblick zu Augenblick in unserem Alltag abläuft, ist so gesehen turbulent und hochgradig komplex. Über weite Strecken empfinden wir dies aber nicht so. Warum nicht? Und *zweitens*: Warum erkennen wir dieses Zusammenspiel von Sinneseindrücken, inneren Vorgängen und äußerem Handeln so selten als solches?

Suchen wir zunächst nach Antworten auf die erste Frage: Wir sind uns der Vielschichtigkeit und Komplexität der dauernd ablaufenden Vorgänge nicht bewusst, weil die **Filterfunktion** unseres Gehirns einen großen Teil der Eindrücke und Reize unterdrückt, um uns vor einer permanenten Überforderung zu schützen.[10]

Was – von außen oder innen kommend – weggefiltert wird und was ins Bewusstsein durchdringt, wird von Augenblick zu Augenblick **beeinflusst vom Ziel, das ich verfolge**. Das Ziel mag ein klares sein (ich habe Lust auf ein Sandwich, dann springt mir eine Imbissbude ins Auge, an der ich sonst achtlos vorbeigegangen wäre) oder ein vages (ich brauche etwas, das mich stimuliert oder unterhält, dann lasse ich mich von allen möglichen Belanglosigkeiten ablenken, die bei konzentriertem Handeln unbeachtet blieben). Komplexer wird die Sache dadurch, dass ich meist mehrere, zum Teil sich widersprechende Ziele in mir herumtrage. **Beeinflusst wird der Filtervorgang zudem von meinem Gemütszustand.** In einem Zustand der Nervosität nehme ich zumeist weniger Einzelheiten um mich herum wahr als in einem Zustand der Gelassenheit.

Einen wesentlichen Beitrag zum Filtervorgang leistet schließlich die **Macht der Gewohnheit**, die eine **weitere Schleierschicht über unsere Wahrnehmung** legt. Ein gutes Beispiel hierfür ist das Autofahren. Permanent einzuordnende Sinneswahrnehmungen, Überlegungen und Anpassungen bezüglich der Richtung unseres Fortbewegens und stetes Reagieren auf die Fahrmanöver anderer Verkehrsteilnehmer bedingen vielfältige manuelle Handlungen, damit wir sicher von A nach B gelangen. Und doch läuft das alles, falls keine außergewöhnliche Verkehrssituation eintritt, mit einem

---

10 Es gibt Menschen, bei denen dieses Filtern nur ungenügend funktioniert. Dazu gehören primär solche, die man in das Autismus-Spektrum einordnen kann. Situationen, die für „gewöhnliche" Menschen locker zu bewältigen sind, lösen bei ihnen aufgrund einer unkontrollierbaren Reizüberflutung Panikattacken aus.

hohen Grad an erfahrungsbasierter Automatik ab, sodass unser körperlich-mental-seelisches System nicht allzu stark strapaziert wird.

Die Macht der Gewohnheit deckt sich weitgehend mit der **Macht der Vertrautheit**. Die Beine unseres Wohnzimmertisches, selbst wenn sich diese voll in unserem Gesichtsfeld befinden, nehmen wir nur ganz selten bewusst wahr (es sei denn, der Tisch ist neu). **Gewohnheit bzw. Vertrautheit** können aber zu einer **Falle auf dem Entwicklungsweg** werden. Wenn uns der Großteil unseres täglichen Lebens etwa so spannend wie ein Tischbein erscheint; wenn uns unsere Mitmenschen, unsere Tätigkeiten oder die Naturphänomene, denen wir begegnen, kaum noch aus der zunehmenden Dumpfheit zu reißen vermögen, aber umgekehrt vieles davon zu unserer Sorgenlast beiträgt, bleibt immer weniger Raum und Luft für einen positiven Entwicklungsprozess.

Statt auf dem Weg zur Bushaltestelle am Morgen die frisch aufgegangenen Knospen an den Bäumen am Straßenrand zu bestaunen, denke ich an das zu erwartende Gedränge im Bus. Statt neue Seiten an meinen Mitmenschen zu suchen, fokussiere ich nur noch auf das, was mich an ihnen nervt oder neidisch macht. Statt in ihrer Verschiedenfarbigkeit nehme ich die Wirklichkeit vor allem in Grautönen wahr. So wird scheinbare Vertrautheit zu bedrückender Routine. Der Grad der Selbstbezogenheit nimmt dabei sukzessive zu. Wir suchen dann Fluchtwege – intensiveres Erleben durch Ablenkungen, die uns aber ihrerseits wieder mit einem schalen Nachgeschmack zurücklassen. Es müssen stets neue Erlebnisse her, prickelndere, aufregendere. Schließlich besteht die Gefahr, dass der Fluchtweg der Ablenkungen zu einer Sackgasse der Sucht wird. Oder wir versinken, meist aufgrund eines Leides, von dem sich die Aufmerksamkeit nicht lösen kann, in Stumpfheit oder Niedergeschlagenheit bis hin zur Depression.

Bei solchen Abwärtsspiralen (Gewohnheit – Dumpfheit oder Leiden – Flucht oder Depression) wird die **Wahrnehmung** – die äußere wie die innere – **generell beeinträchtigt**.

So weit also zur Frage, warum wir nur so wenig von der Wirklichkeit in all ihren reichhaltigen Facetten von Augenblick zu Augenblick wahrnehmen – sowie zu den möglichen Folgen, wenn kein Bewussterwerden und kein zumindest partielles Entfernen solcher Schleierschichten einsetzt.

Und nun zur *zweiten Frage*: Warum erkennen wir das oben beschriebene Zusammenspiel von Sinneseindrücken, inneren Vorgängen und äußerem Handeln so selten als solches? Warum nehmen wir es eher diffus wahr und unterscheiden die Einzelelemente kaum voneinander?

Einerseits deshalb, weil die meisten dieser **Abläufe sehr rasch** vor sich gehen und die Unterscheidungen subtil sind. Der Hauptgrund ist aber ein anderer: **Wir sind gewöhnlich in einem hohen Maß abwesend.** Natürlich nicht körperlich, aber geistig.

Eine Ursache dafür liegt in der mit zunehmendem Alter auch zunehmenden Routine, wie oben beschrieben. Schauen wir aber genauer hin: Was passiert, wenn wir nicht im Hier und Jetzt präsent sind? Grob gesagt, kann die geistige Abwesenheit im Wachzustand zwei Formen annehmen: Die eine ist **Absorption.** Wir „verlieren" uns in einer Aufgabe oder einem äußeren oder auch inneren Vorgang. Das heißt, wir verlieren weitgehend die Achtsamkeit auf das, was sonst noch in uns und um uns herum vorgeht. Es kann sich dabei beispielsweise um Gartenarbeit (aktive Absorption) oder einen Film (passive Absorption) handeln. Oder wir sind einfach am Grübeln. Ein Gradmesser für die Geistesabwesenheit ist das Ausmaß, in dem wir aufschrecken oder verstört sind, wenn uns jemand aus dieser Absorption herausreißt. Unsere Stimmung nach einer solchen Phase, wenn sich unser Bewusstsein wieder ins Hier-und-Jetzt ausweitet, hängt stark von der Qualität dessen ab, was uns so in Anspruch genommen hat (der Film war echt lausig/das war wirklich ein spannender Vortrag).

Nicht gemeint hier ist die **wache Absorption**, wenn wir uns in einem „Flow" befinden (siehe Seite 237), in dem wir ohne Sonderanstrengung kreativ wirksam sind und uns alles leicht von der Hand zu gehen scheint. Selbstvergessen sind wir dann im Sinn von „egovergessen", aber gleichzeitig sind wir achtsam und präsent, also **geistesgegenwärtig**. Nach einer solchen Phase bleibt unweigerlich ein Gefühl von Erfüllung zurück. Im Alltag erleben wir „Absorption" oft als fluktuierend zwischen ihrer geistesgegenwärtigen und ihrer geistesabwesenden Form.

Die zweite Art der mangelnden Präsenz ist die **Zerstreutheit**, der umherschwirrende Geist. Den anstehenden Alltagsaufgaben teilen wir gerade so viel Prozent unserer gesamten Aufmerksamkeit zu, wie für deren Bewältigung nötig sind. Automatismen und eingeübte Reaktionsmuster sorgen dafür, dass in vielen Fällen schon ein kleiner Prozentsatz genügt. Mit dem Rest gehen wir auf Gedankenreisen. Von Außenreizen lassen wir uns immer wieder in neue Richtungen weglocken. Wir verlieren uns kurz in selbstgeschaffenen Vorstellungswelten. Wir führen imaginäre Gespräche. Oder wir sind am Wiederkäuen eines vergangenen, konfliktgeladenen Ereignisses, meist ohne das geringste Bewusstsein dafür, wie subjektiv und fragmentarisch unsere „Erinnerung" an dieses Ereignis in Wirklichkeit ist. Die meist in rascher Folge ablaufenden Gedanken- und Fantasieexkurse sind von entsprechenden Emotionen begleitet, die im gleichen Maß Energie und Aufmerksamkeit in Beschlag nehmen, wie solche, die von „realen" Vorkommnissen ausgelöst werden.

Im Hier und Jetzt sind wir also – ohne entsprechende Übung – in vielen Phasen des Alltags nur tief- bis mittelgradig präsent.

„Ja, ich komme." In fünf Minuten beginnt das Spiel, ich begebe mich zu unserer zwölfjährigen Tochter und ihren Rechenaufgaben.

„Wieso …?", beginnt Jana.

„Du musst einfach die Strecke berechnen und dann durch 80 teilen – die Geschwindigkeit – und dann hast du die Zeit."

„Wie …?"

„Jana, versuch's doch einfach und ich komm später vorbei und schau, ob alles stimmt, okay?"

Ich eile zum Kühlschrank und hole mir ein Bier. Ein weiteres steht für die zweite Halbzeit bereit. Hab ich mir verdient.

Barcelona legt mit hohem Tempo los. Rasche Passfolgen. Kaum hat der Gegner mal den Ball, erobern die Barça-Spieler ihn mit enormem Laufaufwand gleich wieder zurück.

„Komm doch mal, bitte!", höre ich Michaela vom Schlafzimmer aus rufen. „Warum liegen deine Kleider kreuz und quer auf dem Bett herum?"

„Ich räum sie in der Pause weg, okay?"

„Nicht okay. Ich will JETZT die Bettwäsche wechseln."

„Scheiße." Ich springe auf – und stoße die Bierflasche um. „Merde!" Ein Sprung, um die Flasche aufzufangen, bevor sie auf den Boden rollt, und ich stoße mit dem Schienbein kräftig gegen die Kaffeetischkante. „SHIT!"

„Schrei nicht so! Und ich hab den Lärm vom Fernseher satt! Bis da oben satt! Lärm den ganzen Tag schon im …"

„ICH KOMM JA SCHON!"

Stellen Sie sich einmal vor, dass alles, was in Ihrem Kopf vorgeht, eine viertel Stunde lang in Ton und Bild ungefiltert vor der ganzen Nachbarschaft ausgestrahlt würde. Was für eine Abfolge von x-fach wiederholten Belanglosigkeiten und Kleinlichkeiten, von Urteilen über alle und alles, von Begehrlichkeiten, von durch Sorgen aufgeblähte Visionen von Missgeschick und Unheil, von scheinbar zusammenhangslosen Erinnerungsfetzen, von unausgegorenen Fantasien, von teils widersprüchlichen Gedankenfragmenten, immer wieder begleitet von einzelnen Impressionen aus dem Umfeld. Das allermeiste davon ist selbstbezogen. Unter dieser Flut würden die paar vernünftigen Einsichten sowie die wenigen Ideen und Pläne, die wir zu Ende denken, wohl untergehen.

Erkenntnis Nummer eins: Dies ist wohl – erschlossen aus Selbstbeobachtung und der Annahme, dass ich nicht wesentlich anders ticke als andere, sowie aus allen mir sonst zur Verfügung stehenden Informationen – die Realität in den Köpfen eines Großteils der Erdbevölkerung. Wir brauchen uns also nicht zu schämen.

Erkenntnis Nummer zwei: Was erkannt wird, lässt sich ändern.

Erkenntnis Nummer drei (an dieser Stelle ist dies noch eine Behauptung, die im Lauf des Buchs untermauert werden soll): Bei reiferen Menschen gleicht die Abfolge von Gedanken und Vorstellungen mehr einem ruhigen Fluss und weniger einer chaotischen Flut; außerdem sind die Gedanken und Vorstellungen *insgesamt* weniger vage und bruchstückhaft, etwas weniger selbstbezogen und wohl auch insgesamt von höherer Qualität (also der Nachbarschaft eher zumutbar).

„Erkenne dich selbst!", ist eines der Leitmotive der klassischen griechischen Philosophie. Denn nur so können wir in entscheidendem Ausmaß auf unser Verhalten Einfluss nehmen und das ändern, was wir als änderungsbedürftig erkannt haben. Dazu braucht es eine Bereitschaft zur „**Innenschau**"[11]. Und für eine auf Langfristigkeit angelegte, erhellende Innenschau ist wie schon gesagt die Meditation (samt meditativen Alltagsübungen) ein hervorragendes Werkzeug.

Eine Hauptthese dieses Buches lautet: **Ohne Bewusterwerden kein Reifen**. Zum Bewusterwerden gehört nicht nur eine entnebelte Sicht auf das, was uns antreibt, sondern auch größere Klarheit über die Art, wie unser sogenanntes Wissen zustande kommt, auf das wir im Alltag bauen. Und auch Klarheit über die Möglichkeiten und Grenzen der Sprache, mit der wir dieses Wissen bzw. das, was uns bewusster geworden ist, in Begriffe zu fassen

---

11 Ich ziehe diese Bezeichnung dem ebenfalls häufig verwendeten Begriff „Introspektion" vor, denn bei letzterem klingt das Wort „Inspektion" an und verleiht ihm so einen stark urteilenden Beigeschmack. Beim Blick nach innen geht es jedoch in erster Linie um Erkenntnis und, wenn überhaupt, erst in zweiter Linie um ein Werturteil.

versuchen. Deshalb wird dem Wissenserwerb und der Sprache im Folgenden je ein Kapitel gewidmet, bevor wir uns der Meditation als einen weiteren Zugang zur Wirklichkeit zuwenden.

Zum Abschluss sollen die oben ausgeführten Alltagsvorgänge nochmals zusammengefasst werden: Es findet (im Wachzustand) eine praktisch permanente **Interaktion** von **Außenwahrnehmungen**, **inneren Vorgängen** und **eigenem Agieren** (Sprechen/Handeln) statt. Diese Interaktion läuft – ununterbrochen – ungefähr so ab: Sinnes- und Stimmungsaufnahme aus dem Umfeld, unbewusstes Filtern dieser Wahrnehmungen, emotionale Reaktionen, Handlungsimpulse, gedankliche Deutung sowie Eingliederung in den Strom der vorhergehenden Gedanken und Emotionen. Dieser Strom wird zeitweise angereichert mit assoziativ hinzukommenden Erinnerungen, Erwartungen und Fantasievorstellungen sowie Trieb- und Willensschüben und wird, kraft all dieser Elemente, in stets wechselnde Richtungen geleitet. Aus diesem Strom heraus erfolgt reaktives bzw. gewohnheitsmäßiges (weit seltener: bewusst gewähltes) Sprechen und/oder Handeln, was seinerseits wiederum Eindrücke, Gedanken und Reaktionen auslöst. Wohlgemerkt: All dies ist nichts Spezielles, nichts Berichtenswertes. So sieht unser ganz normaler, von außen gesehen meist ziemlich ereignisarmer Alltag aus, wenn wir ihn genauer unter die Lupe nehmen.

2.1.2 Vom Erfassen der Wirklichkeit (Verstand – Gefühl – Intuition)

Bengt verlässt nach einem Interview für eine Stelle als Websiteredaktor das Bürogebäude der Firma und setzt sich in ein nahe gelegenes Teehaus. Dort läuft das Interview wie ein Film vor seinen Augen ab. Mit dem **Verstand** geht er den Dialog nochmals durch. Eigentlich gab es keine Fragen, die ihn wirklich aus der Bahn geworfen haben, eigentlich wusste er auf alle eine Antwort. Was er sagte, war vielleicht nicht unbedingt brillant oder originell, aber doch, so denkt er, eigentlich sachgerecht. Sein **Gefühl**, merkt er, wirft penetrant dieses „eigentlich" auf. Etwas macht ihn unzufrieden. Nun geht der Verstand hierauf ein und versucht zu analysieren. Es muss an der Körperhaltung der Abteilungsleiterin gelegen haben. Auch ihr Ton war konstant förmlich, sie strahlte keinerlei Willkommenswärme aus. Vielleicht ist sie aber immer so? Eine Woche später erhält Bengt eine Zusage der Firma. In der Folge reiht sich bei ihm eine Vorstellung zum Thema „Bewerbungsgespräch" in sein Bild der Wirklichkeit ein, die etwa so aussieht: es handelt sich dabei um ein formelles, unpersönliches Treffen, verbunden mit einem Gefühl der Verlorenheit – man weiß nie, woran man ist. Dieses „Wissen" wird erst Jahre später bei einem erneuten Stellenwechsel infrage gestellt, nachdem er ein offenes und warmherziges Gespräch mit dem zuständigen HR-Manager erlebt hat.

Im folgenden Fall kommt ein weiteres Element ins Spiel: Ein Kollege erzählt Elisabeth, die letzte Referentin beim Seminar mit dem Thema „Altern in Würde" sei eine *weise* Frau gewesen. Hier beginnt das Verstehen bei Elisabeth mit dem **intuitiven** Erfassen von „weise". Als Ganzes, ohne Bedarf an Einzelheiten. Als Elisabeths Kollege fragt, ob sie sich vorstellen könne, was er damit meint, sagt sie ohne zu zögern ja. Irritiert vielleicht von der allzu raschen Antwort, fragt er nach, was *sie* denn unter „Weisheit" verstehe. Erst hier gerät Elisabeth ins Stocken. Der Verstand wird eingeschaltet; gleichzeitig muss sie aber auch intensiv nachspüren. Dann schlägt sie, etwas verunsichert, folgende Begriffe vor: gelassen, mit einem Sinn für Wichtiges, wohlwollend, Ruhe ausstrahlend. „Ja", bestätigt ihr Kollege, „und zudem hat sie einen wunderbaren Humor." „Das wollte ich auch gerade erwähnen", sagt Elisabeth und strahlt. Ihr Vertrauen in die eigene Fähigkeit, Dinge zu erfassen, ist wiederhergestellt.

Gehen wir nun von spezifischen Fällen zum Phänomen des Wissenserwerbs im Allgemeinen über. Denn es geht in diesem Buch um Reifen, und bei einem Reifungsprozess ist das kritische Hinterfragen des eigenen Welt- und Selbstbildes ein essenzielles Element, ohne das ein „Ausbruch" aus gewohnheitsmäßigen Denk- und Handlungsweisen kaum möglich ist.

Unser **Gesamtbild der Wirklichkeit** (dazu zählt unser Selbstbild, Menschenbild und Weltbild) beruht auf einem Grundgerüst an **subjektivem Wissen**. Warum subjektiv? Weil es sich bei unserem Wissen nicht, wie man vielleicht spontan meinen könnte, um ein Gebäude aus Fakten handelt, sondern um eine ganz persönliche Ansammlung von gewerteten und gewichteten Informationen, Erfahrungen, Vorstellungen, Erinnerungen und Schlussfolgerungen. Schauen wir die Wissensarten im Einzelnen an: Da gibt es natürlich die *nachweisbaren Fakten* (Paris ist die Hauptstadt von Frankreich; meine

Schwester ist verheiratet). Dann gibt es das *praktische Wissen* (wie man die Waschmaschine bedient) und das *Sachwissen* (wie die Waschmaschine von innen aussieht; wie sie funktioniert). Damit hört die Objektivität bereits auf. Weitere Komponenten unseres Wissens bilden sich durch die jahrelange *Verarbeitung* von *eigenen Erfahrungen* sowie von direkt oder indirekt zur Kenntnis genommenen *fremden Erfahrungen* (dazu gehört auch alles, was wir lesen und hören). Schließlich *spüren* wir noch vieles, und auch das wird in den Mix integriert. Aus all diesen Komponenten ziehen wir – viel häufiger unbewusst als bewusst – *Schlüsse (bzw. subjektive Querverbindungen)*, und aus den angesammelten Schlüssen ergibt sich eine gewisse *Geisteshaltung*. Diese **Geisteshaltung** ist besonders wirkmächtig in Bezug auf unser Weltbild, denn sie spielt, zusammen mit der psychischen Verfassung, bei der **Auswahl** aus den unendlich vielen zur Verfügung stehenden Informationen, Eindrücken und Erinnerungen bzw. bei deren **Ausblendung** oder **Verdrängung** eine zentrale Rolle.

Die Beispiele zu Beginn des Kapitels machen es klar: Unsere Aneignung von Erkenntnis findet auf verschiedenen Ebenen statt. Da gibt es die *intellektuelle Ebene*, die memorisiert, analysiert, systematisiert und logische Schlüsse zieht und so **faktisches Wissen** sowie **sachlich begründbare Ansichten** beisteuert. Dann die *gefühlsmäßige Ebene*, wo, stark beeinflusst auch von emotionalen Reaktionen, konkrete Gegebenheiten mit unserem Sensorium für Empathie wahrgenommen und gewertet werden, was zu **empathischen Einsichten** führt. Und eine weitere Dimension des Wissens gibt es noch, und diese ist für unsere Zwecke unentbehrlich, nämlich die *intuitive Ebene*. Aus dieser Dimension steigen **fundamentale Ahnungen** auf, sofern der Zugang dazu nicht durch seelisch-geistige „Kontraktion" aufgrund von Ängsten, Begierde, Wut, Niedergeschlagenheit, Hochmut usw. blockiert wird. Dieser Ebene entspringt jenes sofortige, begriffslose Verständnis von „weise" im obigen Beispiel. Solch intuitives Wissen bildet sozusagen die Grundierung unseres Selbst- und Weltbildes (mehr hierzu unten).

Tendenziell ist das empathisch erfasste Wissen subjektiv bzw. persönlich, das intuitiv erfasste transpersonal. Das heißt, die Quelle von Letzterem ist unfassbar. *C.G. Jung* (1875–1961), der ganzheitlich denkende Psychologe, brachte Intuition mit dem kollektiven Unbewussten in Zusammenhang. Intuitives ist eher unabhängig vom Raum und den uns umgebenden Menschen, Gefühltes hingegen nehmen wir oft aus dem Umfeld auf. Letztlich ist es aber müßig, darüber zu streiten, ob bei einer nicht rein logisch-empirisch fassbaren Einsicht der gefühlsmäßige oder intuitive Anteil größer ist. Verstand, Gefühl und Intuition arbeiten zusammen, wenn auch anteilsmäßig je nach Fall verschieden. Sie mit rationalen Mitteln auseinanderzudividieren, gelingt deshalb nur ansatzweise. Das vielleicht beste Unterscheidungsmerkmal ist ihre Geschwindigkeit, denn in ihrer Zusammenarbeit sind sie nicht synchron: Am schnellsten ist die Intuition („die Einsicht kam blitzartig", heißt es manchmal); das gefühlte Wissen seinerseits steht schneller zur Verfügung als das gedachte. Diese Unterschiede in der Erkenntnisgeschwindigkeit zeigen sich beispielsweise, wenn ein intuitiv-extrovertierter Mann (gemäß Jungscher Typologie, siehe Seite 250) die Sätze seiner Gesprächspartner zu Ende spricht, bevor diese sie zu Ende gedacht haben, weil er intuitiv ahnt, was kommen wird (eine Angewohnheit, die er im Rahmen seines Reifeprozesses erkennen und sich rasch abgewöhnen sollte).

Betrachten wir das **Zusammenspiel von Verstand, Gefühl und Intuition** nochmals anhand eines Beispiels: Richard argwöhnt, dass der alleinstehende Nachbar ein Auge auf seine Frau Laura geworfen hat. Diese Vorstellung stammt in erster Linie aus dem, was er *gefühlt* aus den Begegnungen zu dritt aufgenommen hat (vor allem aus der Wortwahl und Tonlage des Nachbarn sowie seiner Art, Laura anzusehen). Diesem beigemischt werden *vermeintlich sichere Fakten* über ihn (Richard ist zu Ohren gekommen, dass dieser Nachbar schon mehrere Partnerschaften in kurzer Folge hinter sich habe), Richards Projizierung der eigenen Vorlieben und Triebe und die dadurch ausgelösten emotionalen Regungen. All dies zementiert den Verdacht. Dem gegenüber steht das kurze und gefühlt aufrichtige Beteuern seiner Frau, dass sie definitiv nicht interessiert sei. Eines Morgens wacht Richard auf mit einer *plötzlichen inneren Klarheit*, dass er übertrieben habe und der Nachbar keine Gefahr für seine Ehe darstelle. Woher diese Sicherheit kommt, ist ihm schleierhaft. Sie vergeht wieder; Richards Zweifel kehren zurück. Das Spiel kann weitergehen.

Wichtiger als ein analytisches Auseinanderdividieren ist es für unsere Lebenspraxis, den Gebrauch und die Koordination dieser wunderbaren Erkenntnisinstrumente zu optimieren. Konkret kann das heißen, den Verstand nicht durch einen Schwall an Gefühlen zu vernebeln. Oder umgekehrt, uns nicht durch die Beschränkung auf verstandesmäßig Erfassbares den Zugang zu nuancierteren, wenn auch weniger fassbaren Einsichten zu verbauen.

Auch für das gegenseitige Verständnis sind gefühlsmäßige und intuitive Bestandteile unerlässlich. Ein weiteres Beispiel soll dies illustrieren (auch um zu zeigen, dass das intuitive Verständnis von „Weisheit" keinen Sonderfall darstellt): Nehmen wir den Satz „Wir sind alle mitgeprägt von der Gesellschaft, in der wir leben." Unproblematisch, nicht wahr? Absolut verständlich. Und doch, wie definiert man eigentlich „Gesellschaft"? Ist es das Umfeld (wie immer dieses einzugrenzen ist)? Die Nation? Die Sprachgemeinschaft? Der „Westen" im Gegensatz zum „Osten"? Die Summe aller Menschen, mit denen ich direkt oder indirekt zu tun habe? Aber dann wäre meine Gesellschaft eine andere als die meines Bruders. Nichts passt. Und doch wird kaum jemand reagieren mit: „Ich verstehe diesen Satz nicht." Wir *erahnen* (wie beim Wort „weise"), was mit „Gesellschaft" gemeint ist. Mehr noch, es ist ein **gemeinsames Erahnen**. Es gibt ein transpersonales Bewusstsein um die Bedeutung des Wortes. Das Verständnis kommt aus einer tief verankerten, intuitiven Wissensquelle, und beim Schöpfen aus dieser Quelle wirken Gespür, Einfühlen und Intellekt zusammen. Und es bestätigt sich, was zum Ablauf des Verstehensprozesses schon gesagt wurde: *Zuerst* kommt das intuitive Erfassen, *dann* erst das Ringen um Details, um die möglichst präzise sprachliche Ausformulierung. Ein rein rational erworbenes Wissen, ohne ein empathisches und intuitives (ganzheitliches) Verstehen, wäre derart fragmentarisch und von Mensch zu Mensch verschieden, dass sich jeder sprachliche Austausch als äußerst mühsam, in vielen Fällen sogar als unmöglich erweisen würde. Umgekehrt würde eine Vernachlässigung des Verstandes zu diffusen und ebenfalls schwierig zu kommunizierenden Wissensinhalten führen. Alle drei – Denkvermögen, Einfühlungsvermögen und Offenheit für Intuition – sind also unabdingbar.[12]

Die drei arbeiten laufend zusammen. Sie funktionieren dabei aber auch als **gegenseitige Kontrollinstanz**. Was bedeutet, dass Verstand, Gefühl und/oder Intuition fallweise **miteinander in Widerstreit** liegen können.

---

12 Grob gesagt, verläuft die Unterscheidung dieser drei Arten des Erfassens von Wirklichkeit parallel zu jener zwischen intellektueller, emotionaler und spiritueller Intelligenz, gemessen oder ausgedrückt als IQ, EQ und SQ. Wenn zuvor nach Geschwindigkeit unterschieden wurde, so jetzt nach Subtilität bzw. Messbarkeit. Schon IQ-Tests werden heute nur noch als Einschätzung, nicht mehr als genaue Bestimmung des Denkvermögens betrachtet. Noch weniger messbar ist die emotionale Intelligenz (EQ), und wie soll die subtilste der drei, die spirituelle Intelligenz (SQ), empirisch eingefangen werden?

Ich war damals vierzehn, Jean demnach zwölf und Mira acht. An dem Tag, als unsere Mutter Jean und mich zu sich rief. An dem Tag, als sie uns mitteilte, dass unser Vater, der nach seinem Autounfall in Frankreich schon auf dem Weg zur Besserung war, nicht mehr nach Hause zurückkehren wolle. Es blieb aber nicht bei dem einen Schock, der allein schon unsere Welt auf den Kopf stellte. Unsere Mutter machte uns klar, dass sie ihn nie hätte heiraten sollen.

„Ich hätte auf mein Bauchgefühl hören sollen."

„Warum kommt er nicht mehr zurück?", fragte Jean.

„Warum hast du ihn dann geheiratet?", schoss es aus mir hervor.

Wir schauten uns alle drei an, schweigend, Jean kreidebleich. Eine unsägliche Wut stieg in mir auf, zusammen mit der immer deutlicher werdenden Gewissheit, dass unser Leben nie mehr das Gleiche sein würde.

Unsere Mutter versuchte nach und nach, uns ihre Seite der Geschichte klarzumachen. Sie war nicht mehr die Jüngste, als sie unseren Vater kennenlernte. Er war ein gut aussehender Franzose, der Deutsch mit einem charmanten Akzent sprach und aus Geschäftsgründen regelmäßig in unsere Stadt reisen musste. Und er machte ihr den Hof. Ihre Freundinnen beneideten sie. Da habe sie ja gesagt. Obwohl sie schon zu jener Zeit merkte, dass er ihr kaum je in die Augen blickte, wenn sie miteinander sprachen.

Ein Hochzeitsfoto habe ich noch. Anna und Arnaud. Sie strahlt. So kann man sich von einer Momentaufnahme täuschen lassen.

Als er mehrere Tage lang nicht nach Hause kam, war das für uns nichts Ungewöhnliches. Als Kontrolleur von Werkbänken zur Herstellung von Präzisionsinstrumenten war er viel unterwegs. Frankreich, Deutschland, Schweiz, Österreich. Dann erhielten wir die Nachricht vom Unfall in der Nähe von Lyon. Er lag verletzt im Krankenhaus. Meine Mutter fuhr hin; unsere Großmutter zog für ein paar Tage zu uns ins Haus. Und schließlich jener Tag, an dem meine Mutter zurückkam. Ich erinnere mich noch, dass sie Jean und mich genau dann zu sich rief, um uns die Nachricht zu übermitteln, als Großmutter einkaufen gegangen war. Heute weiß ich, dass sie sich schämte. Sie hat wahrscheinlich nie aufgehört, sich zu schämen. Bis sich vor wenigen Jahren die Demenz bemerkbar machte.

Bei der Heranbildung eines Gesamtweltbildes lässt sich eine große **Bandbreite** an Klarheit, Differenziertheit und Lernbereitschaft feststellen. Wie bei so vielen anderen Themenpunkten in diesem Buch gibt es dabei kein Entweder-Oder, kein Schwarz-Weiß. Die **Unterschiede** sind **graduell**. *Am einen Ende der Skala* befinden sich diejenigen Menschen, deren Bild der Welt und des Menschseins unreflektiert und voller Stereotype, Generalisierungen und

Vorurteile ist. Ein Bild ferner, über welches sie wenig Kontrolle haben, denn es dringt nur wenig davon klar in ihr Bewusstsein durch. Tendenziell sind solche Menschen auch für ein Lernen über Fach- und Sachkenntnis hinaus kaum offen (Haltung: Ich weiß ja sowieso Bescheid, und was ich nicht weiß, interessiert mich nicht), und somit auch kaum geübt im bewussten Umgang mit subtileren – empathischen oder intuitiven – Wahrnehmungen. *Am anderen Ende der Skala* sind Menschen, die neugierig sind auf weit mehr als nur das, was nützlich ist; die der Sehnsucht nach Verständnis des großen Ganzen Raum und Zeit geben; die außerdem fähig sind, empathische und intuitive Wahrnehmungen bewusst zu registrieren, abzuwägen und einzuordnen. Und die in Anerkennung der Beschränktheit und Subjektivität des eigenen Wissens bereit sind, das **eigene Bild der Wirklichkeit** fortlaufend mit Input von außen **abzugleichen, zu korrigieren, zu verfeinern und zu erweitern**.

Irgendwo zwischen diesen Extremen befinden Sie sich zurzeit. Irgendwo befinde ich mich. Es geht nicht um eine Rangordnung; Reiferwerden ist kein Wettbewerb. Wichtig ist allein der **Wille**, sich in Richtung einer klareren und differenzierteren Erfassung der Wirklichkeit **weiterzuentwickeln**.

Schauen wir die drei Erkenntnisebenen nun im Einzelnen etwas genauer an. Daneben sollen weitere Begriffe aus dem gleichen Bedeutungsfeld erläutert werden. Nicht um allgemeingültige Definitionsversuche geht es dabei, sondern vielmehr um Klarstellung, wie diese Begriffe im vorliegenden Buch verwendet werden.

Verstand

„Verstand" bezeichnet das Instrument, das einen rationalen Umgang mit Input aller Art ermöglicht. Er zieht logische sowie verallgemeinernde Schlussfolgerungen aus Gehörtem, Gesehenem, Gelesenem, Gespürtem und aus Erfahrungen. Durch ihn werden Letztere auch kategorisiert, was wiederum verhindert, dass unser Gedächtnis aus einem unbrauchbar chaotischen Sammelsurium an ungeordneten Fakten und Eindrücken besteht. Er trägt bei zur laufenden Beurteilung dessen, was wir wahrnehmen und was uns widerfährt. Er stellt ferner Bausteine zur Verfügung für Vorstellungen beim bildlichen Denken. Überprüfen Sie einmal bei sich selber: Wie viel von Ihrem Denken ist **sprachlich ausformuliert**, wie viel besteht aus diffusen bis klaren **inneren Bildern**?

Der Verstand bedient sich beider Methoden. In Bildern zu denken, ist oft einfacher und erspart uns die Mühe des Formulierens. Sprache wiederum ist im Kopf oft als Widerhall von Gehörtem oder Gelesenem vorhanden und wird verwendet, um sich Dinge klarer zurechtzulegen. Und natürlich auch, um zu kommunizieren und somit soziale Kontakte aller Art in Gang zu halten. Der Verstand ist ein wunderbares Werkzeug, aber er hat seine Grenzen. Das stellen wir jedes Mal fest, wenn wir um Worte ringen, obwohl wir genau spüren, was wir eigentlich formulieren möchten.

Gefühl

Mit „Gefühl" ist hier ein **empathisch erspürtes Wissen** gemeint. Unser Gefühl unterscheidet feiner als der Intellekt. Da es aber vom Denken und von der emotionalen Wetterlage wesentlich beeinflusst und zum Teil beeinträchtigt wird, kann es sich, wenn ausformuliert, genauso leicht als irrig wie als zutreffend erweisen. Um einen irrigen gefühlsmäßigen Schluss handelt es sich beispielsweise, wenn Menschen aufgrund von bruchstückhaften Informationen einerseits und starken Emotionen andererseits das „Gefühl" haben, die Anzahl von Schwerverbrechen in ihrem Land sei am Zunehmen, obwohl Statistiken klar belegen, dass sie in Tat und Wahrheit rückläufig ist.

Schauen Sie sich ein paar Videos an – auf YouTube oder anderswo – auf denen Menschen sich zu einer kontroversen Angelegenheit äußern (Migration, Umweltgefährdung, Kapitalismus usw.). Es soll dabei weniger um den Inhalt gehen (darum kümmert sich der Verstand), sondern um den *Geist* hinter dem, was gesagt wird, nämlich einen im ethischen Sinn guten oder weniger guten. Dieser verrät sich stärker durch die Sprechweise (Wortwahl, Tonfall) sowie die Mimik und Gestik der Sprechenden als durch die Aussagen selbst. Wirkt das, was gesagt wird, mehrheitlich wohlwollend, respektvoll und authentisch? Oder eher zynisch, abwertend und/oder unauthentisch (die Person sagt das, was ihr nützlich erscheint)? Dies stellen wir, bewusst oder unbewusst, mit unserem **Gefühlssensorium** fest (auch Einfühlungs- oder Empathievermögen genannt; alle drei Begriffe sollen hier synonym verwendet werden). Die Beurteilung solcher Aussagen erfolgt jedoch gemäß unserer eigenen Geisteshaltung. Und natürlich suchen wir am ehesten nach solchen Aussagen, die mit unserer eigenen Haltung in Resonanz treten.

Beim Gefühlssensorium geht es, wie gesagt, um ein laufendes Erfassen von Signalen – etwa einem Gesichtsausdruck – und Schwingungen. Es nimmt zum Beispiel die Spannung in einem Raum oder die lebendige Ruhe einer blühenden Wiese wahr. Gefühl in diesem Sinn könnte man auch als ein **aus den Umständen erspürtes Wissen** bezeichnen, was in einem alltäglichen

Satz wie „Ich habe das Gefühl, dass er nicht kommen wird" deutlich zum Ausdruck kommt. Niemand würde sagen: „Ich habe die Emotion, dass er nicht kommen wird" (siehe dazu die Erläuterungen zu „Emotion" unten). Von diesem gefühlten Wissen dringt bei Weitem nicht alles ins Bewusstsein durch. Das meiste bleibt vage, nur manches findet in Vorstellungen oder Gedanken eine Ausprägung. Denn diese weisen klarere Konturen auf und sind somit leichter „festzuhalten". Wie gesagt, das gefühlte Wissen kann sich, genau wie das verstandesmäßige, als Täuschung oder Illusion erweisen. Ob irrig oder nicht, im erlebten Augenblick sind unsere Gefühle, ebenso wie die affektiv hochschwappenden Emotionen, jeweils eine reell wirksame Kraft.

Das Einfühlungsvermögen vermittelt uns auch Stimmungslagen. Um einen anderen Ausdruck zu verwenden: Wir nehmen damit **Energiefelder** wahr. Und zwar ob wir wollen oder nicht. Stellen Sie sich folgende Situation vor, die Ihnen wahrscheinlich bekannt vorkommt: Im Vorfeld eines schwierigen Gruppentreffens nehme ich mir vor, Ruhe zu bewahren und mich keinesfalls zu unüberlegten Aussagen hinreißen zu lassen. Dieser Gedanke allein beruhigt mich bereits; ich betrete den Raum mit Zuversicht. Es kommt anders. An einem bestimmten Punkt des angelaufenen Gesprächs merke ich plötzlich, dass ich entnervt am Schreien bin. Was ist passiert? Während ein eher ruhiges Energiefeld mich umgab, als ich noch allein war, ließ ich mich in das Gesamtenergiefeld der versammelten Personen, das wesentlich mehr Spannungen enthielt, hineinsaugen. Natürlich begann sich die Negativität auch in mir auszuwirken. Natürlich deshalb, weil ich mir dieses Phänomens völlig unbewusst war.

Wenn wir an dieser Stelle wieder den Bogen zu unseren Hauptthemen schlagen, so schälen sich zwei wichtige Punkte heraus: Um uns unseres eigenen Verhaltens bewusst zu werden und dieses besser steuern zu können, müssen wir auch das Phänomen der Energiefelder und ihre Auswirkungen auf uns kennen. Und zweitens, wie in den nachstehenden Kapiteln ausgeführt, ist Meditation ein ausgezeichnetes Hilfsmittel, um dies zu erreichen.

Emotion

Das Wort „Emotion" soll im Sinn einer unmittelbaren, affektiven **Reaktion** auf Wahrnehmungen, Gedanken und innere Bilder verwendet werden. Vielleicht kommt jetzt der Einwand, Emotionen seien auch Reaktionen auf Situationen. Aber: Situationen erleben wir immer nur durch den Filter unserer Wahrnehmung, nie „direkt" bzw. objektiv.

Wenn unser Gespür für den Körper wach genug ist, lässt sich am eigenen Leib feststellen, dass Emotionen – besonders ab einem gewissen Intensitätsgrad – jeweils körperlich lokalisierbar sind. Davon zeugen auch sprachliche Wendungen wie „Das bereitet mir Bauchweh", „Es schnürt mir die Kehle zu" oder „Es ist ihm etwas über die Leber gekrochen". Anders als beim intuitiven „Bauchgefühl" handelt es sich dabei nicht um eine „Eingebung", die zu meinem Wissensspektrum beiträgt, sondern um eine Reaktion auf Gedachtes oder Wahrgenommenes.

Vereinfacht gesagt: Durch *Intuition* und *Gefühle* wird unser Wissen bereichert, durch *Emotionen* wird es gefärbt, eventuell verdunkelt. Selbstverständlich sind diese Übergänge in Wirklichkeit fließend.

Stimmung bzw. Gestimmtheit

Sie stehen beide für einen länger anhaltenden affektiven Zustand, wobei die ursprünglichen Emotionen durch entsprechende Gedanken- und Emotionsketten, aber auch durch physiologische Vorgänge, eine Weile lang perpetuiert werden. Eine solche „Weile" kann auch sehr lange anhalten (z. B. bei einer Depression), erfährt aber doch stets Fluktuationen und geht praktisch immer früher oder später in eine andere „Großwetterlage" über.

Intuition

„Intuition" wird in diesem Buch in einer zweifachen Bedeutung verwendet.

Erstens bezeichnet sie ein **blitzartiges inneres Aufleuchten**, das, wenn es erfasst wird und wichtig erscheint, danach mit dem Verstand und Gefühl ausgeformt werden muss. Zumeist ist eine intuitive Einsicht subtil und leicht zu verpassen, d. h. ihr „Leuchten" kann schwach sein und rasch überdeckt werden. Verwendet man als Vergleich statt des Lichts eine innere Stimme, so ist diese leicht zu überhören, und es braucht wenig, um sie zu übertönen. Man muss hellhörig sein.

Zweitens spreche ich hier auch von **intuitiven Ahnungen**, die zu einem dauerhaften „Grundton" bzw. einer „Grundfärbung" meines Gesamtweltbildes werden können; anders gesagt, wirken sie als „**Bindekraft**" zwischen fragmentarisch vorhandenen Wissenseinheiten. Lassen Sie mich das erklären. Seit wir denken können, tragen wir ein Gesamtweltbild mit uns herum. Wie sich dieses mit Inhalten füllt, wurde oben schon erörtert. Ein Gesamtweltbild duldet keine Lücken. Als Kind ist ein solches Weltbild noch mit vagen Inhalten und mit magischen Vorstellungen gefüllt. Später kommt mehr und mehr Sach- und Erfahrungswissen hinzu. Damit ein Gesamtbild erhalten bleibt, verknüpfen wir kraft unseres Bauchgefühls (zu den körperlichen „Einfallsorten" siehe unten) neue Elemente blitzschnell mit bestehenden und ziehen meist völlig unbewusst Schlussfolgerungen. Diese werden, solange wir sie nicht hinterfragen, gleichwertig mit überprüfbaren Fakten als „Wissen" gespeichert. So ergibt sich dann leicht das, was bereits in der Einführung als die *Illusion des Bescheidwissens* zur Sprache kam.

Die Funktion des Intuitiven als Bindekraft ermöglicht uns außerdem das *intuitive Erfassen von Wortinhalten* und damit den Spracherwerb (wie wir anhand der Beispiele „Weisheit" und „Gesellschaft" gesehen haben). Denn wie anders als intuitiv sollte ein Kleinkind, dessen abstraktes Denkvermögen noch kaum entwickelt ist, sich rational derart schwierig zu fassende Begriffe wie „Gott"[13], „gut" und „böse", „lieb" oder „schön" mühelos aneignen können?

Da Intuition im Vergleich zu Verstand und Gefühl die am wenigsten fassbare und daher auch am meisten unterschätzte oder gar ignorierte Erkenntnisquelle ist, andererseits aber, wie eben dargelegt, für unser Gesamtwissen unentbehrlich ist, soll sie hier etwas genauer unter die Lupe genommen werden. Nochmals: Intuitives Wissen ist kein Faktenwissen. Es geht um ganzheitliche Ahnungen ohne definierbaren und damit einschränkbaren Inhalt. Es ist richtungsweisend und wird somit auch bei Fragen nach wahr oder unwahr, gut oder schlecht (Gewissen!), stimmig oder unstimmig wirksam. Aber die konkreten Inhalte müssen jeweils situationsbedingt vom Verstand mithilfe des Einfühlungsvermögens geliefert werden.

In unseren Sprachen wird intuitive Einsicht manchmal körperlich lokalisiert. Auf Deutsch haben wir das Wort „Bauchgefühl", im Englischen das Pendant „gut feeling" („guts" sind die Eingeweide). Und das ist kein Zufall. Denn in der Magen-Darm-Gegend liegt das enterische Nervensystem (auch Darm- oder Eingeweidenervensystem oder „Bauchgehirn" genannt). Es handelt sich dabei um ein Geflecht aus mehreren 100 Millionen Nervenzellen, das autonom funktioniert. Es könnte also, im Austausch mit dem Gehirn, durchaus als „Leitung" für Einsichten von außen fungieren, die nicht via die

---

13 Hierzu noch eine Begebenheit aus dem eigenen Umfeld, berichtet von einer Bekannten: Als ihr Sohn rund fünf Jahre alt war, hat sie ihm von Gott erzählt. Sie wollte mit Erklärungen nachhelfen, als der Junge sie mit einer eigenartigen Dringlichkeit unterbrach: „Mama, sag nichts mehr. Ich weiß schon, was du meinst."

Sinnesorgane oder das Herz (Einfühlungsvermögen) empfangen werden. Im ursprünglich aus dem Hinduismus stammenden Chakra-Modell hingegen ist der Empfangsort für „höheres" bzw. intuitives Wissen das sechste Chakra, das auf Stirnhöhe, oberhalb der Nasenwurzel, situiert ist und auch das „dritte Auge" genannt wird. Offensichtlich können also verschiedene Körperregionen bei der Wahrnehmung von intuitivem Input involviert sein.

Wie steht es um das Phänomen der Intuition in den verschiedenen Sprachen und Kulturen? Auf *Sanskrit*, der Sprache der klassischen hinduistischen Texte, wird für die intuitive Wahrnehmungsfähigkeit das Wort „buddhi" verwendet. „Manasastu para buddhi", „Intuition entsteht jenseits des Verstandes."[14] Dieser Satz aus den Upanishaden, der auch in der Bhagavad Gita wiederholt wird, gehört zu den Grundlagen der hinduistischen Erkenntnislehre.

Auf *Chinesisch* heißt Intuition 直 觉 (zhi jue, „direktes Wahrnehmen"; jenes also, das sich vom Wahrnehmen via die Sinnesorgane oder via das Denken unterscheidet).

Das *Altgriechische*, Sprache Nummer eins für Philosophie und Theologie ab ca. 500 v. Chr. für die nächsten gut 1000 Jahre, verwendet in diesem Zusammenhang das Wort νοῦς (nous). Grundsätzlich steht es für die menschliche Fähigkeit, etwas geistig zu erfassen, wird also manchmal auf Deutsch auch als „Vernunft" wiedergegeben (nicht aber als „Verstand", der nur das rein Rationale umfasst). In unserem Sinn von Intuition verwendet es etwa der bedeutendste neoplatonische Philosoph *Plotin* (205–270), wenn er „nous" als „den transzendenten Intellekt, der das EINE in der Vielfalt wahrnimmt"[15] umschreibt.

Und *Latein* schließlich schenkte uns den Begriff „intuitio", aus dem praktisch alle europäischen Sprachen ihr Wort für dieses Phänomen abgeleitet haben.

Intuition scheint also weltweit als Erkenntnisquelle erkannt worden zu sein. Und wie steht es heute um ihren Stellenwert? Für *Edmund Husserl* (1859–1938), einen bedeutenden Philosophen des frühen 20. Jahrhunderts, ist die

---

14 Katha Upanishad, 3, 10. Zit. in Sebastian Painadath, *Vertiefung der christlichen Spiritualität durch Begegnung mit der östlichen Mystik*; in Christian Rutishauser und Michael Hasenhauer (Hrsg.), *Mystische Wege*, S. 87. Sanskrittexte lassen sich stets verschieden übersetzen. Eine andere deutsche Wiedergabe des gleichen Satzes lautet: „Höher als das Denken ist die Einsicht.". Zit. in Bettina Bäumer (Hrsg.), *Upanishaden*, Kösel, S. 226.

15 Plotin, *Enneaden*, 103. Zit. in Christian Rutishauser und Michael Hasenhauer (Hrsg.), *Mystische Wege*, S. 91.

Intuition als „Wesensschau" ein wichtiges Element seiner „Phänomenologie". Und *Jürgen Habermas* (geb. 1929), einer der Großen der deutschen Philosophieszene in der zweiten Hälfte des 20. Jahrhunderts, hat zur Charakterisierung seines Denkens einmal mit folgendem Satz angesetzt: „Ich habe ein Gedankenmotiv und eine grundlegende Intuition."[16] Dort jedoch, wo empirisch belegbares Wissen im Vordergrund steht, fristete die unfassbare Intuition besonders im 20. Jahrhundert eher ein Randdasein.

Zum Teil gilt das bis heute, obwohl sie erkenntnistheoretisch im 21. Jahrhundert eine gewisse Renaissance zu erleben scheint. Die US-amerikanische Psychologin und Professorin für Kognitionspsychologie *Eleanor Rosch* (geb. 1938) spricht in diesem Zusammenhang von „primary knowledge" (unmittelbares Wissen)[17]. Und um zwei aktuell einflussreiche Stimmen zu erwähnen: Sowohl *Ken Wilber* (geb. 1949), der unter anderem eine Theorie der „grundlegenden moralischen Intuition" entwickelt hat, als auch *Claus Otto Scharmer* (geb. 1961), etwa bei seiner „Theorie U", weisen der Intuition eine zentrale Rolle zu.

Schließlich – und das ist wahrscheinlich für den Zeitgeist der gewichtigste Faktor – trägt auch die rasche Verbreitung von Achtsamkeits- und Meditationspraktiken zum neuerdings wieder erhöhten Stellenwert von Intuition als Erkenntnisquelle bei. Denn Meditation in all ihren Spielarten macht uns diesbezüglich empfänglicher.

Gedanklich abgrenzen lässt sich Intuition auch von Inspiration: Während es bei Intuition um Einsicht geht, geht es bei der **Inspiration** um den **Impuls zu einer kreativen Tat**. Natürlich können aber beide zusammenwirken.

Es gehört zum Reifeprozess, die Empfänglichkeit für intuitive, ganzheitliche Einsichten zu stärken. Und dazu braucht es **Stille**. Äußere Stille hilft; noch wichtiger ist aber die Stille in mir drinnen. Dank der äußeren Stille bei Meditationssitzungen erweist sich die bereits mehrmals angepriesene **Meditationspraxis** als ein ausgezeichnetes Werkzeug, um auch innere Stille wachsen zu lassen.

Differenzieren muss man bei der Intuition noch in Bezug auf die **Intensität**. Mystisches Aufleuchten ist sicher intensiver und erschütternder als das intuitive Erfassen eines Wortinhalts. Wie bei allen hier aufgestellten Kategorien sind die Unterschiede jedoch graduell, nicht absolut.

---

16 Zit. in Neue Zürcher Zeitung, 15. Juni 2019, S. 44.
17 Zit. in Marion Küstenmacher et al., *Gott 9.0*, S. 208.

Noch eine wichtige Überlegung zu Gefühl und Intuition soll hier den Abschluss bilden. Ich kann Signale von innen oder außen wahrnehmen, sei es empathisch oder intuitiv, aber es gilt auch, diese zu **prüfen**. (Das Gewissen selbst ist eine intuitive Fähigkeit.) Bei einer derartigen Prüfung frage ich mich: Aus welcher Quelle oder aus welchem Energiefeld kommt ein derartiges Signal bzw. eine derartige Einsicht? Mischen sich bei mir Impulse aus niederen Beweggründen hinzu, etwa Begierde, Neid oder Ängstlichkeit, oder sind höhere Beweggründe wie etwa der Wunsch, einer Person eine Freude zu machen, mit im Spiel? Wie stark färben gängige Meinungen, Wunschdenken oder ideologische Voreingenommenheit das, was ich wahrnehme? Da braucht es ein aufmerksames Hinhören auf die oft subtilen Stimmen. „**Unterscheidung der Geister**" nannte es *Ignatius von Loyola* (1491–1556), der Begründer der „Exerzitien". Bei diesen handelt es sich um jene christliche Meditationsform, in der unter anderem genau dieses Unterscheiden geübt wird.

Fassen wir noch einmal zusammen: In der Reihenfolge „Verstand – Gefühl – Intuition" als die Quellen unseres gesamten Wissens beobachten wir (von links nach rechts) eine *zunehmende Geschwindigkeit beim Erkenntnisablauf*, eine *zunehmende Subtilität der Erkenntnis*, eine *abnehmende empirisch-objektive Fassbarkeit* sowie eine *abnehmende Präzision bei der sprachlichen Ausformulierung*.

Gerade der letzte Punkt weist auf ein Dilemma hin. Denn auch „Reife", unser Hauptthema, gehört in jenes Wissensfeld, das sich intuitiv sehr wohl verstehen lässt, sprachlich aber schwer in den Griff zu bekommen ist. Und da ich (noch) nicht in der Lage bin, telepathisch mit Ihnen zu kommunizieren, was die direkte Übertragung intuitiver Einsichten ermöglichen würde, muss ich hier wohl oder übel das Werkzeug Sprache zur Hilfe nehmen. Dieses beschränkte, aber unerlässliche und letztlich auch wunderbare Werkzeug soll nun im nächsten Kapitel beleuchtet werden.

Zur Weisheit – und damit zur Reife – gehört es, uns über die Arten, **wie wir uns der Wirklichkeit annähern** bzw. **wie sie sich uns annähert**, im Klaren zu sein. Auch darüber, dass wir sie nie vollständig zu fassen bekommen. Somit vermeiden wir es, unseren „Wissensschatz" zu verabsolutieren. Vielmehr bleiben wir offen für Neues bei der Begegnung mit der Wirklichkeit – möglichst in jedem Augenblick.

Folgendes möchte ich Ihnen zum Schluss noch ganz persönlich nahelegen: Hören Sie genauer hin auf die leise Stimme der Intuition. Und schenken Sie ihr mehr Vertrauen. Sie kann uns aufblitzende Klarheit schenken. Sie kann aber auch gegen unsere Ängstlichkeit, Bequemlichkeit und gewohnten

Denkmuster anflüstern. So gesehen kann sie entscheidende Impulse liefern für eine Entwicklung hin zu mehr Einsicht und größerer innerer Freiheit.

2.1.3 Von der Grobmaschigkeit der Sprache (und ihrer Unentbehrlichkeit)

Das höchste Prinzip ist ohne Worte. Gäbe es aber überhaupt keine Worte, wodurch könnte es sich dann als Prinzip offenbaren?
(Inschrift an einer chinesischen Buddhafigur aus dem Jahr 746)

Um Gedanken auszudrücken, benötige ich das Werkzeug der Sprache. Auch wenn ich meine Gefühle präziser als durch ein Grunzen mitteilen möchte, bin ich auf Sprache angewiesen. Die Fähigkeit, mit großer Differenziertheit Gedanken und Gefühle, Pläne und Absichten sprachlich zu artikulieren, ist von allen Faktoren, die den Menschen von seinen nächsten Verwandten im Tierreich unterscheidet und die zivilisatorische Entwicklung der Menschheit ermöglichte, vielleicht der entscheidende.[18] So gesehen ist eine Analyse unseres Alltags (mit Fokus auf das, was *in* uns und *zwischen* uns abläuft) ohne einen Blick auf die Möglichkeiten und Grenzen der Sprache unvollständig.

Unser **seelisch-geistiges Innenleben** lässt sich weder sehen, hören, ertasten oder abbilden, noch logisch ableiten oder präzise empirisch einfangen. Es handelt sich um eine **subtile Wirklichkeit**. Um uns ihr annähern zu können, braucht es eine Innenschau, und diese ist, wie schon angedeutet, ein wesentlicher Aspekt des Reifeprozesses. Bewusst erkennen bedeutet aber auch, Einsichten so weit wie möglich sprachlich festzumachen. Gerade im Bereich des Innenlebens jedoch erweist sich die Sprache als ungenau und vage. Außerdem herrscht betreffend den Inhalt von Worten, die Phänomene dieses Wirklichkeitsbereichs zum Ausdruck bringen sollen, alles andere als Einigkeit. Denken Sie nur an Alltagsworte wie „Sinn" oder „Seele". Was ein einziges Wort da im Alltag abdecken soll, hat schon ganze Bücher gefüllt. Über solche subtile Elemente der Wirklichkeit selber größere Klarheit zu erlangen und Gedanken darüber anderen zu vermitteln, erfordert also einen

---

18 Siehe hierzu David Christian, *Big History*, S. 196 ff.

anderen Sprachgebrauch, als jemandem den Weg zwischen meinem Zuhause und der Bushaltestelle zu erklären.

Um all dies präziser zu verstehen, machen wir an dieser Stelle einen Abstecher in die Sprachwissenschaft, und zwar zur Lehre des Wortinhalts. Hier kann zunächst ein Vergleich des Wortschatzes verschiedener Sprachen hilfreich sein. Im Deutschen haben wir beispielsweise das Wort „Schnecke". Dieses deckt sowohl jene mit Häuschen als auch jene ohne ab. Im Englischen hingegen wird diesbezüglich stärker differenziert. Dort sagt man entweder „snail" (für Schnecken mit Häuschen) und „slug" (für Schnecken ohne).[19] Umgekehrt ist das Deutsche mit der Unterscheidung zwischen „Mauer" und „Wand" nuancierter als das Englische, dem diesbezüglich nur das Wort „wall" zur Verfügung steht. Die naive Vorstellung, Sprache bilde die Wirklichkeit im Verhältnis eins zu eins ab (ein Phänomen, ein Wort), lässt sich also leicht widerlegen.

Wenn dies schon im Bereich des Konkreten gilt, so sind die Unterschiede im Nicht-Konkreten noch viel häufiger. Vergleichen Sie dazu:

Französisch:	le mal	
Deutsch:	das Schlechte	das Böse

Deutsch:	vorsichtig	
Englisch:	careful	cautious
	(*vorsichtig*)	(*vorsichtig* + *zurückhaltend*)

Englisch:	meaning	sense	reason
Deutsch:	Bedeutung	Sinn	Vernunft

In den ersten beiden Beispielen ist – wie bei den zuvor aufgeführten konkreten Begriffen – die **Gliederung** innerhalb des Bedeutungsfelds je nach Sprache verschieden **fein**. Im zweiten Fall sind die **Grenzen** des Wortinhalts von einer Sprache zur anderen **verschoben** („meaning" lässt sich somit, je nach Zusammenhang, mit „Bedeutung" oder „Sinn" übersetzen; „Sinn" wiederum mit „meaning" oder „sense").

---

19 Es geht hier um die Alltagssprache. Zoologen mit ihrer Fachterminologie werden natürlich solche Unterschiede in der Einteilung der Tiere vermeiden.

Sie sehen also: **Sprache wählt aus** und **teilt ein**; jede Sprache auf eine etwas andere Art.[20]

Was folgt, gilt jedoch für alle Sprachen. Es geht um eine grundsätzliche Unterscheidung, was den Wortinhalt betrifft:

Worte haben einen **Kerninhalt** und einen **gefühlten Inhalt**. Die Linguistik spricht von der **Denotation** und der **Konnotation** eines Wortes. Denotation ist die Kernbedeutung. Konnotation ist das mit dem Wort gefühlsmäßig Verbundene, genauer gesagt, das gefühlte Wissen um den subtileren Inhaltsbereich eines Begriffs. (Von allen Sprachgattungen ist es die Poesie, die sich am stärksten der Konnotationen bedient.) Zu den Konnotationen, die sich die ganze Gruppe der muttersprachlichen bzw. kompetenten fremdsprachlichen Sprecher teilen, kommen persönliche Assoziationen hinzu. So bekommt jedes Wort für uns eine mehrschichtige „Gefühlshülle". Je weiter nun ein Wort vom Bereich des Messbaren (Konkreten) entfernt ist, desto größer ist die Rolle dieser Gefühlshülle aus Konnotation und Assoziationen. Und desto größer ist auch die Gefahr von Missverständnissen. Hierzu vier Beispiele, vom Konkreten hin zum zunehmend Subtilen:

1) Ein *Tisch* lässt sich anschauen, betasten, messen und daher auch genau beschreiben. Die Konnotationen, die dieses Wort auslöst, sind meist von untergeordneter Bedeutung. Anhaltende Missverständnisse werden mit diesem Wort wohl nur sehr selten ausgelöst.

2) Die Denotation von *Herz*: ein inneres Organ, das den Blutkreislauf in Bewegung hält. Die Konnotationen: Gespür, Gefühl, Mitgefühl, Liebe, Sehnsucht, Kummer usw. Anhand dieses Beispiels lässt sich auch zeigen, dass sich

---

20 Diese Ausführungen sollten nicht dazu verleiten, dass man vor lauter Unterschieden die Gemeinsamkeiten vergisst. Auch im nicht-konkreten Bereich überwiegen die Gemeinsamkeiten, besser gesagt, die Parallelitäten bei den Wortinhalten, bei Weitem (je verwandter zwei Sprachen sind, desto mehr). Beispiele solcher gemeinsamen Abstrakta: Philosophie, Demokratie, Religion, Charakter, Idee, Methode. Schlagen Sie diese Begriffe in einem spanischen, portugiesischen, holländischen, dänischen oder russischen Wörterbuch nach; überall werden Sie Wörter mit der gleichen Wurzel und der gleichen Bedeutung finden. Noch viel mehr Wörter sind zwar der Form und Herkunft nach verschieden, aber in der Bedeutung (praktisch) deckungsgleich (z. B. Freiheit, Gerechtigkeit, Liebe – liberté, justice, amour).

die Rangordnung unter den Konnotationen je nach Situation, in der das Wort verwendet wird, ändern kann – manche sind jeweils präsenter als andere.

3) Die Denotation von *Stille* ist „Abwesenheit von Geräusch". Die Konnotation, der Gefühlsinhalt, geht oft – besonders ausgeprägt in unserer unruhigen Zeit – in Richtung von „positiv empfundene, friedliche Ruhe". Sie kann aber auch die gegenteilige Richtung einnehmen, im Sinne von „angstmachende Leere".

4) Das vielleicht heikelste aller Worte ist *Gott*. Heutzutage wird darum oft ein richtiger Eiertanz veranstaltet, um ja niemanden vor den Kopf zu stoßen. Positiv betrachtet, ist dies keine schlechte Entwicklung, denn sie belegt eine wachsende sprachliche Behutsamkeit im Umgang mit einer letztlich unfassbaren Wirklichkeit. Die Schwierigkeiten kommen aber auch daher, dass kein Wort ärger missbraucht wurde und wird, und dass nach Aufklärung und Säkularisierung sowie aufgrund der religiösen Pluralität die Unsicherheit bezüglich der Wortbedeutung größer denn je ist. Deswegen scheuen heute so viele Menschen vor dem Begriff, ja der ganzen Thematik zurück, sodass „Gott" in verschiedenen Situationen praktisch zu einem Tabuwort geworden ist.

Die Denotation von „Gott" (das, was unbestreitbar zum Wortinhalt gehört): keine. Konnotationen: weitreichend und oft auch so tiefgreifend, dass sie zu allen Zeiten Menschen bis ins Innerste berührt haben und noch berühren. Dazu aber auch so unterschiedlich, dass sie zu fürchterlichen Konflikten geführt haben und immer noch führen. Die Macht der Worte leuchtet hier auf, ebenso die Macht der durch sie erweckten Emotionen. „Gott" ist verstandesmäßig *nicht* fassbar. Und doch benötigen wir Worte, um diesen Inhaltsraum zumindest anzudeuten. Dies erkannten Mystikerinnen und Weise zu allen Zeiten (weitere Ausführungen hierzu in Kapitel 3). Bevor sich also zwei Menschen erhitzen, weil einer an Gott glaubt und der zweite behauptet, es gebe keinen Gott, sollten sie klarstellen, *was* sie unter dem Begriff verstehen. Wahrscheinlich verwenden sie dasselbe Wort, haben aber verschiedene Vorstellungen dazu.

In der zwischenmenschlichen Kommunikation genügt oft ein einzelner Begriff bzw. ein einziger Satz nicht, um etwas verständlich zu vermitteln. Zu verschieden sind die Inhalte, die der Sprechende vermitteln will, und die Inhalte, die der Hörende dabei aufnimmt. In meiner Erfahrung gehen die **meis-**

ten Streitigkeiten auf derartige **Missverständnisse** zurück, und ich wage zu behaupten, dass ich diesbezüglich keine Ausnahme bin. Bevor also Streitigkeiten derart aufflammen, dass die Emotionen dem Verstand die Zügel aus der Hand nehmen, sollte mittels zusätzlicher Klärung versucht werden, die Kluft zwischen dem Gemeinten und dem Verstandenen zu verringern. Dies erhöht die Chance, dass die angesprochene Person das Phänomen auch wirklich annähernd so versteht, wie die sprechende es vermitteln will. Es kommt dann, um einen Kernbegriff des Philosophen *Hans Georg Gadamer* (1900–2002) in Bezug auf das gegenseitige Verständnis zu verwenden, mit größerer Wahrscheinlichkeit zu einer **Horizontverschmelzung.**

Sprache kann aber nicht nur zu Missverständnissen führen (weil die Horizonte hinter dem Gesagten einerseits und dem Gehörten/Gelesenen andererseits verschieden sind), sie kann auch viel Schlimmeres anrichten. Und ich meine hier nicht nur Beleidigungen und Verunglimpfungen, Lügen und bewusste Täuschungen. Durch Sprache schaffen, teilen und perpetuieren wir unsere **persönlichen Geschichten**, aber auch unsere **gemeinsamen Narrative**, und diese bestimmen fortan vieles in unserem individuellen und kollektiven Verhalten. Das Narrativ, dass die Weißen den Schwarzen überlegen seien (wo aber, bei all den real existierenden Braunschattierungen, hört „weiß" auf und beginnt „schwarz"?), hat zu Versklavung und anhaltender Diskriminierung geführt.[21] Braucht es noch mehr Beispiele? Reifer werden heißt also auch, sich der Macht von Geschichten – der Täuschungs- und Verführungsmacht der Narrative einerseits, aber auch ihrer aufbauenden, ermutigenden und inspirierenden Kraft andererseits – im Kleinen wie im Großen bewusster zu werden. Und entsprechend achtsam und behutsam zu erzählen, zuzuhören, sich einzufühlen und zu interpretieren.

Die Erfahrung, dass unsere Sprache in den abstrakten, seelischen und spirituellen Bereichen der Wirklichkeit oft zu kurz greift, machen wir häufig. Aber auch in der Welt der Physik ist dies sowohl im kosmologischen als auch im subatomaren Bereich der Fall. Betrachten wir aus Letzterem zwei

---

21 Hinzu kommen alle Verzweigungen dieses Narrativs; etwa, dass Schwarze dumm und faul und die Männer gefährlich und sexuell hyperaktiv seien. Wird solches Gedankengut über Jahrhunderte weitergegeben, wie sollen Schwarze, die nicht hochbegabt sind, ein normales Selbstbewusstsein entwickeln und nicht stets darauf aus sein, defensiv oder aggressiv auf solche Klischees zu reagieren?

Beispiele. Erstens: Wir besitzen keine Denk- bzw. Sprachkategorien, in welche sich Elementarteilchen in ihrer Eigenschaft als Zwischendinge zwischen Energie und Materie einordnen ließen. Und zweitens: Quarks (die elementaren Bauteile von Protonen und Neutronen, welche ihrerseits den Atomkern bilden) haben neben einer elektrischen noch eine weitere Ladung. Da es in unserer Erfahrungswelt jedoch nichts Vergleichbares gibt, mussten die Physiker in ihrer Hilflosigkeit (sie waren an die Grenzen der direkten sprachlichen Möglichkeiten gelangt) auf eine indirekte, metaphorische Ausdrucksweise zurückgreifen. Sie nannten diese subatomaren, nicht elektrischen Ladungen „Farben". Es gibt *rot*, *grün* und *blau* geladene Quarks; die Wechselwirkung dieser Ladungen, welche die Atomkerne zusammenhalten, bezeichnet man als Quanten*chromo*dynamik („chroma" ist das griechische Wort für Farbe). Ganz zufällig ist die Verwendung von Farben als Metapher nicht: Die Summe der „Farbladungen" der Quarks, die ein Neutron bilden, ist neutral; ebenso wie Licht als Ganzes neutral oder weiß erscheint, sich gebrochen jedoch als ein Bündel von Farben erweist. Dennoch hat das „Rot" eines Quarks selbstverständlich nicht das Geringste mit dem Rot meiner Vorhänge zu tun.

Unsere **Sprache fußt also in unserer Erfahrungswelt** und zwar speziell **im Konkreten**. Zahlreiche Etymologien von abstrakten Begriffen belegen dies: „Zuneigung" kommt von sich neigen, „aufkeimende Gefühle" vom Keimen in der Pflanzenwelt, „beständig" von stehen usw. Nicht zu vergessen der Mist. Und „Das ist Scheiße!" genügt bekanntlich, um eine riesige Bandbreite an negativen Erfahrungen zum Ausdruck zu bringen – undifferenziert zwar, aber im höchsten Maße verständlich.

Sich mit der Sprache an das Einfangen der Wirklichkeit zu machen, ist etwa so, wie mit einem groben Netz fischen zu gehen. Die großen Fische bleiben hängen, die kleinen schlüpfen durch die Maschen. Falls man es aber genau auf die kleinen abgesehen hat, muss das Arbeitsgerät nachgebessert oder es müssen Zusatztechniken verwendet werden. Schauen wir uns als Beispiele zwei Aussagen an:

„Die Schweiz hat seit über 150 Jahren keinen Krieg mehr erlebt und ist außerdem ein wunderschönes Land."

Beim ersten Satzteil handelt es sich um eine historisch belegbare Tatsache. Beim zweiten herrscht weitreichender Konsens – es handelt sich zwar nicht um eine objektive, aber doch um eine weiterhin geteilte subjektive Feststellung. So gesehen wird dieser Satz kaum auf Unverständnis oder Ablehnung stoßen. Anders als bei folgender Aussage:

„Je weniger unser Ego die treibende Kraft hinter unserem Sprechen und Handeln bildet, desto freier und auch reifer sind wir."

Hier kann ich nicht ohne Weiteres mit Verständnis und Akzeptanz rechnen. Wie kann ich also die Chancen erhöhen, dass Leserinnen und Leser das von mir Gemeinte nachvollziehen können? Neben Erläuterungen für den Intellekt braucht es offensichtlich etwas, welches das nuanciertere Gefühlssensorium anspricht (es ist, um zum Vergleich des Fischernetzes zurückzukehren, feinmaschiger als der Verstand) und auch die Wahrscheinlichkeit von intuitivem Verständnis vergrößert. Zum Repertoire hierfür gehören **Geschichten** (Märchen und Mythen sowie Erzählungen und Fallbeispiele aus dem Alltag), **Gedichte** sowie **bildliche Vergleiche** (Metaphern) und **schematische Darstellungen**. Da im Lauf des Buches immer wieder von Ego, Freiheit und natürlich Reife die Rede ist, habe ich mich also bemüht, zur Förderung des Verständnisses aus diesem Repertoire zu schöpfen.

Historisch gesehen haben Geschichten als Vehikel, um Wissen und Verständnis zu vermitteln, gegenüber sachlichen Darstellungen in den vergangenen Jahrhunderten stetig an Bedeutung verloren.[22] Die entscheidende Wende kam mit dem Übergang von mündlicher zu schriftlicher Kommunikation. Bei der *mündlichen Kommunikation* sind immer mindestens zwei Personen direkt miteinander *im Austausch* (selbst wenn einer erzählt und andere nur zuhören, ereignet sich auf der Gefühlsebene ein Austausch), während Schreiben und Lesen beide im *Alleinsein* passieren. Schriftlichkeit bringt ferner ein mehr sachlich-logisch-lineares Denken mit sich, während „Erzählen" ein *Ereignis* ist, bei dem Umschweife, Einwand und Replik sowie Spontaneität ihren Platz haben und das empathisch-intuitive Sensorium stärker aktiviert wird. Nehmen wir exemplarisch die Geschichte von Adam und Eva. Erst nach Erfindung des Buchdrucks und nachdem die Fähigkeit des Lesens und Schreibens nicht mehr auf eine kleine Minderheit der Bevölkerung beschränkt war, wurde die Frage, ob die in der Bibel geschilderten Vorgänge *wirklich* so passiert seien, die vordringlichste. Denn wenn nicht, so wohl die Überlegung,

---

22 Dies gilt primär für unsere westliche Welt. Aber auch andere Kulturen, in denen sich das Erzählen länger als eine geschätzte Form des Vermittelns halten konnte, ist diese Form des Austauschs und der Wissensvermittlung durch den Vormarsch des wissenschaftlichen Denkens einerseits und des Internets sowie der Smartphone-Kultur andererseits in den Hintergrund geraten.

kann man sie getrost als überholt beiseitelegen (dieser Zugang wurde durch den Vormarsch des wissenschaftlichen Denkens verstärkt). Anders in einer von Märchen, Mythen und anderen Sinngeschichten geprägten Kultur. Dort sucht man zunächst nach dem Sinngehalt, den es zu erspüren gilt, und fragt erst danach (wenn überhaupt), ob die Dinge sich wirklich so zugetragen haben. Aus dieser Warte „erzählt" uns die Geschichte von Adam und Eva vor allem, dass es hinter der Welt eine (mit persönlichen Eigenschaften ausgestattete) Schöpfungskraft gibt, dass Menschen eine Entscheidungsfreiheit haben, dass es Verhaltensnormen gibt und dass Verstöße dagegen Folgen haben. Ob ein Mann und eine Frau vor so-und-so vielen tausend Jahren wirklich einer Schlange begegneten und mit einem Apfel hantierten, ist da kaum noch von Belang.

Konkret für die Lektüre dieses Buches – und natürlich auch anderer Bücher mit einem ähnlichen Themenspektrum – heißt das also, dass Sie sich als Leserin oder Leser nicht *nur* von der Frage leiten lassen sollten, ob dieser oder jener Sachverhalt präzis wiedergegeben wird. Es geht *auch* darum, dass Sie sich inspirieren lassen. Um so einen für das eigene Leben relevanten Sinn zu finden.

Beobachten Sie es einmal bei sich selbst: Alle neu im Bewusstsein auftauchenden Gedanken lösen eine **emotionale Reaktion** aus (auch wenn diese nicht immer deutlich auf dem Radar unserer Wahrnehmung erscheint). Dies ist übrigens einer der fundamentalen Unterschiede zwischen menschlichem Denken und den Algorithmen der künstlichen Intelligenz (mehr hierzu im Kapitel zum Bewusstsein). Diese Emotionen wiederum haben einen nicht unwesentlichen Einfluss auf die nachfolgenden Gedanken. Deswegen ist unser Sprechen (und Handeln) auch niemals rein logisch und folgerichtig. Was es wiederum für unsere Mitmenschen manchmal schwer bis gar nicht nachvollziehbar macht. Aber aus dem gleichen Grund kann der Gefühlswert des Gesagten zu Gedankensprüngen anregen, die sich aus den nackten Wortinhalten niemals ableiten ließen.

Kurz gesagt: Wenn es um Versuche geht, mittels *direkter* Aussagen die Wirklichkeit jenseits des sinnlich oder empirisch Fassbaren einzufangen, erweist sich die Sprache also als recht grobmaschig. Mittels der zuvor erwähnten *indirekten* Aussageformen (Vergleiche, Alltagsbeispiele, Sinngeschichten usw.) jedoch lässt sich **mit unserer Sprache** die ganze Bandbreite der Wirklichkeit **wunderbar andeuten**.

In diesem Kapitel ging es vor allem um das Einfangen – und Andeuten – einer unendlich subtilen und komplexen Wirklichkeit mit Hilfe von beschränkten sprachlichen Mitteln. Sprache ist aber auch ein **Verbindungsmittel zwischen Menschen** im Rahmen von Gesprächen. Sie ist sogar ein entscheidender Treibstoff von Beziehungen. Die täglichen kleinen und grossen Missverständnisse und Konflikte aufgrund von unpräzisem Sprachgebrauch und divergierenden Verständnishorizonten wurden schon erwähnt. **Eine der wichtigsten Aufgaben auf dem Reifeweg** ist es daher, **einen weisen Umgang mit Sprache zu lernen**. Vor allem zu lernen, wann Sprechen und wann Schweigen angesagt sind, und zu lernen, möglichst unvoreingenommen und empathisch zuzuhören. Mit Übung lassen sich dieses Abwägen und diese Fähigkeit verinnerlichen. Sie werden zu einer Haltung. Und aus dieser Haltung heraus können wir unsere Gespräche ungeniert auch mit Spontaneität, Humor und Fantasie anreichern, weil die Hörenden dabei stets empathisch mit einbezogen sind. So kann Sprache heilsam sein.

Zu Beginn des Kapitels wurde an die Wichtigkeit der **Innenschau** für den Reifeprozess erinnert. Hierzu zählt auch die **Betrachtung unseres Sprachgebrauchs**. Eine solche vollzieht sich ja immer im *inneren Rückblick* (auch wenn der Rückblick manchmal bereits Sekundenbruchteile nach dem Sprechgeschehen stattfindet). Wann aber, wenn wir ehrlich sind, haben wir genug Zeit, Ruhe und Entschlossenheit, um das, was wir sagen, ebenso wie das, was wir tun oder lassen, unabgelenkt vor dem inneren Auge vorbeiziehen zu lassen und uns so dessen bewusster zu werden? Und das mit der notwendigen Regelmässigkeit? Einen derartigen Rahmen bietet die **Meditation**.

2.2 MEDITATION ALS ÜBUNGSWEG

Jeder Weg hat einen Ausgangspunkt. Der Lebensweg zum Beispiel beginnt mit der Geburt. Oder – Moment mal – beginnt er nicht doch mit der Empfängnis? Okay, sagen wir Empfängnis. Aber halt, da ist ja noch die Möglichkeit von früheren Daseinsformen. Nehmen wir besser ein anderes Beispiel. Der Tag, der beginnt mit dem Aufwachen. Aber nein, vielleicht doch schon mit den morgendlichen Träumen, beim Übergang aus der Tiefschlaf- in die REM-Phase? Oder sagen wir einfach, er beginnt um Mitternacht. Na ja, eine Sekunde nach Mitternacht. Einen Sekundenbruchteil …

Die Wirklichkeit ist fluid. Übergänge sind fließend. Sauber abgemessene Gebilde und Kategorien aller Art gibt es nur in der menschlichen Vorstellung und bei menschlichen Konstruktionen. Wir sagen oft „von Augenblick zu Augenblick". Aber wann endet ein Augenblick und wann fängt der nächste an? Alles fließt, wenn auch in höchst unterschiedlichem Tempo. An den elektronischen Börsen werden riesige Volumina von Wertpapieren innert Sekundenbruchteilen gekauft und verkauft. Bis ein Berg von Wind und Wasser abgetragen ist, können Milliarden von Jahren vergehen. Nichts aber ist fix und starr, außer in unseren Köpfen. Und, wenn wir ehrlich sind, nicht einmal dort.

Auch ein Meditationsweg hat eine Vorgeschichte. Ein Mann zum Beispiel ist sich einer anhaltenden inneren Unruhe bewusst. In einer goldenen Herbstwoche spaziert er jeden Tag an einem nahen Fluss und verlangsamt dabei ab und zu die Schritte, um die Bäume zu betrachten und die unglaubliche Farbenpracht in all ihren Nuancen auf sich wirken zu lassen. Nur schon der Gedanke an die Spaziergänge hilft tagsüber, die Unruhe zu dämpfen. Als das Wetter jedoch abrupt kalt und nass wird, stellt er die Spaziergänge ein. Seine Irritationen und Ängste kehren zurück. Eines Morgens beim Aufwachen kommt ihm der begeistert vorgetragene Bericht eines Arbeitskollegen über die Vorteile von Meditation in den Sinn und er bucht kurz entschlossen einen Einführungskurs in Zen. Ein anderes Beispiel: Eine Managerin stellt an einem Sonntagabend fest, dass es ihr das ganze Wochenende lang nicht gelungen ist, gedanklich abzuschalten und sich körperlich und seelisch zu entspannen. Die schwelenden Konflikte in ihrem Team sowie die im Raum stehende Übernahme durch eine chinesische Firma lassen sie nicht los. Mehrmals hat sie bereits ohne merklichen Erfolg versucht, zu Hause mithilfe einer App zu meditieren. Ein Artikel in ihrer Wochenendzeitung bewegt sie dazu, es in einer Gruppe zu versuchen.

Bei der Analyse unseres inneren und äußeren Alltags (Kapitel 2.1.1) haben sich drei Hauptkomponenten herausgeschält, die sich in dauerndem Fluss und in dauernder Interaktion befinden: *erstens* Wahrnehmungen aus dem Umfeld, *zweitens* emotionale und gedankliche Reaktionen darauf, und *drittens* eigenes Handeln bzw. Sprechen.

Stellen Sie sich nun vor, dass zwei Drittel dieser Mischung auf einen Schlag wegfallen. Statt einer wirren Vielzahl kommen eine bestimmte Zeit lang kaum mehr Sinneseindrücke von außen. Auch das Sprechen und Handeln wird eingestellt. In einer stillen Umgebung sitzen wir mit geschlossenen Augen, entspannt und doch hellwach, einfach da. So beginnt Meditation.

Kehrt nun Ruhe ein? Kaum. Denn das verbleibende Drittel macht sich umso stärker bemerkbar. Wie eine Horde wilder Affen (ein uralter Vergleich) springen unsere Gedanken in allen Richtungen umher. Dazu kommt das Auf und Ab der Emotionen. Ein Non-Stopp-Film im Innern, von dem uns nun nichts mehr ablenkt. Wie können wir damit umgehen?

Ich sitze im Kino ganz vorne, in der ersten Reihe. Das Geschehen auf der Leinwand schwappt wie eine Riesenwelle über mich, ich kann mich ihm nicht entziehen. Der Film – das sind eben diese Gedankengänge, Erinnerungen, inneren Dialoge, Gefühlsaufwallungen, Selbstzweifel, Triebe, Sehnsüchte ... Und nun mache ich einen bewussten Schritt. Ich nütze den Raum, den ich zuvor kaum wahrgenommen habe, und begebe mich im Kinosaal so weit wie möglich nach hinten. Vorne läuft noch immer derselbe Film. Aber ich habe nun eine gewisse Distanz gewonnen. Ich kann nach rechts und links blicken und feststellen, dass es noch mehr gibt als das, was auf der Leinwand abläuft. Ähnliches geschieht in der Meditation. Der innere Raum wird allmählich weiter und ich erfahre: Was sich auf der Bühne meines (inneren) Lebens abspielt und mich meist vollständig in seinen Bann zieht, ist nicht das, was ich im Wesentlichen bin. Ich erfahre Momente des Friedens und der Klarheit, denen der Lebensstrudel nichts anhaben kann. Eine **gewachsene innere Geräumigkeit**, durch die ich Abstand gewinne, gehört zu den bedeutendsten Früchten von anhaltend praktizierter Meditation.

Aber es ist nicht nur das, was mich gerade im Alltag umtreibt, welches in einer Meditationssitzung hochkommt. Der Körper meldet sich – Verspannungen werden z. B. plötzlich als solche wahrgenommen. Mehr noch: Unverdautes oder Verdrängtes (in der Psychologie oft als „**Schatten**" bezeichnet) nutzt den dargebotenen Leerraum und die „leere" Zeit, um ans Licht der Wahrnehmung hochzusteigen. Vielleicht ist es das Bild meines allein wohnenden alten Vaters, für den ich in den letzten Monaten sehr wenig Zeit übrig hatte? Während einer Meditation gibt es keine Außenreize und Ablenkungen, die dieses unangenehme Bild rasch wieder zudecken.

Sie sehen, es geht bei der Meditation nicht in erster Linie um ein lauschiges Wohlfühlen. Und es geht auch um wesentlich mehr als „nur" Stressabbau.

Indem wir in einer Meditationssitzung merken, wie schwer es ist, die erforderliche Wachheit und Fokussiertheit (klassischerweise auf den Atemfluss) aufrechtzuhalten, wird uns klar, dass sich in der Regel auch im Alltag weder unser **Bewusstseins-** noch unser **Konzentrationsgrad** lange auf einem hohen Niveau halten. Ebenso wird uns manchmal erst in der Muße und

Empfänglichkeit der Meditation vor Augen geführt, dass es überhaupt etwas gibt, das unerkannt in der Tiefe lauert und nicht nur unser Tun, sondern auch unsere Lebenshaltung und unser Lebensgefühl mitprägt.

Es sei hier nochmals daran erinnert, dass der Begriff „Meditation" im ganzen Buch im weitreichendsten Sinn gebraucht wird. Er umfasst somit die klassische östliche sowie die moderne säkulare Sitzmeditation, christliche Kontemplation und Exerzitien, kontemplatives oder mantraartiges Gebet, neue Varianten wie Focusing, sowie Meditation in Bewegung wie Qi Gong und Tai Ji, meditativ ausgerichtetes Yoga, meditativen Tanz oder einfach achtsames Gehen in Stille und Ähnliches mehr (siehe Kapitel „Arten der Meditationspraxis").

Statt des Versuchs, an dieser Stelle nun eine Definition vom Wesen der Meditation anzubieten, sollen ein paar Kurzsätze die Annäherung weiterführen. Erfahrene Meditierende werden hoffentlich, da jede Annäherung aus einem persönlichen Blickwinkel kommt, den einen oder anderen Satz als Neuanregung erleben. Bei frisch sich Heranwagenden und anderen Interessierten mögen die Sätze etwas zum Klingen bringen und als Anregung zum Ausprobieren dienen.

Meditation heißt …

… sich öffnen nach innen

Der Fokus wird, von der Außenwelt eine Weile lang ungestört, nach innen gerichtet. Nach und nach erweist sich das ans Licht kommende Innenleben als chaotischer, aber auch reichhaltiger und vielschichtiger, als wir es uns je hätten vorstellen können. Die längste Reise, so heißt es, ist die Reise nach innen.

… gleichzeitig tun und sein lassen

Tun: sich Zeit nehmen, den Willen zum Dranbleiben aufbringen, während der Meditation sich immer wieder aus der Zerstreuung in die Sammlung oder aus einem Dösezustand in die Wachheit zurückholen.
Lassen: vertrauensvoll offen sein für das, was kommt. Und das, was kommt, auch wieder ziehen lassen.

… hellwach zur Ruhe kommen

Bei fokussiertem und wachem Bewusstsein aus Anspannung Entspannung und aus Unruhe Ruhe werden lassen. Der Atem, der im Alltag so oft oberflächlich, schnell oder stockend verläuft, fließt wieder freier.

... nicht abheben, sondern sich erden

Methoden zur Erdung sind Körperbewusstsein sowie bewusstes Verweilen beim Atemfluss oder bei *einem* Objekt – z.B. einem Wort oder einer Kerze. Abheben tun wir nicht in der Meditation, sondern im Alltag durch die Gedanken, Bilder und Emotionen, die uns aus der Realität des Hier und Jetzt in die (subjektiv gespeicherte) Vergangenheit, in die (erwartete, erhoffte oder befürchtete) Zukunft oder in Fantasieszenarien führen.

... aus dem Tun-Modus in den Sein-Modus übergehen

Tun-Modus: Eindrücke und Informationen aufnehmen; urteilen, denken und träumen; sprechen und handeln. In einem Kontinuum von extrem aktiv („Höchstleistung") bis hin zu extrem passiv, wo man nur noch automatisch reagiert bzw. sich in einem dumpfen Zustand berieseln oder zudröhnen lässt. Der Tun-Modus beinhaltet das pausenlose Treiben und Getriebenwerden unseres Alltags.

Sein-Modus: Nichts mehr tun und keinen Input von außen suchen (oder bloß ganz bewusste Bewegungen ausführen). Achtsames, reaktionsfreies Wahrnehmen von Zuständen und Vorgängen. Innerlich leichter, geräumiger und durchlässiger werden. Der Sein-Modus beinhaltet Elemente von Loslassen (des pausenlosen Treibens) und Hingabe. Wie beim Übergang in den Schlafzustand. Bloß, dass wir bei *diesem* Übergang noch wacher als im alltäglichen Wachzustand werden.

... für einen bestimmten Zeitraum sich selbst aushalten lernen

(Vermeintlicher) Druck von außen führt oft zu hoch gesetzten inneren Maßstäben. Als Folge stehen wir uns selbst oft kritisch gegenüber, leben mit uns in Unfrieden. Und empfinden es daher schnell als unangenehm, ohne Ablenkungsmöglichkeit mit uns selber allein zu sein.

... sich mit Stille anfreunden

Die Stille nicht als langweilige, vielleicht sogar Angst machende Leere wahrnehmen und sie möglichst rasch mit Lauten und Betriebsamkeit verscheuchen. Sich Zeit lassen, um in sie hineinzuhorchen.

... Fundament spürbar werden lassen

Was trägt mich zutiefst? Was ist wesentlich an und in mir jenseits aller Rollen und Persönlichkeitszügen? Was ist mir heilig? Kann oder will ich diesem einen Namen geben?

... nicht Leistung, sondern Übung

Meditation ist mehr als bloß eine weitere sinnvolle Freizeitbeschäftigung. Joggen, eine Sprache lernen, an einem Theaterprojekt teilnehmen – all diese Tätigkeiten haben eine Leistungskomponente, denn es gibt dabei mehr oder weniger messbare Ergebnisse. Reifer werden mithilfe von Meditation lässt sich nicht messen. Die dabei erlebbare Verbindung mit unserem Wesen sowie dem Wesentlichen schlechthin (dem Heiligen), aber auch die Begegnungen mit dem, was diesen Zugang blockiert, lassen sich nicht festmachen. Letztlich sind sie nur über die Übung des Loslassens (auch des Loslassens vom Leistungsprinzip) und der Öffnung möglich.

Zu bedenken ist auch, dass ein gewisser Entwicklungsgrad natürlich nicht einfach erlangt und dann für immer konserviert werden kann. Genauso wenig wie ein bestimmter Grad an Fitness, den ich mir durch regelmäßiges Joggen antrainiert habe. Höre ich mit dem Joggen auf, reduziert sich die Fitness wieder. Die Übungspraxis hat nie ein Ende.

Eine Schnellbleiche ist der Meditationsweg also nicht. Es ist zwar möglich, in einer allerersten Meditationssitzung eine erstaunliche Ruhe und Entspannung zu erfahren. Diese Initialerfahrung allein, das zeigen Zeugnisse und Berichte, wird danach jedoch das Alltagsleben kaum ankratzen, geschweige denn durchdringen und nachhaltig verändern.

Bei der Meditation geht es auch nicht darum, geänderte Bewusstseinszustände oder sonst etwas Außergewöhnliches zu erleben. Es geht darum, tiefer in das Gewöhnliche einzutauchen. Um plötzlich oder nach und nach zu erfahren, wie viel reicher und wunderbarer dieses Gewöhnliche ist, als wir es je gedacht hätten.

In unseren Tagen wird der Meditation vermehrt Interesse entgegengebracht. Ein stets reicherer Schatz an wissenschaftlichen Untersuchungen belegt ihre medizinisch messbare, heilsame Wirkung. Das erweckt Neugierde und Erwartungen. Es steigert aber auch die Gefahr, dass Meditation zwar ausprobiert wird, dass die wohltuende Wirkung durchaus anerkannt wird, aber dass etwas – seien es innere Widerstände, Bequemlichkeit oder andere Prioritäten – der Aufnahme einer dauerhaften Übungspraxis im Weg steht. Und so zeigt sich, dass man auch nach einigen Meditationsversuchen letztlich so wenig von prägenden Mustern, von Trägheit, Stress oder unterschwelliger Unzufriedenheit loskommt wie nach wohltuenden Ferien oder einem Wellness-Wochenende.

Es ist aber gerade dieses, unser meist unspektakuläres und doch aufreibendes Alltagsleben, das der wichtigste Referenzpunkt des vorliegenden Buches ist. Alles, was zur Meditationspraxis und deren Auswirkungen gesagt wird, soll dazu in Bezug gesetzt werden. Denn ansonsten droht Meditation einfach zu einem weiteren abzuhakenden Erlebnis oder einer weiteren Verzierung unseres Ich-Bilds zu verkommen (im Stil von „Ich spiele Klavier, ich reise gerne nach Südamerika und ich meditiere"), ohne nachhaltige Auswirkungen auf unsere Haltung und Lebensführung.

Unsere Alltagspraxis ist durchzogen mit automatisierten Verhaltensmustern, die uns in unserer Freiheit einschränken und mehr reaktiv als aktiv und kreativ sein lassen. Bei der Übung geht es zunächst darum, dass wir derartige Muster überhaupt als solche erkennen. In einem nächsten Schritt versuchen wir, sie mit Wohlwollen zu betrachten anstatt zu verdrängen oder zu bekämpfen. Erst dann werden sie „weicher" und lassen sich transformieren. Die ersten zwei Schritte lassen sich „machen". Bei der Transformation müssen wir zwar wachsam bleiben, um nicht wieder in alte Fahrwasser zurückzugleiten, aber durchführen können wir sie selber nicht. Alles, was wir tun können, ist uns für diesen Wandel zu öffnen und ihn geschehen zu lassen. Der Wandel führt zu mehr Achtsamkeit in den verschiedensten Lebenslagen, einem wohlwollenderen Herzen sowie differenzierterer Selbstkenntnis. Eine solche Übung – weg von einer primär reaktiven und hin zu einer primär selbst- aber nicht egobestimmten Lebensweise – verlangt Entschlossenheit, Geduld und Ausdauer.

Schließlich noch ein kleiner, praktischer Tipp: Wenn Sie (wie Tausende andere auch), Mühe haben, beispielsweise 20 Minuten in Stille zu sitzen, ohne Input, ohne Tat, dafür aber mit dem inneren Durcheinander konfrontiert, so fügen Sie ein **Lächeln** hinzu. Und sagen Sie sich dabei: Warum sollte ich Angst haben vor dem, was sich da in Kopf, Herz und Gemüt so alles tut? Nichts davon kann mir irgendetwas anhaben – ich werde die Sitzung mit Sicherheit ungeschoren überstehen. Zeitverschwendung? Ich habe meine Zeit schon mit viel Dümmerem verplempert. Ganz allein und ohne Ablenkung halte ich es mit mir selber nicht aus? Gute Einsicht! (Es geht übrigens den meisten anderen auch so.) Genau das gilt es zu lernen. Und wenn ich mich selbst aushalte, halte ich auch andere aus. Und außerdem habe ich es mit mir selber schon … Jahre (bitte Zahl einfügen) ausgehalten, da schaffe ich es auch noch weitere 20 Minuten. Lächeln Sie also mit großem Wohlwollen über sich und Ihre Angst vor Stille und nacktem Dasein. Lächeln Sie über sich selbst, lächeln Sie sich aber auch zu und lächeln Sie anderen zu. Immer wieder. Sie werden über folgende Aussage vielleicht lächeln, aber so fällt Ihnen nicht nur das Meditieren leichter, so verändern Sie auch sich selbst, Ihr Umfeld und ein wenig auch die Welt.

Hier und in den anschließenden Kapiteln werden keine detaillierten Ausführungen zu den verschiedenen Meditationswegen geboten. Hingegen finden Sie einen Überblick über den historischen Werdegang von Meditation in den verschiedenen Religionen bis hin zu den heutigen säkularen Formen sowie eine Übersicht über die wichtigsten Meditationstechniken. Hinzu kommt eine exemplarische Schilderung des Ablaufs einer einfachen Meditationseinheit. Das Hauptaugenmerk liegt jedoch, wie schon gesagt, auf der Verbindung zwischen Meditation und Alltag und dem sich daraus bietenden Entwicklungspotenzial. Zu den zentralen Themen diesbezüglich zählen „Achtsamkeit" (Kapitel 2.3.1) und die „Entwicklung der Herzensqualitäten" (Kapitel 2.3.2). Schließlich werden Ideen für kurze meditative Alltagsübungen vorgestellt, die sich außerhalb der formellen Meditation praktisch überall und zu jeder Zeit anwenden lassen (Kapitel 2.3.3). Ein Beispiel vorweg: Wenn Sie das nächste Mal nach Hause kommen, Schlüssel und andere Gegenstände ablegen und sich die Jacke und die Schuhe ausziehen, führen Sie jede einzelne Bewegung mit voller Aufmerksamkeit durch. Dies bringt automatisch eine Verlangsamung mit sich, diese wiederum eine spürbare physische und psychische Entspannung. Eine solche Behutsamkeit ist das beste Schutzmittel gegen Hast, Zerstreutheit und Stress. Probieren Sie es einfach aus. Wenn Sie überdies Ihr Handy, Ihre Brille oder Ihre Schlüssel jedes Mal langsam und konzentriert ablegen, entfällt künftig manch nervenaufreibendes Suchen. Das Einüben von Achtsamkeit führt mit Sicherheit zu einem Anstieg der Lebensqualität. Es kann sogar Spaß machen.

Vielleicht staunen Sie jetzt und fragen: „So einfach ist das?" Ja. Dem ist nichts hinzuzufügen. So einfach ist das.

Mühsam hingegen, frustrierend mühsam sogar und schwer ist es, bestenfalls vage erkannte Gewohnheiten und weitgehend unerkannte Prägungen immer wieder ans Licht steigen zu lassen, dieses wenig schmeichelhafte Bewusstsein auszuhalten und ihre Macht über uns so weit abzuschwächen, dass wir uns nachhaltig von ihnen zu lösen vermögen. Das ist es, was beharrliches Üben und auch Willensschulung nötig macht.

Wenn dies jedoch nur schon in Ansätzen gelingt, führt es zu einem Wandel, der eine spürbare Steigerung der Lebensqualität im Alltag mit sich bringt. Zu diesem Wandel – und damit zur individuellen Reifung – gehört auch ein allmähliches Abschwächen der einengenden und isolierenden Egozentrik. Auch die Ich-Bilder, die ich mit mir trage und die mich oft empfindlich reagieren lassen, wenn die Reaktionen meiner Mitmenschen ihnen nicht entsprechen, gilt es zu erkennen und die Identifikation mit ihnen zu lockern. Bin ich weniger in meiner Ich-Welt gefangen, wirke ich fast ohne Anstrengung zum Wohl zumindest meiner unmittelbaren Umgebung.

Meditation wird zwar im „stillen Kämmerlein" oder in kleinen Gruppen geübt, aber ihre Auswirkungen reichen weit darüber hinaus.

2.2.1 Kurzer historischer Überblick

Meditation in der einen oder anderen Erscheinungsform ist wohl so alt wie die Menschheit. In den Religionen der Naturvölker gab und gibt es Elemente (Tänze und repetitive Gesänge zum Beispiel), die als meditative Praktiken interpretiert werden können. Initiiert bzw. ausgeführt werden sie von Schamanen, Medizinmännern und anderen Eingeweihten. Informelle Momente der Stille, in denen ein Mensch zur Ruhe kommt, gab und gibt es wohl in jedem Leben. Sie lassen sich auch als kurze meditative Zwischenphasen deuten, bilden aber nicht Teil der nachfolgenden Erörterungen.

Die früheste schriftliche Erwähnung von Meditation (um 1500 v. Chr.) findet sich in den Veden, den ältesten heiligen Texten des **Hinduismus**. Indische Priester verwenden bis heute Atemübungen und Gesänge („Chants"), um einen hochkonzentrierten Zustand herbeizuführen. In mehreren hinduistischen Richtungen gilt Yoga entweder als eine Vorstufe zur Meditation oder wird selber als meditative Praxis verstanden. Im 18. Jahrhundert, zur gleichen Zeit als die Briten allmählich die Macht übernahmen, gerieten die meditativen Praktiken jedoch in den Hintergrund. Gebildete Inder ließen sich eher von der europäischen, speziell der englischen, rational geprägten Denk- und Lebensart inspirieren und betrachteten die eigene als rückständig. Eine Renaissance der Meditation fand in Indien allerdings wesentlich früher statt als im Westen, nämlich gegen Ende des 19. Jahrhunderts – auch in Zusammenhang mit dem aufkommenden indischen Nationalismus und damit der Rückbesinnung auf einheimische kulturelle Werte. Große Namen sind damit verbunden, darunter *Ramakrishna* (1836–1886), eine weithin ausstrahlende Leuchtfigur, *Vivekananda* (1863–1902), dessen Auftritt auf dem Weltkongress der Religionen in Chicago 1890 in Amerika und England eine Welle von Interesse an indischer Spiritualität auslöste, *Sri Ramana Maharshi* (1879–1950), dessen Dasein und Sosein – einfach, authentisch und bescheiden – Berichten zufolge die zahlreichen Menschen, die zu seinem Ashram in Südindien pilgerten, mindestens ebenso inspirierten wie seine Lehre, *Sri Aurobindo* (1872–1950), der Politaktivist, Philosoph, Dichter und Ashramgründer, und schließlich *Sri Chinmoy* (1931–2007), der in den Westen zog und unter anderem 1970 vom damaligen Generalsekretär U Thant gebeten wurde, am UNO-Hauptsitz wöchentliche Meditationen zu leiten. Diese wurden in den folgenden Jahrzehnten von Tausenden von UN-Angestellten und Diplomaten besucht.

Insgesamt noch zentraler als im Hinduismus ist die Rolle der Meditation im **Buddhismus**. *Siddhārtha Gautama*, wie der Buddha mit bürgerlichem Namen hieß, lebte im nördlichen Indien um das Jahr 500 v. Christus (genaue Lebensdaten sind nicht bekannt). Den eigentlichen Kern seiner Lehre bilden die „vier edlen Wahrheiten", die sich wie folgt zusammenfassen lassen:

Erste Wahrheit: Leiden ist – in unserem unerwachten Zustand – allgegenwärtig. Übertrieben? Nein. Jedes Mal, wenn ich etwas nicht bekomme oder etwas nicht eintritt, das ich will, bin ich enttäuscht, gekränkt, frustriert oder wütend. Ebenso bin ich enttäuscht, gekränkt, frustriert oder wütend, wenn ich mit etwas konfrontiert bin, das ich nicht will. Frustration, Enttäuschung, Kränkung und Wut sind bloß vier der zahlreichen Ausprägungen des

Leidens, von denen sich im Alltag die eine oder andere fast immer – wenn nicht akut, so doch in dumpfer Form – bemerkbar macht.

Zweite Wahrheit: Die Gründe des Leidens sind Begierde (nach Gütern, Ansehen, Anerkennung usw., sowie das Anhaften daran), Ablehnung (Nicht-Akzeptanz all dessen, was uns nicht passt) und Ignoranz (bezüglich unseres permanenten Schwankens zwischen Begierde und Ablehnung, sowie der Ordnung des Universums).

Dritte Wahrheit: Es gibt einen Weg aus dem Leiden (die frohe Botschaft!).

Vierte Wahrheit: Der Weg aus dem Leiden führt über den achtfachen Pfad. Dieser besteht aus fünf ethischen Zielen und drei Übungspraktiken. Eine dieser Übungspraktiken ist die „rechte Versenkung", also die Meditation.

Somit zählt Meditation zu den Grundpfeilern des Buddhismus. Man darf sich allerdings nicht täuschen lassen – eine nachhaltige Meditationspraxis wurde auch in der buddhistischen Welt praktisch nur in den Klöstern unter den Mönchen gepflegt. Die religiöse Praxis des Volkes bestand (und besteht) vornehmlich aus der Verehrung des Buddha (meist in Betrachtung einer Buddha-Statue oder eines Buddha-Bildes, die nicht nur in den Tempeln, sondern auch in den meisten Haushalten zu finden sind), aus Wunschgebeten und aus einem ehrfurchtsvollen Umgang mit den Mönchen (etwa indem man ihnen Essen oder Geld spendet). Bestenfalls betreten Laien ab und zu einen Tempel, um an einer Meditationssitzung der Mönche teilzunehmen.

Von Indien aus breitete sich der Buddhismus – und mit ihm die Meditationspraxis – in den folgenden Jahrhunderten durch Ost- und Südostasien aus und ist dort bis heute verankert, während er in seinem Ursprungsland nur noch ein Randdasein fristet. Eine der wichtigsten Destinationen war China, wo sich der Buddhismus und der einheimische Daoismus gegenseitig beeinflussten. Aus dem Umfeld des **Daoismus** stammen übrigens auch eigenständige Meditationsformen, nämlich jene der langsamen und achtsamen Bewegungen – Qi Gong und Tai Ji Quan. Von China aus erreichte der Buddhismus später auch Japan (6. bis 7. Jahrhundert). Dort wuchs der Zen-Buddhismus zu einem der wichtigsten Zweige heran.

Heutzutage hat sich Zen zumindest außerhalb seiner Heimatregion von seiner Mutterreligion weitgehend abgetrennt und ist zu einer weltweiten, auf Meditation gegründeten spirituellen Praxis geworden. Bei einer weiteren buddhistischen Meditationsform, der Vipassana-Meditation, lässt sich eine ähnliche Entwicklung beobachten. Das heißt, ich kann mich als Zen- oder Vipassana-Praktizierender auch als Buddhist bezeichnen, muss es aber nicht.

Wie kamen der Buddhismus und mit ihm der Fokus auf Meditation und die entsprechenden Meditationstechniken in den Westen? Ab dem 19. Jahrhundert nahm der Zustrom von Immigranten aus Japan und China, später auch aus Thailand, Korea und Vietnam in die USA rapide zu und diese Volksgruppen errichteten auch in der Fremde ihre Tempel und Ordenszweige. Deren Einfluss auf das Mainstream-Amerika war jedoch gering. Es bedurfte der Vermittlung von Westlern, die sich im Osten inspirieren und ausbilden ließen, sowie von buddhistischen Mönchen aus dem Osten, die ihre Botschaft und Praxis in den Westen brachten, wo diese dann von ihren einheimischen Schülerinnen und Schülern verbreitet wurden. Dies geschah in der zweiten Hälfte des 20. Jahrhunderts – einer Zeit, die offensichtlich reif dafür war. Zu den wichtigsten Figuren der Kategorie „Westler" gehören *Philip Kapleau* (1912–2004), einer der Pioniere; die Autorin und Gemeindeleiterin *Pema Chödrön* (geb. 1936 als Deirdre Blomfield-Brown); *Jack Kornfield* (geb. 1945), dessen Bücher zu den Klassikern auf diesem Gebiet zählen und der mit *Joseph Goldstein* (geb.1944) und *Sharon Salzberg* (geb. 1952) mehrere buddhistische Gemeinschaften in den USA gegründet hat; *Matthieu Ricard* (geb. 1946), Buchautor und Übersetzer des Dalai Lama, sowie im deutschsprachigen Raum *Sylvia Wetzel* (geb. 1949).

Zu der zweiten Kategorie, den aus Asien stammenden Vermittlern (auch hier beschränke ich die Liste auf sehr wenige Namen), zählen der Japaner *Shunryu Suzuki* (1904–1971), der Inder *Maharishi Mahesh Yogi* (1918–2008, der Begründer der Transzendentalen Meditation), der Tibeter *Chögyam Trungpa* (1939–1987) und der vietnamesische Friedensaktivist, Buchautor und Ordensgründer *Thich Nhat Hanh* (geb. 1926). Von allen Buddhisten die weitreichendste Strahlkraft und den größten Einfluss auf unseren Zeitgeist hat aber zweifellos Tenzin Gyatso, der *14. Dalai Lama* (geb. 1935).

Der Buddhismus selber und seine Meditationspraktiken haben sich mit ihrer Inkulturation im Westen stark gewandelt. Stichwortartig zusammengefasst wurden sie laisiert (d. h. sie werden nicht mehr primär in einem monastischen Umfeld betrieben), demokratisiert (die strenge Hierarchie der Mönchsgemeinden fällt weg), feminisiert (die Dominanz der Männer ließ sich nicht aufrechterhalten) und alltagsbezogen (Teilnehmende an Meditations-Sitzungen und Retreats wollen mit der Meditation eine Veränderung in ihrem Alltagsleben bewirken).[23] Außerdem verlor die in Asien nach wie

---

23 Gemäß Jack Kornfield, *Bringing Home the Dharma*, S. 193 ff.

vor relativ strikt aufrechtgehaltene Unterscheidung zwischen den Denominationen (Theravada, Mahayana, tibetischer Buddhismus usw.) im Westen rasch an Bedeutung. Und schließlich sind viele der ursprünglich mit den Meditationsmethoden verbundenen Rituale weggefallen. Bei der Vermittlung von Yoga im Westen lässt sich ein ähnlicher Wandel beobachten. Und dieser Wandel im Westen beeinflusst seinerseits die Entwicklungen in den Heimatländern von Buddhismus und Hinduismus. Er ist Teil eines universellen Trends im 21. Jahrhunderts hin zu einfachen und allen zugänglichen meditativen und anderen geistig-körperlichen Übungen, die entweder keinen oder nur noch einen lockeren Bezug zu einer Herkunftsreligion bewahren (siehe Ende des Kapitels).

Im **Islam** waren es primär die Sufis, die vor allem vom 8. bis 13. Jahrhundert meditative Übungen entwickelten. Die Wichtigste besteht aus dem Wiederholen des Namens Allahs bzw. einer seiner 99 Beinamen (Attribute). Auf Arabisch heißt diese Praxis Dhikr, auf Türkisch Zikr, wörtlich das „Gottgedenken". In der klassischen Form wird der Beginn des Glaubensbekenntnisses – lā ilāha illā 'Llāh (es gibt keine Gottheit außer Gott, Allah) – immer wieder rezitiert, entweder laut oder innerlich für sich. Beim lauten Rezitieren in einer Gemeinschaft wird auf das letzte „h" des Wortes „Allah" hingezielt, das dann beim Ausatmen wie ein letzter Hauch verklingt. Verbunden wird die Übung so mit dem kontrollierten und bewusst wahrgenommenen Fluss des Atems. Dies ergibt eine sehr ähnliche Praxis wie bei dem Jesus- bzw. Herzensgebet im Christentum (das allerdings zumeist allein gepflegt wird) sowie dem Wiederholen von Mantras wie „Om Mani Padme Hum" im Buddhismus oder das hingabevolle „Ram Ram Ram" im Hinduismus. Als Konzentrationsstütze nehmen manche Praktizierende eine Gebetsschnur mit Perlen zu Hilfe. Und auch hierzu gibt es viele Parallelen: den Rosenkranz im Katholizismus, die Gebetsschnur (Russisch: Tchjotki, wörtlich „Zählschnur") im orthodoxen Christentum, die Mala, klassischerweise mit 108 Perlen versehen, die sowohl im Hinduismus als auch im Buddhismus Gebrauch findet, sowie die Tesbih-Gebetsschnur im tibetischen Buddhismus. Auch bei früheren Kulturen hat man Knotenschnüre gefunden, bei denen vermutet wird, dass sie für Gebets- oder Versenkungspraktiken verwendet wurden, beispielsweise im vorkolonialen Peru oder in Polynesien.

Sufismus, oft als die mystische Dimension des Islams bezeichnet, hatte über die Jahrhunderte immer wieder einen schweren Stand. Denn die Sufis – wie

Mystiker weltweit – hielten sich bei der Vermittlung ihrer Erfahrungen längst nicht immer an die Vorgaben der Korangelehrten, der Mullahs, der Imame und anderer muslimischer Autoritäten. Die geistige Unabhängigkeit der Sufi-Bruderschaften sowie einzelner ihrer Exponenten war ein Stachel im Fleisch derer, denen Macht und Kontrolle und sogenannte Rechtgläubigkeit wichtig waren, und so war der Vorwurf der Gotteslästerung jeweils schnell zur Hand. Wie bei ihren Verwandten im Geiste in anderen Religionen konnten für die Sufis und insbesondere für ihre mystisch begabten Exponenten die Folgen Ächtung, Verbannung, Gefängnis oder Hinrichtung lauten.

Es besteht eine noch wenig erforschte Verbindung zwischen Meditation und Mystik. Vertieft man sich in die Lebensgeschichten von Mystikern und Mystikerinnen, stellt sich heraus, dass sie praktisch alle irgendeine Form von meditativer oder kontemplativer Versenkung bzw. wortlosem Gebet praktizierten bzw. praktizieren. Auch benötig(t)en sie quasi als Lebenselixier immer wieder Zeiten von Rückzug in die Stille, was natürlich in einer monastischen Umgebung oder an einem abgelegenen Ort einfacher ist als in einer Großstadt. Umgekehrt führt einen die Meditation in Bereiche der Ruhe und inneren Offenheit, welche die Empfänglichkeit für mystische Erfahrungen erhöhen.[24]

Besonders deutlich zeigt sich diese Verbindung von Mystik und Meditation in der Geschichte der Sufis und ihrer herausragenden Gestalten. Zu diesen zählen (um nur ganz wenige zu nennen) *Rabia* (gest. 801), eine als Heilige verehrte Frau, *Al-Hallaj* (gest. 922), der hingerichtet wurde, weil er seine ekstatischen Erfahrungen der Vereinigung mit dem innewohnenden göttlichen Wesenskern kundtat, *Al Ghazzali* (1058–1111) und *Ibn Arabi* (1165–1240), die beiden wohl größten Philosophen des Sufismus, deren Werke auch im Abendland Verbreitung fanden, *Dschalaluddin Rumi* (1207–1273),

---

24 Ein goldener Sonnenuntergang, ein Stück Musik, das uns bis in die Grundfesten bewegt – überhaupt alles, was uns kurz das tiefgreifende Gefühl gibt, mit etwas unaussprechlich Heiligem oder mit dem Universum als Ganzem in Einklang zu sein, kann als mystische Erfahrung verstanden werden. In den allermeisten Fällen lässt die Wirkung jedoch rasch nach und unser gängiges Gefühl der Getrenntheit nimmt wieder überhand. Menschen, die als Mystikerinnen oder Mystiker gelten, erfahren diese Verbundenheit in einer derart überwältigenden Intensität, dass sich ihr Leben – nicht immer äußerlich, aber doch innerlich – radikal ändert. Das Potenzial dazu steckt in uns allen.

der sprachgewaltige Dichter-Philosoph, *Kabir* (1440–1518), zu dessen Schülern gleichermaßen Muslime und Hindus zählten, *Hazrat Inayat Khan* (1882–1927), einer der Erneuerer des Sufismus in der Moderne sowie *Reshad Feild* (1934–2016) und *Llewellyn Vaughan-Lee* (geb. 1953), zwei wichtige Vertreter des universellen und praxisorientierten Sufismus von heute.

So wie sich heute Zen-Meditation praktizieren lässt, ohne dass man dazu zum Buddhismus übertreten muss, gibt es seit Ende des 20. Jahrhunderts auch im Westen Sufi-Gemeinschaften, die mit ihren spirituellen Übungen auch Nicht-Muslimen offenstehen.

Im **Judentum** entwickelten sich meditative Praktiken vor allem im Umfeld der Kabbala-Mystik sowie des volkstümlicheren Chassidismus, der vor allem in Osteuropa im 18. und 19. Jahrhundert aufblühte. Die von *Abraham Abulafia* (um 1240–1292) propagierte ekstatische Kabbala beispielsweise basiert auf Meditationsübungen, zu deren Zielen die (ekstatische) Vereinigung mit Gott durch die Meditation von hebräischen Namen für Gott oder von speziellen Kombinationen hebräischer Buchstaben zählte. Die Meditationstechnik bestand also aus der wiederholten, länger andauernden Konzentration des Geistes auf etwas Sakrales.

Moses Maimonides (um 1135–1204), einer der bedeutendsten jüdischen Philosophen aller Zeiten, beschrieb Meditation als eine Einstellung des Geistes, die uns empfänglich macht für die göttliche Vorsehung und Inspiration. Anderswo schätzte er Meditation als Form der Anbetung höher ein als Opfergabe oder formelles Gebet.[25]

Später wurden meditative Übungs- und Andachtsformen auch im Umfeld der chassidischen Rabbis in Osteuropa betrieben, darunter *Baal Shem Tov* (um 1698–1760) und *Nachman von Breslow* (1772–1810). Zu den Repräsentanten der zeitgenössischen jüdischen Meditation zählen *Lawrence Kushner* (geb. 1943) und *Rami Shapiro* (geb. 1951). Insgesamt jedoch spielten und spielen meditative Übungspraktiken – zumindest formell – im Judentum verglichen mit anderen Weltreligionen eine geringe Rolle.

---

25 Ehud Benor, *Worship of the Heart: A Study of Maimonides' Philosophy of Religion*, S. 159.

Wenden wir uns nun etwas ausführlicher der Geschichte der Meditation in unserem westlichen, christlich geprägten Kulturkreis zu. Wie anderswo in diesem Buch dient „Meditation" dabei als Überbegriff. Im **Christentum** unterschieden werden vor allem vier Formen: Die *Meditation* selber wird eher gegenständlich verstanden: Man kann beispielsweise einen Abschnitt aus der Heiligen Schrift oder ein Heiligenbild meditieren. „Verkosten" ist hier ein manchmal verwendetes Wort, womit klargestellt wird, dass es nicht um ein analysierendes Betrachten handelt. Die letztgenannte Form – das Meditieren von Schriftstellen und zum Teil auch Bildern – bildet die Grundlage der *Ignatianischen Exerzitien*. Diese wurden durch *Ignatius von Loyola* (1491–1556) ins Leben gerufen. Sie verbinden jene Schriftmeditationen mit Betrachtungen zum eigenen Leben und erleben heute im christlichen Umfeld eine gewisse Renaissance. *Kontemplation* beschreibt meist ein stilles Sich-Öffnen für Gott, ein wortloses Gebet. Die vierte Form ist das mantraartig wiederholte *Jesus- oder Herzensgebet*.

Die ersten christlichen Meditationsanleitungen stammen aus der Zeit der sogenannten „Wüstenväter" und „Wüstenmütter", die sich – von der oberflächlichen Religionspraxis ihrer Zeitgenossen in der spätrömischen Antike enttäuscht – in Wüstengegenden zurückzogen (ca. 3. bis 6. Jahrhundert) und dort als Einsiedler lebten, teils Schüler zu sich ließen und teils auch ihre Erfahrungen niederschrieben.

Sie waren die Ersten, die das Jesus- oder Herzensgebet propagierten. Verbreitet hat es sich danach vor allem in den Klöstern der Ostkirche – zunächst im byzantinischen Griechenland, später auch in Russland. Es ist ganz schlicht und beinhaltet bloß Atemübungen und das wiederholte Aufsagen eines Satzes. Das Grundgebet lautet „Jesus Christus, Sohn Gottes, erbarme dich meiner", wobei es auch in etwas längeren oder kürzeren Fassungen existiert. *Seraphim von Sarow* (1759–1833), einer der am meisten verehrten Heiligen in Russland, schrieb dazu: „Mit diesem Gebet in deinem Herzen wirst du inneren Frieden und Nüchternheit von Körper und Seele finden." Zugleich sei es von dynamischer Wirkung und werde zu „einem Brunnen lebendigen Wassers", der unablässig in der Seele sprudle.[26] Eine in unseren Tagen verbreitete Kurzform des Herzensgebets besteht darin, beim Einatmen einfach „Jesus" und beim Ausatmen „Christus" in den Atemfluss zu legen (oder umgekehrt). Die

---

26 Zit. in Gordon Mursell (Hrsg.), *Die Geschichte der christlichen Spiritualität*, S. 161–162.

mit dem Herzensgebet verbundene Geisteshaltung wird „Hesychasmus" genannt, abgeleitet vom griechischen Wort für Ruhe, Frieden und Gelassenheit.

In West- und Mitteleuropa wurde im Mittelalter in den Klöstern die Contemplatio betrieben. Gemäß damaligem Verständnis benötigte deren Praxis allerdings eine innere Vorbereitung. Einer ihrer Vordenker war *Richard von St. Viktor* (gest. 1173), ein ursprünglich aus Schottland stammender Abt in Frankreich.[27] Er und andere „Viktoriner" beschrieben eine innere Progression, die bei der Beschäftigung mit der Heiligen Schrift ansetzte, und verglichen diese mit dem Aufstieg auf einen Berg: Zunächst kommt die Cogitatio, das rationale Verstehen. Danach folgt die Meditatio, das „Verkosten" und der Bezug des Textinhalts auf die eigene Lebenssituation. Den Gipfel schließlich stellt die Contemplatio dar – ein von Gedanken gelöstes sich Öffnen für … – eben für das, was sich nicht mehr in Worte fassen lässt. Diejenigen, die es dennoch versuchen, greifen zu Metaphern wie „Licht Gottes" oder „mystische Schau".

Große Lehrer des Kontemplationsweges traten auch in Spanien im 16. Jahrhundert auf.[28] Die drei bedeutendsten hießen *Francisco de Osuna* (ca. 1492 – ca. 1540), *Teresa von Avila* (1515–1582) und *Johannes vom Kreuz* (1542–1591). Die Praxis des „inneren Gebetes" bzw. des „Gebetes der inneren Sammlung", welche diese den Gläubigen (in erster Linie ihren klösterlichen Mitbrüdern und Mitschwestern) nahelegten, war in jener Zeit jedoch zutiefst umstritten. Die Inquisition verfolgte die sogenannten „Alumbrados" (Erleuchteten), die aus der Freiheit dieses Gebetes und einer unmittelbaren Gottesbeziehung sich von der Autorität der katholischen Kirche lösen wollten und die sakramentale und kirchliche Vermittlung des Glaubens infrage stellten.

---

27 Dies zeigt, dass es schon im Mittelalter eine europäische Personenfreizügigkeit gab, allerdings nur in der dünnen Schicht der Gebildeten und dank Latein als deren Einheitssprache.

28 Das Land hatte sich nach vielen Jahrhunderten von der muslimischen Herrschaft befreit und danach im Zuge der Re-Christianisierung die ansässigen Muslime sowie die zahlreichen Juden entweder direkt vertrieben oder vor die Wahl gestellt, sich zu bekehren oder das Land zu verlassen. In den Jahrhunderten davor hatten die Muslime und die Juden jedoch einen ganz entscheidenden Beitrag zur Geistesgeschichte des Landes geleistet. Dazu zählten auch die im Mittelalter in Spanien lebendige (islamische) Sufi-Mystik und (jüdische) Kabbala-Mystik. Es ist unwahrscheinlich, dass die großen spanischen Mystiker und ihre Praxis des kontemplativen Gebets davon völlig unbeeinflusst waren.

Die Praxis des Herzensgebets sowie der Kontemplation wurde verstanden als ein bewusstes und manchmal auch sehnsuchtsvolles „Sich-Öffnen für Gott". In den Religionen des Ostens hingegen stellte die Meditation eher ein absichtsloses, jedoch ebenso waches Dasein in Stille dar. Den schriftlichen Überlieferungen nach zu urteilen, waren die Ergebnisse einer nachhaltigen Übungspraxis in beiden Fällen jedoch nicht unähnlich. Bloß wurden sie in verschiedene, der jeweiligen Religion entliehene Begriffe gekleidet. Um solche historischen Zeugnisse und Anleitungen verstehen zu können, müssen wir also versuchen, durch die Terminologie hindurch zum Kern der Aussagen zu gelangen. Dann kann auch ein Bezug zu unseren eigenen Erfahrungen aufleuchten.

Heute genauso aktuell wie früher ist die Einsicht der Mönche jener Epochen, dass es für ein Sich-Versenken in Kontemplation eine gewisse Vorarbeit, nämlich einen inneren Prozess der Konzentration und geistigen Entleerung, braucht. Und noch eine Erkenntnis aus der langen mönchischen Tradition – westlicher wie östlicher – verdient auch heute Beachtung: Bei einer spirituellen Praxis tun wir gut daran, uns mindestens phasenweise unter die Obhut eines „Seelenführers", eines erfahrenen geistlichen Begleiters, zu stellen. Oder immer wieder den Austausch mit vertrauenswürdigen und auf dem betreffenden Gebiet bewanderten Lehrerinnen oder Übungsleitern zu suchen. Denn als zu groß wurde die Gefahr erachtet, dass die inneren Dämonen (heute würde man von unbewussten Denkmustern oder unkontrollierten Trieben sprechen) sowie der Konformitätsdruck der Außenwelt uns vom konsequenten Beschreiten des inneren Weges abbringen könnten, wenn wir diesen allein angehen.

Die inneren Bewegungen, die bei der Kontemplation beobachtet werden, sowie die Integration der Einsichten ins Leben als Ganzes hat der französische Bischof und Mystiker *François de Sales* (auch Franz von Sales, 1567–1622) wunderbar auf den Punkt gebracht. Fast sieht man ihn dabei schmunzeln, mit wohlwollendem Verständnis für unsere ständigen Abschweifungen und Rückfälle trotz bester Absichten: „Wenn das Herz wandert oder leidet, bring es behutsam an seinen Platz zurück und versetze es sanft in die Gegenwart deines Herrn. Und selbst, wenn du nichts getan hast in deinem ganzen Leben, außer dein Herz zurückzubringen und wieder in die Gegenwart unseres Gottes zu versetzen, obgleich es jedes Mal wieder fortlief, nachdem du es zurückgeholt hattest, dann hast du dein Leben wohl erfüllt."[29]

---

29 Zit. in Willi Lambert, *Das siebenfache Ja*, S. 36-37.

Auf volkstümliche Art drückt die Redensart „das Herz am rechten Fleck haben" etwas Ähnliches aus. Franz von Sales hat übrigens als Hilfe empfohlen, den ganzen Tag hindurch kurze Gebete einzustreuen, um so das Herz immer wieder an den „rechten Fleck" zurückzuholen oder, modern gesagt, sich zu zentrieren.

Dass die kontemplative Praxis nicht als Selbstzweck, als bloße „Wellness für die Seele", verstanden werden sollte, sondern im Alltag wirksam werden soll, zeigt folgende Anweisung des großen Mystikers und Lehrers *Meister Eckhart* (1260–1328): „Achte darauf, wie du deinem Gott zugekehrt bist, wenn du in der Kirche bist oder in der Zelle: Diese selbe Gestimmtheit behalte und trage sie unter die Menge und in die Unruhe und in die Ungleichheit."[30]

An dieser Stelle muss nochmals betont werden: All die bisher geschilderten christlichen Meditations- bzw. Kontemplationspraktiken – und wir betrachten hier den Zeitraum von ca. 250 bis 1600 – waren für Mönche und in einem geringeren Ausmaß auch für Nonnen gedacht. Das gemeine Kirchenvolk bekam (noch) nichts davon mit. Dies änderte sich bis zu einem gewissen Grad ab dem 17. Jahrhundert. Inzwischen hatte sich der Buchdruck etabliert und die Zahl an Lesekundigen war markant gestiegen. Somit konnten mystische Zeugnisse sowie Berichte über kontemplative Praktiken die Klostermauern verlassen.

In Deutschland war es z. B. der Dichter-Mystiker *Angelus Silesius* (1624–1677), der Einsichten der großen deutschen Mystiker wie eben von Meister Eckhard sowie *Johannes Tauler* (um 1300–1361) und *Heinrich Seuse* (1295–1366) in kurzen und leicht eingängigen Versen unter das Volk brachte. In ihnen wird den Lesern die Suche nach Gott (und somit auch nach Frieden und Erfüllung) nicht im Äußeren, sondern im Innen der Seele nahegelegt. Ein Beispiel:

„Wird Christus tausendmal zu Bethlehem geboren
Und nicht in dir, du bleibst noch ewiglich verloren."[31]

---

30 Meister Eckhard, Deutsche Werke, Bd. V, 203.3-5; zit. in Eckhard Wolz-Gottwald, *Die Mystik in den Weltreligionen*, S. 45.

31 Angelus Silesius, Der cherubinische Wandersmann, das erste Buch, Nr. 61, zit. in Gerhard Wehr, *Angelus Silesius*, S. 40.

Die nächste Phase (Ende 17. bis Mitte 18. Jahrhundert) lässt sich unter dem Begriff „Quietismus" zusammenfassen (er steht nicht für eine Bewegung, sondern für eine Haltung, und wurde von dessen Gegnern im abschätzigen Sinn geprägt). Wie es der Name andeutet, wird der Stille eine zentrale Rolle zugewiesen. In der Stille ist die direkte Verbindung zu Gott möglich, wenn man sich nach ihm ausrichtet. Auch hier handelt es sich um eine meditative Praxis, die zuweilen zu mystischen Einsichten und mystischer Ekstase führte. Dies war sowohl den katholischen als auch den protestantischen Kirchenbehörden suspekt. Die katholische Kirche pochte auf ihre Vermittlerstellung zwischen Gott und den Gläubigen, die protestantischen Kirchenoberen pochten auf die Hoheit der Heiligen Schrift. Das gefährliche Gedankengut wurde nun nicht mehr bloß von ein paar Mönchen in der Abgeschiedenheit ihrer Zellen gehegt, es drohte sich unter dem Volk zu verbreiten. Somit schritten die Kirchenoberen, wie die Inquisitoren zuvor, zur Tat: Mystische Schriften wurden verboten und sogar verbrannt, Protagonisten wie der Spanier *Miguel de Molinos* (1628–1697) oder die Französin *Jeanne-Marie Guyon* (1648–1717) wurden inhaftiert (das Zeitalter der Hinrichtung von „Ketzern" war am Abklingen). In England wurde die aus dem gleichen Geiste entstandene Bewegung der Quäker von den Behörden ebenfalls unterdrückt. Die Repression erwies sich überall als (vorübergehend) erfolgreich – meditative Praxis bzw. Mystik als Volksbewegung wurden im Keim erstickt.

Mit dem Anbruch der Aufklärung im 18. Jahrhundert kamen Meditation und Mystik von einer weiteren Seite unter Beschuss, nämlich vom Rationalismus. Es folgte somit eine längere Zeitspanne (grob gesagt vom 18. Jahrhundert bis Anfang der 1960er-Jahre), in der meditative Praktiken an Bedeutung verloren und – wenn sie überhaupt auf dem Radar erschienen – mit Obskurantismus, Schwärmerei und generell einer vorwissenschaftlichen Weltsicht in Verbindung gebracht wurden.

So gesehen ist es keine Überraschung, dass die Wiederentdeckung und Wiederbelebung von meditativen Übungswegen im Westen gegen Ende des 20. Jahrhunderts auf Inspirationen und Erfahrungen aus dem Osten – vor allem aus Indien, Tibet und Japan – angewiesen waren. Pioniere aus der christlichen Welt waren mystisch begabte Mönche des Westens, die sich im Osten jahrzehntelang auf eine mit Meditation verbundene hinduistische oder buddhistische Spiritualität einließen, ohne dabei ihre christliche Grundüberzeugung aufzugeben. Zu ihnen zählen der französische Benediktiner *Henri Le Saux/Abhishiktananda* (1910–1973) und sein britischer Ordensbruder

Bede Griffiths/Swami Dayananda (1906–1993), die beide (unabhängig voneinander) in Indien tätig waren, sowie der jahrzehntelang in Japan wirkende deutsche Jesuit *Hugo Enomiya Lassalle* (1898–1990). Sie und andere gaben den Anstoß zur Integration (oder Reintegration) von meditativen Praktiken innerhalb der christlichen Glaubenswelt. Dass dies nicht ohne Widerstände aus der Kirchenhierarchie und teils auch aus dem Kirchenvolk vor sich ging, versteht sich fast von selbst. Solche Widerstände halten bis heute an, werden aber auch dank der rasant zunehmenden Akzeptanz von Meditation in breiten, religiösen wie nicht-religiösen Bevölkerungskreisen zusehends schwächer.

Ein Schüler von Bede Griffiths, nämlich *John Main* (1926–1982), schuf die Basis für die „World Community for Christian Meditation" (WCCM) mit Hauptsitz in London. Ihre Meditationsform ist weltweit die gleiche: aufrecht sitzen, die Augen schließen und innerlich ein Mantra wiederholen. Empfohlen wird das aramäische Wort MA-RA-NA-THA. Der Wohlklang und der Fluss der vier gleich langen und gleich stark betonten Silben macht es Praktizierenden leicht, dieses Wort mit dem Atemfluss zu verbinden. (Probieren Sie es aus!) Übersetzt heißt es „Komme, Herr" oder „Der Herr kommt", aber es geht nicht darum, während der Meditation über die Bedeutung nachzudenken. Das Mantra kann im Lauf der Meditation auch losgelassen und dann wieder herbeigeholt werden, wenn man merkt, dass die Aufmerksamkeit abdriftet. Mit dieser Form wird eine Verbindung hergestellt zwischen dem christlichen Herzensgebets und der indischen Mantra-Tradition, die im Westen unter anderem in der sogenannten „Transzendentalen Meditation" gepflegt wird. Im Herzen und vielleicht auch auf Verstandesebene ist diese Meditationspraxis also christlich, aber in der Schlichtheit der Form und der Universalität des zugrundeliegenden Geistes trägt sie bereits stark transreligiöse Züge.

Die von *Roger Schütz* (1915–2005) gegründete interkonfessionelle Gemeinschaft von Taizé in Frankreich hat eine einfache, mit meditativen Elementen durchsetzte Form der Andacht entwickelt (viel Stille und repetitiver, „Chant"-ähnlicher Gesang), die inzwischen auf der ganzen Welt in Gottesdiensten und anderswo zum Einsatz kommt. Sie zieht neben bekennenden Christen ebenfalls nicht religiös gebundene Menschen an, besonders an den regelmäßig veranstalteten internationalen Jugendtreffen.

Mehrheitlich auf den Buddhismus zurückgehen die heute existierenden **säkularen Formen der Meditation**. Am verbreitetsten in Westeuropa und Amerika ist inzwischen das von *Jon Kabat-Zinn* (geb. 1944) entwickelte „Mindfulness Based Stress Reduction"-Programm (MBSR), dessen Grundlage die Meditation bildet und das seit Beginn des 21. Jahrhunderts auch erfolgreich in Spitälern, an Schulen sowie in der Geschäftswelt eingesetzt wird.

Die Tendenz im 21. Jahrhundert geht, wie gesagt, dahin, dass die verschiedenen Meditationsformen ihren religionsgebundenen Rahmen immer mehr ablegen. Oder dieser Rahmen wird so stark ausgeweitet, dass sich auch Teilnehmende ohne religiöse Bindung darin wohlfühlen können. Nicht mit abgelegt werden sollten dabei das ethische Grundgerüst sowie der Transzendenzbezug, die von den jeweiligen Religionen tradiert wurden bzw. werden. Während Rituale und Glaubenssätze wegfallen oder zumindest an Bedeutung verlieren, bilden sie – das ethische Grundgerüst und der Transzendenzbezug – sozusagen den diamantenen Kern eines Meditationsweges. Fällt auch dieser Kern weg, könnten moderne Meditationsübungen zu reinen Wohlfühloasen für die gestresste Seele schrumpfen, ähnlich wie manche Yogaübungen bloß noch als Kraft- und Fitnessübungen angeboten werden. Die Zukunft wird es weisen, aber ich wage zu behaupten, dass sich eine Meditationspraxis ohne spirituelles Fundament nicht nachhaltig – idealerweise bis ans Ende des Lebens – aufrechterhalten lässt.

Die Globalisierung bringt nicht nur Welthandel sowie weltweite Lieferketten und Dienstleistungen, eine weltweite Durchmischung der Völker und einen weltweiten Austausch an Wissen. Sie bringt auch eine weltweite Verbreitung und zum Teil Durchmischung von spiritueller Weisheit und spirituellen Praktiken (die teils einen säkularen Mantel erhalten). Zu diesen Praktiken zählt auch die Meditation.

Fassen wir zusammen: Historisch gesehen entwickelte sich Meditation in all ihren Varianten ausschließlich im religiösen Umfeld. Nicht nur das, sie entwickelte sich und gedieh praktisch ausschließlich in Klöstern oder in Abgeschiedenheit, wo der Alltag grundsätzlich in Stille eingebettet ist (siehe Kapitel 6.2). Einen großen Unterschied gibt es jedoch zwischen der christlichen und buddhistischen monastischen Tradition. Während in den buddhistischen Klöstern die Meditation einen zentralen Pfeiler bildete, waren die christlichen Meditationsformen stets Randerscheinungen, die zudem von den Kirchenoberen immer wieder hinterfragt oder gar bekämpft wurden.

Meditation in Stille und Abgeschiedenheit pflegten und pflegen nicht nur christliche und buddhistische Mönche, sondern auch Ashram-Gemeinschaften im Hinduismus sowie Wanderderwische der Sufis und Yogis in Indien, die immer wieder an abgelegenen Orten verweil(t)en. Sie, liebe Leserinnen und Leser, werden sich in absehbarer Zeit wohl weder in ein Kloster noch in einen Ashram (es sei denn für eine Retraite) noch in eine Berghöhle im Himalaya zurückziehen. Schaffen Sie sich also etwas Eigenes. Machen Sie für 20 Minuten pro Tag einen Raum zu Ihrer Klosterzelle. Ziehen Sie sich dorthin zurück – allein, ohne Störung von außen, ohne Buch, Handy oder Laptop als Ablenkungsmöglichkeit. Oder machen Sie einen Ort in der Natur zu Ihrem Rückzugsort. Sie werden auf innere Widerstände stoßen. Aber wenn Sie dranbleiben, werden Sie Wunder erleben.

2.2.2 Arten der Meditationspraxis

Nach dem Überblick über die historische Entwicklung verschiedener Meditationstraditionen machen wir jetzt einen Schritt von der Geschichte zur Gegenwart und von der Theorie zur Praxis. Gerade in unseren Tagen werden Meditationspraktiken empfohlen sowie Treffen und Kurse angeboten, die Elemente aus verschiedenen der beschriebenen Traditionen kombinieren. In diesem Kapitel werden nun einzelne **Methoden** und **Techniken** – ohne Anspruch auf Vollständigkeit – beleuchtet, die von allen interessierten Personen angewandt werden können, unabhängig von ihrem Hintergrund oder ihrer religiösen Einstellung.

Eine einheitliche und weiterum anerkannte Einteilung der Meditationstechniken gibt es nicht. Das mag daran liegen, dass in der Praxis die eine Art des Übens oft in eine andere überfließt, die Unterschiede also nicht in Stein gemeißelt sind.

Der Buddhismus kennt drei sich ergänzende Grundtypen der Meditation (neben anderen):

- *Samatha*, die Konzentrationsmeditation, bei der wir die Aufmerksamkeit auf ein äußeres oder inneres Objekt richten (klassischerweise auf den Atem) und aus dem ruhelosen Umherschweifen immer wieder zu diesem zurückkehren. Das Ziel ist die Beruhigung des Geistes.
- *Vipassana*, die Achtsamkeitsmeditation, bei der wir ohne bestimmtes Objekt nur beobachten, was in uns drinnen an Gedanken, Bildern, Emotionen,

Wünschen, Anfechtungen und Körperempfindungen hochkommt – und wieder vergeht. Das Ziel ist Einsicht in die Natur unseres Geistes.

- *Metta*, bei der wir das Wohlwollen uns selbst und anderen gegenüber dadurch stärken, dass wir in der Meditation die Person oder Personen „ins Herz nehmen" und durch speziell gewählte Zusprüche unsere Gefühle ihnen gegenüber zum Positiven wenden. Das Ziel ist die Kräftigung und Ausdehnung von Mitgefühl und Herzensgüte.

Im Westen werden verschiedene Kategorisierungen verwendet. Zu den bekanntesten zählt die Einteilung in „gegenständliche" und „nichtgegenständliche" Meditation. Auf diese möchte ich im Folgenden zurückgreifen.

Gegenständliche Meditation
Verwendet wird in dieser Form der Meditation ein **Fokuspunkt außerhalb unser selbst,** auf den hin wir in Stille unsere Konzentration bündeln und so von der Zerstreutheit zur gezielten Aufmerksamkeit gelangen. Hierfür lässt sich Verschiedenes gebrauchen, vorausgesetzt, dass es bei uns eine positive Assoziation auslöst und dass um uns und den Gegenstand herum ein gutes Energiefeld entsteht. Vier Objektarten sollen hier erläutert werden, die sich als Hilfsmittel für die Meditation bewährt haben:

- *Bild.* In der orthodoxen Kirche beispielsweise spielt das Betrachten von Ikonen eine wichtige Rolle. Man lässt das Bild auf sich wirken und allmählich wird es zu einem Mittler für die Verbindung mit dem, was undarstellbar und unaussprechlich heilig ist.
- *Text.* In den christlichen Klöstern und teilweise auch außerhalb der Klostermauern hat das Meditieren von Textabschnitten aus der Heiligen Schrift eine lange Tradition. Die Ignatianischen Exerzitien, eine christliche Meditationsform, beruhen auf dieser Methode. Die Worte werden nicht analysiert, sondern „verkostet". Neben Bibelworten können aber auch Weisheitssprüche oder kurze Gedichte auf diese Weise meditiert werden. Besonders geeignet sind solche, die sich dem Verstand nicht auf Anhieb erschließen. In der Stille könne ein plötzliches Verständnis sowie ein Bezug zum eigenen Leben aufleuchten.
- *Blume(n) oder Baum.* Wird eine innere Verbindung zu einer Blume, einem Blumenstrauß oder einem Baum aufgebaut, öffnet sich bildlich gesprochen ein Kanal, durch den die Kraft, die Schönheit und der Frieden

der Natur auf uns übergreifen können. Das meditative Betrachten eines mächtigen Baums kann gleichzeitig unser Gefühl für die Erhabenheit der Natur verstärken.

- *Kerze.* Das äußere Licht wirkt hier wie ein Katalysator zum Wiedererkennen des inneren Lichts. Die Bewegung der Flamme fügt ein Stück Lebendigkeit hinzu. So gesehen kann das stille Betrachten eines lodernden Feuers diese Wirkung noch erhöhen und wie beim Baum eine wohltuende Demut hervorrufen.

Betrachte ich jedoch den konkreten Verlauf einer gegenständlichen Meditation, lässt sich die Unterscheidung nicht immer aufrechterhalten. Wenn ich beispielsweise mit dem Blick auf eine Kerze meditiere (gegenständlich), kann es leicht passieren, dass ich zu einem bestimmten Zeitpunkt das „Schauen" als hinderlich empfinde, die Augen schließe und ohne äußeres Objekt weitermeditiere (nichtgegenständlich). Ich werde dann höchstwahrscheinlich die Kerze, auf die ich zuvor fokussiert war, eine Weile lang vor dem inneren Auge sehen, bis sie schwindet. Dasselbe geschieht, wenn ich einen kurzen Text meditiere: Sätze oder auch nur einzelne Worte werden innerlich präsent bleiben, auch wenn ich den Text nicht mehr vor Augen habe. Sie schwingen zunächst noch in mir, bis auch sie wegschmelzen und ich ganz „leer" und empfänglich werde. So gesehen ist ein derartiger Übergang meditationstechnisch sogar sinnvoll. Aber selbst wenn ich danach ohne Zielobjekt mit wachem und offenem Geist sitze, wie im folgenden Abschnitt beschrieben, werden irgendwann doch wieder Gedanken, Bilder und Emotionen als „Gegenstände" auf dem Radar der Aufmerksamkeit erscheinen, die ich in bekannter Manier wahrnehme und wieder loslasse.

Ein Meditieren mit Fokus auf einen äußeren Gegenstand kann also in ein ungegenständliches Meditieren münden. Die Grenzen sind fließend. Dennoch brauchen wir Unterscheidungen, um uns unter den verschiedenen Meditationsarten zurechtzufinden. So soll die Kategorie „nichtgegenständlich" im Folgenden ausdifferenziert werden, wobei die Trennlinien nicht zwischen einzelnen Meditationswegen (z. B. Zen, Vipassana oder Kontemplation), sondern zwischen den methodischen Unterschieden beim Meditieren gezogen werden.

Nichtgegenständliche Meditation

Vereinfacht gesagt zählen hierzu alle Meditationsarten, die ohne Hilfe eines Objekts außerhalb unserer selbst im Sitzen oder Liegen durchgeführt werden. Es werden dabei meistens *innere* Fokuspunkte verwendet, auf die hin wir die Konzentration richten. Am häufigsten ist dies der Atem. Der Atem ist jedoch im Grenzbereich zwischen gegenständlich und nichtgegenständlich sowie zwischen innen und außen angesiedelt. Dies zeigt wiederum, dass die Grenzziehung bestenfalls eine behelfsmäßige ist. Mit diesem Vorbehalt im Hinterkopf wollen wir nun aber die wichtigsten nichtgegenständlichen Meditationsmethoden im Einzelnen betrachten.

- **Meditation des reinen Gewahrseins bzw. Offenseins**

Hierbei kommen wir dem Ideal einer wirklich nichtgegenständlichen Meditation am nächsten. Es gibt kein vorbestimmtes äußeres oder inneres Ziel, auf das ich die Aufmerksamkeit beim Meditieren richte. Ich bin Beobachter in einem als möglichst weit empfundenen inneren Raum und nehme wahr, was für Gedanken, Bilder, Emotionen oder Körperempfindungen sich nach und nach bemerkbar machen und dann wieder vergehen. Ich erkenne und akzeptiere sie mit Wohlwollen so, wie sie gerade sind, und gebe ihnen vielleicht sogar einen Namen. Sie sollen aber nicht die Zügel meiner Aufmerksamkeit übernehmen und sie in diese oder jene Richtung lenken, was etwa von einem einzelnen Gedanken zu einer Gedankenkette führen würde. Geschieht dies dennoch – und es wird unweigerlich geschehen –, nehme ich es als solches wahr und hole – sanft und ohne Selbstvorwurf, denn dies ist ein Teil der Übung – die Aufmerksamkeit zurück.

In den aus den monotheistischen Religionen (Judentum, Christentum, Islam) stammenden Meditationspraktiken hat diese Methode eine etwas andere Ausrichtung oder Intention. Statt erwartungsfrei zu sitzen und wahrzunehmen, was da kommen mag, richte ich mich auf Gott aus. Da aber Gott nicht vorstellbar ist, ist die innere „Leinwand", auf die ich achte, zu Beginn ebenso „leer" wie bei der Methode des reinen Gewahrseins. Die Tatsache jedoch, dass ich mich bewusst für das Heilige öffne und mich daraufhin ausrichte – auch wenn es unsagbar und unschaubar ist – und somit empfänglich werde, beeinflusst die Wahrnehmungen beim darauffolgenden Meditieren. *Was* für Wahrnehmungen das dann sind, ist aber von Person zu Person und von Sitzung zu Sitzung verschieden.

• Meditation mit Atem als Anker

Meditieren ganz ohne Bezugspunkt für die Aufmerksamkeit ist schwierig und besonders für wenig Geübte kaum aufrechtzuerhalten. Die Gedanken schießen in alle möglichen Richtungen davon oder man gerät in einen Art Dösezustand. Wir brauchen für den Geist einen Anker. Mir ist keine Meditationsart bekannt, die diesbezüglich nicht (auch) auf den Atem zurückgreift. Warum ausgerechnet auf den Atem? Weil der Atemfluss besser als alles andere unsere Existenz als Ganzes veranschaulicht: Er ist immer gegenwärtig und gleichzeitig immer in Bewegung (Verbindung von Sein und Werden). Er macht den Zyklus des Aufnehmens (Aneignung) und des Abgebens (Loslassen) vor. Der Atem verbindet die Außen- und die Innenwelt. Er ist sinnlich wahrnehmbar und doch nicht greifbar. Er fließt ohne unser Zutun und Wollen, lässt sich aber auch bewusst steuern (Verbindung von Unbewusstem und Bewusstem). Wo Menschen den Atem über das rein Physiologische hinaus thematisieren, wird er vielfach als ein Bindeglied zwischen Körper einerseits und Seele bzw. Geist andererseits bezeichnet. Es ist somit kein Zufall, dass in vielen Sprachen die Begriffe für Atem und Geist und/oder Seele aus der gleichen Wurzel hervorgehen.[32]

Beim Meditieren auf dieser methodischen Basis verfolgt man einfach mit wacher Aufmerksamkeit den Atemfluss, möglichst ohne ihn dabei zu beeinflussen. Und jedes Mal, wenn die Aufmerksamkeit abschweift, holt man sie sanft zum Atem zurück.

• Meditation mit Atem und Stützwort als Anker

Oft genügt der Atem allein nicht als Anker. Dann hilft es, als weiteren Sammelpunkt für die Aufmerksamkeit ein positiv assoziiertes Wort oder eine

---

32 *Spiritus* (Geist) im Lateinischen kommt von *spirare*, später *respirare* (atmen), woraus sich im Französischen *esprit* (Geist) sowie *respirer* (atmen) gebildet haben. In weiteren romanischen Sprachen sieht es ähnlich aus. Das lateinische *anima*, das französische *âme* (Seele) sowie *animus* (Geist) gehen auf das griechische ανεμος (anemos, Wind) zurück. Auf Altgriechisch heißt πνεω (pneo) „ich atme" und πνευμα (pneuma) ist der „Geist". Im Russischen haben sich дух (duch, Geist) und душа (duscha, Seele) aus der gleichen Wurzel wie дышать (dyschat', atmen) gebildet. Das deutsche Wort *Atem* ist mit dem Sanskritwort *Atman* (Hauch, Seele) urverwandt. Und schließlich kennen verschiedene Sprachen Wendungen wie „er hat seinen Geist ausgehaucht".

kurze Wortfolge in den Atemfluss zu legen. Ohne dabei ins analytische Denken über die Bedeutung des Wortes oder Satzes zu verfallen. Beispiele wären „Licht", „Liebe", „Ja" oder „Danke". Falls jegliche Assoziation unerwünscht ist, bieten sich ein neutrales „Ein" bei Einatmen und „Aus" beim Ausatmen an. Bei einem einzigen Wort empfiehlt sich die Verknüpfung mit dem Ausatmen. Mal ist der Fokus stärker beim Atem, mal leuchtet das Wort stärker im Bewusstsein auf. Mal sind beide aus dem Blickfeld verschwunden und ich bin dennoch wach und präsent – dann bin ich leer und offen für intuitive Einsichten und Momente der Seligkeit und erfahre (meist kurz) einen höheren – klareren – Bewusstseinszustand als im Alltagsgeschehen. Verflüchtigt sich die Aufmerksamkeit, hole ich sie ohne Selbstvorwürfe zurück. Wenn es darum geht, beim Meditieren wach und zentriert zu bleiben, bilden Atem und Stützwort zusammen eine stärkere Hilfe als eines dieser Elemente allein. Bezüglich der Auswahl eines Stützwortes oder Stützworte ist Folgendes zu beachten: Ein heiliger Name, ein Wort oder eine Wortfolge lösen zunächst einmal Assoziationen aus. Diese sollten uns aus der Zerstreutheit herausholen, beruhigend wirken und gleichzeitig wachrütteln; sie sollen Verbindung erzeugen und wenn möglich auch Freude oder Dankbarkeit hervorrufen. Machen Sie diesbezüglich einen kleinen Selbsttest und wiederholen Sie in Stille eine halbe Minute lang bei jedem Ausatmen das Wort „ja". Danach führen Sie die gleiche Übung mit dem Wort „nein" durch. Und beobachten Sie die jeweilige Wirkung auf ihre Stimmung – in der Regel öffnen wir uns bei einem wiederholten „ja" und verschließen uns beim „nein". Auch der Klang eines Wortes ist zu berücksichtigen, selbst wenn das Wort nur still im Innern wiederholt wird. Vergleichen Sie dazu die Wirkung eines langgezogenen „Aaaaaa" (tendenziell angenehm und beruhigend) mit einem langgezogenen „Iiiiii" (schrill und tendenziell unangenehm). Überhaupt ist es wichtig, Verschiedenes auszuprobieren, bevor eine Wahl getroffen wird. Wenn wir uns jedoch einen kleinen Vorrat an wohltuenden eigenen Worten und/oder Sätzen zurechtgelegt haben – „heiligen" oder anderen –, sollten wir uns damit begnügen. Durch wiederholten Gebrauch werden sie uns mit der Zeit „ans Herz wachsen". Falls die positive Wirkung von einem davon abklingt, legen wir es beiseite und verwenden ein anderes.

Im vorhergehenden Kapitel wurde das Wort „*Maranatha*" der World Community for Christian Meditation erwähnt. Es eignet sich aus verschiedenen Gründen gut: Die Bedeutung (aramäisch „Der Herr kommt" oder „Komme, Herr") ist nicht offensichtlich und löst so in uns keine Gedankengänge

aus. Es ist rhythmisch angenehm und klangtechnisch harmonisch – vier „A",
vier gleichmäßig betonte Silben.

Eine besondere Stützwort-Variante lernte ich bei der Zen-Meditation kennen. Wir wurden angehalten, bei jedem Ausatmen still eine Zahl hinzuzu-
legen und zwar fortlaufend von eins bis zehn. Und dann nahtlos wieder von
vorne bei eins zu beginnen. Einatmen – ausatmen – eins. Einatmen – ausatmen – zwei. Die Übung zeigt mir auch jetzt noch rasch, dass viel Verbesse-
rungspotenzial in Sachen langanhaltender Aufmerksamkeit vorhanden ist. Ich
erwische mich beispielsweise dabei, dass ich dreimal hintereinander „vier"
gezählt habe. Oder dass ich schon wieder einige Atemzüge ohne Begleitzahl
hinter mich gebracht habe. Oder dass ich bereits bei dreizehn angelangt bin,
obwohl ich nach zehn wieder bei eins hätte beginnen sollen. Machen Sie diese Übung nicht, wenn Sie nicht fähig sind, über sich selbst zu schmunzeln.

• **Mantrameditation**

Wird einem Stützwort oder Stützsatz mehr Gewicht zugewiesen und wird
es bzw. er – dank der regelmäßigen Wiederholung – als **Kraftwort** oder
Kraftspruch betrachtet, können wir von einer Mantrameditation sprechen.
Wichtig festzuhalten ist auch, dass es sich bei einem Mantra üblicherwei-
se nicht um einen Aussagesatz handelt, denn ein solcher könnte allzu leicht
den analytischen Verstand aktivieren und uns so aus einem meditativen in
einen denkenden Zustand versetzten. Mantras sind eher **Anrufe** oder **Rufe
der Hingabe**. Der zentrale Fokuspunkt liegt auf der rhythmischen Wiederholung der gedachten, gesprochenen oder gesungenen Wortfolge. Es stehen
hierfür überlieferte Mantras oder Gebetsworte zur Verfügung; wir können
uns aber auch etwas Eigenes zurechtlegen. Einsetzen lässt sich ein Mantra
sowohl in der formellen Meditation als auch in einer informellen Minime-
ditation zwischendurch. Wie bei anderen Meditationsformen gibt es auch
während einer Mantrameditation eine Progression. Sie verläuft idealerweise
von lautem Rezitieren (meist in Gruppen) oder geistigem Rezitieren (allein)
über das Lauschen auf die nachklingende, sich langsam verziehende Klang-
folge hin zur stillen, empfangsbereiten Leere.

Betrachten wir noch einige überlieferte Mantras. Dem Hinduismus ent-
stammt das weltbekannte *Om*. Traditionellerweise wird es laut ausgesprochen
und zwar als *Aum*, wobei das „M" am Ende in die Länge gezogen wird. Das
ausklingende „M" mündet in die Stille. Die so erzeugte Vibration soll helfen, **Körper, Geist und Seele** in Einklang zu bringen. „Om" steht für das

Göttliche oder das Sein und gilt als kosmischer Urlaut. Es bildet außerdem bei mehreren klassischen Mantras den Anfang, beispielsweise bei *Om mani padme hum* aus dem Buddhismus. Die vier Wörter ergeben keinen eindeutigen Sinn – sie sollen vielmehr etwas andeuten und in uns zum Klingen bringen. „Om" öffnet uns für die Transzendenz. „Mani" bedeutet „Juwel" – gemeint ist jenes der klaren Sicht und des Mitgefühls. „Padme" ist der Genetiv von Padma, der Lotus, „mani padme" heißt also „das Juwel des Lotus". Der Lotus symbolisiert Reinheit und Schönheit; er lebt unerkannt und unkontaminiert auch in den schlammigsten Gewässern und soll – in uns – zusammen mit dem Juwel, das er in sich birgt, ans Licht der Oberfläche wachsen. Und „Hum" ist ein Laut der Bestärkung.

Das klassische christliche Herzensgebet lautet „*Jesus Christus, Sohn Gottes, erbarme dich meiner*". Wie die psychische Robustheit durch langjährige Praxis mit einem solchen Herzensgebet gestärkt werden kann, zeigt sich – als Extrembeispiel – in einer Episode aus der Lebensgeschichte des Jesuitenpaters *Franz Jalics* (geb. 1927). Zusammen mit einem befreundeten Priester arbeitete er 1976 während der argentinischen Militärdiktatur in einem Armenviertel von Buenos Aires, als die beiden unter dem Verdacht der Zusammenarbeit mit „Linken" verhaftet wurden. Sie blieben insgesamt fünf Monate zumeist gefesselt und mit verbundenen Augen in Gefangenschaft. Mehrfach wurde ihnen ihre bevorstehende Hinrichtung angekündigt. Jalics berichtete später, dass er diese Zeit, in der sich Wut, Angst, Depression, Trauer und Hoffnung abwechselten, vor allem dank der Wiederholung des zu „Jesus Christus" gekürzten Herzensgebets unbeschadet überstand. Die Fähigkeit, auch unter den schwierigsten und leidvollsten Umständen darauf zurückzugreifen, verdankte er der jahrelangen Übung.

Bei einem weitverbreiteten Mantra – wie bei einem weitverbreiteten Gebet – kann auch das Bewusstsein, dass Hunderte oder gar Tausende von Menschen auf der ganzen Welt gleichzeitig mit mir daran sind, es – laut oder still – auszusprechen, den Worten für mich zusätzliche Kraft verleihen.

- **Visualisierung**

Ich erwecke ein Bild mit Sonnenlicht in mir, mit der ich Wärme, Helligkeit, Freude und lebensspendende Energie verbinde. Es ist neben dem Atem mein zweiter Anker für die Aufmerksamkeit. Zu diesem Bild kehre ich im Lauf einer Meditationsübung immer wieder zurück. Es lässt sich auch verfeinern, indem ich mir etwa vorstelle, die Sonnenstrahlen scheinen direkt in mein

Herz und wärmen es, oder auf eine schmerzende Körperstelle und bringen Linderung. Ich lasse die Bilder wirken und beobachte, wie sich mein körperliches und emotionales Empfinden während dieser Zeit wandelt. Ich beobachte nur – nichts soll erzwungen werden.

Wie bei den Stütz- oder Mantraworten sind wir bei der Wahl des inneren Bildes natürlich frei. Anhand seiner Wirkung stellen wir rasch fest, ob uns eine bestimmte Vorstellung guttut und sich für mehr als nur eine Sitzung eignet.

Besonders sinnvoll ist die Visualisierungsmethode, wenn es um Beziehungen zu anderen Menschen geht. Möchte ich mich zum Beispiel von Ressentiments oder gar Hass einer bestimmten Person gegenüber befreien, indem ich Verzeihen und/oder Loslassen übe, hilft eine Visualisierung. Wenn möglich nehme ich diese Person in meiner Vorstellung in die Herzgegend. In den meisten Fällen muss eine solche Meditation mehrmals durchgeführt werden, um Wirkung zu zeigen. Je stärker die Abneigung und je tiefer die Wunden, desto schwieriger gestaltet sich diese Übung. Desto reichhaltiger und befreiender sind aber auch ihre Früchte, wenn ich durchhalte.

Abschließen möchte ich die Auswahl nun mit einem kurzen Hinweis auf weitere nichtgegenständliche Meditationsmethoden, die heute wieder vermehrt Anwendung finden:

- **Meditation mit Fokus auf Mitgefühl (Metta-Meditation)**
Hier geht es um meditatives Einüben von Mitgefühl und Wohlwollen sich selbst und anderen gegenüber. Vor allem in der buddhistischen Tradition hat diese Methode einen festen Platz; aus ihr stammt auch der Name. Die oben beschriebene Visualisierungsübung würde übrigens auch in diese Kategorie passen. Mehr dazu in Kapitel 2.3.2.

- **Meditation mit Fokus auf den Energiefluss (Chakra-Meditation)**
Sie dient der Wahrnehmung und der Aktivierung der einzelnen Chakras, der feinstofflichen Energiezentren des Körpers. Ziel ist das Lösen von Blockaden und somit ein befreiter Energiefluss durch den ganzen Körper.

- **Meditation mit Atemübungen (Pranayama)**
Die am weitesten verbreitete und am häufigsten angewandte Meditationsart ist jene mit dem Fokus auf den Atem als Anker, der mich immer wieder

aus der Zerstreuung oder dem Abdriften in einen Dösezustand in einen wachen und gesammelten Zustand zurückholt. Dabei soll der Atemfluss jedoch nicht beeinflusst oder gesteuert werden. Anders beim Pranayama[33] aus der Welt des Yoga. Hier wird durch verschiedene, zumeist einfache Techniken der Atem reguliert, was unmittelbare Auswirkungen auf das Körperempfinden und damit indirekt auch auf meine Stimmungslage hat. Vielleicht waren Sie schon einmal inmitten einer heftigen Auseinandersetzung geistesgegenwärtig genug, um anzuhalten und ganz bewusst ein paar tiefe und langgezogene Atemzüge zu machen. Der zuvor rasende Puls beruhigt sich. Die Auseinandersetzung nimmt daraufhin einen anderen Verlauf. Dies könnte man als eine kurze, einfache, aber sehr effektive Pranayama-Übung bezeichnen.

Neben der Differenzierung zwischen gegenständlicher und nichtgegenständlicher Meditation lassen sich die Meditationsformen auch in zwei weitere grundsätzliche Kategorien einteilen:

Meditation ohne Bewegung (auch „passive Meditation" genannt)
Hierzu zählen alle Arten der **Sitzmeditation** sowie des **Meditierens im Liegen**. Das Liegen weist einen großen Vorteil und einen großen Nachteil auf: Man kommt dabei rasch zur Ruhe, aber die Gefahr des Eindösens ist wesentlich höher als beim Sitzen. Meditieren im Stehen kann für einen kurzen meditativen Halt geeignet sein, empfiehlt sich aber weniger für eine längere Meditation.

Meditation mit Bewegung (auch „aktive Meditation" genannt)
In diese Kategorie fallen **Geh- und Tanzmeditation, meditativ ausgeführte Yogaübungen** sowie **Qi Gong** und **Tai Ji**. Bei den meisten Spielarten geht es darum, die Bewegungen möglichst wach und mit Bedacht auszuführen, was eine gewisse Langsamkeit erfordert. Das Körperbewusstsein wird gestärkt. Man lernt seinen Körper allmählich besser kennen und freundet sich mit ihm an, was beiden – Körper und Geist – guttut. Kreuzgänge in den Klöstern wurden unter anderem zum Zweck des kontemplativen Gehens angelegt. Via Aufmerksamkeit auf die Gehbewegungen soll der Fokus der Mönche weg vom kleinen Ich und hin zu Gott gelenkt werden.

---

33 „Prana" bedeutet Energie, „Ayama" Kontrolle.

Sich loszueisen vom kleinen Ich, ist auch das Ziel der wirbelnden Kreistänze beispielsweise der Sufi-Derwische sowie verschiedener schamanischer Tänze. Hierbei soll es jedoch nicht durch Ruhe und Entschleunigung, sondern durch vollständige Hingabe in die Bewegung, bis ein Trancezustand erreicht wird, zu einer Bewusstseinserweiterung kommen.

Als besonders wirksam erweisen sich Meditationseinheiten mit einer Kombination von Elementen mit und solchen ohne Bewegung. Eine Einheit kann beispielsweise mit Übungen in Bewegung beginnen, gefolgt von Meditieren im Sitzen oder Liegen, wie Sie es vielleicht aus dem Yoga kennen. Die Abfolge kann aber auch Sitzen – Gehen – Sitzen lauten, wie es in Zen-Sesshins üblich ist.

Bei der nächsten Einteilung stehen nicht Methoden oder Techniken im Fokus, aber dennoch ist sie höchst praxisrelevant. Gemeint ist die Unterscheidung zwischen **Einzelmeditation** und **Gruppenmeditation**. Fühle ich mich wohler, wenn ich allein im stillen Kämmerlein meditiere oder wenn ich zusammen mit anderen, zumeist unter Anleitung eines Meditationsleiters, übe? Und welche dieser Varianten werde ich eher über einen längeren Zeitraum hinweg in Gang halten können? Auch hier gilt das Motto „Probieren geht über Studieren". Aus eigener Erfahrung möchte ich jedoch festhalten: Einzel- und Gruppenmeditation ergänzen sich wunderbar! Es ist also selten eine Frage von Entweder-oder, sondern eher eine Frage nach der für mich passenden Gewichtung.

Meditationssitzungen lassen sich unterteilen in solche **ohne Anleitung** (z. B. Zen, christliche Meditationsformen) und solche **mit Anleitung** (z. B. „Mindfulness Based Stress Reduction"-Methode) während der Sitzung. Immer beliebter werden zudem Apps, die Meditationsanleitungen bieten, sodass ich heutzutage auch in Einzelsitzungen die Wahl habe, mich ganz der Stille hinzugeben oder mich der Führung durch eine unaufdringliche und meine Aufmerksamkeit immer wieder zurückholende Stimme anzuvertrauen. Für Meditationsleiter stellt sich stets die Frage des Maßes, wobei Anfänger in der Regel mehr Anleitung benötigen als Erfahrene. Ein Grundsatz sollte meines Erachtens aber immer gelten: Der Stille muss genug Raum gelassen werden.

Ein Unterscheidungskriterium bleibt noch. Und dieses ist das Allerwichtigste. Nicht um Meditationstechniken geht es dabei, noch um praktische Alternativen wie Einzel- oder Gruppenmeditation. Es geht um den **Grad der Hingabe**. Denn *dieser* entscheidet über die Auswirkungen, die eine Meditationspraxis auf unser Alltagsleben haben wird. Meditation ist zu einer Modeerscheinung geworden – innert weniger Jahre ist das Interesse daran exponentiell angestiegen. Als Folge sind viele Menschen bereit, aus einer Mischung von Neugierde und einer leisen Ahnung, dass es ihnen guttun könnte, das Meditieren einmal auszuprobieren. Stellen wir uns in diesem Zusammenhang einen Meditationsweg als einen breiten Fluss vor, der irgendwo in weiter Ferne ins Meer mündet. Es ist der Fluss der Entfaltung. Ans Ufer begeben sich heute viele. Sie ziehen vielleicht Schuhe und Socken aus und machen einige vorsichtige Schritte ins Wasser. Dann aber begeben sie sich wieder auf vermeintlich sicheres Festland. Andere wagen es, im fließenden Wasser zu schwimmen, vielleicht auch mehrmals, es zieht sie aber doch rasch wieder zum Ufer des vertrauten äußeren und inneren Lebens zurück, auch wenn dieses nie ganz befriedigt. Nur wenige folgen der Sehnsucht ganz, bewegen sich entschlossen auf die Flussmitte zu und vertrauen sich dort der Strömung an. Genau dies verlangt aber ein Meditationsweg. Ohne eine solche Hingabe wird Meditation kaum zu einem – eigentlich von allen Interessenten ersehnten – nachhaltigen Wandel im Bewusstsein sowie im täglichen Tun und Lassen führen.

Meditation ist eine ernste Angelegenheit. Wird sie aber *nur* mit Ernst betrieben, bleibt ihre Wirkung beschränkt. Um ihre Lebendigkeit aufrechtzuerhalten, sind zwischenzeitlich auch umprogrammierte und fantasievolle Zugänge erforderlich. Ich sitze am Schreibtisch in meinem Arbeitszimmer. Links von mir ist ein Fenster. Ich brauche den Kopf bloß nach links zu drehen und vor mir tut sich ein Bild auf: drei Gärten, ein Haus, eine Garage und ein Stück Wald. Gerade jetzt sind Schneeflocken hinzugekommen. Sie tanzen im Wind. Ich beschließe spontan, für die kommenden Minuten das Schreiben zu unterbrechen und mich ganz dem Schneetreiben zu widmen. Beim Betrachten kommt mir in den Sinn, dass jede der Tausenden von Schneeflocken, die sich in diesem Zeitraum vor meinem Fenster versammeln, um wie für mich ihren Tanz aufzuführen und dann weiterzuziehen, einzigartig ist. Es steigt ein Gefühl des Wunders und der Dankbarkeit in mir auf und dieses Gefühl nehme ich wahr, bis es wieder vergeht. Ich sitze weiterhin aufrecht und in Ruhe. Die Aufmerksamkeit bewegt sich hin und her zwischen dem Schneetreiben, das sich vor meinen Augen abspielt, und dem, was sich in meinem Innen bewegt. Es meldet sich dort auch ein aus Rastlosigkeit geborener Drang, die Betrachtung zu beenden; ich beobachte ihn, ohne zu reagieren, und der Drang vergeht. Zwischendurch ruht der Fokus auf dem Atem. Bereichert schließe ich die Übung ab und bringe sie zu Papier. Auch das war Meditation.

2.2.3 Meditationsablauf (exemplarisch)

Werden wir nun noch konkreter und betrachten wir einen typischen Ablauf einer Meditationssitzung. Zuvor werden die Vorgeschichte sowie die gleichbleibenden Elemente der Meditationspraxis, in der diese Sitzung eingebettet ist, vorgestellt.[34]

Einmal pro Tag führe ich allein zu Hause eine einfache **Sitzmeditation** (ohne Anleitung) durch – diese bildet das Fundament meines Übungsweges. Wie kam ich dazu? Nach der Lektüre einschlägiger Literatur und der zweimaligen Teilnahme an einer Gruppenmeditation gelangte ich zum Schluss, dass eine solche Übungspraxis meinem körperlichen, seelischen und geistigen Wohlbefinden langfristig förderlich wäre. Ich nahm mir also vor, täglich zu meditieren. Es folgten jedoch rasch ein paar Tage, an denen ich es nicht schaffte, die Meditation im gedrängten Tagesprogramm unterzubringen. So wurde mir klar, dass es nicht nur einen **stillen Raum** braucht, in dem ich ungestört meditieren kann, sondern auch eine **fixe Tageszeit**. Nach ein paar fehlgeschlagenen Versuchen am Abend vor dem Einschlafen (ich war schlicht zu müde) beschloss ich, künftig 25 Minuten früher als sonst aus dem Bett zu steigen und diese Zeit für die Meditation zu reservieren. Nach weiteren mehr oder weniger geglückten Anläufen stellte ich fest, dass ich diese Praxis

---

34 Was folgt, ist zwar fiktiv, stellt jedoch ein Destillat aus unzähligen mündlichen und schriftlichen Erfahrungsberichten sowie eigenen Erfahrungen dar und darf daher zu Recht als typisch bezeichnet werden. Andererseits möchte ich betonen, dass keine zwei Meditationssitzungen gleich ablaufen und dass sich insbesondere beim inneren Geschehen eine große Bandbreite auftut – von hoher Intensität mit Phänomenen wie Tränenausbrüchen, starken körperlichen Reaktionen oder ekstatischen Erlebnissen und tiefen Einsichten bis hin zu einem dumpfen Dasitzen mit Begleiterscheinungen wie Traurigkeit, Lustlosigkeit oder großer Anfälligkeit für Ablenkung.

nicht ohne eine Gemeinschaft von Gleichgesinnten würde durchhalten können. So bin ich Teilnehmer einer wöchentlichen Gruppenmeditation geworden in einem Kreis von Menschen mit sehr unterschiedlichem Hintergrund. Eine gewachsene Verbundenheit und die Vertrautheit untereinander stellen für mich inzwischen eine wichtige Stütze dar. Ferner suche ich mir passende geistige Nahrung in der Form von Lektüre.

Als **Dauer** für die eigene Meditation wählte ich eine Länge von 20 Minuten. Die passendste Lösung in Sachen **Sitzposition** war für mich ein Meditationsbänklein auf einer Meditationsmatte. Ein solches Bänklein ist nämlich leicht nach vorne geneigt, was es einem verunmöglicht, anders als mit geradem Rücken darauf zu sitzen. In den Wochen nach einer Fußverletzung, als das Bänklein nicht mehr infrage kam, habe ich auf einem Stuhl sitzend – ohne mich anzulehnen und mit beiden Füßen gut auf dem Boden verankert – meine Meditation ohne Qualitätsabstriche weiter praktizieren können.

• **Einstimmung.** Ich begebe mich einige Minuten vor dem eigentlichen Beginn an den Ort der Meditation. Zur Einstimmung öffne ich mich der Stille und mache ein paar bewusste Atemzüge. Alternativen sind ein kurzer Text, mit dem ich den Geist sammle, oder ein kurzes Gebet. Wenn ich untertags oder abends die Meditation durchführe, ist eine solche Einstimmung noch wichtiger. Ansonsten kann sich – bei einem abrupten Wechsel von der Rastlosigkeit des Alltags zum Sitzen in der Stille – während des Meditierens die Unruhe noch lange bemerkbar machen.

• **Beginn.** In Meditationsrunden wird der Beginn traditionellerweise mit einer Klangschale eingeläutet, deren Vibrationen auf den Körper übergreifen und zumeist als wohltuend empfunden werden. Für mich alleine stelle ich einen Wecker auf 20 Minuten.

• **Körperhaltung.** Ich sitze aufrecht mit geradem Rücken, sodass der Atem frei fließen kann. Mit den zwei Knien auf dem Boden und dem Gesäß auf dem Bänklein bin ich gut geerdet (beim Meditieren auf dem Stuhl sind zwei Füße auf dem Boden und das Gesäß auf der Sitzfläche). Hinsichtlich der Körperspannung ist es wichtig, einen guten Mittelwert zwischen zu schlaff und zu steif herbeizuführen und aufrechtzuerhalten. Verspannungen im Körper nehme ich als solche wahr und versuche, die Muskeln an den entsprechenden Stellen bewusst zu lockern.

- **Augenhaltung**. Die Augen halte ich **geschlossen** oder einen **Licht-spalt** weit offen. Geschlossene Augen verhindern optische Ablenkung. Allerdings schweifen die Gedanken in dieser Haltung rascher ab und es stellt sich auch leichter ein gewisser Dösezustand ein. Sobald ich bei geschlossenen Augen merke, dass Gedanken und Emotionen überhandzunehmen drohen oder dass ich im Gegenteil schläfriger werde, öffne ich die Augen einen kleinen Spalt weit. Dies lässt mich wacher werden und beruhigt in der Regel das Gedankengewirr. Danach schließe ich die Augen erneut, wobei die Lider locker und entspannt auf der Gesichtsoberfläche ruhen.

- **Händehaltung**. Ich lasse die Arme locker herabhängen, lege die Finger der linken Hand auf die Finger der rechten Hand und lasse beide Hände mit dem Handrücken nach unten im Schoß bzw. auf den Oberschenkeln ruhen. Die zwei Daumen berühren sich, sodass sich ein Kreis oder Oval bildet.

- **Fokus**. Als „Default-Modus" richte ich die Aufmerksamkeit immer wieder auf den **Atemfluss**. Ich beobachte, wie der Atem ohne mein Zutun ein- und ausfließt. Ich verfolge ihn, wie er durch die Nasenlöcher hereinströmt, die Nasenhöhle, den Rachen und den Brustraum durchquert und sich im Bauchraum ansammelt, bevor er auf demselben Weg zurückfließt und den Körper verlässt. Der Atemfluss ist der **Hauptanker** meines Fokus, zu dem ich stets wieder zurückkehre, sobald ich merke, dass ich mit der Aufmerksamkeit abgedriftet bin. Beim Ausatmen lege ich als zusätzliche Konzentrationshilfe mein bewährtes **Stützwort** „Ja" in den Atemfluss. Zwischendurch achte ich immer wieder auf die **Körperhaltung**, um sie wenn nötig zu korrigieren.

Während der Meditation dringt von außen wenig bis gar nichts in mein Bewusstsein. Im Körper, im Kopf und im Gemüt hingegen regt sich praktisch dauernd etwas. All dies nehme ich wahr. Diese möglichst wache Wahrnehmung erstreckt sich auf die **Gedanken, inneren Bilder, Emotionen und Körperempfindungen**, die laufend auf dem Radar meines Bewusstseins auftauchen. Ich versuche, das, was hochkommt, mit Wohlwollen und ohne zu urteilen zu betrachten und es weder beiseitezuschieben noch mich darin zu verfangen. Dies gelingt, wenn ich mich zumindest für eine kurze Zeit sozusagen von der Bühne meines permanenten inneren Dramas entferne und als Beobachter im Zuschauerraum Platz nehme. Dank diesem Abstand kann ich ein klareres Bild dessen gewinnen, was mich beschäftigt, und überhaupt besser erkennen, wie ich innerlich funktioniere. Das Beobachten zeigt mir außerdem, dass Gedanken und Emotionen nicht von Dauer und eigentlich harmlos sind, wenn ich nicht „aufspringe". Aufspringen heißt in diesem Fall, die Distanz zwischen mir als Beobachter und meinen Gedanken aufzugeben. „Kollabiert" so die Distanz, können sich die Gedanken im Bewusstsein einnisten und – mit der Energie der sie begleitenden Emotionen aufgeladen – weitere Gedanken und Emotionen generieren. So entstehen in kürzester Zeit ineinander verwobene Gedanken- und Emotionsketten, aus denen – außerhalb der Meditation – Worte und Taten hervorgehen. Ertappe ich mich bei einem solchen Vorgang, führe ich den Fokus möglichst ohne Selbstvorwürfe zum Atem zurück. Hierin besteht ein Großteil der Übung.

Übe ich dies in der Stille und Langsamkeit der Meditation, so wird es mir auch im weniger stillen und weniger langsamen Alltag allmählich gelingen, eine gewisse Distanz zwischen dem Gewirr an Geschehnissen, Worten, Gedanken und Emotionen einerseits und mir als Beobachter andererseits zu wahren. Vieles wird sich so entwirren.

So weit die Beschreibung der Standardelemente. Es folgt nun die logbuchartige Schilderung einer beispielhaften, 20-minütigen Meditation im Rahmen dieser Übungspraxis.

- **Verlauf**. Einatmen – ausatmen, „ja". Einatmen – ausatmen, „ja". Kurze Leere. Die Aufmerksamkeit geht über zum Körper: Ich nehme meine Sitzhaltung wahr sowie die Steifheit im Nacken. Ich entspanne die Stelle, indem ich die Schultern weiter nach unten sinken lasse. Nun pendelt die Aufmerksamkeit eine Weile lang zwischen Körpersignalen – ein Druckgefühl im Brustraum, ein Tingeln im Oberarm – und dem Atemfluss hin und her. Dann ruft sich ein Vorfall bei der Arbeit am Vortag in Erinnerung, als eine Folge von Bildern. Ich lenke die Aufmerksamkeit zurück zum Atem. Eine Verengung macht sich im unteren Halsbereich bemerkbar. Der Atem fließt dahinter vorbei. Die Verengung im Hals löst sich, dafür nehme ich eine vage Beklemmung im Brustbereich wahr. Mein Wachheitsgrad sinkt. Ich sammle mich erneut. Einatmen – ausatmen, „ja". Die Unruhe ist immer noch da. Einatmen – ausatmen, „ja". Einatmen – ausatmen. Einatmen – ausatmen. Die Unruhe schwindet, verdrängt von einem Juckreiz am rechten Handrücken. Instinktiv möchte ich kratzen, die linke Hand hat sich schon leicht bewegt, aber ich lasse sie, wo sie ist. Schaffe ich es, ohne zu kratzen, oder wird das Jucken übermächtig? Nach einer Weile vergeht der Reiz. Ich kehre mit der

Aufmerksamkeit zum Atemfluss zurück. Der „Zwischenraum" zwischen mir als Beobachter und den auftauchenden Gedanken und Emotionen ist größer geworden; ich werde von diesen nicht mehr sofort in den Bann gezogen. Eine Gelassenheit macht sich breit. Den Atemfluss nehme ich noch im Hintergrund wahr. Und es blitzt intuitiv etwas auf – ich weiß jetzt, was ich meinem Sohn zum Geburtstag schenken werde. Ich fühle mich erleichtert; ein Lächeln bildet sich auf meinen Lippen. Dann finde ich mich in einem imaginären Dialog mit meinem Vater wieder; er meint, ich würde meine Kinder zu sehr verwöhnen. Ich halte dagegen. Ärger steigt hoch. „Ärger", sage ich innerlich und blicke dem Gefühl in die Augen. Zurück zum Atem. Einatmen – ausatmen. Einatmen – ausatmen. Der Zwischenraum zwischen den einzelnen Atemzügen wird länger. Einatmen – ausatmen. Leere. Dann fließt auch das „Ja" wieder ein. Einatmen – ausatmen, „ja". Der Dialog verstummt und der Ärger vergeht. Einatmen – ausatmen, „ja". Einatmen – ausatmen, Leere. Ruhe kehrt ein und mit ihr kommen Spuren von Freude. Gegen Ende der Sitzung merke ich, dass sich die Atemfrequenz sowie die Abfolge an Gedanken und Emotionen verlangsamt haben. Nun entfalten sich Vorstellungen des anstehenden Tags. Ich lasse sie sein, verfolge weiter den Fluss des Atems und sie schwinden wieder.

• **Ende**. Mein Wecker läutet, die 20 Minuten sind um. Ich bin diesmal wach genug, um den Klang als ein weiteres, abschließendes Objekt der achtsamen Wahrnehmung in die Übung integrieren zu können, anstatt wie an manchen anderen Tagen durch das plötzliche Geräusch aufgeschreckt zu werden. Ich nehme noch ein paar Atemzüge lang die Stille wahr. Dann verbeuge ich mich, sage innerlich danke und erhebe mich mit bewusst ausgeführten Bewegungen vom Kissen. Im Rückblick stelle ich fest, dass sich die wichtigen Parameter innerhalb dieser 20 Minuten wie so oft wellenförmig auf und ab bewegt haben: der Grad der Wachheit, der Grad der Sammlung und der Grad der Körperverbundenheit. Diesmal haben die Kurven besonders gegen Ende der Sitzung nach oben gezeigt; ich freue mich darüber im Wissen, dass es nicht immer so ist oder sein muss. Bei der Rückkehr zu meinen Alltagsverrichtungen versuche ich, etwas von der Stille, der Bewusstheit und vielleicht auch die eine oder andere Einsicht mitzunehmen. Damit ich ein wenig daraus lerne. Damit das Erlebte ein wenig auf meinen Alltag abfärbt.

2.2.4 Körper und Meditation

Unsere Gedanken reisen umher durch Raum und Zeit, mal pfeilschnell, mal gemächlich, mal zielgerichtet, mal kreuz und quer. Sie pendeln zwischen der erlebten Welt und Fantasiewelten und ziehen die Emotionen wie Wolkenschwaden hinter sich her. Der **Körper** aber ist und bleibt **im Hier und Jetzt**; er kann nicht anders.

Wollen wir uns erden, uns zentrieren und **ganz präsent sein**, so ist der **Weg über das Körperbewusstsein** der einfachste und schnellste. Verweilen wir eine Zeit lang mit der Aufmerksamkeit bei einer Stelle an oder in unserem Körper, am besten einer zentralen wie dem Brust- oder Bauchraum, sammeln wir damit die umherschweifenden Fragmente unseres Bewusstseins allmählich ein, was uns ein Gefühl der Ganzheit zurückgibt. Uns steht ferner ein einzigartiges Bindeglied zwischen der Außenwelt und dem Körper zur Verfügung: der **Atem**. Wenn der Atem stockend verläuft, wird auch der Gedankenfluss erratischer und der Zugang zu unseren Gefühlen ist beeinträchtigt. Fließt der Atem hingegen frei, lösen sich Blockaden auch bei manch anderen Körperprozessen, die Gefühle werden erkennbarer und die Gedankengänge kohärenter. So gesehen überrascht es nicht, dass der gesammelte Fokus auf den Atemfluss in allen Meditationsformen eine zentrale Stellung einnimmt (siehe vorhergehende Kapitel). Ein kontinuierlicher Fokus auf das **Herz** wiederum ist besonders wirksam, wenn es darum geht, sich sanfter und liebevoller zu stimmen. Dies klingt nach Klischee, basiert aber wie viele Klischees auf einer Wahrheit, die so einfach ist, dass sie eben banal erscheint. Probieren Sie es aus.

Das Zusammenführen von Körper und Geist ist für beide eine Wohltat. Wie der Körper dem Geist immer wieder dabei hilft, gegenwärtig und geerdet zu sein, so erhöht der Geist mit seiner Aufmerksamkeit die Vitalität des Körpers. Das liebevolle Bewegen der Aufmerksamkeit von einer Körpergegend zur nächsten beim sogenannten Bodyscan gleicht einem Streicheln und ist, genauso wie ein physisches Streicheln, heilsam in seiner Wirkung.

In den kommenden Abschnitten soll die Wirkung von Meditation auf verschiedene Körperphänomene beleuchtet werden. Zu bedenken bleibt dabei, dass beim Zusammenspiel zwischen Körper, Seele und Geist stets mehr Vorgänge parallel und im Verbund miteinander ablaufen, als wir je erfassen können. So stehen auch die im Folgenden separat betrachteten physiologischen Geschehnisse in Wirklichkeit stets miteinander und auch mit anderen

Vorgängen in Wechselwirkung. Unter die Lupe genommen werden hier die Auswirkungen von Meditation auf die *Körperspannung* (die mit der psychischen Gestimmtheit einhergeht), auf das *vegetative Nervensystem* (mit direkten Auswirkungen auf den Blutdruck, die Verdauungsfunktionen, das Immunsystem und mehr), auf die *Gehirnfrequenzen* (eine messbare Komponente unseres Bewusstseinszustandes) sowie auf die *Neuroplastizität* (die lebenslange Möglichkeit, auf die Funktionsweise und die neuronale Struktur des Gehirns einzuwirken).

Meditation und Körperspannung

Es gibt eine goldene Mitte zwischen Überspannung der Muskulatur (Hypertonie) und Unterspannung (Hypotonie). Man nennt sie Wohlspannung oder Eutonie. Setze ich zu einer Armbewegung an, um eine Tür zu öffnen, muss sich meine Arm-, Schulter- und Rückenmuskulatur etwas anspannen. Aber weniger stark, als wenn ich zu einem Faustschlag ausholen würde. Eutonie bedeutet eine der Situation angepasste Spannung. Wenn wir vor einem Bildschirm sitzen, sind wir häufig überspannt, vor allem in der Nacken- und Schultergegend, oft auch in den Handgelenken und anderswo. Hier bräuchte es eine Lockerung der jeweiligen Muskulatur, um uns in eine Wohlspannung zurückzuführen. Sieht ein Vater seinen halbwüchsigen Sohn schlaff und mit den Ellbogen auf dem Tisch beim Mittagessen sitzen, würde er zumindest einen Überraschungserfolg buchen, wenn er statt „Hör auf, so herumzulümmeln!" sagen würde: „Nimm endlich eine eutonische Haltung ein!"

Auf Eutonie zu achten, kommt nicht nur dem Körper zugute. Die Spannungsfrequenz im Körper überträgt sich auch auf die psychische Ebene, und zwar auf die Gestimmtheit (und natürlich auch umgekehrt, in stetiger Wechselwirkung). Parallel zur Skala Hypertonie – Eutonie – Hypotonie verläuft die Skala der Gestimmtheit etwa so: Hysterie/Überschwang (vom Wort „Schwingung"!) – Gelassenheit/Ausgeglichenheit – Lethargie/Lustlosigkeit. Eines der Ziele jeder Meditationssitzung ist es, eine Wohlspannung im Körper sowie eine seelische Ausgeglichenheit herbeizuführen und möglichst aufrechtzuerhalten. Dies erzielen wir primär über das Richten der Oberkörperhaltung beim Sitzen: Die Rückenhaltung soll gerade und aufrecht sein, also in der rechten Mitte zwischen schlapp bzw. gekrümmt einerseits und überspannt bzw. rigid andererseits, während die Schultern geöffnet sind und locker nach unten hängen. Bei dieser Körperhaltung kann der Atem am freiesten fließen und so seine wohltuende Wirkung entfalten. Mithilfe eines

Bodyscans lassen sich auch andere verspannte Stellen im Körper aufspüren und in den richtigen Grad der (Ent-)Spannung überführen. Der Weg lässt sich auch umgekehrt beschreiten, mit dem Hauptfokus auf die inneren Vorgänge. Kommt im Laufe einer Meditation die Seelenlage ins Lot, wird sich auch bei der Muskulatur eine Wohlspannung einpendeln.

Meditation und vegetatives Nervensystem

Alle unsere Empfindungen und Wahrnehmungen laufen über das Nervensystem (zu dem auch das Gehirn zählt). Neben dem *zentralen* Nervensystem, bestehend aus Hirn und Rückenmark, gibt es noch das *periphere* System, das via Nervenbahnen mit dem ganzen Körper, insbesondere den Sinnesorganen, Muskeln und inneren Organen verbunden ist. Dieses wiederum besteht aus zwei Untersystemen, nämlich dem *somatischen* und dem *vegetativen* Nervensystem. Das somatische lässt sich willentlich steuern. Wenn wir beispielsweise einen Sprung ausführen wollen, aktiviert unser Handlungsimpuls die entsprechenden Stellen im Gehirn. Von dort werden die passenden Signale über das Rückenmark bzw. das somatische Nervensystem zu den Rücken-, Bein- und Fußmuskeln weitergeleitet. Das vegetative Nervensystem hingegen lässt sich willentlich nicht steuern und wird deshalb auch das autonome Nervensystem genannt. Es ist jedoch für unsere gesamte Befindlichkeit von entscheidender Bedeutung, nicht zuletzt in Zusammenhang mit dem Themenbereich Stress und Entstressen. Das vegetative System hat zwei Stränge, genannt Sympathikus und Parasympathikus. Der **Sympathikus** wird aktiviert, wenn Leistung gefordert ist. Er bringt uns in den **Aktionsmodus** mit der Ausschüttung der entsprechenden „Stresshormone" (Adrenalin, Cortisol usw.). Der Muskeltonus wird erhöht, der Blutdruck gesteigert und der Atem beschleunigt. Umgekehrt verringern sich die Verdauungsaktivität sowie gewisse Immunsystem- und Reparaturfunktionen (siehe Pfeile im untenstehenden Schema). Der **Parasympathikus** hingegen führt uns in den **Entspannungsmodus**, was mit der Ausschüttung von „Glückshormonen" einhergeht (Dopamin, Serotonin usw.) und bei den genannten Körperfunktionen die gegenteiligen Auswirkungen hat. Schematisch dargestellt sieht das folgendermaßen aus:

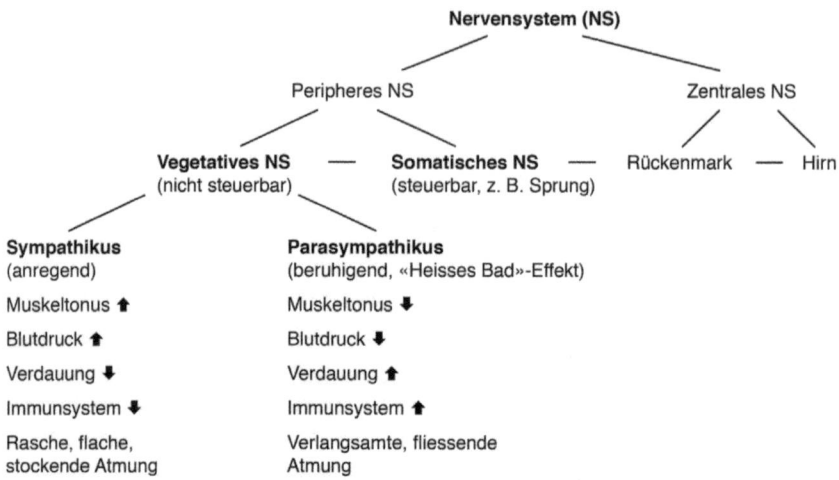

Regiert der Sympathikus, so sind wir angespannt. Wir befinden uns in einem „Kampf oder Flucht"-Modus. Was sinnvoll ist, wenn eine kurze, intensive Aktivität ansteht. Falls die so herbeigeführte Energie jedoch nicht durch eine rege körperliche und/oder geistige Aktivität aufgebraucht wird, kann sie sich in Form von musklären Verspannungen, Magenkrämpfen, Fußwippen oder nervösen Handbewegungen äußern. Hält dieser Zustand über längere Zeit an, befinden wir uns im Dauerstress und sind rasch einmal ausgelaugt. Anhaltender Stress geht also mit einer permanenten Überstimulierung des sympathischen Nervensystems einher. Zu den körperlichen Folgen zählen Herz-Kreislauf-Probleme durch erhöhten Blutdruck, Verdauungsstörungen, verringerte Leistungsfähigkeit des Immunsystems sowie chronische Verspannungen und Schmerzen.

Entspannen wir uns hingegen nach einer Anstrengung, überlassen wir dem Parasympathikus wieder das Zepter. Denken Sie an die Wirkung eines heißen Bades nach einem kräftezehrenden Tag. Was passiert? Die Muskeln lockern sich, der Blutdruck senkt sich, die Verdauung wird wieder hochgefahren und arbeitet somit gründlicher und auch das Immunsystem findet zur alten Leistungsstärke zurück. In einem dank der Vorherrschaft des Parasympathikus erzeugten Ruhezustand verringern sich auch die Gehirnfrequenzen, sodass wir zusätzlich eine mentale und schließlich auch psychische Beruhigung erfahren.

Welche Rolle spielt nun die Meditation in diesem Zusammenhang? Die Antwort ist klar: **Meditation aktiviert den Parasympathikus.** Eine Überbetonung der Meditation würde also auf Dauer so wirken, wie wenn wir den größten Teil des Tages nur noch im Bad liegen würden – die Handlungsbereitschaft und die mentale Agilität würden verkümmern.[35] In unserer Gesellschaft ist jedoch das Gleichgewicht zwischen Sympathikus- und Parasympathikus-Aktivierung eindeutig auf die andere Seite hin gestört (also zu viel Sympathikus-Stimulierung). Mit einer regelmäßigen Meditationspraxis lässt sich die Balance wiederherstellen. Und im Gegensatz zum heißen Bad steht uns die Möglichkeit zu kurzen, informellen meditativen Übungen immer und überall offen.

Meditation und Gehirnfrequenzen

Unsere Gehirnzellen (Neuronen, rund 86 Milliarden an der Zahl) kommunizieren miteinander durch elektrische Impulse, wobei die gleichzeitig gesendeten Signale in ihrer Summe eine beträchtliche Menge an elektrischer Aktivität generieren. Die Schwankungen der elektrischen Spannung im Gehirn bilden Wellen, deren Frequenzen sich messen lassen (etwa mit einem EEG an der Kopfoberfläche). Natürlich werden zu jedem Zeitpunkt je nach Gehirnregion verschiedene Frequenzen zu verzeichnen sein; anhand der *vorherrschenden* Bandbreite lässt sich jedoch der aktuelle Frequenzbereich bestimmen. Und dieser Bereich gibt einigermaßen Aufschluss über den jeweiligen Bewusstseinszustand. Generell gilt: Je höher die Frequenz, desto wacher und angeregter sind wir – bis zu hyperwach und hyperangeregt im hohen Betabereich (siehe untenstehende Tabelle). Einen Sonderfall bilden die kurz aufblitzenden Gamma-Wellen im höchsten Frequenzsegment. Die Übergänge von einem Bereich zum anderen sind natürlich fließend, ebenso wie die den verschiedenen Frequenzbereichen zugeschriebenen Bewusstseinszustände. Deshalb handelt es sich bei den Grenzziehungen um ungefähre Werte. Gemessen wird die Frequenz in Hertz (Anzahl Wellenbewegungen nach oben und unten pro Sekunde).[36]

---

35 Deshalb werden etwa bei Zen-Retraites neben den vielen Stunden Meditation stets auch eine Phase von praktischer Mitarbeit im Haushalt, ein Vortrag, ein Einzelgespräch mit der Leitperson sowie genügend Zeit für Spaziergänge in das Tagesprogramm eingebaut.

36 Basierend auf Daniel Goleman und Richard Davidson, *The Science of Meditation*, S. 232–233 sowie https://de.wikipedia.org/wiki/Elektroenzephalografie.

Frequenz (in Hertz)	Wachheitsgrad/ Hirnaktivitätsgrad	Bewusstseinszustand
0,5–4 Delta	Tiefschlaf, Koma	*Trance?*
4–6,5 Theta (niedrig)	Leichter Schlaf, Dösezustand	*Trance, Hypnose, Träume*
6,5–8 Theta (hoch)	Tiefe Entspannung	*Öffnung für Intuition, Inspiration, Kreativität*
8–13 Alpha	Entspannung	*Klares Denken, gute Aufnahmefähigkeit; Aufmerksamkeit nach innen und nach außen*
13–15 Beta (niedrig)	„Normale" Hirnaktivität	*Aufmerksamkeit eher nach außen*
15–38 Beta (hoch)	Hektische Hirnaktivität	*Reaktives Denken, Aufmerksamkeit fast ganz nach außen*
38–70 Gamma	Kurzanhaltende und hochintensive, in verschiedenen Gehirnregionen synchron auftretende Hirnaktivität, niedrige Amplitude; noch wenig erforscht	*Geistige Spitzenleistungen, evtl. Flow-Zustand oder Zustand bei mystischem Erleben (erhöhte Amplitude)*

Im Theta-Bereich übrigens fließen Inhalte aus dem Unterbewusstsein am leichtesten ins Wachbewusstsein ein.

Über eine gewisse Zeit hinweg gleichen sich die Gehirnwellen zumeist dem Input von außen an. Man nennt dies Resonanz. Lassen wir ohne Ablenkung eine meditative, beruhigende Musik auf uns wirken, wird sich unsere Gehirnfrequenz nach und nach verlangsamen. Ebenso bei einer klassischen Meditationssitzung ohne Musik, denn auch da kommt eine Weile lang nichts Aufregendes von außen auf uns zu. Das Gehirn tritt allmählich mit der Stille in Resonanz. Zu Beginn einer Sitzung flattern die Gedanken oft noch hin und her, wir befinden uns dann im Beta-Bereich. Wenn wir andererseits gegen das Dösen ankämpfen, ist die Gehirnfrequenz in den Theta-Bereich gesunken. Zwischen diesen beiden liegt der Alpha-Bereich, in dem wir entspannt und aufnahmebereit sind. Bei noch tieferer Entspannung – falls wir wach und fokussiert bleiben – sind wir am ehesten für kreative Impulse und intuitive Einsichten empfänglich. Schließlich kann es zu einem Aufblitzen von hochfrequenter Gammaaktivität kommen, die sich bei weniger geübten Meditierenden seltener und nur schwach ausgeprägt beobachten lässt (geringe Amplitude, also geringe Vernehmbarkeit), bei geübten Praktizierenden jedoch tendenziell stärker ausgeprägt ist (erhöhte Amplitude) und länger anhält. Sie wird mit Momenten großer Kohärenz im Gehirn, aber auch mit mystischen Erfahrungen in Zusammenhang gebracht. Das sind jedoch Vermutungen; zu wenig sind diese schwer fassbaren Gammaschwingungen bisher erforscht worden. Betrachten wir zum Abschluss noch den Effekt einer dritten Meditationsform: Bei einer Klang-Meditation mit Gong übertragen sich die (tiefen) Schwingungen des Gongs nicht nur akustisch, sondern auch über den Körper, was die beruhigende Wirkung verstärkt und gleichzeitig mithilft, den Wachheitsgrad hochzuhalten.

Mit verschiedenen Meditationsformen können wir also nachweislich auf unseren körperlichen, psychischen und mentalen Zustand einwirken. Und dies nicht nur mit vorübergehendem, sondern auch, wie im folgenden Abschnitt dargelegt, mit nachhaltigem Effekt.

Meditation und Neuroplastizität

Studien haben gezeigt, dass sich das **Gehirn** nicht nur bei Kindern, sondern auch bei Erwachsenen durch entsprechende Übung in einem förderlichen Sinn verändern lässt. Und zwar sowohl in der **Funktion** (Veränderung der Anzahl Signale pro Zeiteinheit zwischen einzelnen Gehirnteilen) als auch in der **Struktur** (wachsende Anzahl neuronaler Verbindungen). Das heißt, zwischen einzelnen Gehirnteilen lassen sich die Dichte der Informationssignale einerseits und die Dichte der Übertragungsbahnen andererseits steigern. Man spricht in diesem Zusammenhang von Neuroplastizität. Während ein gewisser altersbedingter neuronaler Abbau unvermeidlich ist, lassen sich neue „Gehirnmuskeln" antrainieren, was direkte Auswirkungen auf unsere Denkleistung und unsere emotionalen

Reaktionen hat. Aus der Vielzahl der Studien in diesem Bereich soll hier eine als Illustration dienen.[37]

Bei einem Experiment wurden zwei Gruppen von Probanden Bilder von Menschen mit schweren Brandverletzungen gezeigt. Eine Gruppe bestand aus Personen ohne Meditationserfahrung, die zweite aus solchen mit langjähriger Meditationspraxis. Bei der ersten Gruppe löste der Anblick der grauenvollen Bilder im Vergleich zur zweiten sowohl stärkere als auch länger anhaltende Schockwellen aus. Bedeutet dies, dass die Meditierenden weniger empathisch sind? Nein. Es bedeutet nur, dass sie sich von Außenreizen und den eigenen Reaktionen darauf emotional weniger „wegspülen" lassen. Dank Scans konnten die unterschiedlichen Vorgänge im Gehirn der Probanden mitverfolgt werden. Zunächst aber eine kurze Erläuterung: Für emotionale Reaktionen auf Außenreize, insbesondere solche, die im weitesten Sinn bedrohlich sind, ist im Gehirn primär die Amygdala, ein Teil des limbischen Systems, zuständig. Diese ist mit dem präfrontalen Cortex verbunden, der unter anderem unsere verstandesmäßigen Reaktionen auf solche emotionalen Stimuli steuert. Nun zeigten die Hirnscans, dass genau diese Verbindung bei den erfahrenen Meditierenden signifikant stärker ausgebaut war als bei den Mitgliedern der Vergleichsgruppe. Langzeitmeditierende sind also emotional nicht weniger berührt von den Bildern von leidenden Menschen (im Gegenteil, wie andere Versuche zeigen), aber sie sind in der Lage, die emotionalen Reaktionen rascher rational einzuordnen und zu steuern und lassen sich von ihnen daher weniger leicht aus der Bahn werfen. In der Praxis würde das heißen, dass sie in einem Notfall schneller als andere Menschen, die sich noch in einer Schockstarre befinden, in der Lage wären, vernünftige Hilfsmaßnahmen zu ergreifen. Häufig wiederkehrende, reaktive Impulse des Mit-Leidens, etwa bei Ärzten und Krankenpflegern, können bekanntlich zu einem emotionalen Burnout führen. Untersuchungen zeigen hingegen, dass dies bei einer meditativ eingeübten, bewussteren Form des Mitgefühls nicht der Fall ist.[38]

Dass eine langjährige Meditationspraxis zu neuronalen Veränderungen mit positiven Auswirkungen beiträgt, ist inzwischen durch Langzeitstudien belegt. *Was* genau *welche* Veränderungen bewirkt, lässt sich jedoch nicht mit

---

37 Gemäß Daniel Goleman & Richard Davidson, *The Science of Meditation*, S. 96–98.
38 Ebda. S. 114.

Genauigkeit sagen. Gewiss werden weitere Forschungen noch mehr Licht in die Sache bringen, aber da, wie schon gesagt, alle Vorgänge im Zusammenspiel zwischen Körper, Seele und Geist multikausal sind, wird eine genaue Zuordnung von Ursache und Wirkung im Bereich von Meditation, Gehirnvorgängen und Gehirnentwicklungen wahrscheinlich außer Reichweite der Wissenschaft bleiben.

Auch wenn in diesem Kapitel die Auswirkungen von Meditation auf den Körper im Vordergrund standen, wurde erneut deutlich, wie eng das Wohlbefinden von Körper, Seele und Geist miteinander verknüpft ist. Alltagserfahrungen bestätigen dies. Ein Spaziergang kann den Körper erfrischen, das seelische Befinden wieder ins Gleichgewicht bringen und den rastlosen Geist beruhigen. Eine bereichernde Lektüre führt nicht nur zu größerer Klarsicht, sondern erfreut auch die Seele, was wiederum manches (temporäres) Unwohlsein des Körpers abklingen lassen kann. Ähnliches passiert auch während einer Meditation.

Geht es nun darum, aus einem kurzzeitigen Wohlgefühl ein langfristig stimmiges Lebensgefühl heranwachsen zu lassen, gehören der Grad der Hingabe und der Grad der Ausdauer zu den entscheidenden Faktoren. Sind diese hoch genug, kann uns die Meditation noch weiter in die Tiefe führen; dorthin, wo wir unsere Wurzeln (wieder-)entdecken können und woraus uns Kraft und Gewissheit zukommen. Was es damit auf sich hat, wird im Folgenden erläutert.

2.2.5 Von blockiert bis gelöst

Im vorletzten Kapitel wurde der Verlauf einer typischen Meditationssitzung nachgezeichnet. Es fand also eine „Horizontalbetrachtung" entlang der Zeitachse statt. Hier kommt nun eine „**Vertikalbetrachtung**" hinzu. Sie lotet die Tiefen aus, zu denen Meditierende gemäß Erfahrungsberichten vorstoßen können.

Im Verlauf einer einzelnen Sitzung wird die „Tiefe" der Erfahrung immer wieder fluktuieren. Auch entlang unseres gesamten Entwicklungswegs werden sich Phasen der Tiefenverbindung mit solchen der Oberflächenverhaftung abwechseln. Die Tiefenunterscheidung kann auch als Frage formuliert werden: Wie stark hat sich die Kruste zwischen meinem Oberflächendasein und den Tiefendimensionen verhärtet bzw. wie stark und anhaltend bin ich im Bann von Alltagssorgen oder Ablenkungen gefangen? Dies lässt sich in der ausgedehnten Stille einer Meditation meist leichter erspüren als im Alltag, wo unsere Aufmerksamkeit gewöhnlich anderweitig absorbiert ist. Vollständig, so meine ich, kann der Zugang in die Tiefe niemals blockiert sein, denn dann wären wir von der Quelle unseres Lebendigseins abgeschnitten. Der Zugang wird aber auch nie ganz störungs- und hindernisfrei offen sein – mit Ausnahme vielleicht während kurzanhaltenden, mystischen Tiefsterfahrungen.

Im Folgenden werden verschiedene Erfahrungstiefen schematisch als Schichten bzw. Stufen dargestellt. Die Einteilung basiert auf einer wissenschaftlichen Untersuchung von *Harold Piron* (geb. 1967) aus dem Jahr 2003. Der deutsche Meditationsforscher hat diesbezüglich zahlreiche klassische Texte aus hinduistischer, buddhistischer, daoistischer und christlicher Tradition durchforstet und die Erkenntnisse daraus mit den Erfahrungsberichten von 40 heutigen Meditationslehrerinnen und -lehrern – alle mit jahrzehntelanger Praxis- und Lehrerfahrung – verknüpft.[39] Wie bei praktisch allen Kategorisierungen im seelisch-geistigen Bereich lassen sich die Schichten natürlich nicht scharf voneinander trennen. Die Übergänge sind gleitend. Zu den Kennzeichen einer Verbindung mit tieferen Schichten zählen Gefühle der Befreiung sowie zunehmende Wachheit, Klarheit und Empfänglichkeit bzw. Wahrnehmungsfähigkeit. Jedes dieser Kennzeichen bewegt sich entlang einer

---

39 Gemäß Ulrich Ott, *Meditation für Skeptiker*, S. 16–17.

Skala. Bei der Wahrnehmungsfähigkeit etwa reicht die Skala von grob (an der Oberfläche) bis subtil (in der Tiefe).

1) Alltagsnahe Ebene – mit Hindernissen gespickt

In der oberflächlichsten Erfahrungsschicht unterscheidet sich unser Wahrnehmen auch in der Meditation nicht stark vom Alltags-Empfinden. Unruhe, Nervosität, Zerstreutheit oder Leistungsdrang schlagen durch und wandeln sich leicht in Widerstand gegen das tatenlose Stillsitzen. Oder der Körper interpretiert den anhaltenden Mangel an Sinnesaufnahme- und Tatbereitschaft als ein Zeichen, das Wachbewusstsein herunterzufahren und sich auf den Schlaf vorzubereiten. Dies äußert sich dann durch Abdriften in einen Dösezustand. Schließlich können sich auch körperliche Symptome melden, die in der Turbulenz des Alltags unbeachtet blieben. Niemand meditiert, ohne solche Hindernisse zu erleben. Mit der Zeit und mit Übung nimmt man sie jedoch als Weggefährten wahr, die kommen und, vor allem, ganz sicher wieder gehen. Dranbleiben lautet also die Devise. Auf dieser Stufe kommen typischerweise auch Bilder und Sequenzen von kürzlich Erlebtem mitsamt begleitenden Emotionen hoch. Lassen wir sie zu, findet ein für die (psychische) Gesundheit förderlicher Verdauungsprozess statt. Dieser Prozess erhält in der Meditation einen Raum, der ihm im Alltag oft verwehrt ist, da dort pausenlos neu zu Verarbeitendes hinzukommt. Es ist insgesamt aber eine paradoxe Situation, die wir alle zuweilen erleben: Wir leiden an Unruhe, können Ruhe aber nur schwer ertragen.

2) Entspannung und Licht auf den Schattenbereich

Merkmale der zweiten Stufe sind zunehmendes Wohlbefinden und eine größere innere Ruhe. Der Körper drückt dies am deutlichsten durch muskuläre Entspannung sowie durch eine Verlangsamung und Vertiefung des Atems aus. Die Zerstreutheit nimmt ab, die Fokussiertheit zu. Die Dumpfheit weicht einer größeren Wachheit. Andererseits setzt sich das „Verdauen" fort und weitet sich aus. Nicht nur kürzlich Erlebtes, sondern auch Verdrängtes aus normalerweise unbewussten Bereichen kann sich bemerkbar machen, denn die enge Schale, innerhalb der sich unser Alltagstreiben zumeist abspielt, ist brüchig geworden. Das Verdrängte kann sich körperlich äußern (plötzlicher Juckreiz, Hustenanfälle usw.) oder einen heftigen Widerstand gegen das Meditieren hervorrufen. Es kann aber auch zu Tränenausbrüchen oder plötzlichen Glücksmomenten kommen, wenn sich seelisch etwas gelöst hat. Für den weiteren Verlauf der Meditation stehen danach zwei Richtungen offen: Entweder geht die einsetzende Sammlung wieder verloren und die Fragmentierung – bestehend aus Gedankenbruchstücken und emotionalen Schüben – nimmt erneut überhand. Aus Ruhe wird wieder Unruhe. Oder unsere (geübte) Entschlossenheit und Standhaftigkeit – eventuell mithilfe von nachhallenden Glücks- oder Erleichterungserfahrungen – ist groß genug, dass wir dem, was uns in Beschlag zu nehmen droht, keine Möglichkeit zum Andocken bieten. Wir bleiben bei unserer Übung. Dies öffnet den Zugang zu größerer Tiefe.

3) Sammlung

Der Grad an bewusster, nicht mehr einfach zu erschütternder Präsenz ist hier spürbar höher als zumeist im Alltag. Dazu können sich ein Gefühl von Leichtigkeit und ein tiefer Frieden gesellen. Auf dieser Stufe festigt sich ein Zweifaches: einerseits das Vertrauen in die Wirksamkeit der Meditation, andererseits das befreiende Wissen, dass die reinigende und klärende Wirkung der Meditation letztlich nicht selbst erzeugbar, sondern ein Geschenk ist. Aber auch hier nutzen Gedanken, Bilder und Emotionen – vertraute und weniger vertraute – die Weite der Stille, um ins Licht des Bewusstseins zu gelangen. Wir lassen uns von ihnen jedoch weniger als sonst aus der Ruhe bringen und daher fehlt ihnen die emotionale Energie, um zu Gedankenketten und Bildersequenzen anzuwachsen und sich so festzusetzen. Der chinesische Chan-Meister[40] *Hui Neng* (638–713) soll diese Fähigkeit, sich von Gedanken nicht vereinnahmen zu lassen, so ausgedrückt haben: „Nichtdenken bedeutet, auch dann nicht zu denken, wenn Gedanken auftauchen." Diesem Ideal kommen wir im Zustand der Sammlung etwas näher. Schaffen wir es, lange genug auf dieser Konzentrationsstufe zu bleiben, merken wir ferner, dass uns auch das aus dem Schatten Aufsteigende nichts anhaben kann. Dann löst sich allmählich die damit verbundene Beklemmung und wir spüren, vielleicht ohne es benennen zu können, eine erhöhte Authentizität in unserem Dasein. Denn all die Ängste, Selbstvorwürfe, Minderwertigkeitsgefühle und anderen schädlichen Empfindungen und Gedanken, die aufsteigen, verflüchtigen sich wieder. Unsere Identifikation mit ihnen hat sich, für eine Weile

---

40 Beim Chan-Buddhismus handelt es sich um den chinesischen Vorläufer bzw. die chinesische Variante des japanischen Zen-Buddhismus.

zumindest, gelöst. In dieser Gelöstheit wird unsere Essenz, unser Wesen – das, was sich niemals verflüchtigen kann – spürbar. Hier und auf den folgenden Stufen öffnen sich auch die Kanäle für Inspiration und intuitive Einsichten.

4) Öffnung für das Umfassende/Hingabe an das Heilige

Der Übergang ist nahtlos. Das sonst so inflationäre Ich ist kleiner geworden und hat Raum für etwas weit Größeres gelassen. Wir sind weit genug entblockiert und durchlässig geworden, um die in unserer Tiefe innewohnende (oder durch die Tiefe hereinströmende) Klarheit und gegenstandslose Freude sowie eine umfassende Verbundenheit mit hellwachem Bewusstsein und empfänglichem Herzen wahrzunehmen. Man könnte von einer gleichzeitigen Welt- und Mehr-als-Welt-Verbundenheit sprechen. Diese äußert sich zumeist in leisen, feinen Schwingungen; es braucht keine Worte – obwohl man sich später nach passenden Worten sehnt. Außer in poetischer Andeutung ist die Sprache für diesen Feinheitsgrad zu pauschal und läuft Gefahr, die empfundene Wahrheit mehr zuzudecken als zu vermitteln – es sei denn, sie ruft beim Gegenüber durch Resonanz Ähnliches hervor, im Anklang an eigene Erfahrungen. Aus dieser Tiefenstufe kommen auch die Impulse, die in uns den Wunsch auslösen, jene vom bisherigen Leben vorgespurten Pfade zu verlassen, die nicht (mehr) mit unserem Wesen in Einklang stehen. Dabei kann es sich genauso um die innere Ausrichtung wie um die äußere Lebensgestaltung handeln. Vielleicht werden uns auch Bilder geschenkt mit Hinweisen für eine mögliche Neuausrichtung.

5) Erfahrung der liebevollen Grenzenlosigkeit

Die im vorhergehenden Abschnitt beschriebenen Erfahrungen werden öfters schon als Gipfelerlebnisse aufgefasst, obwohl der Gipfel noch nicht erreicht ist. Auf der höchsten, nach oben offenen, oder – gemäß dem hier verwendeten Bild – der tiefsten, weitesten, unbegrenzten Stufe zerfließt die Trennlinie zwischen dem Erlebenden und dem Erlebten. Diese Stufe wird mit Begriffen wie Einssein, Leere oder Fülle, unermessliche Seligkeit oder Vereinigung in Liebe angedeutet. Wir sind vom Formenhaften – hier dies, dort jenes; hier ich (abgetrennt), dort du (abgetrennt) – ins Formlose übergegangen. Jegliche Blockierung, jegliches Gefühl der Getrenntheit ist weg. Und doch ist es kein Einheitsbrei, der übrig bleibt. Deshalb spricht man hier auch von einer Erfahrung der Non-Dualität. Weder Dualität also, noch Singularität. Dies ist der Bereich des – nach menschlichem Ermessen – Paradoxen. Auf der Logik des

Verstandes gründende Aussagen greifen zu kurz. Jeglicher Versuch, die Erfahrung analytisch zu erfassen, scheitert. Dennoch gibt es keine Religion, keine Kultur, keine Epoche, in der nicht von solch mystischen Erfahrungen berichtet wird. Sie gehören zum Menschsein, wenn auch bis heute noch weit mehr in potenzieller als in realisierter Form. Die Wortlosigkeit der Meditation bildet hierfür einen hervorragenden Nährboden. Ein derartiges Erlebnis – mit Begleiterscheinungen wie Ehrfurcht, begriffsloser Klarheit und Dankbarkeit – lässt sich jedoch nie von selbst herbeiführen. Es hält nur kurz an, hinterlässt aber körperliche, seelische und geistige Spuren, die nicht zu verwischen sind.

Welche dieser Tiefen – modellhaft in fünf Schichten bzw. Stufen eingeteilt – öffnen sich uns wann, wie häufig und für wie lange? Es ist schwierig, hierzu etwas Allgemeingültiges zu sagen. Zu unterschiedlich sind die genetisch oder lebensgeschichtlich bedingten Schwierigkeiten und Barrieren, die wir alle mitbringen und die sich wiederum auf den verschiedenen Stufen unterschiedlich auswirken. In der Regel werden sich Anfänger während einer Meditationssitzung alternierend auf Stufe eins (Unruhe) oder zwei (Ruhe) befinden; die tieferen Schichten öffnen sich vielleicht kurz. Ein Tiefenerlebnis kann aber, insbesondere in der Stille, jederzeit über uns hereinbrechen. Vielleicht schenkt es uns die Erfahrungsgrundlage, dank derer wir die Meditationspraxis auch dann nicht aufgeben, wenn die Tiefenverbindung scheinbar verloren gegangen ist oder wenn Trägheit, Ablenkungen oder Sorgenlast überhandnehmen und uns vom regelmäßigen Üben abhalten.

Auch bezüglich der langfristigen Entwicklung lässt sich kein universelles Schema erstellen, aber ein Vergleich kann uns helfen. Er wurde bereits einmal verwendet, aufgrund seiner Aussagekraft jedoch möchte ich ihn nochmals heranziehen: Der Meditationsweg ist wie ein Fluss mit einer starken Strömung in der Mitte. Viele Menschen halten zunächst einmal die Füße ins Wasser, empfinden die Abkühlung und das Streicheln des vorbeiziehenden Gewässers als angenehm, ziehen sich dann aber doch wieder ans Ufer zurück. Andere bewegen sich weiter hinaus, dorthin, wo der Fluss bereits tiefer ist (aber sie immer noch stehen können), und tauchen mehrmals ein, aber auch sie kehren danach wieder ans vertraute Ufer zurück – trotz der engen, steinigen und dornigen Pfade, auf denen sie sich dort fortbewegen. Nur wenige wagen sich, nachdem sie wiederholt die wohltuende Wirkung des Wassers erlebt haben, hinaus bis in die Mitte des Flusses und lassen sich von der Strömung erfassen – und von dieser tragen. Ab diesem Zeitpunkt gibt es kein Zurück mehr. Und die Strömung bringt sie immer wieder auch mit kristallklarem Wasser aus der Tiefe des stets breiter und tiefer werdenden Flusses in Berührung.

Das Modell der fünf Erfahrungstiefen in der Meditation lässt sich natürlich auch auf den Alltag übertragen. Wir können uns jetzt und künftig immer wieder fragen: Wann habe ich mich zuletzt ruhig und entspannt, wann mit der Tiefe meines Wesens oder mit dem, was mich und uns alle übersteigt, verbunden gefühlt? Unter welchen Umständen mache ich am ehesten solche Erfahrungen? Danach können uns die ganz persönlichen Antworten als Wegweiser dienen. Noch entscheidender aber sind folgende Fragen: Wie wirkt sich das, was ich in der Meditation oder in erfüllenden Momenten erfahre, auf mein Denken, Fühlen und Verhalten im ungeschützten und unerfüllten Alltag aus? Und wie kann ich mich auch in diesem Alltag in Sammlung, Wachheit und Hingabe üben? Überlegungen zu diesen Fragen bilden den Stoff für die nachfolgenden Kapitel.

2.3 ALLTAG ALS ZIELORT

Wer Meditation regelmäßig praktiziert, allein und/oder in einer Gruppe, erlebt oft zwei Parallelwelten. Die eine Welt ist charakterisiert durch Stille, Entschleunigung, innere Verarbeitung, Gefühle der Offenheit und Verbundenheit und vielleicht sogar Inspiration und intuitive Einsichten. Die andere, jene des Alltagslebens, ist voller Anspannung, Ansprüche von innen und außen, Unruhe und Konflikte. Falls es nicht gelingt, diese Welten einander anzunähern, wird die Meditationspraxis höchstwahrscheinlich nicht von Dauer sein. Die lärmerfüllte Welt wird die stillere verschlingen.

Sowohl in unserer Meditationspraxis als auch in unserem Alltagsleben sind wir unterwegs. Idealerweise verlaufen die zwei Wege immer mehr aufeinander zu und bilden schließlich nur noch *einen* Weg, der die verschieden vorgespurten Rinnen vereint. Anders gesagt: Alle unsere Lebensrinnen führen dann in die gleiche Richtung; die Bodenerhebungen zwischen ihnen werden niedriger und es entwickeln sich Zwischenverbindungen. Bis auch **im gewöhnlichsten Alltag** möglichst viele Augenblicke bereichert sind von einer meditativ konsolidierten **inneren Stille** sowie einer **Weiträumigkeit**, in der nicht nur Tun, Empfangen und Beobachten nebeneinander Platz haben, sondern auch Wohlwollen und Dankbarkeit zu Hause sind.

Woran aber können wir erkennen, ob die ersehnte Konvergenz auch wirklich stattfindet? Anhand welcher Unterschiede in der Alltagsgestaltung wird sie sichtbar? Diesen Fragen wird auf den kommenden Seiten sowie in den Kapiteln „Was heißt Reife?" und „Individuelles Reifen" ausgiebig nachgegangen. Betrachten wir hier zunächst ein paar Beispiele:

Wenn ich im Supermarkt von den Regalen zur Kasse schreite, kann ich der Ungeduld angesichts der langen Warteschlange durch bewusstes Atmen die Kraft entziehen und dem irrationalen Widerwillen gegen die Personen, die mir meine wertvolle Zeit stehlen, durch Wohlwollen die Luft aus den Segeln nehmen. Vielleicht kommt mir daraufhin beim Anstehen in ruhigerem Zustand sogar etwas in den Sinn, das ich kaufen wollte und beinahe vergessen hätte.

Oder wenn ich einem Arbeitskollegen zuhöre, kann ich dem Impuls, etwas zu erwidern, widerstehen, weil ich aufmerksam genug bin, um zu erfassen, dass mein Gegenüber noch nicht zu Ende gesprochen hat. Mein Arbeitskollege wird all dies bewusst oder unbewusst als Wertschätzung registrieren.

In einer toxischen Situation, die ich dank gestärkter Sensibilität (Empfänglichkeit) als solche erkenne, kann ich die Reißleine ziehen und mich entfernen. Oder, falls dies nicht möglich ist, kann ich dank der Weiträumigkeit innerlich distanziert genug bleiben, um mich nicht hineinsaugen zu lassen.

So lerne ich, zunächst in einer Vielzahl von unscheinbaren Situationen, mich nicht vom Pferd, das Schicksal oder Karma heißt, einfach tragen zu lassen, sondern vermehrt die Zügel selbst in die Hand zu nehmen. Um dann auch für anspruchsvollere Situationen gerüstet zu sein.

Wenn sich hingegen bei der Gestaltung meines Alltags trotz Meditation wenig ändert, muss ein fundamentaler Mangel in meiner Übungspraxis vorliegen. Entweder ein Mangel an Ausdauer oder an Hingabe oder, am wahrscheinlichsten, an beidem. Einfach gesagt: Die Übung hat schlicht keine hohe Priorität in meinem Leben.

Stellen wir tatsächlich fest, dass sich der Meditationsweg und der Alltagsweg einander annähern, so ist mehr geschehen, als dass wir uns nur ein paar neue Verhaltensweisen angewöhnt haben. Es ist zu einem inneren Wandel gekommen. Lassen wir hierzu eine Geschichte sprechen:

Ein jüdischer Weiser fragte seine Schüler: „Wie kann man den Augenblick bestimmen, wo die Nacht zu Ende ist und der Tag anbricht?" Der erste

Schüler fragt: „Ist es, wenn man in der Ferne einen Feigenbaum von einer Palme unterscheiden kann?" Der Rabbi antwortet: „Nein, das ist es nicht." Der zweite Schüler meint: „Wenn man ein Schaf von einer Ziege unterscheiden kann, dann wechselt die Nacht zum Tag." – „Auch das ist es nicht", ist die Antwort des Weisen. „Aber wann ist denn der Augenblick gekommen?", fragen die Schüler. Der Rabbi antwortet: „Wenn du in das Gesicht eines Menschen schaust und darin den Bruder oder die Schwester erkennst, dann ist die Nacht zu Ende, dann bricht der Tag an."[41]

Es hat also ein Gesinnungswandel stattgefunden. Aber das Geschehen ist damit nicht zu Ende. Das Bild des anbrechenden Tages weist auf einen weiteren wichtigen Punkt hin: Selbst wenn wir bei uns einen Wandel konstatieren, darf die Genugtuung darüber uns nicht zur Annahme verleiten, die gesamte Arbeit sei nun geleistet und wir seien bereits am Ziel. Erst recht sollte sie nicht in einen Stolz münden, der uns von anderen Menschen isoliert und auf neue Abwege führt. Der Tag hat erst begonnen. Nun gilt es, den Initialwandel auszuweiten und zu vertiefen.

Ein fortschreitender Wandel lässt sich anhand weiterer Kennzeichen feststellen. Dazu zählt ein Alltag, der merklich mehr von **Achtsamkeit** geprägt ist und in dem sich die **Herzensqualitäten** spürbar entfaltet haben (das Erkennen eines Bruders oder einer Schwester in jedem Menschen ist eine davon). Diese beiden zentralen Themenbereiche wollen wir in den anstehenden zwei Kapiteln vertiefen. Danach folgen Hinweise zu **meditativen Alltagsübungen**, die uns helfen können, auch außerhalb von formellen Meditationseinheiten die zum Vorschein gekommenen Fähigkeiten im Alltag stärker zu integrieren. Und schließlich werden die **Früchte der Meditation** nochmals in einer Zusammenschau präsentiert – als Wiederholung und Vertiefung sowie als Appell (auch an mich, den Schreibenden), vor lauter Theorie die Praxis nicht zu vergessen.

---

41 Zit. in https://dpsg.de/de/fuer-mitglieder/wissendpsgde/funktionen/artikelansicht-detailseite/anleitungen/Articles/show/280.html.

2.3.1 Einüben von Achtsamkeit

Tara Brach (geb. 1953), eine bekannte amerikanische Meditationslehrerin, vergleicht das Üben in der Meditation mit der Stärkung der beiden Flügel eines Vogels, damit dieser durch alle Stürme hindurch in Freiheit fliegen kann. Der eine Flügel ist die Weisheit, die sich durch das Üben der Achtsamkeit bildet, der andere das Mitgefühl, das sich durch das Üben der Herzensqualitäten bildet.[42]

Der Schweizer Meditationslehrer und Buchautor *Peter Wild* (geb. 1946) bringt dieselben zwei Aspekte mit anderen Worten zum Ausdruck: Der Meditationsweg sei der Weg „von der Routine zu Sorgfalt und Zärtlichkeit".[43]

In diesem Kapitel betrachten wir die Sorgfalt bzw. die Achtsamkeit, bevor wir uns im nachfolgenden Kapitel der Zärtlichkeit bzw. den Herzensqualitäten widmen. Es braucht beide Flügel – gekräftigt und im Gleichschlag – für ein Entkommen aus Automatismen und Ich-Bezogenheit, die uns wie ein Käfig einengen und dumpf werden lassen.

Wenn wir nicht schlafen, ist unser Bewusstsein stets im „An"-Zustand. Wir nehmen laufend wahr – mal mehr, mal weniger bewusst, je nach Befinden auf der Wachheitsskala – und handeln daraufhin entsprechend eher reflexartig oder eher bewusst und behutsam. Um dies zu veranschaulichen, wird im Folgenden ein alltägliches, unspektakuläres Ereignis von der Art, wie wir im Laufe eines einzigen Tages unzählige erleben und meistens rasch wieder vergessen, in zwei Varianten vorgestellt. Zunächst wird der Ablauf so geschildert, wie er typischerweise im unteren bis mittleren Bereich der Wachheitsskala (sozusagen im Normalzustand) stattfinden könnte. Danach wird aufgezeigt, wie der Wachheits- bzw. Achtsamkeitsgrad in einer Meditationssitzung einerseits und im Alltag andererseits durch entsprechende Übungen gesteigert werden kann. Und schließlich läuft das gleiche Ereignis in einer zweiten Variante ab, bei der sich der Achtsamkeitsgrad des Protagonisten in einem höheren Bereich befindet.

---

42 Tara Brach, *Einführung in die Meditation*, S. 53.
43 Petra Fietzek & Peter Wild, *Aus Heimweh nach mir*, S. 12.

Tiefer Achtsamkeitsgrad (Normalzustand)

Unser Leben im Wachzustand besteht aus einer Nonstop-Kette des ewig gleichen Ablaufs: *von Input (Sinneswahrnehmung, Triebschub oder gedanklichem Impuls) über innere Reaktion zu äußerer Reaktion bzw. Aktion* (was oft Stoff für neuerlichen Input liefert, womit der Kreislauf wieder von vorne losgeht). Im unten geschilderten Alltagsereignis erfolgt dieser Kreislauf zweimal. Nennen wir es deshalb ein Stück in zwei Akten. Der hier äußerst detailliert und wie in Zeitlupe betrachtete Ablauf geht in Wirklichkeit blitzschnell und – im Normalzustand des eher tiefen Achtsamkeitsgrades – größtenteils unbewusst vor sich.

1) Input (über Augen und Ohren)

Ich gehe auf einem relativ breiten Gehsteig. Dabei sehe ich, dass mir zwei Jugendliche entgegenkommen, und höre, wie sie laut und lachend aufeinander einreden.

2) Instinktive Reaktion und gefühlsmäßige Ausweitung

Es findet stets eine unmittelbare instinktive Reaktion statt, wovon es prinzipiell nur drei Möglichkeiten gibt: Das Wahrgenommene wird entweder als *angenehm* (positiv), *unangenehm* (negativ) oder *uninteressant* (neutral) empfunden. Bei „angenehm" oder „unangenehm" kommt noch der Intensitätsgrad hinzu. Wird das Wahrgenommene als Bedrohung empfunden oder als etwas unerwartet Erfreuliches, ist dieser hoch. Eine solche instinktive, wertende Reaktion ist wohl biologisch vorprogrammiert, um unser Überleben zu sichern. Denn wenn uns unser Instinkt „hochgradig unangenehm" meldet, kann das eine Gefahr bedeuten, bei der wir uns möglichst rasch wehren oder in Sicherheit bringen müssen. Für eine verstandesmäßige Analyse der Situation bleibt in einem solchen Fall keine Zeit. Im konkreten Geschehen hier wittere ich keine Gefahr, aber auch keinen Grund zur Freude. So würde das Auftauchen der zwei Jugendlichen normalerweise in die Kategorie uninteressant fallen. Da es jedoch in diesem Augenblick nichts anderes gibt, was mich stärker absorbiert, und ich überdies an diesem Morgen ein wenig übel gelaunt bin, empfinde ich das ausgelassene Tun der Jugendlichen als unangenehm. Dieses Gefühl, in Verband mit meiner aktuellen Stimmungslage, setzt sich zunächst fest und beeinflusst das, was als Nächstes folgt.

3) Einordnung, gedankliche und emotionale Reaktion und Ich-Bezug
Kurz nach der unwillkürlichen, instinktiven Reaktion und der gefühlsmäßigen Ausweitung folgt die gedankliche Reaktion. In einer Übergangsphase von Gefühl zu Verstand wird das Wahrgenommene mit meinem vorherrschenden Weltbild, meinen (unbewussten) Erwartungen und meiner momentanen Stimmungslage abgeglichen. Dass mir Menschen auf dem Gehsteig entgegenkommen, passt zu meinem Weltbild und meinen Erwartungen und wirft somit weder gefühls- noch verstandesmäßig große Wellen – was anders wäre, wenn mir eine Giraffe entgegenstolzieren würde. Die sich jedoch aus meiner Stimmungslage heraus bildenden Gedanken erhalten nun zumindest fragmentarisch eine sprachliche Form: „Rücksichtslos, wie laut die sind!" Und gleich darauf: „Den ganzen Gehsteig nehmen die in Beschlag." Und so verfestigt sich auch ein Urteil – in diesem Fall eine Verurteilung. Die emotionale Reaktion auf diese Gedanken ist spezifischer als die ursprüngliche instinktive Reaktion. Aus einem diffusen „unangenehm" wird eine mittelschwere Empörung. Als Nächstes registriert mein Verstand vage eine Einschränkung meiner Bewegungsfreiheit für die kommenden Meter, was die Emotion „Kränkung" auf den Plan ruft.

4) Reaktives Handeln
Ich verlangsame unwillkürlich meinen Schritt und weiche den Entgegenkommenden ein wenig aus.

Es folgt nun der *zweite Akt*:

1) Input (über Augen, Ohren, Berührung und wieder Ohren)
Der eine Jugendliche boxt den anderen spielerisch in den Arm, dieser macht einen Schritt zur Seite und rempelt mich dabei an. Ohne dass die zwei den Schritt verlangsamen, höre ich gerade noch ein gemurmeltes „Sorry".

2) Instinktive Reaktion und gefühlsmäßige Ausweitung
Mein Instinkt meldet innert Sekundenbruchteilen: „äußerst unangenehm" und mein Körper meldet ein Schmerzempfinden an der Schulter. Das „äußerst unangenehm" wird gefühlsmäßig dominant.

3) Gedankliche und emotionale Reaktion und Ich-Bezug

„Das darf doch nicht wahr sein", geht es mir durch den Kopf und die Empörung schießt noch weiter in die Höhe. Sie verbindet sich mit dem Eindruck, nicht beachtet und nicht ernst genommen zu werden, dringt tief in mich ein und erreicht einen Pegel, der kaum noch Raum für andere Gedanken und Emotionen lässt.

4) Reaktives Handeln

Ich drehe mich um und rufe den beiden mit mühsam gedämpfter Wut hinterher: „Sagt mal, spinnt ihr?"

5) Gegenreaktion

Daraufhin schaut einer der beiden Jugendlichen kurz zurück und zeigt mir den Mittelfinger.

Üben in der Meditation

Die Meditation ist sozusagen der geschützte Versuchsraum, in dem wir unser Verhalten auf Achtsamkeit hin trimmen können. Und zwar immer wieder, sodass immer tiefer geblickt und feiner unterschieden werden kann. Die Übungstätigkeit umfasst beinahe den ganzen oben geschilderten, allgemeinen Zyklus, vom Input über instinktiv-gefühlsmäßige, gedankliche und emotionale Reaktionen bis möglicherweise zu einem Handlungsimpuls. Nur die eigentliche Handlung findet nicht statt. In der Meditation fallen sinnliche Wahrnehmungen zwar größtenteils weg, Triebschübe und gedankliche Impulse gehen jedoch weiter – bloß unter klarerer Beobachtung. Nehmen wir ein Beispiel: Ich sitze in Stille und auf einmal dringt das Hupen eines Autos in meinen Wahrnehmungsraum. Wie reagiere ich? Vielleicht schrecke ich auf. Das zeigt mir, dass ich in diesem Augenblick nicht wach und empfangsbereit war. Oder ich empfinde Missmut und es kommt der Gedanke: „Ich will ja bloß in Stille sitzen und jetzt so was!" Auch diese Reaktion registriere ich mit weit größerer Klarheit, als mir dies im raschlebigen Trubel des Alltags möglich wäre. Ein zweites Beispiel: Ich empfinde Hunger und es zeigen sich daraufhin Bilder eines köstlich gefüllten Tellers, dessen Inhalt ich sogar meine, riechen zu können. Ich sitze jedoch weiter regungslos in der Stille, atme bewusst und der Klammergriff des Essenstriebs lockert sich allmählich. Der Rahmen der Meditation ermöglicht es mir also, meine Gedanken und Triebe und die Reaktionen darauf in Ruhe zu beobachten. So lerne ich überhaupt erst meine Reaktionsweisen kennen und kann sie in der Folge (möglichst wohlwollend!) abwägen. Aus einer solchen Übung heraus gehe ich etwas besser gerüstet in den Alltag.

Ferner üben wir in der Meditation, die Aufmerksamkeit über mehr als nur ein paar Sekunden auf einen Punkt gerichtet zu halten (klassischerweise den Atemfluss) und zu diesem bewusst zurückzukehren, sobald wir merken, dass uns Gedanken und Emotionen wegziehen. Wenn wir merken, dass uns etwas absorbiert und wir so die bewusste Verbindung zu uns selbst und unserem Körper verloren haben, holen wir uns aus der Absorption zurück. Wir üben auch, den Wachheitsgrad trotz Mangel an spannendem Input hochzuhalten und nicht in einen Dösezustand zu verfallen. Und schließlich zähmen wir mit dem Verweilen in Stille ohne Input von außen allmählich unsere Wahrnehmungsgier.

Da ich jedoch, wie zweifellos die Mehrheit der Menschheit, im Lauf meines bisherigen Lebens weit mehr Zeit auf einer relativ tiefen Achtsamkeitsstufe als beim Üben eines höheren Grades von Achtsamkeit verbracht habe, werden naturgemäß die schon viel länger eingeprägten und wiederholten Muster aus dem meditationsfernen Alltag überwiegen. Deshalb sollten uns Rückfälle in altes Routineverhalten in unserem täglichen Leben trotz bester Vorsätze weder überraschen noch entmutigen. Die Devise lautet: dranbleiben.

Üben im Alltag

Ich mache mich daran, eine Tasse Kaffee zuzubereiten, und nehme mir dabei vor, jeden Handlungsschritt bewusst auszuführen. Dadurch verlangsamt sich der gesamte Ablauf – es findet also Entschleunigung statt. Ich öffne den Schrank und nehme mit einer behutsamen Bewegung meine gewohnte Kaffeetasse heraus. Das Porzellan fühlt sich kühl und glatt in meiner Hand an. Es kommt ein Funke Freude hoch – der stärker wird, als mir beim Betrachten der Tasse in den Sinn kommt, dass Bekannte aus Warschau sie mir geschenkt haben. Dankbarkeit kommt hinzu und so weitet sich die Übung aus: Neben Achtsamkeit werden auch die Herzensqualitäten gestärkt. Die Kaffeemaschine wird ebenfalls in Ruhe betrachtet und auch hier gesellt sich Dankbarkeit hinzu – darüber, dass ich in Wohlstand lebe und mir so ein praktisches Gerät problemlos leisten kann. Die anhaltende Freude wird bereichert vom köstlichen Kaffeegeruch, als sich die Tasse allmählich füllt. Mit Bedacht hole ich die Zuckerdose aus dem Schrank, stelle sie behutsam nieder und schöpfe mir daraus meinen gewohnten Teelöffel Zucker. Auch das Umrühren erfolgt langsamer und aufmerksamer als sonst – spontan mache ich mit der Hüfte die gleiche Kreisbewegung wie mit der Hand und es entsteht ein kleiner Tanz (in diesem Augenblick bin ich froh, dass mir niemand zusieht). Mit einem Lächeln lege ich den Löffel zur Seite. Ich halte kurz inne und trinke dann den Kaffee mit Genuss.

Die Geschichte der unachtsamen Variante ist rasch erzählt: Jeder Handgriff verläuft mit der geschmierten Automatik einer tausendfach ausgeführten Handlung. Alles geschieht hastig und in Gedanken bin ich bei weit wichtigeren und interessanteren Tätigkeiten. Weder Freude noch Dankbarkeit kommen auf und das Trinken erweist sich auch nicht als echter Genuss.

Der Tagesablauf bietet uns unbeschränkt Stoff für derartige meditative Übungen. Weitere Beispiele und Anregungen finden Sie im übernächsten Kapitel.

Hoher Achtsamkeitsgrad (Zielzustand)

Kehren wir nun zu jenem bereits einmal durchgespielten Geschehnis auf dem Gehsteig zurück und nehmen wir an, mein Achtsamkeitsgrad – und parallel dazu das Mitgefühl mit mir selbst und anderen – habe sich dank regelmäßiger Übung zumindest etwas erhöht. Dann könnte das gleiche Ereignis wie folgt ablaufen:

1) Input (über Augen und Ohren)

Ich gehe auf einem relativ breiten Gehsteig. Dabei sehe ich, dass mir zwei Jugendliche entgegenkommen und höre, wie sie laut und lachend aufeinander einreden.

2) Instinktive Reaktion und gefühlsmäßige Ausweitung

Ich bin zwar mit etwas gedämpfter Stimmung unterwegs, aber das ausgelassene Lachen der zwei registriere ich als positiv.

3) Gedankliche und emotionale Reaktion, Einordnung und kein unnötiger Ich-Bezug

„Schön, wenn man sich so unbeschwert freuen kann", denke ich. Und dieser Gedanke, im Speziellen die Worte „schön" und „freuen", lösen in mir selbst Freude aus. Da ich mit nur geringem eigenen Gedankenfluss unterwegs bin, haben diese neu ausgelösten Gedanken und die mit ihnen einhergehenden Emotionen mehr Platz, weniger „Konkurrenz" und somit mehr Wirkkraft.

Dank des freudvollen Impulses hellt sich meine Stimmungslage signifikant auf. Auf mich selbst beziehe ich das Herannahen und Lachen der Jugendlichen nicht (was der Realität wesentlich gerechter wird).

4) Bewusstes Beobachten der inneren und äußeren Vorgänge
Neben der Freude beobachte ich in mir auch einen Anflug von Neid – auch ich wäre gerne so ausgelassen unterwegs. Gleich darauf registriere ich die Möglichkeit eines Zusammenstoßes auf den kommenden Metern, was in mir einen kurzen Schrecken auslöst. Meine Abschätzung der Lage führt jedoch zur raschen Beruhigung mit dem Gedanken: Ein Schritt zur Seite und die Gefahr dürfte gebannt sein.

5) Bewusstes Handeln
Ich weiche den Entgegenkommenden ein wenig aus, blicke sie an und lächle ihnen zu.

Und der *zweite Akt*:

1) Input (über Augen, Ohren, Berührung und wieder Ohren)
Der eine Jugendliche boxt den anderen spielerisch in den Arm, dieser macht einen Schritt zur Seite und rempelt mich dabei an. Er bleibt kurz stehen und sagt: „Sorry, alles o. k.?".

2) Instinktive Reaktion und gefühlsmäßige Ausweitung
Mein Instinkt meldet sofort: „unangenehm". Hinzu kommt ein kurzes Schmerzempfinden an der getroffenen Schulter. Gleich darauf dringt das „Sorry, alles o. k.?" durch, worauf sich das „unangenehm" in „angenehm" kehrt.

3) Gedankliche und emotionale Reaktion
Ich bin kurz aufgewühlt. Sogleich folgen die Gedanken „Schön, dass er sich entschuldigt" und „Da war ja keine Absicht". Erleichterung löst die Sekundenstarre ab.

4) Bewusstes Beobachten
Ich nehme das innere Auf und Ab wahr. Dann spüre ich in der getroffenen Schulter nach, aber der Schmerz ist bereits abgeklungen. Mein innerer Beobachter gibt vollständige Entwarnung.

5) Bewusstes Handeln

„Alles o. k., kein Problem." Ich bleibe daraufhin noch kurz stehen und blicke den beiden nach. Dann schüttle ich mit einem erneuten Lächeln den Kopf, atme tief durch und gehe weiter.

Ich lade Sie ein, derartige Abläufe anhand simpler Vorkommnisse bei sich selbst nachzuvollziehen. Später lassen sich auch komplexere Geschehnisse auf diese Art entwirren.

Was ist bei einem achtsamen Vorgehen (gekoppelt mit einer wohlwollenden Grundhaltung) anders? Zunächst gilt es festzuhalten: Eine instinktive Reaktion kommt immer, und sie wird immer von der aktuellen Stimmungslage mitgefärbt. Je positiver also die Grundstimmung, desto weniger oft und vor allem weniger stark kommt es zur Meldung „unangenehm". Hier setzen nun die Unterschiede ein: Bei einem höheren Wachheitsgrad können wir *die instinktive Reaktion auf das Wahrgenommene bewusst erkennen*. Dies ist möglich, weil Input und unmittelbare Reaktion aus einer größeren inneren Distanz betrachtet werden. Das (bloß Sekundenbruchteile andauernde) *Innehalten*, das ein bewusstes Erkennen ermöglicht, führt auch dazu, dass sich der *darauffolgende Ablauf entschleunigt*. Wir registrieren das Wahrgenommene grundsätzlich mit *Akzeptanz* (als ein nicht rückgängig zu machendes Faktum) und *ohne Urteil*, es sei denn, die Situation verlangt von uns eine Wertung oder Entscheidung. Wenn nötig, bringen wir das Wahrgenommene gedanklich auf die Reihe, um größtmögliche Klarheit zu schaffen. Einen *Selbstbezug stellen wir nur her, wenn dies von der Sache her gerechtfertigt ist* (wenn uns etwa jemand direkt anspricht). Wir wägen ab und *entscheiden dann bewusst, ob ein Handeln bzw. Sprechen angebracht ist und, wenn ja, auf welche Art*. Und ist die Episode zu Ende, lassen wir sie gefühlsmäßig nachklingen (insbesondere wenn die Emotionen hochgingen), bevor wir sie ganz *loslassen*. Um dann empfänglich zu sein für den nächsten Input.

Nach all der geleisteten Vorarbeit lässt sich, so meine ich, nun der Versuch einer Definition von Achtsamkeit wagen:

Achtsamkeit = Entschleunigung + ungeteilte Aufmerksamkeit + angepasste innere Distanz + Wohlwollen + Nichturteilen (Akzeptanz des Augenblicks)

Zwei Fragen, die erfahrungsgemäß in Zusammenhang mit einer derart verstandenen Achtsamkeit auftauchen, möchte ich an dieser Stelle aufgreifen.

Die erste lautet: Führt eine generelle Akzeptanz nicht zu einer *Passivität* bzw. zu einer *Akzeptanz von Inakzeptablem*? Nein, denn akzeptiert wird nur das, was bis zu diesem Augenblick geschehen bzw. geworden ist. Akzeptanz ist somit Realismus pur, denn die Zeit lässt sich nicht zurückdrehen, um dem Augenblick eine andere Gestalt zu geben. Aber erkennen und annehmen, was gerade jetzt ist, hindert mich nicht daran, im nächsten Augenblick zu handeln und so den Fluss der Dinge in eine andere, eine wünschenswertere Richtung zu lenken.

Und die zweite Frage lautet: Geht bei achtsamem Tun nicht die *Spontaneität* verloren? Nein, im Gegenteil. Denn spontan ist nicht dasselbe wie automatisch. Eine rasche Reaktion aus automatisierten, kaum bewussten Mustern heraus ist keine spontane Reaktion. Je weniger bewusst eine handelnde Person ist, desto unfreier und verstrickter ist sie, während Spontaneität am ehesten in einem aus Verstrickungen befreiten Zustand aufblüht (man fühlt sich leicht). Wenn durch Verlangsamung oder ein kurzes Innehalten die Automatismen durchbrochen werden, löst sich etwas in uns und kreative Kräfte aus der Tiefe können wirksam werden. Es öffnet sich also ein Kanal für Spontaneität. Und schließlich geht, wie bereits mehrfach angesprochen, eine Haltung der Achtsamkeit mit einer Haltung des Wohlwollens einher. Dieses Wohlwollen bietet weitgehend Gewähr dafür, dass nicht nur vorsichtig abgewogene, sondern auch spontane Worte oder Taten aus einem Zustand der Achtsamkeit heraus kein Leiden verursachen.

Man ist nicht einfach „achtsam" oder „unachtsam". Die Unterscheidung bewegt sich vielmehr entlang einer Skala. Unsere Aufmerksamkeit kann von diffus bis gestochen scharf reichen. Von Achtsamkeit spricht man generell in den höheren Bereichen dieser Skala. Zum Abschluss möchte ich den Begriff Achtsamkeit noch auf eine andere Art gliedern. Hierbei geht es um die Weite des Bildwinkels bzw. die Tiefenschärfe. Dies lässt sich am einfachsten veranschaulichen, wenn wir unsere Aufmerksamkeit mit einer Filmkamera samt Zoomfunktion vergleichen.

Fokus der Achtsamkeit: von Tele bis Weitwinkel

Teleeinstellung. Der Fokus ist ausschließlich auf *eine* Sache, Handlung, Regung, Bewegung oder Begegnung gerichtet. Alles Übrige, wenn überhaupt im Bild eingefangen, wird bloß verschwommen wahrgenommen.

Wechselnder Fokus und Zoom. Die Wahrnehmung wird bewusst hin und her gelenkt zwischen dem momentanen Vorgang, der Umgebung und der eigenen Befindlichkeit. Variante 2 des Zwischenfalls auf dem Gehsteig ist ein Beispiel für bewusst gesteuerte Aufmerksamkeit, während es sich bei Variante 1 um ungesteuerte Aufmerksamkeitsbewegungen handelt. Überhaupt sind Spaziergänge ein gutes Beispiel für einen in einem überschaubaren Rahmen wechselnden Fokus. Mal betrachten wir einen Baum auf der angrenzenden Wiese (mittlere Weite), dann unsere Reaktion darauf (Nähe) und daraufhin die Wolkenformationen am Himmel (Distanz und große Weite).

Weitwinkeleinstellung. Die Wahrnehmung ist geräumig. Im Äußeren stellt sie sich beispielsweise ein, wenn wir von oben herab auf eine Partygesellschaft mit vielen Leuten blicken und den Rhythmus, in dem sich wechselweise Paare und Kleingruppen bilden und wieder auflösen, beobachten (ohne an einzelne Personen heranzuzoomen).

Eine spezielle, etwas fortgeschrittene Spielart dieser Einstellung besteht darin, sich selbst gedanklich und gefühlsmäßig in das Gesamtbild einzufügen. Man ist dann gleichzeitig Handelnder, Beobachter und einer von mehreren aus der Distanz Beobachteten. Dies ist schwierig, denn wir müssen dabei unsere angeborene Egozentrik stark reduzieren (wir sind immer noch im Zentrum des Bildes, aber nur noch als eine relativ kleine Figur unter anderen). Je länger wir diese Einstellung durchhalten, desto deutlicher sehen wir jedoch unsere wirkliche Situation. Wir erkennen erstens, dass wir in ein Geflecht von sich permanent entwickelnden Beziehungen und Vorgängen eingebunden sind. Und zweitens (nach noch mehr Übung) erkennen wir, wo und wie stark die einzelnen Verflechtungen sich auf unser Tun und Lassen auswirken.

Zur Übung der Achtsamkeit gehört es in diesem Zusammenhang, den Fokus bewusst, und zwar situationsgerecht, einzustellen. Ein auf ein einziges Phänomen gerichteter Fokus (Tele) ist angebracht, wenn wir jemandem aufmerksam zuhören wollen. Eine distanzierte Einstellung (Weitwinkel) wiederum ist bei chaotischen oder spannungsgeladenen Situationen oder bei schmerzlichen Erinnerungen empfehlenswert. Wir lassen dann das Wahrnehmungsfeld weit werden und es bildet sich ein schützender Abstand zwischen uns selbst und dem, was wir wahrnehmen.

Bei geringer Achtsamkeit hingegen ist es wie mit einer Filmkamera, die sich selbstständig gemacht hat. Sie hat dann die Kontrolle über den Kameramann, anstatt dass dieser die Kamera bewusst führt.

Ein anderer, sehr ausdrucksstarker Begriff für Achtsamkeit ist **Geistesgegenwart**. Das Gegenteil von Geistesgegenwart ist der Fall, wenn wir geistig abwesend sind. Dann schwirrt unser Geist zwischen selbst retuschierten und vervollständigten Bildern der Vergangenheit und selbst ausgestalteten Zukunftsbildern umher. Dazwischen hängt er sich an etwas, beispielsweise eine gehörte Aussage, und lässt sich von dort in Welten treiben, wo sich Realität und Fantasie mischen. Und all dies wird als Normalität pur empfunden. Unser Körper wiederum ist zwar dauernd anwesend, fristet aber in Phasen der Geistesabwesenheit ein unbeachtetes Dasein. Dies ergibt eine Gespaltenheit, die selten als solche erkannt, aber doch als ein leichtes Unwohlsein, ein leichtes Unzufriedensein (mit sich selbst nicht in Frieden sein) empfunden wird. Bei einem Dasein in Geistesgegenwart sind Körper und Geist wiedervereint. Und schließlich weist das Wort auf eine weitere Dimension hin: Es ist – so wird angedeutet – ein größerer als nur der eigene kleine Geist anwesend und wirksam.

2.3.2 Einüben der Herzensqualitäten

In diesem Kapitel wenden wir uns nun dem zweiten Flügel des Vogels zu, der sich nach Kraft für Flüge jenseits seines üblichen Reviers sehnt. Das Bild aus dem vorhergehenden Kapitel macht deutlich, dass nur ein gleichzeitiges Stärken der Achtsamkeit *und* der Herzensqualitäten sinnvoll ist, denn kein Vogel kann mit nur einem Flügel fliegen. Im Folgenden wird zunächst eine Liste von Herzensqualitäten vorgeschlagen und beleuchtet. Danach werden meditative Übungen vorgestellt, mit denen sich diese Qualitäten, die latent in uns allen vorhanden sind, an die Oberfläche bringen und stärken lassen, um im Alltag wirksamer zu werden. Die Liste der Herzensqualitäten könnte weniger oder auch mehr Begriffe umfassen, je nachdem, wie fein differenziert wird. Ich habe mich für Folgende entschieden:

Mitgefühl, Güte, Vergebungsbereitschaft, Vertrauen, Mut, Großzügigkeit, Dankbarkeit, Demut, Wahrhaftigkeit, Langmut und Treue

Es sollen dabei sowohl *Eigenschaften* (die im Hintergrund dauernd präsent und potenziell abrufbar sind) als auch deren *Konkretisierungen* zum Ausdruck gebracht werden. So lässt sich Mitgefühl beispielsweise als eine Konkretisierung von Güte verstehen und Vergebung wäre die Konkretisierung von Vergebungsbereitschaft. Zeige ich in einer Situation Geduld, obwohl mir etwas unter den Nägeln brennt, ist das ein Ausdruck von Langmut. Mit „Vertrauen" ist ein Ur- oder Grundvertrauen gemeint; das, was im religiösen Kontext „Glaube" genannt wird. Allerdings nicht bloß ein im Kopf lokalisierter Glaube, wo Glaubenssätze für wahr gehalten werden. Sondern ein Glaube im Herzen, der unser gesamtes Lebensgefühl mit einer Vertrauensschicht färbt. Unter „Demut" verstehe ich eine realistische Haltung gegenüber unserer Stellung im Kosmos (wir machen uns dabei weder zu klein noch zu groß) sowie zu dem, was wir wissen und was wir nicht wissen können; zusammen mit dem Vertrauen kann dies zu einer großen Gelassenheit führen. Die übrigen Begriffe brauchen meines Erachtens keine weitere Erklärung.

Beim Durchgehen der aufgelisteten Qualitäten merken Sie es wohl selbst: Scharf voneinander abgrenzen lassen sie sich nicht. Denn sie sind alle im Grunde genommen Ausprägungen *einer* Qualität: der **Liebe**. Sie zweifeln? Versetzen Sie sich zurück in einen Zeitpunkt, in dem Sie so richtig verliebt waren. Wären Sie da nicht bereit gewesen, für die geliebte Person enorm viel zu wagen (Mut), enorm viel Nachsicht zu zeigen (Vergebungsbereitschaft), wenn nötig stundenlang auf sie zu warten (Langmut), ihr alles Mögliche zu schenken (Großzügigkeit)? Stellen Sie sich nun vor, diese Verliebtheit wäre nicht bloß auf eine Person gerichtet, sondern auf alle Menschen (inklusive sich selbst), alle Lebewesen, ja den gesamten Kosmos. Um zu verhindern, dass diese Verliebtheit bzw. Liebe blind ist oder blind macht, muss jedoch ein genügend hoher Grad an Bewusstsein hinzukommen. Damit wären wir wieder bei den zwei Flügeln, die ein Vogel braucht, um fliegen zu können.

Trotz der Urverwandtschaft all dieser Eigenschaften ist es sinnvoll, mit den oben aufgeführten Unterscheidungen zu arbeiten. Denn bei jedem von uns sind manche der genannten Qualitäten stärker entwickelt als andere. Bei ehrlicher und eingehender Betrachtung kann uns die Liste somit die eine oder andere schwächer ausgeprägte Herzensqualität vor Augen führen, bei der etwas mehr Übungsbedarf besteht.

Im Folgenden werden wir exemplarisch *Mitgefühl*, *Vergebungsbereitschaft* und *Mut* beleuchten; das Erste ausführlich, die zwei anderen in knapper Form. Zur *Dankbarkeit* wird anderswo Stellung genommen (siehe S. 268), ebenso zur *Demut* (S. 455–457). Und da, wie gesagt, alle diese Qualitäten aus der gleichen Quelle stammen, lassen sich zu den hier nicht weiter ausgeführten Herzensattributen in Analogie und mit einer Portion Fantasie eigenständig Überlegungen anstellen und Übungen kreieren.

Mitgefühl

Eine einfache Formel soll klarmachen, was hier unter „Mitgefühl" verstanden wird:

Mitgefühl = Empathie plus Wohlwollen.

Ein anderes Wort für Empathie ist Einfühlung. Je stärker unser Einfühlungsvermögen ist, desto stärker die Fähigkeit, in Resonanz das zu übernehmen, was andere in diesem Moment fühlen. Resonanz allein genügt jedoch nicht: Wenn ich mit jemandem, der in Panik geraten ist, in Resonanz trete (mich also einfühle), wird die Panik zumindest in den ersten Sekunden auf mich überschwappen. Damit ist niemandem geholfen. Mit Wohlwollen jedoch kommt auch der Wille, zum Wohle des anderen beizutragen, als Zusatzelement ins Spiel. Dies ermöglicht es mir, mit der notwendigen Distanz zur mitempfundenen Emotion aktiv zu werden. So verringere ich die Gefahr, durch die Intensität dessen, was ich empathisch übernehme, überfordert zu sein, oder andererseits vom Einfühlen in Beschlag genommen und ausgenutzt zu werden.

Die **Grundvoraussetzung** für jedes echte und wirksame Mitgefühl mit anderen ist **Mitgefühl mit sich selbst**. Es wird berichtet, dass der Dalai Lama, als er neu in den Westen kam, erstaunt darüber gewesen sei, wie viel Selbstablehnung die Leute hier mit sich herumtrugen. Diese Selbstablehnung kommt wohl daher, dass viele Menschen in unserer Kultur ihr Selbstwertgefühl nicht nur stark an Leistung und/oder soziale Stellung koppeln, sondern diesbezüglich auch einen äußerst strengen Maßstab anlegen: Die Leistung muss möglichst perfekt sein bzw. ich muss klar erkennbar aus der Masse herausragen. Und doch: Denken Sie an ein neugeborenes Baby. Muss es seine Kostbarkeit durch irgendeine Leistung unter Beweis stellen? Und ist es denn möglich, diesen intrinsischen Wert im Lauf des Lebens zu verlieren? Oder führen Sie sich vor Augen, wie Menschen auf der ganzen Welt instinktiv und mit allergrößtem Einsatz versuchen, Suizidwillige von ihrem Vorhaben abzubringen. Man überlegt nicht erst, ob dies nun ein guter oder schlechter, ein leistungsstarker oder leistungsschwacher Mensch sei. Das Wissen um den innewohnenden Wert jeder Person ist zutiefst in uns verankert. Dies macht sich zwar im Alltag nicht immer, in einer Notsituation der betreffenden Person aber sehr wohl bemerkbar.

Anstatt den Prozess des Reifens mit einem Weg zu vergleichen, können wir auch ein anderes Bild verwenden. Stellen Sie sich einen mit Dreck, Staub und verkrusteter Erde überdeckten Diamanten vor. Der **Diamant** steht für unser **wahres Wesen** und bringt damit unseren wahren Wert zum Ausdruck. Wir müssen uns unseren Wert also nicht verdienen, wir müssen ihn bloß wieder zum Vorschein bringen. Unser Reifeprozess besteht darin, die Krusten der Verunreinigungen allmählich aufzulockern, sodass sie sich wegschwemmen lassen. Diese Verunreinigungen sind von verschiedener Art und haben verschiedene Namen: Ignoranz (über unser wahres Wesen), Begierde nach allen möglichen äußeren Phänomenen; Hass, Neid, Lüge, Verstellung – eben alles, was dunkel ist und verdunkelt, was also das Gegenteil von Transparenz und Leuchtkraft darstellt. Zur Arbeit an uns selbst angestoßen werden wir durch Ausnahmesituationen, in denen der Panzer der verdeckenden Schichten durchdrungen wird, oder durch ein kurzes, unerwartetes Funkeln durch diese Schichten hindurch, durch das wir plötzlich etwas vom inneren Diamanten wahrnehmen. Dabei ist die Meditation eine große Hilfe, denn durch sie fallen Ablenkungen weg. Während wir durch den Blick nach innen statt nach außen zwar die Verkrustungen und den Schmutz deutlicher wahrnehmen, dringen doch immer wieder Lichtstrahlen von unterhalb dieser Schichten in unser Bewusstsein. Das wiederum dient als Motivation, um die Klärungs- und Lösungsarbeit fortzusetzen.

Es gehört aber zur Conditio humana, dass wir Bestätigung unseres Wertes *auch* von außen benötigen. *Jack Kornfield* (geb. 1945), der große amerikanische Lehrer buddhistischer Weisheit, erzählt von einer High-School-Lehrerin, die an einem Nachmittag, als ihre 16- bis 17-jährigen Schützlinge besonders unruhig waren, den Normalunterricht abbrach und stattdessen alle eine Liste mit den Namen ihrer Mitschülerinnen und Mitschüler erstellen ließ. Dann wies sie sie an, hinter jedem Namen *eine* Eigenschaft, die sie an dieser Person besonders mochten oder bewunderten, aufzuführen. Am Ende sammelte sie die Blätter ein. Einige Wochen darauf, ebenfalls zu einem Zeitpunkt, als die Stimmung gereizt war, verteilte sie an jeden Schüler und jede

Schülerin eine persönlich zusammengestellte Liste mit all jenen positiven Eigenschaften, die ihnen von ihren Klassenkameradinnen und Kameraden zuerkannt worden waren. Es folgten Ausrufe der Überraschung und Freude, ja der Entzückung über die vielen guten Wesensmerkmale, die jeder und jede über sich aufgelistet sah.

Die wahre Geschichte geht aber noch weiter. Drei Jahre später erhielt die Lehrerin einen Anruf von der Mutter eines ehemaligen Schülers aus dieser Klasse. Der junge Mann war nach Ende seiner Schulzeit zur Armee gegangen und kurz darauf bei einem Einsatz im Irak ums Leben gekommen. Die Mutter lud die Lehrerin zur Abdankung ein. Nach Ende der Zeremonie trat die Mutter auf die Lehrerin zu und zeigte ihr ein zerknittertes Blatt Papier. Es war jene Liste mit den guten Eigenschaften, die ihm seine Altersgenossen attestiert hatten. Das Blatt gehörte zu den wenigen Habseligkeiten, die der junge Soldat bei sich trug, als man seinen Leichnam barg. In dem Moment trat eine ehemalige Klassenkameradin hinzu und erklärte etwas verlegen, dass auch sie diese Liste immer in ihrer Handtasche habe. Und eine weitere verriet, dass bei ihrer Trauung Worte der Wertschätzung aus dieser Liste in ihr Ehegelübde eingeflossen seien.[44]

Aus einem gesunden (nicht überheblichen) Selbstwertgefühl heraus drängt es uns geradezu, das Mitgefühl auf andere auszudehnen. Aber tun wir das nicht bereits? Sicherlich längst nicht in jedem Augenblick, aber ich wage zu behaupten, dass Sie ein Buch wie dieses nicht in die Hand nehmen würden, wenn Sie nicht ein Mensch mit ordentlich entwickeltem Einfühlungsvermögen und Wohlwollen wären. Es geht nun darum, von diesem „ordentlich" aus weiter voranzuschreiten. Vergleichen wir hierzu, wie bei der Achtsamkeit im Kapitel zuvor, den „Normalzustand" mit einem Zielzustand.

• Normalzustand

Mit den meisten Menschen in unserem familiären Umfeld sowie mit einigen im beruflichen Umkreis und darüber hinaus spüren wir eine tief verankerte und wenig von Tagesemotionen abhängige *Verbundenheit*. Vielfach geht diese auch mit Zuneigung einher, die zwar nach Streitigkeiten kurz aussetzen kann, aber – da die Zuneigung mehr als nur emotional bedingt ist – später wieder zum Vorschein kommt. Diese Menschen gehören hier zur *Kategorie 1*. Im

---

44 Erzählt in Jack Kornfield, *The Wise Heart*, S. 19–20.

Allgemeinen fällt es uns nicht schwer, Personen aus dieser Kategorie Mitgefühl zukommen zu lassen. Die Verbundenheit mit ihnen besteht jedoch nicht nur aus Zuneigung. Hinzu kommen meist ein subtiles Besitzgefühl oder umgekehrt ein Gefühl von Abhängigkeit. Ein Gefühl der Verbundenheit auf Distanz nimmt oft die Form von Bewunderung an. In all diesen Fällen bildet zudem die empfundene Verbindung auch einen Teil unserer Identität. Dies lässt sich leicht testen: Fühlen Sie sich selbst angegriffen, wenn die betreffende Person angegriffen wird, so trifft die Vereinnahmung zu Identitätszwecken zu. Außerdem kommt ein gewisses Maß an Eifersucht auf, wenn die betreffende Person sich allzu stark anderen Menschen zuwendet.

Gerade in unserem Verhältnis zu Menschen, die wir ursprünglich zu dieser Kategorie zählten, kann es jedoch zu Brüchen oder zu einem anhaltenden Erkalten der Zuneigung kommen. Beispiele von Familienzwisten, Ehescheidungen, abgestumpften Paarbeziehungen oder dauerhafter Entzweiung bei einer beruflichen Beziehung sind uns allen bekannt. Daraufhin kann es sehr schwierig werden, Mitgefühl zu entwickeln, wenn es die Situation eigentlich erfordern würde, denn die betreffende Person befindet sich inzwischen in der „schwierigsten" Gruppe (Kategorie 5).

Kategorie 2 umfasst Menschen, die für eine kurze Zeit auf unserem Radar auftauchen und in unserem Leben eine als angenehm oder nützlich empfundene Rolle spielen. Eine solche kurzzeitige Verbundenheit kann mit spontaner *Zuneigung* einhergehen (beispielsweise aufgrund eines anregenden Gesprächs mit einer fremden Person während einer längeren Zugfahrt). Ferner kann es aus *Nützlichkeitsdenken* zu einer Verbindung kommen (wenn ich etwa einen Mechaniker bitte, mein Auto auf Mängel hin zu untersuchen, mit ihm am Tag darauf über sinnvolle Reparaturmaßnahmen diskutiere und eine Woche später die Resultate mit ihm begutachte). Hier ist die Verbindung vorwiegend rationaler Natur. Entwickeln wir gegenüber Menschen dieser Kategorie Mitgefühl? Es könnte sich beispielsweise darin äußern, dass wir ihnen aufmerksam und im wörtlichen Sinn zugewandt zuhören. Und damit mehr aufzunehmen bereit sind, als bloß das, was uns interessiert oder wir an Information benötigen.

Den allermeisten Menschen, denen wir flüchtig begegnen (einer Kassiererin im Supermarkt zum Beispiel) oder die ganz kurz in den Fokus unserer Aufmerksamkeit geraten (Menschen etwa, über die wir einmal in einem Zeitungsbericht lesen), begegnen wir de facto mit *annähernder Gleichgültigkeit* (*Kategorie 3*). Natürlich kann eine minimale oder nur ganz kurz aufflackernde affektive oder gedankliche Zuwendung stattfinden, aber diese vergeht sehr rasch wieder, ohne eine merkliche Spur zu hinterlassen. Zu einem Mitgefühl, das etwas bewegt, wird es kaum kommen.

Kategorie 4 umfasst jene Personen, denen gegenüber bei uns kurzzeitlich *Abneigung* (Hass, Neid, Wut, Widerwillen, Verachtung usw.) aufflammt und mit deren Verschwinden aus unserem Leben wieder vergeht. Um an eines der obigen Beispiele anzuknüpfen, können wir uns einen Sitznachbarn auf einer Zugreise vorstellen, der penetrant, aufdringlich oder furchtbar langweilig auf uns einredet. Mitgefühl? Fehlanzeige.

Und *Kategorie 5* schließlich umfasst diejenigen Menschen, gegen die wir einen tiefsitzenden und langandauernden Groll hegen. Das sind meist Menschen, denen wir die Schuld an unserem eigenen Leid zuschreiben. Würden wir Einzelnen von ihnen mehr als nur ein kurz aufleuchtendes Quantum an Mitgefühl entgegenbringen, wären sie nicht mehr in dieser Kategorie. Würden wir ihnen allen Empathie und Wohlwollen zukommen lassen, gäbe es diese ganze Kategorie in unserem Leben nicht mehr.

• **Üben in der Meditation (und darüber hinaus)**
Für die ersten Schritte eignet sich, wie bei der Achtsamkeit, der Rahmen einer formellen Meditation am besten – dort, wo wir eingebettet in Stille und frei von Zeitdruck üben können. Wenn uns die Übungen vertrauter geworden sind, können wir sie auch spontan in Alltagssituationen einbauen.

Zunächst geht es um eine **liebevolle Güte uns selbst gegenüber**. Alle Übungen beginnen wir mit einem Blick auf unsere gegenwärtige Gemütslage. Bin ich gerade unruhig, genervt, unter Stress oder gelangweilt, dumpf, traurig oder sehnsüchtig, erwartungsvoll oder gelassen? Oder finde ich verschiedene Elemente dieser Stimmungslage vor, von denen manchmal das eine, manchmal das andere an die Oberfläche vorstößt? Der erste Teil der Übung besteht stets darin, im Verbund mit dem bewussten Atmen hinzusehen und hinzuspüren; das, was ist, zu akzeptieren und ihm wenn möglich zuzulächeln. Wie bei einem chemischen Vorgang, bei dem ich eine neue Ingredienz hinzufüge, wird das allein schon den ganzen Mix verändern. Und zwar in Richtung von Entspannung und Beruhigung. Dann spreche ich innerlich das, was mir am angebrachtesten scheint. Es kann als Zuspruch oder Gebet formuliert werden. Hier ein paar Sätze zur Auswahl:

Möge ich Ruhe finden. Möge ich Trost finden. Ich wünsche mir Frieden. Ich bitte um Vertrauen. Danke, dass ich Geduld habe mit … (Person oder Situation benennen).

Passt keiner dieser Sätze, sollte es Ihnen anhand der Beispiele leicht fallen, andere zu formulieren, die inhaltlich und in der Tonlage besser auf Ihre Situation abgestimmt sind. Halten Sie die Sätze möglichst kurz und einfach. Und bauen Sie keine Negation ein (etwa im Stil von „Möge ich nicht dauernd wütend werden"). Die Worte sind ja nicht an den Verstand gerichtet, sondern an das Herz, die Seele, das Gefühl und das Gemüt bzw. an das Umfassende, an Gott. Beim obigen Beispiel würde sich bei Ihnen vor allem das Wort „wütend" einnisten. Mit der steten Wiederholung im meditativen Rahmen stellen wir fest, dass die Worte als solche nach einer Weile „zerfließen". Spürbar bleibt ein – zumindest kurz anhaltender – innerer Wandel.

Das Einüben von **liebevoller Güte anderen gegenüber** verläuft ähnlich. Anstatt mit dem Einfühlen in mich selbst beginne ich hier mit einer **Visualisierung** der betreffenden Person und der **Identifizierung der Gefühle**, die dabei hochkommen. Ich benenne und akzeptiere sie als das, was sie sind. Danach wiederhole ich im Verbund mit dem Atem meinen Zuspruch bzw. mein Gebet. Etwa:

Mögest du Trost finden. Mögest du einen guten Weg finden. Mögest du glücklich sein. Mögen du und ich Frieden finden. Danke, dass es dich gibt.

Selbstverständlich fällt uns dies gegenüber Menschen der garstigen Kategorien (4 und 5) zunächst wesentlich schwerer als gegenüber jenen, denen wir bereits wohlgesonnen sind. Wenn direkte Visualisierung allzu starken Widerwillen hervorruft, können wir zu **Hilfsvisualisierungen** greifen. Wir stellen uns dann die betreffende Person beispielsweise als schutzloses Kind vor, das wir in den Armen halten. In den meisten Fällen werden Sie überrascht sein, wie schnell die gefühlsmäßigen Barrieren im Lauf einer solchen Übung sich zu lockern beginnen. Natürlich kommen die alten Ressentiments nach Beendigung der Übung wieder hoch. Es braucht Wiederholung – bei der sich die Sätze vom Kopf ins Herz verschieben – und Ausdauer, um das Mauerwerk der Gefühle, das uns trennt, allmählich abzutragen. Aber die kleine Übung als einzelner Schritt fordert uns nichts Übermenschliches ab.

Zwei weitere Übungen zum Mitgefühl, diesmal außerhalb des formellen Meditationsrahmens, möchte ich Ihnen noch nahelegen. Die erste lässt sich dann ausführen, wenn ich mich unter Menschen befinde, beispielsweise als Pendler in einem Zug. Ich betrachte die Personen um mich herum (unauffällig, natürlich) und versuche, *in jedem Gesicht etwas Schönes zu finden.* Daraufhin lasse ich die dabei aufkommenden Gefühle nachklingen.

Bei der zweiten (meiner Lieblingsübung in diesem Zusammenhang) betrachte ich ebenfalls Menschen um mich herum und sage innerlich zu mir: *Das bin auch ich.* Auch hier spüre ich am Ende nach. Im ersten Moment erscheint die Übung widersinnig – und doch ist sie kraftvoll, weil sie mit *einer* Bewegung die Grenzen unseres Alltagsverstandes aushebelt und somit überwindet. Verstandes- und erfahrungsmäßig sind die andere Person und ich zwei getrennte Individuen, und doch kann aus dieser Übung heraus in mir ein tiefliegendes, beglückendes, aber niemals rational erklärbares Gefühl der Verbundenheit bzw. der Einheit erwachen. Es ist, wie wenn die Hand zum Fuß blicken und sagen würde: „Das bin auch ich." Oberflächlich gesehen ist es Unsinn, im tieferen Sinn (sie gehören beide dem gleichen Körper an) ist es eine Anerkennung der Realität. Probieren Sie es aus.

• **Zielzustand**

Das Ziel muss hochgesteckt sein. Denn der Weg ist ein lebenslanger, und wenn ich etwas, das de facto ein Zwischenziel darstellt, zum Endziel erklären würde, hieße das stehenbleiben, obwohl noch eine Wegstrecke vor uns liegt. Beim Mitgefühl lässt sich das Endziel etwa so formulieren: eine **Haltung von universeller Güte und universellem Wohlwollen ohne Anhaftung**. Aus einer solchen Grundhaltung heraus kann sich Mitgefühl jederzeit konkret äußern, wenn die Situation es erfordert. Im Fall von uns nahestehenden Personen geschieht dies ohne Inbesitznahme; das heißt, wir gewähren unserem jeweiligen Gegenüber die Freiheit bei der Lebensgestaltung nicht nur äußerlich, sondern auch gefühlsmäßig (was diese Person spüren wird). Auch Eifersucht tritt dann nicht mehr in Erscheinung, wenn eine Person, die wir mögen, sich anderen stärker zuwendet als uns. Ferner vermitteln wir selbst bei flüchtigen Begegnungen niemandem das Gefühl, er oder sie sei uns gleichgültig. Bei jeder Begegnung wird unser Mitgefühl aktiviert, danach legen wir es aber wieder zur Ruhe, damit wir für die nächste Begegnung aufnahmebereit und am Ende des Tages gefühlsmäßig nicht ausgebrannt sind. Im Fall von Personen, die wir nicht mögen, die uns verletzt oder hintergangen haben, braucht es den Blick durch die (Widerwillen hervorrufende) Oberfläche hindurch zu *deren* verletztem Innern, um die Abneigung zu verringern und bei Bedarf jenes Maß an Mitgefühl zu entwickeln, das Gutes bewirkt.

Wenn wir uns dieses Ziel in seiner ganzen Tragweite vor Augen halten (nehmen Sie sich dafür ein paar Sekunden Zeit), scheint es uns wohl tatsächlich in fast unerreichbar weiter Ferne zu liegen. Lassen wir uns aber vom Ideal nicht abschrecken. Jeder Schritt in die gute Richtung bewirkt bereits ganz konkret Gutes. Denken Sie zudem zurück an das Bild des von Verunreinigungen überdeckten Diamanten. Wenn unser eigenes tiefstes Wesen wie ein Diamant beständig ist und dort, wo er nicht überdeckt ist, Licht vermittelt, so trifft dies natürlich auf *alle* anderen Menschen gleichermaßen zu. Dieses Bild bei einer unangenehmen Begegnung beizuziehen, kann hilfreich sein. Hilfreich ist ferner der Begriff **Nächstenliebe**. Er weist mich darauf hin, dass ich nicht gleich die ganze Welt umarmen und retten muss. Die Liebe soll derjenigen Person gelten, die mir *jetzt* am nächsten ist. Also der Person, mit der ich es gerade zu tun habe.

In einem solchen Bemühen ist es überdies wichtig zu wissen, dass wir nicht allein sind. Wir können uns eine zeitlose „**Gemeinschaft des Mitgefühls**" als Kraftquelle vorstellen (es gibt sie, auch wenn wir sie uns nicht vorstellen). Jesus, Buddha, Mutter Teresa und der Dalai Lama gehören zu den universell bekannten Figuren dieser Gemeinschaft, aber wir alle kennen (hoffentlich) auch Menschen in unserem Umkreis, die uns mit ihrem gelebten Einfühlungsvermögen und Wohlwollen inspirieren können.

Und schließlich gehört es zum Ziel, dass die verschiedenen Kategorien, in die wir unbewusst und gefühlsmäßig Menschen einteilen, mit der Zeit immer mehr schwinden. Was wiederum zu einer enorm erleichternden Vereinfachung unseres Gefühlslebens führt.

Vergebungsbereitschaft

Vieles, das bereits zum Mitgefühl gesagt wurde, lässt sich analog auf den Themenbereich Vergebung anwenden. Die zwei hängen eng zusammen und benötigen einander. Um etwa einen langgehegten Groll abzubauen, braucht es neben Einfühlen und Wohlwollen vielfach auch Vergebung dessen, was uns angetan wurde.

Vergebung bedeutet **weder Vergessen noch Gutheißen** von vergangenem Unrecht (oder dem, was als Unrecht empfunden wird). Es bedeutet, die mit diesem Sachverhalt verknüpften Barrieren aus negativen Gefühlen – Nichtakzeptanz, Schuldzuweisungen und Ressentiments – aufzuweichen und durchlässig werden und schließlich ganz von uns abfallen zu lassen. Der Prozess muss bis zum Schluss im Auge behalten werden, denn aufgeweichte Gefühle, die nicht vollständig losgelassen werden, können sich rasch wieder verhärten. Die Wurzel des Wortes „vergeben" ist „geben" (engl. for-give, franz. par-donner). Wenn wir vergeben, reichen wir der Person, die uns verletzt hat, (und uns selbst) eine kostbare Gabe.

- **Normalzustand**

In uns befindet sich ein Stück innerer Verhärtung, die **Unversöhntheit** heißt. Da sie sich eigentlich nur gegen einzelne Personen, vielleicht sogar nur gegen eine einzige Person richtet, verharrt sie meist unter der Oberfläche und ist nicht unbedingt alltagswirksam. Und doch beeinflusst sie nicht nur unser gesamtes Lebensgefühl, sie kann auch in Situationen, in denen die „schuldige" Person gar nicht involviert ist, zu einem Wirkfaktor werden.

Oder wir tragen eine **Last von Schuldgefühlen** mit uns herum, einen mehr oder minder schweren Rucksack an Unvergebenem. Auch dieser kann unserem ganzen Lebensgefühl einen dunkleren Anstrich geben. Eine solche Belastung durch Schuld kann ein Gefühl erzeugen, wonach ich selbst oder das Leben mich bestrafen müssten. Oder wonach ich mein wahres Wesen verstecken müsste (als ob meine Schuld darauf gebrandmarkt und ohne eine Maske für alle sichtbar wäre) und der Welt nur noch eine Rolle vorspielen dürfte.

- **Üben in der Meditation (und darüber hinaus)**

Vergeben bzw. um Vergebung bitten geschieht von Mensch zu Mensch. In der Meditation lässt sich jedoch der Boden für einen solchen Akt vorbereiten. Wie immer in Stille und in Verbindung mit dem Atemfluss sage ich innerlich etwas in folgender Art:

Vergebung gewähren:

… (Name nennen), *ich vergebe dir.*

… (Name nennen), *ich trage dir* … (Sache benennen) *nicht mehr nach.*

Wenn die Vergebung sehr schwerfällt:

… (Name nennen), *soweit es mir möglich ist, vergebe ich dir.*

Schuld anerkennen und um Vergebung bitten:

… (Name nennen), *ich habe dir mit* … (Sache benennen) *Leid zugefügt.*

… (Name nennen), *soweit es dir möglich ist, vergib mir.*

… (Name nennen), … (Sache benennen) *tut mir leid. Bitte vergib mir.*

Gerade bei Übungen dieser Art gehört das feine Hinhören auf innere Regungen zu den zentralen Elementen. Schließlich **verschafft sich auch das Gewissen** in der Stille der Meditation **leichter Gehör.** Ein weiteres wesentliches Element ist das **Beobachten** dessen, was **der Vorgang in uns auslöst**, und zwar ein Beobachten mit **Wohlwollen und Akzeptanz.** Der Wandlungsprozess wird kaum glatt und gradlinig verlaufen – Schmerz, Zweifel und Widerstände beim Wiedererleben alter Verletzungen sind also zu erwarten und sollten uns nicht von unserem Vorhaben abbringen. Durch unbeirrte Wiederholung aber wird sich unweigerlich im Innern eine gewisse Erleichterung einstellen. Diese wiederum wird unser Verhalten im Alltag mitprägen. Und wenn das Leben uns mit einer der betreffenden Personen zusammenführt, wird uns aufgrund dieser Vorarbeit ein Verzeihen oder ein Bitten um Verzeihung von Angesicht zu Angesicht bzw. von Herz zu Herz ein Stück leichter fallen. Mehr noch: Vergebung bzw. um Vergebung bitten passieren dann nicht mehr unüberlegt und unvorbereitet, aus einer gerade vorherrschenden Stimmung oder Laune heraus, sondern aus der Tiefe einer eingeübten Haltung.

• **Zielzustand**

Im Alter von zehn Jahren wurde *Richard Moore* (geb. 1961) von einem Gummigeschoss, das ein britischer Soldat aus nächster Nähe abfeuerte, mitten ins Gesicht getroffen. Die Folge: Blindheit. Im gleichen Jahr (1972) wurde sein Onkel erschossen. All dies geschah im Rahmen der jahrzehntelang andauernden gewaltsamen Unruhen in Nordirland. Gemäß eigenen Aussagen entwickelte Richard jedoch nie eine Wut in sich, weder auf jenen Soldaten, der auf ihn geschossen hatte, noch auf die britische Armee im Allgemeinen. Im Gegenteil. Er machte als Erwachsener den Soldaten, der jenes Gummigeschoss abgefeuert hatte, ausfindig und suchte ihn auf. Es folgte ein mehrstündiges Gespräch im Privaten. Die beiden, Richard Moore und Charles Innes, kamen offensichtlich miteinander ins Reine, sodass sie sich seitdem mehrmals wiedergesehen haben, sogar öffentlich. Richard spricht inzwischen von Charles als einem Freund. Mit dieser außergewöhnlichen Haltung ist er für andere zum Vorbild geworden. Er wird in Schulen und zu Vorträgen eingeladen und hilft so anderen Opfern, die Bürde von Hass abzubauen und vielleicht sogar bis zur Vergebung zu gelangen.

Mut

Was mache ich, wenn mich jemand verbal angreift? Wenn ich das Gefühl habe, zu Unrecht übergangen oder unfair behandelt zu werden? Und, über das Eigene hinaus, wenn ich mit einer Ungerechtigkeit anderen gegenüber konfrontiert werde? Es sind natürlich je nach Situation verschiedene Reaktionen möglich, aber die häufigsten Muster laufen etwa wie folgt ab:

- **Normalzustand**

Werde ich kritisiert oder beleidigt (oder empfinde ich dies zumindest so), wird die Zugbrücke zu meiner inneren Burg hochgezogen. Entweder begebe ich mich in den tiefsten Schmollwinkel des Verlieses. Oder, wenn der „Gegner" nicht übermächtig ist (sich etwa in einer Chefposition befindet), gehen meine Bogenschützen in Position. Die Pfeile werden von meinem Verstand geschärft und von meiner Wut mit Gift bestrichen. Die Kraft, den Bogen zu spannen und Pfeil um Pfeil abzuschießen, kommt von der Aggression. Vielleicht entsende ich sogar die Kavallerie zum Gegenangriff. Selbst nachdem der Rückzug, Kampf oder Gegenangriff vorbei sind, steigen Wellen der Empörung über diesen Angriff auf mich in den darauffolgenden Stunden und Tagen immer wieder hoch.

Eine Empörung über Ungerechtigkeiten anderen Personen gegenüber klingt hingegen fast immer rasch ab. (Dies gilt für Angriffe auf mir nicht nahestehende Personen. Angriffe auf solche, die mir nahestehen, werden de facto mit Angriffen auf mich selbst gleichgesetzt.) Zuvor aber mache ich mich selber in meiner scheinbaren Hilflosigkeit klein, oder ich schicke aggressive Gedanken in Richtung der Übeltäter.

Tatsächlich bestehen viele Momente in unserem Leben aus Abwehr (bzw. innerem Rückzug) oder Angriff (bzw. aggressivem Denken und Verhalten). Und zwar reaktiv, ohne hohen Bewusstseinsgrad. Muss das so sein?

- **Üben in der Meditation (und darüber hinaus)**
Nehme ich – in einem störungsfreien Rahmen und ohne Zeitdruck – meine Meditations-Sitzhaltung ein, findet vieles, was im Inneren rumort, endlich meine Aufmerksamkeit. So beispielsweise die Empörung über eine kürzlich erlittene Beleidigung sowie meine Reaktion darauf. Wenn solches hochkommt, kann ich unabgelenkt hinschauen und genau nachspüren. Dabei versuche ich, vorgefasste Meinungen außer Acht zu lassen und nicht ins Wiederkäuen zu geraten. Es werden Fragen auftauchen: Aus welchem Motiv kamen die Worte der anderen Person? War das Hochziehen der Zugbrücke wirklich nötig? Waren die totale Abschottung oder die Pfeile angebracht? Und vielleicht dämmert mir dann auch, dass ich mir mit diesen Aktionen die Chancen auf Verständigung oder gar Versöhnung verbaut habe.

Auch mein fehlendes Engagement für andere Opfer von Ungerechtigkeiten kann mir in der Meditation wieder vorschweben. War es Feigheit? Trägheit? Oder gab/gibt es für mich keine realistische Möglichkeit zu helfen? Intuitiv kommt vielleicht eine Antwort, oder ich stelle mich den neu aufgeflammten Fragen nach der Meditation.

Der Samen des Zweifels über meine zuvor unhinterfragten Reaktionsmuster ist also gesät. Natürlich braucht es weiteres Üben, bis aus diesem Samen ein Gesinnungs- und Verhaltenswandel heranwächst. Aber ich beginne vielleicht, bei persönlichen Konflikten die Zugbrücke unten zu lassen und auf das Abschießen von Pfeilen zu verzichten. Dadurch mache ich mich zwar – scheinbar – verletzlich, aber die Chance, anderen Person auf eine nicht defensive oder aggressive Art zu begegnen, scheint das Risiko wert zu sein. Manch ein Versuch wird gelingen, andere werden scheitern. Aber ich bleibe dran. Bis ich merke, dass ich auch ohne (geistig oder verbales) Abwehrverhalten nicht wirklich zu Schaden komme.

Dasselbe gilt auch für mein Verhalten bei Unrecht, das anderen geschieht. Dort, wo ich eine Möglichkeit für ein konstruktives Eingreifen sehe, stelle ich mich auch möglichen Konfrontationen, aber unbewaffnet. Unbewaffnet bedeutet ohne Aggressivität, weder in den Worten noch in der Stimme noch in der Gestik. Aber eben auch ohne Zurückhaltung aus Ängstlichkeit oder Bequemlichkeit.

Offenheit und gewaltloses Engagement auch in konfliktträchtigen Situationen kommen nicht von selbst. Sie verlangen eine weitere essenzielle Herzensqualität, nämlich **Mut**.

• **Zielzustand**

Außer es liegt tatsächlich eine Bedrohung von Leib und Leben oder Hab und Gut vor, lasse ich mich weder zu aggressivem noch defensivem Verhalten provozieren, noch ziehe ich mich ängstlich oder schmollend zurück. Ich bin gewillt zuzuhören und suche aus einer friedvollen Grundhaltung heraus bereitwillig das Gespräch. Wenn nötig mehrmals. Ohne Angst vor Zurückweisung und ohne das Bedürfnis, andere auf irgendeine Art zu „besiegen". Ist Kritik an mir berechtigt, bin ich bereit, dazuzulernen. Denn – und diese Erkenntnis gehört ebenfalls zum Ziel – die Burg, die mir scheinbar Schutz bietet und die ich verteidigen muss, ist nichts anderes als mein Ego. Gelebter Mut bedeutet, mein Ego mit seiner ganzen kleinlichen Gefallsucht, Ängstlichkeit, Dünnhäutigkeit und Bequemlichkeit zu konfrontieren. Jenes Ego, das jegliche Kritik als einen Angriff auf seine Existenz wahrnimmt und das seinerseits gegen Widerstand oder Nichtanerkennung aggressiv zu Felde zieht – oder die Aggression kaschiert, woraufhin sie im Innern wie ein Geschwür die Lebensenergie zersetzt. Im Idealfall **brauche ich keine Burg mehr**, weil es nichts mehr an mir gibt, das ich verteidigen müsste. **Ich brauche auch keine Waffen**, weil ich es nicht mehr nötig habe, zurückzuschlagen oder andere anzugreifen. Ich kann für eine Sache kämpfen, ohne auf eine Person zu zielen.

Somit wird klar, dass sich Mut als Herzensqualität von Wagnis oder Kühnheit unterscheidet. Wenn ich mich an einem Bungee-Seil von einer Brücke herunterstürze, trage ich damit weder zur Verringerung der Macht meines Egos über mich noch zum Wohl meiner Gemeinschaft bei (abgesehen vom finanziellen Zustupf an den Sprunganbieter). Wenn ich hingegen den Mut zu Verständnis und zur Versöhnung auch in spannungsgeladenen Situationen aufbringe, trage ich zu beidem sehr wohl bei. Außerdem ist Mut nicht mit Furchtlosigkeit gleichzusetzen, obwohl gelebter Mut uns die Furcht vor mancher imaginärer Gefahr nehmen kann.

Ausgeweitet auf andere Lebenssituationen, die Mut erfordern, lässt sich Folgendes beobachten: Gereifter Mut bedeutet gestärkter Mut. Gestärkt wird er, wenn seine Widersacher schwächer werden, nämlich die Facetten des Egos, die wie Schattengewächse die Herzensqualitäten zu umschlingen drohen: Überheblichkeit und Unterwürfigkeit, Bissigkeit und Wehleidigkeit, Tatenwahn und Bequemlichkeit, Ängstlichkeit, Wankelmütigkeit, Gefallsucht und viele weitere Arten und Unterarten. Es braucht Mut, den Kampf gegen solche Gegenkräfte aufzunehmen und durchzustehen (zu diesem Thema siehe Kapitel 4.4).

Weil sich der Kampf im Innern abspielt, ist Mut – im Gegensatz, wie gesehen, zu Wagnis oder Kühnheit – jedoch selten spektakulär. Aber ohne Mut (und der im Gleichschritt gedeihenden Resilienz) werden sich die übrigen Herzensqualitäten nur so lange entfalten, bis ihnen ernsthafter Widerstand erwächst.

Ein kräftig verwurzeltes Aufblühen der Herzensqualitäten führt letztlich zu einer **Vereinfachung des Gefühlslebens** im Alltag. Lassen Sie bei Gelegenheit (in Momenten der Ruhe) folgende Zeilen – einzeln oder zusammen – auf sich wirken:

Die Einfachheit der Langmut
– weil ungeteilt in Geduld und Ungeduld.
Die Einfachheit der Vergebung
– weil ungeteilt in verdient und unverdient.
Die Einfachheit der Herzensgüte
– weil ungeteilt in Zuneigung und Ablehnung.
Die Einfachheit der Liebe
– weil ungeteilt mit allen geteilt.

2.3.3 Meditative Alltagsübungen

In der Meditation üben wir uns darin, wach und achtsam zu bleiben, das Herz zu öffnen und uns einer grenzenlosen Weite in Stille hinzugeben. Im Alltag hingegen ist der Wachheitsgrad nur punktuell hoch und ansonsten tief, wir lassen uns mehrheitlich von Gewohnheiten und Außenanstößen treiben, und was als breiter Weg begann, wird leicht zu einem engen Hamsterrad. Die Frage wurde bereits einmal gestellt: Was können wir dazu beitragen, dass die zwei Welten zusammenfinden? Als Antwort möchte ich Ihnen hier einfache Übungen vorstellen, die uns genau diesem Ziel näherbringen. Manche sind zuvor schon zur Sprache gekommen, andere sind neu. Hier werden sie in gebündelter und systematisierter Form präsentiert.

Achtsamkeit

- **Innehalten und sich vergegenwärtigen.** Machen Sie im Lauf des Tages immer wieder Mini-Pausen und vergegenwärtigen Sie sich: Wo bin ich? Was tue ich? Ist es passend? Tue ich es auf eine gute Art? Was steht als Nächstes an?

- **Innehalten, Körperkontakt herstellen und auf den Atem achten.** Sitzen oder stehen Sie gerade und legen Sie eine Hand auf den Bauch. Sie sind dadurch wieder mit Ihrem Körper in Berührung. Dann beobachten Sie, wie sich die Bauchdecke bei jedem Einatmen hebt und bei jedem Ausatmen senkt.

- **Bewusstsein auf den Körper lenken.** Spüren Sie blockierte oder verspannte Stellen auf und versuchen Sie bewusst, sie mithilfe des Atems zu lockern und zu entspannen.

- **Entschleunigen und den Atemfluss befreien.** Es heißt, wir sollen von Augenblick zu Augenblick leben. Wie lange dauert aber ein Augenblick? Nehmen wir einmal an, ein Augenblick umfasst einen Atemzug. Einmal einatmen, einmal ausatmen. Bei hektischem Tun atmen wir stoßweise und rasch; die Dauer eines Atemzugs wird kürzer und seine Tiefe nimmt ab. So wird die – gefühlte – Zeit knapper und der Innenraum enger. Eine aus innerer Distanz vorgenommene Selbstbeobachtung ist kaum möglich.

Verlangsamen wir unser Tun, so verlangsamt sich auch die Atemfrequenz. Und wir atmen nicht mehr nur bis zum Brustbereich, sondern bis hinunter in den Bauch. Der Augenblick (im oben definierten Sinn) wird länger. Es öffnet sich eine räumliche und eine zeitliche Weite, die es uns ermöglicht, uns laufend selber aus einem gewissen Abstand zu beobachten und so unser Verhalten bewusster zu gestalten. Verlangsamen Sie also immer wieder Ihr Sprechen und Tun, und lassen Sie den Atem wieder freier fließen.

- **Unscheinbare Verrichtungen bewusst ausführen.** Nirgends lässt sich bewusstes Handeln leichter einüben als bei hochautomatisierten Abläufen. Das Geschirr abtrocknen, die Wäsche aufhängen, den Mantel anziehen. Bewusst verrichten heißt geistesgegenwärtig im Körper verankert sein, denn nur so lassen sich die einzelnen Handbewegungen behutsam und von innen heraus ausführen. Auch Missgeschicke werden seltener vorkommen. Das Risiko, dass Sie bei achtsamem Geschirrabtrocknen einen Teller fallen lassen, ist gering.

- **Übergänge bewusst gestalten.** Achten Sie auf die (kleinen) Übergänge. Das kann das Betreten und Verlassen eines Zimmers oder des Hauses sein, das Aufstehen und das Zubettgehen, der Übergang von einer Aktivität zur nächsten. Stehen oder sitzen Sie einen Moment lang einfach still und nehmen Sie Ihre Umgebung wahr. Dann lassen Sie sich das soeben beendete sowie das anstehende Geschehen durch den Kopf gehen, bevor Sie wieder aktiv werden. Auch diese Übung kann einen sehr praktischen Nutzen haben: Wenn ich zum Beispiel nach dem Betreten meiner Wohnung die Schlüssel achtsam ablege, vermeide ich später das leidige „Wo sind meine ver… Schlüssel?!!"

- **Auf die Wahrnehmungen *eines* Sinnesorgans achten.** Achten Sie eine Weile lang auf das – und nur das –, was Sie vor Augen haben. Oder schließen Sie die Augen und horchen bloß noch auf die ganze Bandbreite von Geräuschen und Klängen, die in verschiedener Tonhöhe und Lautstärke auf Sie zukommen. Achten Sie auch auf Unterschiede bei Ihren Reaktionen – generell wird das Schöne natürlich wesentlich mehr Freude und Lebenslust hervorrufen als das, was Sie als hässlich empfinden. Kauen Sie beim Essen langsam und kosten Sie den Geschmack in seiner ganzen Bandbreite aus. Halten Sie beim Kochen inne, schließen Sie die Augen und nehmen sie das Aroma oder die Aromen wahr. Auch im Freien können Sie sich ganz auf die Düfte einer Wiese oder eines Waldstücks konzentrieren. Oder legen Sie bei geschlossenen Augen die Fläche der einen Hand auf den Rücken der anderen und spüren Sie, wie sich die Berührung über einen gewissen Zeitraum hinweg anfühlt.

Herzensqualitäten

- **Das Herz öffnen.** Richten Sie die Aufmerksamkeit auf das Herz mit dem Wunsch, es möge sich öffnen. Lenken Sie in Ihrer Vorstellung auch den Atem dorthin; solange, bis sich der Brustraum weicher und offener anfühlt. Und versuchen Sie, diese Offenheit auch bei der nächsten Begegnung mit einem Menschen (egal welchem) aufrecht zu erhalten.

- **Eine Situation mit Dankbarkeit durchleuchten.** Zum Beispiel beim Essen einer Scheibe Brot: Lassen Sie Dankbarkeit Ihren Körper durchfluten – Dankbarkeit gegenüber der Natur für das Wachsen des Getreides, gegenüber dem Bauern, dem Transporteur, dem Bäcker und der Verkäuferin, die es Ihnen (vermutlich für bescheidene Löhne) zusammen ermöglichen, dieses Brot zu essen.

- **Einen Tag zum „Dankbarkeitstag“ erklären** und für möglichst viel bewusst dankbar sein: für das warme Wasser der Dusche am Morgen, die Erfindung der Zahnbürste, das Funktionieren der Toilettenspülung usw. Als Folge vermindert sich das Gefühl von Isolation. Solche und ähnliche Übungen führen mit der Zeit zu heilsamen Denk-, Fühl- und Reflexmustern. Lassen Sie sich nicht entmutigen, wenn sie nach zehn Uhr morgens bereits vergessen haben, dass dies eigentlich ein Dankbarkeitstag wäre. Sie haben in der Regel noch genügend Tage vor sich.

- **Langmut üben** (Übung mit erhöhtem Schwierigkeitsgrad). Jedes Mal, wenn Sie ungeplant warten müssen (der Computer fährt nur langsam hoch, Sie stehen im Stau, die Antwort auf eine wichtige E-Mail ist immer noch nicht da), sagen Sie bewusst „ja“ dazu. Nicht unbedingt mit Freude, aber doch mit der Einstellung, dies sei nützlicher Übungsstoff. Jeder bestandene Probefall wird Freude erzeugen.

- **Vertrauen stärken.** Wählen Sie einen vertrauensstärkenden Satz als Tagesmotto. Etwas, das Ihrem Verstand zusagt *und* Ihr Herz berührt und mit dem Sie Ihren Ängsten begegnen können. Ein Vorschlag: „Schaut euch die Vögel unter dem Himmel und die Lilien auf dem Feld an, sie sorgen sich nicht." Rufen Sie sich die Worte bzw. die mit ihnen verbundenen Bilder im Lauf des Tages immer wieder in Erinnerung und lassen Sie sie ihre Wirkung entfalten.

Neben den Übungen zur Achtsamkeit und zu den Herzensqualitäten möchte ich hier noch fünf weitere vorstellen. Die ersten beiden tragen dazu bei, unser Seelenleben zu entlasten und zu vereinfachen. Die dritte schärft unser Bewusstsein für das, was uns geistig verstopft, abstumpft oder zersetzt, sowie für das, was uns nährt und inspiriert. Die zwei letzten dienen der Vertiefung und Verfeinerung der Selbstkenntnis.

Seelische Hygiene

Manchmal sind wir aufgewühlt, und der innere Sturm will sich nicht beruhigen, selbst wenn äußerlich unser Leben in den gewohnten und unauffälligen Bahnen weiterverläuft. Wir sind emotional hin und her geworfen und dies setzt der seelischen Gesundheit zu. Folgende zwei Übungen können dazu beitragen, dass sich die unguten Winde legen.

- **Reflexartige Urteile und Wertungen loslassen.** Beobachten Sie zunächst, wie oft Sie unwillkürlich urteilen bzw. werten: Das ist schön, das ist hässlich. Das ist gut, das ist schlecht. Das ist nervig. Das ist unanständig. Seine Krawatte ist viel zu grell, dieser Haarschnitt steht ihr nicht. Manchmal ist ein Urteil notwendig, etwa wenn ein Kaufentscheid ansteht oder mich eine Sache direkt betrifft. Meistens ist es aber unnötig und frisst bloß psychische Energie. Und häufen sich die negativen Urteile, setzen sich allmählich eine negative Denkweise und schließlich ein negatives Lebensgefühl fest. Versuchen Sie deshalb, (ver)urteilende Reaktionen auf Wahrnehmungen als solche zu identifizieren, sobald sie hochkommen, und lassen Sie sie mit einem Lächeln los. Allmählich werden solche reflexartigen Urteile seltener und, mehr noch, sie fallen weniger heftig und langanhaltend aus. Als Standortbestimmung können Sie sich einer Herausforderung stellen: Einen ganzen Tag schaffen, ohne irgendeine Situation oder Person herunterzuputzen oder an ihr herumzunörgeln, egal ob vernehmbar oder lautlos (rein sachliche Analysen und Verbesserungsvorschläge zählen nicht dazu).

- **Unsinniges Verlangen und Ablehnen aufgeben**. Ich sitze vor dem Computer in einem kleinen Büro mit Blick auf eine Wand. Durchs Fenster sehe ich eine Mauer. Nichts würde ich lieber tun, als den Raum verlassen (Verlangen). Aber der Bericht muss bis am Abend fertig sein und weit ist er noch nicht gediehen. Der Drang nach Ausbruch ist meiner Kreativität und Produktivität nicht förderlich. Oder ich ärgere mich bei der Heimfahrt über eine Zugverspätung (Ablehnung). Die Ablehnung beschleunigt keinesfalls die Ankunft des Zugs. Anstatt nutzloses Verlangen bzw. Ablehnen durch stets wiederkehrende Gedanken anzufachen, üben wir uns besser darin, sie als solche zu identifizieren und beiseitezulegen. So sparen wir langfristig viel psychische Energie.

Den Geist entgiften

Eine wachsende Zahl von Menschen achtet auf die Quantität und Qualität ihrer Nahrung. Der Magen soll nicht überfüllt und dem Körper sollen keine Gifte zugeführt werden. Warum nicht ähnlich akribisch auf das achten, womit wir unseren Geist nähren? Wir haben stets eine Auswahl, wenn es darum geht, *was* und *wie viel* wir uns zu Gemüte führen. Es gibt toxische (abwertende, zynische, destruktiv-kritische) Inhalte, die wir über Bücher, Zeitungen, Fernsehprogramme, Online-Posts oder YouTube-Videos zu uns nehmen. Und es gibt triviale Inhalte, die unseren Geist vollstopfen. Aber es findet sich auch reichlich Herzerwärmendes, Einsichterweckendes und Inspirierendes. Ferner haben wir auch bei Treffen und Gesprächen eine Ermessensfreiheit, und zwar *ob* und, wenn sich diese nicht vermeiden lassen, *wie* wir an ihnen teilnehmen.

Achten Sie eine Woche lang speziell auf den geistigen Stoff, den Sie sich zuführen. Auch darauf, dass es Ihnen nicht an gesunder geistiger Nahrung mangelt (gute Lektüre, bereichernde Gespräche, Musik, die das Herz berührt usw.). Und schauen Sie, was passiert.

„Unterscheidung der Geister"

Die folgende Übung erfordert ein gewisses Maß an Zeit und Sammlung. Eine Möglichkeit wäre die Ruhe vor dem Einschlafen oder nach dem Aufwachen. Sie erfordert zudem Bereitschaft zur Öffnung und zu ehrlicher Innenschau. Blicken Sie zurück auf *eine* Aktivität oder *ein* Gespräch und stellen Sie sich die Frage: „Was trieb mich dabei an?" bzw. „Was hielt mich zurück?" Und versuchen Sie, innerhalb des oft diffusen Eintopfs an Gefühlen, der daraufhin hochkommt, genauer zu unterscheiden: Geschah dies auf Druck von außen, und hatte ich dabei eine Wahlfreiheit? Waren Gefallsucht oder Geltungsbedürfnis im Spiel? War es Angst? Eventuell Neid oder Rachsucht? Trieb mich Ehrgeiz an? Oder Begierde? Geschah es rein reaktiv, ausgelöst von den Worten und Taten eines anderen? Oder aus Gewohnheit? Handelte ich so, um mir die Langeweile mit etwas Ablenkung zu vertreiben? Hielt mich Rücksicht oder Angst zurück? War es der Wunsch nach Ruhe? War es die Neugier? Machte oder sagte ich es aus Anteilnahme? Aus Dankbarkeit? Aus Liebe? Oder sprudelte es aus Lebensfreude hervor? Was erhoffte ich mir, als ich so handelte oder sprach, wie ich es tat? In den allermeisten Fällen werden Sie feststellen, dass es sich beim Antrieb bzw. bei der Hemmnis um eine Mischung verschiedener Elemente in unterschiedlicher Stärke handelte.

Die Übung lässt sich nicht nur rückblickend auf abgeschlossene Vorkommnisse, sondern auch bei laufenden durchführen. Egal, ob wir uns an einer Weggabelung befinden oder ob ein gewöhnlicher Schritt ansteht. Sie können jederzeit innehalten und sich fragen: „Was treibt mich gerade jetzt an?" bzw. „Was hemmt mich gerade jetzt?" Die Antriebe äußern sich nicht nur als Impulse, sie können auch sprachliche Gestalt annehmen. Wessen Stimme ist es, die mich anstachelt mit „Dem werde ich es zeigen"? Oder die mich lähmt, indem sie mir einflüstert, ich könne das sowieso nicht schaffen? Nicht nur werden Sie mit ein bisschen Übung Ihre Motivations- bzw. Demotivationselemente besser identifizieren lernen, Sie werden auch feststellen, dass die Analyse selbst den Motivationsmix verändert. Eine „objektive", wirkungsfreie Beobachtung ist gar nicht möglich. Wie es auch gemäß Quantenphysik nicht möglich ist, ein Elementarteilchen zu beobachten, ohne es dabei zu beeinflussen.

Nun kommt es zum eigentlichen Unterscheiden der Geister. Sind die „Früchte" aus den identifizierten Antrieben, das heißt, die resultierenden Worte und Taten, *gut* (verbindend, herzerweiternd) oder *ungut* (isolierend, leidverursachend) für mich und mein Umfeld? Dass etwas mir selbst guttut, aber der Gemeinschaft, in der ich eingebunden bin, schadet, oder umgekehrt, ist – wenn man kurzfristige Folgen ausnimmt – eine Illusion. Frieden beispielsweise ist ein Gewinn für alle Seiten, während sich anhaltende Konflikte negativ auf alle Beteiligten auswirken. Und schließlich: Etwas erkennen ist das eine, etwas verändern das andere. Wir haben jedoch bereits festgestellt, dass es genügt, genau hinzuschauen; dann sind die Geister bzw. die Antriebe nicht mehr die Alleinherrscher in unserem inneren Reich. Wir können mithilfe der Unterscheidung auf ihre Zusammensetzung und Gewichtung einwirken. Vor allem aber können wir sicherstellen, dass ihre Anwesenheit allein uns nicht eine bestimmte Handlungsweise aufzwingt.

Tagesrückblick

Diese Übung ist der vorhergehenden ähnlich, aber der Fokus richtet sich hier nicht auf *ein* Ereignis und seine Quellen, sondern auf den Ablauf eines ganzen Tages und seine Früchte. Kommen Sie nochmals zur Ruhe, bevor Sie ins Bett gehen oder bevor Sie einschlafen. Und betrachten Sie dann die Stationen des abgelaufenen Tages wohlwollend, aber mit unverstelltem Blick. Was würden Sie im Nachhinein als geglückt, was als weniger geglückt bezeichnen? Was hätten Sie rückblickend anders gemacht (ohne Selbstvorwurf)? Was lässt sich vielleicht am nächsten Tag noch in Ordnung bringen? Was lässt sich daraus lernen? Am Ende legen Sie die Tageslast behutsam in ein imaginäres Gabengefäß ab und lassen sie somit los.

Für alle Übungen gilt:
* Probieren Sie verschiedene aus und bleiben Sie bei denen, die Ihnen zusagen.
* Lenken Sie als Stütze die Aufmerksamkeit immer wieder auf den Atem.
* Beobachten Sie die innere Wirkung. Achten Sie auf mögliche Widerstände und auf den Wandel, der stattfindet. Und auch darauf, wie lange er anhält.
* Je häufiger die Übungen durchgeführt werden, desto wirksamer und nachhaltiger sind sie. Lassen Sie sich von „Misserfolgen" nicht entmutigen. Wenn wir gehen lernen, fallen wir zunächst hin. Dasselbe passiert, wenn wir Fahrradfahren lernen. Wenn wir eine Fremdsprache oder ein Musikinstrument lernen, machen wir wiederholt Fehler. Alles, was das Leben bereichert und uns voranbringt, beinhaltet Misserfolge. Bleiben wir dran.

Es sind hier zahlreiche Übungen vorgestellt worden. Vielleicht wirkt die schiere Vielfalt etwas abschreckend. Es könnte auch sein, dass Ihnen alles während des Lesens gut und recht vorkommt und Sie dann zur Tagesordnung übergehen, ohne dass sich an dieser etwas ändert. Es genügt aber, dass Sie sich nur *eine* der aufgeführten Übungen zu Herzen nehmen und konsequent zu eigen machen, denn sie stammen alle aus demselben Geist. Die eine Übung wird Ihnen neue Türen öffnen.

   Die Übungen sind unspektakulär, aber sie geben dem Alltag eine Tiefendimension, die wir, wenn wir ehrlich sind, oft vermissen. Es handelt sich bei ihnen um unscheinbare kleine und wiederholte Schritte, die in kein Helden-epos eingehen werden und doch Helden aus uns machen können.

2.3.4 Früchte der Meditation

Warum im Gefängnis bleiben, wenn die Tür weit offen steht?
Lass das Dickicht des angsterfüllten Denkens hinter dir.
(Dschalaluddin Rumi, 1207–1273)[45]

Dass eine anhaltende Meditationspraxis positive Auswirkungen auf unser All-tagsbefinden und damit auch unser Alltagsleben zeitigt, ist heutzutage weit-gehend unbestritten. Werden diese Auswirkungen erörtert, darf jedoch et-was nicht fehlen: die **Unterscheidung zwischen einem temporär und einem dauerhaft veränderten Zustand**. Unter Zustand verstehe ich hier unsere Haltung und Lebenseinstellung als wichtige Gestaltgeber unserer All-tagspraxis. Vielleicht sind wir nach einer erfüllenden Meditationssitzung für die nächsten Stunden behutsamer in unseren Handlungen und rücksichtsvol-ler unseren Mitmenschen gegenüber. Dann passiert etwas Unerwartetes, wir geraten unter Druck, und die positive Wirkung ist dahin. Die alten Denk-, Sprech- und Handlungsmuster herrschen wieder vor. In diesem Fall handel-te es sich bei der „Frucht" der Meditation um eine vergängliche. Je besser es uns gelingt, achtsam, geistesgegenwärtig und liebevoll zu agieren, *egal* was passiert, desto mehr sind aus potenziellen Fähigkeiten dauerhafte Eigenschaf-ten geworden. Das heißt nicht, dass die temporären Verbesserungen wertlos sind. Zumeist ist es die Summe solcher kleinen Fortschritte, die bei anhal-tender Übung zu einem nachhaltigen Wandel führen.

Die Reichhaltigkeit der positiven Effekte kam bereits in den vorher-gehenden Kapiteln zur Sprache. Viele dieser heilsamen Auswirkungen der Meditation sind inzwischen in wissenschaftlichen Studien nachgewiesen (und die Zahl solcher Studien steigt gegenwärtig von Jahr zu Jahr exponen-tiell an). Zu all den hier erwähnten Effekten gibt es zudem Erfahrungsbe-richte aus mehreren Jahrtausenden. Und schließlich bin ich überzeugt, dass

---

45 Zit. in Tara Brach, *Einführung in die Meditation*, S. 121.

viele von Ihnen eigene Erfahrungen aufweisen, die Ihnen als Fundament für die weitere Praxis dienen. Es folgt nun eine Zusammenschau. Sie soll nicht bloß als eine weitere theoretische Abhandlung, sondern insbesondere auch als Motivation dienen. Sie als Leserin oder Leser sind angehalten, das Buch zwischendurch zugunsten der Praxis zur Seite zu legen, und ich bin angehalten, das, worüber ich nachdenke und schreibe, vermehrt auch in die Tat umzusetzen.

Eine konsequente Meditationspraxis, die sich aus regelmäßigen formellen Einheiten und meditativen Alltagsübungen zusammensetzt, wird allmählich folgende Früchte aufweisen:

Geringere Stressanfälligkeit

Die Amygdala gehört zum limbischen System des Gehirns, das eine zentrale Schaltstelle im Bereich Erinnerungen und Emotionen sowie unsere Reaktionen darauf bildet. Sie ist über ein dichtes Netzwerk an Neuronen mit anderen Hirnteilen verbunden. Insbesondere bei angstauslösenden Situationen wird die Amygdala aktiv und löst sogenannte Kampf- oder Fluchtreaktionen aus. Dazu gehören die Ausschüttung von Adrenalin und Cortisol („Stresshormone"), Steigerung der Herzfrequenz und stärkere Durchblutung der Muskeln. Außerdem wird die Verbindung zum präfrontalen Cortex, wo rationale Entscheidungen getroffen werden, abgeschwächt. Denn wenn wir in akuter Lebensgefahr sind, müssen wir blitzschnell reagieren, und dafür erweisen sich Nachdenken und Abwägen als hinderlich. Bloß kann die Amygdala nicht unterscheiden zwischen einem auf uns zurasenden Auto und einem bevorstehenden Gespräch mit dem Chef, das uns Angst macht. Im ersten Fall ist Nachdenken tödlich, im zweiten hingegen sehr wohl angebracht.

Wie bereits im Kapitel über Körper und Meditation erwähnt, haben Studien am Gehirn nachgewiesen, dass bei Menschen mit signifikanter Meditationserfahrung in einer (nicht lebensbedrohlichen) Stresssituation die Amygdala-Reaktivität im Vergleich zu Nicht-Meditierenden geringer ausfällt und somit weniger Stresshormone ausgeschüttet werden, und dass gleichzeitig die Verbindungssignale zum präfrontalen Cortex *nicht* verringert werden.[46] Dies bedeutet, dass eine langfristige Meditationspraxis uns in Stresssituationen

---

46 Gemäß Daniel Goleman & Richard Davidson, *The Science of Meditation*, S. 97–98.

weniger anfällig für primär emotional gesteuerte Reaktionen werden lässt. Und dass wir tendenziell rascher zu einem Zustand der Ruhe und Ausgeglichenheit zurückfinden.

Einsicht in die Natur unseres Denkens und Fühlens

Während der Meditation machen unser Sprechen und Tun eine Pause und auch die Zahl der Außenanregungen ist nahe bei null. Übrig bleibt nur noch das, was innen abläuft. Die Meditation gibt uns also den Freiraum, ungestört unser Innenleben zu beobachten. Wir stellen bei dieser Innenschau dann vielleicht mit Erstaunen fest, erstens, *dass* wir im Wachzustand pausenlos am Denken sind – mal klarer, mal diffuser – und zweitens, *was* wir überhaupt so denken. Und was für Emotionen wir dadurch erzeugen. Außerdem können wir beobachten, wie die Emotionen von unserer aktuellen Stimmung mitgefärbt werden und wie sie die Stimmung wiederum modifizieren. Wir merken dann auch, wie repetitiv unser Denken ist. Einen Großteil von dem, was ich heute denke, habe ich schon gestern und letzte Woche gedacht. Nicht nur das: Mit trainiertem Blick erkennen wir auch jene Begierden und Aversionen, die unsere Alltagsreaktionen so stark mitprägen. Ferner können während einer Meditation auch Erinnerungen hochkommen, die uns klarer erkennen lassen, wie wir zu dem geworden sind, was wir zurzeit sind. Insgesamt führt die Innenschau also zu **wachsender Selbstkenntnis**.

Um positive Auswirkungen zu zeitigen, sollte eine solche meditative Innenschau in einer Haltung von **wohlwollender Akzeptanz** dessen, was gerade ist, eingebettet sein. Denn wenn wir uns selbst verurteilen bei der Erkenntnis von wenig Schmeichelhaftem (das wir unweigerlich vorfinden werden), verschließen wir uns und werden unempfänglich. Und dann kann für den Moment zumindest kein Impuls durchdringen, der eine Entwicklung zum Besseren ermöglichen würde.

Bei ausreichender Übung lässt sich die in der Meditation herangebildete Fähigkeit der Selbstbeobachtung auch im Alltag aktivieren. Will ich etwas, beispielsweise ein neues Paar Schuhe (obwohl ich schon Dutzende besitze), einen Blick auf meine Facebook-Seite oder meine bevorzugte Nachrichten-App (obwohl ich schon vor einer Stunde die neusten Posts bzw. Updates gelesen habe) oder ein zweites Glas Wein (obwohl ich mit dem Auto nach Hause fahren werde), bin ich in der Lage, dieses Habenwollen zu erkennen, *bevor* ich zur Tat schreite. Vielleicht erfasse ich auch dessen Intensitätsgrad auf der Skala von Wunsch über Verlangen bis hin zu Sucht. Selbstbeobachtung hilft mir auch bei meinen Anflügen von Aversion. Ich erkenne diese, *bevor* ich mich zu einer unguten Reaktion hinreißen lasse.

Auf diese Art wird unser Verhalten allmählich weniger automatisch, reaktiv, gewohnheits- und triebgesteuert. Vertiefte Selbstkenntnis leitet einen **Wandel zu bewussterem Agieren** ein.

Mein Bruder Jean ist wieder einmal im Land. Wir treffen uns in einem Kaffeehaus.

„Wie war die Zen-Meditationswoche?", frage ich ihn.

„Gut." Jean war noch nie ein Mensch der vielen Worte. Doch diesmal fährt er fort: „Die Kursleiterin hat ein interessantes Bild verwendet. Bei der Meditation ist es wie … wie, wenn du am Ufer eines Flusses sitzt. Und du siehst Boote vorbeifahren." Kurze Pause. „In diesen Booten sind deine Gedanken und Emotionen, die beim Sitzen in der Stille in dir hochkommen. Aber statt aufzuspringen, also in die Boote hineinzuspringen und die Gedankengänge weiterzuspinnen … bleibst du einfach am Ufer sitzen und schaust zu, wie die Boote, also die Gedanken, vorbeiziehen." Ich nicke, um ihn zum Fortfahren zu ermuntern. „Dann merkst du: Ich bin nicht meine Gedanken und Emotionen. Sie sind kein beständiger Teil meiner Selbst. Sie kommen und gehen … Wenn ich sie gehen lasse, ohne dass sie mich von meinem Beobachterposten weglocken …"

Ich will gerade das Bild kommentieren, als ich merke, dass Jean noch nicht fertig ist.

„Und weißt du was? Während einer Sitzung in der Stille sah ich so ein Boot vorbeifahren und darin lag etwas. Darin lag … meine Schwermut und … meine Schwerfälligkeit … wie eine Last in diesem Boot. Als ich sie so aus der Distanz sah, da konnte ich sie loslassen. Als Problem loslassen, meine ich. Oder anders gesagt, ich kann mich jetzt ein bisschen mehr akzeptieren so, wie ich bin."

Nochmals nicke ich und denke: Das ist das erste Mal, dass Jean so viel von sich preisgibt. Wenigstens mir gegenüber.

Dann schaut er hoch und fragt: „Wie geht es Mira?"

Ich schüttle den Kopf. „Nicht wirklich besser. Sie hat wieder einen Psychologen sausen lassen. Es helfe ihr nicht, einfach endlos über ihre Probleme zu reden, sagt sie. Und in eine Klinik will sie sowieso nicht. Sie sagt, wenn sie einmal dort lande, komme sie nie mehr raus. Ich weiß nicht … Übrigens, als ich kürzlich Mutter besucht und mich im Haus wieder einmal umgesehen habe, fand ich das Banner, das Mira vor Jahren mal kurz vor Weihnachten über unseren Hauseingang aufgehängt hatte. Mit Tannenzweigen verziert. Weißt du noch? Manche Besucher fanden den Spruch etwas eigenartig, aber Mutter ließ ihn noch monatelang dort hängen."

„Ja, ich erinnere mich … Wie lautete der Spruch schon wieder? Die Kraft, die …"

„Dieselbe Kraft, die aus Staub Schmetterlinge und aus Urlauten Poesie heran-wachsen ließ, treibt uns an auf dem Weg zur Weisheit.“

Jean schmunzelt. *„Ja, genau. Irgendwie stark, nicht wahr? Weißt du eigentlich, dass ich früher immer ein bisschen neidisch auf Mira war?“*

„Ist mir nie aufgefallen. Wieso denn?“

„Sie hatte all die Eigenschaften, die ich nicht hatte. Sie war flink, vif, kam bei allen gut an. Und jetzt das. Ausgerechnet sie. Da bin ich plötzlich mit … mit meiner Art zufrieden. Schwermütig bin ich manchmal, ja. Aber nie richtig depressiv.“

„So gesehen hat sogar die Depression von Mira etwas Gutes. Klingt pervers, nicht wahr?“

„Hmmm … Auf die Art habe ich es noch nie betrachtet. Aber ja, irgendwie hast du recht. Mensch, ich hoffe einfach, dass sie über diesen Scheiß hinwegkommt.“

Größere Achtsamkeit beim Tun und Lassen, Sprechen und Schweigen
Das Thema „Achtsamkeit“ wurde bereits in einem eigenen Kapitel beleuchtet. Inzwischen als Modewort in aller Munde, läuft dieser Begriff schuldlos Gefahr, in die Kategorie „Banalitäten und Plattitüden“ abzuleiten. Dabei gibt es kaum einen Gewinn aus der Meditation, der sich im Alltag direkter und unkomplizierter umsetzen lässt. Denken Sie einfach an all den Ärger, den Sie sich selbst und anderen mit *Unachtsamkeiten* aller Art über die Jahre eingebrockt haben (vergessene Regenschirme, verlegte Schlüssel, verpasste Termine oder zerbrochene Tassen, um eher harmlose Beispiele zu wählen). Achtsamkeit ist verbunden mit einer **angemessenen Entschleunigung**. Führen wir die Bewegungen beim Sortieren von Dokumenten ein bisschen langsamer als üblich aus, verringert sich das Risiko, dass wir etwas falsch einordnen, um ein Vielfaches. Sie können nun Ihren Alltag in Gedanken durchgehen und feststellen, wo überall durch hastiges Tun und Sprechen Widerwärtigkeiten drohen.

Achtsamkeit bedeutet Präsenz im Hier und Jetzt, und zwar mit dem Herzen und mit den Gedanken. Wir sind aber oft mit 80, 90 oder 95 Prozent unseres Bewusstseins nicht anwesend, sondern bei Phänomenen, die vergangen sind (aber nie genau so, wie wir sie in Erinnerung haben) oder die es genau so, wie wir sie uns vorstellen, auch nie geben wird (Zukunftsprojektionen und Fantasiererei). **Real im Vollsinn des Wortes ist nur das, was im Jetzt da ist.** Außerdem: **Das Jetzt ist das Einzige, was nie zu Ende geht.** Wach und präsent im Jetzt zu sein, heißt demzufolge, in größerer Fülle an der Ewigkeit teilzuhaben (es lohnt sich, bei diesen Sätzen etwas zu verweilen).

Entfaltung der Herzensqualitäten

Zu den Qualitäten, die hier gemeint sind, zählen – Sie erinnern sich vielleicht – Mitgefühl, die Fähigkeit zu vergeben, Mut, Güte, Langmut, Großzügigkeit, Demut, Wahrhaftigkeit, Treue und Dankbarkeit. In ihren unendlich vielfältigen konkreten Ausformungen im Alltag lassen sie uns selbst und andere um uns herum friedlicher und freudvoller werden. Verschiedene Arten, diese Qualitäten einzuüben, wurden zuvor in Kapitel 2.3.3 vorgestellt. Im Kapitel über das individuelle Reifen wird ihre zentrale Rolle im Reifungsprozess beleuchtet.

Paul Ekman (geb. 1934), Professor für Psychologie und eine der anerkanntesten Koryphäen auf dem Gebiet der Emotionen, führte über Jahre hinweg immer wieder folgendes Experiment durch: Auf einem Video werden Probanden in einer sehr raschen Sequenz Gesichter gezeigt, die folgende Emotionen ausdrücken: *Wut, Angst, Ekel, Überraschung, Trauer* oder *Freude*. Das jeweilige Gesicht leuchtet jedoch nur für 1/30 einer Sekunde auf. Viel zu wenig also für die Einschaltung des Verstandes. Das Erkennen der Emotionslage beim Gegenüber geschieht in diesem Fall also nur über das Einfühlungsvermögen. Zwischendurch wird stets ein Gesicht mit neutralem Ausdruck gezeigt. Das Ergebnis der Versuchsreihe: Mit Abstand am besten beim Identifizieren der Emotionen schnitten zwei Probanden mit langjähriger Meditationserfahrung ab – besser als Tausende von anderen, die keine Erfahrung in Meditation aufwiesen.[47]

Studien dieser Art belegen, was als Erfahrungswert längst bekannt ist: Eine anhaltende Meditationspraxis trägt wesentlich zur Stärkung unserer Herzensqualitäten (mit Einfühlungsvermögen als Fundament) bei, was sowohl unserem Wohlbefinden als auch dem Reifeprozess förderlich ist. Ferner lässt sich beobachten, dass die Eigenschaften, die zu den Herzensqualitäten zählen, aufs Engste miteinander verbunden sind. Entwickle ich ein ausgeprägtes Mitgefühl meinen Mitmenschen gegenüber, wird es mir auch leichter fallen, Großzügigkeit an den Tag zu legen. Es wurde schon gesagt, dass es sich im Grunde genommen um verschiedene Ausprägungen der Liebe handelt. Man könnte es aber auch so formulieren: Was all die Herzensqualitäten verbindet ist – der gewählte Name verrät es – das Herz. Je öfter es uns gelingt, das Bewusstsein in die Herzregion zu führen und den Alltag mit offenem und wachem Herzen zu gestalten, desto klarer werden sich die Früchte der Übungspraxis zeigen.

---

47 Gemäß Matthieu Ricard, *Happiness*, S. 196–197.

Bewusstere und wohlwollendere Verbindung mit dem Körper

Arbeiten wir vor allem körperlich, besteht die Gefahr, dass wir unseren Körper aus Unachtsamkeit überstrapazieren oder ihm auf andere Weise Schaden zufügen. Arbeiten wir vor allem geistig, besteht die Gefahr, dass wir über lange Phasen hinweg vergessen, dass wir einen Körper haben. In beiden Fällen nehmen wir seine Signale nicht wahr, schätzen ihn nicht und gehen zu wenig behutsam mit ihm um. Dies erstreckt sich auch auf die Nahrung, die wir ihm zuführen.

Meditation verstärkt das Bewusstsein für Körperempfindungen. Wenn wir uns daran gewöhnt haben, im Rahmen der Meditation verspannte Stellen bewusst zu entspannen (etwa die Mund-Kiefer-Partie, den Nacken-Schulter-Bereich sowie die Handgelenke), wird uns auch im Alltag eher in den Sinn kommen, uns zwischendurch zu entspannen. Insgesamt schärft und verfeinert die Meditationspraxis unser Gespür für das, was dem Körper schadet, und das, was ihm guttut, da wir während einer Meditationssitzung – nicht zuletzt aufgrund des drastisch reduzierten Wahrnehmungsangebots – unser Sensorium für die Botschaften des Körpers schärfen.

Überprüfen Sie es bei sich selbst: Nachdem Sie den Körper bewusst entspannt haben, verweilen Sie mit der Aufmerksamkeit ein wenig *im* Körper und spüren sie dabei den Atem. Die Chance ist groß, dass Sie sich allmählich ein wenig ruhiger und wohler fühlen werden. Sie sind sozusagen zu Hause bei sich selbst angekommen.

Und wenn wir schließlich bedenken, dass wir ausnahmslos **alles**, was wir vom ersten bis zum letzten Tag unseres Daseins erleben, **durch den Körper erfahren**, sollte das Grund genug sein, ihm trotz aller Gebrechen und Unvollkommenheiten ein Grundgefühl der **Dankbarkeit** entgegenzubringen. Er wird es uns entlohnen.

Gelassenheit – die Fähigkeit, Situationen und Vorgänge aus einer gewissen Distanz zu betrachten

Eine lebenserfahrene Person sitzt auf einer Parkbank und schaut einer Gruppe von Kindern beim Spielen zu. Sie beobachtet das Geschrei und Lachen der Kinder, ihre Streitigkeiten und Rivalitäten, wie sich Grüppchen bilden und wieder auflösen und wie sie alle ihre Aktivitäten unendlich ernst nehmen. All dies ruft bei ihr ein Lächeln hervor. Wir sind diese Kinder. Idealerweise sind wir aber auch die beobachtende Person.

Je größer der innere Abstand, desto geringer ist unsere Identifikation mit dem, was gerade in uns abläuft. Statt „ich bin wütend" beschreibt sich der

Zustand dann etwa so: „Es ist eine Wut in mir". Die Wut ist in diesem Moment real, sie wird weder verleugnet noch verdrängt, aber sie bildet nicht unsere Identität. Wir sind mehr und wir sind dauerhafter als die Wut, die kommt und vergeht.

Bis ein solches „Auf-Abstand-Gehen" des inneren Beobachters sogar in hektischen, stressvollen Situationen glückt, das heißt, bis sich eine Gelassenheit nicht nur als Zwischenzustand, sondern als Default-Modus herausbildet, braucht es viel Übung. Das Aussteigen aus der Betriebsamkeit sowie die Stille, die den Rahmen der Meditationspraxis ausmachen, bilden dafür ein ideales Umfeld.

Aus dem Druck des Tun-Modus in die Beziehungswelt des Sein-Modus

Meditation wirkt befreiend. Befreiend wovon? Unter anderem vom tief in unserer gesellschaftlichen DNA eingeprägten Zwang, die *ganze* Zeit etwas zu tun, das als nützlich erachtet wird. Macht uns dieses Nützlichkeitsdenken glücklich? Nein, es erzeugt eher einen Dauerdruck und unter Druck bleibt kein Freiraum für Glück. Ein Kind kann endlos lang einen Stein in die Hand nehmen, ihn drehen und abtasten und wieder ablegen. Eingebettet in fast tatenlosem Sein – und zwar Sein in Beziehung, in diesem Fall mit einem Stein – ist das Kind dabei glücklich.

Auf den ersten Blick ist es paradox: In der Meditation kapseln wir uns scheinbar ab, indem wir uns aus dem Räderwerk der Alltagsverrichtungen lösen. Gerade dieses Räderwerk sollte nach gängiger Vorstellung Verbindungen herstellen, aber sie erweisen sich doch, wenn überhaupt, als oberflächlich. Tief im Innern fühlen wir uns dabei oft abgetrennt und allein. In der Meditation gibt es keine äußerlich registrierbare Verbindung. Doch indem wir einfach da *sind*, lassen wir auf einer tieferen Ebene unsere Beziehung mit allem, was an diesem Sein teilhat – also mit allem, was ist – wirksam werden und werden uns mindestens ansatzweise dieses Beziehungsreichtums bewusst.

Versuchen möchte ich hier, etwas anzudeuten, das mit Worten leichter zu verdunkeln als zu erhellen ist: **Reines Sein** (dem wir uns in der Meditation annähern) **ist gleichzeitig reines In-Beziehung-Sein**. Je länger wir uns in einem egogetriebenen Tun-Modus befinden (was bei den meisten von uns während des größten Teils des Tages der Fall zu sein scheint), desto mehr blockieren wir dieses natürliche Beziehungsnetz zu allem und allen um uns herum. Wir bauen und unterhalten Dämme, die den natürlichen

Fluss in diesem Verbindungsnetzwerk zu einem Gerinnsel abschwächen oder ganz unterbinden. Dies wird uns gemeldet durch ein schmerzliches Gefühl der Stagnation und Isolation.

Wo oder wie werden diese potenziell stets vorhandenen Beziehungen, wie wir sie in der Meditation so oft spüren, aktualisiert? Sodass die Illusion der Trennung zwischen mir und den anderen, zwischen mir und der Welt überwunden wird? Vielfach geschieht das in Momenten und Geschehnissen, die als nebensächlich gelten – eben weil sie keinen messbaren Nutzen erzeugen. Ein paar Beispiele: Wenn Menschen *aus vollem Herzen* gemeinsam lachen, gemeinsam singen, gemeinsam musizieren, gemeinsam spielen, gemeinsam beten oder gemeinsam meditieren. Wenn sich Menschen derart öffnen, dass sie einander mit wenigen oder gar keinen Worten verstehen und sie diesem intuitiven Verständnis trauen. Aber auch, wenn ich eine Blume (zum Beispiel eine Sonnenblume) eingehend betrachte und auf mich wirken lasse. Dann wird sie von einem Massenphänomen (eine unter Millionen ihrer Art, die alle gemäß Standardvorstellungen gleich sind) zu einem Unikum, zu dem ich eine Beziehung aktiviert habe. Wie ich durch ihre Präsenz bewegt werde, wird sie durch meine sie wahrnehmende Gegenwart beeinflusst, auch wenn ich nie wissen werde, auf welche Art. Hieraufhin ist das Leben angelegt. Solche Momente sind derart voller Sinn, dass sich die Frage nach Sinn nicht mehr stellt.

Erst wenn wir es schaffen, die in Phasen des Innehaltens gespürten oder erahnten Beziehungen im Alltag zu konkretisieren und auszuleben, werden wir nutzbringend im besten und nachhaltigsten Sinn sein.

Das Ertragen und Schätzen von Stille

Der geniale Mathematiker und Philosoph *Blaise Pascal* (1623–1662) schrieb einmal: „Nichts ist für den Menschen so unerträglich, wie in einer völligen Ruhe zu sein."[48] Die Unruhe bzw. Rastlosigkeit, von der Pascal meinte, sie sei gleichzeitig unser natürlicher Zustand und die Ursache von allem Elend, macht sich insbesondere zu Beginn einer Meditationspraxis bemerkbar, wenn wir einer ungewohnten, andauernden Stille ausgesetzt sind. Und doch bringt uns das Üben früher oder später so weit: Wir sind dann in der Lage, völlige Ruhe zu ertragen. Mehr noch: Wir lernen, die Stille als wohltuend

---

48 Blaise Pascal, *Größe und Elend des Menschen* (Auswahl aus den *Pensées*), S. 25 (Abschnitt 131 der *Pensées*).

zu schätzen, und suchen sie vermehrt auch im Alltag. Sie bildet ferner den Nährboden nicht nur für das Pflegen von Beziehungen (wie oben angedeutet), sondern auch (wie in den kommenden zwei Punkten ausgeführt) für Wahrheitserkennung und intuitive Einsichten.

Reinigung und Verfeinern des Sensoriums für Stimmigkeit

Zweifellos haben Sie auch schon Momente erlebt, in denen Sie ein äußerst starkes Gefühl von „Das stimmt!" oder „Ja, genau so ist es!" überkam. Die Seele jubelt, heißt es dann. Die Seele jubelt aber kaum, wenn wir unter großem Druck stehen, von nervöser Rastlosigkeit umgetrieben werden oder starke negative Emotionen durchleben. Dann ist jenes Sensorium für Stimmigkeit, das uns erlaubt, jenseits von rein logischen Überlegungen zwischen wahr und unwahr, richtig und falsch oder gut und ungut zu unterscheiden, blockiert oder verunreinigt. Meditation hilft bei der Lösung von Blockaden und der Reinigung. Der Ertrag, den wir im Alltag ernten, ist in Zeiten von Fake-News und immer ausgeklügelteren Werbeversprechungen besonders erstrebenswert.

Stärkung des Sensoriums für intuitive Einsichten sowie geahntes Urwissen

Der bereits erwähnte Wissenschaftler *Claus Otto Scharmer* (geb. 1961) ist vor allem bekannt für seine „Theorie U", in der er der Intuition bei der Entscheidungsfindung eine wichtige Rolle zuweist. Er schlägt auch spezifische Übungsformen hierfür vor, die er „Presencing" nennt. Man unterbricht das momentane Tun und lässt – mit einer Geste der Hingabe – alle eigenen Vorstellungen und Wünsche los, um so einen erwartungsfreien und doch empfangsbereiten Innenraum zu schaffen. „Suche einen Raum der Stille, und lass dein inneres Wissen entstehen"[49], empfiehlt er. Also eigentlich eine Mini-Meditation, die speziell der willentlich nicht herbeizuführenden Intuition einen Empfangsraum bereitet.

Stärkung der Empfänglichkeit für das, was unser limitiertes Ich übersteigt

In der Stille deutet sich früher oder später ein MEHR an – etwas, das sich mit Alltagsbegriffen und Alltagskategorien nicht fassen lässt. Auch wissenschaftlich

---

49 Zit. in Marion Küstenmacher et al., *Gott 9.0*, S. 206.

ist ihm nicht beizukommen. Man spricht dann vom Heiligen oder Transzendenten, vom Göttlichen oder von Gott. Worte sind aber bloß Platzhalter für – oder Anrufe an – das, was alle Sprach- und Definitionsmöglichkeiten übersteigt. Durch die ganze Menschheitsgeschichte hindurch wurde und wird dieses MEHR immer wieder angedeutet bzw. bruchstückhaft zum Ausdruck gebracht, sei es in heiligen Schriften, in theologischen und philosophischen Abhandlungen, in Mythen, Geschichten und Poesie oder in Musik, in Tanz und darstellender Kunst.

Direkte und intensive Erfahrungen des Heiligen werden gewöhnlich als **mystische Erlebnisse** bezeichnet. Der Psychologe *Abraham Maslow* (1908–1970) verwendete dafür den Begriff „**Gipfelerfahrung**" und vertrat die Ansicht, dass solche Erlebnisse nicht bloß ein paar wenigen erlauchten Personen vorbehalten seien. Wie überall sind die Unterschiede graduell: Viele von uns erleben Momente auf dem „Gipfel", um dann wieder in niederere Gefilde zurückzugleiten. Die als Mystikerinnen und Mystiker *wirksam werdenden* Menschen sind nach ihren Erfahrungen weitgehend auf der „Gipfelstufe" innerlich zu Hause. Allen gemeinsam ist jedoch das Ringen um passende Worte, mit denen sich das Erfahrene beschreiben ließe. Dies erklärt zum Teil die weitverbreitete Zurückhaltung beim Berichten über solche Erlebnisse.

Was aber steht hinter derartigen Gipfelerlebnissen bzw. mystischen Erfahrungen? Was eröffnet sich da der erfahrenden Person? Was bedeutet dieses hier angesprochene MEHR? Und was hat all dies mit dem menschlichen Entwicklungsweg zu größerer Reife zu tun? Diesen Fragen wird in den nächsten Kapiteln nachgegangen.

Fassen wir zusammen: Abrupte und radikale Transformationen, wie etwa bei Franz von Assisi, finden höchst selten statt (und selbst die haben wohl eine innere Vorgeschichte). **Meditation führt eher zu einer Schwerpunktverschiebung.** Dabei verändert sich allmählich die Gewichtung zwischen dem Ausgangs- und dem Zielbereich. Letzterer wird zentraler und einflussreicher. Es ist eine Verlagerung

- von der Welt des Lärms zur Welt der Stille;
- von der Welt der Hektik und Anspannung zur Welt der Langsamkeit und Entspannung;

- von der Welt des achtlosen Tuns und Konsumierens zur Welt des achtsamen Gestaltens;
- von der Welt der Ich-Besessenheit zur Welt des unbegrenzten Mitgefühls;
- von der Welt der Wirrnis zur Welt der Klarheit und Einfachheit;
- von der Enge des Nur-Immanenten zur Weite des Auch-Transzendenten.

3 KRAFTQUELLE

Im Frühjahr 1991, kurz nach dem Fall der kommunistischen Regime in Osteuropa, fuhr ich mit einem Freund durch den westlichen Teil Rumäniens. Es bot sich das Bild einer lieblichen, hügelreichen Landschaft mit vielen blühenden Obstbäumen. Etwas fiel uns jedoch speziell auf: die zahlreichen Dörfer, in denen zwar die Fassaden vieler Häuser am Bröckeln und die Straßen abseits der Hauptverbindungen meist ungeteert waren, die aber eine strahlende, frisch gebaute oder renovierte Kirche aufwiesen. Manche dieser Kirchen waren von einer Größe, die uns im Vergleich zur Anzahl der Häuser in der Ortschaft etwas übertrieben vorkam. Später erfuhren wir, dass sich gleich nach dem Sturz der Ceausescu-Diktatur und damit dem Ende des Religionsverbots im ganzen Land Freiwillige darangemacht hatten, „ihre" örtliche Kirche wieder zu erstellen oder ihr zu altem Glanz zu verhelfen. Dennoch bekam ich nicht den Eindruck, die Rumänen seien im Durchschnitt religiöser als andere Nationen. Die freiwillige Bautätigkeit war vielmehr Ausdruck eines Urbedürfnisses, nämlich des **Urbedürfnisses nach einem sichtbaren Zeichen des Sakralen**. Eine Kirche ist ein solches weiterum sichtbares Symbol; ein sakraler Ort, auf den man Wert legt, selbst wenn man ihn in der Folge nur selten aufsucht.

Aus seinen psychoanalytischen Erfahrungen mit Hunderten von Patienten zog *C.G. Jung* folgenden Schluss: „Unter allen Patienten jenseits der Lebensmitte, das heißt jenseits 35, ist nicht ein Einziger, dessen endgültiges Problem nicht das der religiösen Einstellung wäre. Ja, jeder krankt in letzter Linie daran, dass er das verloren hat, was lebendige Religionen ihren Gläubigen zu allen Zeiten gegeben haben, und keiner ist wirklich geheilt, der seine religiöse Einstellung nicht wieder erreicht, was mit Konfession oder Zugehörigkeit zu einer Kirche natürlich nichts zu tun hat."[50]
Wenn es nicht um die Zugehörigkeit zu einer bestimmten Religion geht, worum geht es dann? Es geht um die Urfragen der Menschheit: Was sind Ursprung und Ziel nicht nur meines eigenen Lebens, sondern auch von allem, was existiert? Wo finde ich einen dauerhaften Lebenssinn? Woran kann ich

---

50 C.G. Jung, *Gesammelte Werke*, Bd. 11, S. 362.

mich *immer* halten, egal in welcher Situation? Was trägt mich? Woraus beziehe ich Kraft? Und was ist dieses „Mehr", von dem wir in Zusammenhang mit den Meditationserfahrungen gesprochen haben? In allen Kulturen und zu allen Zeiten war es der Bereich der Religion, in dem die Menschen, wenn nicht immer Antworten auf all diese Fragen, so doch Hinweise und Stärkung fanden.

In seinem zum Klassiker gewordenen Hauptwerk „Das Heilige" unterscheidet der Religionswissenschaftler *Rudolf Otto* (1869–1937) zwischen zwei Grundtypen der religiösen Erfahrung: dem „Mysterium tremendum" und dem „Mysterium fascinans". Bei Ersterem handelt es sich um **Ehrfurcht** bis hin zum **Erschauern** (nicht Angst; das ist eine krankhafte, wenn auch zu gewissen Zeiten geradezu geförderte Form der Religiosität). Erschauern auch deshalb, weil die Erfahrung – dies ist auch ein Echtheitskriterium – mit einem **Anspruch** bezüglich unserer Lebensgestaltung verbunden ist.

Der zweite Begriff bezeichnet das **Anziehende** oder auch das **Beglückende** – und das Schmerzliche, wenn die Verbindung verloren scheint.

Derartige numinose Erfahrungen sind nicht selten an Naturerlebnisse gekoppelt. Folgender Bericht eines englischen Jugendlichen veranschaulicht beide der erwähnten Grundtypen: „Ich lebe in Essex am Rande eines weit ausgedehnten Salzmarschgebietes. In den Herbstmonaten sitze ich abends oft auf der Strandmauer und blicke über das Marschland. Wenn ich in der Schule bin, sehne ich mich nach dieser wilden Einsamkeit und dem Gefühl von Freiheit und kraftvoller Natur, das es vermittelt. Aber es hat auch etwas schrecklich Einsames, wenn es dunkel wird und die Flut kommt, sodass ich mich auf den Weg mache. Aber immer wieder zieht es mich dorthin zurück."[51]

Eine derartige **Sehnsucht** zusammen mit der **Ehrfurcht vor etwas, das den Menschen übersteigt**, bildet wohl das typischste Grundmuster spiritueller Erfahrungen. „Spirituell" ist hier passender als „religiös", denn der Erzählende bettet die Erfahrung nicht in einen konfessionellen Rahmen. Es kann sich also um vorreligiöse, religiöse oder transreligiöse Erfahrungen handeln. Man darf davon ausgehen, dass diese Kombination von Ehrfurchterweckendem und zutiefst Beglückendem – zusammen mit einer intuitiven Klarsicht – auch die Grunderfahrung bildet, kraft derer inspirierte Menschen in jeder Kultur der Erde Religionen ins Leben gerufen bzw. erneuert haben.

---

51 Zit. in Rupert Sheldrake, *Die Wiederentdeckung der Spiritualität*, S. 97.

Untersuchungen zeigen, dass tiefgreifende spirituelle Erfahrungen, wie im obigen Beispiel zum Ausdruck gebracht, viel häufiger sind, als gemeinhin angenommen. Der Grund für die weitverbreitete Verschwiegenheit ist ein zweifacher: Erstens finden viele Menschen nicht die richtigen Worte, um ihr inneres Erleben adäquat wiederzugeben. Und zweitens gibt es eine weitverbreitete Scheu, über spirituell-religiöse Themen zu reden, selbst gegenüber nahestehenden Menschen. Aus einer Angst heraus, danach schräg angeschaut und als „Spinner" oder „Träumer" abqualifiziert zu werden, aber auch weil man dadurch etwas sehr Intimes preisgibt.

Diesem Intimen wollen wir uns nun hier und in den nächsten zwei Kapiteln zuwenden. Denn Reife bedingt – ganz zentral – auch Klarheit bezüglich dessen, was uns auf dem mit Unsicherheiten gespickten und oft beschwerlichen Weg die Richtung weist und die nötige Kraft zum Durchhalten verleiht.

Versuche, die Dimension des Heiligen als Hirngespinst, Schwärmerei oder Wunschdenken abzutun, gab es zu jeder Zeit. So weisen **Rationalisten** darauf hin, dass sich nichts aus diesem Bereich wissenschaftlich „einfangen" und beweisen lässt. Das ist aber, wie wenn man versucht, dem Zauber einer Mozartsymphonie mit einer Analyse der Schwingungsfrequenzen der einzelnen Noten und Akkorde näherzukommen. Die Ratio hat ihren Aufgabenbereich, aber in der spirituellen Dimension – wie ich die Dimension des Religiösen bzw. des Heiligen zusammenfassend nennen möchte – bewegen wir uns im transrationalen (nicht irrationalen!) Bereich. Das heißt, der Verstand hat zwar auch in diesem Bereich seine Aufgaben (ein *blinder* Glaube ist unreif und kann auch persönlich sowie gesellschaftlich gefährlich sein), aber ohne Zusammenarbeit mit Gefühl und Intuition kommt er zu keinem brauchbaren Ergebnis. Einem, auf dem sich eine Lebenshaltung gründen lässt.

Andere wiederum lehnen alles Religiös-Spirituelle aufgrund **persönlicher Enttäuschungen** ab. Anlass dazu gab und gibt es genug: etwa die offensichtliche Diskrepanz zwischen dem, was verkündet und gelehrt wird, und dem, was manche religiöse Würdenträger vorleben. Das gilt auch für religiöse Institutionen als Ganzes – dort nämlich, wo Konservatismus und Machterhaltung stärkere Antriebskräfte bilden als Ehrfurcht und die Bereitschaft, auch durch Anpassungen und Loslassen dem Heiligen wirklich zu *dienen*.

Vielleicht der häufigste, wenn auch kaum je eingestandene Grund für die Ablehnung der spirituellen Dimension ist eine **diffuse Angst**. Wenn ich mich aufrichtig auf eine Auseinandersetzung, auf eine Begegnung mit dem Numinosen einlasse, führt das einerseits zu einer Begegnung mit mir selbst – auch mit denjenigen Aspekten, die ich lieber vor mir selber und vor anderen verborgen halte. Und andererseits führt es zu Anforderungen an meine Lebensgestaltung, bei denen es mir unwohl wird, weil sie mich auffordern, meine Komfortzone zu verlassen. Die biblischen Geschichten vom Auszug Abrahams sowie der Exodus aus Ägypten symbolisieren genau dies. Ebenso die Lebensgeschichte von Siddhartha Gautama (wie Buddha ursprünglich hieß), der nach einer Konfrontation mit bisher ausgeblendeten Realitäten des Lebens – Leiden und Tod – sein bequemes Leben als Fürstensohn abrupt zurückließ.

Mit der um sich greifenden **Säkularisierung**, insbesondere in der westlichen Welt, bekam die Ablehnung des Religiösen historisch gesehen eine gesellschaftliche Dimension. Während sich dadurch zwar ein großer Rechtfertigungs- und Reformdruck auf die institutionalisierten Religionen aufgebaut hat und die klassischen Formen des religiösen Vollzugs, nämlich der Kirchen-, Moscheen- oder Tempelbesuch stark zurückgegangen sind, hat die Säkularisierung, die nun seit gut einem Jahrhundert ihre Kreise zieht, *nicht* zu einem fortschreitenden Rückgang des Verlangens der Menschen nach Transzendenz geführt. Dieser Bezug findet nun eher in anderen, nicht-religiösen oder nicht explizit religiösen Formen seinen Ausdruck.

Dass **Religion** nicht nur von Individuen oder einem Teil der Gesellschaft, sondern **vom gesamten Herrschaftsapparat abgelehnt**, als illusionär erklärt und mit Gewalt aus dem öffentlichen Leben verbannt wurde – dies ist ein Phänomen des 20. Jahrhunderts. Den Anfang machte 1917 die Sowjetunion mit der Machtübernahme der Bolschewiki, welche die atheistisch-materialistische Weltanschauung des Marxismus als „wissenschaftlich erwiesen" darstellten und nach der Hingabe der Bevölkerung an die kommunistische Sache „mit Herz und Seele" trachteten (rasch aber de facto nach ihrer Unterwürfigkeit). Die Machthaber wussten, dass eine vollständige Hingabe an eine irdische Macht niemals erfolgen wird, wenn jemand einer „höheren" Macht anhängt. Nach dem Zweiten Weltkrieg folgten dann die Länder des von der UdSSR beherrschten Ostblocks[52] sowie Albanien; in Ostasien wa-

---

52 In einigen der Ostblockstaaten wurde die Unterdrückung von Religion eher halbherzig umgesetzt. (Denken Sie an das katholische Polen!) Die kommunistischen Machthaber arrangierten sich lieber mit den Kirchenoberen und machten sie so weit wie möglich gefügig.

ren es China sowie Kambodscha (vier Jahre unter den Khmer Rouge), Laos, Vietnam und Nordkorea. Keinem dieser Staaten mit einem offiziell atheistischen Regime gelang es jedoch, die Religion trotz zum Teil brutalster Repression zum Absterben zu bringen, selbst über Generationen hinweg nicht. Ausgerechnet ein russischer Philosoph – *Nikolaj Berdjajew* (1874–1948) – war es, der den Menschen als „unzerstörbar religiös"[53] bezeichnete. Offensichtlich lässt sich weder das Bewusstsein des Heiligen (oder zumindest eine Ahnung davon) noch das Bedürfnis danach ausrotten. Regime in Ländern wie China, Vietnam und Laos mögen zwar offiziell immer noch die atheistische Ideologie propagieren, tolerieren religiöse Praxis jedoch, solange diese nicht als Gefahr für die Vormachtstellung der kommunistischen Partei eingestuft wird. Vollständige Unterdrückung jeglicher religiöser Erscheinungen – außer der Huldigung der gottgleichen Führer des Landes – gibt es heute nur noch in Nordkorea.

Es ist wohl eine Kombination der genannten Gründe (Säkularisierung, Rationalismus, Enttäuschung über religiöse Institutionen und Angst vor Verbindlichkeit), die so viele Menschen im Westen heute auf Abstand zum Religiösen hält. Man beschäftigt sich lieber nicht mit dieser Thematik. Auf Anfrage hin – auch hier gibt es in unseren Breitengraden Untersuchungen – bezeichnen sich nämlich weit mehr Menschen als **Agnostiker** – welche die Frage nach Gott oder dem Göttlichen offenlassen – denn als Atheisten. Agnostiker verteidigen oftmals ihre Haltung, indem sie darauf hinweisen, dass sich die Frage nach der Realität des religiös-spirituellen Bereichs nie eindeutig beantworten lässt. Das stimmt zwar verstandesmäßig, aber es stellt gleichzeitig eine Weigerung dar, sich der Sache gefühlsmäßig zu öffnen und sich ihr auf der „Herzensebene" zu nähern.

Ich bekomme oft den Eindruck, dass die scheinbar unüberbrückbare Kluft zwischen Gläubigen und Atheisten sehr oft auf einem Missverständnis beruht. Die Falle ist sprachlicher Art: Bei einem Atheisten ruft das Wort „Gott" schlicht andere Vorstellungen hervor als bei einer gläubigen Person, deren Glaube auf persönlichen spirituellen Erfahrungen beruht. Die Schemata im Kapitel 3.2 stellen einen Versuch dar, dies zu veranschaulichen.

---

53 Zit. in Josef Sudbrack, *Mystik*, S. 43.

Karl Rahner (1904–1984), der wohl bedeutendste katholische Theologe der zweiten Hälfte des 20. Jahrhunderts, hat lange mit dem augenfälligen Phänomen gerungen, dass es Menschen gibt, die sich nicht als Christen bezeichnen, aber dennoch größtenteils im Einklang mit den sogenannt christlichen Prinzipien leben – in stärkerem Ausmaß vielleicht als manche bekennende Christen. Rahner prägte daraufhin den Begriff „anonyme Christen". Das gleiche Phänomen findet sich zweifellos auch bei anderen Religionen.

Entscheidend ist also nicht der vordergründig propagierte Glaube, der möglicherweise aus intellektuellen oder kulturellen Gründen akzeptiert oder mehr oder weniger unkritisch von Eltern und Umfeld übernommen wurde. Ein solcher Glaube mag dann eine Schublade des Lebens neben anderen – Beruf, Familie, Hobbies – bilden, aber er stellt keinen alles durchdringenden Faktor dar. Gewisse Inhalte aus der religiösen Dimension werden zwar für wahr gehalten, aber es findet kein Sich-Fallenlassen in die Gottheit statt. Entscheidend ist vielmehr ein existenzielles **Vertrauen** (das, was die nie versiegende Kraftquelle offenhält). Ein solches kann bei Menschen ohne religiöse Bindung genauso vorhanden sein oder fehlen wie bei „Glaubenden" der oben beschriebenen Art.

Es ist unübersehbar, dass der Einfluss der institutionalisierten Religionen abnimmt. Das Heilige wird zunehmend auch jenseits aller etablierten Religionen gesucht, was gesellschaftlich gesehen ein noch nie dagewesenes Phänomen darstellt. Individualisierte Spiritualitätsformen breiten sich aus, ohne dabei eine einheitliche Bewegung zu bilden. Verbundenheit mit der Natur ist eines ihrer häufigsten Merkmale. Zu den Grundlagen gehört die – heutzutage leicht zugängliche – religiöse und mystische Weisheitsliteratur aus allen Weltteilen. Auch die ethischen Grundprinzipien unterscheiden sich kaum von denen der Weltreligionen. So gesehen besteht nach wie vor eine enge Verwandtschaft zwischen der religiösen Tradition der Menschheit und der modernen Spiritualität. Noch ist eine solche inklusive, religionsübergreifende Spiritualität kein Massenphänomen; aber sie ist aus unserer Zeit auch nicht mehr wegzudenken.

Wo anders als in der Dimension des Religiösen bzw. Spirituellen lässt sich nach Antworten auf die angeführten Urfragen suchen? Der **Humanismus** bietet eine vergleichbare ethische Basis. Aber jene Sehnsucht nach dem „Mehr" – nach etwas, das dem ganzen Kosmos Sinn verleiht und dem man danken kann für die Schönheit auf der Welt – vermag er nicht zu erfüllen.

Der Reifeweg bedeutet eine Lebensaufgabe. Er ist beschwerlich und mit Hindernissen, Ablenkungen und Unsicherheiten gespickt. Wir benötigen eine **Gemeinschaft von Gleichgesinnten** (geistig sowie persönlich), aber auch die allein genügt nicht. Ohne eine **verlässliche innere Quelle**, aus der sich Kraft schöpfen lässt, und ohne einen **verlässlichen Kompass** sind die Aussichten, eine gute Wegstrecke zurückzulegen, gering – das zeigen genügend Einzelschicksale. Wo oder wie finden wir also Zugang zu einer solchen Quelle, die Wegzehrung und Orientierung zugleich bietet?

Für Angehörige einer Religion ist die Antwort naheliegend: durch Gebet, durch geistige Lektüre, in Ritualen sowie in der Religionsgemeinschaft. Meditation (im umfassenden Sinn) ist ein Zugang, der heutzutage auch nicht konfessionell eingebundenen Menschen offensteht. Aber auch die meditative Praxis braucht einen spirituellen Unterbau, um sich langfristig als fruchtbar zu erweisen.

Manchmal sind es **Vorbilder**, die uns als Orientierung dienen. Dies können globale Leuchtfiguren wie der Dalai Lama oder Mutter Teresa sein, oder aber Personen aus unserem Umfeld, etwa eine Großmutter, die das vorlebte, was uns als Wegweiser dienen kann.

Die **Natur** ist gerade in unserer säkular geprägten Gesellschaft ein wichtiges Portal zur Tiefendimension und Quelle. Dass sie nicht nur lebendig ist, sondern ihr (meist unbewusst) auch eine eigene Weisheit zuerkannt wird, lässt sich nicht nur bei naturnahen Völkern feststellen, sondern blitzt auch immer wieder in unserem Sprachgebrauch auf. Ein Satz wie „Die Natur hat das gut eingerichtet" kann auch einem wenig spirituell gesinnten Menschen entrutschen. Und wer stört sich am Ausdruck „Mutter Natur"? Ferner kann es kein Zufall sein, dass „Natur" in allen mir bekannten Sprachen, die ein grammatikalisches Geschlecht aufweisen, weiblich ist.[54]

Portale können sich auch öffnen durch Berührtwerden von **Kunst**, sei es einem Gemälde, einem Musikstück oder einem Gedicht, sowie durch **liebevolle Begegnungen** oder **Erfahrungen von Stille**.

Um das, was hinter solchen Portalen liegt – also um das, was uns bis zum letzten Atemzug nährt, gleichzeitig aber sprachlich kaum fassbar und zutiefst intim ist –, geht es in den folgenden zwei Kapiteln.

---

54 z. B. die Natur, la nature (franz.), la natura (ital.), la naturaleza (span.), priroda (russ., vom Verb rodit', gebären).

Vielleicht gehören Sie, liebe Leserin und lieber Leser, zu denjenigen, die normalerweise auf Distanz gehen zu allem, was mit Religion oder Spiritualität zu tun hat. Sie können selbstverständlich einen Bogen um die kommenden zwei Kapitel machen. Aber möglicherweise würden Sie, wenn Sie weiterlesen, etwas Unerwartetes erfahren. Die Einladung liegt vor.

3.1 DER LEISE WINDHAUCH

Die Bibel erzählt folgende Geschichte vom Propheten Elija: Er zog durch die Wüste und stieg auf den Berg Horeb, wo er in einer Höhle Unterschlupf fand. Dort klagte er Gott sein Leid, worauf dieser ihn aufforderte, aus der Höhle herauszutreten und sich vor ihn hinzustellen:

„Da zog der Herr vorüber: Ein starker, heftiger Sturm, der die Berge zerriss und die Felsen zerbrach, ging dem Herrn voraus. Doch der Herr war nicht im Sturm. Nach dem Sturm kam ein Erdbeben. Doch der Herr war nicht im Erdbeben. Nach dem Beben kam ein Feuer. Doch der Herr war nicht im Feuer. Nach dem Feuer kam ein sanftes, leises Säuseln. Als Elija es hörte, hüllte er sein Gesicht in den Mantel." (1. Könige 19, 11–13)

In der Übersetzung des jüdischen Religionsphilosophen *Martin Buber* (1878–1965), die dem hebräischen Urtext näherkommt, lautet der zweitletzte Satz: „[…] aber nach dem Feuer eine *Stimme verschwebenden Schweigens*."[55]

Das lateinische Wort „spiritus" bedeutet „Atem, Lufthauch, Geist"; das Verb, aus dem es hervorging, lautet „spirare" – „atmen". Die jeder Religion zugrunde liegende **Spiritualität** enthält also dieses Element des **Luftigen**, **Lebendigen**, **Fließenden**. Es ist dieser leise und subtile Geist, der weht, wo er will.

Um bei diesem Bild zu bleiben: Spiritualität bringt frische Luft in ein ich-zentriertes Lebensgebäude, das ohne sie immer stickiger und unerträglicher wird. Und wie kein menschliches Leben ohne Atmen möglich ist, ist auch kein Reifeprozess ohne diesen leise inspirierenden und kraftspendenden Geist denkbar.

---

55 https://bibel.github.io/BuberRosenzweig/ot/1.K%C3%B6n_19.html.

In der Bibel heißt diese Lebensessenz „Gott". „Gott" ist in einer geistig-religiös verunsicherten bis skeptischen Gesellschaft zu einem heiklen Wort geworden. Schuld daran sind nicht nur religiöse Zweifel, sondern auch der achtlose und manchmal auch bösartige Missbrauch, der mit ihm getrieben wurde und wird. Ist ein redliches Sprechen von Gott noch möglich? Wenn ja, verlangt es enorme Behutsamkeit.

Folgendes Gedicht des Arbeiterpfarrers und Dichters *Andreas Knapp* (geb. 1958) bringt diesen Zwiespalt auf prägnante Art zum Ausdruck: [56]

Gott
Unwort der Jahrtausende
blutbesudelt und missbraucht
und darum endlich zu löschen
aus dem Vokabular der Menschheit

Redeverbot von Gott
getilgt werde sein Name
die Erinnerung an ihn vergehe
wie auf Erden so im Himmel

wenn unsere Sprache aber
dann ganz gott los ist
in welchem Wort
wird unser Heimweh wohnen

wem schreien wir noch
den Weltschmerz entgegen
und wen loben wir
für das Licht

Im Islam gibt es sowohl in der Sufi-Mystik als auch im Volksglauben die Tradition der 99 Namen Allahs (die alle im Koran vorkommen und alle gewisse Eigenschaften Gottes ausdrücken, welche sich die Menschen bei ihrem „Aufstieg" mehr und mehr aneignen sollen). Der hundertste, weil unfassbar,

---

56 Zitiert in der Zeitschrift *Publik-Forum*, Nr. 24/2018, S. 33.

bleibt ein Geheimnis. Diese Herangehensweise wird der oben geforderten Redlichkeit gerecht, denn sie umschreibt das Unsagbare, anstatt es beschreiben oder gar definieren zu wollen. Und sie lässt einen Leerraum für das, was dem beschränkten menschlichen Verstand nicht zugänglich ist.

In diesem Geist folgen hier ein paar Bezeichnungen, die auch im Rest des Buchs alternierend verwendet werden. Nicht als Entweder-oder, sondern als Sowohl-als-auch. Und stets mit einem leeren Raum für MEHR.

Gott …
Das Göttliche …
Das Heilige …
Das Unaussprechliche …
Das Transzendente …   in unserer Mitte
Der Seinsgrund …
Die Essenz unserer Essenz …
Liebe …
Friede …

Zutiefst in uns und um uns ganz subtil, wie ein leiser Windhauch, **präsent**, erahnbar, aber nicht erfassbar, meist von unseren Sinneseindrücken, Gedankenströmen, emotionalen Bewegungen sowie von festgefahrenen Meinungen, Abneigungen und Ängsten **übertönt und überdeckt**. Weitere Barrieren bilden eine Haltung des Misstrauens (Abwehrhaltung) und der Egozentrik (isolierende Haltung; Abkapslung von jener Mitte, in der wir mit allen und allem verbunden sind).

Dionysius Areopagita, ein vermutlich syrischer Mönch und Mystiker aus dem frühen 6. Jahrhundert, über dessen Identität wenig bekannt ist, der aber ein geistesgeschichtlich einflussreiches Werk hinterlassen hat, schrieb: „Die einzige Sprache, die keine Grenzen hat, in der das Unendliche noch einen Platz hat: das Schweigen. Nicht das düstere Schweigen, sondern ein Schweigen, das Sprache ist. Ehrfürchtiges Schweigen. Betendes Schweigen. Verehrendes Schweigen."[57]

---

57 Zit. in: https://www.wir-sind-kirche.de/koeln/das_hell-lichte_dunkel.htm.

Und doch erfasst uns Menschen der Drang, das, „wovon das Herz voll ist", zum Ausdruck zu bringen. Wenn wir uns eine **von fassbar bis unfassbar reichende Skala der Subtilität** vorstellen, so befinden sich konkrete, messbare, mit den Sinnen direkt wahrnehmbare Dinge (etwa ein Tisch) am einen Ende und das, was wir „Gott" nennen, am anderen. Je näher etwas am ersten, „handfesten" Ende angesiedelt ist, desto einfacher können wir es auch sprachlich und damit gedanklich fassen. Je mehr wir uns zum Subtilen hin bewegen, desto weniger eignen sich theoretische Abhandlungen und desto mehr müssen wir zu Metaphern und Vergleichen, besser noch zu Liedern, Gedichten und Geschichten greifen. Denn Lieder, Gedichte und Geschichten berühren das Gemüt, das feiner wahrzunehmen und zu unterscheiden in der Lage ist als unser Verstand. Und sie wecken Assoziationen. Durch sie wirken das Gehörte bzw. Gelesene wie auf unser eigenes Leben zugeschnitten.

Weil das Allersubtilste („das Göttliche") von dem, was lauter und greller daherkommt (in der Elija-Geschichte der Sturm, das Erdbeben und das Feuer), oft übertönt oder verdeckt wird und so leicht zu verpassen ist, und weil es so weit jenseits des wissenschaftlichen Zugriffsbereichs liegt, wird es zumeist ignoriert und vielfach sogar negiert.

Dieses Subtile ist so fein, dass es alles durchdringt. Es kann genauso wenig abwesend sein wie Luft in einem lebendigen Körper. Und es ist nichts Statisches, es bewegt und ist in Bewegung wie der Ein- und Ausfluss der Luft beim lebenserhaltenden Atemvorgang. Wie oft aber nehmen wir Luft oder den Atemvorgang bewusst wahr?

Es muss ein gutes Gleichgewicht gefunden werden zwischen dem eigentlich angebrachten Schweigen und der Sehnsucht nach sprachlichen oder bildhaften Annäherungen. Ein solcher Versuch wird im folgenden Kapitel unternommen.

3.2 VON DER UNMÖGLICHKEIT, AUS GOTT HERAUSZUFALLEN

Es gibt keinen gottlosen Menschen auf dieser Welt, weil kein Mensch Gott loswerden kann. (Karl Rahner, 1904–1984, einer der bedeutendsten Theologen des 20. Jahrhunderts)[58]

Weltbilder im Überblick

In den vorhergehenden zwei Kapiteln haben wir uns gedanklich unserem Fundament bzw. unserer Kraftquelle angenähert und dafür Begriffe wie Gott, das Göttliche, die Grundlage alles Seienden usw. verwendet. In diesem Kapitel überlegen wir uns genauer, was darunter verstanden werden kann – bis an die Grenzen des Denkbaren. Denn das, was hier gemeint ist, geht per definitionem weit darüber hinaus. Wir schauen auch auf die guten Gründe, die das Postulieren eines solchen Fundaments plausibel machen, und zeigen auf, wie wichtig ein solches Fundament für einen bewussten, lebenslangen Reifeprozess ist. Als Leitplanken für die folgenden Überlegungen sollen vier Schemata dienen. Sie bilden auf eine sehr einfache Art verschiedene Weltbilder ab. Der Begriff „Weltbild" wird umfassend verstanden, also einschließlich Menschen- und Gottesbild (das Gottesbild kann auch aus der Vorstellung der Nichtexistenz Gottes bestehen). So sieht das erste Weltbild aus:

WELTBILD A

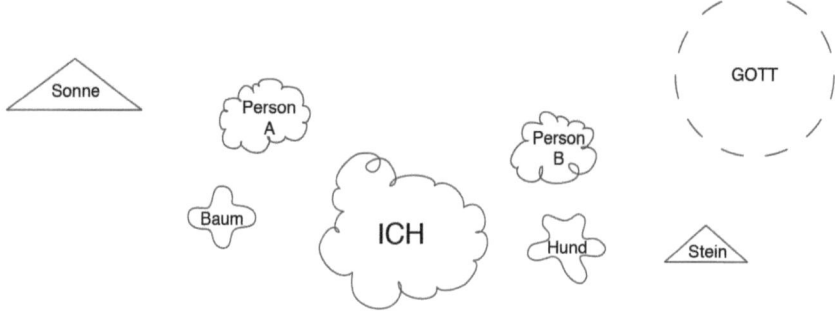

---

58 Zit. in Pierre Stutz, Geborgen und frei, S. 41.

Gemäß diesem Weltbild **besteht die Wirklichkeit aus getrennten Phänomenen**. Statt „Phänomen" ließe sich auch „Erscheinungsformen" oder „Entitäten" sagen. Der Vorteil des Begriffs „Phänomen" liegt darin, dass er nicht bloß Dinge, sondern auch Handlungen und Vorgänge umfasst. Egal welchen Begriff man verwendet – das Gemeinte ist irgendwann einmal entstanden und vergeht auch wieder. Phänomene lassen sich in verschiedene Kategorien einteilen. Die erste umfasst alles, was direkt sinnlich wahrnehmbar ist, wie etwa Steine, Brücken, Blumen, Ameisen und Menschen sowie Handlungen aller Art. Aus dieser Kategorie stammen die Beispiele im Schema. Zur zweiten Kategorie gehören die sinnlich nicht wahrnehmbaren, aber doch messbaren oder nachweisbaren Phänomene wie etwa Atome oder schwarze Löcher. Hinzu reihen sich innere Phänomene wie Gedanken und Emotionen, deren Kommen und Gehen sich zwar dank moderner Messtechnik (z. B. Computertomographie) objektiv verifizieren lassen, deren Inhalte jedoch nur dem subjektiven Bewusstsein zugänglich sind.

„Gott" fällt natürlich weder in die eine noch in die andere Kategorie, da „er" weder mit den Sinnesorganen noch mit Messinstrumenten fassbar ist. Dennoch wird er als eine – mögliche – weitere Entität gedacht, jedoch minus die Attribute „entstanden" und „vergänglich". Auch die Sprache bestärkt dieses Gleichsetzen: Das Wort „Gott" ist genauso ein Substantiv wie „Stein" oder „Mensch". Dieses Weltbild führt fast zwangsläufig zur Frage, ob Gott denn wirklich existiert, so wie eben ein Stein oder ein Mensch existiert. Eine Gefahr bei dieser Sicht der Dinge besteht außerdem darin, dass die Entität „Gott" zu einem Randphänomen abgleitet. Man bestreitet seine Existenz zwar nicht unbedingt, aber eine große Rolle im alltäglichen Leben spielt er nicht.

Ferner geht dieses Weltbild für viele Menschen, die sich diesbezüglich Gedanken machen, irgendwann nicht mehr auf. „Gott" wäre das einzige nichtentstandene und nichtvergängliche Phänomen unter allen; außerdem soll er die stets kleiner werdende Restmenge dessen abdecken, was wissenschaftlich noch nicht erklärt ist. Ferner heißt es in der christlichen Lehre, Gott sei überall. Aber ich bin nicht Gott und ein Baum ist nicht Gott, sagt mir der gesunde Menschenverstand, wie kann Gott also da sein, wo ich gerade bin, oder wo ein Baum gerade wächst? Neben anderen Gründen wird auch aufgrund solcher Überlegungen irgendwann das Konzept „Gott" fallen gelassen.

Dies stellt jedoch einen klassischen logischen Trugschluss dar. Denn nur, weil meine *Vorstellung* von Gott sich als unhaltbar erweist, bedeutet dies nicht, dass das, was hinter dieser Vorstellung ist, nicht sein kann. Dennoch

landen viele Menschen nach Ablegung dieser oft aus der Kindheit mitge-
nommenen Sicht der Dinge (eine Phase, in der sie völlig adäquat ist) beim
nächsten Weltbild:

WELTBILD B

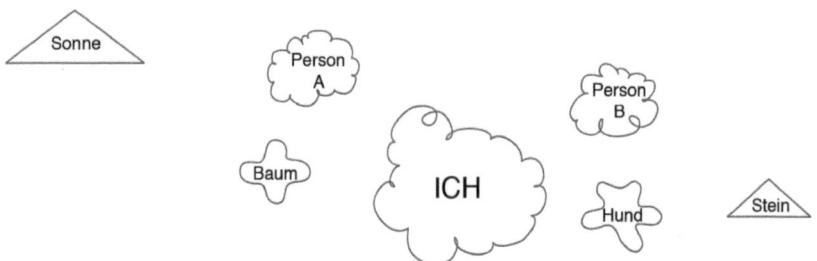

Die Wirklichkeit besteht hier ausschließlich aus getrennt wahrnehmbaren
Phänomenen. Auf subatomarer Ebene sind die Dinge laut Quantenphysik
nicht wirklich getrennt, aber für unseren Alltag spielt das kaum eine Rolle.
**Es gibt keinen Gott, nichts Göttliches, nichts Heiliges, nichts Ab-
solutes.** Keine Transzendenz, keine Schöpfungskraft, keine umfassende All-
ordnung. Damit lässt sich dem Dasein auch kein dauerhafter Sinn zuordnen.
Auch ein höheres oder höchstes „Gut", auf das wir ethisch gesehen hinstre-
ben, gibt es nicht. Dies ist die materialistische Weltsicht.

Und doch begegne ich immer wieder Menschen, die zwar mit „Gott"
nichts anfangen können und trotzdem eine gelebte Ehrfurcht und ein an moralischen Maßstäben orientiertes Verhalten an den Tag legen. Die Ehrfurcht
ist ungerichtet, aber spürbar, und die moralische Ausrichtung folgt anscheinend einem inneren Kompass, der nicht nur auf das weist, was bei anderen
Menschen gut ankommt oder gerade „in" ist. Eine Aussage wie „ihm/ihr ist
nichts heilig" (die einem einen leichten Schauder über den Rücken laufen
lässt) trifft auf sie nicht zu. Wie lässt sich das erklären? Vielleicht beruht der
Atheismus solcher Menschen mehr auf einem Missverständnis als auf einer
strikten Ablehnung jeglicher absoluter Werte oder Wahrheiten. Abgelehnt
wird nicht *Gott* – das Sein, das Gute, das Wahre schlechthin –, sondern ein
bestimmtes *Gottesbild*. Es kann auch damit zusammenhängen, dass in Zeiten
wie diesen, wo die Gottesfrage eher tabu denn aktuell ist, eine atheistische

Haltung mehr übernommen als durchdacht ist. Manche nicht religiösen Zeitgenossen würden sich als Humanisten bezeichnen und beispielsweise von der Würde des Menschen und der Natur sprechen. In vielen Fällen läuft es also auf ein semantisches Problem hinaus. Was die einen als „heilig" bezeichnen und wo sie Gott oder etwas Göttliches darunter verstehen, ist für andere ein dem Kosmos bzw. der Natur inhärenter Wert und Sinn. Woher dieser Wert oder dieser Sinn stammen? Das spielt, würden sie vielleicht antworten, für die Praxis keine Rolle. Spätestens jedoch im Hinblick auf den Tod – und damit auf die Frage „Ende oder Übergang?" – werden die „semantischen" Unterschiede dann doch wieder relevant und drängen einen dazu, die ganze Fragestellung genauer zu durchdenken (mehr hierzu in Kapitel 5).

Viele spüren intuitiv, dass einer Gesellschaft, der mehrheitlich nichts heilig ist, ein bindendes Fundament fehlt. Etwas wie Nationalismus kann dann zum Ersatzbindemittel werden. Ansonsten huldigen Einzelpersonen und Subkulturen ihren jeweiligen auswechselbaren Götzen. Zwei bedeutende Philosophen des 20. Jahrhunderts, *Hans Jonas* (1903–1993) und *Leszek Kolakowski* (1927–2009) haben dies in einem Abstand von ein paar Jahrzehnten erkannt. Hans Jonas schrieb: „Es ist die Frage, ob wir ohne die Wiederherstellung der Kategorie des Heiligen [...] eine Ethik haben können, die die extremen Kräfte zügeln kann, die wir heute besitzen."[59] Und Leszek Kolakowski formulierte es so: „Wenn die Kultur den Sinn für das Heilige verliert, verliert sie allen Sinn."[60] Dabei wird keine spezifische Religion propagiert. Es wird eher aus dem Gefühl einer existenziellen Gefährdung heraus auf die Unumgänglichkeit eines Bezugs zum Heiligen verwiesen.

Gerade den ganz großen Physikern des 20. Jahrhunderts, den Pionieren der Relativitätstheorie und der Quantenphysik, also jenen, die auch über den Tellerrand der physikalischen Formeln hinausblickten, wie z.B. *Max Planck* (1858–1947), *Albert Einstein* (1879–1955) und *Werner Heisenberg* (1901–1976), genügte angesichts ihrer Entdeckungen ein materialistisches, mechanistisches Weltbild nicht. Laut Einsteins eigener Aussage gründet seine im Verlauf der Forschungstätigkeit entwickelte Religiosität „[...] im verzückten Staunen über die Harmonie der Naturgesetzlichkeit, in der sich eine so überlegene Vernunft offenbart, dass alles Sinnvolle menschlichen Denkens

---

59 Zit. in *Publik-Forum* Nr. 12/2019, Michael Schrom, *Was ist heilig?*, S. 29.
60 Ebda.

und Anordnens dagegen ein gänzlich nichtiger Abglanz ist. […] Unzweifelhaft ist dieses Gefühl nahe verwandt demjenigen, das die religiös schöpferischen Naturen aller Zeiten erfüllt hat."[61]

Und auch die Frage nach *Werten*, ohne die jede Gesellschaft fragil und konfliktdurchsetzt wird, stellt sich hier.

Es gibt offensichtlich neben den zwei bisher schematisch dargestellten Weltsichten – der *theistischen* und der *atheistischen* – noch mindestens eine weitere (zur agnostischen Einstellung siehe Seite 194). Die Aussage Einsteins hat dies schon angedeutet; verdeutlichen möchte ich sie durch Worte von *Mahatma Gandhi* (1869–1948): „Ich bin zur Überzeugung gelangt: Wenn alle Upanischaden und alle anderen heiligen Schriften plötzlich zu Asche würden und nur der erste Vers der Isha-Upanischad den Hindus im Gedächtnis bliebe, dann würde der Hinduismus für immer lebendig bleiben. […]" Dieser Vers lautet: „**Der ganze Kosmos mit allem, was darin existiert, ist von Göttlichkeit durchdrungen.** Erkenne dies und entsage dem Vergänglichen." [62]

Für unsere Zwecke bedeutsam ist hier vor allem der eine Satz, der fett dargestellt ist. Versuchen wir, dessen Aussage in einem weiteren Schema darzustellen:

WELTBILD C (1)

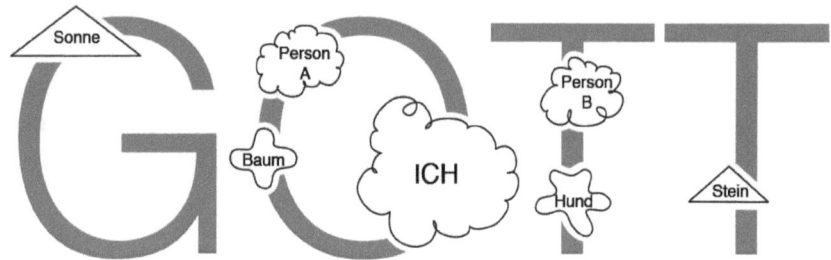

Mit Worten zusammenfassen lässt sich diese Sicht folgendermaßen:

---

61 Albert Einstein, *Mein Weltbild*, S. 18.
62 Zit. in Arvind Sharma (Hrsg.), *Innenansichten der großen Religionen*, S. 353 (fette Hervorhebung von mir).

Gott ist in allem. Alles ist in Gott. Gott ist mehr als alles. Durch und in Gott ist alles miteinander verbunden.

Anders gesagt: Bei Gott sprechen wir von *Sein*. Bei allem Existierenden, allem, was kommt und geht, von *Dasein*. Dasein bedeutet Teilhabe am Sein. Ein nicht unwichtiger Aspekt unserer Realität kommt in diesem Schema jedoch nicht zum Ausdruck, nämlich die Tatsache, dass unser irdisches Leben kein paradiesisches ist. Um dem Unterschied auf die Spur zu kommen, können wir eine Wiese voller Blumen betrachten. Wenn wir uns vollständig und ohne Ablenkung auf sie einlassen, leuchtet etwas unbeschreiblich Schönes und Beglückendes auf. Sie beglückt uns, obwohl wir überhaupt keinen praktischen Nutzen oder Vorteil daraus erlangen. Schema C1 veranschaulicht dies: Durch die Form scheint das Göttliche hindurch. Nun aber die Frage: Warum leuchten wir Menschen nicht ebenso? Kleine Kinder haben dieses Leuchten vielfach noch. Der „ungeschaffene Urgrund" und die dazugehörende unbändige Freude schimmern noch hindurch. Dass dies später nicht mehr der Fall ist, lässt sich am einfachsten so erklären: Im Lauf unseres Lebens bildet sich – durch die Anhäufung von schmerzvollen Erfahrungen und durch sich festsetzende Elemente von Ablehnung, Neid, Gier, Angst, Missgunst, Selbstsucht, Vorurteilen und Ausgrenzung – ein verdunkelnder Nebel zwischen uns und unserem Wesensgrund. Bei den meisten Erwachsenen müsste man das Schema demnach so modifizieren:

WELTBILD C (2)

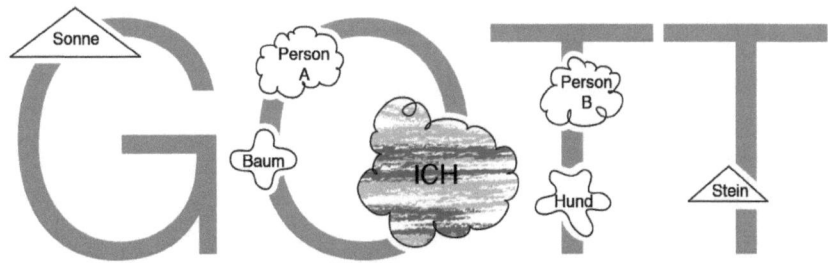

Natürlich müssten auch Personen A und B schattiert werden, aber ihren Grad an Blockierung bzw. Undurchlässigkeit kenne ich nicht. Es ist schwer genug, den eigenen einzuschätzen.

Im Lauf unseres Lebens lassen wir die natürliche Verbindung zwischen unserem Urgrund (Gott) und unserem Wachbewusstsein verkümmern. Er – der Urgrund – wird überlagert, sodass mit der Zeit Ahnungen davon nur noch durch Spalten und Ritzen dringen.

Und wenn so der Zugang zum Nährboden mehr und mehr verloren geht, muss ich mich anderen scheinbar nährenden Quellen zuwenden: Besitz, Macht, Status, Erfolg in Beruf und Beziehung, Vergnügungen und Erlebnissen. Zusätzliches Lebenselixier beziehe ich aus Arbeit oder Hobbys (dort, wo meine Leidenschaft ist), Familie oder anderer Gemeinschaft. Diese werden dann Teil meiner Gesamtidentität. Oder umgekehrt: Ich lege mir eine Identität als Opfer zurecht, als jemand, dem das Leben übel mitgespielt hat, und „nähre" mich von Ressentiments und Bitternis. Wenn aber solche Quellen versiegen oder sich als krank machend erweisen, was dann?

In der Bibel werden solche „Ersatzquellen" als Götzen bezeichnet. Das goldene Kalb, um welches das jüdische Volk tanzte, als Moses abwesend war, ist ein Beispiel dafür. Sie müssen zerschlagen werden, um Platz für den wahren, aber unfassbaren und unverfügbaren Gott zu machen. Es ist besser, diesen unvermeidlich schmerzlichen Prozess aktiv voranzutreiben, als in Blindheit zu warten, bis sich die „Götzen" von selber als abträglich erweisen und uns auf einem existenziellen Scherbenhaufen zurücklassen.

Um das obige Bild wieder aufzugreifen: Ich muss die Lücken in der Trennungsschicht aufspüren – dort, wo die wahre Quelle noch spürbar oder erahnbar ist – und dem, was durch sie aufscheint, Raum geben und Aufmerksamkeit schenken. Sei es durch Meditation, Gebet oder Rituale. So können diese ersten Lücken weitere Trennungsmasse zum Bröckeln bringen. Die Durchlässigkeit wird größer.

Es gibt eine Strophe in einem Gedicht von *Hilde Domin* (1909–2006), die lautet:

Vielleicht wird nichts verlangt
von uns
während wir hier sind,
als ein Gesicht
leuchten zu machen
bis es durchsichtig wird.[63]

---

63 Aus dem Gedicht „Indischer Falter", in Hilde Domin, *Gesammelte Gedichte*, S. 176.

Dies lässt sich in Zusammenhang mit dem obigen Schema (C2) so deuten: durchsichtig werden für die Quelle, das Göttliche. Ob es sich hierbei um das eigene Gesicht oder das eines anderen Menschen handelt, bleibt offen.

Wenn wir Schema A als *theistisch* und Schema B als *atheistisch* bezeichnet haben, welcher Name lässt sich für Schema C finden? Am passendsten ist wohl *panentheistisch*. Aus dem Griechischen übersetzt heißt dies „alles in Gott enthalten". Nicht zu verwechseln mit „pantheistisch": Da ist Gott einfach alles (aber nicht mehr) und alles ist Gott; vergeht das Universum (oder vergehen alle Universen, je nach kosmologischer Sicht), vergeht auch Gott.

Sollte Ihnen das Schema zusagen, die Bezeichnung „panentheistisch" aber nicht, lassen Sie diese einfach weg. Das Bild vermittelt seine Botschaft auch ohne Benennung. Viele Menschen heute würden sich überdies nicht in Kategorien wie religiös, areligiös oder atheistisch einreihen (und panentheistisch klingt schon sehr kopflastig), sondern sich als *spirituell* oder vielleicht auch als *spirituell offen* bezeichnen. Auch hierzu passt das Schema (das Wort „Gott" fungiert dann einfach als Platzhalter für etwas, das vielleicht gar nicht benannt werden soll).

Was die Schemata C1 und C2 zum Ausdruck bringen: Gott *ist* – wir und alle Dinge um uns herum *existieren* (etymologisch: „ragen heraus"). Dies entspricht auch dem biblischen Verständnis. Als Gott Moses in der Form eines brennenden, aber nicht verbrennenden Dornbusches begegnet, stellt er sich ihm mit den Worten „Ich bin der ich bin" vor.[64] Gott ist der „**Seinsspender**" von allem; die **Quelle**, aus der jegliches Existieren hervorkommt. Die Frage, ob Gott existiert, erübrigt sich, da Gott außerhalb der Kategorie des Existierenden ist. Alles Existierende ist vergänglich – es kommt aus dem Sein, nimmt daran teil, unterliegt dem Wandel und vergeht wieder. Das Sein ist unvergänglich.

Gemäß diesem Weltbild ist das **Numinose** nicht nur permanente Urquelle, sondern auch **Erhalter** allen Daseins. Wobei diese Bezeichnungen – und dessen muss man sich immer bewusst bleiben – bloß Bilder für eine unfassbare Wirklichkeit sind. Gemäß Schema C (1 und 2) ist das ganze Weltall also durchgeistigt; anders gesagt, auch mit **Bewusstsein** versehen. Über das Geheimnis und die Einzigartigkeit des Bewusstseins (und seine Rolle im Reifeprozess) wird in Kapitel 4.1 weiter nachgedacht.

---

64 2. Mose (Exodus), 3,14. In einer anderen Übersetzung: „Ich bin der 'Ich-bin-da'".

Eine Holzhütte im Wald

Welches der drei schematisch dargestellten Weltbilder kommt nun der Wirklichkeit am nächsten? Beweisen lässt sich keines. Also geht es um die Frage der Plausibilität. Welches ist für mich, für Sie das Glaubwürdigste? Der Frage der Plausibilität gehen wir nun etwas ausführlicher nach; danach folgt ein knapper geistesgeschichtlicher Überblick. Es lohnt sich, genau hinzuschauen und möglichst klar zu sein im Denken und im Fühlen, denn unsere Haltung diesbezüglich ist für den Sinn und die Zielrichtung eines Reifeprozesses, und auch für den Antrieb dazu, von entscheidender Bedeutung.

Um das scheinbar sehr Abstrakte näher an unsere Alltagserfahrung heranzuholen, wollen wir etwas ganz Konkretes betrachten, nämlich eine simple Holzhütte im Wald. Nehmen wir an, eine rudimentäre Vorform ist bereits vorhanden, sie ist aber aufgrund fehlender Balken und nur locker fixierter Holzwände einsturzgefährdet. Materialien zur Ausbesserung – Holz, Nägel, Lack usw. – gibt es zur Genüge in und neben der Hütte. Aber bilden sich daraus die nötigen Verstärkungen, Stütz- und Schutzelemente von selber? Etwa indem die vorhandenen Materialien von Naturkräften über Jahrmillionen durchmischt und durcheinandergeschüttelt werden? Wohl kaum. Ganz im Gegenteil: Die Wahrscheinlichkeit, dass das ganze Gerüst kollabiert, ist unendlich viel größer. Erst durch den **Input von Energie und Intelligenz** werden sich die Teile so zusammenfügen, dass am Ende eine stabilere und dauerhaftere Hütte im Wald steht. Die Energie ist hier in erster Linie die Arbeitskraft, die der Ausbau benötigt; die Intelligenz kommt u. a. in der Planung und im Abmessen zum Ausdruck. Und doch haben sich gemäß dem Weltbild von mechanistisch-materialistisch gesinnten Menschen Gebilde aller Art, simple wie komplexe, im Lauf der Evolution *ohne Intelligenz* stabilisiert und fortentwickelt. Die Zunahme an Komplexität, beginnend bei subatomaren Partikeln und Energiewellen über Atome, Moleküle und Himmelskörper bis hin zu selbstreproduzierenden Zellen, Lebewesen, Menschen und unvorstellbar komplexen Ökosystemen (da ist eine Holzhütte ein Klacks dagegen) soll ganz ohne Mitwirkung von Bewusstsein (und damit Zielgerichtetheit) auf einer Anhäufung von Zufälligkeiten und – sobald die Zufälligkeiten zu Lebewesen geführt haben – auf blinden evolutionären Mutationen beruhen? Und wie kommt es, dass diese evolutionäre Entwicklungslinie hin zu stets größerer Komplexität nie grundsätzlich ins Gegenteil gekippt ist – kosmischer Verfall in stets einfachere, weniger komplexe Bestandteile? Nach dem Zufallsprinzip bzw. dem Prinzip spontaner Mutationen hätte ja ein Ende der Komplexitätszunahme bzw. eine Umkehr in die gegenteilige Entwicklungsrichtung in jedem Augenblick der ca. 13 Milliarden Jahre seit dem Urknall einsetzen können. Nichts in unserer menschlichen Erfahrung gibt uns den geringsten Hinweis auf ein solches rein mechanistisches Erklärungsmuster. **Nichts wird „von alleine" komplexer.** Im Gegenteil: „Von alleine" zerfallen die Dinge (siehe Fortsetzung der Hüttengeschichte unten). Und auch weitere Fragen bleiben unbeantwortbar, wenn das „Survival of the fittest"-Prinzip als alleinige Erklärung für unser Dasein herhalten muss: Woher stammen dessen Grundpfeiler, nämlich **der Überlebenstrieb sowie der Fortpflanzungstrieb?** Wenn diese Grundtriebe erst im Lauf der Evolution entstanden sind, wie kam es, dass die frühesten Formen, bei denen diese Triebe/Instinkte noch nicht spielten, sich dennoch fortpflanzten und dabei so mutierten, dass die notwendigen Triebe sich heranbilden konnten? Die einzige mögliche Erklärung ist, dass die Veranlagung dazu inhärent schon vorhanden war.

Entstehung ist das eine, Erhaltung das andere. Kehren wir also zu unserem Beispiel zurück und schauen, was passiert, nachdem die Holzhütte so verstärkt und ausgebaut wurde, dass sie als solche „überlebensfähig" wurde. Der zweite Hauptsatz der Thermodynamik besagt, dass alle Systeme bzw. Entitäten laufend (in je verschiedenem Tempo) unstrukturierter werden und schließlich zerfallen (dies unter Beibehaltung der Gesamtenergie, so lautet der erste Hauptsatz der Thermodynamik). Es sei denn, es gäbe weitere Zufuhr von Energie und – um Ordnung und Strukturiertheit wiederherzustellen bzw. zu stärken – von Intelligenz. Wenn also unsere Hütte im Wald sich selbst überlassen wird, setzt trotz der erfolgten Stabilisierung schon vom ersten Tag an ein erneuter Verfall ein. Mikroben, Pilze und Kleintiere aller Art machen sich an ihr zu schaffen, Wind und Wetter tun das ihre, das Holz modert; früher oder später zerfällt die Hütte in kleinere, weniger komplexe Einzelteile. Außer es gibt erneut Input von Energie (konkret wiederum in Form von Arbeitskraft) und Intelligenz (Wissen um die notwendige Reparatur- und Unterhaltsarbeit). Was für eine Holzhütte gilt, gilt auch für die Gesamtheit aller Erscheinungen, denn überall sind dieselben naturwissenschaftlichen Gesetze in Kraft.

Nur kommt beim Kosmos als Ganzem – und hier sind wir an der Grenze des Vorstellbaren angelangt – die erschaffende und erhaltende Energie und Intelligenz nicht einfach von außen, wie bei der Hütte, sondern vom Seinsfundament: vom permanenten *Sein*, das gewährleistet, dass das Universum nicht aus dem Dasein ins Nichts kippt. Von einem Sein, das aber auch ist, wenn es keine Erscheinungen gibt. Denn wie wären der Urknall und damit Zeit, Raum und alle Erscheinungsformen ohne dieses Ur-Sein möglich? Woher die unvorstellbare Energie, die den Urknall auslöste – oder bei seiner Auslösung vorhanden war (man ringt hier um Bilder und damit um Worte). Diese Urenergie ist somit die älteste erkennbare Ausdrucksform des Seins.

Warum gibt es etwas und nicht einfach nichts?
Die Annahme eines zeitlosen Seins (denn auch Zeit und Raum setzten erst mit dem Urknall ein), das nicht nur ein abstraktes, menschliches Gedankenkonstrukt ist, ist die einzige vernunftmäßig mögliche Annäherung an die Frage, warum es eigentlich etwas gibt und nicht nichts. Auch der Versuch von Physikern, das Zustandekommen des Universums ohne Annahme einer nicht evolutionär entstandenen Intelligenz zu erklären, indem sie auf ein subatomares Milieu von Aktualität und Potenzialität verweisen, wo sich Erscheinungen „spontan" materialisieren (bildliche Ausdrücke für einen nur mathematisch fassbaren Prozess), ist zum Scheitern verurteilt. Denn auch jenes subatomare Milieu oder System „existiert", ist also nicht NICHTS.

Auf diese grundsätzlichste aller Fragen, warum es etwas gibt und nicht nichts, kann es keine *natürliche*, d.h. wissenschaftlich fassbare Antwort geben. Entweder muss die Frage auf ewig unbeantwortet bleiben oder die Antwort darauf ist eine *übernatürliche*. In der klassischen Philosophie spricht man hier von der metaphysischen Dimension – dem Bereich, der „jenseits" der Physik liegt und für den die exakten Wissenschaften kein Werkzeug haben. Es ist die spirituelle oder religiöse Dimension. Antworten mit Bezug auf diese Dimension lassen sich erahnen, aus Plausibilitätsgründen postulieren, aber nie verstandesmäßig fassen, geschweige denn beweisen. Und Ehrfurcht, Staunen, Dankbarkeit, Hingabe werden, je nach Namensgebung, gerichtet an Gott, das Göttliche, das Transzendente, das Heilige, das Umfassende, das Absolute, die Natur – oder an einen nicht denkbaren, nicht nennbaren Adressaten.

In der gesamten Menschheitsgeschichte gab es nie einen Stamm, ein Volk oder eine Nation, bei dem bzw. der nicht Ahnungen von dieser Dimension zur Herausbildung von Mythen, Ritualen und ethischen Leitplanken geführt haben, die wir in ihrer Gesamtheit als Religion bezeichnen. Machthaber versuchten und versuchen immer wieder, diese Dimension, die so viel Hingabe erzeugt, für ihre Zwecke zu vereinnahmen. Oder sie propagieren eine bestimmte Form und marginalisieren oder verfolgen die Angehörigen anderer Religionsgemeinschaften. Mit wechselndem Erfolg, aber manchmal mit schrecklichen Folgen. Erst im 20. Jahrhundert kam es zu Versuchen, aus ideologischen Gründen diese Dimension als Ganzes zu „verbieten". Sie sind gescheitert (in Nordkorea ist das Ende noch ausstehend, wobei dort Führerkult und Patriotismus als Ersatzreligion dienen). Die in Kapitel 3 geschilderte Erfahrung in Rumänien zeigt exemplarisch, wie stark und tief verankert das kollektive Verlangen auch nach öffentlichem Ausdruck dieser spirituell-religiösen Dimension ist.

Ein letzter „ewiger" Diskussionspunkt in diesem Zusammenhang ist die Frage, ob das Göttliche eher als **persönlich** oder **unpersönlich** zu bezeichnen wäre.

Eine Person ist per definitionem beschränkt. Wo „ich" und „mein" aufhören, beginnen „du" und „dein". So gesehen ist bei einer personalisierten Gottesvorstellung die Gefahr groß, ein Bild von Gott als eine mächtigere und dauerhaftere Version eines Menschen zu internalisieren. Dem Gottesbild werden auf diese Weise menschliche Maßstäbe zugerechnet, was angesichts der beschränkten Zeit- und Raumspanne unserer Sichtweise zu einer wenig glaubwürdigen Gottesvorstellung führt.

Anderseits kann Gott nicht *weniger* als personenhaft sein. Ohne personale Wesensmerkmale wie Bewusstsein oder Liebe ist das Numinose nicht glaubhaft, denn dann wäre der Mensch dem Göttlichen zumindest in diesen Punkten überlegen. Ohne solche Wesensmerkmale gäbe es auch keinen „Empfänger" für Dankbarkeit, Ehrfurcht, Gebete und andere Formen von Hinwendung, wodurch diese urmenschlichen Verhaltensweisen wenig Sinn ergäben. Sowohl „persönlich" als auch „unpersönlich" greifen also zu kurz. Die meines Erachtens passendste Bezeichnung ist „persönlich, aber gleichzeitig auch weit mehr". Mit einem Wort: **transpersonal**".

Folgende Devise könnte in diesem Zusammenhang hilfreich sein: nicht versuchen, Gott einzuengen, indem wir ihn in unsere Vorstellungswelt zwängen, sondern uns selbst auszuweiten und so – möglichst vorstellungsfrei – für Gott zu öffnen.

Wie kommen wir zu unserem Weltbild?

Viele Menschen gehen auch heute noch mit einem theistischen Weltbild nach Schema A durchs Leben. Andere sind eher im atheistischen Weltbild B daheim oder wollen sich als Agnostiker nicht festlegen. Wieder andere (besonders jüngere, wie es scheint) fühlen sich am ehesten vom

„spirituellen" Weltbild C angezogen. Wie aber gelangen wir überhaupt zu unserer Haltung?

Schaut man bei sich und anderen genauer hin, so wird ersichtlich, dass diese Haltung niemals auf einem rein rationalen Abwägen beruht. Entscheidender ist das Zusammenspiel anderer prägender Faktoren wie die Vorstellungen des Umfelds, die eigene Lebenserfahrung und die Art, wie wir diese interpretieren, sowie die eigene Intuition. So gesehen sind die Ausstrahlung und der Vorbildeffekt anderer Menschen – in persönlicher Begegnung oder in geistiger Verbundenheit – letztlich wirkmächtiger als rationale Argumente.

Stellen wir uns hierzu in einem exemplarischen Gedankenspiel drei Personen vor, denen wir in etwa den gleichen naturwissenschaftlichen und religiösen Wissensstand zugestehen wollen. Jede soll einen weitverbreiteten Typ repräsentieren, sodass sie zusammen ein breites Spektrum der heutigen Haltungen abdecken (unter Ausklammerung von extremistischen Randpositionen).

Die *erste Person* zog schon früh aufgrund der wunderbaren Ordnung und Schönheit der Natur den Schluss, dass es eine göttliche Intelligenz braucht, die so etwas möglich macht. Bestärkt wird dieser primär gefühlsmäßige Standpunkt durch Geschichten über Jesus, Mutter Teresa und andere „Leuchtfiguren" sowie durch die direkte Vorbildwirkung einer lebensfrohen, gläubigen Mutter. Eine wichtige Rolle spielen auch ihre eigenen spirituellen Erfahrungen. Rationale Argumente sind eher nachgelagert, sozusagen als innere Rechtfertigung einer bestehenden Weltsicht. Die Kraft ihrer Überzeugung schwankt zwar je nach Lebensphase, aber gänzlich schwindet sie nie.

Die *zweite Person* lebt mit der Annahme, dass jegliche spirituelle oder göttliche Dimension eine Illusion sei. Sie war schon als Jugendliche wenig beeindruckt von Religionslehrern und Pfarrern und verabscheut die veralteten Strukturen religiöser Institutionen. Bestärkt wird sie in ihrer Haltung durch agnostisch bis atheistisch geprägte Verlautbarungen des Umfelds sowie durch das Fehlen irgendwelcher empirischer Belege für die Existenz Gottes. Manchmal vertritt sie diese Einstellung vehement gegen außen; zu anderen Zeiten beschleichen sie starke Zweifel, ob in diesem Weltbild nicht doch etwas fehlt.

Die *dritte Person* schließlich kommt aufgrund des Alltagsdrucks und der eigenen Prioritätensetzung gar nicht dazu, sich mit derartigen Fragen zu beschäftigen. In ihr wirken unvermischt vage Reste eines Kindheitsglaubens neben Zügen der säkularen Lebenseinstellung ihres jetzigen Umfelds. Gesprächen zu diesem Thema weicht sie generell aus. Und wenn doch von Zeit zu Zeit eine gewisse Sehnsucht nach Tiefe in einer hektischen Oberflächlichkeit sich bemerkbar macht, so nimmt sie sich vor, dieser Frage nachzugehen, sobald sie mehr Zeit hat.

Finden Sie sich typenmäßig in einer der drei Personen wieder?

Wie Sie aus dem Gesagten unschwer erraten werden, halte ich von den in diesem Kapitel schematisch vorgestellten Welt- und Gottesbildern das letzte (C) für das ausgereifteste und plausibelste. Warum? Weil es in keinerlei Widerspruch zu wissenschaftlichen Erkenntnissen steht. Weil es die religiöse oder spirituelle Dimension als immanent *und* transzendent darstellt, also keine schwer aufrechtzuerhaltende Dualität postuliert. Es ist inklusiv, nicht exklusiv: Jede Religion hat darin Platz; nicht eine ist im Recht und die anderen nicht. Auch eine Grundhaltung, bei der das Spirituelle zwar nicht ausgeschlossen, aber nicht benannt wird, findet sich da wieder. In diesem Fall steht der Name „Gott" einfach als Platzhalter für das Unbenennbare. Dieses Weltbild vermeidet die Fallen der anthropomorphen (d. h. menschenähnlichen) Gottesbilder bei theistischen Glaubensformen. Es vermeidet auch die Falle, Gott als ein Phänomen unter anderen und damit Religion als eine Abteilung des Lebens neben anderen zu betrachten. Die Frage nach monotheistisch oder polytheistisch fällt weg; Gott ist das transpersonale „ewige Sein" – und „Sein" hat keinen Plural. (Bei Weltbild A hingegen ließen sich noch „Gott 2" und „Gott 3" hinzufügen, dann ergäbe sich eine polytheistische Variante.) Und schließlich deckt Schema C sich – modellhaft vereinfacht – mit den Schilderungen **mystischer Gotteserfahrungen**, die gerade wegen ihrer Intensität bei denen, die sie machen, auf alle Lebensbereiche ausstrahlen und Transformation auslösen. Und um diese **Erfahrung** unseres Fundaments, das gleichzeitig Lebensquelle ist, geht es. Ein verstandesmäßiges Erfassen ist zwar nötig, aber im Intellekt allein bleibt die Kraft aus dieser Quelle mehrheitlich limitiert und somit ohne große Wirkung. Erst durch die Zulassung der Erfahrung auch auf den Ebenen von Gefühl und Intuition wird sie lebendig und wirksam. Und diese lebendige und wirksame Kraft ist es, die einen nachhaltigen Reifeprozess nährt und – durch unvermeidliche Phasen der Stagnation und des Scheiterns hindurch – immer wieder neu anstößt.

Die Urfragen verschwinden nie: Was ist für mich Fundament? Woher beziehe ich Kraft? Was oder wem kann ich *unbedingt* vertrauen? Was gibt meinem Leben und Sterben Sinn? An dieser Stelle kommen nun weitere Fragen hinzu: Bemühe ich mich um ein eigenständiges und durchdachtes Weltbild oder lasse ich mich diesbezüglich mehrheitlich treiben? Gehe ich der Sache bloß rational nach oder lasse ich mich doch ganzheitlicher unter Einbezug von Einfühlungsvermögen und Bauchgefühl darauf ein?

Manche vertagen die innere Klärung – vielleicht aus einer diffusen Unruhe und Angst vor möglichen Konsequenzen. Auf Anfrage hin bezeichnen sie sich dann am ehesten als *Agnostiker*. Zur selben Haltung gelangen auch Menschen, welche die Frage nach Gott oder einer spirituellen Dimension ausschließlich verstandesmäßig angehen möchten und dann richtigerweise zum Schluss kommen, dass sich die Sache so niemals eindeutig klären lässt. Scheinbar gibt es also drei mögliche Einstellungen bezüglich der Realität einer spirituellen Dimension: ja, nein oder vielleicht. Aber unsere *Handlungsweise* drückt dennoch eine zumindest unbewusst vorgenommene Entscheidung, einen eingeschlagenen Weg aus. In der Theorie ist „vielleicht" eine Option, in der Praxis nicht. Ob wir dies erkennen oder nicht: Gefühlsmäßig haben wir uns auch dann festgelegt, wenn wir es verstandesmäßig (noch) nicht getan haben. Denn ein Lebensgefühl, in welchem ich ein sinnerfülltes Universum für glaubwürdig halte und ich diesem Sinn auch vertrauen kann, führt langfristig zu einer anderen Lebenspraxis, als wenn ich unser Dasein gefühlt als einen Überlebenskampf wahrnehme, bei dem Wahrheiten und Werte relativ sind und dem ich höchstens vorübergehende Sinneinheiten abgewinnen kann. Oft sind es Krisensituationen, die uns zu einer Bestandsaufnahme und somit zu einer inneren Klarstellung drängen. Allerspätestens aber wird dies der herannahende Tod tun (siehe Kapitel 5).

Von Naturnähe über rivalisierende Religionen und Säkularisierung zu umfassender Spiritualität

So weit eine überzeitliche Erörterung des Themas „Fundament" bzw. „Kraftquelle". In diesem Buch stehen jedoch Fragen zur *Entwicklung* des Menschen und der Menschheit im Vordergrund. Somit möchte ich auch noch kurz auf den historischen Werdegang der vorgelegten Weltanschauungen eingehen, und zwar in Form einer aufs Wesentliche beschränkten Tour d'horizon der **Welt- und Gottesbilder in der abendländischen Geistesgeschichte**. Diese Geschichte lässt sich vereinfacht in vier Phasen einteilen:

Über die **erste Phase**, als die Menschen in Clans und Stämmen als Jäger und Sammler und später in kleinen Verbänden als Ackerbauer und Viehzüchter lebten, lassen sich teils aus Höhlenmalereien und archäologischen Funden, vor allem aber aus den Weltbildern indigener Völker auf anderen Erdteilen, welche diese Lebensweise viel länger praktizierten und es in vereinzelten Fällen noch bis heute tun, Rückschlüsse ziehen. Es herrschte ein Weltbild vor, in dem die **ganze Schöpfung beseelt und durchgeistigt** war. Denn die ehrfurchterweckende Ordnung (der stete Zyklus des Tagesablaufs und der Jahreszeiten, zum Beispiel), aber auch viele furchteinflößende, weil unerklärliche Phänomene (etwa Stürme) ließen sich anders nicht erklären. Natürliches und Übernatürliches wird nicht strikt voneinander getrennt. Das Unverfügbare – das Göttliche – ist in der Natur, aber auch in alltäglichen Gegenständen und Vorgängen präsent und wirksam. Oft wird der Begriff „Animismus" für diese Weltsicht verwendet.

In der **zweiten Phase**, die grob gesagt **von der Antike bis ins Hochmittelalter** reichte, wusste man immer noch von der evolutionären Entwicklung und den physikalischen Gesetzen hinter den Naturphänomenen bloß einen Bruchteil dessen, was wir heute wissen. Überdies wurde vielfach auch schlicht Falsches für wahr gehalten – etwa, dass die Erde flach sei und von der Sonne umkreist werde. Inzwischen waren aber dank ausgedehnterem Ackerbau und intensiverer Viehzucht das Erwirtschaften von Überschüssen und das Anlegen von Vorräten möglich geworden. Dies führte zu neuen Erwerbs- und Lebensmöglichkeiten jenseits des landwirtschaftlichen Bereichs in größeren Siedlungen und Städten. Dort waren aber viele Menschen – und insbesondere die für das gesellschaftlich vorherrschende Weltbild maßgebenden Menschen – mit der Natur nicht mehr so eng auf Tuchfühlung und den Naturgewalten nicht mehr so sehr auf Gedeih und Verderb ausgeliefert. Es fand nun eine klarere Trennung zwischen Sakralem und Profanem statt, aber immer noch weit weniger scharf als in späteren Jahrhunderten. Die Götter der Griechen bewohnten den Olymp; den christlichen Gott sowie die Engel und Dämonen siedelten die meisten Menschen des Mittelalters in ihrer Vorstellung im Himmelsfirmament an (also im gleichen „Weltraum" wie die Erde). Gott, Engel und Dämonen waren zwar geografisch entrückt, aus der Ferne aber immer noch enorm wirksam. Zahlreiche mittelalterliche Darstellungen belegen diese Vorstellung, indem sie eine von übernatürlichen Wesen bevölkerte Sphäre hinter den sichtbaren Himmelskörpern zeigen. Nur wenige große Denker und Mystiker gelangten trotz fehlender naturwissenschaftlicher Basis zur Einsicht, dass ein derartiges Kosmosbild symbolisch zu verstehen sei. Ferner wird gemäß Legenden und Volkserzählungen aus jenen Epochen die Erde nicht nur von Menschen und Tieren, sondern auch von mythologischen Figuren und Fabelwesen bevölkert.

In dieser Phase begannen außerdem die verschiedenen Religionen – und innerhalb der Religionen die verschiedenen Ausrichtungen und später Konfessionen – miteinander um den Wahrheitsgehalt und damit auch um die sehr weltliche Herrschaftsberechtigung zu rivalisieren.

Die **dritte Phase** setzte mit der **Renaissance** ein und kam vom **Zeitalter der Aufklärung** an bis etwa in die **Mitte des 20. Jahrhunderts** zur Blüte. Einflussreich ist sie jedoch bis heute. Aufgrund des stets steiler werdenden Zuwachses an wissenschaftlichen Erkenntnissen fand nicht nur eine weit stärkere Entflechtung zwischen „Übernatürlichem" und „Natürlichem" statt, sondern die Domäne des Übernatürlichen wurde auch immer weiter zurückgedrängt. Philosophisch gesprochen herrschte entweder ein „**deistisches**" oder ein „**theistisches**" Weltbild vor. Beide entsprechen bildlich dargestellt etwa unserem „Weltbild A"-Schema. „Deistisch" ist die Vorstellung eines Gottes, der das Universum schafft und danach nicht mehr in dessen Geschehen eingreift. Der Gott in der wesentlich häufigeren und bis heute weitverbreiteten „theistischen" Vorstellung hingegen ist Schöpfer und greift auch, nach eigenem Gutdünken, in die Geschicke seiner Kreaturen ein. Beide dieser Auffassungen sind dualistisch: hier die Welt, das Immanente – dort Gott, das Transzendente.

Grob gesagt ab Mitte des 19. Jahrhunderts machte sich jedoch parallel dazu eine Skepsis gegenüber diesem dualistischen Weltbild bemerkbar. Die Evolutionslehre Darwins und andere naturwissenschaftliche Einsichten waren mit dem biblischen Weltbild nach damaligem Verständnis nicht vereinbar. Gott schien als Erklärungsmodell überflüssig. Atheismus sowie Agnostizismus breiteten sich aus; unser materialistisch-mechanisches Weltbild B nahm – neben dem nach wie vor stark vertretenen Weltbild A – seinen Platz in der Geistesgeschichte ein. Politisch wie auch gesellschaftlich wurde Religionszugehörigkeit immer weniger eingefordert; der Säkularismus nahm zu.

Nun aber stehen wir, wie ein Blick auf die Diskurse und Publikationen der letzten 20 bis 30 Jahre nahelegt, wohl am Anfang einer **vierten Phase**, die im Weltbild C ihren Niederschlag findet (während die anderen zwei Weltbilder parallel dazu weiterhin verbreitet bleiben). Was sind die **Auslöser dieses neuerlichen Übergangs**? Die wichtigsten sollen hier kurz erwähnt werden:

1) Die **Quantenphysik** und die **Relativitätstheorie** erschütterten das auch einem Nicht-Physiker einleuchtende Weltbild der Newtonschen Physik. In-

teressanterweise liegen diese Theorien schon seit über einem Jahrhundert in mathematischer Form vor. Ihr Einfluss auf das allgemeine Denken hat aber erst in unseren Tagen in verbreiteterem Ausmaß eingesetzt. Der quantenphysikalische Beleg dafür, dass alles energetisch mit allem verbunden ist, macht die Welt wieder geheimnisvoller und unergründlicher. Daneben hat sich auch ein Bewusstsein um die Grenzen der exakten Wissenschaft breitgemacht. Die Fortschrittsgläubigkeit – die Annahme, dass die Wissenschaften früher oder später alle grundsätzlichen Fragen zu Mensch und Kosmos werden klären können – ist verflogen. Grundphänomene unserer Erfahrung wie Bewusstsein, Seele, Sinn, Schönheit, Geist oder Liebe – Begriffe, die in der Alltagssprache ohne große Umschweife gebraucht werden – haben sich bis heute trotz enormer Bemühungen der Wissenschaftler nicht in objektiv verifizierbarer Form erfassen lassen und, so ein wachsender Konsens, werden sich auch in Zukunft nicht wissenschaftlich dingfest machen lassen.

2) Die **Erkenntnisse der Psychologie** haben vertiefte Einsichten ins Menschsein gebracht. Dazu zählen das Wissen um das (ebenfalls nicht fassbare) Unbewusste einerseits, sowie um das unvergängliche und universelle menschliche Gespür für eine höhere Macht und die heilungsfördernde Kraft einer inneren Verbindung zu dieser Macht andererseits. Der angstmachende Richtergott ist hingegen als Vorstellung langsam am Verschwinden. All dies hat dazu beigetragen, dass reduktionistische Ansichten, die auch seelische Vorgänge mit mechanistischen Modellen zu erklären versuchen, heutzutage eher ins Hintertreffen geraten sind.

3) Mit dem rasanten Anstieg der Weltbevölkerung und damit auch der Anzahl denkender und forschender Menschen ist auch die Gesamtmenge an Einsichten und Erkenntnissen explosionsartig gewachsen. Nicht nur das: Dank dem Internet haben wir heute mit Leichtigkeit Zugang zu eben diesem enormen Volumen an Wissen. Wissen, das vor ein bis zwei Generationen entweder noch nicht vorhanden oder aber ein paar wenigen Spezialisten vorbehalten war. Für unsere Zwecke betrifft dies vor allem den **Zugang zum Weisheitsschatz der gesamten Menschheit**. Nebst westlichem Schrifttum schließt das die Spiritualität und Philosophie des Ostens – des Hinduismus, Buddhismus und Daoismus – sowie die tradierte Weisheit von indigenen Völkern rund um den Globus mit ein. Das Wiederaufleben von Meditationspraktiken ist eine Folge davon. Eine weitere Folge ist der gewachsene Respekt vor dem

Reichtum anderer Religionen und Weltsichten. Gleichzeitig ist das Gefühl der Exklusivität und der Überlegenheit eines christlich geprägten Weltbildes massiv zurückgegangen. Leider ist es dabei mancherorts ins Gegenteil gekippt, was angesichts des spirituellen, ethischen und kulturellen Reichtums, den wir dem Christentum – trotz aller „Sünden" der Kirchen – verdanken, nicht gerechtfertigt ist. Auch das Wissen um die mystischen Strömungen in allen Religionen ist aus den akademischen Elfenbeintürmen entwichen; die Worte von Mystikerinnen und Mystikern weltweit sprechen Menschen heute in einem noch nie dagewesenen Ausmaß an. Dieses neuerdings zugängliche Wissen und die neue Offenheit für Weisheit aus allen Kulturkreisen bilden die Grundlage moderner Spiritualität.

4) **Die Natur** wird immer mehr wieder als **beseeltes und durchgeistigtes Ganzes** betrachtet. Typisch und auch programmatisch für diese Sichtweise ist der Titel eines vielzitierten Werks des englischen Biologen und Philosophen *Rupert Sheldrake* (geb. 1942) aus den 1990er-Jahren: „Die Wiedergeburt der Natur". Der Untertitel der deutschen Ausgabe lautet: „Wissenschaftliche Grundlagen eines neuen Verständnisses der Lebendigkeit und Heiligkeit der Natur." Im Gegensatz zum Animismus (Phase 1) und teilweise auch Altertum und Mittelalter (Phase 2) geht diese heutige Ehrfurcht vor der Natur *nicht* mit Unkenntnis der physikalisch-chemisch-biologischen Gesetzmäßigkeiten einher, sondern gründet vielmehr auf dem Staunen über die unglaublich komplexen und doch so harmonisch zusammenspielenden Abläufe der Ökosysteme unserer Erde, die eben diese Naturwissenschaften immer detaillierter ans Tageslicht bringen. Dieses ehrfurchtsvolle Staunen geht heute einher mit einem Bangen angesichts der Fragilität des feinabgestimmten Naturgeschehens.

In Sachen Welt- und Gottesbild ist es also in den letzten 30 bis 40 Jahren zu einer merklichen Verschiebung gekommen, und dieser Umbruch ist noch voll im Gang. Dabei sind auch so feste und scheinbar unantastbare Größen wie die institutionalisierten Religionen ins Wanken geraten. Weniger aufgrund von pauschaler Ablehnung alles Religiösen – diese gab es bei einem gewissen Prozentsatz der Bevölkerung schon seit dem 19. Jahrhundert und setzte sich mit dem Säkularisierungsprozess im 20. Jahrhundert fort. Inzwischen weisen aber viele Anzeichen darauf hin, dass die Säkularisierung, sofern sie sich als antireligiös versteht, ihren Höhepunkt überschritten hat. Nein, es wanken die strukturierten und organisierten Religionen. Das Schrumpfen ihrer Anhängerzahlen (in Europa eklatant, in den USA in zunehmendem Maß) bringt jedoch nicht die stärkere Verbreitung eines Weltbildes ohne religiös-spirituelle Dimension mit sich. Es lässt sich – im Westen, wo die Wahlfreiheit politisch und gesellschaftlich am ehesten gewährt ist – vielmehr eine andere Verschiebung beobachten, nämlich weg von **Religion** (mit formellen Strukturen, definierten Glaubensinhalten und regelmäßigen gemeinschaftlichen Feiern) hin entweder zu einer **Religiosität** (man fühlt sich grundsätzlich dem christlichen – oder islamischen oder jüdischen oder buddhistischen – Glauben und der entsprechenden Weltsicht verbunden, steht aber den Strukturen und mancherlei Ausdrucksformen kritisch gegenüber und nimmt selten an religiösen Feiern teil) oder zu einer vageren, dafür aber umfassenderen **Spiritualität**. Bei dieser wird die religiös-spirituelle Dimension grundsätzlich anerkannt, jedoch nur mit ausgesuchten, meist aus den Quellen verschiedener Religionen stammenden und oft auch wechselnden Inhalten und Praktiken gefüllt.[65]

Der Übergang zeigt sich auch im Schulunterricht. Religionsunterricht als die Vermittlung von Glaubensinhalten ist im Rückzug begriffen. Eher wird heutzutage versucht, eine religionsübergreifende, auf den gemeinsamen ethischen und spirituellen Werten der Religionen beruhende Haltung zu vermitteln.

In denjenigen Weltgegenden, wo zumindest gegen außen bezüglich Religion eine Konformität erwartet wird, ist ein solcher Wandel gerade bei jungen und weltoffenen Bevölkerungsschichten durchaus auch im Gang, aber gezwungenermaßen oft nur im Verborgenen. Dies habe ich in persönlichen Gesprächen feststellen können; es liegen diesbezüglich auch zahlreiche Berichte, Dokumentarfilme und Untersuchungen vor.

Der australische Schriftsteller und interdisziplinäre Wissenschaftler *David Tacey* (geb. 1953) führt seit vielen Jahren zum Thema Spiritualität Kurse an Hochschulen durch, vor allem in Australien, aber auch in den USA und Großbritannien. Wie sehr er sich damit im Einklang mit dem Lebensgefühl gerade der jüngeren Generationen befindet, beschreibt er wie folgt: „Ich

---

65 Bezüglich dieser Entwicklung siehe u. a. Bobert S. 19 ff, Esser S. 225 ff, Spannbauer S. 7 f, Tacey S. 13 ff. In manchen dieser Werke wird neben „Spiritualität" auch von „Mystik" oder „mystischer Spiritualität" gesprochen.

sage, dass ich Kurse in Spiritualität unterrichte, aber unterrichten ist kaum das richtige Wort. […] Dieses Fach […] scheint sich von allein zu vermitteln und die üblichen Schwierigkeiten, die Studenten bei der Stange zu halten, entfallen praktisch ganz. […] Manchmal bekomme ich den Eindruck, dass ich bloß ein Segel spannen muss und der Wind oder Geist erfasst dieses Segel und treibt das Thema voran."[66]

Trotz ihrer Verdrängung durch säkulare Lebenseinstellungen einerseits und umfassende Spiritualität in einer Myriade verschiedener Ausprägungen andererseits – aussterben werden die institutionalisierten Religionen nicht. Denn sie bieten mittels des Vollzugs von Ritualen Gewähr für das gemeinschaftsbildende und gemeinschaftserhaltende Element des Religiösen. Denken Sie beispielsweise an Rituale bei Schlüsselereignissen in einem Lebenslauf wie Hochzeit, Kindergeburt oder Trauer nach Todesfällen, wo das Bedürfnis nach Einbettung in ein größeres Ganzes ungebrochen ist. Von gesellschaftlicher Relevanz sind ferner religiöse Rituale nach Naturkatastrophen oder Terroranschlägen. Da tragen die in feierlicher Würde durchgeführten und mit Transzendenzbezug versehenen Zeremonien Wesentliches zur individuellen und kollektiven Verarbeitung des Geschehenen bei. Und die Religionen werden zu Recht auch als Hüter von sakralen Traditionen geschätzt. Um aber in Bezug auf das Alltagsleben nicht noch weiter in die Irrelevanz zu versinken (bzw. nicht nur durch Zwang ihre „Relevanz" wahren zu können), müssen sich die institutionalisierten Religionen reformieren, und zwar radikal. Weg von patriarchalischen und streng hierarchischen Strukturen mit strikter Trennung zwischen Klerus und Laien und fixfertigen dogmatischen Glaubensgebäuden hin zu dezentralisierten, partizipatorischen und anpassungsfähigen Organisationsstrukturen, wo weder der Zivilstand noch das Geschlecht in irgendeiner Weise ausschlaggebend sind, und wo Weisheit und Güte sowie mystische und prophetische Begabungen mehr Gewicht haben als theologische Diplome.

Falls Ihnen diese Ausführungen genügen (oder mehr als genügen, wobei Sie dann wahrscheinlich gar nicht bis zu dieser Stelle gelangt sind), können Sie jetzt zu den nächsten Kapiteln übergehen. Diejenigen aber, die bereit sind, noch einmal in die Fragestellung nach dem Absoluten einzutauchen, möchte

---

66 David Tacey, *The Spirituality Revolution*, S. 24 (deutsch von mir).

ich hier zu einer abschließenden Reise einladen. Voraussetzung ist eine gewisse innere Stille. Zum Rüstzeug gehören nicht nur ein wacher Verstand, sondern auch wache Einfühlung und Empfänglichkeit. Das Reisetempo soll ein langsames sein. Als Anstoß dient ein letztes Schema:

Alle Phänomene, die kommen und gehen, sind weg. Es bleibt – undarstellbar – GOTT. Anders gesagt, das reine NICHT-DING. „Nicht-Ding" soll hier anstelle des missverständlicheren Begriffs „Nichts" stehen. Im Englischen lässt sich das eleganter verdeutlichen: NOTHING = NO THING. Nichts Existierendes (Geschaffenes, Vergängliches), sondern nur noch **reines Sein**.

In diesem Sein liegt die Antwort zur menschlich unbeantwortbaren Frage verborgen, warum es eigentlich etwas gibt und nicht nichts. Gott, so verstanden, ist nicht ein Schöpfer im menschlichen Sinn, der anderes und andere zu einem bestimmten Zeitpunkt (Anfang) schafft, sondern die zeitlose Realität, die allen Wesen ihr „Sein" schenkt und (stets jetzt) den Seinsboden für die Entfaltung aller Geschichte und Entwicklung bildet. Vielleicht lässt eine irdische Analogie dies anschaulicher werden: Die gleichzeitige Aktualität und geschenkte Potenzialität Gottes entspricht dem Strom, der potenziell immer aus der Steckdose erhältlich ist und es uns ermöglicht, Toaster, Kaffeemaschine, Fernseher oder Beleuchtung zu aktivieren, die alle ohne Strom funktionsunfähig wären.

Ein weiteres Bild bietet sich an: Die Gottheit ist wie ein Ozean, aus dem unaufhörlich Wellen hervortreten und in den alle wieder zurückkehren. Keine Welle gleicht ganz der anderen. Und das, was jede Welle während ihrer „Existenz" erlebt, wird in den großen Ozean eingespeist.

Gemäß hinduistischer Philosophie stellt sich die Gottheit als **Sein** (Sanskrit: sat), **Bewusstsein** (cit) und **Seligkeit** (ananda) zur Verfügung. Sie bietet zu jedem Augenblick das unerschöpfliche Potenzial für alle Schöpfungsprozesse bzw. für das, was wir als Evolution erfassen. Und sie ist gleichzeitig zu jedem Augenblick auch „aktuell" als die erhaltende Kraft, die verhindert, dass der gesamte Kosmos einfach zerfällt wie eine sich selbst überlassene Holzhütte im Wald.

Wir haben teil an der Gottheit: Wir *sind*. Uns ist *Bewusstsein* zuteilgeworden. Und Anflüge von *Seligkeit* erfahren wir, wenn wir mit Wahrheit, mit Schönheit und mit Gutem in Berührung kommen. Am meisten aber mit Liebe. Sie erinnern sich vielleicht an einen Satz im Einführungskapitel: „Sein" bedeutet immer „Sein in Beziehung". Und die Urbeziehung, die stärker verbindet als jeglicher Abklatsch oder jedes Zerrbild ihrer selbst und die Daseinssinn und Daseinsfreude verleiht, trägt den Namen „Liebe".

Hier finden wir Anklänge an die christliche **Trinitätslehre**. Nicht in einem plakativen Verständnis, das nicht über die Vorstellung von drei menschenähnlichen Personen hinausgeht und aufgrund dessen Moslems behaupten können, das Christentum sei ja nicht monotheistisch.[67] Es sollen hier profundere Bilder vorgelegt werden:

„Gottvater" steht dabei für das reine Sein, aus dem die Schöpfungs- und Erhaltungskraft hervorströmt.

„Christus" steht für das Entfaltungspotenzial, das im Kosmos sowie in jedem Wesen vorhanden ist. Beim Menschen ist es das Potenzial hin zu klarem Bewusstsein, zu unbegrenzter Liebe und zur Verwirklichung der individuellen Veranlagung; nicht für sich allein, sondern als Beitrag zur Ausformung des ganzen kosmischen Puzzlebildes. Paulus verwendet eine ganz ähnliche Metapher, wenn er schreibt, wir seien alle Teile am Leib Christi.[68] In Voll-

---

67 Ein Grund für ein derart plakatives Verständnis liegt vielleicht in der Übersetzungsproblematik. Der griechische Urbegriff heißt „ousia" = Wesen. Man könnte also von Gott in drei „Wesensarten" sprechen. Lateinisch wurde ousia als „persona" wiedergegeben (eigentlich „Maske"), was dann im Deutschen, Englischen, Französischen und in anderen Sprachen zu „Person" mit den entsprechenden irreführenden Assoziationen wurde.

68 1. Korinther 12. Das Gesagte entspricht auch – mit anderen Worten und in extrem verknappter Form – dem Denken des Jesuiten, Paläontologen und Mystikers *Teilhard de Chardin* (1881–1955).

endung und uns zum Vorbild ausgeschöpft wurde dieses Potenzial gemäß christlichem Verständnis durch Jesus.

Der „Heilige Geist" schließlich verkörpert jene Urbeziehung – die Liebe, die alles verbindet und vorantreibt. Wenn bei Mutterliebe, erotischer Liebe bis hin zu mystischer Gottesliebe von den „Wonnen der Liebe" gesprochen wird, so ist die Nähe zur hinduistischen „Seligkeit" augenfällig.

Es lässt sich auch mit anderer Terminologie ein weiteres Modellbild verwenden:

„Gottvater" ist der Name für den *seienden* Aspekt der Gottheit. Das Sein ermöglicht allem das Dasein. Das Sein ist formlos – jenseits aller Form. Und doch ist nichts intimer als das Sein, und somit kann Augustinus zu Recht sagen, Gott sei uns näher als wir uns selbst.

„Christus" ist der Name für den *werdenden* (weltimmanenten) Aspekt. Christus wurde „in die Welt geschickt", heißt es in der Bibel.

Und der „Heilige Geist" ist die *liebevoll-selige* Kraft, die beide Aspekte verbindet.

Alle drei Aspekte sind als personal und doch unendlich viel mehr, also als transpersonal zu verstehen.

Der Ursprung von allem, das MEHR in allem, die Mitte, die alles zusammenhält, die Heimat von allem – er/es/sie lässt sich anrufen, aber nicht aussprechen; erspüren, andeuten und besingen, aber nicht fassen.

Kehren wir nun aber zu unserem Leitthema zurück, dem Reifungsprozess. Darstellen kann man ihn einerseits als einen Weg von A nach B, also von weniger gereift zu gereifter. Diese Vorstellung bildet die Grundlage für die konkreten Betrachtungen in den Kapiteln zum individuellen und kollektiven Reifen. Im Lauf der Menschheitsgeschichte ist aber immer wieder auch ein anderes Bild herangezogen worden – jenes des Auszugs und der Heimkehr. Also ein Weg von A über Umwege zurück nach A. Aus der Heiligkeit zurück zur Heiligkeit. Aber gewandelt, geläutert, gereift.

Zwei weltberühmte Geschichten beleuchten diese Sichtweise. Die eine ist das Gleichnis des verlorenen Sohns. Jesus erzählt von diesem Sohn, der die Geborgenheit und Sicherheit seines Vaterhauses verlässt. Bei sich hat er seinen „Erbteil" – seine Talente, aber auch seine Schwächen. Letztere führten dazu, dass er erstere vergeudet. Und so landet er ganz unten, im Elend und in der Verzweiflung. Erst durch diese Erfahrungen erwachsen Einsicht und Demut. Derart geläutert und gereift kehrt er in die Urheimat zurück.

Bei der zweiten „Geschichte" handelt es sich eigentlich um eine Sequenz von Bildern – die zehn Ochsenbilder aus der chinesischen Zen-Tradition (dort heißt sie „Chan"), die später auch in Japan Verbreitung fanden. Sie zeigen zunächst, wie einem Hirten sein Ochse abhandenkommt. Wie alle Sinngeschichten ist die Bildreihe mehrdeutig. Es lässt sich Verschiedenes darin erkennen, etwa die Suche des Menschen nach seinem Wesen, die Bändigung des Egos oder auch das Suchen, Finden und (via Loslassen aller Konzepte) Internalisieren der Wahrheit. Der Kommentar des Meisters Zi Yuan zum ersten Bild lautet: „Wozu das Suchen? Seit jeher ist der Ochse niemals vermisst worden. Doch es geschah, dass der Hirte sich von sich selbst abwandte; da ward ihm sein eigener Ochse fremd und verlor sich zuletzt in staubiger Weite. Die heimatlichen Berge rücken ferner und ferner. Unversehens findet sich der Hirte auf verschlungenen Irrwegen. Gier nach Gewinn und Furcht vor Verlust entbrennen wie aufflammendes Feuer, und Meinungen über Recht und Unrecht stehen auf widereinander gleich Speerspitzen im Schlachtfeld."[69] Der Hirte sucht nach dem Ochsen, findet zunächst Spuren, danach den Ochsen selbst. Es gelingt ihm, diesen einzufangen und zu zähmen. Danach werden beide zu einem, dann wird das Ich vollständig zurückgelassen – es bleibt (scheinbar) nichts. Nach der Rückkehr des Hirten „in den Grund und Ursprung" (Kommentar zu Bild 9) sieht man ihn auf dem letzten Bild – jetzt als einen alten und weisen Mann – auf dem Weg zum Marktplatz, dem klassischen Symbol des Alltags. Der Kommentar hierzu schließt mit den Worten: „Wie es ihm gefällt, besucht er die Weinkneipen und Fischbuden, um die betrunkenen Menschen zu sich selbst erwachen zu lassen."

Beim Weg vom Auszug über Umwege zurück zum Ursprung handelt es sich weniger um eine Kreisbewegung als um einen spiralförmigen Aufstieg.[70] Denn zwischen Auszug und Heimkehr vollzieht sich ein signifikanter Wandel. Und um diesen Wandel geht es nun in den nachfolgenden Kapiteln.

---

69 *Der Ochs und sein Hirte*, erläutert von Meister Daizohkutsu R. Ohtsu mit japanischen Bildern aus dem 15. Jahrhundert, S. 13. Nachfolgende Zitate: S. 45 bzw. S. 49.
70 Diese Vorstellung liegt dem „Spiral Dynamics"-Entwicklungsmodell zugrunde. Mehr dazu im Kapitel 4.2.3.

4 WANDEL

Es sind in den letzten Jahren und Jahrzehnten unüberblickbar viele Artikel und Bücher zum Themenbereich *Transformation, Wandel, Umdenken* und *Bewusstseinsveränderung* erschienen. Viele von ihnen sind äußerst lesenswert und gehaltvoll. Was aber die wenigsten herausstreichen (zumindest diejenigen, die mir bekannt sind): wie mühsam, langwierig und mit Rückfällen behaftet so ein Entwicklungsprozess zumeist ist. Die Notwendigkeit einer Veränderung leuchtet rasch ein, während man bequem im Lehnstuhl sitzt und ein inspirierendes Buch liest. Auch ist der Übergang etwa von nervöser Anspannung zu gelassener Ruhe de facto nicht kompliziert – er lässt sich mit einer einfachen Atemübung bewerkstelligen. Allerdings – und das wird eben selten hervorgehoben – braucht es einen Kübel voller Willenskraft sowie unterstützenden Input von außen, um einen solchen Übergang Mal für Mal für Mal in die Tat umzusetzen, bis sich der „gewandelte" Zustand (in diesem Fall eine gelassene Ruhe) als das neue Normal etabliert hat und ein Rückfall in den Zustand der Nervosität die Ausnahme bildet.

Oder nehmen wir an, ich setze mir das Ziel, in Zukunft ehrlicher zu sein. Dies erfordert weder tiefe theoretische Auseinandersetzungen mit dem Thema noch Überlegungen, *wie* um Himmels willen ich ein ehrlicheres Verhalten erreichen kann. Es erfordert bloß ein etwas genaueres Hinhören auf mein Gewissen und dann – hierin liegt die Krux – die entsprechend starke Motivation zum Handeln. Zwischen der Gewissensregung und der Ausführung liegt nämlich ein Zwischenraum. Und dieser wird jeweils rasch gefüllt von meinen mächtigen **Prägungen und Gewohnheiten** (die insinuieren, dass alles so wie immer ablaufen soll), der **Trägheit** (der Widerwille gegen irgendwelchen geistig-energetischen Mehraufwand) sowie den sich rasch einfindenden **rationalen Gegenargumenten**, die mir aufzeigen, warum gerade *dieses* Mal ein verändertes Verhalten ungünstig wäre. Und schon habe ich im konkreten Fall auf eine nicht ganz ehrliche Art reagiert (indem ich meiner Frau beispielsweise sagte, ich sei nach der Arbeit noch mit einem Kollegen einen Kaffee trinken gegangen, während es in Tat und Wahrheit eine Kollegin war). Danach fühle ich mich nach einem kurzen Moment der Erleichterung schlecht und schwöre mir, es beim nächsten Mal anders, besser, zu machen.

Und falls es mir einmal gelingt, die tiefsitzende Halbaufrichtigkeit zu überwinden, folgt die nächste Falle: Ich habe mir ja bewiesen, dass ich es schaffe. Wenn ich beim Mal darauf wieder ins alte Fahrwasser gerate, ist das nicht so schlimm. Ich weiß ja, dass ich zur Not auch anders kann.

Aber von einer vollzogenen Transformation lässt sich erst sprechen, wenn sich ein neues Fahrwasser, eine neue Routine, herausgebildet hat: die der weitgehenden Ehrlichkeit (weitgehend deshalb, weil Vollkommenheit schlicht unerreichbar ist). Der Weg dahin ist, wie gesagt, nicht kompliziert. Er braucht nur Übung – immer und immer wieder. Jede geglückte Überwindung der alten Gewohnheit gräbt die Rinne meiner neuen Routine etwas tiefer.

Es wurde bereits mehrfach angetönt: Der **Anstoß zu einem Wandlungsprozess beginnt bei der Bewusstwerdung**. Wenn ich mein halbehrliches Verhalten nicht als solches wahrnehme, kommt mir nie in den Sinn, dass eine Änderung nötig sein könnte. Selbst wenn mir mein Verhalten von außen vorwurfsvoll vorgehalten wird, führt das nicht automatisch dazu, dass ich mein Tun selbst infrage stelle. Sind nämlich mein Gewissen sowie meine Fähigkeit, Dinge aus einer anderen als nur egozentrischen Perspektive zu betrachten, stark abgestumpft, weise ich die Anschuldigungen entrüstet von mir und dopple wahrscheinlich mit Vorwürfen meinerseits nach. Nur wenn ich Gewissensregungen noch einigermaßen zulasse und ernst nehme, oder wenn mich die Vorwürfe der anderen derart treffen, dass in meiner Ego-Schutzschicht Risse entstehen, blicke ich weit genug in mich hinein, um die Notwendigkeit einer Verhaltens- oder gar Haltungsänderung zu erkennen.

Wie gesagt: Es ist viel von Bewusstseinsänderung, Bewusstseinsstufen oder Bewusstseinserweiterung die Rede. So sollte zumindest einmal versucht werden zu ergründen, *was sich überhaupt unter Bewusstsein verstehen lässt*. Kein leichtes Unterfangen, denn es handelt sich dabei um ein einzigartiges und letztlich unfassbares Phänomen. Dennoch soll ein solcher Versuch im nächsten Kapitel vorgelegt werden.

Danach geht es zunächst um die *Klärung des Begriffs der Reife* sowie um die Frage nach dem *Warum* (Kapitel „Was heißt Reife?"). Daraufhin folgen die beiden Kernkapitel: Im ersten werden verschiedene Entwicklungsstränge beim *individuellen Reifen* herausgestrichen. Im zweiten werden Kriterien vorgestellt, anhand derer sich *kollektives Reifen* im Sinn von (nichtmateriellem) zivilisatorischem Fortschritt feststellen lässt. Dass wir heute weniger denn je Gründe dafür haben, die Verantwortung für unsere Entwicklung, Nicht-Entwicklung oder Fehlentwicklung anderen zuzuschieben, wird im Kapitel

„Die Individualisierung der Verantwortung" verdeutlicht. Schließlich beleuchten drei weitere Kapitel die Fragen, wie solche Entwicklungsprozesse überhaupt *angestoßen bzw. vorangetrieben* werden, was ihnen *entgegenwirkt* und warum sie *alles andere als geradlinig* verlaufen.

Wandel ja, aber wohin soll er führen? Bei dieser Frage können uns Vorbilder eine Richtung weisen und inspirieren. Bloß sollte der Prozess nicht zu einem reinen Nachahmen verkommen. Denn dann wird am Wandel „gebastelt", anstatt dass er sich aus unserem tiefsten Wesen und unserer eigenen Veranlagung heraus entfaltet. Oft mangelt es uns aber nicht nur an Vertrauen in das eigene Entwicklungspotenzial, es fehlt uns auch schlicht an Vorstellungskraft.

Wenn man sich bei einer Raupe erkundigen könnte, was Wandel für sie bedeutet, würde sie vielleicht antworten, dass sie dadurch zu einer größeren, schnelleren oder schöneren Raupe wird. Unvorstellbar für sie ist es, zu einem Schmetterling zu werden.

4.1 BEWUSSTSEIN – ODER WAS HAST DU DIR DABEI GEDACHT?

„Du wirst also Vater."

Jean, mein Bruder, nickt.

„Schon ironisch. Du verlässt inspiriert nach einer zweiwöchigen Retraite ein Kloster in Yangon und erfährst gleich darauf, dass deine Urlaubsliebe in der Stadt schwanger ist."

„Es ist leicht, in so einem Fall zu spotten, ich weiß."

„Sorry, war nicht so gemeint. Ich will hier sicher nicht den Moralapostel spielen. Aber … was wirst du jetzt tun? Und bist du überhaupt sicher, dass das Kind von dir ist?"

„Hey, Mann, so nicht. Wenn du nicht vom hohen Ross runterkommst, kann ich gleich wieder gehen."

Eine unangenehme Stille setzt ein. Geht mich ja nichts an, denke ich. Aber da ist Mutter, und Jean sollte vielleicht doch mal für eine Weile wieder sesshaft werden und sich auch um sie kümmern. Was jetzt?

„Was jetzt?"

Ein Regenwurm wird nie einen „bewussten" Entscheid treffen. Sein Verhalten ist reaktiv bzw. genetisch vorgegeben. Er wird deshalb auch nie eine generelle Wandlung in seinem Verhalten vollziehen können. Ein Hund kann vielleicht bis zu einem gewissen Ausmaß etwas „entscheiden", also bis zu einem gewissen Grad aus instinktiv-reaktiven Mustern ausbrechen – wir Menschen werden das nie genau erfassen können. Einen Transformations- bzw. Reifungsprozess bewusst in die Wege zu leiten, übersteigt wohl aber die Möglichkeiten eines Hundes. Uns Menschen hingegen steht diese Möglichkeit offen. Warum ist das so? Regenwurm, nein; Hund, vielleicht geringfügig; Mensch, ja. Die Antwort lautet: aufgrund des **Grades an Bewusstsein**.

In den folgenden Abschnitten wollen wir uns diesem Phänomen aus verschiedenen Blickwinkeln annähern. Dabei sollte auch klarer werden, warum es ein eigenes Kapitel in diesem Buch verdient. Beim Bewusstsein handelt es sich nämlich um einen der zwei Dreh- und Angelpunkte im menschlichen Reifeprozess. (Der zweite ist die Liebe; sie wird vor allem im Kapitel zum individuellen Reifen gewürdigt.)

Bewusstsein – das Unauslotbare

In den letzten Jahrzehnten sind viele neurowissenschaftliche Untersuchungen und Forschungsprojekte zum Thema „Bewusstsein" initiiert worden, aber sie liefern insgesamt eher kümmerliche Ergebnisse. Keine Gehirnregion lässt sich als „Bewusstseins-Lokus" festmachen. Und obwohl sich aufzeigen lässt, welche Gehirnteile bei welchen gedanklichen und emotionalen Regungen aktiviert werden und was für elektrochemische Prozesse dabei ablaufen, können neurologische Untersuchungen nichts über die **sinnhaltigen Inhalte** dieser **Hirnaktivitäten** aufzeigen. Solange das Subjekt nichts davon mitteilt, bleiben sie für Außenstehende unerforschbar. Nur ich allein – indem ich kraft des Bewusstseins mich selber beobachte – kann meine sinnlichen Wahrnehmungen, Erinnerungen, Erwartungen, Gedankengänge und Gefühle einerseits als sinnmachendes Ganzes empfinden und bis zu einem gewissen Grad kommunizieren und sie andererseits sozusagen als Objekte eigener Forschung ins Visier nehmen.

Das persönliche Bewusstsein ist das **Licht**, das die Inhalte unseres Verstandes und Gefühlssensoriums beleuchtet und sie so verarbeitbar macht. Ein weiteres Bild: Unser Bewusstsein ist der **Empfangsraum, Behälter und Ordner** alles Geistigen (d. h. Nichtmateriellen) in unserem Leben. Es ist die Instanz, die rationales Denken, Absicht, Willensleistung, kreatives Handeln und mehr ermöglicht (Ausführungen hierzu folgen). Es ist auch die **Beobachtungsinstanz**, mit der wir uns selbst – von verschwommen bis glasklar – beim Denken, Fühlen und Handeln **zuschauen**. Außerdem **weiß es um das eigene wie um alles Sein**.

Und nochmals ein Bild (ohne eine Reihe bildhafter Vorstellungen lässt sich das Phänomen nicht beschreiben): Unser Bewusstsein gleicht einem mit unseren lebensgeschichtlich geprägten Färbungen und Schattierungen und verdunkelten Stellen (unsere blinden Flecken) versehener **Spiegel**, der die „Wirklichkeit" via Signale von den Sinnen, dem Gespür und dem Denkapparat empfängt, diese Signale zu einem aktuellen Gesamtbild bündelt und uns dieses für den Alltagsgebrauch in einer fassbaren und subjektiv sinnvollen Form reflektiert. Vom Zustand unseres Spiegels hängt es ab, mit welchem Verschwommenheits- bzw. Verzerrungsgrad wir die äußere und innere Realität wahrnehmen. Direkt, das heißt ohne Filterung durch unser Bewusstsein, lässt sich die Realität nie erfassen.[71] Diese Tatsache vergessen wir zumeist. Egal wie hell, scharf und detailliert bzw. dunkel, verzerrt und verschwommen wir wahrnehmen; das, was wir so erfassen, *ist* für uns die Wirklichkeit. Objektiv gesehen ist es jedoch *nicht* die Wirklichkeit. Höchstens ein bruchstückhafter Abklatsch davon oder eine Annäherung.

Folgende Wesensmerkmale des Menschen gäbe es ohne Bewusstsein nicht:

- **Denk- und Sprachvermögen**

Ohne Bewusstsein wären unser Hirn und der gesamte Körper nicht mehr, als was sie rein physiologisch sind: eine Ansammlung von Zellen, in und zwischen denen elektrochemische Prozesse ablaufen, die via Nervenbahnen diverse Körperreaktionen auslösen. Die über die Sinnesorgane empfangenen (physikalisch erfassbaren) elektromagnetischen Signale könnten niemals zu einer sinnmachenden Wahrnehmung führen, wenn nicht bereits ein (physikalisch nicht erfassbares) Bewusstsein da wäre, dank dem die Impulse sich ordnen, interpretieren, in ein bestehendes Weltbild eingliedern und gegebenenfalls sprachlich ausformulieren lassen. Dazu lässt sich dank des Bewusstseins auch ein über die instinktive Reaktion – Attraktion, Aversion oder Gleichgültigkeit – hinausgehendes Urteil über das Wahrgenommene bilden. In Stichworten zusammengefasst ermöglicht das

---

71 Nach meinem Verständnis entspricht dies in vereinfachter Form dem, was Platon in seinem berühmten Höhlengleichnis zum Ausdruck bringen wollte.

Bewusstsein *Sinngebung*, die *Abstraktionsfähigkeit*, die *Fähigkeit zur sprachlichen Formulierung* sowie das *Urteilsvermögen*.

- **Absicht und Wille**

Absicht ist der gedankliche Aspekt, *Wille* der gefühlsmäßig-energetische. *Absicht* ist, wenn ich mir vornehme, nach dem Essen eine E-Mail an einen Freund zu schreiben. *Wille* ist, wenn ich dies auch in die Tat umsetze, obwohl ich *instinktiv* bzw. *triebmäßig* lieber auf dem Sofa Platz nehmen und den Fernseher anschalten würde. Sowohl Absicht als auch Wille setzen ein inneres Gesamtweltbild voraus.

- **Vorstellungskraft und Kreativität**

Soweit wir wissen, ist es nur den Menschen – als den am stärksten bewusstseinsbegabten Erdbewohnern – möglich, Ideen und Vorstellungen zu bilden, die in sich kohärent sind, die jedoch nicht direkt mit der unmittelbaren Umgebung und Lebenssituation in Zusammenhang stehen und in manchen Fällen sogar weit über diese hinausgehen. Und das Bewusstsein macht es uns auch möglich, solche Ideen und Vorstellungen schöpferisch auszugestalten und unserer Umwelt zu vermitteln (etwa durch Geschichten, Theaterspiel, Tanz, Film, Musik oder Malen).

Als weiteres Kennzeichen kommt noch die **Einheitlichkeit des Bewusstseins** hinzu. Anders als empirisch erfassbare Phänomene, wie etwa das Gehirn und die Gehirnaktivitäten, lässt sich das Bewusstsein nicht in organische, atomare und subatomare Bestandteile bzw. physikalisch-chemische Vorgänge herunterbrechen. Woher kommt es, dass das Bewusstsein allen Menschen auf genau die gleiche Art zur Verfügung zu stehen scheint – trotz aller Unterschiede von Mensch zu Mensch bezüglich dessen Gebrauchs?

Bewusstsein ist einzigartig; es gibt nichts Vergleichbares. Dass es sich dabei um ein unbestrittenes Phänomen handelt, ist nur der Tatsache zu verdanken, dass offensichtlich *jeder* Mensch damit ausgestattet ist. Denn objektiv, das heißt von außen betrachtet, lässt es sich, wie schon gesagt, nicht erforschen. Es ist zutiefst subjektiv. Während ich mir meiner selbst bewusst bin, kommt niemand von außen an dieses seit der frühesten Kindheit vorhandene „Martin-Striegel-Bewusstsein" – mein ureigenes Seinsgefühl und Wissen um mein Sein – heran. Selbst wenn ich nach bestem Wissen und Gewissen und in möglichst genaue Worte zu schildern versuchen würde, wie es sich anfühlt, „ich" zu sein, und wie ich die Welt empfinde, würde das für Außenstehende zwar mit Bezug zum eigenen Bewusstsein einigermaßen Sinn ergeben und empathisch nachvollziehbar, aber doch niemals vollständig einsehbar sein. Das in mir permanent vorhandene Ich-Bewusstsein (nicht zu verwechseln mit dem Ich-Bild) – zusammen mit dem untrennbar damit verbundenen Welt-Bewusstsein (zwei Seiten einer Münze) – bleibt allen anderen Menschen trotz Vermittlungsversuchen letztlich verschlossen.

Bewusstsein und künstliche Intelligenz

Ebenso bleibt mein Ich- und Weltbewusstsein auch jeglicher künstlichen Intelligenz verschlossen, selbst wenn diese „lernfähig" ist. Meine Kaufgewohnheiten, meine Reisen, meine Online-Surfgewohnheiten – alles, was computermäßig erfasst als Daten gespeichert werden kann – machen nur einen kleinen, oberflächlichen Teil aus von dem, der ich in all meiner Fülle bin. Auch das teilweise intuitive Erspüren, das meinen Mitmenschen möglich ist, liegt jenseits der maschinellen Möglichkeiten.

Gerade in Bezug auf die maschinelle Intelligenz müssen wir aufpassen, dass wir nicht zu Gefangenen der eigenen Metaphern werden. Ein Computer ist mit einem „Gedächtnis" (engl. „memory") ausgestattet. Ein Computer-Gedächtnis, das angeblich Informationen speichern kann wie wir in unserem Gehirn, speichert in Wirklichkeit nur binäre Kombinationen. Es braucht ein **menschliches Bewusstsein**, um mittels **Programmieren** die Entstehung dieser binären Datenkombinationen in die Wege zu leiten, sie mittels **Bedienung** (oder weiterer Programmierung) zu speichern, sie gegebenenfalls an einen Bildschirm zu schicken und dort in Pixelform als Worte, Zahlen oder Bilder erscheinen zu lassen. Und wiederum braucht es ein menschliches Bewusstsein, um diese **Daten bzw. Pixel in verstandesmäßig erfassbare Informationen zu verwandeln**. So gesehen enthält also kein Computer „Informationen".

Und selbst wenn Computer nun in der Lage sind, ohne weiteres menschliches Zutun zu „lernen", so ist dies ebenfalls eine Metapher bzw. eine anthropomorphe Projektion. Lernen beim Menschen beansprucht neben Intelligenz auch Willen, Anstrengung und Gefühle. Nichts davon ist bei einer Maschine vorhanden. Computer-"Lernen" ist nicht mehr als das mit stets neuen Daten ergänzte bzw. modifizierte Umsetzen von ursprünglich menschlich vorgegebenen Algorithmen und anderen Programmelementen. Allerdings kann es bei diesem Umsetzen sehr wohl zu Folgen kommen, welche die ursprünglichen Programmierer nicht planten oder voraussahen.

Um eine Metapher bzw. Projektion handelt es sich auch beim Wort „Intelligenz" im Ausdruck „künstliche Intelligenz". Die schiere **Menge an Daten**, die eine Maschine innert Sekundenbruchteilen verarbeiten kann, übersteigt die Möglichkeiten des menschlichen Gehirns um ein Vielfaches. „Sinn" ergeben diese Daten allerdings nur für den Menschen, nicht für die Maschine. Zwischen bewusstseinsloser materieller Datenansammlung und Verarbeitung einerseits und der Gedächtnis- und Verstandesleistung eines mit Bewusstsein ausgestatteten Menschen andererseits liegt ein unüberbrückbarer kategorialer Graben. „Big data is not knowledge", so formulierte es der französische Hirnforscher *Yves Frégnac*.[72]

Was wir heute jedoch erleben, ist ein stets engeres Zusammenspiel dieser zwei so unterschiedlichen Fähigkeiten: der untrennbar mit Bewusstsein und Gefühlen verbundenen menschlichen Intelligenz auf der einen Seite und der künstlichen, bewusstseins- und gefühllosen maschinellen „Intelligenz" auf der anderen. Wenn die Fähigkeit zur Sinngebung seitens der Menschen weiterhin immer effektiver mit der zunehmenden Fähigkeit der Datenerfassung und Rechenleistung von Maschinen gekoppelt wird (vielleicht sogar mittels Implantaten), so können zurzeit noch unvorstellbare Wirkungen erzielt werden – in konstruktiver wie auch destruktiver Richtung.

Bewusstseinsveränderungen

Wie steht es in Fällen von Bewusstseinsveränderung durch Alkohol oder Drogen (man denke hier etwa an die Experimente mit LSD vor allem in den 1960er- und 1970er-Jahren)? Hilfreich in diesem Zusammenhang ist die auf hinduistischer Philosophie gründende Vierteilung der Bewusstseinszustände in *Tiefschlaf, Traumzustand, Wachzustand* und „*Turiya*" („der Vierte" auf Sanskrit; er bezeichnet eine Art „Überbewusstsein", eine über dem Wachzustand stehende Bewusstseinsdimension; mehr dazu im folgenden Abschnitt). Jede der vier Zustände stellt eine Erweiterung des vorhergehenden dar. Ein Drogentrip ist wie ein Ausflug aus dem Wachzustand in die entgrenzte Weite oder gar Seligkeit des Turiya-Zustandes. Es kommt jedoch bei einer derartigen, **künstlich herbeigeführten Bewusstseinserweiterung** zu einer Spaltung: Wichtige Teile der Psyche und des Verstandes (darunter auch die

---

72 Zit. in Matthew Cobb, *Why your Brain is not a Computer*, The Guardian Online, 27.2.2020.

ethische Ausrichtung) werden auf dem Trip nicht mitgenommen. Die psychischen Blockaden sowie die Denk- und Verhaltensmuster, mit denen wir uns im Normalalltag den Zugang zu höherem Bewusstsein versperren, werden nämlich von der Droge nicht abgebaut oder aufgelöst, sondern nur temporär „ausgeschaltet" bzw. vom Bewusstsein abgetrennt. Und das ist noch nicht alles, wie aus einem Bericht des buddhistischen Lehrers und Kunstmalers *Anagarika Govinda* (1898–1985) deutlich hervorgeht:

„Der Hauptunterschied aber zwischen den durch LSD hervorgerufenen Bewusstseinszuständen und denjenigen der Meditation – wie ich aus eigener Erfahrung bestätigen kann – ist, dass LSD uns jeglicher Kontrolle beraubt, sodass wir willenlos und hilflos von unseren Emotionen und Phantasiegebilden hin und her geworfen werden und unsere Aufmerksamkeit von tausend fragmentarischen Vorstellungsinhalten zersplittert und verwirrt wird, während Meditation ein schöpferischer Vorgang ist, der aus dem ungebändigten Widerstreit innerer Kräfte einen sinnvollen Kosmos entstehen lässt, der zentrierend und alle seelischen Fähigkeiten einend und integrierend uns zielbewusst zur inneren Mitte in der Tiefe unseres Bewusstseins führt."[73]

Anders als bei künstlich ausgelösten Bewusstseinsreisen handelt es sich bei **Gipfelerlebnissen bzw. mystischen Erfahrungen** – auch solchen, die außerhalb einer Meditation erlebt werden – also um ein **ganzheitliches und „natürliches" Eintauchen in einen höheren Bewusstseinszustand**. Diese Erfahrungen sind nicht herbeigeführt, sondern geschenkt. Und im Gegensatz zu drogenbedingten Erfahrungen können sie nicht in eine Sackgasse von Sucht führen. Im Übrigen verweist Govinda auf einen der Pioniere der Bewusstseinsforschung im Westen, *Jean Gebser* (1905–1973), der bei der (natürlichen bzw. geschenkten) Integration von höheren Bewusstseinsdimensionen von „**Bewusstseins-Intensivierung**" und nicht Bewusstseinserweiterung sprach.[74]

Änderungen des Bewusstseins können auch durch Krankheit oder Unfall verursacht werden. Solche Fälle stellen jedoch keine Erweiterung, sondern eine Einschränkung dar. Das Gehirn ist angeschlagen und kann seiner Aufgabe als „Conduit" des Bewusstseins nicht mehr vollumfänglich nachkommen.

---

73 Lama Anagarika Govinda, *Buddhistische Reflexionen*, S. 120.
74 Ebenda. S. 119.

Bewusstsein als transpersonales Phänomen

Oben wurde ausgeführt, wie unauslotbar unser Bewusstsein als Phänomen und damit auch das Bewusstsein unserer Selbst ist. Dass es dennoch gelingt, vom ureigenen Bewusstsein und „Lebensgefühl" (hier nicht mit „Stimmung" zu verwechseln) zu denjenigen einer anderen Person Brücken zu schlagen, lässt sich nicht allein durch vergleichbare Lebenserfahrungen, sprachliche Austauschmöglichkeiten und Empathie erklären. Denken Sie hier zurück an die in Kapitel 2.1.2 gemachten Ausführungen zum Begriff „Weisheit", der sich zwar nicht genau definieren lässt, in einem Gespräch aber problemlos verstanden wird. Dies ist ein Beispiel für ein **kollektives Bewusstsein**, das sich nicht nur bei Sprachgemeinschaften, sondern auch bei Paaren, Familien, Gruppen, Subkulturen und Völkern nachweislich bildet. Selbst die „Gruppenintelligenz" von Bienen- und Ameisenvölkern, welche das Intelligenzvermögen der einzelnen Ameisen bzw. Bienen um das x-Fache übersteigt und ihnen ein komplexes Sozialverhalten ermöglicht, ließe sich eventuell als Manifestation eines solchen kollektiven Bewusstseins auf niedrigerer Entwicklungsstufe betrachten.

Auf archetypischer Ebene schließlich gibt es ein kollektives Bewusstsein, an dem die **gesamte Menschheit** teilhat. Hierbei geht es um das gemeinsame Bewusstsein bezüglich Universalien – Sehnsucht oder Streben nach Sinn, nach Schönheit oder nach Göttlichem, ein Sensorium für richtig und falsch usw.

Nun bleibt noch die Frage, ob sich Bewusstsein über die Menschheit hinaus erstreckt. Das ist letztlich, wie so vieles hier, eine Glaubensfrage. Und doch drängt es uns von Natur aus, mit dem Verstand möglichst weit vorzudringen und verschiedene Erklärungsmodelle auf ihre Plausibilität hin zu überprüfen. So auch hier. (Die Frage wurde schon in Kapitel 3 diskutiert, aber aufgrund ihrer grundlegenden Bedeutung für unsere ganze Weltsicht soll sie nochmals aufgegriffen werden.) Angesichts der Tatsache, dass selbst das einfachste Gerät oder Möbelstück nicht ohne Mittun eines Bewusstseins zustande kommt, ist es meines Erachtens im höchsten Grade unglaubwürdig, dass sich das Universum samt aller Lebewesen, deren Erhaltung unvorstellbar komplexe Systeme der Interaktion erfordert, ohne Mitwirkung von absichtsfähiger Intelligenz und damit von Bewusstsein (schon zu einer Zeit, als noch kein menschliches Bewusstsein vorhanden war) bilden konnte. Somit ist die Vorstellung, dass unser individuelles Bewusstsein eine Art gemeinsames „Mutterbewusstsein" hat, meiner Ansicht nach weitaus plausibler als irgendein materialistisches Erklärungsmodell. Abstrakter ausgedrückt würde das heißen, dass unser individuelles Bewusstsein eine der Myriaden von subtil miteinander verbundenen Spielarten eines umfassenden bzw. **kosmischen Bewusstseins** darstellt.

Gemäß diesem Weltbild tritt Bewusstsein nicht einfach nach Milliarden von Jahren kosmischer Bewusstseinslosigkeit je getrennt in menschlichen Wesen auf, die dann wie Inseln in einem ziel-, zweck- und bewusstseinslosen Meer von physikalisch-chemischen Vorgängen ein limitiertes Dasein fristen. Bewusstsein ist vielmehr eine kosmische Gegebenheit, vergleichbar mit der elektromagnetischen Kraft und der Gravitation auf physikalischer Ebene. Wir Menschen haben an dieser Gegebenheit Teil. Bewusstsein verwendet unser Gehirn sozusagen als Organ, durch das es sich manifestieren kann. Dies ist bei einem Menschen ausgeprägter als bei einem Hund, und bei einem Hund ausgeprägter als bei einem Regenwurm. Unser persönliches Bewusstsein ist demzufolge Teil eines zeitübersteigenden kosmischen Bewusstseins, das sich auf der Erde im Lauf der Evolution mit der zunehmenden physiologischen Komplexität besonders des Gehirns in **stets größerem Ausmaß manifestieren** konnte und kann.

Bruce Greyson (geb. 1946), ein Neurologe und emeritierter Professor für Psychiatrie an der University of Virginia, der sich sein ganzes Berufsleben lang mit dem Zusammenspiel von Gehirn und Bewusstsein beschäftigt hat und auf die Erforschung von Nahtoderfahrungen spezialisiert ist, legt vier Indikatoren vor, die zeigen, dass Bewusstsein nicht ausschließlich auf ein funktionierendes Gehirn angewiesen ist, um sich zu manifestieren.[75] Auf allen vier Gebieten ist der Bestand an dokumentierten Fällen inzwischen von einer solchen Größe und Diversität, dass pauschale Ablehnung eigentlich keine Option mehr sein sollte.[76] Die Kategorien umfassen:

---

75 Bruce Greyson, *Is Consciousness Produced by the Brain?* (Vortrag), https://www.youtube.com/watch?v=sPGZSC8odIU.

76 Warum, wenn inzwischen eine solche Fülle an dokumentiertem Material vorliegt, hat dies bisher noch nicht zu einem Umdenken in der Mainstream-Wissenschaft geführt? Gemäß Greyson wird hier nach dem Prinzip, dass nicht sein kann, was nicht sein darf, dieses Material mehrheitlich ignoriert. Denn ein Versuch, all die sehr zahlreichen und verschieden gelagerten Fälle zu widerlegen, wäre schließlich extrem aufwendig und der Erfolg mehr als zweifelhaft.

1) Menschen, deren Gehirn durch Demenz derart degeneriert ist, dass sie physiologisch gesehen zu keiner rationalen Leistung mehr fähig wären, die aber unmittelbar vor ihrem Tod plötzlich wieder glasklare Aussagen machen.

2) Menschen, bei denen anlässlich eines Gehirnscans festgestellt wurde, dass für rationales Denken scheinbar unabdingbare Gehirnteile fehlen, die aber dennoch zu „normalen" Bewusstseinsleistungen fähig sind.

3) Nahtoderfahrungen: Wenn „hirntote" Patienten beispielsweise ihren auf einem Spitalbett liegenden Körper verlassen und Dinge wahrnehmen, die sie sogar bei wachem Bewusstsein von ihrem Bett aus nicht hätten sehen oder hören können. (Näheres hierzu finden Sie in Kapitel 5.3.)

4) Erinnerungen an frühere Leben: Derartige Erinnerungen, die ohne sogenannte „Rückführungen" zustande kommen, sind vor allem bei Kleinkindern dokumentiert. Forschungsteams haben dabei detaillierte Aussagen von Kindern zu Personen und Orten, die geografisch und zeitlich außerhalb des jetzigen Erfahrungsbereichs der Kinder sowie desjenigen ihrer Bezugspersonen lagen, überprüft und verifiziert (z. B. Angaben zu Einzelheiten eines Hauses in einer anderen Stadt, das längst nicht mehr stand, zu dem sich durch Nachforschungen vor Ort – also weit weg vom Wohnort der Kinder – aber Fotos finden ließen, welche die Angaben der Kinder bestätigten). Nach Erreichung eines gewissen Alters geht diese Fähigkeit offensichtlich verloren. Bei mittels Hypnose herbeigeführten Rückführungen können solche Erinnerungen jedoch wieder hochkommen. Erfahrungen aus erster Hand lassen sich unter anderem in den Werken der Psychiater *Michael Newton* (1931–2016) oder *Brian Weiss* (geb. 1944) nachlesen. Wenn das Bewusstsein an *einen* Körper gebunden wäre, könnte es keine Erinnerungen an etwas geben, das *vor* Bildung dieses Körpers geschah.

Verschiedene bedeutende Denker, wie etwa der indische Mystiker, Professor, Politaktivist und Ashramgründer *Sri Aurobindo* (1872–1950) sowie der italienische Psychiater *Roberto Assagioli* (1888–1974), ein Pionier auf dem Gebiet der transpersonalen Psychologie, sprechen in diesem Zusammenhang vom „**Überbewusstsein**", das im persönlichen Bewusstsein jedes einzelnen Menschen zu einer je eigenen Ausprägung gelangt. Ein solches Verständnis von Bewusstsein findet sich auch in praktisch allen Weisheitstraditionen, am deutlichsten jedoch in der hinduistischen und buddhistischen Gedankenwelt. Im Hinduismus bildet es Teil des bereits erwähnten Dreigestirns der in unserem Wesenskern eingepflanzten göttlichen Eigenschaften: Sein-**Bewusstsein**-Seligkeit (Sat-**Cit**-Ananda).

In abendländischer, christlich geprägter Terminologie würden wir hier von einem **Wesensmerkmal des Geistes** sprechen. Unsere Geistbegabung – und darunter fällt auch das Bewusstsein – wird in der Bibel sowie bei christlichen Denkern und Mystikern durch die Jahrhunderte als Funken des zeitlosen, göttlichen Geistes beschrieben.

Demgemäß hat Bewusstsein, wie wir es erleben, *auch* etwas **Transzendentes** an sich. Es lässt sich rein immanent nicht erfassen. Bei westlichen Denkern des ausgehenden 20. und frühen 21. Jahrhunderts findet sich – beeinflusst vom nun universell zugänglichen östlichen Gedankengut – vermehrt ein ähnliches, wenn auch in je eigenen Begriffen gefasstes Verständnis von Bewusstsein. Zu erwähnen wären da *David Bohm* (1917–1992), *Fritjof Capra* (geb. 1939), *Rupert Sheldrake* (geb. 1942) und *Ken Wilber* (geb. 1949) aus dem angelsächsischen sowie *Carl Friedrich von Weizsäcker* (1912–2007) und *Hans-Peter Dürr* (1929–2014) aus dem deutschsprachigen Raum, um nur ein paar der renommiertesten Denker auf diesem Gebiet zu nennen. Nicht zufälligerweise sind dies alle interdisziplinäre Wissenschaftler – Naturwissenschaftler einerseits, Philosophen bzw. Psychologen andererseits –, die über den Tellerrand hinaus dachten bzw. denken im Bemühen um ein möglichst ganzheitliches Verstehen. Ihnen als Vorreiter zuzurechnen ist eine Gruppe genialer Wissenschaftler, die als Pioniere der modernen Physik inklusive Relativitätstheorie und Quantenphysik in die Geschichte eingegangen sind, darunter an vorderster Front *Max Planck* (1858–1947) *Albert Einstein* (1879–1955) und *Werner Heisenberg* (1901–1976). Sie alle propagierten in ihren Schriften ein Weltbild, bei dem der Geist (und damit auch das Bewusstsein) der Materie vorausgeht und nicht umgekehrt.

Es ist wohl die immense **Vertrautheit** – vom ersten bis zum letzten Tag unseres Lebens –, die **das Staunen über die Unergründlichkeit des Bewusstseins verhindert** und so zur weiten Verbreitung einer nicht unbedingt durchdachten Annahme beiträgt, dass sich Bewusstsein auf naturalistisch-materialistische Erklärungen reduzieren lässt. Genau gleich wie die intime Vertrautheit mit dem Sein ein Staunen darüber verhindert, dass überhaupt etwas ist und nicht nichts. Denn weder Bewusstsein noch Sein (als Ganzes, nicht das Dasein einzelner Phänomene) lassen sich auch nur annähernd plausibel auf eine empirisch fassbare Art erklären. Der preisgekrönte amerikanische Religionswissenschaftler und Philosoph *David Bentley Hart* (geb. 1965) bringt dies so auf den Punkt: „and, with regard to the mystery of consciousness no less than with regard to the mystery of being, the materialist position is the least coherent position on offer, and the one that suffers from the greatest explanatory poverty."[77] So gesehen ist eine Haltung des Staunens – und damit der Ehrfurcht – gegenüber dem Mysterium des Bewusstseins intellektuell redlicher, als die mehr auf Hoffnung denn auf Hinweise beruhende Annahme, dieses Phänomen ließe sich schon irgendwie erklären – wenn nicht von mir, so doch von anderen; wenn nicht heute, so doch morgen.

Bewusstsein und Reifen

Was, so fragen Sie sich vielleicht, hat das Bewusstsein mit der Thematik des menschlichen Reifens zu tun? Warum kommt es hier so ausführlich zur Sprache?

Durch das Bewusstsein nehmen wir uns und unsere Welt als solche wahr. Und doch ist das persönliche Bewusstsein nicht „allsehend" – es gibt ja noch die unbewussten Schichten unseres Innenlebens. Zum menschlichen Reifen gehört unter anderem, dass wir im Lauf unseres Lebens mehr und mehr Inhalte aus den Schattengegenden ins Licht des Bewusstseins hervorholen und uns mit ihnen auseinandersetzen. Das ist natürlich nur an den Berührungspunkten möglich, wo wir feststellen, dass sie auf unsere Denk-, Fühl- und Handlungsweise einen Einfluss ausüben. Um zu diesen Feststellungen zu gelangen, müssen wir dem Unterfangen jedoch genügend Zeit widmen und die nötige Feinfühligkeit entwickeln. Das ist pure Reifungsarbeit.

Eine weitere Aufgabe besteht darin, dieses Licht des Bewusstseins zu bündeln und klarer zu fokussieren. Das geschieht, indem wir achtsamer agieren. Ein unterentwickeltes Bewusstsein ist wie eine schwache Glühbirne, die ein relativ fahles Licht in alle Richtungen streut. Ein hochentwickeltes Bewusstsein hingegen ist wie ein starker und gebündelter Scheinwerfer, der gezielt auf

---

77 David Bentley Hart, *The Experience of God. Being, Consciousness, Bliss*, S. 212. Deutsch: „Und was das Geheimnis des Bewusstseins ebenso wie das Geheimnis des Seins betrifft, so ist die Position der Materialisten unter allen Positionen die am wenigsten kohärente und diejenige, die erklärungsmäßig am armseligsten dasteht."

einen Gegenstand oder Vorgang gerichtet wird und diesen in großer Klarheit erscheinen lässt.

Für den Reifeprozess ist es also entscheidend, das wunderbare Wesensmerkmal des Bewusstseins entschlossener als im Normalalltag üblich zu aktivieren und auszurichten. Bildlich gesprochen geht es darum, die **Leuchtkraft unseres Bewusstseins zu stärken** bzw. dessen **Empfänglichkeit** in einem möglichst **ungetrübten und unverzerrten Zustand zu erhalten.** Dies erreichen wir, indem wir den Einfluss von Störfaktoren gezielt verringern und die Aufmerksamkeit nach innen und nach außen klarer fokussieren. Und indem wir dem inneren und äußeren Lärm weniger Raum gewähren, der Stille dafür umso mehr.

Dann lässt sich auch rascher ein Warnsignal vernehmen, wenn die Leuchtkraft wieder einmal geringer geworden ist, d. h. wenn wir erneut in einen zerstreuten, dumpfen oder unfokussierten Zustand („Glühbirne") zurückgerutscht sind und somit das meiste, was wir denken, sagen und tun, reaktiv, triebgesteuert oder roboterhaft abläuft.

Das **Hell- bzw. Reinhalten** („klarer Spiegel") und die **gewollte Ausrichtung des Bewusstseins** („Scheinwerfer") ist eine der Grundübungen, vielleicht sogar *die* **Grundübung,** auf der alle im nächsten Kapitel besprochenen Stränge des Reiferwerdens aufbauen.

Und noch ein letzter Gedanke: Mit Hingabe zu üben ist zwar notwendig, stellt aber nur *einen* Faktor auf dem Reifeweg dar. Aus eigener Kraft und Anstrengung allein lässt sich größere Reife nicht nachhaltig bewerkstelligen; dies zeigt sich sowohl in der eigenen Erfahrung als auch in zahlreichen Lebensberichten. Mit der oben vorgenommenen Unterscheidung zwischen einem aktiv ausgerichteten Scheinwerfer und einem empfänglichen (passiven) Spiegel soll dieses Zusammenspiel von Tun und Lassen erneut hervorgehoben werden. Deshalb ist es so wichtig, die nicht verfügbare, transzendente Seite des Bewusstseins zu betonen. Bewusster und damit auch reifer werden ist ebenso sehr mit **Zulassen** – sich öffnen für die Quelle jenseits meiner selbst – wie mit **Tun** verbunden.

4.2 WAS HEISST REIFE?

Eines vorweg: Messen lässt sich Reife nicht. Eine Art Geigerzähler, mit dem sich der Reifegrad eines Menschen anhand seiner Ausstrahlung feststellen ließe, wird es nie geben. „Reife" gehört in die gleiche Kategorie von Wörtern wie „Gesellschaft" und „Weisheit", für die sich keine niet- und nagelfeste Definition erstellen lässt. Vorausgesetzt, wir sind wach und genügend auf Empfang eingestellt, spüren wir jedoch, wenn wir es mit einer reifen Person zu tun haben. Noch einfacher scheint es zumeist, solche auszumachen, die auf ihrem Reifeweg noch nicht so weit fortgeschritten sind. Letztere wirken möglicherweise aufgeblasen, unaufrichtig, übermäßig egozentrisch, verbittert oder dauerhaft betrübt (dies nur eine Auswahl).

Es gilt jedoch mehreres zu bedenken. Erstens, dass jeder Mensch einen ganz eigenen Entwicklungsweg geht und eine ganz eigene, einmalige Ausprägung von Reife aufweist. Zweitens, dass – im Falle von uns wenig oder gar nicht bekannten Menschen – unser Eindruck von deren momentanen Verhalten ausgeht, welches vielleicht nicht den längerfristigen Reifegrad widerspiegelt. Wenn eine Frau etwa dringend vor Ladenschluss noch zur Apotheke fahren muss, um Medikamente für ihren kranken Vater abzuholen, wird sie sich möglicherweise gegenüber anderen Verkehrsteilnehmern rücksichtsloser verhalten als sonst. Drittens, dass wir alle gewisse Lebensbereiche aufweisen, in denen wir weniger weit entwickelt sind als in den übrigen. Ein Mann kann aufrichtig, verlässlich und maßvoll in fast allem sein, aber er verliert rasch die Kontrolle über sich, wenn eine erotische Anziehung im Raum eine gewisse Stärke überschreitet. Die berühmte Achillesferse. Wir sollten also – aufgrund unserer mangelnden Tiefenkenntnis – von Pauschalurteilen über andere absehen.

Betrachten wir nochmals die im ersten Absatz exemplarisch aufgezählten Kennzeichen von Unreife[78]. Während die meisten genannten Charakteristika auf wenig Widerspruch stoßen dürften, mögen sich manche bei „verbittert" und „dauerhaft betrübt" doch fragen, ob dies wirklich mit Reife zu tun hat. Vielleicht haben derart verbitterte bzw. niedergeschlagene Menschen einfach Pech gehabt im Leben? Das würde aber bedeuten, dass man

---

78 Gemeint ist, präzis formuliert, ein relativ zu anderen Menschen sowie – weit wichtiger – relativ zum eigenen Potenzial bis anhin weniger weit gediehener Reifungsprozess.

Reife praktisch ausschließlich mit dem Erreichen einer gewissen ethischen Stufe gleichsetzt (denn die übrigen aufgelisteten Charakteristika sind dem Gebiet der Ethik zuzuordnen) und andere Kennzeichen ausschließt. Es gibt jedoch weitere Merkmale. Eines davon ist ein gewisses Mass an Offenheit. Eine dauerhaft verdrossene Person beispielsweise ist wie eine Blüte, die sich weigert, sich aufzutun, und daher nie die zum weiteren Gedeihen notwendigen Sonnenstrahlen hereinlässt. Reife beinhaltet demnach zwar *auch* ein hohes ethisches Niveau, umfasst aber mehr. Dies soll im folgenden Kapitel zum individuellen Reifen dargelegt werden.

Es lässt sich an dieser Stelle eine provokative Frage stellen: **Warum überhaupt reifen?**

Nehmen wir als Einstieg in die Antwort einen Apfelbaum: Er ist dazu **veranlagt**, zu gegebener Zeit **Frucht zu bringen**, nämlich in Form von Äpfeln. Beitragen dazu muss er nicht – der Prozess, den die Veranlagung auslöst, wickelt sich von selber ab. Es sei denn, es hindern ihn äußere Faktoren daran, etwa langanhaltender Frost im Frühjahr oder eine Krankheit – oder er wird vorzeitig gefällt. Beim Menschen ist das anders. Auch wir, so behaupte ich, haben die Veranlagung zur Reifung; die Veranlagung, Frucht zu bringen in dem Sinn, dass **wir jenes Potenzial entfalten, mit dem wir einen positiven Beitrag zur Entwicklung eines größeren Ganzen, jenseits des Ichs, zu leisten imstande sind.** Aber bei uns passiert dies nicht wie beim Apfelbaum von selbst; wir müssen den Entwicklungsweg bewusst beschreiten und die Richtung – anhand der Einladungen, die uns das Leben schickt – selber einschlagen.

Jean Charon (1920–1998), ein französischer Naturwissenschaftler und Philosoph, spricht von der „Finalität" des Atoms. Es ist eine Finalität, die ständig auf etwas Größeres hinzielt, nicht eine Finalität im Sinn von Ende oder Abschluss. Heutzutage verwenden zahlreiche Natur- und Geisteswissenschaftler den Begriff „**Holon**". Ein Holon ist eine erkennbare, in sich ganze Entität, gleichzeitig aber auch ein Teil von etwas Größerem: ein Atom in Hinblick auf ein Molekül, ein Molekül (bei den Lebewesen) im Hinblick auf eine Zelle usw. Der Benediktinerpater und Zenmeister *Willigis Jäger* (1925–2020) formuliert es so: „Jedes Holon hat eine Tendenz zum größeren Holon. Die Evolution drängt zur Selbsttranszendierung."[79] Warum also reifen? Weil

---

79 Willigis Jäger, *Erwachen zum Menschsein*, in Christoph Quarch und Gabriele Hartlieb (Hrsg.), *Eine Mystik, viele Stimmen*, Herder Spektrum, 2004, S. 125.

wir in der Gesamtheit der Dinge eben nicht isolierte Einzelwesen sind – jeder Mensch ist schließlich auch ein Holon –, sondern eine Rolle zu spielen haben in einem größeren Ganzen, egal ob man dabei nun die Gesellschaft oder den Kosmos im Blick hat. Um ein in der Einführung vorgestelltes Bild zu verwenden: Jeder und jede von uns ist ein einmaliges und damit unersetzliches Puzzleteil in einem unfassbar komplexen, lebendigen und sich entwickelnden Gesamtbild. In diesem Zusammenhang lässt sich auch der viel missbrauchte Begriff der **Selbstverwirklichung** sinnvoll verwenden. Er macht dann Sinn, wenn es um mehr als nur das kleine „Ich" geht. Der amerikanische Psychologe *Abraham Maslow* (1908–1970) – einer der Pioniere der „positiven Psychologie", die nicht fragt: „Was macht die Seele krank?", sondern „Was macht die Seele gesund?" – hat „Selbstverwirklichung" in seiner Bedürfnispyramide per definitionem mit der Hingabe an etwas Größeres als die eigene Person verknüpft. Für ihn wird ein Mensch, der dieses Entwicklungspotenzial nicht entfaltet, mit der Zeit unweigerlich neurotisch. Er erkannte interessanterweise bei vielen Menschen eine „Angst vor der eigenen Größe"[80], die dazu führt, dass sie einen Selbstverwirklichungsprozess auf etwas Größeres hin gar nicht erst in Angriff nehmen. Maslow nannte es den „Jonas-Komplex". In der alttestamentlichen Erzählung versucht der kleine Kaufmann Jonas letztlich erfolglos vor seiner inneren Berufung – in biblischer Sprache vor dem Auftrag Gottes – zu fliehen. Eigentlich genügt ein Blick in unser Umfeld, um zu erkennen, dass Menschen, die aus einem egodominierten Leben nicht allmählich und bis zu einem gewissen Grad herausfinden, spätestens aufs Alter hin unglücklich werden (siehe Kapitel 5). Bildlich formuliert: Sie sind wie eine Knospe, die nicht aufgeht und damit auch keine Frucht bringen kann, und die daran leidet. Dieses Leiden, dieses Unglücklichsein kann sich in verschiedenen Formen manifestieren, beispielsweise als Aggressivität, Reizbarkeit, Verbitterung, Zynismus, Niedergeschlagenheit oder Rückzug. So gesehen lässt sich die Frage „Warum überhaupt reifen?" auch ganz einfach beantworten: um glücklich zu werden.

Es klingt gut, wenn ich sagen kann: „Ich bin unterwegs." Aber im Alltag fühlt es sich selten so an. Da bin ich mich gefühlsmäßig eher am Abmühen, um das Tageswerk einigermaßen unter Dach und Fach zu bringen. Das Glei-

---

80 Zit. in Tom Butler-Bowdon, *50 Psychology Classics*, S. 221 (deutsch von mir).

che am nächsten Tag und am übernächsten … Wo geschieht da Entwicklung? Natürlich weiß ich, dass alles dem Wandel unterliegt und dass ich mich wohl auch irgendwie entwickle. Aber woher weiß ich, in welche Richtung dies geht? Woher weiß ich, ob ich auf dem richtigen Weg bin?

Hören wir hierzu einem Mann zu, der sich unter anderem als geistlicher Begleiter ein Leben lang mit dieser Frage auseinandergesetzt hat. *Franz Jalics* (geb. 1927), der schon im Zusammenhang mit dem Herzensgebet erwähnt wurde (Seite 97) und zu dessen Lehr- und Lebenspraxis die Meditationsform des kontemplativen Gebets gehört, schreibt:

„Es gibt aber sichere Zeichen, dass du auf dem richtigen Weg voranschreitest. […] Wenn du nach geraumer Zeit kontemplativen Gebetes merkst, dass du, ohne dich zu bemühen, die Menschen ein bisschen mehr liebst, ihnen gegenüber mehr Geduld empfindest, dass dein Lebensgefühl ein bisschen positiver geworden ist, deine Toleranzgrenze in schwierigen Situationen sich geweitet hat, und wenn du merkst, dass du dich selbst mehr so nehmen kannst, wie du bist […]"[81]

So sieht ein realistischer Maßstab aus. Wenn du nach geraumer Zeit ein bisschen mehr liebst. Nicht rasch, nicht viel, nicht spektakulär. Es wird auch nicht nach Perfektion gestrebt. Aber kann uns nicht gerade die Erfahrung von diesem „ein bisschen mehr" in jener Rastlosigkeit, Ängstlichkeit und Orientierungslosigkeit, in der wir immer wieder steckenzubleiben drohen, genau das Maß an Mut und Zuversicht verleihen, das wir brauchen, um trotz allem an der Übung dranzubleiben?

Ab einem gewissen Reifegrad übernehmen Menschen **Mitverantwortung für ein größeres Ganzes**. Auf ihrem Entwicklungsweg ist ihnen klarer geworden, wo ihre Stärken liegen und was am ehesten ihre „Berufung" ist. So können sie zur Leidverminderung und Erhöhung der Lebensqualität in ihrem Umfeld beitragen. Sie wirken auch als **Impulsgeber**. All dies trägt zum kollektiven Reifen bei. Verschiedene Arten und Abfolgen, wie individuelles und kollektives Reifen miteinander verknüpft sein können, zeigen die folgenden Beispiele:

---

81 Zit. in Stephan Hachmann, *Berührt vom Klang der Liebe*, in http://hundertklang.de/wp-content/uploads/2019/08/Das-Herzensgebet-Text-2018-Webdatei-1.pdf, S. 14.

1) **Markantes individuelles Reifen gefolgt von Übernahme von Mitverantwortung**

Der Lebenslauf zweier historischer Figuren soll dies illustrieren: Der Engländer *Thomas Clarkson* (1760–1846) hatte an der Universität Cambridge schon einen Abschluss in Mathematik, beschloss jedoch, auch noch Theologie zu studieren. Als schreibbegabter Student hatte er bereits einmal einen Aufsatzwettbewerb gewonnen, und sein Ehrgeiz drängte ihn dazu, im folgenden Jahr nochmals teilzunehmen. Beim Thema ging es um die Rechtmäßigkeit der Sklavenhaltung. Zur Vorbereitung vertiefte er sich ins Thema, über das die Öffentlichkeit in Großbritannien nur wenig Bescheid wusste. Was er las, entsetzte ihn. Sein Aufsatz gegen die Sklaverei gewann den ersten Preis, aber das war ihm nun nicht mehr wichtig. Die ihn antreibende Ruhmsucht war verflogen. Nachdem er seinen Aufsatz vorgetragen hatte, machte er sich zu Pferd auf den Weg von Cambridge nach London, wo ihm, der schon zum Dekan geweiht worden war, eine vielversprechende Kirchenkarriere offenstand. Unterwegs jedoch wurde er, wie er später selbst berichtete, von der Notwendigkeit, in Sachen Sklaverei etwas Praktisches zu unternehmen, derart stark erfasst, dass er vom Pferd stieg und sich unter einen Baum setzte, um in Ruhe diesem Eindruck nachgehen zu können. Der Einsatz gegen die Sklaverei wurde daraufhin zum Leitmotiv seines restlichen, noch 61 Jahre umfassenden Lebens. Zusammen mit gerade mal elf weiteren Anti-Sklaverei-Aktivisten gründete er die *Society for Effecting the Abolition of the Slave Trade*. Den Durchbruch erzielten sie mit dem Fall des Sklaven James Somerset, dessen englischer Besitzer ihn zeitweilig aus Virginia (damals noch eine britische Kolonie) nach Großbritannien zurückgebracht hatte und ihn dann, nachdem dieser geflohen und wiedereingefangen worden war, nach Jamaika zum Weiterverkauf verschiffte. Clarkson und seine Kampfgenossen zogen vor Gericht und erreichten 1772, dass der Kapitän des Schiffes Somerset freigeben musste. Es war ein Grundsatzentscheid und der Anfang des Endes der Sklaverei im britischen Empire. Allerdings wirklich erst der Anfang. Clarkson musste jahrzehntelang weiterkämpfen, entkam knapp einem Attentat und wurde auch später mehrmals mit dem Tod bedroht. Auch wenn die Sklaverei in den britischen Kolonien erst 1807, in den Vereinigten Staaten erst 1865 und in Brasilien beispielsweise erst 1888 endgültig verboten wurde, war es der persönliche Einsatz von Männern wie Clarkson, der den Ball unaufhaltsam ins Rollen brachte.

Ein Zeitgenosse von Clarkson, *Seraphim von Sarow* (1754–1833), trat im Alter von 17 Jahren ins Kloster der russischen Stadt Sarow ein. Er arbeitete dort unter anderem in der Bäckerei und der Holzwerkstatt. Bald spürte er jedoch, dass er für seine spirituelle Entwicklung mehr Abgeschiedenheit brauchte. Er zog sich in einen Wald außerhalb des Klosters zurück, zunächst tageweise, dann gänzlich. In seiner Hütte wurde er nach ein paar Jahren von Räubern überfallen und schwer verletzt. Er erholte sich zwar, musste aber nach einem weiteren Lebensabschnitt im Wald aus Gesundheitsgründen zurück ins Kloster ziehen. Dort führte er mehrere Jahre lang ein Klausurdasein abseits der Gesellschaft der übrigen Mönche. Am 25. November 1825 war es dann aber so weit: Er öffnete die Türe seiner Zelle und stand von diesem Augenblick an für alle Menschen, die zu ihm kamen, als geistiger Berater zur Verfügung. Und es kamen viele, denn sein Ruf als Menschenkenner und Heiler verbreitete sich rasch. Es wird berichtet, dass er jeden einzelnen Besucher mit „meine Freude" ansprach und alle mit einer Verneigung willkommen hieß. Einer seiner bekanntesten Aussprüche lautet: „Erlange einen friedvollen Geist und Tausende um dich werden gerettet."[82] Bis heute zählt er zu den am meisten verehrten Heiligen in Russland.

Der Rhythmus von **Lebenserfahrung**, **Rückzug und Wiedereintritt** in den gesellschaftlichen Alltag in einer **geläuterten und gestärkten Verfassung und mit neuem Engagement** ist ein universeller. Jesus zog sich 30 Tage lang fastend in die Wüste zurück, bevor er mit seiner öffentlichen Mission begann. Mahatma Gandhi schaltete mehrmals Fastenzeiten ein, bevor er sich jeweils wieder ganz der gewaltlosen Kampagne zur Befreiung Indiens von der Kolonialherrschaft der Engländer widmete.

Ein individueller Reifeschub findet jedoch nicht nur bei einem Rückzug statt. Es können auch **Grenzerfahrungen** sein – Krankheit, Verlust eines geliebten Menschen, berufliche Krise oder, wie im Fall von Thomas Clarkson, eine seelisch einschneidende Einsicht –, die mit deren Bewältigung ebenfalls ein Reifen bewirken. Wenn eine von Scheidung, Jobverlust, Depression oder Krebs betroffene Person einen solchen Schicksalsschlag und die Folgen davon mit Fassung und Akzeptanz trägt, ist sie, ob sie es merkt oder nicht, für Menschen in ihrem Umfeld ein Vorbild und damit eine Impulsgeberin – andere beziehen daraus Inspiration und Kraft. So kann ein

---

82 Zit. in Gordon Mursell (Hrsg.), *Die Geschichte der christlichen Spiritualität*, S. 162.

individueller Reifungsschritt einem (wenn auch noch so kleinen) kollektiven Fortschritt vorausgehen.

2) **Individuelles und kollektives Reifen in Interaktion**

Bei den zwei oben beschriebenen Figuren – Thomas Clarkson und Seraphim von Sarow – handelt es sich um Pioniere und Leuchtfiguren, die naturgemäß Ausnahmen bilden. Grenzerfahrungen mit Reifeschub und anschließendem lebenslangem Engagement für eine Sache, die der gesamten Menschheit zugutekommt, sind selten. Ein längerer Rückzug aus der Gesellschaft ist für die meisten von uns weder wünschenswert noch realistisch. Häufiger hingegen sind Fälle in einem kleineren Rahmen, bei denen jemand durch eine Krisenerfahrung oder eine Retraite aus der vor lauter Routine völlig unbewusst gewordenen Egozentrik herausgeworfen wird und sich danach für ein ichübergreifendes Gut einsetzt. Neben einer solchen Abfolge (Lebenserfahrung – Grenzerfahrung/Rückzug – Engagement für ein kollektives Gut) lässt sich aber noch ein zweites Muster beobachten, nämlich ein Reifungsprozess von Individuen und Gruppierungen in Wechselwirkung und im Wechselschritt.

Eine Frau lanciert beispielsweise eine Aktion zur Integration von Migranten in ihrer Gemeinde, mit besonderem Augenmerk auf die Frauen und ihre Anliegen. Organisiert werden gemeinsames Kochen, gemeinsames Kinderhüten sowie konkrete Hilfe bei administrativen Fragen. Dies findet Anklang bei den Migrantinnen, was die Initiatorin wiederum in ihrem Unterfangen bestärkt. Die teilnehmenden Frauen aus anderen Kulturen erhalten Wertschätzung und Gelegenheiten zum Austausch außerhalb des Familienverbandes. Aus dem Bekanntenkreis der Initiantin stoßen Mitstreiterinnen hinzu. Alle finden in der Arbeit im Lauf der Zeit Befriedigung, Bestärkung und persönliche Entfaltungsmöglichkeiten. Die konkreten Anregungen, welche die Migrantinnen mit nach Hause nehmen, kommen auch ihren Familien und ihrem Kontaktkreis zugute. Auswirkungen sind in der gesamten örtlichen Gemeinde zu spüren – ein gestärkter Gemeinschaftsgeist breitet sich aus.

Klar ist, dass eine solche „Kettenreaktion" auch in die gegenteilige Richtung verlaufen kann. Ein paar randständige junge Männer bestärken sich gegenseitig in ihrer Ablehnung von Ausländern, schikanieren gemeinsam ortsansässige Migranten, die ihrerseits sich entweder wehren – was rasch zu eskalierender Gewalt führt –, oder sich noch weiter in Angst und Isolation zurückziehen. In der Gemeinde nehmen die Spannungen und Feindseligkeiten

226

zu. Während der erstgenannte Fall ein Beispiel für eng miteinander verbundene Fortschritte auf individuellen und kollektiven Entwicklungswegen darstellt, handelt es sich beim zweiten um ein Beispiel von wechselseitigen Rückschritten auf individueller und kollektiver Ebene. Nur eines steht fest – beide dieser Prozesse (wie alle Prozesse) gehen weiter. Werden kritische Punkte erreicht, kann es – muss es aber nicht – zu Richtungsänderungen kommen.

In einer friedlichen Umgebung ist es leichter, selbst friedfertig zu agieren und seelisch zu wachsen. Umgekehrt löst ein von Ungerechtigkeiten, Konflikten und Spannungen gezeichnetes Umfeld in den betroffenen Menschen viel eher niederere Instinkte aus und lässt diese dominant werden. Deshalb ist Frieden ein so kostbares Gut. Frieden in der Paarbeziehung. Frieden im Familienverband. Frieden in Arbeitsgruppen. Frieden in der Nachbarschaft. Frieden in der Gesellschaft, mit Gerechtigkeit als wichtigem Bestandteil. Jeglicher Einsatz hierfür lohnt sich. Ferner dürften die zwei gegenläufigen Beispiele genügen, um klarzumachen, dass sich der Reifegrad von Individuen und derjenige der Gemeinschaften, in denen sie leben, permanent gegenseitig beeinflussen. Dies gilt es im Hinterkopf zu behalten, wenn wir uns in den folgenden zwei Kapiteln ausführlich zunächst mit dem individuellen und danach mit dem kollektiven Reifen auseinandersetzen.

4.2.1 Individuelles Reifen

Gleich zu Beginn soll hier klargestellt werden: Alle Unterschiede in Sachen Reife sind graduell, nicht absolut. Man ist nicht entweder reif oder unreif. Es ist kein „Ja" oder „Nein", keine „1" oder „0" wie in der digitalen Welt. Man stelle sich vielmehr eine Skala vor, sagen wir von 1 bis 100. Ein durchschnittlich reifer Mensch wäre dann bei 50 eingestuft; das ideelle Ziel eines vollständig verwirklichten Menschen läge bei 100. Natürlich geht es nicht darum, sich selber oder Menschen aus dem Umfeld nun zu bewerten. Bei anderen Menschen blicken wir schlicht zu wenig durch, nämlich zu wenig in jene Tiefen, in denen sie ihre eigentlichen Kämpfe ausfechten. Auf dem Weg zur Reife vergleicht man sich sinnvollerweise nicht mit anderen, sondern mit sich selbst, also einen früheren Zustand oder eine frühere Haltung mit dem Status quo. Aber auch hier geht es nicht darum, sich zahlenmäßig einzuordnen, sondern zu erkennen, in welche Richtung man sich entwickelt hat (es sind nicht nur Fortschritte, sondern auch Rückschritte möglich) und insbesondere, wo es ganz konkret Luft nach oben gibt. Denn **wir sind in Bezug auf Reife kein monolithischer Block**. Bei allen von uns ist in manchen Bereichen, sei es bei der Ehrlichkeit, dem Konsumverhalten oder dem Umgang mit der Sexualität, der Reifungsbedarf ausgeprägter als in anderen. Ein wichtiger Teil unserer Aufgabe hinsichtlich der Selbsterkenntnis besteht darin, diese Baustellen – die wir so gerne aus dem Bewusstsein verscheuchen, denn sie sind dem Selbstbild nicht förderlich – klar zu identifizieren.

Angesichts dieser Tatsache ist es sinnvoller, sich nicht eine „globale" Reifeskala, sondern verschiedene „**Unterskalen**" vorzustellen. Je genauer wir auf unser Leben schauen, desto feiner werden wir bei unserem Entwicklungsbedarf differenzieren können.

Im Folgenden sind eine Reihe solcher „Unterskalen" aufgelistet. Dabei müssen wir uns jedoch stets vor Augen halten, dass Reifen ein fortwährender Prozess ist. Alles ist im Fluss, auch wenn dieser Fluss manchmal zu stagnieren scheint. Deshalb werden für die untenstehenden Gegenüberstellungen die Überschriften „schwach entwickelt oder fehlentwickelt" sowie „hoch entwickelt" verwendet und nicht die einen Zustand suggerierenden Begriffe „reif" bzw. „unreif". Es soll keine neue Dualität, nämlich zwischen reifen und unreifen Menschen, herbeigeredet werden. Wir sind alle unterwegs.

Zunächst möchte ich eine minimalistische Formel postulieren:

Reifen bedeutet einen Zuwachs an Weisheit, Güte und Verantwortungsnahme.

„Verantwortungsnahme" ist ein ungewöhnliches Wort, drückt aber das Gemeinte besser aus als Alternativen wie „Verantwortungsgefühl" oder „Verantwortungsbewusstsein". Ein Verantwortungsgefühl haben bedeutet noch nicht, dass man die entsprechende Verantwortung auch wahrnimmt. Und noch eine Erklärung zur Wortwahl: Statt „Güte" wäre hier eigentlich der umfassendere Begriff „Liebe" angebracht. Da aber „Liebe" – nach „Gott" – das wohl am meisten missbrauchte und banalisierte Wort ist, bleibe ich zunächst beim weniger vorbelasteten Begriff der Güte. Am Ende des Kapitels wage ich mich dann doch noch an die Liebe heran.

Die postulierten Fundamentalkriterien *Weisheit*, *Güte* und *Übernahme von Verantwortung* werden nun in der angekündigten Auflistung heruntergebrochen und konkretisiert. Weitere Ausführungen zum Thema „Verantwortung" finden sich danach im Kapitel zur Individualisierung der Verantwortung (4.2.4). Dort wird insbesondere nachgewiesen, dass wir (vor allem im Westen) historisch gesehen in der Gestaltung unseres Lebensweges noch nie so frei waren, und dass damit auch der Übernahme von Eigen- und Mitverantwortung noch nie so wenig entgegenstand wie heute.

Die Pfeile auf dem folgenden Schema symbolisieren die Entwicklungsrichtung, die zur Reifung erforderlich ist, die sich aber keinesfalls automatisch einstellt. Mit der Reihenfolge der aufgelisteten Punkte soll auch eine Mehrdimensionalität angedeutet werden: Vom **Reifen der Persönlichkeit** über ein **ethisches Reifen** hin zu einem **spirituellen Reifen**. Wobei diese drei Dimensionen in Wirklichkeit natürlich dauernd ineinandergreifen und sich gegenseitig beeinflussen. An allen Punkten müssen wir ein Leben lang arbeiten. Nur tritt die spirituelle Dimension in jüngeren Jahren zumeist gegenüber der Persönlichkeitsbildung in den Hintergrund und rückt erst in einer späteren Lebensphase – wenn überhaupt – stärker ins Zentrum der Bemühungen. Wohl spielen spirituell-religiöse Überlegungen bei vielen Menschen schon in jungen Jahren durchaus eine Rolle, aber die Herausforderungen des Heranwachsens, bei dem es gilt, den eigenen Platz in der Erwachsenenwelt zu finden und wenn nötig zu erkämpfen, sind meistens vordringlicher.

Bei allen im Folgenden genannten Kategorien geht es darum, sich der Notwendigkeit einer Weiterentwicklung bewusst zu werden (man ist niemals am Gipfel oder Endpunkt angekommen) und diese Entwicklung auch willentlich anzustreben. Und obwohl sie einzeln aufgelistet sind, hängen sie doch alle miteinander zusammen: Fortschritte in der einen Kategorie erleichtern oder verursachen sogar Fortschritte in anderen Kategorien; Rückfälle in einem Bereich erhöhen die Gefahr von Rückfällen in anderen Bereichen.

Wie lassen sich also Weisheit, Güte und Verantwortungsnahme herunterbrechen? Man könnte 8, 15, 20 oder 30 Unterkategorien aufstellen. Ich habe mich für 18 entschieden. Hier sind sie:

SCHWACH ENTWICKELT ODER FEHLENTWICKELT	HOCH ENTWICKELT
1) Stark triebgesteuertes Verhalten	→ Bewusstes Kanalisieren der Triebe
2) Von Emotionen gesteuert werden oder sie unterdrücken	→ Emotionen erkennen und lenken, aber nicht unterdrücken
3) Tendenziell tiefer Wachheitsgrad	→ Generell hoher Wachheitsgrad
4) Sprech- und Handlungsweise weitgehend konditioniert und reaktiv	→ Sprech- und Handlungsweise weitgehend bewusst gewählt
5) Oft verschwommene oder stereotype Sicht der Dinge, wenig Sinn für das Unwissbare	→ Mehrheitlich klare Sicht der Dinge und ihrer Komplexität, verbunden mit Einsicht in die Grenzen unseres Wissens
6) Mäßige Fähigkeit, Wichtiges von Unwichtigem zu unterscheiden	→ Geübte Fähigkeit, Wichtiges von Unwichtigem zu unterscheiden
7) Wenig Innenschau	→ Bewusste Praxis der Innenschau
8) Wenig ausgeprägte Selbst- und Menschenkenntnis	→ Ausgeprägte Selbst- und Menschenkenntnis
9) Oft fremdbestimmt und so manipulierbar	→ Mehrheitlich selbstbestimmt und so weniger leicht manipulierbar
10) Gefangen in Rollen (oft unauthentisch)	→ Rollen werden angenommen und abgelegt (mehrheitlich authentisch)
11) Handlungsweise mäßig ethisch geprägt (zeitweise unehrlich, rücksichtslos usw.)	→ Handlungsweise stark ethisch geprägt (grundsätzlich ehrlich, rücksichtsvoll usw.)
12) „Haben" ist wichtig (Besitz, Prestige, Macht usw.)	→ „Sein" ist wichtig (authentisch, wahrhaftig, gut usw.)
13) Überwiegend selbstbezogen	→ Vermehrt zu anderen hingewandt
14) Grundgefühl der Getrenntheit	→ Grundgefühl der Verbundenheit
15) Oft hartherzig	→ Vorwiegend barmherzig
16) Ausgeprägte Anspruchshaltung	→ Dankbarkeit als Teil der Grundhaltung
17) Kaum Humor oder abwertender Humor	→ Lebensbejahender Humor
18) Wenig wohltuende Ausstrahlung	→ Spürbar wohltuende Ausstrahlung

Im Folgenden werden nun die 18 Entwicklungslinien einzeln erörtert.

1) Die Triebe: Kanalisieren, Maßhalten und verantwortungsbewusster Umgang

Die Zielrichtung hierbei ist folgende: sich weniger von Trieben – und den mit ihnen verbundenen Gewohnheiten und Mustern – beherrschen lassen, sondern vermehrt selbst die Zügel in die Hand nehmen. Das heißt, Triebe und gewohnheitsbedingte Impulse weder ungeprüft ausleben noch blind unterdrücken, sondern sie bewusst und differenziert wahrnehmen und situationsgemäß mit ihrer Energie umgehen. Schauen wir zunächst aber genauer hin, was das für Triebe bzw. Antriebe sind, die uns immer wieder in Beschlag zu nehmen drohen.

Es gibt drei *primäre Triebe*, ohne deren Ausleben bzw. Erfüllung die Menschheit nicht fortbestehen würde: den **Überlebenstrieb** (Schutz in lebensbedrohenden Situationen), den **Ernährungstrieb** (Essen und Trinken) sowie den **Sexualtrieb** (Arterhaltung).

Hunger und Durst *müssen* gestillt werden (jedoch in einem geeigneten Maß, will man gesund bleiben). Auch dem elementaren Schutztrieb *muss* Folge geleistet werden, will man ein vorzeitiges Ableben vermeiden. Auch hier gilt es, maßzuhalten; übertriebene Schutzbedürftigkeit führt zu Abschottung und damit zu verminderter Lebensqualität.

Der Sexualtrieb unterscheidet sich etwas von den zwei anderen: Während eine generelle Verweigerung von Geschlechtsverkehr zum Aussterben der Menschheit führen würde, ist bisher noch nie jemand an einem Mangel an Sex gestorben. Ohne Sex jedoch, und mehr noch ohne die ihn umkleidende Erotik, wäre das Leben für die meisten von uns um eine wesentliche Qualitätsdimension ärmer. Erotik im weitesten Sinn gehört zu den intensivsten, am stärksten farbgebenden Komponenten des Lebens. Die Farben verdunkeln sich jedoch rasch, wenn damit unverantwortlich – unaufrichtig, maßlos, verletzend – umgegangen wird.

Insgesamt gesehen regt nichts die menschliche Fantasie mehr an und weist kaum etwas auf Dauer eine größere Antriebskraft auf als die **erotisch gefärbte Liebessehnsucht**. Warum ist das so? Ihre Kraft ist derart groß, weil sie sich aus mehreren in sich selbst schon starken Elementen zusammensetzt. Da ist einmal der bereits erwähnte biologische *Sexualtrieb*. Dazu mischen sich der *Geltungsdrang* und der *Drang nach Machtausübung* (zwei Elemente, welche die Liebe verdunkeln), der *Wunsch nach intensiver Erfahrung* sowie die

Ursehnsüchte nach Erkanntwerden, Angenommensein und Komplementierung. Das Liebesverlangen ist letztlich aus einem archetypischen Gefühl des Mangels geboren: „Ich allein bin unvollständig." Es verbindet also Triebe und Sehnsüchte und entfaltet so eine enorme Wirkmacht.

In dieser Wirkmächtigkeit wird die erotische Liebessehnsucht zu einer kaum je versiegenden **Quelle von Projektionen** auf imaginäre, potenzielle oder reale Partner bzw. Partnerinnen. Die Kraft dieser Sehnsucht ruft Bilder von Liebesbeziehungen in uns hervor, die fast unwiderstehlich sind. Als Folge kann der Traum der großen, der wahren Liebe wiederholt Kontrolle über uns gewinnen, selbst wenn wir Mal für Mal durch die Erfahrung verschiedengradig enttäuscht auf den Boden der Wirklichkeit zurückgeholt werden. Ohne zu merken, dass EINE Person niemals die innere Sehnsucht stillen, die innere Leere füllen kann, welche aus unserem Lebensgefühl nie ganz zum Verschwinden gebracht werden können. Eine Partnerschaft kann deshalb erst zutiefst gelingen, wenn wir **zwei Elemente entkoppeln**: unsere Ursehnsucht nach „Komplettierung" einerseits und unsere Sehnsucht nach einer erfüllenden Partnerschaft andererseits. Wenn es uns gelingt, diese zwei Elemente auseinanderzuhalten, werden wir unseren Partner bzw. unsere Partnerin nicht mit unserer Sehnsucht nach Ganzheit überfordern. Wir können uns dann im Rahmen der Partnerschaft auf das konzentrieren, was zu ihrem Gelingen beiträgt: indem wir beispielsweise versuchen, unser Gegenüber als die einzigartige Person, die sie ist, mit all ihren Unzulänglichkeiten, stets nuancierter kennen- und schätzen zu lernen – auf eine Art, die sie bestärkt. Ferner, indem wir einander genügend Raum zugestehen, um Erfüllung in verschiedenen Lebensbereichen auch außerhalb der Partnerschaft zu finden. Und schließlich, indem wir die unvermeidlichen Alltagsreibereien innerhalb einer Partnerschaft nicht so sehr als etwas Lästiges betrachten oder als einen Hinweis, dass dies vielleicht doch nicht die „richtige" Zweierbeziehung ist, sondern als eine Gelegenheit, sich dadurch etwas von der Verkrustung der eigenen Egozentrik wegschleifen zu lassen. Um dann idealerweise miteinander und aneinander zu wachsen.

Als *sekundäre Triebe* würde ich diejenigen bezeichnen, die zwar nicht überlebenswichtig sind, aber doch bei praktisch allen Menschen – graduell verschieden stark – während eines Großteils des Lebens zumindest latent wirksam sind und persönlichkeitsprägend sein können, nämlich die **Triebe**, die uns nach **Besitz**, nach **Macht bzw. Einfluss** sowie nach **Ruhm, Ansehen und Anerkennung** streben lassen. Jeder einzelne dieser Triebe ließe sich analog zum Liebesbedürfnis weiter ausdifferenzieren, was aber hier zu weit führen würde. Wichtig ist auch noch der „**Lusttrieb**" (jenseits der sexuellen Lust), der oft mit Vorfreude verbunden ist. Ein Beispiel: Ich verspreche meinem kleinen Sohn an einem heißen Sommertag, mit ihm am Nachmittag ein Eis essen zu gehen. Als es dann so weit ist, hat er in Nullkommanichts seine Spielsachen weggeräumt und sich die Schuhe angezogen. Wie bei den übrigen Antriebskräften wird die Lust bzw. Vorfreude dann problematisch, wenn sie überhandnimmt. Wenn ich beispielsweise an einem geplanten Treffen mit Freunden festhalte, weil die Vorfreude darauf so groß ist, obwohl meine Mutter plötzlich erkrankt ist und allein zu Hause im Bett liegt.

Anhand des letzten Beispiels lässt sich auch ein weiterer Punkt verdeutlichen: Nicht nur die Lust auf das Wiedersehen mit Freunden hat mich dazu gebracht, die Bedürfnisse meiner Mutter auszublenden, sondern auch die Erwartung von Selbstbestätigung seitens dieser Freunde. Triebe bzw. Antriebe werden hier zwar einzeln aufgelistet, in Wirklichkeit sind es aber oft mehrere gemeinsam, die mich zu dieser oder jener Handlungsweise anstoßen.

Als *tertiäre Triebe* würde ich alle weiteren zusammenfassen, die sporadisch und zumeist auch weniger persönlichkeitsprägend auftreten, etwa das **Verlangen** nach **Unterhaltung** bzw. **Ablenkung**, den **Handlungstrieb** (Drang nach Arbeit oder einer anderen Aktivität), den **Spieltrieb**, den (meist unterdrückten) **Zerstörungstrieb** usw. Allerdings können auch diese, wie alle zuvor genannten Triebe, eine derart große Bedeutung in unserem Leben erlangen, dass sie Macht über uns gewinnen und zur **Sucht** werden.

Und als *vierte Kategorie*, bei der „Antrieb" besser passt als „Trieb", würde ich die subtileren, geistigen Sehnsüchte zusammenfassen: die **Sehnsucht nach Verstehen, Sinn, Selbsterfüllung** und **(innerem) Frieden** sowie nach etwas, was all dies **umfasst, zusammenhält und übersteigt (**Transzendenz). Auch diese Sehnsüchte treiben uns an und vermischen sich mit den genannten Trieben (wie im Fall von Sexualtrieb/Erotik/Liebessehnsucht ausgeführt). Und obwohl sie, anders als die tendenziell egozentrischen Triebe der Kategorien eins bis drei, eher aus der Egozentrik herausweisen und so für das innere Wachstum unabdingbar sind, können auch sie überhandnehmen. Wenn ich mich beispielsweise durch die Sehnsucht nach Verstehen oder Sinn so sehr in Bücher und die Welt des Geistes vertiefe, dass ich dadurch Alltagspflichten vernachlässige. Das passende Maß muss auch hier gefunden werden.

Auch wenn soeben behauptet wurde, dass die Triebe der Kategorien eins bis drei in einem starken Maß aus der Egozentrik stammen bzw. dieser

Nahrung verleihen, geht es im Reifeprozess natürlich nicht darum, jeglicher sexuellen Aktivität zu entsagen, möglichst keinen Besitz zu erwerben, keine Macht auszuüben und jeglicher Anerkennung aus dem Weg zu gehen (außer dies passt so für mich). Es geht um das stets neu anzustoßende Bemühen, mit dem, was mich antreibt, in **wacher Verantwortung** umzugehen. Dazu gehören **Maßhalten** und das **Wahren von innerer Unabhängigkeit**. Ausbuchstabiert heißt das, **Anzeichen von exzessivem bzw. leiderzeugendem** Besitz-, Macht-, Sex- oder Geltungsdrang bei sich schon in einem frühen Stadium bzw. in kleinen Dosierungen zu **erkennen** und ihnen die **Gedeihungsgrundlage zu entziehen.** Und es heißt, dem Leben auch jenseits von Konsum, Sex, dem Buhlen um Anerkennung und was uns sonst noch rastlos umtreibt, genügend andere schöne und erfüllende Seiten abgewinnen zu können (was besonders aufs Altern hin wichtig wird; siehe Kapitel 5). Geschieht dies nicht, können einzelne Triebe sich zu Obsessionen oder Zwängen verstärken und uns in die Gefangenschaft der Sucht treiben.

Dies alles lässt sich auf ein paar wenigen Seiten formulieren; es klingt vielleicht locker und leicht, ist es aber nicht. Im Gegenteil: Die **Steuerung unserer Triebe** und das **Maßhalten** erweisen sich als derart schwierig (wobei sich die Schwierigkeiten je nach Individuum anders verteilen), dass sie ohne **gezielte Übung, reduzierte Egozentrik und Unterstützung von außen** kaum zu erreichen sind. Konkret kann dieser dreigleisige Zugang etwa so aussehen:

1) Eine anhaltende Praxis des Abstandgewinnens, sei es durch Meditation, Gebet, Eintauchen in die Natur oder Kultur (Kunst, Musik usw.)
2) Regelmäßige liebevolle Hinwendung zu anderen Menschen zur Abschwächung der Ego-Besessenheit
3) Kraft und praktische Hinweise durch Lektüre, persönliche Begegnungen und Erfahrung von Gemeinschaft.

Obwohl wir hier erst eine von achtzehn Entwicklungslinien betrachtet haben, gibt es auf kaum einer anderen mehr Fallgruben und Widerstände. Der Reifeprozess auf diesem Gebiet beginnt im frühesten Kleinkindalter, wenn wir anfangen zu lernen, dass wir weder alles haben können, wonach wir gerade Lust haben, noch auf die ununterbrochene und ungeteilte Zuwendung unserer Bezugspersonen (Eltern) zählen können. Und er dauert wohl bis zum Sterben an.

2) Emotionen erkennen und ihre Kraft bewusst lenken

Wenn ich über meine Neigung zu Zornesausbrüchen, zu Neid, Eifersucht oder Ressentiments Bescheid weiß, lässt sich deren Aufkeimen frühzeitig auf dem Bewusstseinsradar erkennen. So kann ich die Emotionen beim Namen nennen (was verhindert, dass sie zu einer konturlosen Monstrosität anwachsen) und dafür sorgen, dass sie sich nicht destruktiv auswirken. Sie sollen nicht im Keim erstickt werden, denn dann finden sie zu einem späteren Zeitpunkt einen anderen Anlass als Ventil. Ein kurzer Wutausbruch beispielsweise kann wichtig sein, um eine Position klarzumachen oder eine Grenze zu markieren. Darüber hinaus ist es heilsamer, die Energie solcher Emotionen in harmlose (ein rascher, kräftiger Fluch reicht manchmal schon[83]) oder sogar kreative Bahnen zu lenken. Lassen wir hingegen zu, dass derartige toxische Emotionen sich durch gedankliches Wiederkäuen in uns festkrallen, gewinnen sie allmählich Macht und Einfluss über uns.

Nehmen wir das Beispiel eines Mannes, der sich schon über Monate hinweg von seinem pubertierenden Sohn nicht mehr ernst genommen fühlt. Sagen tut er nichts – das ist unter seiner Würde. So genügt eines Tages ein unbedachtes Wort des Sohns, um bei ihm eine – in den Augen seines Umfelds unverständliche – Kurzschlussreaktion auszulösen: Er schlägt den Jungen mit einer noch nie dagewesenen Heftigkeit. Eine derart leicht ins Destruktive führende Energiemenge könnte aber auch umkanalisiert werden, etwa in Holzhacken (klassisches Beispiel), Bügeln (Beispiel für den emanzipierten Mann), ein mit Gitarrenbegleitung herausgeschrienes Rocklied (Hobbymusiker-Variante) oder Joggen im Regen (für Fitnessbewusste mit leicht masochistischer Veranlagung). Die Möglichkeiten sind unbegrenzt, der Rundumnutzen ist groß. Denn wenn die angestaute Energie abgeklungen ist, lässt sich einerseits unbedachtes, reaktives Verhalten viel leichter vermeiden, und andererseits lässt sich die Sache besser reflektieren (da jetzt mehr Innenraum für rationales Abwägen freigeworden ist). Vielleicht vertraut er seinem Sohn einmal in einem ruhigen Moment seine Bedenken an. Wird mit der Zeit ein derartiger Früherkennungs- und Verarbeitungsmodus zur Regel, haben toxische Emotionen immer weniger das Sagen.

---

83 Der Jesuit, Zenmeister und Buchautor *Niklaus Brantschen* (geb. 1937) gab seiner 2018 in Dialogform erschienenen Autobiographie augenzwinkernd den Titel „Ich habe zu wenig geflucht".

Ab einem gewissen Intensitätsgrad haben Emotionen immer die Tendenz, sich in uns eine Weile lang festzusetzen. Dass man sich von dieser Veranlagung befreien kann, zeigt folgendes Beispiel: An einem Treffen zwischen dem Dalai Lama und Wissenschaftlern berichtete jemand von einem tibetischen Mönch, der sich aus Protest gegen die chinesische Unterdrückung selbst verbrannt hatte – der jüngste in einer Reihe solcher Vorfälle. Der Dalai Lama brach daraufhin in Tränen aus. Kurz danach lachte er laut auf – jemand im Raum hatte etwas Lustiges vorgeführt.[84] War das nun respektlos gegenüber dem verstorbenen Mönch? Nein, es zeigte bloß, dass Emotionen beim Dalai Lama nicht „kleben bleiben". Er hat die Fähigkeit eingeübt, Emotionen zuzulassen und dann auch wieder loszulassen, um immer für den gegenwärtigen Augenblick offen zu bleiben und auch emotional adäquat auf diesen zu reagieren.

Ein derartiger bewusster und anhaftungsbefreiter Umgang mit Emotionen hat natürlich auch Auswirkungen auf die länger anhaltenden emotionalen Zustände, die **Stimmungen**. Es lässt sich beobachten, dass Menschen, die wir als reif bezeichnen würden, generell weniger Stimmungsschwankungen unterworfen sind. Denn Emotionen, die frei fließen, die kommen und gehen, setzen sich nicht fest und führen somit nicht zu einer Verschiebung bei der Grundstimmung. Diese befindet sich bei solchen Menschen zumeist im Bereich von innerer Zufriedenheit, Ruhe und/oder Gelassenheit, wie untenstehende Abschnitte verdeutlichen werden.

3) Wacher und achtsamer werden

Über das Wesen des Bewusstseins wurde in Kapitel 4.1 nachgedacht. Dabei wurde auch klar, dass das Bewusstsein das einzige uns zur Verfügung stehende Instrument ist, um aus einem konditionierten und reflexgetriebenen Leben auszubrechen. Regelmäßige Meditation bietet uns eine einfache Übungsmöglichkeit zum Gebrauch dieses Instruments. Das Ziel besteht darin, stets häufiger und länger im Alltag **wach und präsent** zu sein und zu agieren, statt traumwandlerisch und gewohnheitsgetrieben durch die Tage zu gleiten. Konkret heißt das bewusster denken, sprechen (oder nicht sprechen) und handeln (oder nicht handeln). Das, zusammen mit dem **daraus resultierenden Zuwachs an Selbsterkenntnis** (siehe Punkte 7 und 8), ist

---

84 Berichtet in Daniel Goleman & Richard Davidson, *The Science of Meditation*, S. 162.

der eine Dreh- und Angelpunkt des Reifungsprozesses (beim zweiten geht es um die Liebe; siehe Ende dieses Kapitels).

Mit wachem Bewusstsein ist keine Ich-Vorstellung, ja überhaupt keine Vorstellung verbunden. Es erlaubt mir hingegen, meine Ich-Vorstellungen und andere vorgefasste Meinungen als solche zu erkennen. Mit wachem Bewusstsein sind auch keine Vorlieben oder Abneigungen verbunden. Es erlaubt uns aber, eigene Vorlieben und Abneigungen als solche wahrzunehmen. Und wenn nötig, an ihnen zu arbeiten.

Ich hebe eine Tasse Tee und führe sie an den Mund. Wenn ich dies behutsam mache, bin ich mir, während ich es ausführe, vollständig, d. h. ohne Ablenkung, bewusst, dass ich die Tasse hebe und sie zum Mund führe. Gut möglich, dass danach der Bewusstheitsgrad wieder sinkt und ich in den Modus der automatischen Verrichtungen zurücksinke. Das Ziel muss jedoch sein, eine ganze Folge von Verrichtungen in einem höheren Grad der Aufmerksamkeit und Geistesgegenwart zu absolvieren. Weitere Einzelheiten und Übungen hierzu wurden schon in den Kapiteln 2.3.1 und 2.3.3 aufgeführt.

In seinem 1990 erschienen Buch „Flow" beschreibt der renommierte ungarisch-amerikanische Psychologe *Mihaly Csikszentmihalyi* (geb. 1934) einen Zustand, bei dem Menschen gemäß seinen Recherchen auf einem wachen, von innen heraus motivierten und glückerzeugenden Niveau tätig sind. **Flow** bedeutet, in einem Zustand der **vollen und doch fast anstrengungsfreien Konzentration** sowie in **völligem Einklang mit dem Fluss der inneren und äußeren Vorgänge** zu sein. Dann werden bei dem, was wir tun, die Energien und deren Stromrichtung sowohl aus der eigenen Tiefe als auch aus dem Umfeld mit einfließen. Wir beziehen dabei wie aus einem unerschöpflichen Brunnen Kräfte und Inspiration, die unser kleines, egodominiertes Selbst nie hervorbringen könnte. Ein weiteres Fachwort hierfür ist „**Kohärenz**".

Ein derartiger Flow- bzw. Kohärenzzustand, bei dem Absicht, Entschlossenheit, Aufmerksamkeit, Denken, Fühlen und Tun in eine harmonische und gleichzeitig dynamische Ordnung kommen und alle in die gleiche Richtung zielen, kann zu kreativen, musikalischen, sportlichen oder wissenschaftlichen Höchstleistungen führen. Er kann aber – und das ist aufgrund unseres primären Fokus auf den gewöhnlichen Alltag noch wichtiger – auch bei völlig **unspektakulären Aktivitäten** für einen **geglückten und leise beglückenden Verlauf** sorgen: beim Anziehen am Morgen, bei einer Begrüßung, beim Aufräumen, bei der Entsorgung von Abfall.

Wir haben alle Sehnsucht nach **Intensität**, nach dem, was in der Bibel „Leben in Fülle" genannt wird. Ist man in einem solchen Flow, also ganz präsent im stets fließenden Jetzt, wird die Lebendigkeit des Augenblicks erhöht. Dann braucht man viel weniger künstliche oder heraufbeschworene, den Intensitätspegel steigernde „Dramen" (Krimi, Klatsch, Konflikte usw.). Die Fähigkeit, einen wesentlichen Teil des Alltags in einer derartigen **wachen Präsenz im Fluss** zu bewältigen, auch ohne ein spezielles, kreatives Projekt, ist ein weiteres Kennzeichen einer auf der Reifeskala weit fortgeschrittenen Person.

Unglücklicherweise ist jedoch eine andere Form von „Flow" weit häufiger. Anstatt wach die Richtung mitzubestimmen, lässt man sich größtenteils – abgesehen von wenigen Momenten wachen und intensiven Lebens – **dahintreiben**. Die Flussrichtung wird dann vor allem von der Gewohnheit und den gerade vorherrschenden äußeren Faktoren vorgegeben; man bewegt sich dabei unwillkürlich auf dem Weg des geringsten Widerstands. Der Wachheitsgrad ist tiefer, oft über längere Zeit hinweg sogar – trotz intensiven Drehens der mentalen Rädchen – nahe an einem geistigen Dösezustand.

Zwischenzeitlich rütteln uns die Umstände zu einer wachen Achtsamkeit auf, aber es bleibt zumeist bei einem kurzen Aufflackern. Bevor eine oben beschriebene **Kohärenz von der Ausnahme zur Regel** in unserem Alltag wird, braucht es eine Unmenge Übung. Im untrainierten Zustand verhalte ich mich eher passiv-reaktiv, nehme mich eher als fragmentiert wahr, bin vor allem Konsument, und das Leben fühlt sich eher schal an. Je mehr ich mich aber diesbezüglich entwickle, desto häufiger und länger bin ich in einem wachen, kohärenten, zumeist unspektakulären „Flow"-Zustand, nehme mich als der Mensch, zu dem ich veranlagt bin, wahr und das Leben fühlt sich reich an.[85]

4) Freiheit in der Gestaltung unserer Sprech- und Handlungsweise

Achtsamkeit führt zu mehr bewusstem, selbstgewähltem Tun und Lassen. Sie macht mich freier. Freier vom Zwang der Konditionierungen und der Steuerung durch die Macht der Gewohnheit, durch den Mainstream oder durch eine Ideologie, die mich in ihren Bann gezogen hat. Eine Einschränkung

---

85 Weitere Überlegungen zu Fragmentierung und Kohärenz finden Sie im Kapitel „Gegenkräfte", S. 389.

muss jedoch klar ausgesprochen werden: Diese **Freiheit muss ich im Rahmen der Lebensumstände ausüben.** Hunderte von Millionen Menschen verrichten tagtäglich Arbeiten, die ihnen nicht wirklich zusagen, um sich und zumeist auch Angehörige wirtschaftlich über die Runden zu bringen oder schlicht, um zu überleben. Millionen von Menschen sind im Gefängnis; ihre Umstände sind noch stärker eingeschränkt. Egal aber, wie eng ein einstweilig nicht sprengbarer Rahmen in meinem derzeitigen Leben ist: **Innerhalb dieses Rahmens habe ich Gestaltungsfreiheit.** Ich kann (oder doch eher könnte?) zum Beispiel frei entscheiden, ob ich in einem Gespräch etwas in einem harschen oder einem nicht harschen Ton sage.

Wir sind somit bei der ewigen Frage, ob wir tatsächlich über einen freien Willen verfügen. Also ob wir selbst über unser Tun und Lassen entscheiden können, oder ob dieses letztlich allein aus einer Mischung genetischer Veranlagung, vererbter und angelernter Muster, Einflüssen des Umfelds und Lebensumständen bestimmt wird. Angesichts des hier Ausgeführten könnte die Antwort folgendermaßen lauten: Wir haben das **Potenzial zum freien Willen.** Je weniger wir uns darin üben, dieses Potenzial bewusst auszuschöpfen, desto mehr sind wir in der Tat die Sklaven von Veranlagung, routinierten Reaktionsmustern und Umweltfaktoren. Das Wort „Wille" ist ja auch involviert; es braucht also eine Willensleistung, um vom potenziell zur Verfügung stehenden freien Willen Gebrauch zu machen. Das Potenzial ist uns geschenkt. Es aber zu nutzen, verlangt von uns Entschlossenheit und einen genügend hohen Grad an Bewusstsein. Ferner wird – vor allem dank der Selbstbeobachtung! – klar, dass sich die Frage nach dem Gebrauch des freien Willens nicht mit ja oder nein beantworten lässt, sondern dass die Antwort wie so oft eine graduelle ist. Ich lasse mich *eher* in meinem Verhalten treiben. Oder ich wähle Worte und entscheide mich für Taten *eher* mit Bedacht, was einem stärkeren Gebrauch von freiem Willen gleichkommt. In diese Richtung soll die Weiterentwicklung gehen.

Der Unterschied zwischen (konditioniertem) Reagieren und (frei gewähltem) Agieren lässt sich zumeist an der Geschwindigkeit zwischen dem Auslöser und der Folge ablesen. Brüllt mich jemand mit „Idiot" an und ich antworte innert Sekundenbruchteilen mit „Hau ab!", so handelt es sich bei Letzterem um eine Reaktion (ohne Einschalten des freien Willens). Halte ich hingegen inne und überlege mir, dass das Anbrüllen höchstwahrscheinlich die Folge einer Missstimmung der betreffenden Person ist und gar nicht in erster Linie mir gilt, so kann ich beispielsweise versuchen, die Lage mit Schweigen zu entschärfen – ein bewusst gewähltes Handeln. Diese Wahl erforderte jedoch eine gewisse Zeit – ein Innehalten. In den östlichen Weisheitslehren spricht man hierbei von der „**heiligen Pause**". *Viktor Frankl* (1905–1997), einer der einflussreichsten Psychologen des 20. Jahrhunderts, hat es so formuliert: „Zwischen Reiz und Reaktion gibt es einen Raum. In diesem Raum haben wir die Freiheit und die Macht, unsere Reaktion zu wählen. In unserer Reaktion liegen unser Wachstum und unsere Freiheit."[86] Im Alltag – insbesondere bei Gesprächen aller Art – kann es also schon ausreichen, immer wieder kurz innezuhalten, um die Qualität des Vorgangs und damit die Lebensqualität ganz allgemein merklich zu erhöhen. Und nicht nur die eigene.

5) Klarere Sicht der Dinge und der Begrenztheit des Wissens
Der Drang nach Klarheit ist eine urmenschliche Eigenschaft. Die Wirklichkeit ist jedoch unfassbar komplex und vielschichtig. Von den Myriaden Details (von denen sich jedes in noch feiner differenzierte Einheiten aufteilen ließe), aus denen sie sich zusammensetzt, kenne ich nur wenige, und sogar dieses „Kennen" beruht weitaus mehr auf Hörensagen sowie ungenauen und pauschalisierenden Annahmen als auf erwiesenen Tatsachen. Ohne Klarheit fühlen wir uns nämlich verunsichert. Deshalb werden „Wissenslücken" wo immer möglich durch Annahmen, Urteile und Schlussfolgerungen geschlossen, ohne dass wir dabei bewusst die Fakten von den Vermutungen trennen. Vieles registriert unser Hirn einfach kraft der Wiederholung als Tatsache: Wenn es im Kollegenkreis immer wieder die Runde macht und ich mir dutzendfach vorsage, dass der Personalchef (den ich nur selten zu Gesicht bekomme) inkompetent sei, wird dies bei mir ab einem gewissen Zeitpunkt als Fakt abgespeichert.

An dieser Stelle gilt es zu unterscheiden. In Kapitel 2.1.2 wurden die Rollen von Verstand, Gefühl und Intuition beim Versuch, die Wirklichkeit zu erfassen, erörtert. Pauschale Urteile und Schlussfolgerungen werden primär vom Verstand gebildet, wobei bestimmte Gefühle (z. B. Neid oder Geltungssucht) durchaus als „Einpeitscher" mitmischen können. Intuitive Verbindungen zwischen diversen Wissensfragmenten hingegen sind aus der Stille geboren und haben somit eine andere Qualität. Wenn wir nachspüren, fühlen sich intuitive Einsichten vergleichsweise leichter an und gehen oft mit einer

---

86 Zit. in http://www.logotherapie-pfarr.de/logotherapie/home.

Prise Freude einher – jener Freude, die eine Berührung mit Wahrheit unwillkürlich auslöst („Genauso ist es!" – das Heureka-Prinzip).

Die weiter unten erläuterte Innenschau (Punkt 7) ermöglicht uns derartige Unterscheidungen. Es braucht feinfühlige innere Arbeit, um aufspüren, was ein sachgerechtes Urteil und was ein Vorurteil ist, was sich belegen lässt und was ich unbesehen übernommen habe, welche meiner Schlussfolgerungen logisch stimmig sind und welche nicht, bei welchen inneren Regungen es sich um intuitive Einsicht und bei welchen es sich um Wunschdenken oder aus Angst geborene Vorstellungen handelt. Natürlich geht es dabei nicht darum, nun unser ganzes gespeichertes Wissen diesbezüglich zu durchkämmen, sondern darum, eine gewisse Haltung heranwachsen zu lassen. Ich versuche, mich **stets weniger an Meinungen, Vorstellungen und Ideen zu klammern**. Ich versuche, genügend **Leerraum** zu bewahren für das, was jeder Tag zu bieten hat, gepaart mit der entsprechenden Neugierde und **Freude an neuen Erkenntnissen**. Eine solche Grundhaltung hat *Sokrates* (469–399 v. Chr.) mit dem paradoxen Satz „Ich weiß als Nichtwissender" (nicht „Ich weiß, dass ich nichts weiß", wie oft fälschlicherweise übersetzt wird) zum Ausdruck gebracht.

Haben mir geistige Nahrung – zusammengesetzt aus Lektüre und Gesprächen, Erfahrung und Reflexion – sowie die innere Überprüfung des Stimmigkeitsgrades (wozu ich mir die Zeit nehmen muss) zu einer klareren Sicht der Dinge verholfen, führt dies zu größerer Zurückhaltung beim Urteilen. Denn die Grenzen meines Wissens sowie des Wissbaren überhaupt sind mir bewusster geworden. Eine Folge davon ist ein weniger stereotypes und pauschalisierendes Denken.

Woraus setzt sich aber meine geistige Nahrung zusammen? Noch nie zuvor in der Geschichte der Menschheit gab es ein derart umfassendes, nie abreißendes Angebot an Informationen. Fernsehkanäle, Zeitungen, soziale Medien und Internetplattformen bieten jedoch nicht nur wesentliche Neuigkeiten und tiefe Einsichten. Sie sind inzwischen alle auch Brutkästen für eine Unmenge an Belanglosigkeiten und Absurditäten, ganz zu schweigen von Verzerrungen der Wahrheit bis hin zu schlichten Lügen und dem Schüren von negativen und auf die Dauer krankmachenden Emotionen.

Vor ein paar Jahrzehnten setzte der Trend zur bewussten Ernährung ein. Immer breitere Schichten der Bevölkerung wurden sich bewusst, dass es sich gesundheitsmäßig auszahlt, auf Menge, Qualität und gute Durchmischung der Nahrung zu achten. Zu wünschen wäre ein vergleichbarer Trend bezüglich unserer geistigen Nahrung. Natürlich ist unser Geist dehnbarer als unser Magen; deshalb nehmen wir die mentale Überfütterung weniger deutlich wahr als die körperliche. Dennoch zahlt es sich aus, auch bei der **mentalen Nahrung auf Quantität, Qualität und eine gesunde Diversität** zu achten. Denn auch die Nahrung für Verstand und Gemüt (jede gedankliche Regung zieht eine emotionale Regung nach sich) muss innerlich verdaut werden. Wenn dies durch pausenlosen Nachschub verhindert wird, erzeugt das Ruhelosigkeit, Stress und mit der Zeit auch eine suchtartige Abhängigkeit. Diese manifestiert sich in Entzugserscheinungen, sobald der Informationsfluss für eine gewisse Zeit unterbunden ist. Sehr rasch kommt dann das Gefühl hoch, wir würden etwas verpassen.

Wie kann ich aber für mich selbst die Qualität des Inputs feststellen? Betrachten wir ein Beispiel: An einem Wochenende habe ich mir zwei Fernsehprogramme zu Gemüte geführt. Beim ersten handelte es sich um eine politische Debatte, beim zweiten um eine Dokumentarsendung. Die Debatte ließ meine Emotionen hochgehen, sodass ich von A bis Z absorbiert war. Dennoch hinterließ sie bei mir ein schales Gefühl. Es störte mich, dass die Diskussionsteilnehmer einander dauernd unterbrachen, dass kaum jemand richtig zuzuhören bereit war und dass ich zum Thema wenig Brauchbares dazugelernt hatte. Ganz anders das Gefühl nach Ende der Dokumentarsendung über Mikrokredite an Frauengemeinschaften in armen Dörfern in Indien. Diese Art der Hilfe zur Selbsthilfe inspirierte mich zu eigenen Überlegungen. **Nachkosten** lautet also das Stichwort. Auf diese Weise lernen wir mit der Zeit, relativ gut zu differenzieren zwischen dem, was für uns einen geistigen Nährwert hat, und dem, was uns geistig eher verstopft und dadurch den nötigen Freiraum für das qualitativ Hochstehende nimmt. Dieses kommt zwar in kleineren Portionen daher, ist aber umso wichtiger. Denn es bildet die Grundlage für eine klare Sicht der Dinge einerseits und andererseits für unser Bewusstsein bezüglich jener Grenze, über die hinaus kein Wissen weiterführt. Jenseits dieser Grenze sind wir im Bereich des Glaubens bzw. des Vertrauens.

Mit einer Klarheit darüber, was wir wissen, was wir nicht wissen und was wir nicht wissen können, zu leben und zu handeln, ist eine der wichtigsten Komponenten der **Weisheit**.

6) Geübt im Prioritätensetzen

Eine bekannte Redensart lautet „vor lauter Bäumen den Wald nicht sehen". Heutzutage besteht der Wald an Reizen und Möglichkeiten aus extrem vielen

Bäumen, sowohl in der realen als auch der virtuellen Welt. Vielleicht scheint es deshalb so schwierig, einen Gesamtüberblick zu erlangen. Aber ein Blick auf den ganzen Wald ist dennoch unabdingbar, will ich die Rolle und Bedeutung einzelner Bäume angemessen abschätzen können.

Um für unser eigenes Leben sinnvoll Prioritäten setzen zu können, anstatt uns einfach von Trends und den Vorlieben unseres Umfelds leiten zu lassen, müssen wir uns also über unser Gesamtweltbild bewusst werden. Dazu gehört auch, jene Fragen nach **Quelle**, **Sinn und Ziel** meines Lebens zu stellen, die insbesondere in den Kapiteln 3 bis 3.2 erörtert wurden.

Ohne klare eigene Leitlinien in Sachen Wichtigkeit werden wir stets in Kleinigkeiten hineingesogen – kleinliche Ablenkungen, Irritationen oder Dispute – und diese erlangen kurzfristig eine immense Bedeutung. Und kaum habe ich mich der einen Kleinigkeit entledigt, buhlt bereits die nächste um meine Aufmerksamkeit. So kann ein Tag vergehen und ich denke mir: Womit habe ich all die Stunden verbracht?

Das bewusste Prioritätensetzen beschränkt sich nicht nur auf die **Aufgaben**, die wir zu erledigen haben. Diesbezüglich haben wir vielfach sogar weniger Entscheidungsspielraum als in manch anderen Lebensbereichen. So wollen wir hier zwei weitere Domänen etwas eingehender betrachten.

Bei der ersten handelt es sich um die **Informationsaufnahme**. Sie wurde bereits unter dem vorhergehenden Punkt beleuchtet, muss aber hier nochmals erwähnt werden, da sie in unserem Zeitalter eine derart zentrale Rolle spielt. Wollen wir in der Informationsflut nicht untergehen und dabei jeglichen Überblick verlieren, müssen wir Prioritäten setzten. Das bedeutet, uns die Zeit und Mühe zu nehmen, auszuwählen und vor allem zu verringern – beispielsweise durch das bewusste Ignorieren von Werbung jeglicher Art oder die zeitweise Einschränkung des Fernsehkonsums und des Smartphone-Gebrauchs. Daraus ergeben sich informationsfreie Zeitfenster. Diese können unter anderem dazu genutzt werden, das zuvor Aufgenommene zu verdauen und – wie oben anhand der Beispiele dargestellt – qualitativ einzuordnen. So bilden sich allmählich persönliche Qualitäts- bzw. Prioritätskriterien heraus. Informationsangebote, die unter einer gefühlten Grenzlinie liegen (z. B. gewisse Gratiszeitungen), sollen danach in der Regel nicht mehr beachtet werden.

Ein weiterer wichtiger Bereich betrifft die Frage, **welchen Menschen ich wann und wie viel Zeit widme**. Viele Beziehungen sind schon daran gescheitert, dass der eine Partner in Momenten, die für die Partnerschaft wichtig gewesen wären, abwesend war. Umgekehrt sind Beziehungen – auch

Freundschaften – in die Brüche gegangen, weil die eine Person übermäßige Präsenzansprüche an die andere stellte. Beachten muss ich außerdem, dass jeder zwischenmenschliche Austausch Auswirkungen auf meinen Seinszustand hat. Wenn ich feststelle, dass mir das Zusammensein mit einer gewissen Person (oder Personengruppe) auf Dauer nicht guttut, so kann ich versuchen, die Interaktionen auf ein Minimum zu reduzieren, wenn diese unvermeidlich sind (etwa in einem Arbeits- oder Familienverhältnis) oder ganz zu vermeiden. Um dafür mehr Zeit entweder fürs Alleinsein oder für wohltuenden, heilsamen und bestärkenden menschlichen Austausch zu haben.

Mit einer regelmäßigen Praxis des zeitweiligen **Seins in der Stille**, als Ausgleich zum Tun in der Sinnes- und Gedankenwelt, wächst die Fähigkeit, Dinge mit einer **größeren inneren Distanz** zu betrachten, was für das Abwägen von Prioritäten unabdingbar ist. Ferner ermöglicht sie ein **längerfristiges Denken**.

Eine gewisse Prioritätenordnung kann zwar eine Weile lang passend sein; hält man jedoch starr an ihr fest (aus Stolz oder geistiger Trägheit), wird sie sich im Lauf der Zeit in manchen Situationen als ungeeignet erweisen. So gesehen ist auch das Prioritätensetzen eine fortlaufende Aktivität, die – wie in der Überschrift zu diesem Abschnitt angetönt – *geübt* sein will.

Wichtiges von Unwichtigem unterscheiden zu können, ist ein weiteres Wesensmerkmal der Weisheit. Schlüsselanforderungen hierfür sind Offenheit von Verstand und Herz, Momente der Stille sowie genügend Neugierde und Interesse nicht nur in Bezug auf die verschiedenen Bäume, sondern insbesondere auch hinsichtlich des Waldes in seiner Gesamtheit.

7) Innenschau – Rückschau, Selbstbeobachtung und Selbstreflexion

Der Begriff „Innenschau" wird hier in einem weiten Sinn verwendet. Er umfasst einen regelmäßigen Rückblick auf Geschehenes, die Selbstbeobachtung (während meines Tuns und Lassens) sowie ein wohlwollend-kritisches Nachdenken über das, was dabei zum Vorschein kommt.

Lasse ich Geschehenes Revue passieren, soll dies in einer möglichst ruhigen und sachlichen Haltung geschehen – ohne Selbstverurteilung einerseits oder Selbstverherrlichung andererseits. Denn beim Geschehenen handelt es sich um den Stoff, aus dem ich lerne. Je stärker aber die emotionale Färbung, desto weniger klar sehe ich die Dinge.

Wissenschaftliche Untersuchungen zeigen, dass, wenn wir an einem Tag drei Mal gelobt und einmal kritisiert werden, die eine Kritik in der Regel einschneidender wirkt und stärker nachhallt als die gesamte Freude über die drei Lobeinheiten. Warum ist dies so? Woher kommt unsere massive instinktive Abwehrhaltung gegenüber Kritik? Sie kommt daher, dass wir uns unbewusst mit unserem Selbstbild identifizieren. Es ist ein Teil unseres Selbstverständnisses. Somit wird jedes Hinterfragen dieses Selbstbildes unbewusst als Attacke auf uns selbst gewertet. Dies setzt natürlich den Selbsterhaltungstrieb in Gang. „Ich" bin in Gefahr. Instinktiv meiden wir also Situationen, bei denen wir Kritik ernten könnten, und weisen kritische Rückmeldungen zu unserem Verhalten entrüstet zurück. Versuche, dieses tief eingeprägte Verhaltensmuster zu durchbrechen, lohnen sich aber, denn Kritik – direkte und angedeutete – kann sich als eine ergiebige Erkenntnisquelle erweisen.

Die Rückschau findet auf zwei Ebenen statt – der rationalen, die mit einer (inneren) Formulierung des Erkannten einhergeht, und der gefühlsmäßig-intuitiven, die vor allem aus einem In-sich-Hineinhören und In-sich-Hineinfühlen besteht, und wo ein bereits mit Werturteilen verbundener „Geschmack" zurückbleibt. Beides kommt bei der anschließenden Reflexion (siehe unten) zum Tragen, bei der es darum geht, geeignete Schlüsse zu ziehen.

Von der Rückschau nun zur Gegenwart. Ich bin am Autofahren – und „merke" es nicht. Ich bin am Fernsehschauen – und „merke" es nicht. Ich bin am Streiten mit meiner Frau – und „merke" es nicht. Das heißt, ich befinde mich in einem Automatik-, Konsum-, bzw. Reaktions-Modus. Nichts von dem, was ich tue oder sage, mache ich bewusst. Es geschieht einfach. Ich lasse mich treiben. Und dann … halte ich (gedanklich) inne. Ich fahre weiterhin – und beobachte mich beim Fahren. Das Fernsehprogramm läuft nahtlos weiter – und ich beobachte mich beim Schauen. Und der Streit mit meiner Frau …

So funktioniert **Selbstbeobachtung**. Sie erfordert eine Wachheit und eine gewisse innere Distanz zu dem, was ich von Augenblick zu Augenblick denke, sage und tue bzw. nicht sage und nicht tue. Es handelt sich dabei um eine **Meta-Achtsamkeit**. Das heißt, ich versuche, achtsam zu agieren und mich – scheinbar – gleichzeitig (in Wirklichkeit um Sekundenbruchteile verschoben) dabei zu beobachten. Diese Art der Beobachtung wird speziell in der Meditation geschult. Dort habe ich die Gelegenheit, meine inneren gedanklichen und emotionalen Vorgänge ungestört von äußeren Einflüssen zu betrachten, und dort entwickle ich idealerweise auch jene innere Geräumigkeit, welche die notwendige Distanz zum Geschehen ermöglicht (um ein Hineinsaugen zu vermeiden). Zwar beobachte ich in der Meditation nur mentale und emotionale Vorgänge, da ich ja nichts tue oder sage, aber diese Fähigkeit kann ich im Alltag auch auf mein Handeln ausweiten.

Als drittes Element der Innenschau folgt auf die Rückschau bzw. die Selbstbeobachtung die **abwägende Selbstreflexion**. Das Erfasste wird analysiert und gemäß der verinnerlichten Werteskala bewusst (nicht bloss reflexartig) beurteilt. Etwa: Da war mein Sprechen suboptimal (bezüglich Wortwahl, Tonart, Länge der Aussage usw.), oder ich hätte besser gar nichts gesagt. Vielleicht auch umgekehrt: In dieser Situation hätte ich etwas sagen sollen, anstatt zu schweigen. Analog fasse ich auch mein Tun ins Auge.

Je öfter und bewusster ich dieses Abwägen betreibe, desto mehr bin ich in der Lage, mein künftiges Verhalten entsprechend anzupassen, also zu ändern. Anders gesagt: desto mehr bin ich in der Lage, aktiv von meinem freien Willen Gebrauch zu machen (siehe Ausführungen hierzu unter Punkt 4).

Zum Abschluss soll ein **Gütemerkmal der Selbstreflexion** nochmals hervorgehoben werden. Die Frage dabei lautet: Wäge ich mein beobachtetes Verhalten **mit Wohlwollen oder mit Selbstablehnung** ab? In letzterem Fall urteile ich nicht, sondern ich verurteile.

Selbstablehnung blockiert. Sie führt zu Abwärtsspiralen der Negativität, beispielsweise zu einer Selbstabschottung, die unweigerlich auch die Ablehnung anderer Menschen zur Folge hat. Wohlwollen hingegen öffnet das Herz.

8) Klarere Selbst- und Menschenkenntnis

Aus der **Übung der Innenschau** heraus wächst die **Selbstkenntnis**. Und die Übung ist unumgänglich, denn Selbstkenntnis fällt uns nicht in den Schoß. *Alfred Adler* (1879–1937), neben Freud und Jung einer der Gründerväter der modernen Psychologie, sprach es unverblümt aus: „Es scheint das Schwerste für die Menschen zu sein, sich selbst zu erkennen und zu ändern."[87] Genau dies erfordert aber ein Reifungsprozess.

Wenn der Grad an Selbstkenntnis tief ist, ist der Grad an Selbsttäuschung bzw. Selbstbetrug entsprechend hoch und die Folgen sind Verwirrung aufgrund von Reaktionen meines Umfeldes und Verstrickungen in Situationen, die ich so eigentlich gar nicht will. Ein wesentliches Element der Arbeit besteht darin, viele meiner unbewussten **Automatismen und Prägungen aus dem Schattenbereich heraus ans Licht zu holen**. Als Folge bin ich

---

87 Alfred Adler, *Menschenkenntnis*, S. 25.

diesen weniger ausgeliefert. Ich kann sie zunächst einmal als Gegebenes akzeptieren, um mich dann allmählich ihrer Zwänge zu entziehen und so eine **bewusstere Handlungsweise entwickeln.**

Parallel zur Selbstkenntnis entwickelt sich die **Menschenkenntnis.** Denn wir schließen bis zu einem gewissen Grad immer von uns selbst auf andere. Und das muss so sein, da wir niemand anderen *von innen her* und daher mit einer auch nur annähernd so großen Differenzierung kennen können wie uns selbst. Je unverstellter, unvoreingenommener und verfeinerter somit die Eigenwahrnehmung ausfällt, desto unverstellter, unvoreingenommener und verfeinerter sind wir in der Lage, auf die Bedürfnisse anderer zu schließen und ihre Handlungsweisen zu verstehen. So führen bewussteres Handeln verbunden mit tieferem Verständnis für andere mit Garantie zu einer Verringerung der Anzahl verwirrender und vertrackter zwischenmenschlicher Situationen. Aber nur zu einer Verringerung; auf null lässt sich die Zahl nicht herunterschrauben. Denn solche Situationen bilden den Stoff, aus dem wir lernen können – das Leben wird uns also immer wieder neue bereitstellen. Der Prozess geht schließlich stets weiter.

Einsiedler leben es vor (siehe exemplarisch den Lebensbeschrieb des russischen Mönchs Seraphim von Sarow, S. 225), wir können es zumindest im Kleinen in unser Leben einbauen: Nach dem Aufbau einer gewissen Lebenserfahrung in der Gemeinschaft kann eine Phase der Abgeschiedenheit und Stille für die Innenschau und damit die Selbstkenntnis enorm bereichernd sein. In der Stille wird die Fähigkeit zur Differenzierung geschärft. In ihr verfeinert sich das Gespür, das einem ermöglicht, zwischen archetypischen, allen Menschen gemeinsamen Handlungsmustern zum einen, gesellschaftlichen und kulturellen Prägungen zum anderen, sowie drittens dem, was mich zu einem Unikat macht, zu unterscheiden. Eine solche Klarsicht trägt aber auch zur Demut bei. Denn man sieht nun deutlich, dass die Selbstkenntnis immer Stückwerk bleiben wird. Und dass die Einsicht in andere, sogar nahestehende Personen noch beschränkter als die Selbstkenntnis, oft verzerrt und in manchen Punkten schlicht falsch sein wird. Die Begrenztheit des Wissbaren, die unter Punkt 5 zur Sprache kam, gilt natürlich auch bezüglich der Kenntnis unserer Selbst und unserer Mitmenschen. Gerade das Nichtwissen sollte uns jedoch unvoreingenommener machen und die Offenheit und Neugierde für Neues wachhalten.

Überbrücken lässt sich die lückenhafte Kenntnis nur durch die bedingungslose Annahme anderer Menschen mit all ihren Unvollkommenheiten und auch mit ihren uns unbekannten Seiten. Und noch etwas kommt hinzu: Durch die bedingungslose Annahme schenken wir ihnen – sofern sie dies wahrnehmen – Kraftstoff für die weitere Entfaltung ihres Potenzials.

Auch wenn einiges über uns selbst und vieles über andere für uns immer im Dunkeln bleiben wird, so lassen sich doch zumindest Teile dieser dunklen Zonen aufhellen. Neben Eigenbeobachtungen und universellen psychologischen Erkenntnissen stehen uns hierzu Hilfsmittel in der Form von **Typologien** zur Verfügung. Diese helfen uns, typische eigene Verhaltensmuster zu identifizieren und diese im Vergleich zu den Verhaltensmustern anderer besser einzuordnen (indem wir besser unterscheiden können zwischen dem, was wir mit einem Großteil der Menschheit gemeinsam haben, und dem, was beim eigenen Typus besonders ausgeprägt ist). Derartige Modelle zeigen uns auf, warum und auf welche Weise andere Menschen *typenbedingt* körperlich, psychisch und geistig-mental anders ticken als wir selbst. Dies erleichtert Verständnis und Toleranz. Gleichzeitig bergen solche Kategorisierungen jedoch auch die Gefahr von Verallgemeinerung (wenn wir vergessen, dass auch Menschen des gleichen Typus je verschiedene, einmalige Individuen sind) und von voreiligen Schlüssen.

Es folgt nun ein Kurzüberblick über die wichtigsten Typologien, angefangen mit denjenigen, die auf eine jahrhunderte-, wenn nicht sogar jahrtausendelange Tradition zurückblicken.[88] Dazu zählen:

- **Westliche, chinesische und indische Astrologie**
Astrologische Typologien sind statisch, nicht dynamisch. Persönlichkeitsentwicklungen werden also normalerweise nicht berücksichtigt.

Die *westliche* Astrologie – mit Ursprüngen in Ägypten und Mesopotamien – unterscheidet zwölf Typen auf der Basis von Planeten- und Sternenkonstellationen zum (genauen) Zeitpunkt der Geburt.

Die *chinesische* Astrologie, ebenfalls mit zwölf Typen (Tierzeichen), basiert auf dem Mondkalender, also letztlich auch auf kosmischen Konstellationen

---

88 Es geht hier um eine Zusammenschau der meines Erachtens einflussreichsten derartigen Typologien und ihre Rolle (und Grenzen) hinsichtlich unserer Selbst- und Menschenkenntnis. Auf Einzelheiten kann aus Platzgründen natürlich nicht eingegangen werden.

zur Zeit der Geburt. Dies in Verbindung mit den irdischen Kräften, symbolisiert durch die in steter Wechselbeziehung stehenden fünf Elemente Holz, Feuer, Erde, Metall und Wasser. Das bei der Geburt vorherrschende Element gilt als charakterlich mitprägend. Bei weiterer Verfeinerung kommen noch andere Komponenten aus der chinesischen Philosophie hinzu, etwa die Unterscheidung zwischen den passiv-empfangenden Yin- und den nach außen aktiven Yang-Kräften.

Die *indische* Astrologie (auch zwölf Typen) schließlich stellt eine Verbindung aus westlicher Astrologie und hinduistischen Vorstellungen dar.

Bei keiner anderen Typologie ist das Spektrum der Seriosität, mit der sie angewandt wird, derart groß wie bei der Astrologie. Wer ihr nicht von vornherein skeptisch gegenübersteht, sieht den Einfluss von planetarischen, interstellaren und anderen natürlichen Konstellationen auf menschliche Verhaltensmuster jedoch als (weiteren) Beleg für die kosmische Verbundenheit aller mit allem.

• Typologie aus dem indischen Ayurveda

Es geht dabei um die drei „Doshas" (die vitalisierenden, aber im Übermaß krankmachenden Kräfte), die es ins Gleichgewicht zu bringen gilt. Die Doshas heißen *Vata, Pitta* und *Kapha*. Eines ist dominant, ein zweites subdominant. Dies widerspiegelt sich auch in unserer physiologischen Konstitution.

Vata ist das Bewegungsprinzip im menschlichen Organismus. Das dazugehörende Element ist Luft. Vata-Typen sind begeisterungsfähig, wissensdurstig, haben Lust auf Reisen und Veränderungen. Umgekehrt sind sie sprunghaft und rasch verunsichert.

Pitta repräsentiert das Energieprinzip. Die entsprechenden Elemente sind Feuer und Wasser. Pitta-Typen sind Führungspersönlichkeiten, Arbeitstiere, ehrgeizig und perfektionistisch. Auf der Minusseite können sie leicht aggressiv, neidisch und cholerisch reagieren.

Kapha ist das bewahrende Prinzip. Kapha-Typen sind erdgebunden. Zu ihren Kennzeichen gehören Zuverlässigkeit, Anteilnahme und Geduld. Umgekehrt können sie sich auch als stur, träge und genusssüchtig erweisen.

Die Typologie lässt sich auch praktisch anwenden: Heutzutage werden aufgrund einer Ayurveda-Typenanalyse zum Beispiel Ernährungspläne im Rahmen einer ganzheitlichen Gesundheitsvorsorge zusammengestellt.

- **Vier Grundtemperamente**

Bei dieser ursprünglich griechischen Typologie wird unterschieden zwischen *Cholerikern, Phlegmatikern, Sanguinikern* und *Melancholikern*. Diese werden, wie im Ayurveda-System, mit der physiologischen Konstitution in Zusammenhang gebracht. Da die Begriffe mit einer Prise Fremdwortkenntnis selbsterklärend sind (ansonsten helfen rasch aufrufbare Webseiten), soll hier auf weitere Erläuterungen verzichtet werden.

Ferner gibt es Typologien, die von einer Einzelperson entwickelt wurden und, da sie sich in wissenschaftlichen, therapeutischen und pädagogischen Kontexten bewährten, später von anderen weiter ausgearbeitet wurden und werden. Zwei der weitverbreitetsten sind folgende:

- **Acht Persönlichkeitstypen** von C.G. Jung (1875–1961)

Extrovertiert oder *introvertiert* kombiniert mit der Dominanz von entweder dem *Denken,* dem *Fühlen,* dem *Empfinden* (mittels Sinnesorganen) oder der *Intuition.*

- **Vier Grundformen der Angst** von Fritz Riemann (1902–1979)

Dominanz entweder der *Angst vor Nähe* oder der *Angst vor Distanz,* kombiniert mit dem Vorherrschen entweder der *Angst vor Veränderung* oder der *Angst vor Beständigkeit.*

Zwischen den Typologien überindividueller und solchen individueller Herkunft steht eine jahrhundertealte, lange verschollene und kürzlich wiederentdeckte Systematik. Sie zeichnet sich besonders dadurch aus, dass sie menschliche Entwicklungsstadien mitberücksichtigt:

- **Neun Typen des Enneagramms**

Das Enneagramm hat zwar eine lange, möglicherweise auf die Sufis zurückgehende Geschichte, geriet aber praktisch in Vergessenheit, bis vor allem *Richard Rohr* (geb. 1943) und *Andreas Ebert* (geb. 1952) es in den 1990er-Jahren wiederbelebten. Heute werden weltweit Seminare, Vorträge und Kurse zu dieser Typenlehre durchgeführt. Es handelt sich, wie gesagt, um ein **dynamisches Modell**. So wird jeder der neun Typen in seiner *unreifen, normal entwickelten* und *reifen* Ausprägung dargestellt.

Wie schon in Kapitel 2.3.4 ausgeführt, lässt sich seit etwa dem Ende des 20. Jahrhunderts eine Verschiebung im Verständnis von mystischen Erfahrungen beobachten. Vermehrt herrscht heute die Annahme vor, dass *alle* Menschen ein mystisches Potenzial haben. Außerdem wird der Ausdruck nicht mehr ausschließlich im religiösen Kontext verwendet. Ein anderer, auf Abraham Maslow zurückgehender Begriff für derartige einschneidende Erlebnisse ist „Gipfelerfahrung". Seitdem gibt es – angeregt von *Ken Wilber* (geb. 1949) und übernommen von *Marion Küstenmacher* (geb. 1956) und anderen – auch diesbezüglich eine Typenunterscheidung:

- **Drei Typen von Mystikern**
Die Veranlagung geht eher zur *Naturmystik* (Erfahrung der Schönheit oder des wunderbaren Zusammenspiels der Natur als etwas zutiefst Ehrfurchterweckendes und zugleich Beglückendes), zur *Liebesmystik* (Erfahrung eines allumfassenden „Du") oder zur *Einheitsmystik* (Erfahrung des Einsseins mit allem, ohne darin wie in einem Einheitsbrei zu „vergehen").

Typologien zeigen nicht, was oder wie wir sind, sondern **wozu wir tendieren**. Bei jedem der hier aufgezählten Modelle haben wir Anteil an den Wesensmerkmalen *aller* Typen. Aber *ein* Typus erweist sich als dominant; das ist dann unser eigener Persönlichkeitstypus.

Durch das Erkennen des **eigenen Typus** innerhalb solcher Systeme werden uns jene Fallen, in die wir besonders leicht tappen, sowie uns zuvor kaum bewusste Muster aufgezeigt. Es kommen somit blinde Flecken ans Licht, was uns die Möglichkeit eröffnet, an ihnen zu arbeiten.

Ebenso können wir dank Kenntnis solcher Typologien auch die Reaktions- und Handlungsweisen **anderer Menschen** besser einordnen. Wir schließen dann nicht mehr *automatisch* von uns selbst auf andere und können eher nachvollziehen, warum verschiedene Menschen in einer vergleichbaren Situation unterschiedlich reagieren. Immer vorausgesetzt, dass wir nicht der „Illusion des Bescheidwissens" zum Opfer fallen. Dies ist beispielsweise der Fall, wenn jemand auf eine Drittperson weist und sagt „Typisch Stier!" und ich danach meine, über die mir zuvor unbekannte Person nun Bescheid zu wissen. Dann hat die Einordnung in eine Typologie mehr zur Verblendung als zur Klärung beigetragen.

Was sind die Merkmale einer **hochentwickelten Menschenkenntnis**? Folgende Punkte sind meines Erachtens wichtig:

- Ein **Bewusstsein für Universalien**, für das, was zur menschlichen Natur gehört und uns allen, wenn auch graduell verschieden ausgeprägt, gemeinsam ist (die Fähigkeit, den potenziellen Mörder und den potenziellen Heiligen in uns selbst und anderen zu erkennen).
- Ein **Bewusstsein für die Einzigartigkeit jedes Menschen** und den entsprechenden Blick für Einzelmerkmale, die eine Person zu einem unverwechselbaren Individuum machen.
- Ein **Bewusstsein für die Grenzen unseres Wissens**, gepaart mit einer ausgeprägten **Bereitschaft und Freude**, uns selbst und andere immer wieder neu und besser kennenzulernen.

„Tout comprendre c'est tout pardonner" besagt eine französische Redewendung (Alles verstehen heißt alles verzeihen). Das ist der Idealfall, aber vertiefte und verfeinerte Menschenkenntnis führt normalerweise doch zu mehr Toleranz und mehr Nachsicht.

9) Grundsätzlich selbstbestimmt und nicht leicht manipulierbar
Die Verführungskünste von populistischen Politikern oder religiösen Aufwieglern, aber auch von Anführern von Jugendbanden oder fanatisierten Gruppierungen können verheerend sein. Sie sprechen die urmenschliche Sehnsucht nach einfachen, griffigen Lösungen sowie nach Zugehörigkeit zu etwas Größerem an und nützen diese aus. Was für schreckliche Folgen das haben kann, zeigt ein Blick in die nicht allzu ferne Vergangenheit, als sich „normale", unauffällige Deutsche reihenweise von Hitlers Appellen an ihre niederen Instinkte düpieren, einwickeln und in ein unermessliches Leiden führen ließen. Als viele – aber längst nicht alle – aufwachten, war es zu spät. Die repressive Terrormaschine von SA, SS und Gestapo, unterstützt von Denunzianten, wurde rasch in Gang gesetzt, und danach war jeglicher Widerspruch lebensgefährlich. In anderen Diktaturen lässt sich Ähnliches beobachten. Reife angesichts derartiger Gefahren zeigt sich darin, dass man **Eigenverantwortung**, sei es in politischen, religiösen, gesellschaftlichen oder persönlichen Belangen, **niemals abgibt**. Konkret heißt das (gerade in unseren westlichen, weniger repressiven Gesellschaften), sich aus verschiedenen Quellen zu informieren, offen und doch selbstständig zu bleiben im (kritischen) Denken, und dort, wo es angebracht erscheint, sich auch öffentlich zu äußern und zu engagieren.

Sich in einem **unreifen Stadium für etwas Größeres zu engagieren**, *kann* nämlich schädlich oder gar gefährlich für sich und andere werden – genau dann, wenn die Verantwortung an andere abgegeben wird. In einem solchen Fall stellt das Engagement eher eine Flucht vor sich selbst dar – vor der Notwendigkeit, sich über die ureigenen Bedürfnisse sowie die ureigenen Werte klar zu werden und sich mit dem inneren Schatten auseinanderzusetzen. Dann bleibt man **manipulierbar**. In seinem 1951 erschienen Buch „The True Believer" (deutsch: „Der Fanatiker") beschreibt der amerikanische Wanderarbeiter, Handwerker und autodidaktische Philosoph *Eric Hoffer* (1902–1983), wie Menschen sich in den Bann von Kulten oder Massenbewegungen ziehen lassen. Es sind vielfach Personen, die höchst unsicher sind und denen ihr persönliches Leben wenig Sinn bietet. Oder die nicht gerne Verantwortung übernehmen und diese deshalb einer Leitfigur übertragen. Oder für die eine Gruppe oder Bewegung Schutz und „Familie" bedeutet. Manchmal auch alles zusammen. Die Welt wird in Schwarz und Weiß, Gut und Böse eingeteilt; selber hat man sich der guten Seite angeschlossen. Die Gruppe oder Bewegung wird schließlich Teil der eigenen Identität. Bis zur Bereitschaft, für die Sache bzw. für die Seinen zu kämpfen und schließlich sogar zu töten oder zu sterben, sind es dann nur noch kleine Schritte. Das Buch, inzwischen ein Klassiker, hat auch mehr als ein halbes Jahrhundert nach der Veröffentlichung nichts von seiner Aktualität verloren.

Nicht nur politisch oder religiös sind Menschen manipulierbar. Schauen wir auf den **Konsumbereich**, wo die **Werbung** allgegenwärtig ist; heutzutage auf praktisch allen Online-Anwendungen sogar in einer auf den Empfänger zugeschnittenen Form. Gereifte Menschen sind generell immuner dagegen, weil sie Werbung bewusster als solche erkennen und nicht mehr Werbung und Information unreflektiert ineinanderfließen lassen. Sie durchschauen auch die Werbemechanismen – die Appelle an universelle Triebe und Sehnsüchte, die befriedigt werden wollen. Reife hier bedeutet, zunächst den Sog zu erkennen, um dann künftig die optischen und akustischen Botschaften zu ignorieren oder sie aus einer entsprechend „gesicherten" Distanz wahrzunehmen.

Schließlich ist noch der **Gruppen- bzw. Konformitätsdruck** zu nennen, der uns immer wieder so handeln lässt, wie wir es gemäß unseres Gewissens oder unserer Lebensausrichtung eigentlich gar nicht wollen, oder uns dort vom Handeln zurückhält, wo wir zutiefst wissen, dass es eigentlich angebracht wäre.

Wieso fällt es reiferen Menschen leichter, sich Verlockungen und Druck zu entziehen und selbstbestimmt zu agieren? Unsere **Manipulierbarkeit**

gründet in unserem kaum je erlöschenden Verlangen nach „Etwas" – einem neuem Besitz, einem Erlebnis oder einem Gefühl des Dazugehörens. Im Reifeprozess, speziell in der Meditation, lernen wir, dieses Verlangen klar zu identifizieren. Gleichzeitig können wir auch feststellen, dass – wenn dem Verlangen *nicht* nachgegeben wird –, die Angst vor dem zurückbleibenden Nichts allmählich schwindet. Es findet mit der Zeit eine große Verschiebung statt: Das äußere Nichts wird stets weniger als nagender Mangel empfunden. Weil es nämlich Raum lässt für Stille und Momente einer inneren Fülle, die leise und nie fassbar ist, die auftaucht und verschwindet und doch immens beglückend sein kann. Aus einer solchen Erfahrung heraus fällt das Nein-Sagen viel weniger schwer.

Mit Reife erwächst auch hier **Verantwortung**. Auf dem Gebiet der Werbung, der politischen Verführbarkeit sowie des Gruppendrucks ist Aufklärungsarbeit zu leisten, vor allem natürlich im Rahmen von Erziehung und Schulbildung. Die Verantwortung reicht jedoch weiter. Mit einem selbstbestimmten Auftreten – unaufgeregt und natürlich keinesfalls effekterheischend – lebt man vor, was es heißt, nicht manipulierbar zu sein.

10) Authentisch im Spielen der Lebensrollen

Die meisten von uns kennen diese Erfahrung: Bei Menschen, in deren Gesellschaft ich mich wohl und angenommen fühle, kann ich „ich selbst" sein. In anderen Situationen und in anderer Gesellschaft tritt mein wahres Ich, mein Wesen, hinter der Fassade einer Rolle zurück. Ich bin dann Chef oder Untergebener, Lehrerin oder Schüler, Vater/Mutter oder Kind, Verkäufer oder Kundin, Mannschaftsmitglied oder Trainer usw. Oder ich trage als weitere Maske eine meiner Charaktereigenschaften besonders zur Schau: die Unnahbare, der Lustige, die Arbeitsame, der Hilfsbereite usw.

Die **Kluft** zwischen meinem **authentischen Ich** (**meinem Wesen**) und meiner **Rolle** kann verschieden groß sein. Je größer sie ist, desto unwohler fühle ich mich in der Regel. Dabei geht es nicht darum, die Rollen niederzulegen. Das Ziel ist es, diese Kluft in Richtung möglichst durchwegs wahrnehmbarer Authentizität zu verringern. Wie bei allen diesen Punkten ist der erste Schritt derjenige des Bewusstwerdens. Durch Selbstbeobachtung stelle ich fest, wo ich eine Maske trage und wie dicht und undurchlässig sie je nach Situation ist. Dann habe ich es in der Hand, die Maske so anzupassen, dass sie besser zur Form meines Wesens passt. Unsere Fassade, in der auch unser Ego steckt, soll „dünner" werden, während das Wesen mehr und mehr durchscheint. Wir sollen transparenter werden. Das tut uns selber gut und führt zu einer wohltuenden Ausstrahlung – weil es sich „echt" anfühlt. Im Alter, wenn die Rollen im Beruf, als Eltern und in anderen Verpflichtungen ausgespielt sind, stehen uns jene Masken nicht mehr gut an. Spätestens dann sind wir eingeladen, es ganz ohne Maske zu versuchen, um schließlich das Leben authentisch ausklingen zu lassen.

11) Ethisch geprägte Handlungsweise

Der griechische Philosoph *Epikur* (um 341–270 v. Chr.) lehrt, „dass ein lustvolles Leben nicht möglich ist ohne ein einsichtsvolles, sittliches und gerechtes Leben, und ein einsichtsvolles, sittliches und gerechtes Leben nicht ohne ein lustvolles."[89] Lustvoll geht also einher mit sittlich. Gemäß heutigem Gebrauch des Wortes „lustvoll" wäre somit das Gemeinte wohl treffender mit „lebensfroh" wiederzugeben, und zwar im Sinn einer inneren Grundströmung der Lebensfreude. Wie bei Huhn und Ei führt dieses Zitat natürlich zur Frage: Was ist zuerst da, die Lebensfreude oder das einsichtsvolle, sittliche und gerechte Leben? Aber das ist, so meine ich, nicht entscheidend. Wichtig ist vielmehr die Einsicht, dass sie miteinander verknüpft sind, dass sie sich gegenseitig bedingen, dass sie sich wie bei einem positiven Regelkreis gegenseitig hochschaukeln. In umgekehrter Richtung führt die Verkoppelung zu einem Teufelskreis: Unethische Lebensführung führt je länger, je weniger zu innerer Freude und Zufriedenheit; Unzufriedenheit und Freudlosigkeit zu stets weniger ethisch hochstehendem Tun und Lassen.

Wonach richten wir in der Praxis unser **Tun und Lassen** aus? Ich denke, es lassen sich hier vier Komponenten ausmachen, die in je unterschiedlicher Mischung wirksam sind:

1. Gewohnheit

Wir überlegen kaum jeden Morgen neu, nach was für ethischen Kriterien wir unseren Tag gestalten sollen. An der Wurzel vieler unserer Gewohnheiten finden sich Reaktionsmuster, die auf Kindheits- und Jugenderfahrungen im Allgemeinen und Schlüsselerlebnisse im Speziellen zurückgehen.

---

89 Zit. in Christoph Helferich, *Geschichte der Philosophie*, S. 60.

2. Das Verhalten anderer

Wir Menschen sind Herdentiere. Ohne auf hoher Bewusstseinsstufe getroffene „Gegen-Entscheidungen" werden wir unser Verhalten weitgehend demjenigen unseres Umfelds anpassen. Die obenerwähnten prägenden Erlebnisse können jedoch auch zum Gegenteil führen, nämlich zu einer reaktiven (selten bewussten) Nicht-Anpassung.

3. Internalisierte ethische Maßstäbe

Sie setzen sich zusammen aus übernommenen religiösen, gesellschaftlichen und familiären Normen und Werten, sowie aus solchen, die auf eigenen Erfahrungen und Überlegungen gründen. Internalisiert bedeutet hier, dass wir sie uns selten vor Augen halten. Unbewusst oder halbbewusst bestimmen sie jedoch unser Verhalten mit. In Stein gemeißelt sind sie nicht; neue Erfahrungen und Einsichten können sie mal kurzfristig, mal nachhaltig modifizieren.

4. Unser Gewissen

Es regt sich mal schwächer, mal stärker, um uns die Richtung des Guten zu weisen. Und zwar auf zwei Ebenen: Jene unserer internalisierten Wertmaßstäbe und – tiefer – jene des absolut Guten und Wahren. Die Stimme des Gewissens lässt sich leicht übertönen, ganz auslöschen lässt sie sich jedoch nicht. Dies erfährt man manchmal in autobiografischen Berichten von Menschen, die als Täter Abgründe des Bösen durchlebt haben.

Woher stammen aber jene ethischen Maßstäbe, ohne die kein Zusammenleben möglich wäre? Über Jahrtausende waren die Religionen das Hauptvehikel von moralisch-ethischen Vorschriften oder Leitlinien und sind es vielfach auch heute noch. Daneben – und natürlich von den Religionen beeinflusst – gibt es philosophische Grundsatzüberlegungen zu richtig und falsch, Gut und Böse. Sind die zahlreichen religiösen oder philosophischen Wertsysteme nicht sehr verschieden? Nein, das sind sie nicht. Ganz im Gegenteil. Sie sind sich, was das **Wesentliche** betrifft, sehr **ähnlich**. Diese Einsicht machte es möglich, dass 1993, als Vertreter vieler Religionen zum Parlament der Religionen in Chicago zusammenkamen, das sogenannte **Weltethos** (siehe Seite 504) formuliert werden konnte. Aber auch eine säkulare bzw. humanistische Ethik, wie sie etwa in der 1948 von den Vereinten Nationen verabschiedeten **Allgemeinen Erklärung der Menschenrechte** zum Ausdruck kommt, unterscheidet sich kaum von den grundsätzlichen christlichen, islamischen, jüdischen, hinduistischen oder buddhistischen Prinzipien betreffend unser alltägliches Tun und Lassen (d. h. unter Ausklammerung der spezifisch religiösen Vorschriften). Überall wird *Wahrhaftigkeit* hochgehalten, nirgends wird *Lügen* als generell anzustrebende Tugend hochgehalten. Nirgendwo gilt *Feigheit* als gut und *Mut* als schlecht. Wenn *Treue* verachtet und *Ehebruch* gelobt wird, wenn *Geiz* propagiert und *Großzügigkeit* lächerlich gemacht wird, wenn *Maßlosigkeit* als vorbildlich und *Maßhalten* als spießbürgerlich dargestellt wird, wenn *Hass* hochgehalten wird und *Liebe* als Schwäche gilt, wissen wir, dass wir uns in einem ethischen Sumpf befinden. Denn kein religiöses oder philosophisches Gerüst an ethischen Leitlinien, das sich irgendwo auf der Welt als wirksam und sozial wohltuend erwiesen hat, postuliert so etwas.

Wichtig für den persönlichen ethischen Maßstab sind vor allem zwei Dinge: erstens, dass man sich nicht in Details verliert, in einem Dschungel von Vorschriften. Denn niemals können Regeln und Vorschriften alle Situationen des Lebens abdecken. Wenn wir in jeder Lebenslage bloß Vorschriften folgen würden, hieße das außerdem auch, dass wir Eigenverantwortung abgeben und zu automatisch Gehorchenden regredieren. Für eine ethische Lebensführung brauchen wir *von außen* nur generelle Leitlinien und Wegweiser. Denn – und dieses ist der zweite wichtige Punkt – wir haben *innen* den eigenen **ethischen Kompass**, nämlich das **Gewissen** (siehe oben). Es ist eine Ausprägung jenes intuitiven Wissens, von dem vor allem in Kapitel 2.1.2 die Rede war, nämlich des intuitiven Wissens um richtig und falsch. Dabei handelt es sich, wie schon gesagt, niemals um faktisches Wissen, sondern um aus der Tiefe kommende Ahnungen der richtigen Richtung. Welche Handlungsweise dies in einer konkreten Alltagssituation erfordert, ist damit noch nicht vorgegeben, sondern es braucht stets aufs Neue ein situationsgemäßes Abwägen und eine situationsgemäße Entscheidung.

Ethische Leitlinien und Gewissensregungen wirken zusammen. Allerdings nur, wenn ich dies bewusst zulasse und fördere. Denn Leitlinien kann ich ignorieren, und das Gewissen, dieses feine Gespür, kann nicht nur ignoriert, sondern auch vernebelt und von anderen Einflüssen überdeckt werden (es braucht also von Zeit zu Zeit einen Reinigungsservice). Wenn ich beiden jedoch den nötigen Raum und die notwendige Aufmerksamkeit zugestehe, so liefert mir ihre Zusammenarbeit alles, was ich zu einer ethischen Lebensführung und Reifung benötige. Sie ergänzen sich: Bin ich für meine Gewissensweisungen empfänglich, brauche ich weniger Wegweiser von außen. Bin ich unsicher, überfordert oder blockiert, tue ich gut daran, mich an ein von mir akzeptiertes ethisches Gerüst zu halten. Oder, um das Bild des Weges zu verwenden: Auf einem schmalen Bergpfad gibt es Streckenabschnitte, auf denen ich mich auf den eigenen Beinen sicher fühle. An schwierigen Stellen und bei schlechter Sicht bin ich jedoch froh um ein Geländer, an dem ich mich stützen kann und das mir Halt gibt.

Es ist naiv zu denken, dass ethische Entscheidungen stets aus einer Wahl zwischen Gut und Schlecht bestehen. Ab und zu mag dies der Fall sein (wobei es auch da abzuwägen gilt, *wie* gut oder *wie* schlecht die jeweilige Variante ist). Häufiger jedoch bestehen die **moralischen Dilemmas**, mit denen wir konfrontiert sind, mit einer **Auswahl** aus zwei oder mehreren eher **schlechten Varianten**. Die Wahl müsste dann auf die am wenigsten schlechte fallen. Nehmen wir hierzu ein alltägliches Beispiel: Als Vater habe ich meinem vierjährigen Sohn angesichts der herausgezogenen Kabel der Musik- und Fernsehanlage im Affekt gedroht, er werde geschlagen, sollte er nochmals mit diesen herumspielen. Zehn Minuten später sehe ich, dass der Junge, aus was für Gründen auch immer, die Kabel erneut aus den Buchsen gezogen hat. Was tun? Das Schlagen eines Kindes widerspricht allen meinen pädagogischen Prinzipien. Schlage ich ihn nicht, verliere ich an Glaubwürdigkeit. Ignorieren kommt auch nicht infrage. Ich wähle schließlich die Variante eines relativ sanften Klapses auf den Hintern, verbunden mit einer zweifellos im falschen Augenblick kommenden Predigt über das Respektieren fremden Eigentums und die Schadensanfälligkeit von elektronischen Anlagen. Danach nehme ich mir vor, künftig mit Drohungen zurückhaltender zu sein.

Jede Beziehungshandlung (und sei es einfach ein Gruß) hat Auswirkungen aufs größere Ganze, denn jeder Mensch ist ja wiederum mit anderen verbunden. Ein tiefgehender Eingriff – z. B. eine leidverursachende sexuelle Handlung oder eine Gewalttat – hat unüberblickbare Folgen für das Gesamtgeflecht. Idealerweise sollten daher jede Beziehungshandlung, so auch jedes Gespräch, mit großer Behutsamkeit angegangen werden. Aber sicherlich nicht aus lauter Angst oder übermäßiger Vorsicht gemieden werden. Wie so oft ist der goldene Mittelweg gefragt.

Gelingt es auf dem Reifeweg, diese **Verbundenheit** mit den Mitmenschen und der Mitwelt **nicht nur verstandesmäßig zu erkennen, sondern auch gefühlsmäßig zu internalisieren**, so hat sich ein **Quantensprung** ereignet, was unser ethisches Denken, Sprechen und Handeln betrifft. Versuchungen, zu kneifen, zu schummeln, andere zu manipulieren oder in den Schatten zu stellen, tauchen zwar immer noch auf, aber ihre Sogkraft ist geringer geworden. Und sie wird noch weiter abgeschwächt, wenn wir geistesgegenwärtig genug sind und diese Anreize, in alte Muster zurückzufallen, bei deren Auftauchen als solche erkennen. Allmählich geht uns dann eine grundsätzlich ethisch ausgerichtete Lebensweise immer leichter von der Hand. Nur zurücklehnen sollten wir uns nicht. Denn wie bei all den hier beschriebenen Entwicklungslinien gibt es stets noch Verfeinerungspotenzial.

12) Verschiebung der Betonung vom Haben zum Sein

Die Frage „Haben oder Sein?" geht auf den amerikanischen Psychologen und Philosophen *Erich Fromm* (1900–1980) zurück. Im gleichnamigen Buch aus dem Jahr 1976 unterscheidet er zwischen zwei Grundhaltungen: Leben im Haben-Modus und Leben im Sein-Modus.

Im *Haben-Modus* (Besitz haben, Macht und Einfluss haben, Ansehen haben) dient Arbeit dazu, Geld zu verdienen und einen gewissen Status zu erreichen. Man macht dabei selten das, wozu es einen im Innersten treibt. Im *Sein-Modus* geht es beim Arbeiten um ein kreatives Entfalten der eigenen Talente, des eigenen Potenzials, des eigenen Wesens.

„Hast du was, so bist du was." In diesem lapidaren Spruch drückt sich die ganze Haben-Haltung aus, und der Satz kursierte schon lange, bevor sich unser heutiges kapitalistisches und konsumorientiertes Wirtschaftssystem herausbildete. Zum *Haben-Modus* gehört es auch, ein gutes *Image* zu kreieren und zu verwalten, sei es reell oder virtuell über Facebook, Instagram und andere Kanäle. Im *Sein-Modus* gibt man sich so, wie man ist, und vermeidet dadurch jenen Stress und jene Ängste, die im Haben-Modus von der allgegenwärtigen Frage „Was denken die anderen?" ausgelöst werden. Der *Haben-Modus* ist gekennzeichnet von Gefühlen des Neids und der Minderwertigkeit und er führt unweigerlich zu Konkurrenzdenken. Der *Seins-Modus* wird angetrieben von der Sehnsucht nach dem Guten, dem Wahren und dem Schönen und der Suche nach dem Miteinander. Leben aus dem *Verlangen nach Haben*, das den Treibstoff eines großen Teils des Wirtschaftssystems bildet, führt zu extremen sozialen Ungleichheiten und dem entsprechenden Konfliktpotenzial sowie zu Verschmutzung und Zerstörung der Natur und Raubbau an ihren Ressourcen. Leben im *Sein-Modus* fördert Haltungen von Solidarität und ein innigeres Verhältnis zur Natur (aus dem ich keinen messbaren und vorzeigbaren Gewinn erzielen kann; deshalb ist ein solches Verhältnis für „Haben-Menschen" relativ uninteressant).

Wir leben in Wohlstand, aber uns ist nicht wohl. Unsere westliche Gesellschaft lebt in Wohlstand, aber ihr ist nicht wohl. Ein häufiges Argument gegen allzu starkes Engagement für Klima- und Umweltschonung ist, dass die notwendigen Maßnahmen unseren Wohlstand gefährden würden. Vielleicht würden sie es tatsächlich, aber mit dieser Einstellung machen wir den Wohlstand zu einem Götzen. Und zwar einem Götzen, der viele Opfer fordert. Er fordert Leistung und noch mehr Leistung, bis der Einzelne in mitten seines Wohlstands krank wird. Er fordert Wettbewerb – Ellbogen, Härte und Rücksichtslosigkeit –, bis die Gesellschaft krank wird. Viele Menschen machten während des Covid-19-bedingten Lockdowns die Erfahrung, dass eine Vereinfachung des Lebens (d. h. weniger Konsum, weniger Mobilität, keine teuren Ferien) zu einer größeren inneren Zufriedenheit führt. Wir sind dann immer noch weit von der Armut entfernt. Wenn **Wohlstand zum Götzen** wird, bleibt das **Wohlsein** des Einzelnen, der Gesellschaft, der Natur und der Erde auf der Strecke.

Wie lässt sich auf eine auch gesellschaftlich relevante Weise eine Verschiebung des Schwerpunkts von Haben zu Sein erreichen? Indem zum Beispiel *maximaler Konsum* (an Produkten, Image-fördernden Erlebnissen und Vergnügungen aller Art, so weit es das Portemonnaie erlaubt) durch *maßvollen Konsum* ersetzt wird. Kommt es so weit, dass eine kritische Anzahl von Menschen so denkt und handelt, dann wird das System von selber kippen. Politische Eingriffe braucht es kaum. Ein paar konkrete Möglichkeiten sollen dies näher erläutern: Wenn eine signifikante Anzahl Menschen weltweit entschlossen ist, weniger bis gar kein Rindfleisch zu konsumieren, werden die Hersteller ihre Produktion mangels Nachfrage entsprechend herunterfahren müssen. Die Folgen: weniger Anbaufläche für Viehfutter und daher mehr für menschliche Feldfrüchte, weniger CO_2-Ausstoß durch Rinder sowie weniger leidende Tiere in Massenhaltung. Dasselbe lässt sich auch in anderen Bereichen durchexerzieren: signifikant mehr Vorzug für lokal hergestellte Nahrungsmittel und dadurch wesentlich weniger Verpackungs-, Konservierungs- und Ferntransportaufwand und entsprechenden Abfall; weniger Autofahrten und Flugreisen, unter anderem durch Verzicht auf ein Übermaß an umweltverschleißenden Geschäfts- und Ferienreisen, dafür mehr Verschiebungen per Fahrrad und Zug usw.

Es gibt niemanden, der nicht seinen oder ihren Beitrag leisten kann. Es braucht „nur" ein Zurückschrauben der Gier nach „Haben".

Erfahrungsgemäß benötigen derartige Trendwenden Pioniere und Vorreiter, bevor die letztlich entscheidende Vielzahl der Menschen mitzieht. Ab dann wird sich die Wende nicht mehr stoppen lassen trotz aller Werbe- und Verlockungsversuche der Wirtschaftsmächtigen. Und es gibt erfreuliche

Anzeichen, dass gerade bei uns immer mehr Menschen von einem Leben des maximalen Konsums genug haben. Nicht nur aus idealistischen Gründen, sondern auch, weil sie am eigenen Leib erlebt haben, wie wenig erfüllend ein solcher Lebensstil langfristig ist. Mitentscheidend ist es nun, dass auch in den bevölkerungsreichen aufstrebenden Volkswirtschaften wie China und Indien ein relevanter Teil der Bevölkerung nicht in denselben Konsumrausch verfällt wie wir im Westen seit dem Ende des Zweiten Weltkriegs, mit den gleichen Katererscheinungen und Umweltfolgen. Dass die Menschen dort rascher lernen und begreifen und sich rascher eine maßvolle Konsumhaltung angewöhnen. Die Zukunft des Planeten hängt unter anderem hiervon ab.

Beschließen möchte ich diesen Abschnitt mit zwei Zitaten. Erich Fromm selber schrieb: „Das Allerwichtigste im Leben ist, dass man aus seinen eigenen Möglichkeiten zu denken, zu fühlen, zu lieben, zärtlich zu sein, vertrauen zu können schöpft. Dass man sich nicht von dem bestimmen lässt, was man haben kann."[90] Und *Rose Ausländer* (1901–1988), eine Meisterin der poetischen Kürze, beendet ihr Gedicht „Noch bist du da" mit den Zeilen

„Sei was du bist

Gib was du hast".[91]

13) Loslösung aus der Selbstbezogenheit

Selbstbezogenheit bezeichnet die Neigung, alles, was um mich herum gesagt wird und passiert, mit mir selber in Beziehung zu bringen. Aus überlebenstechnischen Gründen kann eine solche instinktive Haltung durchaus Sinn machen. Lebensgefährliche Situationen sind aber selten geworden.

Der amerikanische Neurowissenschaftler *Marcus Raichle* (geb. 1937) führte 2001 im Rahmen von Untersuchungen, die aufzeigen sollten, welche Gehirnregionen bei welchen mentalen Vorgängen aktiviert werden, folgenden Versuch durch:[92] Eine Gruppe von Probanden bekam eine mentale Aufgabe, die starke Konzentration erforderte. Den Teilnehmenden der zweiten Gruppe wurde gesagt, sie sollten über den gleichen Zeitraum hinweg nichts tun. Raichle stellte fest, dass beim Bewältigen der schwierigen kognitiven Aufgabe

---

90 Zit. in https://detektor.fm/gesellschaft/erich-fromm-40-jahre-haben-oder-sein.
91 Rose Ausländer, *Gedichte*, S. 288.
92 Vgl. Daniel Goleman & Richard Davidson, *The Science of Meditation*, S. 149 ff.

gewisse Hirnregionen, die zusammen das „Default Mode Network"[93], also das „Ruhezustandsnetzwerk", genannt werden, *deaktiviert* wurden, während sie beim „Nichtstun" hochaktiv blieben. Als Folge erwies sich der Sauerstoffkonsum des Gehirns bei beiden Gruppen etwa gleich groß. Was läuft also während des Nichtstuns in jenem Ruhezustandsnetzwerk ab? Weitere Untersuchungen führten zu Ergebnissen, die wir ohne Weiteres auch durch Selbstversuche bestätigen können: Wenn wir nicht anderweitig absorbiert sind, basteln wir größtenteils an unserer „Ich-Geschichte". Wie schneide *ich* bei diesem Experiment ab? Was werden die Versuchsleiter über *mich* denken? Was soll *ich* heute Abend kochen? *Ich* habe vergessen, den Arzttermin zu verschieben. Warum hat *mein* bester Freund *mich* seit zwei Wochen nicht mehr angerufen? Und so weiter und so fort.

Betrachten wir, abseits wissenschaftlicher Untersuchungen, zwei weitere Beispiele aus dem Alltag: In meinem Arbeitsbereich lässt eine Kollegin Bemerkungen über den Mangel an Kommunikation im Team fallen und zieht den Faden dann weiter zur Kommunikationsunfähigkeit von Männern im Allgemeinen. Unwillkürlich beziehe ich (als Mann und Teammitglied) diese Aussagen auf mich selbst, fühle mich betupft und gehe zunächst in die Defensive, dann in die Gegenoffensive. In der Folge stellt sich heraus, dass meine Teamkollegin bei diesen Bemerkungen gar nicht an mich gedacht hat. Immer wieder bringen wir nicht nur Worte, sondern auch schweigend zum Ausdruck gebrachte Gefühle (Ärger, Nervosität, Zurückhaltung usw.) unseres Gegenübers mit uns selbst in Verbindung, obwohl sie meist auf Geschehnisse zurückgehen, bei denen wir keine Rolle spielten.

Im zweiten Fall zeigt mir eine Nachbarin Ferienfotos aus dem Westen der USA. Meine Kommentare? „Dort war ich vor vielen Jahren auch!" „Ja, den Grand Canyon habe ich damals sogar bei Sonnenaufgang gesehen. Umwerfend!" „Als ich dort war, gab es noch nicht so viele Hotels."

Wie häufig, wie alltäglich, wie banal. Selten sind wir uns bewusst, wie stark wir in unserer Selbstbezogenheit gefangen sind. Erst wenn es uns ab und zu gelingt, Ereignisse, Situationen, Sätze einfach sein zu lassen, wie sie sind, ohne *automatisch* einen Bezug zu uns selber herzustellen, merken wir,

---

93 Es sind dies vor allem der mediale präfrontale Cortex sowie der cinguläre Cortex (die „Gürtelwindung"), ein Bestandteil des limbischen, also des emotionssteuernden Systems.

wie befreiend das sein kann. Erst dann merken wir auch, wie viel psychische Energie uns der stete Selbstbezug und die inneren und äußeren Reaktionen darauf kosten. Ferner öffnet sich mit jeder Befreiung aus der Selbstbezogenheit ein innerer Raum, in dem sich vernünftige Worte und Handlungen bilden lassen. Und schließlich: Wie wohltuend kann es für das gesamte Umfeld sein, nicht praktisch bei jeder Aussage und Replik das Wort „ich" hören zu müssen.

14) Grundgefühl der Verbundenheit

Wir bauen eine Mauer aus Angst um uns herum – um unser Ich sowie um das, womit wir uns identifizieren und somit in unser Selbstbild einschließen. Aber alles, wonach wir uns zutiefst sehnen, befindet sich jenseits dieser Mauer. Gerade die engsten und somit meist schwierigsten Beziehungen – jene zu Partnern und Kindern – können nur glücken, wenn wir diese ängstlich verteidigte Burg der Identifikation mit ihnen aufgeben und ihnen auch gefühlt ein unabhängiges Eigensein zugestehen. Um wohltuende Verbundenheit zu verwirklichen, muss das besitzergreifende Element einer Beziehung (*meine* Frau, *meine* Kinder) vermindert werden. Vielfach ist es deshalb einfacher, Verbundenheit mit Außenstehenden zu pflegen; solchen, die ich in geringerem Maß als Teil meiner Identität betrachte.

Eine Zwischenstufe von der Ego- über die Familien- und Freundeszentrik zu einem entgrenzteren Gefühl der Verbundenheit bildet die Zugehörigkeit zu einer größeren Einheit, beispielsweise einem Sportverein, einer Subkultur (IT-Freaks, Wanderbegeisterte, Umweltschützer usw.) oder einer Nation. Hier ist das Übungsfeld für Altruismus größer und diverser und der Horizont wird weiter. Ist dieses Gefühl der Zugehörigkeit jedoch stark mit einer Ablehnung Außenstehender verbunden, so wird die Mauer der Angst und Identifikation nicht abgebaut, sondern bloß nach außen verschoben. Es ist dann ein Schritt vom individuellen Egoismus zu Gruppenegoismus, und letzterer ist für die Allgemeinheit potenziell gefährlicher als der Egoismus eines Einzelnen. Der aggressive Gruppenegoismus von Fußball-Hooligans etwa artet leicht in Krawalle und Zerstörungsorgien aus; ein emotional hochgepeitschter Nationalismus birgt die Gefahr von Hass auf ganze Volksgruppen, Gewalt gegen Außenstehende und von Konflikten bis hin zum Krieg.

Selbst wenn nach außen wenig Abschottung oder gar Feindschaft kultiviert wird, bleibt für die meisten von uns der Kreis derjenigen Menschen, denen gegenüber wir wohlwollend gesinnt sind, beschränkt. Gegenüber solchen jenseits dieses Kreises herrscht dann weitgehend Gleichgültigkeit.[94] Somit braucht es nach dem Übergang aus der Egozentrik in die Gruppenzentrik auf der Entwicklungsreise eine weitere, entscheidende Etappe. Dabei wird die Identifikation mit einer Gruppierung oder Nation stets schwächer und die Identifikation mit der Menschheit als Ganzes stets stärker. Aus einem solchen Geist heraus operieren bereits global denkende und handelnde Organisationen wie Amnesty International oder Ärzte ohne Grenzen. Dort sind Fragen nach Nationalität bei der täglichen Arbeit irrelevant geworden. Persönlich kenne ich dies aus einem anderen Bereich: Mehrfach habe ich in einem Umfeld von Musikern, Tänzern oder Sportlern schon erlebt, wie befreiend und inspirierend ein entspanntes und gleichzeitig intensiv-lebendiges Miteinander von Menschen *guten Willens* aus allen möglichen Nationen, Ethnien und Religionen sein kann. Die Entwicklung der persönlichen Haltung **von Exklusivität zu Inklusivität**, von Abschottung und Ausgrenzung zu vorbehaltloser Verbundenheit, ist nicht nur in Hinblick auf Friedensbildung und Friedenssicherung, sondern auch für die Kreativität auf diesem Planeten und die Bewahrung des Lebens auf der Erde eine entscheidende Strecke auf dem Reifeweg.

Das heißt natürlich nicht, dass man sofort alle Grenzpflöcke niederreißen soll. Aber wenn ein reiches Land wie Deutschland oder die Schweiz die Zuwanderung aus armen und krisengeschüttelten Regionen notgedrungen regelt, soll dies aufgrund sowohl humanitärer als auch pragmatischer Erwägungen erfolgen. Solche Erwägungen zeigen, dass eine unkontrollierte Zuwanderung nicht absorbierbar wäre, zu ziviler Unruhe und zu einer übermäßig starken Abwanderung qualifizierter Menschen aus armen Ländern führen würde – also letztlich nicht besonders human wäre. Sie zeigen aber auch, dass wir einerseits aus einer moralischen Verpflichtung, verfolgten und notleidenden Menschen zu helfen, andererseits aus Gründen der Alterung unserer Bevölkerung, der Bedürfnisse des Arbeitsmarkts oder des Wunsches nach kultureller Vielfalt Zuwanderung brauchen. Wo genau die Trennlinie zu ziehen ist, da scheiden sich auch bei bestem Wissen und Gewissen die Geister. Ein Grundsatz sollte aber auf jeden Fall gelten: Menschen aus anderen Nationen und Kulturen **mit dem gleichen Respekt zu begegnen**, wie Menschen aus dem eigenen Land und Kulturkreis.

---

94 Übungen zur Überwindung solcher Kategorisierungen und Grenzen wurden im Kapitel zu den Herzensqualitäten vorgestellt.

Wenn ein Gefühl der Verbundenheit bloß ein Gefühl bleibt, so wird es wohl früher oder später verpuffen. Erst eine entsprechende Lebensweise festigt das Gefühl zu einer Haltung. Hier kommt der Aspekt der Übernahme von Verantwortung zum Tragen.

Zwischenmenschliche Verbundenheit reicht tiefer und weiter, als wir vielleicht meinen. Lassen Sie das Bild einer Person, mit der Sie vor längerer Zeit einen einigermaßen intensiven Austausch erlebten, aber seitdem keinen Kontakt mehr hatten, in sich aufsteigen. Es regt sich etwas, das mehr ist als bloße Erinnerung, nicht wahr? Energetisch gesehen besteht die Verbindung noch. Dies gilt logischerweise für jegliche Begegnung. Nur ist in den meisten Fällen das involvierte Energieniveau so tief, dass die Verbindung auf unserem entsprechenden gefühlsmäßigen Sensor kaum noch registriert wird. Dass solche energetischen Verbindungen reell sind, belegen Vorfälle wie der Folgende: Vor einiger Zeit erzählte mir ein guter Bekannter, ein geerdeter, in der Schweiz lebender australischer Ingenieur, er sei am vorhergehenden Sonntag vor seinem Bildschirm plötzlich von einer enormen Trauer erfasst worden und sogar in Tränen ausgebrochen. Er habe sich überhaupt keinen Reim darauf machen können, bis er am nächsten Tag erfahren habe, dass einer seiner Freunde in Australien am Vortag verstorben sei. Da es sich beim Sterben um einen hochintensiven – also energetisch hochgeladenen – Prozess handelt, ist es wenig überraschend, dass Verbindungen in diesem Moment gefühlsmäßig, auch ohne verstandesmäßige Kenntnis der Umstände, aktiviert werden. Berichten zufolge sind derartige Begebenheiten alles andere als selten.

Ziehen wir den Kreis der Verbundenheit nun noch weiter. Je länger, je deutlicher wird uns vor Augen geführt, dass die Menschheit und die Natur auf dieser Erde eine Schicksalsgemeinschaft bilden. Erhöht sich dieses Bewusstsein, so führt das in der Regel zu einem stärkeren Gefühl der **Verbundenheit mit der Mitwelt**. Das sind die Voraussetzungen für einen behutsamen Umgang mit der Natur und ihren Ressourcen.

Noch fehlt ein Element. Verbundenheit mit den Mitmenschen und mit der Mitwelt ist kaum aufrechtzuerhalten ohne eine geahnte Verbundenheit mit etwas, das größer ist als diese und diese alle zusammenhält. Etwas, das nicht nur die Quelle unseres Seins bildet, sondern auch die Kraftquelle, die verhindert, dass unsere oft fragile Haltung der Verbundenheit in schwierigen Umständen verloren geht. Nimmt man alle die genannten Komponenten zusammen, kann man wahrlich von **Allverbundenheit** sprechen.

Es gibt ein Grundgefühl der Getrenntheit und ein Grundgefühl der Verbundenheit. Im Normalfall ist bei uns das eine oder andere stärker ausgeprägt und drückt unserem Alltag sowie der Art, wie wir diesen gestalten und erleben, seinen Stempel auf. Das gegenteilige Gefühl erleben wir nur ab und zu; zu wenig oft und zu wenig lange andauernd, um die Grundhaltung nachhaltig zu ändern. Das Grundgefühl wirkt sich auf unsere Lebensweise aus; unsere Lebensweise sowie die Reaktionen, die diese mit sich bringt, wirken sich umgekehrt auf das Grundgefühl aus. So ergibt sich nach und nach bei einem sich verhärtenden Gefühl der Getrenntheit eine Abwärtsspirale, ein Teufelskreis; bei der Leichtigkeit des Gefühls der Verbundenheit erleben wir hingegen eine Aufwärtsspirale, einen „Engelskreis".

Was bei einer Krebserkrankung gilt, gilt auch hier: Je früher jemand eine einsetzende Abwärtsspirale hin zu einem sich ausbreitenden Gefühl der Getrenntheit bei sich selbst diagnostiziert, desto größer sind die Chancen, dass dem Geschwür Einhalt geboten werden kann. Und anders als im körperlichen lässt sich im seelisch-geistigen Bereich mit Einsicht und Antriebskraft ein befreiendes Wachstum anstoßen, nämlich hin zu einem sich immer stärker verankernden Lebensgefühl der Verbundenheit.

15) Von hartherzig zu barmherzig – Mitgefühl und Versöhnung

Die USA haben prozentual zur Gesamtbevölkerung die höchste Anzahl Gefängnisinsassen in der westlichen Welt. Immer wieder nehmen gerade erfahrene Juristen Anlauf, die auch sozial kontraproduktive Situation zu ändern. Insbesondere langjährige Gefängnisstrafen reduzieren nämlich die Chancen auf eine gesellschaftliche Reintegration massiv, was bei den meisten nicht gewalttätigen Verbrechen wenig Sinn macht. Im Jahr 2018 wurden in 18 Bundesstaaten Gesetzesentwürfe ausgearbeitet, die nach einer gewissen Zeit einen „zweiten Blick" auf das Strafmaß von verurteilten Tätern erlauben würden. Keine davon wurde zur Abstimmung vorgelegt, geschweige denn angenommen. Zu gut kennen die Politiker – stets mit Blick auf die eigene Wiederwahl – die harte Haltung eines großen Teils des Stimmvolks gegenüber strafrechtlich verurteilten Menschen, selbst wenn diese nur geringfügige Delikte begangen haben. Die Bemühungen gehen jedoch weiter.

Eine derart weit verbreitete Haltung in der Bevölkerung zeigt, wie viel Verhärtung (bei der wohl Angst ein wichtiger Faktor ist) noch abzubauen ist, bevor die im vorhergehenden Punkt angestrebte Entwicklungsstufe der Verbundenheit und damit auch des **Wohlwollens gegenüber der**

gesamten Menschheit erreicht wird. Natürlich kann sich dieses potenzielle Wohlwollen stets nur punktuell konkretisieren – bei den Menschen, mit denen ich es gerade zu tun habe. Aber der Kreis der „Empfänger" soll nicht im Vorhinein schon eingeschränkt werden durch Gleichgültigkeit oder Pauschalverurteilung.

Der Schritt zu einer Grundhaltung des Mitgefühls bedingt noch einen weiteren Sinneswandel, nämlich einen Übergang **von einer nachtragenden zu einer versöhnlichen Haltung** bzw. **von Vergeltungsgelüsten zu Vergebungsbereitschaft**. Der Impuls zur Rache ist angeboren. Wie schon im Kapitel über das Einüben der Herzensqualitäten ausgeführt: Bevor ich es schaffen kann, auf eine Kränkung nicht automatisch mit Gegenangriff oder schmollendem Rückzug zu reagieren; bevor ich es schaffen kann, zu verstehen und vielleicht sogar zu verzeihen, muss ich zumeist eine emotionale Landschaft voller Zorn, Aggression und Hass durchschreiten. Das braucht sowohl Zeit als auch Mut und Bestimmtheit.

Ob gewollt oder ungewollt, die Massenmedien schüren Empörung – über Verbrechen, Skandale, Ungerechtigkeiten und Machtmissbrauch. Lässt man den dadurch generierten Affekten – neben Empörung auch Ressentiment oder gar Hass – ihren Lauf, schwingt man sich auf die gleiche Frequenzstufe wie die Erzeuger der Meldungen ein. Und schließlich befinden sich alle, Leser, Schreiber und „Täter", mindestens vorübergehend in der gleichen Negativität. Denn auch die „Täter", über die berichtet wird, handeln ja aus Ressentiment oder Hass. So kommt es wenig überraschend, dass sich am Kreislauf *Ablehnung – Hass – Tat – Ablehnung – Hass – Tat* nichts ändert und die Medien weiterhin von Tag zu Tag Stoff für ihre Negativmeldungen finden. Es braucht eine große Klarheit und Entschlossenheit, um nicht ein Gefangener dieses Kreislaufs zu bleiben. Eine ähnliche Entschlossenheit braucht es, um nicht in alternative Fallen wie Resignation oder Gleichgültigkeit zu geraten. Schließlich benötigen wir auch Klarheit, um zu erkennen, dass Täter in den gleichen negativen Kreisläufen verstrickt sind und dass eine Perpetuierung dieser Kreisläufe durch Ausgrenzung und Geringachtung niemandem zugutekommt, weder den Opfern, den Tätern noch der Gesellschaft als Ganzes. Wie es ein bekanntes Diktum ausdrückt: Man soll die Tat, aber nicht den Täter verurteilen.

Vergebung ist immer ein Akt des freien Willens, während der Drang nach Vergeltung instinktiv und reaktiv ist. Die Suche nach Verständnis und das Bemühen um Wohlwollen trotz allem und schließlich um Vergebung brauchen ihre Zeit; nur schon deshalb kann es sich dabei nicht um Automatismen oder genetisch vorgegebene Reaktionen handeln.

Mitgefühl und Versöhnung sind ohne die **Fähigkeit des aufmerksamen Hinschauens und Zuhörens** nicht zu verwirklichen.

„Das Bemerkenswerte am intensiven Zuhören ist das Ausmaß, in dem dabei Universelles an die Oberfläche kommt; die Dinge, die uns allen gemeinsam sind."[95] Diese Erfahrung der in England lebenden äthiopisch-kanadischen Journalistin und Buchautorin *Aida Edemariam* zeigt in knappen Worten, wie aufmerksames Zuhören den Sprechenden hilft, den Zugang zu der eigenen Tiefe zu finden, und wie dabei Sprecher *und* Zuhörer (bzw. Täter *und* Richtende) urmenschliche Gemeinsamkeiten entdecken.

16) Dankbarkeit als Teil der Grundhaltung

Wieso, fragt sich vielleicht jemand an dieser Stelle, sollte Dankbarkeit ein Kennzeichen von Reife sein? Bei Dankbarkeit bzw. Undankbarkeit (wie bei einigen anderen der genannten Kriterien) könnte es sich ja um vererbte Veranlagungen handeln. Darauf lässt sich wie folgt antworten: Erstens haben natürlich in jedem dieser Unterbereiche manche Menschen beim Reifungsprozess einen veranlagungsmäßigen Vorsprung. Um es bildhaft zu formulieren: Das gleiche Ziel ist für den einen nur über einen steilen und mit Felsspalten versehenen Bergpfad, für einen zweiten hingegen über eine relativ anspruchslose Spazierstrecke zu erreichen. Aber ihren je eigenen Weg zurücklegen müssen beide. Zweitens könnte man in Gedanken einmal die Zuteilung umkehren und beispielsweise behaupten, ein undankbarer Mensch sei reifer als ein dankbarer. Das klingt absurd. Hier kommt unser „Urwissen" oder, wie ich es in der Einleitung auch genannt habe, unsere „innere Gewissheit" zum Tragen. Diese Gewissheit sollte natürlich überprüft werden, indem wir die Aussagen anderer, möglichst weiser Menschen zum Vergleich heranziehen. Dabei werden wir, um bei diesem Beispiel zu bleiben, feststellen, dass niemand im Ernst behauptet, Undankbarkeit sei etwas Erstrebenswertes. Außerdem lässt sich zurückgreifen auf eines der Grundkriterien von Reife, nämlich die Güte. Ein Zuwachs an Dankbarkeit ist immer auch ein

---

95 Aida Edemariam im Rahmen des BBC-Programms „Listening Project", 2019. Im englischen Original: „The funny thing about listening hard to people talk is the degree to which the universals emerge; the things we all share."

Zuwachs an Güte, da sie von anderen als Wohltat erfahren wird und letztlich auch uns selber zugutekommt.

Dankbarkeit ist ferner (zusammen mit dem Humor; siehe unten) das beste **Schutzmittel** gegen einen seelenzersetzenden und letztlich einsam machenden **Stolz**. Wir sind damit gerade auf dem Reifungsweg besser gefeit gegen eine sich festsetzende Selbstbeweihräucherung angesichts gewisser Fortschritte, denn ein solcher Stolz wird unterwegs unweigerlich aufflackern.

Ein **Gegenteil von Dankbarkeit** – und damit Wesensmerkmal der Undankbarkeit – ist die **Anspruchshaltung**. Eine solche wird von unserer Wirtschaftsordnung gefördert; es ist somit nicht leicht, sich ihr zu entziehen. Ich bezahle gutes Geld, also habe ich *Anspruch* auf eine Gegenleistung – einen Laib Brot, ein sauberes Gastzimmer in einem Hotel, die Dienste eines Arztes usw. Eine Haltung der Dankbarkeit entwickeln heißt also auch, sich aus der Konsumhaltung zu emanzipieren. Für alle, die dies als enorm schwierig empfinden, könnte Folgendes als Motivationsschub dienen: Eine große Zahl von psychologischen Studien zeigt, dass Menschen, die tendenziell mit einer Haltung der Dankbarkeit durchs Leben gehen, insgesamt signifikant glücklicher sind als solche, bei denen die Anspruchshaltung vorherrscht.[96]

Helfen kann auch folgende Überlegung: Um physisch zu überleben, brauche ich *Luft* zum Atmen, *Wasser* zum Trinken, *Pflanzen* und *Tiere* als Nahrungsgrundlage (selbst wenn ich mich vegan ernähre – es braucht vielerlei Kleintiere in den Ökosystemen der Pflanzen). Um seelisch zu überleben, benötige ich *Zuwendung*. Auf keines der genannten Elemente habe ich auch nur den geringsten Anspruch. Bin ich mir dessen bewusst, wie soll ich da nicht dankbar sein?

17) Lebensbejahender Humor

Beim **Humor** – wenn er herzlich und nicht spöttisch, sarkastisch oder zynisch ist – handelt es sich stets um **aufflackernde Lebensfreude**. Erinnern Sie sich an das hinduistische Dreigestirn Sat-Cit-Ananda (Sein-Bewusstsein-Seligkeit) als Wesenszüge des Absoluten? Hier kommt nochmals das dritte ins Spiel, nämlich die **Seligkeit**.

Anflüge von Seligkeit, so lässt sich beobachten, erleben wir in der Begegnung mit Wahrheit, mit Schönheit und mit dem Guten. Auch in jeder liebevollen

---

96 Vgl. Rupert Sheldrake, *Die Wiederentdeckung der Spiritualität*, S.76 ff.

zwischenmenschlichen Begegnung geistiger, seelischer und/oder körperlicher Natur sind Spuren von Seligkeit zugegen. So auch im Humor. Die Fähigkeit, aus vollem Herzen zu lachen, gehört zu den grundlegenden Wesenszügen des Menschen. Um dies festzustellen, brauchen wir bloß Kinder, egal aus welcher Kultur, zu beobachten. Wie alle anderen Eigenschaften ist jedoch auch der Sinn für Humor nicht in Stein gemeißelt, sondern steten Veränderungen ausgesetzt. Der noch wenig vom Leben modifizierte Humor bei Kindern kann sich im Lauf ihres Lebens grundsätzlich in drei Richtungen entwickeln:

1) Er verkümmert und tritt immer weniger in Erscheinung.

2) Er wird im Lauf des Lebens zu einer mehrheitlich *sarkastischen* oder *zynischen* Form verzerrt.

3) Er wird altersgemäß *subtiler* und vielleicht auch *geistreicher* (die meisten Eltern kennen die Kindheitsphase, in der nichts so sehr zum Lachen reizt wie Hinweise auf Exkremente und die damit verbundenen physiologischen Vorgänge), bleibt aber *herzlich* und *lebensbejahend*.

Im *ersten* Fall führt ein verkümmerter Humor bei zwischenmenschlichen Begegnungen leicht zu einer Atmosphäre, die sich in der Bandbreite von ungemildert ernst bis hin zu bleiern bewegt.

Im *zweiten* Fall ergibt sich vielleicht ein kurz aufflackernder Gemeinschaftssinn, der sich einstellt, wenn gemeinsam andere Personen oder Situationen herabgesetzt werden (man fühlt sich überlegen), aber es bleibt doch zumeist ein schaler Nachgeschmack. Und Freude wird so keine generiert. Auch hier gilt es jedoch, Augenmaß zu bewahren. Eine passend eingeworfene sarkastische Bemerkung kann durchaus einen Erkenntnisschub auslösen. Aber eine anhaltend demonstrierte zynische Geisteshaltung wirkt zermürbend und deprimierend.

Im *dritten* Fall, und sei es auch nur kurz, blitzt Lebensfreude auf und wird geteilt. Die befreiende und heilsame Wirkung des Lachens (nicht der bitteren Variante) ist hinreichend untersucht und belegt. In einem solch positiven Humor liegt auch eine **Verspieltheit**. Sie ist wie ein warmer Wind, der dem Kind in uns – der Spontaneität, Kreativität und grundlosen Freude – Leben einhauchen kann. Durch sie lassen sich Momente von Unbekümmertheit ausleben – ein wahrer Jungbrunnen.

Es gibt kaum etwas, das besser geeignet ist, Abwehrhaltungen aufzuweichen und Ängste schwinden zu lassen als gemeinsames Lachen. Außerdem ist Humor ein wunderbares zwischenmenschliches Werkzeug, um charakterliche Schwachpunkte und Selbsttäuschung ans Tageslicht zu bringen. Während ein spöttischer Humor eher dazu führt, dass sich die Betroffenen verschließen, öffnet ein warmherziger Humor das Herz und erhöht so die Bereitschaft, die auf wohlwollende Art hervorgehobenen menschlichen Schwächen auch bei sich selbst zu erkennen, um ihnen in der Folge weniger ausgeliefert zu sein.

18) Wohltuende Ausstrahlung

„Von Innersten her erfolgt auch die Ausstrahlung des eigenen Wesens. Je gesammelter ein Mensch im Innersten seiner Seele lebt, umso stärker ist diese Ausstrahlung, die von ihm ausgeht." (*Edith Stein*, jüdisch-christliche Mystikerin, 1891–1942)[97]

Physiker sagen, dass alles letztlich Energie sei. Materie ist bloß eine verdichtete Form davon. Energie ist ständig wellenförmig in Bewegung (in Schwingung). Alles strahlt also aus, manches stärker, manches schwächer, in je verschiedenen Schwingungsfrequenzen. Dies gilt auch für unsere Gedanken, Emotionen, Worte und Handlungen. Alle vier Aspekte zusammen bilden unseren laufenden Beitrag zum Energiemix nicht nur unserer unmittelbaren Umgebung, sondern auch unserer Gesellschaft und des gesamten Universums.

Hugo Enomiya-Lassalle (1898 –1990) war Jesuit und Zen-Meister, einer der Pioniere der Zen-Meditation im Westen und generell ein Brückenbauer zwischen Ost und West. Es wird berichtet, dass, als er sich im Alter von weit über achtzig Jahren auf die Stufen vor einem Bildungshaus niederließ, sich eine Schar Kinder um ihn herum bildete. Die Kinder beachteten ihn nicht und spielten ihre Spiele, während er praktisch regungslos dort saß. Beobachter der Szene meinten, es sei kein Zufall gewesen, dass sich die Kinder – unbewusst natürlich – die Nähe dieses weisen Mannes als Spielort ausgesucht hätten. Manchmal genügt ein Moment und eine Person prägt sich – ohne es zu merken – einer anderen für den Rest ihres Lebens ein. Vor gut 30 Jahren betrat ich eine leere Kirche. Oder fast leere. Denn in einer der hinteren Reihen stand ein Mann mittleren Alters. Die Arme hielt er leicht auseinander mit den Handflächen nach oben und auch sein Blick war nach oben gerichtet. Er strahlte eine derartig starke, selbstvergessene Hingabe aus, dass

---

97 Zit. in Pierre Stutz, *Verwundet bin ich aufgehoben*, S. 127.

mir das Bild auch heute noch ab und zu mit einem Gefühl der Ehrfurcht und der Freude in den Sinn kommt.

In verschiedenen, nicht nur christlichen Kulturen werden heiligmäßige Menschen mit einem Lichtkranz, meistens um das Haupt herum, abgebildet – dem Heiligenschein. Die Herkunft dieser Symbolik ist nicht schwer zu erraten: Wie die Kinder beim alten Enomiya-Lassalle oder ich bei jenem unbekannten Mann spüren wir bei manchen Menschen eine „helle" Ausstrahlung und diese wirkt anziehend.

Wir können unterscheiden zwischen der **direkten Ausstrahlung**, die wir in der persönlichen Begegnung erleben, und der **indirekten Ausstrahlung**, bei der Ort und Zeit keine Rolle spielen und die auch über den Tod hinaus wirkt. Denken wir nur an die inspirierende Strahlkraft von Menschen wie Franz von Assisi, Mahatma Gandhi, Mutter Teresa, dem Dalai Lama und anderen. Auch im Familien- und Freundeskreis kennen viele von uns Menschen, deren erlebtes Wesen uns möglicherweise ein Leben lang immer wieder Kraft gibt und richtungsweisend ist.[98] Alle Menschen wirken – zum Guten wie zum Schlechten – durch ihre Art des Seins weit mehr, als sie es sich normalerweise bewusst sind.

Wir alle, ob wir es merken oder nicht, haben Vorbilder im positiven wie auch im negativen Sinn: So wie *der* möchte ich sein; so wie *die* will ich auf keinen Fall sein. Wenn ein Drogendealer in einem Slum es zu viel Geld bringt, wirkt er auf manche Jugendliche als nachahmungswertes Vorbild. Wenn ein Mann aus einem armen Land sich als Migrant in Europa oder Amerika etabliert hat, werden weitere junge Menschen aus seiner heimatlichen Umgebung trotz aller Gefahren versuchen, es ihm gleichzutun. Wenn eine hochrangige Bankmanagerin Job und Karriere hinschmeißt und fortan für einen Viertel ihres bisherigen Lohnes bei einer karitativen Institution arbeitet, wird das vielen in ihrem Bankenumfeld zu denken geben.

---

98 Die Verbindung zu Menschen, die wir bewusst oder unbewusst als Vorbilder betrachten, geht weit über eine verstandesmäßige Zustimmung hinaus. Es sind nicht nur die Gedanken und die Taten eines Mahatma Gandhi oder eines Dalai Lama, die ich intellektuell bejahe. Es ist eine geistige Verbundenheit, welche Gemüt, Einfühlung *und* Verstand umfasst. Somit kann die Wirkmächtigkeit von Mensch zu Mensch unabhängig von Distanz und über den Tod hinaus als ein äußeres Indiz für jene multidimensionale, raum- und zeitübersteigende Verbundenheit von allem mit allem betrachtet werden, die von der Quantenphysik im subatomaren Bereich nachgewiesen worden ist.

Verantwortung wahrnehmen gehört zu den Grundkriterien einer reifen Lebensgestaltung. So tragen wir auch für unsere Ausstrahlung – die sich ja nie „abschalten" lässt, also in jeder Begegnung wirksam ist – in jedem Augenblick Verantwortung.

So weit die 18 Unterskalen, in die der gesamte Reifungsprozess hier modellhaft heruntergebrochen wurde. Es gibt natürlich auf der **Unreif-Reif-Skala** auch identifizierbare Zwischenstufen. Wobei, ich wiederhole es, die Übergänge de facto fließend sind. Aber um sie sprachlich, d. h. verstandesmäßig, besser fassen zu können, kann es hilfreich sein, **Entwicklungsstufen** zu postulieren (siehe dazu Kapitel 4.2.3). Ein Beispiel soll hier zunächst genügen:

Wenig Mitgefühl	→	Sentimentales Mitgefühl	→	Wirksames Mitgefühl

Wechseln wir von einer eher **psychologisch-philosophischen** zu einer **spirituellen Sprachweise**, lässt sich der Entwicklungsweg in Kürzestform wie folgt darstellen:

Das Ego, das stets bedürftige Eigengewächs, **gibt den Ton an.**	→	**Das Wesen**, stets unaufdringlich in Fülle anwesend, **gibt den Ton an.**

Manche Autoren verwenden für das, was hier gemeint ist, die Gegenüberstellung „Ego – Selbst" oder „Ego – Höheres Selbst". Meinem Empfinden nach klingt „Selbst" jedoch immer noch – wie „Ego" – nach etwas Abgetrenntem. Deshalb ziehe ich „Wesen" vor. Ein mögliches Synonym hierfür ist „Essenz". Was sind die **Unterscheidungskriterien**?

- Leben aus dem *Ego* heraus ist kompetitiv; Leben aus dem *Wesen* heraus kooperativ.
- Das *Ego* muss sich stets aufs Neue präsentieren (bei vielen Jugendlichen vornehmlich auf Facebook, Instagram usw.); seine Nahrung bezieht es aus Bestätigung von außen. Das *Wesen* findet Erfüllung in der eigenen Tiefe und in dem, was der Augenblick bietet.

- Das *Ego* grenzt sich ab und verteidigt sein Territorium; das *Wesen* ist offen und möchte sich und das Seine mit anderen teilen.
- Das *Ego*, wie eine mächtige Seifenblase, ist fragil und fühlt sich ständig bedroht; das *Wesen* ist angstfrei.
- Dem *Ego* mangelt es immer an etwas, es *braucht* – mehr Besitz, mehr Ansehen, mehr Einfluss, mehr Erfolg usw.; das *Wesen* fließt über.
- Das *Ego* benötigt Bestätigung und möchte daher, dass andere so wie es denken und handeln; das *Wesen* gewährt anderen – gedanklich und konkret – ihren Freiraum.
- Das *Ego* braucht Drama. Dies können Fernsehdramen, Videospiele oder Wettkämpfe aller Art sein. Es können deswegen Konflikte angezettelt werden, einfach, um dem „Nichts" keine Daseinschance zu gewähren, denn das „Nichts" ist für das Ego tödlich. Deshalb wehrt sich das Ego auch gegen Meditation. Drama bläst Luft in den Ego-Ballon. Wenn von außen nichts kommt, schaffe ich mein inneres Drama. Zum Beispiel indem ich eine erlittene Kränkung stets wieder vor Augen ablaufen und dazu im Gemüt die Emotionen – insbesondere die Empörung – dramatisch aufleben lasse. Das *Wesen* kommt am ehesten in einem stillen, wachen, dramafreien Dasein zum Vorschein.

In Kürze gesagt ist das Ego die Summe meiner Anhänglichkeiten (darunter auch das Ich-Bild, mit dem ich mich identifiziere), meiner Abwehrhaltungen (diejenigen Aspekte der Realität, die ich nicht akzeptieren kann) sowie meiner Mangelgefühle. Diese sind alle einer dauernden Veränderung unterworfen, deshalb ist das Ego auch unstet und fragil. In uns sind immer **beide wirksam, Ego und Wesen**. Es geht schlicht darum, den **Schwerpunkt von Ersterem zu Letzterem zu verschieben** bzw. die Voraussetzungen dafür zu schaffen, dass eine solche Verschiebung geschehen kann.

Vielleicht nehmen Sie sich an dieser Stelle ein wenig Zeit, gehen die Liste der Reifungslinien zu Beginn des Kapitels nochmals in Ruhe durch und lassen sie mit offenem Sinn wirken. Um zu spüren, wo gerade Ihre **Baustellen** liegen. Dies ist gewiss keine Wellnessübung, aber das Bemühen um oft wenig schmeichelhafte Selbsterkenntnis erweist sich unweigerlich als fruchtbar – für die eigene Lebensqualität und die des Umfeldes. Die Liste bietet hierfür eine Orientierungshilfe an.

Sobald ein gewisses Maß an Reife erreicht ist, wird der Blick für die noch zu leistende Arbeit klarer. Außerdem nähern sich die diversen Unterbereiche einander an, sodass es keine eklatanten Unterschiede im Fortschrittsgrad mehr gibt. Eine weit fortgeschrittene Person wirkt daher eher **ausgeglichen** und **gesammelt**, während eine andere mit mehr blinden Flecken und nicht integrierten Persönlichkeitsaspekten einen **fragmentierteren** Eindruck erwecken kann bzw. sich selbst auch als fragmentiert empfindet. Da kann beispielsweise ein Mann eine enorme Hilfsbereitschaft an den Tag legen, andererseits aber zu großer Bösartigkeit fähig sein, wenn er sich ungerecht behandelt fühlt.

Wir sind keine Einzelkämpfer; wir gehen unseren Lebens- und damit auch unseren Reifungsweg nicht allein. Wir haben Weggefährtinnen und Weggefährten. Idealerweise befindet sich darunter zumindest eine erfahrene, wegkundige Person, der wir gerade auf schwierigen Streckenabschnitten ganz und gar vertrauen können.

In den Weisheitstraditionen der Religionen war es selbstverständlich, dass es auf dem spirituellen Weg eine **geistige Begleitung** braucht: einen Meister, Guru, Rabbi oder Seelsorger. Ab dem 20. Jahrhundert waren es vermehrt Psychotherapeutinnen und Psychotherapeuten, die in Zeiten schwindender religiöser Bindung diese Rolle übernahmen. Allerdings ist ihr „Klientenkreis" (psychisch kranke oder angeschlagene Menschen) enger gesteckt als bei einer Seelsorgerin oder einem Seelsorger und die Zielsetzung ist weniger umfassend. Die Patienten sollen so weit erstarken, dass sie wieder gesellschaftsfähig sind. Gesamtmenschliche (seelisch-geistig-spirituelle) Reifung kann dabei ebenfalls stattfinden, aber sie ist selten das Primärziel. In unseren Tagen gibt es eine weitere säkulare Variante des Seelsorgers, die immer mehr Zuspruch findet: der persönliche Coach. Lange Zeit nur im beruflichen Umfeld eingesetzt, wird Coaching nun auch als Life-Coaching populärer. Hilft ein solches Coaching im Reifungsprozess? Das Kriterium ist dasselbe wie bei allen übrigen Formen der Begleitung: Falls es hilft, den Panzer der Egozentrik wenn nicht zu sprengen, so doch etwas abzubauen, dann lautet die Antwort „ja".

Wie schon im Kapitel über das Bewusstsein und das Bewusstwerden herausgestrichen: Üben ist unabdingbar. **Aus eigener Kraft machbar** ist Reife aber **nicht**, auch nicht mit der Unterstützung anderer Menschen. Die eigenen schwankenden, rasch erschöpften und endlichen Kräfte reichen einfach nicht aus; das zeigt, wenn wir ehrlich sind, die eigene Erfahrung. Wir müssen hier auf die in Kapitel 3 angeführten Überlegungen zurückgreifen, auf das Seinsfundament, das allen kosmischen Phänomenen und Prozessen zugrunde liegt. Es ist Lebens- und Kraftquelle zugleich. Diese Kraft benötigen wir zum Reifen, genauso wie wir die Luft zum Atmen benötigen. Und wie die Luft zum Atmen ist sie ein **Geschenk**. Wir haben nichts zu ihrem Bestehen beigetragen. Alles, was wir selber tun können, von Tag zu Tag aufs Neue, idealerweise von Augenblick zu Augenblick, ist, uns ihr zu **öffnen**.

In christlicher Terminologie heißt dies, sich öffnen für den alles Immanente durchdringenden, aber auch übersteigenden **Geist**. Ich möchte den Gedankengang abschließen mit einer weiteren Liste. Sie stammt aus dem Galaterbrief des Paulus und bietet uns einen weiteren möglichen Spiegel für die Selbsterkenntnis. Dabei klammert Paulus das Sichbemühen zwar nicht aus, aber er schreibt doch von der „Frucht des Geistes" und nicht von der „Frucht der Bemühungen":

„Die Frucht des Geistes ist aber Liebe, Freude, Friede, Langmut, Freundlichkeit, Güte, Treue, Sanftmut und Selbstbeherrschung; …".[99]

Wer sehnt sich nicht – verdeckt vielleicht unter den kurzfristigen Alltagswünschen – nach diesen Qualitäten?

Ohne Liebe keine Reife

Zu Beginn des Kapitels schlug ich für „Reifen" eine griffige Kurzformel vor: *Reifen bedeutet einen Zuwachs an Weisheit, Güte und Verantwortungsnahme.* Zum Abschluss möchte ich es nun doch wagen, das große Allerweltswort „Liebe" als Ausweitung von „Güte" einzubringen.

Unter **Liebe** (in Vollkommenheit) verstehe ich hier eine **Egobarrieren durchbrechende Kraft** aus **Zuneigung, Wohlwollen, Verständnis, Verbundenheit, Mitgefühl, Hilfsbereitschaft, Bereitschaft zur Vergebung** sowie eine **Empfänglichkeit für die Einzigartigkeit des Gegenübers** und den **Wunsch, diese (stets neu) zu ergründen**. Hinzukommen *kann* eine **erotische Anziehung** und in manchen Fällen ein **Ausleben des Beziehungsspiels**, das der Konstellation angemessen ist und die Berührten bestärkt. Dies bedingt auch **Treue** zum gegebenen Wort und zu einem eingegangenen Bund. Und als Grundlage von all diesem wirkt ein von **Ehrfurcht** gekennzeichne-

---

99 Brief an die Galater, 5, 22–23.

tes, ahnendes Gefühl einer **Gemeinschaft**, in der diese Verbindung mit einer anderen Person eingebettet ist – einer Gemeinschaft mit allen Wesen, der Natur und dem (oft namenlosen) Übernatürlichen.

Bei Liebe geschieht Geheimnisvolles, das schon ein Baby kennt: Grenzen zerfließen, das Ego schwindet. Die Wesenskerne leuchten auf und berühren sich.

Denken Sie zurück an das letzte Mal, als Sie ganz und gar verliebt waren. Man könnte, wie es so schön heißt, in solchen Momenten die ganze Welt umarmen. Das ist ein Aufblitzen dieser All-Liebe. In solchen Augenblicken ist kein Hass, kein „diese Person liebe ich, jene lehne ich ab" möglich. Ein solches ahnendes Gefühl der All-Verbundenheit bildet den Grundton und die Kraftquelle aller Konkretisierungen des Phänomens „Liebe".

In Reinkultur ist eine solche Liebe natürlich auf dieser Welt nicht zu haben; das zeigt die Lebenserfahrung zur Genüge. Immer wieder schleichen sich Elemente ein, die einer ungetrübten Liebe abträglich sind und den Keim von Konflikten und Enttäuschungen in sich tragen: Elemente wie **Besitzergreifen** (die Sprache verrät es: Ich *habe* eine Frau, ich *habe* einen Partner, ich *habe* zwei Kinder, ich *habe* einen guten Freund), **Selbstsucht** (wichtig ist, dass *ich* von dieser Beziehung etwas habe – Zuneigung, Beachtung oder auch nur Schutz vor dem Alleinsein), **Geltungssucht** (schaut alle, was ich für eine feine Partnerin, feine Kinder, feine Freunde habe) und **Wankelmütigkeit** (die zu Treuebrüchen führt). Ein verstandesmäßiges Ablehnen dieser abträglichen Elemente allein genügt natürlich nicht, um unsere „Liebe" von ihnen zu befreien. Wie bei allen hier aufgezeichneten Entwicklungslinien braucht es dazu auch Bewusstseins- und Herzensarbeit sowie die Entschlossenheit, es trotz unzähliger Rückfälle in alte Muster immer wieder zu versuchen. Realistische Etappenziele bestünden somit in einer allmählichen Reduktion der besitzergreifenden, selbstsüchtigen und unaufrichtigen Ingredienzen unserer menschlich-allzu-menschlichen Liebe. Die Sehnsucht treibt uns jedoch stets weiter: Sie will, dass wir den *ganzen* labyrinthartigen Weg von bedingter und begrenzter bis hin zur bedingungs- und grenzenloser Liebe beschreiten.

Mit dem obigen Definitionsversuch möchte ich auch Folgendes zum Ausdruck bringen: Die Unterscheidungen, die gerade in den von monotheistischen Religionen geprägten Kulturen zuweilen mit großer Schärfe gezogen wurden, nämlich zwischen *erotischer Liebe*, *Nächstenliebe* und *Gottesliebe*, stellen bloß eine menschgemachte Grenze zwischen verschiedenen Ausprägungen ein und derselben Urkraft dar. Viele Mystikerinnen und Mystiker gerade der genannten Kulturen haben dies aus ihrem Erleben heraus erkannt und die erfahrene Gottesliebe in zum Teil höchst erotischen Bildern zum Ausdruck gebracht. Sie haben damit eine Gegenstimme gegen ein Aufspalten und Schubladisieren dieser Urgewalt namens Liebe erhoben.

Ohne Liebe kann es kein Reifen geben. Folgender Text aus dem Weisheitsschatz des Daoismus (*Lao Zi* zugeschrieben) bringt dies knapp und prägnant auf den Punkt:

„Pflicht ohne Liebe macht verdrießlich.
Verantwortung ohne Liebe macht rücksichtslos.
Gerechtigkeit ohne Liebe macht hart.
Wahrheit ohne Liebe macht kritiksüchtig.
Erziehung ohne Liebe macht widerspruchsvoll.
Klugheit ohne Liebe macht gerissen.
Freundlichkeit ohne Liebe macht heuchlerisch.
Ordnung ohne Liebe macht kleinlich.
Sachkenntnis ohne Liebe macht rechthaberisch.
Macht ohne Liebe macht gewalttätig.
Ehre ohne Liebe macht hochmütig.
Besitz ohne Liebe macht geizig.
Glaube ohne Liebe macht fanatisch."[100]

So gesehen ist die **Liebe** – im oben ausgeführten Sinn – die Nabe im Rad. Alles läuft auf sie hin und von ihr hinaus.

Das Thema des persönlichen Reifens ist uferlos. Alles hier Angesprochene ließe sich noch vertiefen und durch weitere Kriterien ergänzen. Zur Weisheit gehört jedoch auch die Fähigkeit, sich klar auszudrücken und gleichzeitig zu merken, wann es genug ist. Und zur Güte – der Leserschaft gegenüber – gehört die Bereitschaft, dies zu versuchen. In der Hoffnung, dass genug Anregendes ohne übermäßige Längen zustande gekommen ist, mache ich somit an dieser Stelle einen Punkt.

---

100 Zit. in Christoph Quark und Gabriele Hartlieb (Hrsg.), *Eine Mystik, viele Stimmen*, S. 129 f.

4.2.2 Kollektives Reifen (zivilisatorischer Fortschritt)

Eigentlich beginnt das Kollektive schon bei zwei Personen. Die verschiedenen Spielarten der Interaktionen und deren Entwicklung in einer *Zweierbeziehung* wären für sich schon ein ganzes Kapitel wert. Denn wo lassen sich Reifemerkmale wie Geduld oder die Fähigkeit, zu verzeihen, besser einüben, und wo werden einem die eigenen blinden Flecken deutlicher vor Augen geführt als in einer Zweierbeziehung? Gleichzeitig ist es wohl nirgendwo sonst so schwierig, dies zu akzeptieren und geschehen zu lassen.

Dann gibt es die verschiedenen Arten von kleinen bis mittelgroßen *Gruppen* und *Gruppierungen* (wobei letztere tendenziell weniger beständig sind als erstere). Innerhalb einer Gesellschaft spricht man von *Subkulturen*, die geographisch den gleichen Raum bewohnen, aber zum Teil völlig aneinander vorbeileben.

Keine dieser Formen des Kollektiven werden jedoch hier erörtert. In diesem Kapitel weiten wir den Blick mit einem Schlag massiv aus, und zwar von der Entwicklung des Individuums hin zur Entwicklung der **gesamten Menschheit**, mit Schwerpunkt auf der westlichen Welt. Was also schon bei den bisherigen Kapiteln galt, gilt hier in ganz besonderem Maß: Es wird keine (unmöglich zu leistende) systematische oder umfassende Schau angestrebt, sondern es sollen Impulse zum Weiterdenken geboten werden.

Wenn wir hier von Fortschritt sprechen, geht es in erster Linie um den **immateriellen zivilisatorischen Fortschritt**. Auf den technischen Fortschritt wird also nicht eingegangen, auch wenn dieser sehr wohl zur immateriellen Entwicklung (ebenso aber auch zur Gefährdung unserer Zivilisation) beigetragen hat und weiterhin beiträgt. Ich denke etwa an Geräte, die Ackerbau, Energieerzeugung, Rohstoffverarbeitung und Produktion aller Art ermöglichen, sowie an den Buchdruck, die Elektrifizierung und die Abwasserentsorgung, an Fahrzeuge, die nicht von Menschen- oder Tierkraft angetrieben werden, an Impfstoffe und Medikamente sowie an Fernmelde- und Datenverarbeitungsmöglichkeiten, die uns die heutigen globalen Wissensbeschaffungs- Unterhaltungs- und Kommunikationsmöglichkeiten eröffnen. Der technisch-materielle Fortschritt ermöglicht(e) ferner den steigenden Wohlstand und die längere und gesicherte Lebenserwartung (beide im Weltdurchschnitt, aber längst nicht für alle), die ebenfalls Faktoren beim immateriellen Fortschritt darstellen. Die Grenzen sind also fließend.

Die Kapitelüberschrift birgt die erste Frage schon in sich: Findet überhaupt ein kollektives Reifen statt? Lässt sich überhaupt mit Recht von einem zivilisatorischen Fortschritt im obigen Sinn sprechen? Sind nicht die Auseinandersetzungen, Ausgrenzungen, Grausamkeiten, Kriege, Hungersnöte, Vergewaltigungen, Zerstörungen, Hasstiraden und weitverbreitete Gleichgültigkeit gegenüber dem Leiden anderer ein schlagendes Gegenargument? Ist jedoch der in Betracht gezogene historische Zeitraum genügend groß, lautet die Antwort auf die ersten beiden Fragen ganz klar „ja". Es lässt sich ein kollektives Reifen – wenn auch ungleichmäßig verlaufend und mit zwischenzeitlichen Abstürzen verbunden – feststellen und belegen. Inwiefern das so ist, wird im Folgenden dargelegt.

Unzählige Faktoren spielen bei historischen Entwicklungen eine Rolle; erst recht, wenn es um die Entwicklung der gesamten Menschheit geht. Vielleicht der allerwichtigste Faktor für unser Zeitalter ist das historisch noch nie dagewesene explosionsartige Wachstum der Weltbevölkerung in den letzten 100 Jahren. Ohne diesen rasanten Anstieg gäbe es keine Klimazerrüttung, kein Massensterben der Tier- und Pflanzenarten, keine weltweiten Migrationsströme. Aber auch nicht die wunderbare kulturelle Vielfalt und den technologischen Erfindungs- und Entwicklungsboom; kurz gesagt, den kreativen Reichtum. Es gäbe auch nicht die zahllosen bereichernden Begegnungen zwischen Menschen aus allen Erdteilen und damit das Wissen über einander aus erster Hand. Und, so paradox es zunächst klingen mag, wäre es vielleicht ohne diese Bevölkerungsexplosion nicht zum Rückgang an kriegerischen Auseinandersetzungen zwischen den Nationen gekommen (unter anderem weil wir uns weltweit einfach weniger fremd geworden sind).

Führen wir uns diesen Anstieg mit einer Grafik vor Augen:

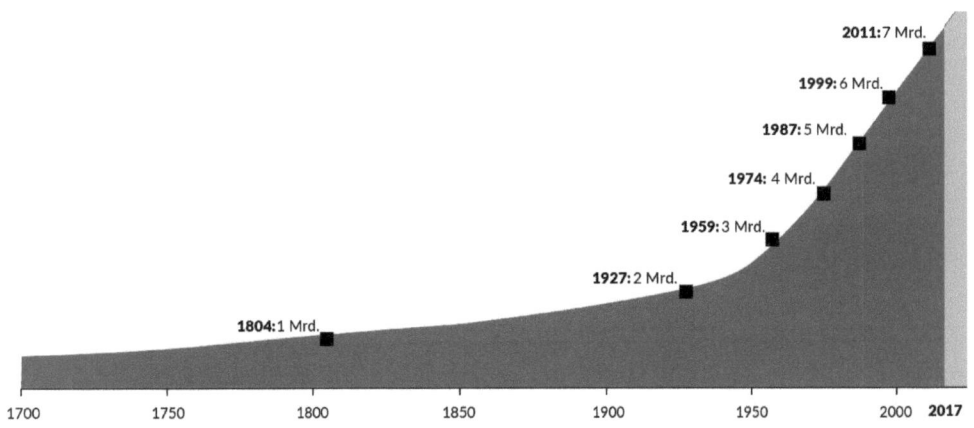

2011: 7 Mrd.

1999: 6 Mrd.

1987: 5 Mrd.

1974: 4 Mrd.

1959: 3 Mrd.

1927: 2 Mrd.

1804: 1 Mrd.

1700　　1750　　1800　　1850　　1900　　1950　　2000　**2017**

Grafik: Deutsche Stiftung Weltbevölkerung (DSW)
Quelle: Vereinte Nationen, World Population Prospects: The 2017 Revision

Zieht man die Linie noch mehr nach links, sagen wir weitere 1000 Jahre zurück in die Vergangenheit bis zum Jahr 700, zeigt sich bis 1700 eine insgesamt sehr flache Wachstumskurve (inklusive zwischenzeitlichen Anstiegen und Abfällen). Die Weltbevölkerung im Jahr 700 wird auf rund 0,4 Milliarden geschätzt, um 1700 auf 0,7 Milliarden. Das ergibt in tausend Jahren einen Gesamtzuwachs von ungefähr 0,3 Milliarden. Seit 1974 hingegen kommen alle 11 bis 12 Jahre 1 Milliarde Menschen hinzu.

Machen wir das etwas anschaulicher: Stellen Sie sich ein Haus mit 80 Zimmern und einem entsprechend großen Garten zur Versorgung der Bewohner vor. *50 Jahre lang* leben hier zunächst 10, dann irgendwann 12, dann 15 Menschen. In diesem weitläufigen Gebäude und Gelände treffen sie sich selten. Von Anfang an werden Zimmer geteilt; die meisten bleiben demnach unbewohnt. Nach 50 Jahren kommen *innerhalb von 6 Monaten* weitere 15 Menschen hinzu; innert kurzer Zeit hat sich die Bewohnerzahl also verdoppelt. Danach explodiert die Lage. *Innerhalb von nur 3 Monaten* steigt die Zahl der Hausbewohner von 30 auf 150 an. Und weitere haben sich angekündigt. Inzwischen hat der ausstattungsmäßige Komfort für etwa die Hälfte stark zugenommen, für die andere Hälfte aber nicht. Die Gartenbearbeitung ist effizienter und ertragreicher geworden, aber der Garten wird mit Abfällen überhäuft und mit Giftstoffen verseucht und kommt kaum mehr dazu, sich zu regenerieren. Logischerweise ist beim Zusammenleben eine radikale Veränderung im Gang. Das größte Wunder ist wohl, dass all diese Umwälzungen der letzten drei Monate nicht zu andauernden gewaltsamen Konflikten geführt haben. Im Gegenteil, so wenig gewaltsame Auseinandersetzungen zwischen den Hausbewohnern gab es – im Verhältnis zu deren Gesamtzahl – in den bald 51 Jahren noch nie. Es muss also in der Haltung und im Verhalten bei einer kritischen Anzahl Bewohner ein Wandel stattgefunden haben.

Es lohnt sich übrigens, sich die Form der obigen Grafik einzuprägen. Denn einen ähnlichen Verlauf zeigen viele für unser Zusammenleben relevante globale Entwicklungen, darunter etwa der Wasserverbrauch und der Fischfang (gemessen von 1950 bis 2019). Das ist keine Überraschung, denn sie stehen mit der Größe der Weltbevölkerung in einem direkten Zusammenhang. Dann gibt es noch Phänomene, deren Verlauf im gleichen Zeitraum von einem tieferen Ausgangspunkt einen noch abrupteren Anstieg als die Weltbevölkerung verzeichnete, zum Beispiel der Energieverbrauch, der Düngerverbrauch, die Papierproduktion, der motorisierte Straßenverkehr und der internationale Tourismus.[101]

Mit der in den letzten Jahrzehnten beobachteten Beschleunigung im Hinterkopf wechseln wir nun zu einer langfristigen Betrachtung. Es folgen Beispiele von **unbestreitbarem zivilisatorischem Fortschritt**.[102] Der historische Bogen wird, wie gesagt, weit gespannt, bei manchen Betrachtungen über 50 bis 100 Jahre, bei anderen über 300, bei wieder anderen über 3000 Jahre. Berücksichtigt man nämlich bloß kurze Zeiträume von 10 bis 20 Jahren, so erweisen sich die Entwicklungen als uneinheitlich; **erst aus einer wirklich langfristigen Perspektive schält sich die jeweilige Entwicklungsrichtung deutlich heraus.** Ferner lässt sich Folgendes festhalten: Die beim Bevölkerungswachstum sowie beim materiell-technischen Fortschritt zu beobachtende Beschleunigung in den letzten 100 und noch stärker in den letzten 50 Jahren zeigt sich auch bei den Entwicklungen im nichtmateriellen Bereich.

---

101 In Grafikform dargestellt in *Neue Zürcher Zeitung*, 27.9.2019, S. 53.
102 Bestreiten lässt sich natürlich alles. Ebenso, wie es Stimmen gibt, welche die Mondlandungen bestreiten, gibt es solche, welche Demokratisierung, die Frauenemanzipation oder die erweiterten Rechte für Homosexuelle als Fehlentwicklungen bezeichnen. „Unbestreitbar" soll also nicht absolut, sondern innerhalb eines weitverbreiteten und vor allem wachsenden gesellschaftlichen und humanwissenschaftlichen Konsenses verstanden werden.

In allen nachstehend untersuchten Themenfeldern erhoben sich historisch schon sehr früh Einzelstimmen, die Fortschritte forderten. Eine gesellschaftlich breit abgestützte Akzeptanz reifte jedoch erst allmählich und dank den aufopfernden Bemühungen von Pionierinnen und Pionieren heran (Beispiel: Frauenrechte). Gegenstimmen und Gegenkräfte waren und sind stets mit von der Partie. Und da sie oft dank der Machtverhältnisse am längeren Hebel saßen – und sitzen –, sind keine der unten aufgelisteten „Erfolge" der Menschheit einfach in den Schoß gefallen. Die folgenden Abschnitte zeigen nun in Kurzform den historischen Verlauf einzelner Themenkreise auf und enthalten auch Ausblicke auf sich anbahnende Weiterentwicklungen. Denn in jedem der untenstehenden Bereiche ist zwar Fortschritt erzielt worden, aber genauso gibt es überall noch Luft nach oben.

Primär im Fokus steht der „Westen" (nicht im geographischen Sinn, sondern verstanden als die wirtschaftlich hochentwickelten und politisch freiheitlichen Regionen und Länder, v. a. West- und Mitteleuropa, Nordamerika, Japan, Australien und Neuseeland). Allerdings geht der Blick immer wieder darüber hinaus und es werden Entwicklungen auch in anderen Weltregionen angesprochen. Schließlich geht es um das Reifen der ganzen Menschheit.

Folgende Fortschrittsstränge werden im Einzelnen erörtert:

1. **Ächtung der Sklaverei**
2. **Ausweitung und qualitative Verbesserung der Schulbildung**
3. **Ausweitung der medizinischen Versorgung und Steigerung der Behandlungsqualität**
4. **Humanisierung der Rechtsprechung**
5. **Rückgang von physischer Gewalt**
6. **Demokratisierung – von der Herrschaft der wenigen zur Mitsprache von vielen**
7. **Zuwachs an Rechten für Frauen**
8. **Zunehmende Wertschätzung des Individuums – auch für Menschen außerhalb des eigenen Kollektivs**
9. **Ausweitung der Sorge für die Schwächsten der Gesellschaft**
10. **Abnehmende Ächtung von sexuellen Minderheiten**
11. **Wandel im Verhältnis zur Natur – von Bedrohung und Nahrungsquelle über Umwelt zur Mitwelt**
12. **Sensibilisierung für Tierschutz**

13. **Kollektive Aufarbeitung vergangener Schuld als neue historische Erscheinung**
14. **Jüngste globale Phänomene und Anzeichen von Beschleunigung**
15. **Von der Irreversibilität der genannten Entwicklungen**

Von all diesen Punkten ist meiner Ansicht nach einer zentral, nämlich die *Demokratisierung*. Ich meine hier Demokratie im Vollsinn des Wortes (definiert auf Seite 304), also weit mehr als das Recht, abzustimmen bzw. zu wählen und gewählt zu werden. Nur eine verwirklichte Demokratie schränkt die Machtausübung von wenigen über viele und dadurch eine weitreichende Willkür ein. Nur sie bietet somit den Freiraum, in welchem sich jedes Individuum – falls ein Mindestmaß an materieller Absicherung vorhanden ist – politisch, gesellschaftlich und persönlich einigermaßen frei betätigen und kreativ entfalten kann. Dort, wo sich die Demokratie als Staatsform etabliert hat, ist sie auch ein Garant für die Irreversibilität der anderen zivilisatorischen Errungenschaften (zum Beispiel ein unabhängiges und humanes Rechtssystem oder die Rechte der Frauen) und bietet einen weitgehend geschützten Raum für deren Weiterentwicklung. Deshalb, und auch weil die Demokratisierung in ihrer jetzigen Phase noch lange nicht im Vollsinn verwirklicht und gleichzeitig auch durch mächtige Gegenkräfte gefährdet ist, wird ihr in diesem Kapitel der längste Abschnitt gewidmet. Nun aber zu den Punkten im Einzelnen.

1) Ächtung der Sklaverei

Das ägyptische, das griechische und das römische Reich waren auf der Arbeitsleistung von Sklaven errichtet. In Europa bestand ab dem Frühmittelalter jahrhundertelang die Quasi-Sklaverei der Leibeigenschaft. Unzählige Bauern waren an ihre Scholle (die ihnen nicht gehörte) gebunden. Die Verschiffung von Millionen von Menschen aus Afrika nach Nord- und Südamerika vom 16. bis ins 19. Jahrhundert und deren Einsatz dort als Arbeitsware stellen einen traurigen Höhepunkt des Übels dar und hallen bis heute in der Beziehung zwischen Weißen und Schwarzen nach. In den USA durfte man bis 1865 einen eigenen Sklaven ungestraft umbringen (wie ein eigenes Möbelstück zertrümmern – dumm, aber nicht illegal).

Das in diversen Schritten verwirklichte gesetzliche Verbot der Sklaverei – und dessen stets harzig verlaufene Umsetzung – ergibt eine schaurig-spannende

Geschichte. Angestoßen wurde die Entwicklung, wie bei vielen der folgenden Punkte auch, von ein paar wenigen idealistischen und mutigen Personen; in diesem Fall am wirksamsten von jenen, die sich in der zweiten Hälfte des 18. Jahrhunderts in Großbritannien zur Abschaffung der Sklaverei zusammenschlossen (siehe Seite 224). Aus ihrer Initiative entstand eine globale Bewegung, die sich irgendwann nicht mehr aufhalten ließ. Aber es war ein langer Prozess.

Als letzter Staat der Welt verbot Mauretanien 1981 die Sklaverei per Gesetz, de facto bestand sie danach weiterhin. Erst 2010 kam es dort zu Strafverfahren gegen Sklavenhalter. Daneben wurden und werden stets mehr Sklaven dank dem Einsatz von Aktivisten befreit. Heutzutage können Sklaven auch in Mauretanien nur noch im Verborgenen gehalten werden.

Spricht man bei uns heute von Sklaven, z.B. von Arbeits- oder Sex-Sklaven, so unterscheidet sich das Phänomen in mancher Hinsicht von jenem in früheren Jahrhunderten. In Einzelfällen ist auch die moderne Variante gewiss nicht weniger grausam. Aber sie wird nicht mehr von der Obrigkeit und einem relevanten Teil der Gesellschaft gebilligt. Sie muss sich im Verborgenen abspielen und entlaufene „Sklaven" werden heute nicht mehr entweder direkt getötet oder an ihre Besitzer zurückgeliefert. Auch wenn Millionen von Menschen zur Arbeit gezwungen werden, beispielsweise aufgrund von Schulden, und Frauen oft in sklavenähnlichen Umständen gehalten werden, so kann ein Mord an ihnen doch geahndet werden. Außerdem gibt es keine Sklavenmärkte mehr, auf denen man in aller Öffentlichkeit Menschen kaufen oder verkaufen kann. Im Vergleich zur über Jahrtausende währenden legalen Sklaverei sind das unbestreitbare Fortschritte. Die Entwicklung ist aber offensichtlich noch nicht zu Ende und es braucht weitere Aufklärung und Anstrengungen, um Einzelfälle aufzudecken und den organisierten Menschenschmuggel zu bekämpfen. Langfristig betrachtet hat aber eine enorme Entwicklung in Richtung persönliche Freiheit für alle Menschen stattgefunden.

2) Ausweitung und qualitative Verbesserung der Schulbildung

In ihrem Roman „The Space Between Us" beschreibt die indische Autorin *Thrity Umrigar* (geb. 1961) das Schicksal der Analphabetin Bhima, die in vielen Situationen von anderen, die lesen und schreiben können, abhängig ist und von ihnen teilweise auch betrogen wird. Entscheidend wird dies, als ihr Mann nach einem schweren Arbeitsunfall nicht ansprechbar ist. Ein Vertreter seines Arbeitsgebers legt in diesem Moment Bhima ein Blatt Papier vor, das sie unterzeichnen soll. Es handle sich nur um eine administrative Sache, beschwichtigt er. Sie setzt ihren Daumenabdruck darauf. Später erfährt sie, dass sie dadurch die Firma von jeglicher Haftpflicht ihrem Mann gegenüber befreit hat. Der Mann bleibt in der Folge arbeitslos, die Familie versinkt in Armut.

Die Abhängigkeit, in der Analphabeten gefangen sind, können wir uns im Westen kaum mehr vorstellen. Das war natürlich nicht immer so. Im Frühmittelalter konnten in unseren Breitengraden praktisch nur Mönche und vereinzelt auch Adlige lesen und schreiben. Bücher – alle handgeschrieben – waren Kostbarkeiten und wurden gegen ganze Ländereien eingetauscht. Ab etwa dem 13. Jahrhundert erlernten auch wohlhabende Bürgerliche (kaum jedoch Frauen) das Lesen und Schreiben. In dieser Zeit blühten die Städte durch Handel und Gewerbe auf. In der Folge benötigte man mehr Schriftkundige und es entstanden die ersten Universitäten. Neben den Schulen unter kirchlicher Leitung entstanden städtische Schulen. Aber auch diese waren einer Minderheit der Kinder vorbehalten. Für die übrigen hieß es Kinderarbeit. Und die Gangart in den Schulen war hart – es wurde „gepaukt" und körperliche Strafen waren die Regel – bis weit ins 20. Jahrhundert hinein. Eine „Volksschule für alle" wurde zwar schon im 17. und 18. Jahrhundert propagiert, verwirklicht wurde sie in den meisten westlichen Ländern aber erst im 19. Jahrhundert.

Die Qualität der Pädagogik im Allgemeinen und der Schulpädagogik im Speziellen entwickelte sich ab dann Hand in Hand mit der zunehmenden gesellschaftlichen Wertschätzung des Individuums sowie dem wachsenden Verständnis für die Phasen der Kindheit. Im Vergleich zu früheren Zeiten wurden Kinder auch in den Familien in den vergangenen rund 100 Jahren immer weniger als kleine Erwachsene behandelt, die zu gehorchen hatten und bei Widerspruch streng gezüchtigt wurden.

Im Lauf des 20. Jahrhundert haben sich das Ideal einer Bildung für alle und die entsprechenden Bemühungen weitgehend auch in der restlichen Welt durchgesetzt. Global waren die Fortschritte diesbezüglich in den letzten gut 100 Jahren enorm – ein entscheidender Schritt in der Menschheitsentwicklung. UNESCO-Statistiken aus dem Jahr 2017[103] zeigen, dass nicht

---

103 UNESCO INSTITUTE FOR STATISTICS, Fact Sheet No. 45, September 2017, http://uis.unesco.org/sites/default/files/documents/fs45-literacy-rates-continue-rise-generation-to-next-en-2017_0.pdf.

nur weltweit, sondern auch in Afrika südlich der Sahara – der Weltregion mit der höchsten Analphabetenrate – der Prozentsatz der 15- bis 24-Jährigen mit Schulbildung praktisch durchwegs höher ist als in ihrer Elterngeneration und wesentlich höher als in ihrer Großelterngeneration. Und dies trotz der Tatsache, dass es aufgrund des starken Bevölkerungswachstums dort stets mehr Schulraum braucht, um nur schon einem unveränderten Prozentsatz aller Kinder Platz zu bieten. Dasselbe gilt auch für eine andere Großregion mit Nachholbedarf, nämlich den indischen Subkontinent.

Der **steilste Anstieg** der letzten Jahrzehnte fand weltweit auf dem Gebiet der **Schulbildung für Mädchen** statt. Und das ist nicht nur aus Gründen der Fairness von entscheidender Bedeutung. Die Geschichte zeigt nämlich: Je mehr Mädchen eines Landes eine ordentliche Schulbildung erhalten, desto später werden sie im Durchschnitt heiraten und desto niedriger wird durchschnittlich die Anzahl Kinder sein, die sie zur Welt bringen. Die Bildung von Mädchen voranzutreiben, ist also die *mit Abstand* beste Art, die Bevölkerungsexplosion in den armen Weltgegenden einzudämmen. Es gibt heute nur noch sehr vereinzelte Stimmen, die sich gegen eine Grundbildung für Mädchen erheben (etwa die Terrorgruppe Boko Haram im Nordosten Nigerias oder die Taliban in Afghanistan und Pakistan). In Sachen *höherer* Bildung werden hingegen auch in anderen traditionsgefesselten Gemeinschaften Jungen gegenüber Mädchen klar bevorzugt. Inzwischen wächst laut Berichten aber auch dort eine Generation von einheimischen Müttern und Vätern heran, die, falls Armut sie nicht daran hindert, ihren Töchtern tendenziell auch durch höhere Schulbildung eine bessere Zukunft ermöglichen wollen. Der **Trend in Richtung Schulbildung für alle – Jungen und Mädchen** – ist wohl trotz lokaler und temporärer Rückschläge weltweit gesehen unumkehrbar.

Worüber diese Zahlen und Fakten indes keine Aussage machen, ist die **Qualität der Ausbildung**. In vielen afrikanischen Ländern sind Primarschulklassen mit 80 bis 100 Kindern pro Lehrkraft keine Seltenheit. Kein Wunder, dass gerade die weniger begabten Kinder allerhöchstens eine rudimentäre Ausbildung ins Erwachsenenleben mitnehmen und oft schon nach kurzer Zeit nicht mehr in der Schule erscheinen (was allerdings auch außerschulische Gründe haben kann – die Kinder, insbesondere die Mädchen, müssen in Haus, Betrieb oder auf den Feldern mitarbeiten).

Während in unseren Breitengraden die Klassengrößen auf ein pädagogisch gesehen besseres Masß reduziert worden sind, braucht es in anderer Hinsicht eine **Qualitätssteigerung** im Bildungsprozess. Tatsächlich sind diesbezüglich zurzeit verschiedene Trends auszumachen. Stichworte dazu sind autonomes Lernen, mehr Fokus auf die zwischenmenschlichen Beziehungen und Digitalisierung. Beim **autonomen Lernen** werden Kinder schon im Primarschulalter angeleitet, für ihre Bildung Eigenverantwortung zu übernehmen. Erkenntnisse aus der Psychologie und den Neurowissenschaften belegen zudem, dass sich die Qualität der **persönlichen Beziehung** zwischen Lehrenden und Lernenden, genauer gesagt die persönliche Zugewandtheit der Lehrperson, entscheidend auf Motivation und Lernerfolg auswirken. Dieser Einsicht scheinbar diametral gegenüber steht der Trend zu **Digitalisierung** auch im Bildungsbereich, also das Lernen via Laptop und Online-Module. Ein gutes Gleichgewicht ist also gefragt. Alle diese Ansätze werden jedoch kaum Früchte tragen, wenn sie nicht auf einer gesunden **Wissens- und Verständnisbasis** gründen, welche die Lehrpersonen im traditionellen Klassenverband vermitteln – wodurch sich die Kinder und Jugendlichen auch in Sozialkompetenz üben können. Zu einer nachhaltigen Qualitätssteigerung in der Schulbildung wird es wohl dann kommen, wenn die erwähnten vier Faktoren sich in einem ausgewogenen Verhältnis zueinander ergänzen.

Wie soll es weitergehen? Gewährleisten von Schulbildung für alle ist das eine, Steigerung der Unterrichtsqualität das andere. Es gibt jedoch noch einen weiteren Entwicklungsstrang, und der steht uns größtenteils noch bevor, nämlich ein Umdenken bei den **Inhalten der Bildung**. Die **Überbetonung des Rationalen** – also des linearen Denkens (Entwicklung der linken Gehirnhemisphäre) – in den letzten paar Jahrhunderten hat zu einer **Vernachlässigung der Herzensbildung und Kreativitätsförderung** (Entwicklung der rechten Gehirnhemisphäre) geführt. Es geht dabei nicht um ein Ausspielen gegeneinander, sondern um eine gesunde Balance. Konkret könnte dies für die Schulen Folgendes heißen: Einführen oder Aufwerten von Fächern, in denen ethische Werte, gewaltfreie Kommunikation und Konfliktbewältigung besprochen und geübt werden, Einüben von meditativen Fähigkeiten (Entschleunigung, Beobachten des eigenen Verhaltens usw.) sowie Durchführung von Aktivitäten zur Förderung der Naturverbundenheit. Und daneben ein Überarbeiten des zurzeit einseitig die intellektuellen Fähigkeiten belohnendes Bewertungssystems, um die Entwicklung des nicht messbaren kreativen Potenzials bei den Kindern nicht im Keim zu ersticken. Ferner müsste es Lehrpersonen vom System her möglich gemacht werden, auch die Rollen eines Coaches oder einer Lernbegleiterin einzunehmen. Ansätze in den genannten Richtungen sind schon zu erkennen, ebenso wie die

Bemühungen von Gegenkräften, ein vor allem von (wirtschaftlichem) Nützlichkeitsdenken geprägtes Bildungsprogramm durchzusetzen. In Hinblick auf die Qualität unseres Zusammenlebens bin ich jedoch überzeugt, dass auf allen Schul- und Ausbildungsstufen die obengenannten Elemente – wichtige Faktoren von seelischer und geistiger Reife – vermehrt theoretisch erörtert und praktisch eingeübt werden sollten. Ebenso gilt es, dem Spontan-Kreativen bei Kindern und Jugendlichen Raum und Verfeinerungsmöglichkeiten zu bieten anstatt es „wegzubilden".

3) Ausweitung der medizinischen Versorgung und Steigerung der Behandlungsqualität

Es lassen sich mehrere Parallelen zwischen der Ausweitung und qualitativen Verbesserung der Schulbildung einerseits und der medizinischen Versorgung andererseits feststellen. Beide fußen zunächst einmal auf der Zunahme des durchschnittlichen Wohlstands, der hierfür die materielle Basis legte. Hinzu kommt der rasche Anstieg an wissenschaftlichen Erkenntnissen – hinsichtlich Bildung und Medizin insbesondere auf den Gebieten der Pädagogik, der Psychologie und der Naturwissenschaften. Warum aber geschah dies ausgerechnet in den letzten rund hundert Jahren und nicht schon früher? Neben der gewachsenen gesellschaftlichen Akzeptanz und Wertschätzung von wissenschaftlicher Arbeit liegt das vor allem an dem zu Beginn des Kapitels genannten Faktor: Aufgrund der steil ansteigenden Bevölkerungszahl gab und gibt es schlicht unvergleichlich mehr wissenschaftlich tätige Menschen. Und aufgrund der verbesserten Kommunikationsmöglichkeiten können sie ihre Erkenntnisse stets schneller untereinander austauschen und in der Welt verbreiten. In unseren Tagen bricht diesbezüglich gar ein neues Kapitel an. Die Stichworte hierzu lauten Internetplattformen, Open Content, Open Access und Crowdsourcing. Damit lassen sich das angesammelte Wissen und die angesammelten Erfahrungswerte der Menschheit in einem noch nie dagewesenen Ausmaß und Tempo teilen und anreichern (das Gleiche gilt allerdings auch für Spekulation und Unsinn). Der dritte entscheidende Faktor für die enorme Ausweitung von Bildung und medizinischer Fürsorge schließlich ist das wachsende Bewusstsein um den Wert des Individuums (siehe Punkt 8).

Noch nie also war das medizinische Wissen so umfassend wie heute. In Sachen Hygiene, Diagnose, Behandlung und Pflege sind innerhalb von zwei bis drei Generationen enorme Fortschritte erzielt worden. Noch im Jahr 1950 starben weltweit rund 27 Prozent aller Kinder, bevor sie 15 wurden, 2019 waren es ungefähr 4 Prozent.[104] Ablesen lässt sich der Fortschritt auch an der **durchschnittlichen Lebenserwartung** der Bevölkerung in Friedenszeiten (zu der auch die zunehmend gesündere und reichhaltigere Ernährung einen Beitrag leistete). Betrachten Sie folgende Zahlen zur Lebenserwartung für Menschen nach Geburtsjahr: [105]

1900: DE 46, GB 46, SP 35, RU 30, USA 50, CHN n. a.IND 24, KONGO n. a.
1950: DE 67, GB 69, SP 63, UdSSR 55,USA 68, CHN 43,IND 35, KONGO 38
2000: DE 78, GB 78, SP 79, RU 65, USA 77, CHN 72,IND 63, KONGO 50
2015: DE 81, GB 81, SP 83, RU 71, USA 79, CHN 76,IND 68, KONGO 59

Immense Fortschritte sind seit gut 100 Jahren auch in der **Sensibilisierung, Kenntnis und Betreuung** auf dem Gebiet der **Psychiatrie** zu verzeichnen. Dank einem wesentlich differenzierterem Verständnis von Abwegen der menschlichen Psyche werden seelisch kranke und nichtkonforme Menschen heute immer seltener einfach als verrückt abgestempelt und unter unwürdigen Bedingungen in Irrenanstalten weggesperrt.

Trotz dieser Erfolgsmeldungen sind bei der heutigen Praxis der medizinischen Versorgung jedoch **Gefahren** auszumachen. Einerseits bei der Prioritätensetzung vieler Regierungen: Der gesunde Menschenverstand sagt uns zwar, dass *Bildung* und *medizinische Versorgung* neben einem adäquaten *sozialen Sicherheitsnetz* und einer gut funktionierenden *Infrastruktur* die obersten Prioritäten eines jeden Staates sein sollten. Mit Blick auf die staatlichen Budgetzuweisungen ist dies aber viel zu selten der Fall. Damit im Zusammenhang steht gerade im Westen die zunehmende **Kommerzialisierung des Gesundheitswesens**: Spitäler werden wie Wirtschaftsunternehmen geführt, und wie bei diesen wird an Personal und Ressourcen gespart, wenn sich diese nicht mehr rechnen. Was sich massiv rächen kann, wie die Ereignisse rund um die Corona-Pandemie beweisen. Ferner droht die **Mechanisierung der Versorgung**. Menschliche Zuwendung durch Ärztinnen

---

104 Gemäß Nicolas Kristof, *This Has Been the Best Year Ever*, in The New York Times, 28.12.2019.
105 Gemäß https://ourworldindata.org/life-expectancy. DE = Deutschland (1950, zu Zeiten von BRD/DDR, lagen deren Zahlen praktisch gleichauf), GB = Großbritannien, SP = Spanien, RU= Russland (1950: UdSSR), IND = Indien, CHN = China.

und Pflegende kommt vor allem aus Gründen des Kostendrucks zu kurz. Ein weiterer Zuwachs an **Behandlungsqualität**, die eben nicht nur die Qualität der Diagnostik, der Medikamente sowie der Operationsmöglichkeiten umfasst, ist also bedroht. Glücklicherweise sind Gegenbewegungen sichtbar. Die Wichtigkeit der **menschlichen Zuwendung durch Ärzte und Pflegende** mit dem dadurch erzeugten **Zuwachs an Vertrauen** in den Genesungsprozess bei der kranken Person selbst ist inzwischen durch Untersuchungen ausreichend belegt. Eine 2008 an der Harvard Medical School durchgeführte Studie mit Patienten, die am Reizdarmsyndrom litten, ergab beispielsweise, dass Placebos bei 44 Prozent der Fälle eine Besserung bewirkten, wenn sie in Zusammenhang mit einem Arztgespräch verabreicht wurden, und sogar bei 62 Prozent, wenn der verabreichende Arzt den Patienten mit „Wärme, Aufmerksamkeit und Zuversicht" begegnete. In einer Kontrollgruppe, bei der ein Placebo ohne Arztgespräch verabreicht wurde, war die Besserungsrate signifikant tiefer, lag aber doch noch bei 28 Prozent. [106] Alles das sind Hinweise auf die Kraft von Zuversicht, Vertrauen und von warmherziger menschlicher Interaktion beim Heilungsprozess. Noch aber sind derartige Erkenntnisse nicht tief genug ins Bewusstsein der Entscheidungsträger durchgedrungen.

Zur **Qualitätssteigerung** bei der medizinischen Versorgung tragen auch diverse **alternative Therapieformen** bei, welche heutzutage die westliche Schulmedizin ergänzen und auch natürliche Alternativen zu synthetischen Medikamenten bieten. Dazu zählen die europäische Naturheilkunde, die traditionelle chinesische Medizin und die indischen Ayurveda-Behandlungen.

Auf der positiven Seite zu notieren sind ferner die Bemühungen zahlreicher Nichtregierungsorganisationen – von der WHO und „Ärzte ohne Grenzen" im Großen bis hin zu Privatinitiativen im Kleinen –, die überall dort für medizinische Notversorgung und den Aufbau von nachhaltigen medizinischen Versorgungs- und Pflegestrukturen im Einsatz sind, wo der jeweilige Staat dazu nicht in der Lage oder – aufgrund einer selbstsüchtig herrschenden Elite – nicht gewillt ist, dies zu leisten. Dabei wird eine reife Weltsicht in die Tat umgesetzt: Wir sind *eine* Menschheit; es geht nicht mehr nur um das (medizinische) Wohl der eigenen Gemeinschaft oder Nation.

---

106 Berichtet in Lissa Rankin, *Warum Gedanken stärker sind als Medizin*, S. 86. Lissa Rankin ist Ärztin mit jahrzehntelanger Berufspraxis.

4) Humanisierung der Rechtsprechung

Die Idee einer von den Machthabern unabhängigen Justiz gehört zu einem der Grundpfeiler der Demokratie, nämlich der Gewaltentrennung. Besteht diese nicht oder nur auf dem Papier, war oder ist man als Angeklagter der Willkür der Obrigkeit – König, Fürst oder Dorfvorsteher, Militärvertreter oder einem dem Machtapparat hörigen Richter – ausgeliefert. Die massive **Reduktion von Willkür** durch die Kodifizierung von Gesetzen und die Bereitschaft, sich in der Praxis daran zu halten, stellen eine zentrale Komponente der Humanisierung der Rechtsprechung dar.

Eine weitere zeigt sich durch den **Rückgang in der Härte bzw. Brutalität der Bestrafung.** Todesstrafen wurden jahrhundertelang durch Erhängen, Enthaupten, Ertränken, Einmauern, lebendig Begraben, Pfählen, Spießen, Reißen mit Zangen, Vierteilung (mit vier Pferden) und eine Vielzahl anderer Methoden vollzogen und oft zu Abschreckungszwecken öffentlich durchgeführt. Und auch wenn man als ertappter Übeltäter oder als Aufmüpfiger mit dem Leben davonkam, hatte man meist wenig zu lachen. Es gab reihenweise Verstümmelungsstrafen: Abschlagen der Hände, Blendung, Zungenausreißen und Ohrenabschneiden bzw. Ohrenschlitzen (der Begriff „Schlitzohr" ist mit gewandelter Bedeutung – von Dieb zu listigem Kerl – bis heute erhalten geblieben), was natürlich gesellschaftliche Ächtung auf Lebzeiten nach sich zog. Gefängnisstrafen oder öffentliche Bloßstellung am Pranger gab es bis ins 19. Jahrhundert selbst für Vergehen wie Trunkenheit, Grölen oder Fluchen. Gleichheit vor dem Gesetz war weitgehend unbekannt. Generell galt: Je tiefer der soziale Status, desto weniger zimperlich wurde mit einem verfahren. Bettler – oft handelte es sich um verarmte Bürger – galten als rechtloses Gesindel.

In England wurde ein Gesetz, wonach Schaf-, Rinder- oder Pferdediebstahl mit dem Tod zu bestrafen sei, erst 1832 abgeschafft. Selbst Jahrzehnte später konnte man für das Stehlen eines einzigen Schafes auf Nimmerwiedersehen in die Strafkolonie nach Australien verschifft werden.[107]

In einer **humanen Rechtsprechung** wird die **Tat verurteilt, nicht der Täter als Person.** Die Tat soll mit einer angebrachten Strafe gesühnt, aber der Täter nicht verdammt, gequält oder gar getötet werden, denn das bedeutet

---

107 Vgl. https://www.independent.co.uk/news/uk/crime/sheep-rustling-fleecing-the-countryside-9016618.html.

Rache, nicht Gerechtigkeit. Die Todesstrafe steht in klarem Widerspruch zu diesem Prinzip. So gesehen sind der fortschreitende **Rückgang an der Zahl der Hinrichtungen** und die in den meisten Ländern erfolgte **Abschaffung der Todesstrafe** ein weiterer zivilisatorischer Fortschritt in diesem Bereich.

Blickt man über unsere westliche Welt hinaus, findet man insbesondere in Afrika, aber auch in anderen Stammeskulturen traditionellerweise sehr humane Formen der Rechtsprechung, die größtenteils mit und nach der Kolonialisierung in den Hintergrund gedrängt wurden. Schwerpunktmäßig stehen dabei neben der Wahrheitsfindung und adäquaten Bestrafung (Sühne) auch die **Versöhnung** und möglichst rasche **Wiedereingliederung** des Täters im Vordergrund. Moderne Varianten dieses Rechtsverständnisses sind die „Truth and Reconciliation"-Verfahren in Südafrika – auch als Mittel der Aufarbeitung der Apartheid-Zeit – und in Ruanda die sogenannten Gacaca-Verfahren im Anschluss an das Genozid von 1993 (Einzelheiten hierzu auf Seite 342).

Ein wichtiger Ansatz zur **Weiterentwicklung der Rechtsprechung** im Westen zielt in eine ähnliche Richtung. Im deutschsprachigen Raum heißt die Methode **Täter-Opfer-Ausgleich** (auf Englisch „restorative justice").

Betrachten wir zur Illustrierung einen realen Fall: Fünf Jugendliche in Deutschland haben eine 76-jährige Frau niedergeschlagen, ausgeraubt und dabei schwer verletzt. Die Frau ist traumatisiert. Dennoch willigt sie in ein Opfer-Täter-Ausgleich-Verfahren ein. Dabei versammeln sich die Täter samt Familienangehörigen, das Opfer und ihre Tochter sowie eine ausgebildete Mediatorin um einen Tisch. Die Jugendlichen und ihre Familien erfahren das ganze Ausmaß an körperlichem und seelischem Leid, das ihre Tat nicht nur bei der Geschädigten, sondern auch bei ihrer Familie ausgelöst hat. Der Vater eines der Jungen erzählt seinerseits, dass sein Sohn „wie ein Baby weinend" die ganze Nacht zwischen seinen Eltern gelegen habe. Die Jugendlichen entschuldigen sich persönlich. Am Ende des emotional sehr intensiven Mediationsgesprächs werden ein Schmerzensgeld von 10'000 Euro sowie Regelungen zu Freizeit und Schule der Jugendlichen vereinbart. Ein Jugendlicher wird beispielsweise an seiner Schule zusammen mit der Tochter der Geschädigten einen Vortrag halten, um darauf aufmerksam zu machen, wie schnell ein scheinbarer Spaß aus dem Ruder laufen kann. Die Erfüllung der Vereinbarung wird durch die Mediationsstelle überwacht.[108]

---

108 Gekürzt nacherzählt aus http://www.toa-bw.de/?fallbeispiele,66.

Die psychologische Barriere, die Täter und insbesondere Opfer vor einem solchen Verfahren abhalten kann, ist verständlicherweise hoch. Dennoch zeigt sich Mal für Mal, wie eine persönliche Begegnung und ein offener Austausch zwischen Opfer und Täter in einem geschützten Raum und mit Mediatoren auf beiden Seiten Wunder wirken können. Untersuchungen sowohl in deutschsprachigen als auch in angelsächsischen Ländern zeigen überdies, dass die Rückfallquote unter Tätern, die ein solches Verfahren durchlaufen haben, wesentlich tiefer ist als bei solchen, die den normalen polizeilich-gerichtlichen Weg gegangen sind (was man mit gesundem Menschenverstand auch erwarten würde). Denn neben einer als gerecht empfundenen Bestrafung und dem Vermeiden von einer langanhaltenden Zwangsverkupplung mit anderen kriminell Gestrandeten im Gefängnis findet auch Versöhnung statt.

Gibt es stichhaltige Gründe dagegen, diese Methode in weitaus stärkerem Ausmaß als bisher in unsere Rechtssysteme zu verankern – vorausgesetzt, dass sowohl Opfer als auch Täter in ein solches Verfahren einwilligen? Vielleicht das Argument der Abschreckung? In den USA verhängen Richter tendenziell drastischere Strafen als in Europa und doch ist die Rate an mittelschweren bis schweren Verbrechen pro Kopf in den USA höher. Und angesichts der schrecklicheren Strafen in früheren Zeiten müsste die Humanisierung der Rechtsprechung gemäß der Abschreckungslogik zu einem Anstieg an Verbrechen geführt haben. Das Gegenteil ist der Fall. Ferner profitiert das Gemeinwesen jedes Mal auch finanziell, wenn jemand *nicht* zu einer jahrelangen Gefängnisstrafe verurteilt wird. Denn Gefängnisse zu betreiben, ist teuer. Der Hauptgrund, warum vorläufig nur wenig Änderung zu erwarten ist, liegt woanders: Langjährige Gepflogenheiten zu hinterfragen und grundsätzlich zu ändern, ist etwas vom Schwierigsten – sowohl für einen einzelnen Menschen als auch für eine Gesellschaft. Selbst dann, wenn rational gesehen (fast) alles für einen Wandel sprechen würde.

In Sachen **Strafvollzug** hat über die letzten Jahrzehnte ebenfalls eine Humanisierung stattgefunden. Ausbildungen, Gruppenveranstaltungen und andere Programme werden inzwischen durchgeführt mit dem Hauptziel, die Resozialisierung von Strafgefangenen nach ihrer Entlassung zu erleichtern und die Rückfallquote zu senken – auch zum Vorteil der Gesellschaft in finanzieller und zusammenhaltfördernder Hinsicht.

Lassen wir auch hier ein konkretes Beispiel sprechen: Im High-Down-Gefängnis in Südengland durften diejenigen Insassen, die nicht zu viele Strafpunkte aufgrund von Gewaltanwendung oder Drogenkonsum gesammelt hatten, an Tischtennistrainings (erteilt durch Freiwillige des örtlichen

Tischtennisvereins) und Turnieren teilnehmen. Tischtennis eignet sich hierfür besonders gut, da es relativ wenig Platz erfordert und ein Sport ist, den man auch im fortgeschrittenen Alter auf einem ordentlichen Niveau betreiben kann. Als nach zwei Jahren ein Fazit gezogen wurde, zeigte sich, dass über 250 Männer am Programm teilgenommen hatten und dass die Gewalt unter den Insassen in diesem Zeitraum um 83 % zurückgegangen war. Außerdem ist die Rückfallquote bei denen, die am Programm teilgenommen hatten, wesentlich tiefer als bei den übrigen entlassenen Insassen. Nachdem diese Zahlen vorlagen, entschied das britische Justizministerium 2019, das Tischtennis-Programm auch in anderen Gefängnissen einzuführen.[109]

Für weitere Schritte zur Humanisierung der Rechtsprechung und des Strafvollzugs braucht es den entsprechenden gesellschaftlichen und (als Folge) politischen Willen. So gesehen können auch Nichtjuristen auf deren Ausgestaltung Einfluss nehmen.

5) Rückgang von physischer Gewalt

Vertieft man sich in die Geschichte des Alltags, so wird bald klar, dass in unserer westlichen Welt bis zumindest ins frühe 20. Jahrhundert hinein die Gefahr, Opfer einer Gewalttat zu werden, wesentlich höher war als in den letzten gut 100 Jahren. Da nämlich wurde dem Staat mehrheitlich ein Gewaltmonopol zuerkannt und er konnte dieses auch weitgehend durchsetzen. Auch seither hat die Zahl gewaltsamer Todesfälle proportional zur Bevölkerungszahl mehr oder wenig kontinuierlich abgenommen. Kriegszeiten bilden dabei natürlich eine Ausnahme. Der amerikanische Psychologe und Sozialphilosoph *Steven Pinker* (geb. 1954) belegt dies in seinem Buch „Enlightenment Now" ausführlich mit Zahlen. Ein Beispiel: In Westeuropa gab es um 1500 pro Jahr geschätzte 30 bis 40 Morde pro 100'000 Einwohner, um 1800 geschätzte 7 bis 8, im Jahr 2016 weniger als 1 (tiefer auch als in den 10 bis 20 Jahren zuvor)[110].

Zu beachten ist jedoch, dass aufgrund des technischen Fortschritts immer schlagkräftigere und damit destruktivere Waffen zur Verfügung stehen.

---

109 Gemäß Bericht in https://www.theguardian.com/society/2019/aug/28/how-ping-pong-helps-prisoners-turn-the-tables-on-violence-and-reoffending.

110 Steven Pinker, *Enlightenment Now*, S. 170; die dort aufgeführten Zahlen beruhen auf den von Cambridge-Professor Manuel Eisner 2003 veröffentlichten Statistiken.

Ein einzelner Mensch kann mit einem Maschinengewehr weit mehr Schaden anrichten als ein Mensch mit einem Revolver oder, vor der Erfindung von Schusswaffen, ein Mensch mit Dolch, Schwert, Speer, Lanze, Axt oder Bogen. Die Zwischenfälle mit hochpotenten Schusswaffen in den USA sind dafür ein klarer Beleg – weniger Täter insgesamt, aber häufig viele Opfer bei einer einzigen Gewalttat. Ebenso kann eine Staatsmacht mit einem einzigen Bombenflugzeug mehr Schaden anrichten als früher eine ganze Kavallerie. Rechnet man diesen Faktor ein, indem man die Anzahl von physischen Gewalttaten anstatt die Opferzahl als Messgröße nimmt, so ist der Befund eindeutig: Die Ausübung von physischer Gewalt – ob durch eine Staatsmacht oder durch Einzelne – ist *insgesamt* ein rückläufiger Trend. Auch im häuslichen Bereich trifft dies zu. Dank der Emanzipationsbewegung haben sich Frauen im Lauf des 20. Jahrhunderts zunehmend finanzielle Unabhängigkeit und auch gesellschaftlich Gehör verschafft und konnten sich somit besser gegen Gewalt (auch an den Kindern) seitens des zuvor allmächtigen Ehemanns zur Wehr setzen. Dass diesbezüglich jedoch auch im 21. Jahrhundert noch Handlungsbedarf besteht, wurde spätestens mit der #metoo-Bewegung sowie Demonstrationen und medialer Aufklärungsarbeit zum Thema Gewalt an Frauen deutlich.

Dies gilt, wie gesagt, für die westliche Welt. Für andere Regionen ist es schwieriger, an genügend Zahlen heranzukommen. Außerdem ist die Entwicklung uneinheitlich und stark an die jeweils herrschenden politischen und ökonomischen Umstände gebunden. Viele Völker auf der ganzen Welt haben jedoch über die Jahrhunderte *vor* der Kolonialepoche eine grundsätzlich friedfertige interne Kultur entwickelt – Gewalt und Grausamkeiten kamen weit eher in den häufigen Kriegen mit Nachbarvölkern zum Ausbruch. An manche Errungenschaften nichteuropäischer Kulturen aus vorkolonialen Zeiten, die dem sozialen Frieden förderlich sind, ließe sich auch bei uns anknüpfen (als Beispiel siehe die Stammesrechtsprechung, Seite 342).

Eine besonders interessante Ausprägung der Tendenz zu weniger gewaltsamen Konfliktlösungen ist das Phänomen des **gewaltlosen Widerstands**. *Mahatma Gandhi* (1869–1948) war der Erste, der diese Strategie in großem Maßstab erfolgreich anwandte. Ohne seine über Jahre hinweg aufrechterhaltene Kampagne wäre Indien nicht schon 1948 ohne Blutvergießen aus der britischen Oberherrschaft entlassen worden. In seinen Fußstapfen gelang es *Martin Luther King* (1929–1968) in den 1950er- und 1960er-Jahren, mit den gleichen Methoden Bürgerrechte für Schwarze in den USA durchzusetzen, und *Nelson Mandela* (1918–2013) erreichte damit 1994 ohne Blutvergießen das Ende des Apartheid-Regimes in Südafrika. Viel Mut wird auf einem solchen Weg verlangt und sie bezahlten alle einen hohen Preis: Gefängnisaufenthalte für alle drei[111] und Tod durch Attentat im Fall von Mahatma Gandhi und Martin Luther King. Der Erfolg und die gesellschaftliche Befreiung waren dennoch beeindruckend. Wenn etwa die Palästinenser auf eine Leitfigur setzen würden, die diese Strategie verfolgt ...

Die globale Vernetzung spielt in Sachen Verringerung von Gewalt eine zwiespältige Rolle. Einerseits verbreitet sich dank moderner Kommunikationsmittel die inzwischen sehr weit fortgeschrittene Ächtung von real ausgeübter Gewalt immer flächendeckender um die Welt. Andererseits bekommt die nicht nur auf ein Nischenpublikum beschränkte Verherrlichung von Gewalt in Filmen, Videoclips und Videospielen dadurch eine ähnliche Reichweite. Selbst wenn von 1000 Personen, die sich solche Gewaltdarstellungen in größerem Ausmaß zu Gemüte führen, nur wenige zu geringfügiger und noch viel weniger zu ernsthafter Gewalt angestachelt werden, ist das schon zu viel. Und bei den Übrigen wird eine solche psychisch-mentale Nahrung kaum zu einer friedfertigeren Haltung beitragen.

Insgesamt jedoch **stimmt** der über Jahrzehnte und erst recht über Jahrhunderte beobachtete Rückgang an Gewalt **zuversichtlich**.

Was **diese Zuversicht dämpft**, ist das Wissen darum, dass noch immer **zu viele Machtpositionen mit Menschen besetzt sind**, die gegenüber **fremdem Leid weitgehend immun sind** (und nicht nur dadurch sich im hier vertretenen Sinn als wenig reif erweisen). Sie sind somit bereit, aus nationalistischer oder auch bloß machterhaltender Motivation heraus **Leid in großem Ausmaß auszulösen**. Beispiele in jüngster Zeit wären da das flächendeckende Bombardement in Syrien und Jemen (verbunden mit gezielten Angriffen auf Schulen und Krankenhäuser) durch die syrischen, russischen und saudischen Machthaber, die staatlich sanktionierte Vergewaltigung, Ermordung und Vertreibung der Rohingya in Myanmar, die tausendfache Verhaftung, Schikanierung oder Entlassung von auch nur mutmaßlich Andersdenkenden durch das Erdogan-Regime in der Türkei

---

111 Nelson Mandela gelangte erst während seines 27-jährigen Gefängnisaufenthaltes zur Überzeugung, der Weg der Gewaltlosigkeit sei der richtige. Für die beiden anderen stand dies hingegen schon früh fest.

oder das Trennen von Migrantenfamilien – Kleinkinder werden ihren Eltern entrissen – unter US-Präsident Trump (auch wenn Letzteres dank der doch funktionierenden Kontrollinstanzen in den USA mittels gerichtlicher Verfügung wenn nicht gestoppt, so doch eingeschränkt wurde). Die logische Schlussfolgerung analog zu den anderen hier aufgezählten Punkten: Mit **genügend reifen Entscheidungsträgern** (siehe Kapitel 6.3) bildet sich am ehesten ein politisches und soziales Klima, das der Gewaltabnahme förderlich ist. Außenpolitisch erfolgt dies durch eine aktivere Friedenspolitik, Konsenssuche und Kompromissbereitschaft, innenpolitisch etwa durch griffigere Maßnahmen zur Verringerung der Einkommens- und Vermögensungleichheit sowie zur Förderung von gegenseitigem Verständnis (und damit größerer Akzeptanz) zwischen diversen Bevölkerungsgruppen. Allein schon die **Wortwahl von Entscheidungsträgern und Medienschaffenden** kann zu größerer oder geringerer Gewaltbereitschaft bei den Empfängern ihrer Verlautbarungen beitragen.

Von „Wortwahl" zu sprechen, führt uns zum nächsten und größtenteils noch anstehenden gesellschaftlichen Entwicklungsschritt bezüglich Gewalt. Denn nicht nur physisch mit Fäusten oder Waffen, sondern auch **psychisch mit Worten oder Geringachtung kann Gewalt ausgeübt werden**. Psychische Gewalt reicht von einer achtlos herausrutschenden Kränkung oder gedankenlosen Vernachlässigung bis zu gruppenmäßigem Mobbing. Die Hemmschwelle für verbale Verunglimpfungen und Attacken scheint in unserer Zeit tiefer zu sein; vielleicht aber nur, weil vieles von dem, was innerlich schon immer in den Menschen wütete, nun eher an die Oberfläche dringt. Die Cyberwelt macht anonyme Wortmeldungen zur einfachsten Sache der Welt und die Tatsache, dass respekt- und rücksichtslose Kommunikation so verbreitet ist, zieht Mitläuferinnen und Mitläufer an. Aufklärung, Bereitschaft zur Gewaltlosigkeit und Friedensbewegungen auf *dieser* Ebene sind nun gefordert.

Hinweise, dass das Problem erkannt und angegangen wird, lassen sich jedoch bereits finden. Dazu zählen das Aufkommen von Bildungsangeboten in gewaltloser Kommunikation (auch innerhalb von Unternehmen und Schulen) sowie die zunehmende Anzahl Publikationen – von Kinderbüchern über Ratgeber bis zu psychologischen Fachartikeln und Sachbüchern –, welche die Wichtigkeit eines achtsamen und rücksichtsvollen Umgangs miteinander für das persönliche und gesellschaftliche Wohlergehen hervorheben. Eine jener Selbstverständlichkeiten, die es nun gilt, wieder an die Oberfläche zu holen.

6) Demokratisierung – von der Herrschaft der wenigen zur Mitsprache von vielen

Das Funktionieren eines Kollektivs ist geprägt von *Tradition, Kultur* (die in ihren Ursprüngen vor allem von der jeweiligen *Religion* geprägt war) und *Herrschaftsform*. An dieser Stelle betrachten wir vor allem den letzten Punkt, nämlich die **politischen Herrschaftsstrukturen**, wobei wir auch einen Seitenblick auf die **Leitungsstrukturen in Organisationen** aller Art werfen.

Es gibt verschiedene Gründe, warum diese Thematik hier nun ausführlich erörtert wird: Einerseits, weil dabei der Blick über den „Westen" hinaus auf die ganze Welt ausgeweitet wird. Vor allem aber, weil die Frage nach freiheitlich-demokratischen Rechten für die weitere Entwicklung der Menschheit von zentraler Bedeutung ist. Warum?

Erstens, weil wichtige Bedingungen für den Wohlstand eines Landes, gemessen etwa am durchschnittlichen Jahreseinkommen, mit zunehmendem Demokratisierungsgrad eher erfüllt sind. Zu diesen Bedingungen zählen persönliche Sicherheit, Rechtssicherheit (insbesondere, was den Schutz der Eigentumsrechte und die Durchsetzbarkeit von Verträgen betrifft), wenig Bürokratie und Behördenwillkür, geringe Korruption, wenige Handelsbarrieren sowie Anreize und Gelegenheiten, nach eigenem Gutdünken zu investieren.[112] Dies sind strukturelle Gründe, warum der durchschnittliche Wohlstand in den USA höher ist als in Russland, in Frankreich höher als im Iran und in den Niederlanden höher als in Ungarn. Auch der rasante Anstieg des Wohlstandes in China erfolgte aufgrund einer *Reduzierung* des staatlichbehördlichen Zwangs verglichen mit früheren Zeiten (China war nie demokratisch) – am deutlichsten durch die Abschaffung der staatlich kontrollierten kollektiven Landwirtschaft sowie die Zulassung von Binnenmigration und freier Arbeitswahl nach dem Tod Maos ab den 1980er-Jahren. Und dass der durchschnittliche Wohlstand im vordergründig demokratischen Indien niedrig ist, liegt primär am tiefen Bildungsniveau eines hohen Prozentsatzes der Bevölkerung, was nicht nur einem rascheren wirtschaftlichen Gedeihen, sondern auch einem funktionierenden demokratischen Meinungsbildungsprozess im Weg steht. Dasselbe gilt auch für weitere ehemalige Kolonien, die heute von außen gesehen demokratisch regiert werden. Mehr dazu unten.

---

112 Detaillierter ausgeführt wird dies in Jared Diamond, *Guns, Germs and Steel*, Penguin Random House, London, 2017, S. 435–436.

Zweitens, weil die in einem autokratisch regierten Land stets lauernde Gefahr von willkürlichen Behördeneingriffen in das Leben des Einzelnen eine unterschwellige psychologische Verunsicherung mit sich bringt. Beide dieser Faktoren machen ein nachhaltiges Entfalten des eigenen Potenzials schwieriger. Am klarsten hat dies wohl der Psychologe *Abraham Maslow* (1908–1970) mit seiner „Bedürfnispyramide" herausgearbeitet: Erst wenn die physischen und psychischen Grundbedürfnisse erfüllt sind, bleibt genügend Energie für die Arbeit an der „Selbstverwirklichung" – und für Maslow bedeutete dies explizit, über die Bedürfnisse des Egos hinauszugehen.

Und der dritte Punkt, warum die Demokratisierung einen derart zentralen Faktor für die Menschheitsentwicklung darstellt: Weil es noch nie einen Krieg zwischen zwei im Vollsinn des Wortes demokratischen Staaten gab. Demokratie ist für die Friedenssicherung mitentscheidend.

Folgende Aspekte rund um das Thema Demokratie werden hier in Betracht gezogen:
- Die Gefahr von Machtfülle
- Eine Definition von Demokratie: mehr als nur an die Wahlurne gehen
- Autokratische Herrschaftsformen und ihre negativen Auswirkungen auf Individuen und Gesellschaft
- Eine Momentaufnahme betreffend Grad der Demokratisierung rund um den Erdball
- Ein historischer Überblick über die Entwicklungen in den verschiedenen Weltregionen
- Die Schwachpunkte der Demokratie
- Ansätze zu einer stärker partizipatorischen Demokratie in Zukunft

Es folgen abschließend Überlegungen zu Machtstrukturen in Organisationen (Firmen, Institutionen, Nichtregierungsorganisationen usw.) und zur Verantwortung von Medienschaffenden.

Vor 350 Jahren gab es noch keine einzige Nation, kein einziges Reich mit demokratischen Strukturen und Rechten. So gesehen ist gewiss ein ansehnlicher Fortschritt erzielt worden. Die Frühform der Demokratie in den griechischen Stadtstaaten vor rund 2400 Jahren ist wie ein erstes Aufblitzen, das dann zwar wieder erlosch, aber doch dem Konzept der Machteinschränkung der Herrschenden und der Mitbestimmung der Bevölkerung den Namen gab und sich in das kollektive Gedächtnis zumindest der Europäer eingrub.[113]

Es heißt, **Macht korrumpiert** und **absolute Macht korrumpiert absolut**. Beispiele dafür finden sich sowohl historisch als auch aktuell im lokalen und nationalen Rahmen mehr als genug. Am deutlichsten wird dies natürlich bei Extrembeispielen, etwa den Diktatoren des 20./21. Jahrhunderts – Josip Stalin, Mao Zedong, Idi Amin, Pol Pot, Nicolae Ceausescu, Saddam Hussein, Muammar Gaddafi und anderen. Biografien solcher Männer zeigen, dass bereits in jungen Jahren Anzeichen von Narzissmus, extremer Egozentrik, Schläue und Rücksichtslosigkeit auszumachen sind. Mit dem Machtzuwachs lassen sich solche Persönlichkeitszüge, gepaart mit einem unbändigen Machterhaltungstrieb, dann vermehrt ausleben, bis aufgrund der Machtfülle – man erfährt kaum noch Widerspruch – Realitätsferne, Selbstverherrlichung und Paranoia immer mehr die Oberhand gewinnen. Im Umfeld einer derartigen Machtballung gedeihen intransparente Kämpfe um Einfluss sowie – und das bekommen die Menschen dann zu spüren – Korruption, Vetternwirtschaft, Willkür und aufgeblähte und übergriffige Sicherheits- und Überwachungsapparate.

Für die Gesellschaft bedeutet dies eine Hintergrundatmosphäre aus vager Angst und generellem Misstrauen. Man richtet den Fokus strikt auf sich selbst und die Allernächsten und findet einen Modus Vivendi, um sich möglichst schadlos zu halten oder sogar aus den nur scheinbar gesetzlich geregelten Umständen Profit zu schlagen. Außerdem fördern autokratische Herrschaftsformen eine generelle Haltung der Passivität und des Fatalismus. Eigeninitiative lohnt sich selten; sie kann sogar Verdacht erwecken. Somit bleibt eine enorme Menge an Potenzial unausgeschöpft. Auf einer derartigen Grundlage

---

113 Im Laufe der Jahrhunderte gab es weitere quasi-demokratische Regierungsformen bei Stadtstaaten. In Dubrovnik beispielsweise, das durch den Seehandel reich wurde und sich durch geschickte Bündnispolitik mit Großmächten vom 14. bis zu Beginn des 19. Jahrhunderts (Zeitalter Napoleons) ein großes Maß an Selbstständigkeit sicherte. Der Stadtstaat hatte einen Rat und einen Senat, deren Mitglieder auf jeweils ein Jahr gewählt wurden. Ihnen stand, als Stadtoberster, ein „Rektor" vor. Seine Amtszeit betrug jedoch bloß einen Monat. Mit diesen Amtszeitbeschränkungen wurde verhindert, dass jemand sich an die Macht klammern und diese zu eigenen Vorteilen ausnutzen konnte. Wahlberechtigt und wählbar waren allerdings nur Männer aus der aristokratischen Oberschicht.

entwickelt sich auch wenig Gemeinsinn (außer im ganz kleinen, familiären und freundschaftlichen Rahmen). Toleranz, kulturelle Vielfalt, Raum für individuelle Entfaltung und andere Wesensmerkmale einer reifen Gesellschaft bleiben unterentwickelt.

Diese Wesensmerkmale einer repressiven Gesellschaft treffen auf Beispiele der Gegenwart sowie der nicht allzu fernen Vergangenheit zu. Schaut man weiter zurück – Mittelalter und Neuzeit bis ins 19. Jahrhundert – war die Machtreichweite von Kaisern, Königen oder lokalen Fürsten aus technischen und infrastrukturellen Gründen im Vergleich zur Moderne weit weniger flächendeckend. Das war für die Bevölkerung Vorteil und Nachteil zugleich. Es bedeutete mehr Spielraum, aber auch weniger Schutz. Anstelle der Staatsgewalt führten allerdings oft religiös-kulturell-gesellschaftliche Normen, viel striktere Rollendefinitionen und natürlich auch ökonomische Zwänge dazu, dass die Entfaltungsmöglichkeiten der Einzelpersonen weit weniger groß waren als in einer heutigen, wohlhabenderen und demokratischeren Gesellschaft.

Jedoch gelangen selbst in einer Demokratie, wie sie heute im Westen die Regel ist, praktisch nur Personen mit einem überdurchschnittlich ausgeprägten Machttrieb an die Spitze einer Regierung. Das heißt gemäß unseren Kriterien, dass sie nicht zu den reifsten Menschen ihrer Gesellschaft zählen. Nur schon deshalb ist es derart wichtig, dass durch **Demokratisierung** drei Dinge geschehen: Erstens eine **Verminderung der Machtkonzentration.** Dies wird durch die Gewaltentrennung sichergestellt. Zweitens eine **Verminderung der Reichweite der Macht.** Dies will sagen: möglichst keinen Übergriff in die Privatsphäre der Bürger.[114] Wobei die Grenzziehung zwischen Privatsphäre und öffentlicher Sphäre (bzw. öffentlichem Interesse) im Einzelnen jeweils gesetzlich geregelt und beim Auftauchen neuer Faktoren angepasst werden muss. Und drittens bedeutet Demokratisierung eine **Beschränkung der Zeitspanne, während der Einzelpersonen an der**

---

114 Als Übergriff kann man das vermehrte elektronische „Überwachen", genauer gesagt das maschinelle Registrieren unseres Tuns betrachten, das teils direkt von staatlicher, teils staatlich toleriert von privatwirtschaftlicher Seite her erfolgt. Aufgrund der technologischen Gegebenheiten lässt sich diesem wohl kaum noch ganz Einhalt gebieten, außer jemand ist bereit, sich aus der virtuellen Welt zu verabschieden. Ein Ziel könnte lauten, diese elektronische Registrierung auf ein gesellschaftlich weitgehend akzeptiertes Maß zu beschränken.

Macht sind. In einem solchen politischen Rahmen, der den freien Informationsfluss und freie öffentliche Debatten miteinschließt, werden ferner auch überlieferte **kulturell-gesellschaftliche Zwänge aufgeweicht.** Stichworte hier sind religiöse und kulturelle Freiheit, Befreiung der Frauen aus gesellschaftlich auferlegten Verhaltenszwängen, freiheitlichere Erziehung und Bildung (von autoritärem Eintrichtern zur Förderung von kreativ-kritischem Denken) sowie die Freiheit der sexuellen Orientierung.

Durch die Verringerung von politischen und sozialen Zwängen werden zwar **Freiräume** geschaffen, unter anderem für die Einflussnahme auf das politische und gesellschaftliche Geschehen, gleichzeitig werden aber auch **Eigenverantwortung und Mitverantwortung** verlangt. Menschen aus dem ehemaligen Ostblock erzählen manchmal von dem vergleichsweise behüteten Leben unter dem kommunistischen System, in dem man sich von der Einschulung über die von der Obrigkeit zugewiesene Arbeitsstelle und den Wohnraum bis hin zur Rente auf den Staat verlassen konnte. Die eingeschränkten Wahlmöglichkeiten und die Unmöglichkeit, aus dem System auszubrechen, führten aber weiterum zu einer Haltung der Passivität. Diese zeigte sich beispielsweise bei der Verlotterung (oder Diebstahl) von allem, was Gemeingut oder im kommunistischen Jargon „Volkseigentum" war. Mit Ausnahme von wenigen Idealisten fühlte sich niemand für irgendetwas außerhalb des eigenen Privatbereichs verantwortlich. Beide Aspekte – Entfaltungsfreiheit und Wahrnehmung von Verantwortung – sind jedoch wichtige **Voraussetzungen für das Reifen** sowohl von **Einzelpersonen** als auch der **Gesellschaft**, in der sie sich bewegen. Und eine solche entwicklungsfördernde Konstellation wird, zumindest bis heute, durch Demokratie in stärkerem Ausmaß als durch irgendein anderes politisches System gewährleistet.

Betrachtet man zunächst die westliche Welt (im politisch-kulturellen Sinne), so wurde eine solche Einschränkung von Machtfülle schon vor über 100 Jahren, teils sogar noch früher (USA, Großbritannien), in die Wege geleitet, mit dem dunklen Kapitel des Faschismus in den 1930er- und 1940er-Jahren als zwischenzeitliche Fehlentwicklung. Dass wir jedoch noch längst keine Idealform von Demokratie erreicht haben und die Entwicklung somit weitergehen muss, wird unten verdeutlicht.

Weitet man den Blick aus, zeigt sich, dass sich auch in den übrigen Weltteilen demokratischere Strukturen herausgebildet haben und weiterhin herausbilden, diese aber vereinzelter, weniger stark verankert und daher anfälliger für Rückfälle sind. Aber selbst in diesen Regionen und unter Herrschaftsformen, die mehrheitlich von autokratisch bis zu eingeschränkt demokratisch reichen, ist die Masse der Bevölkerung weniger „geknechtet" bzw. in ihren Rechten eingeschränkt als in früheren Epochen (Kolonialzeiten und davor). Krasse Ausnahmen wie Nordkorea gibt es nur noch wenige. Ganz anders ist natürlich die Lage in Ländern, in denen Krieg oder anarchieartige Zustände herrschen.

Demokratie bedeutet **mehr** als die Möglichkeit, an die **Wahlurne** zu gehen. Diese Möglichkeit gibt es auch in autokratisch bis diktatorisch regierten Ländern. Man könnte es in knapper Form so formulieren: In einer **nicht-demokratischen Ordnung üben die Machthaber Kontrolle über das Volk** aus, während in einer **Demokratie das Volk über die Regierenden Kontrolle** ausübt (zumindest eine gewisse). Letzteres geschieht durch die *Wahl* und damit auch die *Möglichkeit zur Abwahl* der Parlamentsabgeordneten und des Regierungsoberhaupts, eine echte *Gewaltentrennung* zur Einschränkung der Machtfülle der Exekutive durch die *Legislative* und einen *unabhängigen Justizapparat* sowie durch von Staat und Wirtschaft möglichst *unabhängige, investigative und kritische Medien* und *Organisationen der Zivilgesellschaft (Nichtregierungsorganisationen und andere, informellere Gruppierungen)* mitsamt öffentlichem Diskurs. Zu diesem Diskurs gehören auch Werke und Veranstaltungen von *Kulturschaffenden*, die den ihnen in einer Demokratie gewährten Freiraum nutzen, um wunde Punkte aufzuzeigen und Menschen aufzurütteln. Außerdem sind Militär, Polizei und Geheimdienste der Öffentlichkeit (via Parlament) *Rechenschaft* für ihr Tun schuldig. Zu einer im Vollsinn des Wortes funktionierenden Demokratie kann es ferner nur bei einem *adäquaten Bildungsgrad* der Bevölkerung kommen, der es den Menschen ermöglicht, sich einigermaßen selbstständig zu informieren und eine (politische) Meinung zu bilden. In einer reifen Demokratie schauen all die genannten Instanzen den Regierenden permanent auf die Finger und können mit dem dazugehörenden Druck Machtexzesse zumeist im Keim ersticken. Außerdem stellen sie in ihrer Gesamtheit sicher, dass die Grundrechte des Individuums weitgehend respektiert werden. So sieht – oder sähe – eine voll verwirklichte Demokratie aus.

Autokratische Herrschaftsapparate setzen mit ihren Kontroll- bzw. Repressionsmaßnahmen logischerweise bei genau diesen Punkten an: Das gewählte Parlament ist dann nur noch da, um Regierungsvorlagen durchzuwinken, die Justiz wird gleichgeschaltet, Nichtregierungsorganisationen werden drangsaliert oder verboten, freie Medien eingeschüchtert oder abgeschafft, diverse Seiten und Plattformen im Internet sowie Kanäle der sozialen Medien werden gesperrt (oder zumindest überwacht und zensuriert) und die Kulturszene wird mittels Restriktionen und Zensur an einer möglichst kurzen Leine gehalten. Anstelle der von den genannten Kontrollinstanzen einer Demokratie ermöglichten Vielfalt bekommt das Volk Propagandabotschaften und regierungskonforme Nachrichten- und Kulturkost vorgesetzt. Kritische Stimmen werden durch Einschüchterung oder auch gewaltsam zum Schweigen gebracht; Grundrechte des Einzelnen werden dabei außer Kraft gesetzt. Militär, Polizei und Geheimdienste wiederum sind diejenigen Apparate, mit denen die Gängelung der Bevölkerung umgesetzt wird – und natürlich sind sie der Öffentlichkeit keine Rechenschaft schuldig. Die Folge: Die meisten Menschen entwickeln eine angepasste Öffentlichkeitsfassade und behalten ihre wahren Ansichten – und damit letztlich ihr wahres Wesen – entweder ganz für sich oder legen die Schutzfassade nur im engsten Familien- und Freundeskreis ab.

Das Ergebnis ist ein System aus Repression, Freiheits- und Entfaltungseinschränkungen und Einflussnahme bis ins Privatleben von oben sowie generellem Misstrauen, vorgetäuschter Anpassung und Lügen von unten. Um zu erkennen, dass dies der psychischen Gesundheit nicht förderlich ist, weder für Einzelpersonen noch für das Kollektiv, braucht man kein ausgebildeter Psychologe zu sein. Und doch können sich unter solchen Bedingungen gewisse positive Charakterqualitäten ausbilden: etwa **Resilienz** angesichts widriger Umstände, **intensive Freundschaftspflege** unter Menschen, die einander vertrauen, und **Mut**, dem eigenen Gewissen auch unter Gefährdung des Rufs, der Karriere oder sogar des Lebens zu folgen. In Osteuropa sind jetzt über 30 Jahre seit dem Fall der kommunistischen Herrschaftsapparate vergangen, aber die Nachwehen der Misstrauenskultur sind immer noch spürbar.[115]

Dies ist eine Top-Down-Betrachtung – ein repressives Regime gängelt freiheitsliebende Bürgerinnen und Bürger. Aber die Realität ist komplexer: Eine in Traditionen gefangene Gesellschaft setzt schon in ihrer kleinsten

---

115 Wollen Sie hierzu mehr erfahren, sei Ihnen etwa das Buch der Literaturnobelpreisträgerin Swetlana Alexijewitsch, „Secondhand-Zeit. Leben auf den Trümmern des Sozialismus" empfohlen. Es zeichnet ein gleichermaßen aufschlussreiches wie bedrückendes Bild der Gemütslage im nachsowjetischen Russland.

Einheit, der Familie, repressive Muster in die Tat um. Im Iran ist die züchtige Kleidung von Frauen inklusive Kopftuch eine gesetzliche Vorgabe von oben. Aber de facto sind es oft die Familien, besonders in ländlichen Gegenden und in eher bildungsfernen städtischen Schichten, die ihren Töchtern Kleidungs- und Verhaltensvorschriften machen; manchmal über das hinaus, was die Staatsorgane verlangen oder realistischerweise auch durchsetzen könnten.

In Mittel- und Südamerika gibt es eine noch lange nicht überwundene Macho-Kultur, die unter anderem im weitverbreiteten Verlangen nach einer starken Hand, einem „Caudillo", der auch mal mit groben Mitteln für Ordnung sorgt, zum Ausdruck kommt. Die Wahl Bolsonaros zum Präsidenten von Brasilien im Jahr 2018 ist ein Beispiel hierfür. So gesehen widerspiegelt der „Oberbau" (die herrschende Elite) bis zu einem gewissen Grad eine „unten" gelebte, stark hierarchisch strukturierte, meist männerdominerte und teils gewalttätige Lebensform. Im Sandwich dazwischen sind gebildete, differenziert und kritisch denkende Schichten der Bevölkerung (sowie weniger gebildete Freigeister). Was tun? Der Schluss ist fast schon banal, wie die meisten zeitlosen Wahrheiten: Es braucht **Solidarität im Innern** unter den „Menschen guten Willens" und **Unterstützung für sie von außen**, ebenso wie permanenten Druck von außen auf eine autokratische Machtelite (ohne durch breitgestreute und undifferenzierte Sanktionen der Bevölkerung mehr zu schaden als den Machthabern). Vor allem aber braucht es **Bildung**. Wenn im schulischen Rahmen kein kritisches Denken geübt wird, dann hilft Selbstbildung, die dank heutiger Technologie viel einfacher zu erreichen ist als in früheren Zeiten. Dies fördert die Fähigkeit, nicht nur die politischen Gegebenheiten, sondern auch die kulturellen Gepflogenheiten, die, wenn nicht reflektiert, als selbstverständlich von Generation zu Generation tradiert werden, als solche zu erkennen und zu hinterfragen. Um das Gute – eventuell in modernisierter Form – beizubehalten und das Leiderzeugende und Entwicklungshemmende loszulassen.[116]

---

116 Bildung beinhaltet idealerweise auch Herzensbildung, und diese kommt auch in unserem demokratischen Westen bis anhin zu kurz. Denn bei uns lässt sich ebenfalls eine Spielart von „wie unten, so oben" beobachten: Wenn im Stimmvolk ein hoher Grad von Hartherzigkeit herrscht, erhöht das die Chance von hartherzigen Politikern, diese Welle zu reiten und so an die Macht zu gelangen.

Fährt man mit dem Finger über eine Weltkarte und so in Gedanken von Land zu Land, lässt sich rasch feststellen, dass es auch im Bereich der Demokratisierung kein bloßes Schwarz oder Weiß gibt, sondern eine breite Palette mit graduellen Schattierungen und Abstufungen. Die **Skala** reicht von Staaten mit einer **stabilen** und **ausgereiften Demokratie** (z. B. der *Schweiz* mit ihrer direkten und indirekten Demokratie, siehe unten) über **stabile**, aber praktisch **ausschließlich indirekte Demokratien** (Bürger wählen Vertreter) wie in den meisten anderen Ländern des „Westens" inkl. *Japan* und *Südkorea*, über demokratische Staaten mit graduell **verschieden starken autokratischen Anstrichen**, d. h. mit verschieden stark ausgehöhlter Gewaltenteilung und gegängelten Medien sowie Einschränkungen bei zivilgesellschaftlichen Aktivitäten und Kulturproduktionen (z. B. *Ungarn, Thailand, Pakistan, Russland, Iran* sowie diverse afrikanische Länder) und **nicht demokratische Staaten** mit einem **gewissen wirtschaftlichen** und **kulturellen Freiraum** (*China, Vietnam, Kuba*) bis hin zu **totalitären Diktaturen** (*Nordkorea, Eritrea, Turkmenistan*).

Das Beispiel der *Schweiz* verdient besondere Erwähnung, denn in keinem anderen Land der Welt ist die Verringerung der Macht von Einzelpersonen weiter fortgeschritten als hier. An der Spitze der Exekutive steht nämlich keine Einzelperson, sondern ein Gremium (der siebenköpfige Bundesrat) von gleichberechtigten Ministern (Departementsvorstehern). Diese Regierungsform findet sich nicht nur auf nationaler, sondern auch auf Kantons- (d. h. Provinz- oder Bundesstaatsebene) und auf Gemeindeebene wieder. Ferner ist auch in keinem anderen Land die **direkte Demokratie** stärker verwirklicht: Jedes Jahr gelangen in der Schweiz Referenden und Volksinitiativen zur Abstimmung, und zwar wiederum auf nationaler, kantonaler und kommunaler Ebene. Die Nachteile der Demokratie (siehe weiter unten), beispielsweise Mitspracherecht trotz mangelnder oder fehlender Sachkenntnis, machen sich auch hier bemerkbar, aber dennoch sind die Schweizer dank dieses Systems der Mitsprache ein politisch vergleichsweise hoch sensibilisiertes Volk, und es findet im Land ein – nicht nur auf die intellektuelle Elite beschränkter – reger und insgesamt relativ sachlicher politischer Diskurs statt. Während es im Nachbarland *Frankreich* in den Jahren 2018/2019 zu regelrechten Wutausbruch von sich übergangen gefühlten Bevölkerungsteilen in Form der

Gelbwestenbewegung und in den Protesten gegen die Rentenreform kam, ist so etwas in der Schweiz kaum vorstellbar.[117]

Trotz aller Propagandabemühungen, die das Gegenteil suggerieren, sind gerade in wenig demokratischen Staaten die Regierungsstrukturen nicht unbedingt stabil. Hinter den intransparenten Fassaden der Herrschaft findet nämlich ein unablässiges Gerangel um Macht und Einfluss statt. Dieses mündet jedoch selten in nachhaltige und deutlich feststellbare Veränderungen, denn meist ergeben die Einzelereignisse in der Summe eine Seitwärtsentwicklung – ein wenig Lockerung, dann wieder ein Anziehen der Leine. So sind aktuell (2020) etwa in *China*, *Ägypten* und den *Philippinen* eine Abwärtstendenz (abnehmende Volks- und Menschenrechte) zu verzeichnen, während *Nicaragua* und *Venezuela* sogar einen regelrechten Absturz erlebten. Umgekehrt sind in *Armenien*, *Algerien* und *Sudan* jeweils nach einem durch Massenproteste herbeigeführten Sturz des jeweiligen Autokraten sowie in *Äthiopien* nach dem Kurswechsel des jungen Ministerpräsidenten Abiy Ahmed eine Öffnung und Hoffnung auf Besserung zu beobachten. Politische Entwicklungen in solchen Ländern (mit keiner oder einer nur schwach verankerten Demokratie) können jedoch innert relativ kurzer Zeit eine Gegenrichtung einschlagen, zum Guten wie zum Schlechten.

Bei den obigen Ausführungen handelt es sich um eine **Momentaufnahme.** Da es aber in diesem Kapitel primär um die **Entwicklung** der Menschheit geht, soll nun ein **historischer Überblick** folgen in der Form einer Tour d'Horizon durch die verschiedenen Weltregionen. Um den Rahmen nicht zu sprengen, bleiben Nuancen und Unterschiede zwischen einzelnen Ländern dabei notgedrungen unberücksichtigt.

---

117 Auch auf eine andere Art kann die Schweiz als Vorbild für künftige Entwicklungen in Europa dienen: Als eine Art Europäische Union in Kleinformat setzt sie sich nämlich zusammen aus Regionen mit je eigener Kultur und Sprache (Deutsch, Französisch, Italienisch und Rätoromanisch), die eigentlich wenig gemeinsam haben außer ein inzwischen gut 200-jähriges Zusammenleben in praktisch ununterbrochenem Frieden. Die in den Jahren vor 1848 andauernde Auseinandersetzung zwischen den (letztlich siegreichen) liberalen Kantonen, die einen Bundesstaat wollten, und den konservativen, die es bei einem Verband von autonomen Kantonen belassen wollten, spiegelt sich heute in den Debatten um die Zukunft der EU wider. Fazit: Man lasse der EU genügend Zeit für ihre Entwicklung …

Historisch gesehen sind in *Westeuropa* die Verringerung der Machtkonzentration und die Ausweitung der politischen Rechte für Einzelpersonen einigermaßen parallel zur Verbreitung der Schulbildung und zum Anstieg des durchschnittlichen Wohlstands seit dem 18./19. Jahrhundert verlaufen. Spätestens seit Ende des Zweiten Weltkriegs ist die demokratische Staatsform unumstritten und heute somit seit mehreren Generationen solide verankert. Allerdings lässt sich über die Landesgrenzen hinweg ein zunehmender Vertrauensverlust in die traditionellen politischen Parteien und Abläufe beobachten, verbunden mit der Gründung neuer Parteien und dem Aufkommen parteifreier Bürgerinitiativen und informell sich formierender Grassroot-Bewegungen. Immer drängender wird überdies seit Anfang des 21. Jahrhunderts die Frage nach dem Zusammenwirken nationaler und supranationaler Strukturen. Nationalistische Haltungen sind (noch) weit verbreitet und stark verwurzelt, besonders bei den älteren Generationen, während gerade in Europa die Notwendigkeit eines Zusammenwirkens im Rahmen der Europäischen Union sowohl zum Nutzen der einzelnen Mitgliedstaaten als auch angesichts der globalen Machtkonstellation von Jahr zu Jahr deutlicher wird.

Nordamerika – mit seiner Geschichte der stets weiter fortschreitenden Landnahme (oder des Landraubs) durch freiheits- und wohlstandssuchende Einwanderer – kannte nach der Entkolonialisierung (USA 1776, Kanada 1867) *nie* eine im obigen Sinn verstandene autokratische Regierungsform. Die *USA* (zunächst bestehend aus 13 der heute 50 Bundesstaaten) wurde somit nach ihrer Unabhängigkeit zum ersten demokratischen Staat der Neuzeit. Die historisch verwurzelte Tradition von Freiheit und Gewaltentrennung sollte ausreichen, um Aushöhlungsversuchen zu widerstehen. Ähnliches gilt für *Australien* und *Neuseeland*.

In *Mittel- und Südamerika* kam es nach der Entkolonialisierung und Errichtung der Nationalstaaten im frühen 19. Jahrhundert zu einem Wechselspiel zwischen zivilen Regierungen einerseits und Einzel- oder Militärdiktaturen andererseits. Hier zeigte es sich deutlich: Wenn eine demokratisch legitimierte Regierung zu schwach ist, um innere Sicherheit und einen gewissen minimalen Wohlstand zu garantieren, wächst gewaltsamer Widerstand (beispielsweise Guerilla-Bewegungen) und daraufhin bei einer breiten Bevölkerungsschicht der Wunsch nach einer starken Hand, was den Boden für einen Militärputsch oder die Wahl eines Autokraten vorbereitet. Erst wenn die Nachteile dieser Herrschaftsformen – willkürliche Verhaftungen, Folter, Mord, Repression, überbordende Korruption und last but not least Unfähigkeit in wirtschaftlichen Belangen – für eine kritische Menge an Menschen hautnah erfahrbar werden, wird der Widerstand trotz der damit verbundenen Gefahren so groß, dass es zu einem Systemwechsel kommt. Gegenwärtig (2020) gibt es außer in *Kuba, Nicaragua* und *Venezuela* kein diktatorisches Regime mehr, aber die Probleme des extremen Wohlstandsgefälles, der Korruption und der Machtlücken, die sich in einem schwachen Staat auftun, lassen die Demokratie auf wackligen Füßen stehen und haben – am ausgeprägtesten in Mittelamerika – zum Aufkommen von extrem gewalttätigen kriminellen Gangs geführt. Zwei leuchtende Beispiele dafür, dass es auch in dieser Region anders geht, bilden die friedlichen und demokratischen Länder *Costa Rica* und *Uruguay*. Und wie stehen die Aussichten? Angesichts der Tatsache, dass fast alle Bürgerkriege bis 1992 beendet waren (Ausnahme Kolumbien) und dass in der Region zwischen 1983 und 1992 acht Einzel- oder Militärdiktaturen zu Ende gingen[118], scheint auch hier die Richtung zu stimmen. Aber stabile Demokratien werden sich wohl erst dann einstellen, wenn der Bildungsstandard verbessert und die enorme Armut, der virulente Rassismus und auch die weitverbreitet niedrige soziale Stellung der Frauen einigermaßen überwunden sind.

In *Mittel-, Südost- und Osteuropa* befanden sich die betreffenden Völker jahrhundertelang unter der Vorherrschaft Fremder und es folgten neben den zwei Weltkriegen weitere nationale Traumata. Dazu zählen die sowjetische Oberherrschaft in Mittel- und Osteuropa, die nahtlos an die Besetzung durch die Nazis anschloss, sowie im Fall von *Polen* auch das zweimalige Ausradieren des Landes als eigenständiger Staat im 18. und 19. Jahrhundert; dazu zuletzt auch die Kriege im Balkan in den 1990er-Jahren. Mit einer solchen historischen Bürde ist das Nationalgefühl verletzlicher und es fällt populistischen Individuen und Parteien leichter, sich einer Mehrheit des Volkes als Retter und Bewahrer der Nation zu verkaufen. Die Mitgliedschaft in der EU und die entsprechende Wirtschaftshilfe und Öffnung der Märkte bzw. die Aussicht darauf waren und sind eine Gegenkraft, aber kein Allheilmittel.

Russland stand bis 1917 unter der mal mehr, mal weniger absolutistischen Herrschaft der Zaren. Die Leibeigenschaft, durch die ein Großteil der ländlichen Bevölkerung an ihre Scholle gebunden war, wurde erst 1861

---

118 Wer es genau wissen will: Argentinien (1983), Brasilien (1985), Uruguay (1985), Guatemala (1985), Chile (1989), Panama (1989), Paraguay (1992) und El Salvador (1992).

abgeschafft. Nach der Februar-Revolution 1917 und der dadurch erzwungenen Abdankung des letzten Zaren folgte ein kurzer Gehversuch in parlamentarischer Demokratie, bevor die kommunistische Oktober-Revolution im selben Jahr diesem ein Ende bereitete. Nach Zusammenbruch der Sowjetunion herrschte in den 1990er-Jahren eine Art rechtsarmer Wildwest-Kapitalismus, sodass in breiten Kreisen der Bevölkerung der Wunsch nach Recht und Ordnung wieder an erster Stelle stand. Vladimir Putin erfüllte ab 1999 diesen Wunsch weitgehend und hat sich seitdem direkt oder indirekt an der Macht gehalten. Er machte dabei aus einer ungezügelten eine, wie es offiziell heißt, „gelenkte" Demokratie (natürlich ein Widerspruch in sich) ohne wirksame Opposition, mit gleichgeschalteter Justiz und einer regimetreuen Medienlandschaft. Dass in jüngster Zeit immer wieder tausende Menschen die Risiken von Polizeigewalt und Verhaftungen auf sich nehmen, um gegen Justizwillkür und für mehr politische Mitsprache zu demonstrieren, deutet jedoch auf einen großen Eisberg der Unzufriedenheit unter einer Spitze der scheinbaren Stabilität hin.

Die *muslimischen Länder* in Nordafrika und im Nahen Osten durchleben turbulente Zeiten. Nirgendwo sonst folgen demokratischer Fortschritt und Rückschritt (oder besser gesagt Rückschlag) zurzeit rascher und extremer aufeinander. Aus einer sehr kurzfristigen Perspektive waren die Volkserhebungen des „Arabischen Frühlings" 2010/2011 weitestgehend ein Misserfolg. Nur in *Tunesien* etablierte sich so etwas wie eine demokratische Ordnung. In *Ägypten* wurde eine gemäßigte Diktatur (unter Mubarak) nach einem Zwischenspiel mit den Muslimbrüdern durch eine noch rücksichtslosere Diktatur (unter Al-Sisi) ersetzt. In *Syrien* und *Jemen* kam es zu verheerenden Kriegen, in *Libyen* zu Chaos und anarchieartigen Verhältnissen. Im (nicht arabischen) *Iran* wurden schon 2009 landesweite Proteste nach Wahlfälschungen gewaltsam zerschlagen.

Betrachten wir aber das Ganze einmal aus einer größeren, gesamthistorischen Perspektive und denken wir daran, wie lange es brauchte, um in Westeuropa den Übergang von absoluter Monarchie zu parlamentarischen Demokratien zu schaffen. Mit der Französischen Revolution 1789 ging es im großen Rahmen los, danach folgte die Restaurationsbewegung der alten Machteliten. Größere Aufstände brachen 1830 (Juli-Revolution in Frankreich) und 1848 aus, ansonsten kam es immer wieder zu kleineren Unruhen. Schließlich war es der erste Weltkrieg (1914–1918), der den jahrhundertealten kaiserlich-monarchischen Systemen endgültig den Rest gab. Auch in den muslimischen

Ländern, nicht zuletzt dank der im Durchschnitt sehr jungen Bevölkerung, brodelt es unter einer restriktiven Oberfläche auch nach dem scheinbaren Scheitern der Aufstände von 2009–2011 weiter. Zum Ausbruch in der Form von breit gestützten Massenprotesten kam es 2019 in *Algerien* (was zum Rücktritt des langjährigen Machthabers Bouteflika führte), im *Sudan* (Absetzung und Verhaftung des Diktators Al-Bashir) sowie in *Irak* und im *Libanon*. Wie bei vielen Protesten waren die ursprünglichen Auslöser wirtschaftlicher Natur sowie die Wut auf einen korrupten und unfähigen Regierungsapparat, der ihnen keine Aussichten auf genügend Arbeitsplätze und Anstieg des Lebensstandards ließ. Im Sudan waren ein Jahr zuvor die Menschen zunächst aufgrund steigender Lebensmittelpreise auf die Straße gegangen. Erst in zweiter Linie entwickelten sich danach großangelegte politische Proteste. Das zeigt auch: Während in armen Gesellschaften die meisten Anstrengungen der Menschen auf die Sicherung des Überlebens ausgerichtet sind und so für das Erkämpfen von politischen Rechten wenig Energie übrigbleibt, kann ein Einbruch an (bescheidenem) Wohlstand für eine politische Mobilisierung ausreichen.

Die Gegenbewegungen – und ideologischen Stützen der autokratischen Regime – bauen auf den Wunsch nach Ruhe und Ordnung sowie Wahrung von tradierten Normen und Vorrechten (das heißt auch Abwehr von Fremdem und von Frauenrechten). Es stimmt: Demokratie im vollen Sinn mit ihrer liberalen Ordnung bringt ein Element von kreativem Chaos mit sich. Aber sie ist auch eher mit der Urwahrheit von *panta rhei* (alles fließt) im Einklang als die starren und vor allem auf Konservierung (Macht, Einfluss und Werte) ausgerichteten Systeme.

Langfristig betrachtet waren die Proteste von 2009–2011 in den muslimischen Ländern also aller Wahrscheinlichkeit nach nur der erste Akt. Auf Dauer autokratisch niederhalten lässt sich eine einigermaßen gebildete Bevölkerung nicht. Außer sie wird, wie etwa in *Saudi-Arabien* und den *Golfstaaten*, mit einem (dank Rohstoffen) hohen Wohlstand und einer Garantie für Ordnung „ruhiggestellt".

Was uns nahtlos zu *China* bringt. Als eine der Wiegen der Menschheitskultur und als das bevölkerungsreichste Land der Welt lässt es sich nicht mit anderen Ländern oder Regionen in einen Topf werfen. Auch hier zeigt sich jedoch, dass eine stets besser gebildete und stets wohlhabendere Bevölkerung sich mit einem autokratischen Regime arrangieren kann, solange dieses wirtschaftlichen Aufschwung und innere Ordnung gewährleistet. Es bleibt aber ein „Deal", nicht ein Wunschsystem. Falls die Regierenden ihren Teil nicht mehr erfüllen können – falls es etwa zu einem ernsthaften wirtschaftlichen Abschwung kommen sollte – oder falls der Bogen der Überwachung und Repression überspannt wird, sind die Folgen unabsehbar.

Was das *restliche Asien* betrifft, so mussten die meisten Länder zunächst die Kolonialisierung durch europäische Staaten bzw. Russland (zuletzt in der Gestalt der Sowjetunion) überwinden, bevor Demokratie überhaupt zum Thema wurde. Heute findet man in dieser Großregion die ganze Bandbreite: von etablierten Demokratien wie *Japan* und *Südkorea* über Demokratien mit Makeln (*Israel, Indien, Indonesien, Malaysia*), eingeschränkte Demokratien mit autokratischen Zügen (*Türkei, Pakistan*), Autokratien mit demokratischem Anstrich (*Kasachstan, Usbekistan, Kambodscha*) und Diktaturen in Reinkultur (*Nordkorea, Turkmenistan*).

Nun fehlt noch *Afrika südlich der Sahara*. Hier waren die Kolonialisierung und ihre Folgen noch einschneidender als in Asien. Einerseits, weil die Kolonialisierung – leicht zeitverschoben – mit der Verschiffung von Abermillionen Sklaven nach Nord- und Südamerika einherging. Andererseits, weil im Gegensatz zu den asiatischen Völkern und ihren Lebensformen die ursprünglichen afrikanischen Stammesstrukturen und Stammeskulturen als politische und kulturelle Grundlage weitgehend ausgelöscht wurden. Unabhängigkeit erlangten die afrikanischen Völker um 1960 (französische Kolonien sowie die belgische Kolonie Kongo), 1957–66 (die allermeisten britischen Kolonien) sowie 1973–75 (portugiesische Kolonien). Es entstanden vielfach unnatürliche, auf dem Reißbrett entworfene Staatsgebilde mit Grenzen, die oft quer durch traditionelle Stammesgebiete verlaufen. Dies bedeutet, dass ein nationales Zusammengehörigkeitsgefühl erst noch heranwachsen musste und das verordnete Zusammenleben von verschiedenen Stämmen innerhalb eines Staates erhebliches Konfliktpotenzial mit sich brachte.

Die ersten demokratischen Gehversuche danach wurden immer wieder von Militärputschen und Diktaturen unterbrochen. Ähnlich wie in Süd- und Mittelamerika verhindert weitverbreitete Armut, die in Afrika noch stärker mit Analphabetentum einhergeht, eine Verwurzelung von Demokratie im vollen Sinn. Aber das zarte Pflänzlein scheint langsam etwas an Kraft zu gewinnen. Mit Hilfe moderner Kommunikationsmittel tragen vornehmlich die jüngeren Generationen und zunehmend selbstbewusste Frauen in den Städten zu einem heranwachsenden Bürgerbewusstsein bei.

Was den Stand der Demokratisierung von Land zu Land betrifft, findet man in Afrika die gleiche Bandbreite wie in Asien: von relativ gut etablierter, stabiler Demokratie (*Südafrika, Botswana*) bis hin zur Diktatur (*Burundi, Eritrea*). Daneben gibt es noch Staaten, wo mindestens partiell chaotisch-anarchische Zustände herrschen (*Kongo, Zentralafrikanische Republik, Südsudan*).

Die Nennung der Jahreszahlen in den obigen Abschnitten erfüllt übrigens einen Zweck: Sie soll verdeutlichen, wie **jung die Demokratiebemühungen außerhalb der westlichen Welt** historisch gesehen sind. Was in Zusammenhang mit dem „Arabischen Frühling" gesagt wurde, gilt auch hier. Autokratische Blockierungsversuche und zeitweilige Fehlentwicklungen sind angesichts ähnlicher Erfahrungen in Europa zu erwarten und weisen keinesfalls auf Unwilligkeit oder Unfähigkeit der betreffenden Völker hin, selbst das Heft in die Hand zu nehmen und in einem freiheitlichen Staatsgebilde als mitbestimmende Bürgerinnen und Bürger zu leben.

Wir leben in einer Zeit der stark gespaltenen Gesellschaften. Die eine Seite ist tendenziell rückwärtsgewandt, aufs Innenpolitische fokussiert und mit ängstlichem Blick nach außen, die andere tendenziell vorwärtsgerichtet mit globalerem Blickwinkel. Einflussreiche Stimmen, die zwischen den zwei Seiten zu vermitteln versuchen, sind selten geworden. Es ist eine volatile Zeit mit rasch aufeinanderfolgenden Wendungen. Somit müsste insbesondere dieser Abschnitt zum Demokratisierungsprozess laufend aktualisiert werden. Eine Gedankenarbeit, liebe Leserinnen und Leser, die nun Ihnen zufällt.

Um es nochmals herauszustreichen: Noch 1770 (vor der Unabhängigkeit der Vereinigten Staaten) gab es *nirgends* auf der Welt eine Demokratie gemäß oben genannter Definition: eine Regierungsform, bei der das Volk Kontrolle über die Machthaber ausübt (mindestens indirekt durch die Möglichkeit der Abwahl, die Wege der Justiz sowie der freien Meinungsäußerung). Langfristig gesehen ist die Entwicklung Richtung Demokratie somit unbestreitbar, auch wenn die partiellen Rückschläge der letzten Jahre manche Kommentatoren voreilig vom „Ende der Demokratie" sprechen lassen. Rückschläge gab es schließlich immer wieder. Denken Sie etwa an die 1930er-Jahre mit ihrer wachsenden Zahl an zunehmend faschistischen Regimen: Deutschland, Italien, Spanien und Japan – neben der bereits existierenden totalitären Herrschaft der kommunistischen Partei in der Sowjetunion. Ein toxischer Mix, der dem Ausbruch des Zweiten Weltkriegs Vorschub leistete. Wenn in diesen Staaten nicht totalitäre, sondern demokratische Verhältnisse geherrscht hätten wie zur gleichen Zeit in Großbritannien und Frankreich, wäre es dann zum Krieg gekommen? Sicherlich wäre die Wahrscheinlichkeit wesentlich geringer gewesen.

Politische Kursbestimmung mittels offener Debatte und Toleranz für Andersdenkende sind wichtige Merkmale einer reifen Gesellschaft. Dort, wo ein entscheidend großer Prozentsatz der Bevölkerung dazu (noch) nicht bereit ist, wird Demokratie sich nicht voll entfalten können. Kurz gesagt: **Der Grad an Demokratisierung** (im oben umrissenen Vollsinn) ist **ein deutlicher Indikator** für die **Reifestufe einer Gesellschaft**, wenn auch gewiss nicht der einzige.

Alles funktioniert in Wechselwirkung und deshalb lässt es sich auch anders herum formulieren: Eine **wirklich demokratische Ordnung bildet einen geschützten Raum**, innerhalb dessen die **Menschen am ehesten als verantwortliche Individuen aufblühen** und somit auch **partizipatorische Zivilgesellschaften gedeihen können**.

Welche Anzeichen gibt es aber, dass sich die bisher beobachtete langfristige historische Tendenz zu weltweit weniger autokratischen Herrschaftssystemen, zu weniger von oben diktierten Lebensformen und damit zu größeren persönlichen und somit auch gesamtgesellschaftlichen Entfaltungsmöglichkeiten auch weiterhin fortsetzen wird? Meines Erachtens lassen sich einige ausmachen.

Klar ist, dass die bereits mehrfach angesprochenen Faktoren **Bildung** und **Wohlstand** gerade in weiten Teilen Afrikas, Zentral- und Südamerikas sowie Süd- und Südostasiens eine zentrale Rolle spielen werden. Ohne Bildung ist es schwer, sich eine selbstständige Meinung zu bilden; wenn Armut das Leben zu einem Überlebenskampf macht, bleibt wenig Zeit und Kraft, um politisch oder kulturell aktiv zu werden. Mindestens in Sachen Bildung sind bei den jüngeren Generationen weltweit Fortschritte zu erkennen, besonders (und vielleicht entscheidend), was die Anzahl Mädchen mit zunehmend auch höherer Schulbildung betrifft (wie schon unter dem Punkt zum Bildungsfortschritt hervorgehoben).

Als Zweites zu erwähnen sind jene Faktoren, die zurzeit für die größten Umbrüche sorgen, nämlich das **Internet** und die **sozialen Medien**. Dank ihnen wird für totalitäre Regime die Aufrechterhaltung von Ignoranz unter der Bevölkerung wesentlich schwieriger als noch zu Zeiten des Kalten Kriegs. Informationsflüsse lassen sich immer weniger blockieren und Gleichgesinnte können sich mindestens virtuell rascher zusammenschließen und damit Solidarität signalisieren und erfahren. Das erst ansatzweise genutzte Potenzial dieser Technologie für die **Anteilnahme an politischen Prozessen in Echtzeit** ist schlichtweg enorm. Dazu mehr ab Seite 319.

Umgekehrt ermöglicht die gleiche Technologie eine viel flächendeckendere Überwachung sowie eine ebenfalls flächendeckende Verbreitung von Lügen und Diffamierungen. Und auch destruktiv gesinnte Menschen und Gruppierungen können sich leichter zusammenschließen. Diese gegenläufigen Entwicklungen sind zurzeit in vollem Gang, die längerfristigen Auswirkungen sind kaum abschätzbar.

Schließlich, als dritter Faktor, wächst heute offensichtlich in allen Teilen der Welt eine **Jugend** heran, die sich schlicht nicht mehr so viel von „oben" bieten lässt wie noch ihre Elterngeneration. Dank der Internettechnologie wissen auch die in repressiven Systemen Heranwachsenden besser denn je Bescheid über das, was weltweit geschieht, insbesondere über die Freiheiten und demokratischen Rechte im Westen. Fragen wie „Wieso nicht auch wir?" bzw. „Wieso nicht auch bei uns?" lassen sich je länger, je weniger unterdrücken. Gerade bei jungen Frauen.

Andererseits gibt es aber absolut keine Garantie, dass nicht eine weltweite Katastrophe wie eine ökologische Katastrophe, ein weiträumiger Krieg (nuklear oder nicht), weitere Pandemien von vielleicht noch verheerenderem Ausmaß als beim Coronavirus, oder wahrscheinlicher noch eine Kombination derartiger Szenarien, die Menschheit in ein Stadium zurückwirft, wo Demokratie zum Luxus wird und der Kampf ums physische und wirtschaftliche Überleben wieder in den Vordergrund rückt.

Geschieht dies nicht, so werden gestandene Demokratien sich kaum zu Fall bringen lassen. In Nationen mit einer historisch gesehen jüngeren demokratischen Ordnung ist diese zwar kurzfristig immer wieder gefährdet, eine zunehmend besser gebildete und informierte Bevölkerung wird aber längerfristig kaum ein Fortbestehen von bzw. einen Rückfall in Willkür und Unfreiheit dulden.

So weit zur **Demokratie bis anhin**. Sie ist auch in der westlichen Welt bei Weitem nicht perfekt, insbesondere angesichts der heutigen Herausforderungen. *Winston Churchill* (1874–1965) brachte es auf den Punkt: Demokratie, so sagte er, sei die schlechteste Staatsform mit Ausnahme aller anderen. Bereits jetzt schälen sich jedoch neue Formen der politischen Teilnahme und Einflussnahme heraus. Bevor wir uns diesen zuwenden, wollen wir aber näher auf die Nachteile der Demokratie in ihrer heutigen Form eingehen.

Die **Schwachpunkte einer Demokratie** konnte der Philosoph *Platon* bereits im 4. Jahrhundert vor Christi in seinem heimischen Athen beobachten.[119] Damals durften alle freien Athener Männer mit einem bestimmten Minimalvermögen wählen und gewählt werden; ausgeschlossen waren Frauen, Sklaven, Zugewanderte und Mittellose. Platon stellte dabei jene Mängel fest, die auch heute noch bestehen.

Erstens auf der Wählerseite: **Fach- und Sachwissen** ist bei einer Stimmabgabe nicht erforderlich. Die Stimmen von Bürgern, die sich intensiv und differenziert mit den bei einer Wahl oder Abstimmung anstehenden Personal- und Sachfragen auseinandergesetzt haben, zählen genauso viel oder wenig wie die Stimmen jener, deren diesbezügliches Wissen bestenfalls als dürftig zu bezeichnen wäre. Gleiches gilt auch für die **Motive** hinter der Stimmabgabe: Geht es mir um das langfristige Gemeinwohl, wobei der Eigennutz hintenansteht, oder sind es vor allem Selbstsucht, Wut oder Neid, die bei meiner Wahl den Ausschlag geben? Auch hier sieht man beim Stimmzettel keinen Unterschied; jeder hat das gleiche Gewicht. Dazu noch: Wie **autonom** entscheide ich, wie sehr lasse ich mich von den Meinungen anderer **beeinflussen**?

Zweitens prägt ein demokratisches System natürlich auch das Verhalten der gewählten Machtinhaber. Welcher Antrieb steckt hinter dem Streben nach einem politischen Amt? Es ist wohl ein Gemisch aus zwei Faktoren: einerseits dem Wunsch, die eigene Gemeinde oder das eigene Land in eine gute Richtung voranzubringen, und andererseits ein gewisser Macht- und/oder Geltungsdrang. Einmal im Amt, folgt vielfach eine Desillusionierung. Die meisten Ideale, mit denen man in die Politik eingestiegen ist, lassen sich in der Politmaschinerie nicht oder nur sehr verwässert verwirklichen. Dadurch wird mit der Zeit der **Machterhaltungstrieb** zum dominanten Faktor. Vielen liegt dann ihre Wiederwahl näher am Herzen als das langfristige Volkswohl und es wird dementsprechend eine kurzfristige und möglichst gefällige Politik betrieben. Platon sah diese Schwächen sozusagen „in action", kam zum Schluss, dass eine derartige Demokratie via Populismus (Demagogen)

---

119 Auch spätere Historiker und Philosophen machten auf die genannten Mängel aufmerksam, darunter etwa der französische Publizist und Historiker *Alexis de Tocqueville* (1805–1859) anhand seiner Beobachtungen zu den demokratischen Prozessen in den USA.

zu einer Tyrannis führen würde, und versuchte, Alternativen zu finden. Ihm schwebte die Herrschaft von gebildeten, ethisch hochstehenden und uneigennützigen „Philosophen" vor. Unter einem Philosophen war damals weniger ein akademischer Gelehrter gemeint als ein Mensch, der nicht nur den Dingen bis auf den Grund nachgeht, sondern auch versucht, sein Leben gemäß den gewonnenen Einsichten zu gestalten. Der Begriff „Weiser" wäre somit eine passendere Übersetzung. „Der Staat, in dem die Regierenden am wenigsten nach Macht streben, ist immer der beste und am ruhigsten regierte", schrieb er diesbezüglich.[120] (Versuche mit „Philosophen" auf dem Thron, die Platon in zwei Nachbarstaaten unterstützte, scheiterten allerdings.)

Es gab und gibt tatsächlich Regierende, die Platons Kriterien weitgehend erfüllten bzw. erfüllen – gebildet, mit breiter Erfahrung, ethisch gereift, nicht machtgierig und mit dem Volkswohl als klare Priorität – und die auch für ihr Volk Erstaunliches leisteten bzw. leisten. Eine kleine Minderheit zugegebenermaßen, aber diese Menschen sind ein Beleg dafür, dass Platons Ideal keine reine Utopie ist. Sechs solcher Vorbildgestalten werden im letzten Kapitel vorgestellt.

Was ein Blick auf unsere Wirklichkeit hingegen ganz deutlich zeigt: **Es gibt weise und ethisch hochstehende Menschen**, denen das Wohlergehen ihrer Mitmenschen und sogar der Menschheit als Ganzes wichtiger ist als das Erlangen eigener Vorteile. **Aber sie sind sehr selten in Machtpositionen** – sei es in der Politik oder der Wirtschaft – zu finden. **Diese Kluft gilt es zu schließen**.

Allerdings – und das ist sehr wichtig – kann es nicht darum gehen, wie in früheren Zeiten einzelnen oder ein paar wenigen Individuen die Macht und damit die Verantwortung zu übertragen, selbst wenn diese die Kriterien von Kompetenz, Weisheit und Güte erfüllen. **Demokratie** mitsamt ihrer Machtbeschränkung soll **nicht ersetzt, sondern verbessert** werden. Mit einem klaren Blick auf deren Schwachstellen, die zu ihrer Gefährdung beitragen, mit den neuen Kommunikationsmöglichkeiten als Werkzeuge und mit der **Übernahme von Verantwortung** auch im politischen Bereich durch eine **kritische Anzahl gereifter Menschen**, die ein Maß an Wissen, Güte und Einsatzwillen mitbringen und zusammen Entwicklungsimpulse zum nachhaltigen

---

120 Platon, *Der Staat*, zit. in Tom Butler-Bowden (Hrsg.), *50 Philosophy Classics*, S. 232 (deutsch von mir).

Wohl der Gesellschaft und der Umwelt leisten. Kritische Anzahl heißt hier: groß und vernehmbar genug, dass sie nicht unbeachtet bleiben *können* und dass durch die Diskreditierung, Einschüchterung, Verhaftung oder gar Ermordung Einzelner die Gruppierung oder Bewegung nicht in sich zusammenfällt. Schlüsselworte in diesem Zusammenhang sind **Nichtregierungsorganisationen, direkte Mitsprache via Online-Petitionen, Plattformen, Netzwerke und Grassroot-Bewegungen sowie bei parteiunabhängigen Politveranstaltungen und Straßenprotesten.** Vier Beispiele hierzu:

1) **Zukunftsräte** sind in Deutschland, der Schweiz und Österreich Netzwerke aus Institutionen, Verbänden und Unternehmen mit dem Ziel, innovative Lösungsvorschläge hinsichtlich nachhaltiger Entwicklung zusammenzutragen. Sie suchen und unterhalten direkte Kontakte zu politischen Akteuren und Gremien. Als Schritt in die globale Richtung wurde 2007 in Deutschland der World Future Council gegründet.

2) **#MeToo** wuchs ab Oktober 2017 innerhalb eines Jahres zu einer weltweiten Plattform für das Publikmachen von sexuellem Missbrauch und führt insbesondere in Ländern, in denen die Thematik bis anhin weitgehend tabu war, zu einem sprunghaften Anstieg an Sensibilisierung und teilweise bereits zu Änderungen in der Gesetzgebung für einen besseren Schutz von Frauen.

3) **Fridays for Future** mit *Greta Thunberg* (geb. 2003) als Initiatorin und Vorbild, aber nicht Leiterin, steht inzwischen für mehr als nur Schülerproteste. Weltweit werden unter dieser Fahne Projekte für den Klimaschutz und die Artenerhaltung initiiert.[121] Es ist die Stimme der Jugend, die den älteren Generationen klar vorhält, was *wirklich* wichtig ist hinsichtlich der Zukunft des Planeten. Bereits zeigen sich Auswirkungen auf die Politik, etwa durch

---

121 Inspiriert von Greta nehmen junge Menschen auf der ganzen Welt das Heft in die eigene Hand und werden zu Aktivistinnen und Aktivisten für mehr Umweltschutz. Ein Beispiel unter hunderten ist die Uganderin *Hilda Flavia Nakabuye*, eine Studentin, die sich jeden Freitag, begleitet von immer mehr Unentwegten, mit einem Schild in Kampala auf die Straße stellt, auf dem steht: „Rettet unseren Planeten, rettet unsere Zukunft, lasst Mutter Afrika grün". Dazu startete sie eine Kampagne gegen die Abholzung von Wäldern in Uganda und schreibt einen Blog zu Umwelt- und Klimafragen (berichtet in der Zeitschrift *Publik-Forum*, Nr. 18/2019, S. 6).

den Zuwachs an Stimmen für grüne Parteien und entsprechende Verlagerungen in der Prioritätensetzung bei anderen Parteien.

4) Der **Frauenstreiktag in der Schweiz** vom 13. Juni 2019 für die Gleichstellung von Frauen in allen Lebensbereichen stellt ein Paradebeispiel für moderne Veranstaltungen jenseits der politischen Kanäle dar. Typisch waren vor allem die **dezentrale** und **minimal-hierarchische Organisationsform** des Gesamtanlasses und der **Fantasiereichtum** bei den einzelnen Veranstaltungen. Diese wurden in einem „**Bottom-up**"-Prozedere auf die Beine gestellt. Eine der Initiatorinnen sagte sinngemäß (ich zitiere aus dem Gedächtnis): „Es gab so viele Veranstaltungen an diesem Tag, dass ich den Überblick verloren habe. *Und das ist wunderbar so.*"

Ein solcher Ausspruch ist Beleg dafür, dass **Machtgehabe** bzw. individueller **Geltungsdrang** in solchen Bewegungen wesentlich **weniger ausgeprägt** sind als im normalen Politbetrieb. Diese Merkmale gelten auch für die zuvor genannten Beispiele und sind Zeichen von Reife. Zum gegenwärtigen Zeitpunkt der Menschheitsentwicklung sind Frauen ganz offensichtlich vermehrt zu einer solchen Haltung fähig als Männer. Was uns wieder zum Thema der Bildung und Förderung von Frauen insbesondere in den Entwicklungsländern bringen würde.

Gemeinsam agierende, verantwortungsbewusste und von mehr altruistischen als egozentrischen Motiven angetriebene Individuen können also mit passender Vernetzung heutzutage auch **jenseits der traditionellen politischen Strukturen** mitentscheidenden Einfluss nehmen. *Florian Hoffmann* (geb. 1981), ein preisgekrönter Social Entrepreneur und Gründer der DO School, bringt es so auf den Punkt: „Noch nie zuvor war es für so viele Menschen so leicht möglich, Einfluss darauf zu nehmen, in welcher Welt wir leben wollen und entsprechend aktiv zu werden. Wirkungsvolles Tun ist demokratisiert wie nie zuvor."[122]
Genau dasselbe gilt allerdings auch für **Individuen und Gruppierungen** mit abschottender, diskriminierender und diffamierender Gesinnung, die von Angst, Neid, Hass oder Wut angetrieben werden.

---

122 Florian Hoffmann, *Das Zeitalter der DOer*, in Organisationsentwicklung, Zeitschrift für Unternehmensentwicklung und Change Management, 1/2019, S. 34.

Neben den aktiven Kräften – den inklusiv und stark altruistisch Gesinnten auf der einen Seite und den abschottend und stark eigennützig Gesinnten auf der anderen – lassen sich zwei weitere Bevölkerungssegmente ausmachen, denen bei allen künftigen politischen und damit auch gesellschaftlichen Entwicklungen eine wichtige Rolle zukommt: Zur ersten zählen diejenigen, die aus mangelndem Wissen oder Naivität eher **manipulierbar** als autonom in politisch-gesellschaftlichen Fragen sind; zur zweiten diejenigen, die dem ganzen politischen Geschehen **desinteressiert** bzw. **apathisch** gegenüberstehen. Gelingt es künftig Gruppierungen mit Partikularinteressen durch Appelle an die niederen Instinkte, eine entscheidende Anzahl Menschen aus diesen Segmenten auf ihre Seite zu ziehen bzw. aus der Gleichgültigkeit zu wecken? (Zu berücksichtigen ist dabei, dass die Anziehungskraft von Populisten rasch verebbt, sobald sie Regierungsverantwortung übernehmen und es klar wird, dass ihre simplizistischen Lösungsvorschläge nichts fruchten oder gar nicht umsetzbar sind.) Oder lassen sich Unwissen und Apathie verringern durch die Dringlichkeit der anstehenden Probleme und einen Anstieg an Verantwortungsbewusstsein? Die Antworten auf diese Fragen werden für die weitere Entwicklung nicht nur der Demokratie, sondern auch der Lage der Menschheit insgesamt mitentscheidend sein.

Macht, die wenige über viele ausüben, sowie Missbrauch dieser Macht gibt es auch außerhalb des politischen Kontexts, nämlich in **Organisationen** aller Art. In äußerst knapper Form möchte ich auch hierzu ein paar Überlegungen vorlegen – mehr nicht.

Betrachten wir zunächst die **Wirtschaftsunternehmen** in ihrer Bandbreite von Kleinstfirmen bis hin zu Weltkonzernen. Je größer und alteingesessener ein Unternehmen ist, desto stärker scheint es tendenziell in hierarchischen Denkstrukturen verhaftet zu sein. Internationale Großkonzerne etwa haben aufgrund ihrer schieren Größe und Komplexität meist weniger Spielraum für strukturelle Experimente als kleine Startups. Dort scheint es außerdem schwieriger zu sein, ohne ein starkes Ego (mit ausgeprägter Geld-, Macht- und/oder Prestigegier in je verschiedener Kombination) zum Spitzenmanager aufzusteigen. Aber heutzutage werden nicht einmal in solchen Unternehmen die Angestellten primär als Befehlsempfänger angesehen, wie es noch vor rund 100 Jahren die Regel war. Damals gab es noch keine Personalabteilungen, die sich um die Anliegen der Mitarbeitenden kümmerten; von oben nach unten wurde weit weniger kommuniziert und die Meinung der Mitarbeitenden war kaum gefragt. Aber nicht nur die Haltung der Entscheidungsträger, auch diejenige der Arbeitnehmenden wandelt sich. Im Lauf eines Berufslebens die Firma oder gar die Sparte mehrmals zu wechseln, war noch bis spät ins 20. Jahrhundert die Ausnahme, heute ist es das Normalste auf der Welt. Vor allem die Nach-Baby-Boomer-Generationen, also Gen X, Gen Y (Millennials), Gen Z (Digital Natives, YouTube-Generation) und wie sie alle genannt werden, bleiben gerne beruflich und engagementmäßig flexibel, wechseln öfters die Stellen und lassen sich auch darum schlicht nicht alles von ihren Vorgesetzten bieten. In Firmen mit einer eher jüngeren Belegschaft geht es in der Regel egalitärer zu und her als zu Zeiten ihrer Väter und erst recht ihrer Großväter. Und die in den letzten Jahren unter dem Stichwort „agil" propagierten Organisations- und Unternehmensformen sowie Geschäftspraktiken (besonders bei Projekten aller Art) lassen sich mit starren Hierarchien nicht verwirklichen. Die Verantwortung wird vermehrt auf die Stufe derjenigen, die am jeweiligen Projekt direkt beteiligt sind, delegiert. Es findet eine Art Demokratisierung durch Teamwork statt, bei dem auch Grenzen zwischen den Organisationsabteilungen immer weniger wichtig werden. Schließlich stellt auch die massive Ausweitung von Arbeit via Home Office während der Corona-Pandemie einen weiteren Schritt hin zur Eigenverantwortung der Arbeitnehmenden dar.

Öffentlich-rechtliche Institutionen (Behörden, Spitäler, Bildungsanstalten, Polizei, Militär usw.) unterscheiden sich aufgrund ihrer verschiedenartigen Funktion stark voneinander. Bei der Arbeit von Ärzten oder Lehrern spielen Hierarchien eine weniger starke Rolle als bei derjenigen von Beamten. Am anderen Ende der Skala, dort wo sich am wenigsten ein Aufweichen des hierarchischen Denkens feststellen lässt, liegen Polizei und insbesondere das Militär. Das sind Organisationen, die am ehesten Menschen anziehen, welche sich bereitwilliger unterordnen und denen Gesetzesbefolgung und Ordnung oft wichtiger erscheinen als die Rechte Einzelner. Ohne diesen Typ Mensch hätten autokratische Systeme keinen Unterbau; ohne diesen Typ Mensch wäre allerdings auch die Gefahr von Chaos, ausufernder Kriminalität und Anarchie größer. Das Stichwort Anarchie lässt eine weitere Frage aufkommen: Braucht es in einem reifen Kollektiv überhaupt Herrschaft, überhaupt hierarchische Strukturen? Dazu mehr am Ende dieses Kapitels.

In einer anderen Liga befinden sich Nichtregierungs- und Wohltätig-keitsorganisationen sowie andere im kulturellen und sozialen Bereich tätige Organisationen. Menschen, die hier arbeiten, sind in der Regel weniger von einer „Haben"-Haltung (Geld, Macht, Status) angetrieben. Idealismus ist, wie man auf Englisch sagt, „a great leveller", also spielen Hierarchien meist eine untergeordnete Rolle. Was allerdings im Einzelfall keine Garantie gegen Machtmissbrauch oder Inkompetenz von leitenden Angestellten bietet.

Wie bei der langfristigen, weltweiten Tendenz zu mehr Demokratie lässt sich also – wird der Bogen zeitlich weit genug gespannt – auch bei Organisationen wirtschaftlicher und nichtwirtschaftlicher Art insgesamt eine deutliche Abkehr von Machtfülle und Machtwillkür sowie ein Trend zur Aufweichung von rigiden Hierarchien feststellen. Und gerade in den letzten 10 bis 20 Jahren scheint sich dieser Prozess unter dem Einfluss der jüngeren Generationen, die in zunehmendem Maße den Arbeitsmarkt prägen, zu beschleunigen.

Wie weiter? Dies hängt *auch* von der **Form unseres Wirtschaftssystems** ab. **Hierarchie** ist das eine; die **unternehmerische Ausrichtung** das andere. Im August 2019 ließen die CEOs von 181 amerikanischen Großfirmen in einer Deklaration verlautbaren, dass für sie der „Shareholder Value", also die Interessen der Firmeneigentümer, nicht mehr oberste Priorität bei der Geschäftsstrategie genieße, sondern dass künftig die Interessen von Angestellten, Zulieferern, Kunden und der Öffentlichkeit gleichwertig mitberücksichtigt werden sollen.[123] Es ist wenig wahrscheinlich, dass dies aufgrund eines kollektiven ethischen Erwachens der Bosse geschah. Der öffentliche Druck gegen den rücksichtslosen, auf kurzfristige Gewinnmaximierung ausgerichteten Kapitalismus hatte schlicht eine Stufe erreicht, bei der die Firmenchefs das heraufziehen sahen, was ihnen (nebst Verlusten) am meisten Angst macht: nachhaltiger Reputationsschaden. Der Druck von unten auf den unreformierten Kapitalismus nimmt also zu; es gibt inzwischen auch eine ge-

---

123 https://www.cnbc.com/2019/08/19/the-ceos-of-nearly-two-hundred-compa-nies-say-shareholder-value-is-no-longer-their-main-objective.html.

nügende Anzahl durchdachter Reformideen. [124] Aber die müssten in einem Konsens zumindest der wichtigsten Wirtschaftsnationen eingeführt werden, um global zu greifen. Und danach sieht es im Moment nicht aus. Andererseits ist die Weltwirtschaft durch die Coronakrise derart durcheinandergewirbelt worden, dass diverse Branchen vor einem Scherbenhaufen stehen – die Ölindustrie, Touristik, Fluggesellschaften, Autoproduzenten, Gastronomie, Kulturunternehmen, die Sportwirtschaft und andere mehr. Das erzwungene Umdenken bietet Chancen.

Neben den **politischen Amtsinhabern** und **wirtschaftlichen Entscheidungsträgern** gibt es noch eine dritte Personenkategorie, der aufgrund des **Ausmaßes ihres Einflusses** eine besonders große Verantwortung bezüglich des Reifens einer Demokratie im Speziellen und einer Gesellschaft im Allgemeinen zukäme, nämlich **Journalisten und andere Medienverantwortliche.** Ich schreibe bewusst „zukäme", denn der tagtägliche Medienoutput legt den Schluss nahe, dass viele Erzeuger dieses Outputs sich ihrer Verantwortung nicht in ausreichendem Maße bewusst sind. Mit der heute

---

124 Konkrete Beispiele solcher Ideen: ein **Grundeinkommen für alle**, um die Not der Armut zu lindern, das Stigma der Arbeitslosigkeit abzuschwächen und Raum für Lebensentwürfe zu bieten, bei denen das Erwerbsleben nicht (gezwungenermaßen) im Zentrum steht; ein **ökologisch nachhaltigeres** und **sozial gerechteres Handelssystem** – etwa durch Verzollung von Produkten, die definierte Standards bezüglich Umweltverträglichkeit, Arbeitsbedingungen und Löhne nicht erfüllen, um so umweltverträgliche und fair hergestellte Produkte attraktiver zu machen; **Direktzahlungen** an die **ganz Armen** in den Entwicklungsländern: Dadurch baut man in Armenvierteln und Dörfern eine Kundschaft für lokale Lebensmittelläden, Nähstuben, Handwerksbetriebe und Tee- oder Kaffeestuben auf, was Arbeitsstellen schafft und letztlich einer ganzen Gemeinde zugutekommt (ein solcher Versuch läuft beispielsweise seit 2017 in Kenia, allem Anschein nach mit Erfolg); **CO_2-Steuern**, die paritätisch an die Bürger und Bürgerinnen **zurückerstattet** werden – so profitieren unter dem Strich diejenigen, die weniger CO_2-Ausstoß als der Durchschnitt verursacht haben; **weg vom Renditedenken** in **gesellschaftlichen relevanten Bereichen** wie Wohnen (z.B. indem man die Grundstückspekulation unattraktiver macht), Gesundheit, Pflege und öffentlicher Verkehr; **stärkere Besteuerung** dort, wo es **am wenigsten wehtut**, beispielsweise bei Luxusprodukten und hohen Erbschaften. (Die genannten Beispiele sind folgendem Artikel entnommen: Wolfgang Kessler, *Die Kunst, den Kapitalismus zu verändern*, in *Publik-Forum* Nr.10/2019, S. 12 ff.).

üblichen Konzentration auf Negativmeldungen fördern sie unter weiten Kreisen der Bevölkerung eine Stimmung von Empörung, Angst und Ohnmacht, die extrem entwicklungshemmend wirkt. Auch hier gibt es jedoch eine vorbildliche Minderheit: Journalisten und Medien (Zeitungen, Zeitschriften, Fernsehsender, Blogs usw.), die – jenseits von marktschreierischen Sensations- und Skandalmeldungen – aufgrund teils akribischen Nachforschungen Machtmissbrauch, Korruption und Fälle von sozialer Ausbeutung ans Licht zu bringen; sowie solche, die **neben Problemen auch Lösungsansätze und positive Entwicklungen aufzeigen** – selbst dann, wenn diese sich als Sensationsberichte nicht eignen und sich mit ihnen daher auch weniger Geld verdienen lässt.

So lässt sich zur Demokratisierung folgendes Fazit ziehen: Der menschliche Drang nach Mitsprache, Freiraum und Entfaltungsmöglichkeiten ist universell und lässt sich nur gewaltsam unterdrücken. Es gibt genügend Anzeichen, dass in immer mehr Regionen der Welt eine wachsende Anzahl von (insbesondere jungen) Personen die Bevormundung durch korrupte Autokraten – oder herrschsüchtige Manager – nicht mehr unwidersprochen hinzunehmen bereit ist. Und angesichts der wachsenden Desillusionierung mit selbstbezogenen Politikern jeglicher Richtung und ineffektiven Regierungsapparaten entwickelt sich außerhalb der üblichen Politstrukturen eine große Bandbreite von Initiativen und Bewegungen, die in ihrer Totalität ebendiesen Politbetrieb gehörig aufmischen. In einer solchen **partizipatorischeren Form** könnte die Demokratie gestärkt und gereift in die Zukunft gehen. Ein Blick auf die in den letzten Jahren wieder politisch engagierteren jungen Generationen zeigt, dass sie überwiegend für Inklusivität, Dezentralisierung der Macht und die Priorisierung jener Themen, die die ganze Menschheit angehen (Klima- und Naturzerrüttung sowie soziale Ungerechtigkeit), einstehen. Aus all diesen Gründen scheint es mir am wahrscheinlichsten, dass der langfristige historische Trend zur Demokratisierung trotz Störungsversuchen und Rückschlägen anhalten wird.

Greifen wir nochmals die These „wie unten, so oben" auf, so ergibt sich folgender Schluss: Je höher der durchschnittliche Reifegrad der Bewohner, desto ausgereifter wird die Demokratie ihres Landes sein (sofern dies nicht von äußeren bzw. äußerst gewaltbereiten inneren Mächten verhindert wird). Stellen Sie sich vor: Eine nicht von Machtgier angetriebene Exekutive sowie eine auf Konsens und langfristiges Denken ausgerichtete Legislative (denn andere Volksvertreter werden von der Mehrheit des Stimmvolkes nicht mehr goutiert und daher nicht mehr gewählt), weise und gütige Richter, wahrheitsliebende und konstruktiv denkende Medienschaffende, ein nicht primär durch Geldgier angetriebenes Wirtschaftssystem sowie eine genügend große Anzahl Bürgerinnen und Bürger, die nicht nur bei der Ausübung des Stimmrechts ihre Selbstsucht hintenanstellen, sondern sich darüber hinaus auch aktiv am politischen Diskurs und Geschehen beteiligen.

Das wären Kennzeichen einer reifen Demokratie. Das wären auch Kennzeichen einer reifen Gesellschaft.

7) Zuwachs an Rechten für Frauen

Im August 2019 verkündete ein Regierungssprecher Saudi-Arabiens eine Gesetzesänderung, die es Frauen erlaubt, künftig ohne Bewilligung eines männlichen Vormunds ins Ausland zu reisen, einen Ausweis zu beantragen oder sich scheiden zu lassen. Wenige Monate zuvor war den Frauen das Recht, allein Auto zu fahren, zugestanden worden. Eine weitere Bastion der Männerdominanz ist – trotz Bemühungen von konservativen Kreisen zu deren Aufrechterhaltung – daran, ins Wanken zu geraten.

Blenden wir gut hundert Jahre zurück. Anfang des 20. Jahrhunderts veranstalteten Frauenrechtlerinnen in Großbritannien und den USA (die sogenannten Suffragetten) Protestaktionen und unternahmen Hungerstreiks, um ihren Forderungen nach mehr Rechten für Frauen im Allgemeinen und dem Wahlrecht im Speziellen Nachdruck zu verleihen. In Großbritannien wurde schließlich 1918, also nach Ende des Ersten Weltkriegs, Frauen ab 30 Jahren, die im Besitz von Grundeigentum waren, das Wahlrecht zugestanden. Das uneingeschränkte Wahlrecht für Frauen wurde in den USA 1922 und in Großbritannien 1928 eingeführt (zum Vergleich: Neuseeland als erstes Land der Welt 1893, Deutschland und Österreich 1918, Frankreich 1944, die Schweiz 1971).

Blickt man noch weiter zurück, so zeigt sich ein Bild von **Einschränkungen und allgemeiner öffentlicher Rechtlosigkeit**. Während Jahrhunderten war die **sexuelle Ausbeutung** von weiblichem Dienstpersonal und generell von Frauen der Unterschicht gang und gäbe. Männer betrachteten in der Regel Ehefrau (und Kinder) als Teil ihres Eigentums. In England war das Schlagen der Ehefrau mit einem Stab, der „nicht dicker als ein menschlicher Daumen" war, bis 1891 gesetzlich erlaubt (beachten Sie hierbei den kurzen zeitlichen Abstand bis zum Zugestehen des Wahlrechts!). In den Jahrhunderten zuvor wurden Frauen, die sich jenseits der Normen äußerten oder handelten, angefeindet und geächtet (auch von anderen Frauen). Als Spitze des Eisbergs wurden Tausende von ihnen als Hexen verschrien, angeklagt und hingerichtet. Die letzten derartigen Todesurteile erfolgten in England 1682, in Frankreich 1745, in Deutschland 1775 (dieses wurde allerdings kurz vor der Hinrichtung in eine lebenslange Haftstrafe umgewandelt) und in der Schweiz 1782. In Afrika und Asien gibt es vereinzelte Berichte von Hexenverfolgungen mit anschließender Tötung – insbesondere in ländlichen Gegenden mit tiefem Bildungsniveau – sogar noch im 21. Jahrhundert.

Höhere Bildung für Frauen war vor 1900 mit wenigen Ausnahmefällen weitgehend inexistent. Auch danach brauchte es gut ein halbes Jahrhundert, bevor sich Frauen in diversen Ländern ganz allmählich und in zahllosen Einzelgefechten nicht nur das Recht, sondern auch die gesellschaftliche Akzeptanz der geschlechtsneutralen Bildungsmöglichkeiten erkämpften. Erst 1972 beispielsweise wurde es in den Vereinigten Staaten landesweit verboten, eine Person aufgrund ihres Geschlechts im Rahmen von staatlich finanzierten Bildungsprogrammen zu diskriminieren.

Kleine, aber stete Fortschritte sind seit vielen Jahrzehnten auch im Bereich der **beruflichen Gleichstellung** zu verzeichnen. Hier geht es primär um Lohngleichheit und gleiche Aufstiegschancen sowie um den Zugang von Frauen zu klassischen Männerberufen. Aber auch die **sexuelle Belästigung** am Arbeitsplatz ist **kein Tabuthema mehr** – im Gegenteil – und wird somit immer mehr verpönt und auch sanktioniert.

Alle diese Prozesse sind weiterhin im Gang, wobei der Hauptfokus inzwischen auf denjenigen Ländern und Regionen liegt, wo die Gesellschaft noch von patriarchalischer Haltung und Herrschaftsstruktur geprägt ist.

Die **Zwangsverheiratung von Mädchen** ist zwar am Abnehmen, ist aber noch stets weit verbreitet. Generell dort, wo die Armut am größten ist. Gesetze dagegen nützen in der Regel wenig. Welches mittellose und meist ungebildete Mädchen wird sich an einen männerdominierten Rechtsapparat in einer männerdominierten Gesellschaftsordnung wenden wollen? Gesellschaftliche Aufklärung in kleinen Schritten, nebst anhaltenden Bemühungen um mehr Bildung für Mädchen und natürlich um Verringerung der Armut sind die wichtigsten Faktoren auf dem Weg zu einem weiteren Eindämmen von erzwungenen Ehen.

Jahrhundertelang gab es in Indien den Brauch, wonach **Witwen** – besonders in gewissen Regionen und aus gewissen Kasten – sich zusammen mit dem Leichnam ihres verstorbenen Ehemanns **verbrennen** ließen („Sati"). De facto standen jene frisch verwitweten Frauen zumeist unter großem gesellschaftlichem Druck oder wurden schlicht zur Tat gezwungen. Der Brauch wurde erst 1987 gesetzlich verboten, wird seitdem aber vereinzelt illegal weiter praktiziert.

Die Tradition der **Genitalbeschneidung von Mädchen**, die vor allem im nördlichen Afrika und im Nahen Osten weit verbreitet war und zum Teil noch ist, geht auf die Zeit vor der Verbreitung des Christentums bzw. des Islams zurück (keine der beiden Religionen verlangt oder unterstützt diesen Brauch). Die Bekämpfung der Praxis ist seit dem letzten Viertel des 20. Jahrhunderts sowohl auf gesetzgeberischer Ebene als auch mittels Aufklärungsarbeit in vollem Gang.

Jede Einzelne dieser Entwicklungen stellt einen Fortschritt dar. Innerhalb historisch kurzer Zeit ist in Bezug auf politische Rechte, berufliche Rechte, familieninterne Rechte, Persönlichkeitsrechte und ein stets offeneres Rollenverständnis sehr viel passiert. Dennoch ist der Prozess der Gleichstellung von Frau und Mann noch lange nicht zu Ende. In zahlreichen Ländern und Regionen ist die Männerdominanz nach wie vor stark und geht mit Gewalt gegen Frauen einher. Aber es wächst allem Anschein nach weltweit eine Generation von jungen Frauen heran, die dies weit weniger als ihre Mütter widerstandslos hinnimmt.

8) Zunehmende Wertschätzung des Individuums – auch für Menschen außerhalb des eigenen Kollektivs

Jahrtausendelang wurden das Überleben und das Gedeihen des Kollektivs – sei dies ein Clan, ein Stamm, ein Volk oder eine Religionsgemeinschaft – eindeutig höher gewertet als die Würde oder die Rechte des Einzelnen innerhalb dieser Gemeinschaft, geschweige denn von Außenstehenden und Fremden. Im Innern wurden Widerstand oder Anmaßung gegenüber den Leitfiguren und die Verbreitung von Ansichten, die den herrschenden Vorstellungen widersprachen, als Gefährdung betrachtet und entsprechend geahndet. Ebenso waren Menschen und Ideen von außen zunächst einmal suspekt. Der Verdacht auf feindselige Absichten musste von diesen erst entkräftet werden.

Heute sind Gemeinschaften und Nationen weit weniger durch Außenstehende und Andersdenkende gefährdet. Aber der kollektive Schutzinstinkt ist zumindest als Reflex geblieben.

Trotzdem lässt sich eine langanhaltende historische Entwicklung – mit der Renaissance, der Reformation und der Aufklärung als nachweisliche Meilensteine – hin zu **höherer Wertschätzung des Individuums** feststellen. Die Freiheits- und Demokratiebemühungen der letzten Jahrhunderte sind gleichzeitig eine Folge davon und ein Antrieb der Weiterentwicklung.

Zunächst galt der Fokus vor allem den eigenen Volks- und Religionsangehörigen bzw. den eigenen Landsleuten. Begegnungen mit Außenstehenden waren weit seltener als heute, daher war die Frage nach der Haltung ihnen gegenüber eher eine theoretische. Erst in jüngster Zeit wurden die Würde und die Rechte von Menschen aus aller Welt, unabhängig von ihrer Herkunft, Religion und Hautfarbe, zu einem alltagsrelevanten Thema.

Ein Meilenstein des 20. Jahrhunderts in dieser Beziehung ist die 1948 durch die UNO-Generalversammlung verabschiedete **Allgemeine Erklärung der Menschenrechte**. Ferner zeugen die Gründungen verschiedener **supranationaler Nichtregierungsorganisationen** wie Amnesty International, Ärzte ohne Grenzen, Journalisten ohne Grenzen, Human Rights Watch und vieler anderer von einer Haltung der Akzeptanz aller Menschen weltweit als schutzwürdige Individuen.

Vielleicht denken Sie jetzt, dass all dies angesichts der Ausländerfeindlichkeit, des Rassismus und der Auswüchse des Nationalismus, die in den letzten Jahren immer stärker zum Vorschein traten, doch bloß ein paar Tropfen auf dem heißen Stein der Ablehnung von Fremden darstellt. Es sind aber de facto weit mehr als nur Tropfen: Vertieft man sich in die Geschichte, so stellt man unweigerlich fest, dass früher – vor 100, 200 oder 400 Jahren – die Ignoranz, Angst, Ablehnung und teils abgrundtiefe Verachtung gegenüber Fremden noch viel ausgeprägter und verheerender waren. Kolonialismus und Sklaverei mit all dem (im wörtlichen Sinn) unermesslichen Leiden, das sie mit sich brachten, wurden explizit und oft sogar aufrichtig gerechtfertigt mit der Ansicht, dass andere, nichteuropäische und nichtchristliche Völker, Kulturen und Nationen schlicht minderwertig seien. Mit der Christianisierung rette man die Seelen ihrer Bewohner und mit dem Näherbringen der europäischen Kultur und Technik verhelfe man ihnen zu einer besseren Lebensqualität, lautete die verbreitete Meinung. Der **Rassismus**, der vor allem dank den Möglichkeiten anonymer Meinungsäußerungen in letzter Zeit wieder vernehmbarer geworden ist, ist ein Nachhall jener Haltung, die in früheren Jahrhunderten die Norm darstellte. Auch hier also gilt: Betrachtet man die Sache langfristig, so lässt sich ein Gesamtfortschritt nicht bestreiten.[125] Zugegeben aber: Für diejenigen, die der Rassismus heute noch trifft, ist es zumindest im Moment kaum tröstlich, dass diese abwertende Gesinnung und die damit verbundene nonverbale, verbale und physische Gewalt in früheren Jahrzehnten und Jahrhunderten um ein Vielfaches verbreiteter waren als heute.

Ähnlich verläuft die Entwicklung von **religiöser Intoleranz** hin zu **religiöser Toleranz**. Auch hier war die Welt zunächst klein. Die Ablehnung von Andersdenkenden in Europa manifestierte sich vor allem *innerhalb* der eigenen Religion, nämlich des Christentums. Vor der Reformation ging es dabei um den Kampf der (kirchlichen und staatlichen) Obrigkeit gegen Gruppierungen von Abweichlern, sogenannten Häretikern (Gnostiker, Manichäer, Arianer, Katharer, Waldenser und viele mehr), sowie gegen unzählige Einzelpersonen. Die Inquisitions- und Hexenprozesse bleiben als die sichtbarsten Zeichen dieser Unterdrückung in Erinnerung. Nach der Reformation standen dann die Konflikte und Kriege zwischen Katholiken und Protestanten im Vordergrund. Andere Religionen waren *natürlicherweise* Gegner aller Christen − davon zeugen als Spitze des Eisbergs die Kreuzzüge gegen die Muslime sowie die Vertreibungen, Ermordungen, Pogrome und andere Formen der Ausgrenzung gegenüber den Juden, gipfelnd im Holocaust. Gar nicht auf dem europäischen Radar ersichtlich waren zunächst andere Weltreligionen wie der Hinduismus und Buddhismus; als sie dann in Zeiten des Kolonialismus doch zur Kenntnis genommen wurden, erschienen sie den Kolonialherren als ähnlich minderwertig wie die gesamte Kultur des beherrschten Gebiets. Sie wurden nicht aus Wertschätzung, sondern aus Staatsräson toleriert, um die einheimische Bevölkerung nicht unnötig gegen die Kolonialmacht aufzubringen. Noch stärkere Geringschätzung erfuhren die indigenen Religionen Nord- und Südamerikas, Afrikas und Australiens, die allesamt gewaltsam ausgelöscht bzw. in den Untergrund getrieben wurden.

Gewalt gegen Juden beschränkt sich heute auf vereinzelte Taten. Noch stets verbreitet ist der Judenhass; er wird jedoch weit weniger als früher

---

125 Der (langsame) Gesinnungswandel lässt sich auch sprachlich nachverfolgen. Die Bezeichnung „Neger" („nigger" auf Englisch) mit seinem zumindest leicht geringschätzigen Beiklang war deshalb gesellschaftlich bis vor ein paar Jahrzehnten akzeptiert, weil sie die lange vorherrschende gesellschaftliche Haltung widerspiegelte.

theologisch begründet. Das Gleiche gilt für die gegenwärtig verbreitete Ablehnung des Islams. Nicht die Glaubensinhalte stehen im Fokus, sondern gewisse mit der Religion verbundene kulturelle Erscheinungen (vor allem die fehlende Gleichstellung der Frau) sowie die Angst vor dem politischen Islam und dem islamistischen Terror.[126] Einen enormen Zuwachs an Bekanntheit und Wertschätzung hingegen haben die großen Religionen des Ostens erfahren, der Hinduismus und noch mehr der Buddhismus.

Größere religiöse Toleranz ist also eine Errungenschaft. Allerdings erleben wir sie heute mit einer starken Beimischung von **Gleichgültigkeit**. Die **Säkularisierung** hat bei uns unter anderem dazu beigetragen, dass es kaum jemand als lohnend betrachtet, anderen wegen ihrer Glaubensform den Schädel einzuschlagen und dabei den eigenen zu riskieren. Nun scheint aber die Säkularisierung selbst nur eine **Übergangsstufe** auf dem Weg von relativ starr strukturierten, männlich dominierten und sich abgrenzenden Religionsformen zu **offenen, ganzheitlichen Spiritualitätsformen** zu sein. Jedoch wären auch diejenigen, die sich zu einer solchen Spiritualität hingezogen fühlen, sowie diejenigen, die der Religion im Allgemeinen ablehnend gegenüberstehen, gut beraten, die tradierten Religionen nicht einfach pauschal abzulehnen und so der Intoleranz ein neues Gesicht zu geben. Man vergisst dabei leicht die Kraft von gemeinschaftsstiftenden Ritualen der Religionen sowie den Reichtum der überlieferten Weisheiten und ethischen Leitplanken, die letztlich auch das Grundgerüst für jegliche moderne Spiritualität sowie für den säkularen Humanismus liefern. So gesehen verdienen die institutionalisierten Religionen trotz ihrer Makel und Fehlentwicklungen auch von Außenstehenden Toleranz und Respekt.

Wenden wir uns zum Abschluss der zurzeit wohl brennendsten Frage zu, was Fremde betrifft – der Frage der Haltung gegenüber **Migranten**. (Überlegungen zur Regulierung der Zuwanderung wurden im vorhergehenden Kapitel,

---

126 Für diejenigen, die gewillt sind, sich vertiefter mit dem Islam auseinanderzusetzen, stellen arabischkundige Korankenner immer wieder klar, dass detaillierte Kleider- oder Verhaltensvorschriften sich nicht aus dem Koran ableiten lassen. Denn, so sagen sie, die allermeisten der 114 Verse (Suren) des Korans sind aufgrund der poetischen Sprache mehrdeutig. Das ist seine Stärke, denn darum geht der Koran den Kennern so ans Herz. Jeder, der behauptet, genau dies und nichts anderes bedeute ein bestimmter Vers, verkürzt oder verfälscht gar seine Botschaft.

Punkt 14, dargelegt.) Umfragen aus mehreren Ländern zeigen ausnahmslos, dass die Ablehnung von Ausländern und insbesondere von Asylsuchenden in ländlichen Regionen, wo die meisten Einheimischen nur selten mit Fremden in Berührung kommen, höher ist als in städtischen Gebieten, wo sich viel eher Kontakte mit Menschen anderer Nationen ergeben.

In seinem 2017 veröffentlichten Dokumentarfilm „Human Flow" macht der chinesische Künstler *Ai Weiwei* (geb. 1957) wenig anderes, als Flüchtlingen ein Gesicht zu geben. Meist genügen längere, wortlose Einstellungen, bei denen die Zuschauer die Person von Angesicht zu Angesicht präsentiert bekommen. Die Botschaft musste gar nicht ausgesprochen werden: „Ich bin ein Mensch, genauso wie du". Die Bilder vermitteln auch eine weitere Botschaft: „Du brauchst keine Angst vor mir zu haben."

Ein wesentlich älterer Film, eine französische Komödie, bringt diesen Effekt – „was ich kenne, das kann ich akzeptieren" – noch direkter auf den Punkt: Der Hauptheld, kein Superhirn, trägt eine generelle Abneigung gegen arabischstämmige Einwanderer mit sich herum und tut dies auch lautstark kund. Bis ihn jemand darauf hinweist, dass sein bester Freund auch zu dieser Kategorie zählt. Worauf unser Held entrüstet antwortet, dass er *den* natürlich nicht meine.

Generell gilt: Je weniger Migranten ein Randdasein fristen, je weniger sie abseits des „Mainstreams" Subkulturen bilden (müssen), desto eher kommt es zwischen ihnen und Einheimischen zu Begegnungen, was wiederum in der Regel zu mehr Verständnis und Akzeptanz führt.

Nicht nur Krieg, Naturkatastrophen und Armut, sondern auch die **demographischen Entwicklungen** weltweit werden dafür sorgen, dass Migration und die Durchmischung der Bevölkerungen so bald nicht zu Ende gehen. Die reichen Nationen steuern auf eine Überalterung der Bevölkerung zu (Ausnahme USA), während viele arme Nationen noch immer eine (zu) hohe Geburtenrate aufweisen. Der „Norden" wird auf Arbeitskräfte aus dem „Süden" angewiesen sein.

Zusammenfassend lässt sich auch hier der Schluss ziehen: In Sachen Wertschätzung des Individuums und Toleranz von fremden Lebens- und Glaubensformen lässt sich belegen, dass die Menschheit in den letzten 100 (geschweige denn 400) Jahren insgesamt eine gute Wegstrecke vorangekommen ist. Wie bei allen übrigen Punkten gilt aber auch hier: Der Weg ist noch lange nicht zu Ende.

9) Ausweitung der Sorge für die Schwächsten der Gesellschaft
In den westlichen Industrienationen hat die **Armut** in den letzten 100 Jahren erheblich abgenommen. Einer der wesentlichsten Faktoren hierfür, neben dem Wirtschaftswachstum, ist das Einführen der **staatlichen Alters-, Kranken- und Arbeitslosenversicherung** *zusätzlich* zur freiwilligen Linderung von Not durch religiöse und andere karitative Organisationen und durch unzählige einzelne Helfer im Stillen. Dass es im frühen 21. Jahrhunderts in manchen Ländern zu einem Knick in dieser Entwicklungslinie und somit zu einer erneuten Zunahme an Armut gekommen ist, liegt nicht zuletzt an den aus Spargründen vorgenommenen Kürzungen jener Leistungen.

Besonders früh bei der staatlichen Fürsorge waren Deutschland und Frankreich dran, allerdings primär für die Industriearbeiter. Noch unter dem Kaiser wurde in *Deutschland* ab 1883 schrittweise die Absicherung der arbeitenden Bevölkerung gegen Unfall, Krankheit und die Risiken von Invalidität und Alter verwirklicht. Nicht nur aus humanitären Überlegungen – es sollte damit auch die industrielle Produktivität auf ein stärkeres Fundament gestellt werden. Ein finanzielles Sicherheitsnetz für die gesamte Bevölkerung wurde aber erst in den Jahren nach dem Zweiten Weltkrieg gespannt. In *Frankreich* wurden ab 1893 zunächst Kranken- und Unfallgelder, später auch Altersrenten für Arbeiter vom Staat übernommen. Auch hier erfolgte der weitere Ausbau des Sozialstaates in den Jahrzehnten nach dem Zweiten Weltkrieg.

Ein umfassendes staatliches soziales Sicherheitsnetz für alle Bürgerinnen und Bürger wurde in *Großbritannien* unmittelbar nach dem Zweiten Weltkrieg eingeführt. In den *USA* wurde „Social Security" 1935 als Teil des New Deals von Präsident Franklin D. Roosevelt eingeführt – zunächst die Altersrente, später kamen Witwen- und Waisenrenten sowie Erwerbsunfähigkeitsrenten hinzu. Bei der Krankenversicherung hinkt das Land allerdings im Vergleich zu anderen westlichen Staaten bis heute hinterher.

In armen Ländern hingegen braucht es nach wie vor einen großen Familienverband, um mangels staatlicher Hilfe den notwendigen Schutz sicherzustellen. „Krankenversicherung" kann dann so funktionieren (ich habe dies in Burkina Faso selbst miterlebt): Muss ein Familienmitglied ins Spital, wo jede Behandlung in bar zu bezahlen ist, tragen alle – inklusive Onkel, Tanten, Cousins und Cousinen verschiedenen Grades – etwas zu den Kosten bei, und zwar im Verhältnis zu ihrem Einkommen und Vermögen. Im Wissen, dass auch sie von diesem System profitieren werden, sollten sie selbst einmal ärztliche Behandlung benötigen.

Zu den Schwächsten einer Gesellschaft gehören auch **Menschen mit Behinderung**. Nicht nur wird ihnen heute mit praktischen Maßnahmen im Vergleich zu früher mehr (gesellschaftliche) Sorge getragen. Denken Sie etwa an die erhöhte Rollstuhlgängigkeit im öffentlichen Raum. Auch das Verständnis für viele Arten von Behinderung hat ein höheres Niveau erreicht. Nehmen wir hier das Beispiel Autismus. Noch vor gut einem halben Jahrhundert wurden Menschen mit Zügen, die wir heute als autistisch bezeichnen, für verrückt oder asozial gehalten und vielfach in Institutionen weggesperrt. Heutzutage spricht man von einem autistischen Spektrum, nimmt bereits bei Kindern eine entsprechende Abklärung vor und lässt ihnen eine geeignete Schulung und/oder Behandlung zukommen. Gezielte Forschung hat dazu geführt, dass man inzwischen auch die Unterkategorie des Asperger-Syndroms kennt (bei Kindern mit Asperger-Syndrom zeigt sich im Gegensatz zu anderen Autisten beispielsweise keine Verzögerung in der Sprachentwicklung). Solche präzisere Diagnosen helfen Außenstehenden bei der Fremdeinschätzung und Betroffenen bei der Selbsteinschätzung. Außerdem glückt zumindest bei leichteren Fällen oft auch die Eingliederung in die Arbeitswelt, indem man für diese Menschen Stellen findet oder schafft, die auf ihre speziellen Stärken (zum Beispiel große Detailgenauigkeit sowie Vorliebe für repetitive, möglichst gleichbleibende Arbeitsabläufe) und Schwächen (rasche Überforderung bei Veränderungen sowie bei unplanmäßigen zwischenmenschlichen Kontakten) zugeschnitten sind.

Eigentlich sollte es aus Gründen der Mitmenschlichkeit und der Wahrung des sozialen Friedens unbestritten sein, dass die soziale Absicherung einen gesellschaftlichen Fortschritt darstellt. Dennoch werden immer wieder Stimmen laut, die generelle Kürzungen bei den Leistungen an die Schwächsten der Gesellschaft verlangen. Diese Forderungen sind leicht als unethisch zu enttarnen. Durch Kürzungen von Sozialleistungen soll der Staat Geld einsparen, das dann (im besten Fall) der Gesamtbevölkerung zugutekommt, zum Beispiel in Form von Steuersenkungen. Von diesen profitieren aber im Wesentlichen die Besserverdienenden. Summa summarum käme es so zu einer Umverteilung von unten nach oben, von Arm zu Reich. Mir ist keine Ethik bekannt, die so etwas fordert oder gutheißt. Wie gelingt es Politikern und Meinungsmachern dennoch, so viele Menschen von der Richtigkeit einer solchen Politik zu überzeugen? Durch den populistischen Trick der Generalisierung verbunden mit dem Schüren von Empörung. Missbrauchsfälle werden hochstilisiert. Geschichten von nur scheinbar arbeitsunfähigen Menschen, die es sich auf Kosten des Staates gutgehen lassen, werden verbreitet (hier tragen die Medien eine enorme Verantwortung), bis unkritische Leser und Hörer sie für den Normalfall halten und empört das Ende dieses Treibens verlangen. Unerwähnt bleibt, dass solche Missbrauchsfälle die Ausnahme darstellen, dass aber mit den Leistungskürzungen die Mehrheit, nämlich die wirklich hilfsbedürftigen Menschen, mitbestraft wird.

Dieses Beispiel zeigt, wie leicht es gelingt, an die niederen menschlichen Instinkte zu appellieren und diese zu wecken – Selbstsucht, Geringachtung, Schadenfreude, Neid oder Angst. Die Folgen davon sind Ausgrenzung, Bestrafung, im schlimmsten Fall sogar Vertreibung und Vernichtung nicht nur einzelner Schuldiger, sondern ganzer Bevölkerungsgruppen. (Hitler benutzte genau die gleiche Taktik, um Empörung gegen Juden und alle anderen vermeintlichen Feinde des deutschen Volkes zu schüren.)

Womit wir wieder zum stets gleichen Schluss kommen: Es braucht **geistige Wachheit** gepaart mit **Mitgefühl** und wo nötig **Mut zum Engagement**, um ungute Entwicklungen frühzeitig zu erkennen und ihnen entgegenzuwirken.

In die Kategorie der gesellschaftlich Schwächsten fallen auch sehr alte und demente Menschen, und deren Zahl steigt in allen Wohlstandsgesellschaften prozentual zur Gesamtbevölkerung stark an. Somit wächst auch der Bedarf an **Alters- und Demenzbetreuung**. Unter den zahlreichen Non-Profit-Organisationen (NPO) gibt es inzwischen verschiedene Formen von „Caring Communities". Es handelt sich dabei um Netzwerke, bei denen oft Staat und Private insbesondere auf lokaler Ebene zusammenspannen, um gesellschaftlichen Erscheinungen wie Ökonomisierung, Fremdenangst, Abgrenzung und Vereinsamung entgegenzuwirken. Viele von ihnen haben sich der Generationensolidarität und Altersarbeit verschrieben.

Die **Sorgebereitschaft** für diejenigen in ihrer Mitte, die nur beschränkt oder gar nicht mehr für sich selber sorgen können, ist also ein weiterer **Reifegradmesser einer Gesellschaft**. Vom **Reifen der Menschheit** lässt sich dann sprechen, wenn bei dieser Sorgebereitschaft Grenzen und Abgrenzungen eine stets geringere Rolle spielen.

10) Abnehmende Ächtung von sexuellen Minderheiten

Es ist nie einfach, in geschlechtlichen Dingen anders zu empfinden als die Mehrheit. Die Mehrheit bedeutet hier Menschen, die sich in ihrem angeborenen Geschlecht daheim fühlen und heterosexuell ausgerichtet sind. In früheren Zeiten verbanden sich mit der Andersartigkeit jedoch noch wesentlich mehr Leid und Gefahren. Sich diesbezüglich zu „outen" war noch vor rund 60 bis 70 Jahren fast undenkbar; homosexuelle Akte bedeuteten Widerhandlung gegen das Gesetz. Die Folgen waren im besten Fall soziale Isolierung, im schlimmsten Fall Ermordung. Die gesetzlichen Anpassungen und das viel mehr Zeit in Anspruch nehmende gesellschaftliche Umdenken sind auch im Westen noch in vollem Gang; in anderen Ländern und Kulturen hat der Wandel erst ansatzweise eingesetzt und Repressionen gegen Homo- und Transsexuelle sind noch alltäglich.

Warum schwappt sexuellen Minderheiten so viel Ablehnung, Verachtung, Diskriminierung und teils auch Gewalt entgegen? Warum steht Homosexualität noch in so vielen Ländern unter Strafe? Warum gilt sie als böse?

In der fundamentalistischen Auslegung der Heiligen Schriften wird alles wörtlich genommen und damit fehlt jeglicher Interpretationsspielraum. Dies gilt dann auch für Passagen, in denen die gleichgeschlechtliche Liebe verdammt wird. Allerdings sind die fundamentalistisch Gesinnten da nicht konsequent. Betrachten wir folgende Sätze aus dem Alten Testament:

„Jeder, der seinen Vater oder seine Mutter verflucht, wird mit dem Tod bestraft." (Levitikus, 20,9)

„Darum haltet den Sabbat; denn er soll euch heilig sein. Wer ihn entweiht, soll mit dem Tod bestraft werden." (Exodus, 31,14)

„Wenn ein Mann einen störrischen und widerspenstigen Sohn hat, (...) dann sollen Vater und Mutter ihn packen, vor die Ältesten der Stadt und die Torversammlung des Ortes führen und zu den Ältesten der Stadt sagen: ‚Unser Sohn hier ist störrisch und widerspenstig, er hört nicht auf unsere Stimme, er ist ein Verschwender und Trinker.' Dann sollen alle Männer der Stadt ihn steinigen, und er soll sterben. Du sollst das Böse aus deiner Mitte wegschaffen." (Deuteronomium, 21,18–21)

In *diese* Kategorie von Geboten und Verboten gehört auch das Verbot der Homosexualität (ausgedrückt etwa in Levitikus, 20,13). Wer also Homosexualität aus biblischen Gründen ablehnt, sollte konsequenterweise ähnlich streng auch über Sonntagseinkäufer und widerspenstige Jugendliche urteilen.

Diese Gebote sind historisch bedingt; sie passen zu einer Zeit, in welcher der Zusammenhalt des Stammes oder Volkes im Vordergrund stand und die Einhaltung von Gruppennormen für das Überleben einer Gemeinschaft viel wichtiger war als heute. Es geht, wie im letzten Zitat deutlich ausgesprochen wird, um das Ausmerzen des Bösen aus der Gemeinschaft. Was aber heißt böse?

Hier soll keine Theorie entwickelt, sondern ein behelfsmäßiger Versuch vorgelegt werden: Das Böse wirkt *destruktiv*, fördert *Spaltung* und verursacht *Leiden*. Das Gute demzufolge wirkt konstruktiv, fördert Gemeinschaft und vermindert Leiden bzw. verursacht Freude. Erfüllt sexuelles Anderssein die Kriterien des Bösen? Nein. Menschen, die einer sexuellen Minderheit angehören, wollen ja genau diese Spaltung nicht; sie wollen im Gegenteil als vollwertige Mitglieder der Gesellschaft akzeptiert werden. Diskriminierung (in der Form von Marginalisierung oder gar Kriminalisierung) verursacht Leiden. Wenn zwei Schwule oder zwei Lesben nach einer entsprechenden Gesetzesänderung endlich heiraten dürfen, wird kein Leiden erzeugt (außer bei jenen Angehörigen vielleicht, die noch in einer ablehnend-diskriminierenden Haltung gefangen sind), sehr wohl aber Freude. Diese dehnt sich auf weitere nicht-heterosexuelle Paare im Land aus, die wissen, dass ihnen diese Möglichkeit nun auch offensteht. So gesehen trägt Akzeptanz von geschlechtlicher Vielfalt nicht unwesentlich zu einer Verminderung des Leids und einer Vermehrung der Freude in der Welt bei. In diesem Sinn möge der Prozess der Akzeptanz weiter unterstützt werden, bis er alle Regionen und Länder erfasst hat und sich durchsetzt.

11) Wandel im Verhältnis zur Natur – von Bedrohung und Nahrungsquelle über Umwelt zur Mitwelt

Schon seit Jahrtausenden wohnen Menschen in Ägypten auf den schmalen, fruchtbaren Streifen beidseits des Nils, der sich über tausende von Kilometern einen Weg durch die Wüste bahnt. Der Nil ist für sie *die* Wasser- und damit Lebensquelle. Gleichzeitig lebten sie zumindest bis zum Bau des großen Assuan-Staudamms mit der steten Gefahr einerseits von Überschwemmungen, die Unterkunft, Hab und Gut bedrohten, andererseits von Dürreperioden, welche allzu niedrige Wasserstände mit sich brachten. Dieses kleine Beispiel zeigt, wie stark bis vor Kurzem (historisch gerechnet) die allergrößte Mehrheit der Menschen – Ackerbauer und Viehzüchter – den Launen der Natur ausgeliefert war. Die Natur war also hautnah erlebbar, sowohl als Lebensspenderin als auch als Bedrohung. Erst mit der Verbreitung der städtischen Kultur wurde die direkte Verbindung zwischen den Menschen und ihrer natürlichen Umgebung wenn nicht gekappt, so doch geschwächt. Eine Umfrage unter Schülern in New York in den 1980er-Jahren ergab, dass eine signifikante Anzahl nicht wusste, dass Milch von Kühen stammt. Der städtische Lebensstil führt also zu einer gewissen Abspaltung und Distanz – hier wir Menschen, dort draußen jenseits der Stadtgrenzen die Natur.

Ich wage zu behaupten, dass eine ähnliche Umfrage heute doch ein **größeres Wissen um die Natur und ihre Bedeutung für die Menschen**
auch bei städtischen Kindern aufzeigen würde. Denn mit der **Verkleinerung und Verschmutzung bis hin zur Zerstörung von Naturgebie-
ten** durch uns Menschen wuchsen und wachsen auch Kenntnis und Besorg-
nis. Was ein gutes Beispiel dafür ist, dass es zumeist Krisen braucht, um eine
Bewusstseinserweiterung auszulösen. Die Umwelt ist heutzutage schon auf
Primarschulniveau ein Unterrichtsthema. Die Entwicklung lässt sich insgesamt auch als Bewusstseinswandel von „**Umwelt**" (Dualität Mensch – Natur) hin zu „**Mitwelt**" (Mensch als Teil der Natur; leidet die Natur, leidet
die Menschheit mit) bezeichnen. Zwei Aspekte sind hierbei ermutigend:
Erstens scheint es, dass ein signifikanter Prozentsatz der jüngsten Generationen diese Haltung gerade im Zusammenhang mit dem Klimawandel und
dem Massensterben sehr rasch internalisiert hat und lautstark zu propagieren bereit ist. Und zweitens, dass dieser Trend anders als frühere (etwa die
Hippie-Revolution der 1960er-Jahre) nicht auf die reiche westliche Welt
beschränkt bleibt, sondern dank globaler Vernetzung auch auf andere Welt-
teile übergreift.

Der zugrunde liegende Faktor ist das zu Beginn dieses Kapitels bereits
thematisierte rasante Bevölkerungswachstum seit etwa 1950. Der Bedarf
an Boden und Ressourcen stieg und steigt jedoch nicht nur parallel, sondern vielfach noch steiler als die Zahl der Menschen an. Grund dafür sind
die zunehmenden Wohlstandsansprüche. Als Folge wird der Raum für die
sich selbst überlassene Natur immer knapper. Die Verwandlung von riesigen Naturflächen in Monokulturen oder Siedlungsräume sowie die Verschmutzung von Böden, Flüssen, Seen und Meeren machen diese für zahlreiche Pflanzen- und Tierarten immer weniger bewohnbar. Die Diversität
wird dadurch so drastisch verringert, dass lokale Ökosysteme gefährdet
oder bereits kollabiert sind. Natürlich braucht es Maßnahmen, um die Be-
völkerungszahlen in denjenigen Weltregionen zu stabilisieren, wo die Ge-
burtenraten noch übermäßig hoch sind und deshalb dazu beitragen, Armut,
Analphabetentum und Migration aus materieller Not zu perpetuieren. Es
wäre jedoch zu simpel, der Bevölkerungsexplosion die „Schuld" an der Not
der Natur zu geben. Denn bei einem ökologisch gesehen bewussteren und
bescheideneren – also weiseren – Lebensstil ihrer menschlichen Bewohner
würde die Erde eine noch größere Anzahl tragen und ernähren können,
ohne dabei selbst in Gefahr zu geraten.

12) Sensibilisierung für Tierschutz

Kaum jemand wusste, dass Wale singen. Dann erschien 1970 eine Schallplatte mit Walgesängen, produziert vom Zoologen und Akustiker *Roger Payne* (geb. 1935). Die Platte wurde ein internationaler Hit. Es folgten Bücher, Artikel und Fernsehsendungen zum Leben der Wale und zu ihrer Gefährdung und bald darauf formierten sich die ersten Protestbewegungen gegen den Walfang. Mit Erfolg. Seit 1986 herrscht ein generelles Moratorium für den kommerziellen Walfang, das nur wenige Ausnahmen gewährt. Einzig Japan und Norwegen nehmen sich zurzeit noch hiervon aus.

Diese Entwicklung ist typisch. Es braucht einen Auslöser durch Krisen, durch das Engagement von Pionieren oder, wie in diesem Fall, durch eine Schallplatte. Neues Wissen und Verständnis verbreitet sich und mit ihm die Sensibilisierung einer gewissen Schicht der Bevölkerung. Ein paar wenige Menschen sind daraufhin entschlossen genug, Druck auf die Entscheidungsträger aufrechtzuerhalten. In ihrem Schlepptau erhalten sie zumindest passive Unterstützung von einer wachsenden Anzahl Mitmenschen. Etwas im Zeitgeist verschiebt sich. Dies kann Jahrzehnte in Anspruch nehmen, aber nach dem Prinzip „steter Tropfen höhlt den Stein" werden zuletzt doch konkrete Maßnahmen ergriffen.

Blenden wir weiter zurück und betrachten den großen historischen Bogen. In den frühen Stammeskulturen mit ihrer naturnahen Lebensweise war eine Ehrfurcht vor allen Lebewesen wohl noch verbreitet. Nach dem Heranwachsen von Kulturen, bei denen Ackerbau und Viehzucht als Gewerbe betrieben wurden und immer mehr Menschen in einem städtischen Milieu auf einer gewissen Distanz zur Natur lebten, wurden Tiere größtenteils als Nahrungslieferanten betrachtet, als Arbeitskraft genutzt, als Gefahr gefürchtet, oder (vor allem bei der Oberschicht) als Jagdbeute geschätzt. Bis etwa 1900, als die Weltbevölkerung noch weniger als ein Viertel der heutigen Zahl betrug, waren die ökologischen Gleichgewichte und die Lebensräume kaum gefährdet und die Land- und Meerestierbestände konnten sich regenerieren. Eine eigene Würde wurde dem einzelnen Tier im gesellschaftlichen Bewusstsein jedoch kaum zugestanden – außer dort, wo man tagaus, tagein in nächster Nähe mit diesen Tieren lebte. In den Städten waren das die Haustiere. Aber auch dabei handelt es sich um eine herrschaftliche Beziehung. Mein Hund oder meine Katze sind mein Besitz. Sie haben nach meinen Vorstellungen zu leben.

Ferner wurden bis in die ersten Jahrhunderte nach der Zeitenwende in den allermeisten Kulturen Tieropfer dargebracht. Das Christentum hat diesen

Brauch nie eingeführt (ebenso wenig wie der Buddhismus); in anderen Religionen schwand oder schwindet er allmählich, weitere Religionen mit Tieropferritualen sind selbst verschwunden. Insgesamt lässt sich, gerade mit einem Blick auf die heranwachsenden Generationen, heute Folgendes beobachten: Parallel zu dem Bewusstsein für und der Achtung der Natur als Ganzes steigt ganz allmählich auch die Ehrfurcht vor jedem einzelnen Lebewesen (zumindest ab einer gewissen Größe) nach mehreren Jahrtausenden auf einem neuen, kenntnisreicheren Niveau wieder an.

Wie in den übrigen aufgelisteten Punkten sind die Fortschritte diesbezüglich ungleich verteilt. Im Westen ist die entsprechende Sensibilisierung zwar durchschnittlich weiter fortgeschritten als in vielen anderen Kulturen, aber auch bei uns zeigt beispielsweise die industrialisierte Tierhaltung (wo die Ideologie der Produktions- und Gewinnmaximierung Lebewesen zu Waren degradiert), dass noch sehr viel Luft nach oben vorhanden ist.

Der Tierschutz zielt in zweierlei Richtungen: Einerseits geht es um die Erhaltung von Wildtierarten und deren Bestand (wobei das Augenmerk heute vor allem auf die Lebensraumerhaltung gerichtet ist), andererseits um eine artgerechte Behandlung von Nutz- und Zootieren. In beiden Bereichen werden ohne Druck aus der Öffentlichkeit kaum adäquate Maßnahmen ergriffen. Bei den Nutztieren betrifft dies beispielsweise strengere Regeln für die Massenhaltung. Je schwächer der Druck, desto lascher zumeist die Vorschriften bzw. deren Umsetzung. Das gegenwärtige Dilemma ist ähnlich wie beim Umweltschutz: Die meisten Menschen befürworten zwar eine artgerechte Behandlung der Tiere, wollen aber gleichzeitig nicht auf ihre gewohnte Ration von – möglichst billigen – Fleisch- und anderen Tierprodukten verzichten.

Als ein weitverbreitetes Element der Lebenseinstellung ist der Tierschutz historisch gesehen brandneu. Der WWF wurde 1961 gegründet, als weitherum bekannt wurde, dass viele Tierarten (mit dem Panda als sichtbarem und einprägsamem Symbol) vom Aussterben bedroht sind. Wie bei den meisten der genannten Entwicklungen kamen auch beim Tierschutz die ersten wirksamen Forderungen aus den gebildeten Bevölkerungsschichten der wohlhabenden und demokratischen Staaten des Westens. Und wie bei den anderen Entwicklungspfaden werden in jüngster Zeit vermehrt auch Stimmen aus gebildeten Kreisen überall auf der Weltkugel laut, was in Ländern mit repressiven Regimen noch größeren Mut als zuvor im Westen erfordert.

Es ist dafür aber auch höchste Zeit, denn wir befinden uns im 21. Jahrhundert auf einer neuen Stufe der Gefährdung. Mit dem rasanten Anstieg an bedrohten Arten und dem Massensterben der Lebewesen hat das Thema Tierschutz/Lebensraumschutz eine neue Dimension erlangt: Nicht nur eine würdige Behandlung der Tiere und der Schutz einer früher überblickbaren Anzahl von gefährdeten Arten sind gefordert, sondern es geht um das Überleben der gesamten, wunderbar diversen Wildtierwelt, wie wir sie heute kennen, in der alle Arten miteinander verwoben leben. Hierfür genügen einzelne Regierungsmaßnahmen längst nicht mehr. Es braucht einen einschneidenden Wandel in unserem Konsum- und Mobilitätsverhalten.

Aus der zunehmenden Sensibilisierung für die Würde der Tiere ist die Bewegung hin zu mehr **vegetarischer Ernährung** oder gar einem **vegan geprägten Lebensstil** gewachsen. Sie kommt vor allem den Nutztieren zugute, aber sie signalisiert gleichzeitig einen **Wandel in der Haltung aller Tiere gegenüber**. Diese Signale nehmen auch nicht vegetarische und nicht vegane Zeitgenossen wahr. Obwohl oft lauthals Widerstand ertönt („Ich lass mir mein Fleisch von niemandem vermiesen"), kommt es doch bei vielen – nicht ohne sanften Druck durch den veränderten Zeitgeist – zu einem allmählichen Haltungswandel. Und dieser manifestiert sich früher oder später in einem Verhaltenswandel.

13) Kollektive Aufarbeitung vergangener Schuld als neue historische Erscheinung

Kein Volk hat bisher intensiver Aufarbeitungsarbeit geleistet als die *Deutschen*. Wohl auch, weil keinem Volk bisher eine ähnliche Schuld wie der Holocaust zur Last gelegt worden ist. Neben den von den Siegermächten organisierten Nürnberger Prozessen, bei denen die dingfest gemachten Naziverantwortlichen gerichtlich abgeurteilt wurden, gab es auf innerdeutscher politischer Ebene in den Nachkriegsjahren zunächst Maßnahmen zur **Reintegration** von Nationalsozialisten der niederen Hierarchiestufen, zum Beispiel mittels Amnestiegesetzen. Diese hatten auch einen praktischen Aspekt: Es ging darum, die Funktionsfähigkeit von Politik, Justiz und Verwaltung sicherzustellen.[127] Die eigentliche Aufarbeitungsarbeit wurde danach vor allem akademisch und kulturell geleistet. Einerseits in **wissenschaftlichen Arbeiten** (eine Bibliographie zur NS-Forschung umfasste im Jahr 2000 rund 37'000 Titel),

---

127 Wenn sich die Amerikaner 2003 im Irak nach dem von ihnen herbeigeführten Sturz Saddam Husseins ein Beispiel daran genommen hätten, wäre danach im Nahen Osten vieles anders gelaufen.

andererseits in den **Künsten** (v. a. Literatur und Film). Interessanterweise waren die Bücher und Filme der 1950er-Jahre insgesamt noch weniger harsch in ihrer Kritik als die der darauffolgenden Generationen. Politische Gesten mit Symbolkraft, etwa der Kniefall von Bundeskanzler Willy Brandt in Warschau 1970 mit der impliziten Bitte um Vergebung sowie andere Wiedergutmachungsmaßnahmen erfolgten mit einem größeren zeitlichen Abstand. Zu den nachhaltigsten Folgen des deutschen Schuldbewusstseins und des Willens zur Wiedergutmachung zählen der weitverbreitete Pazifismus (wenn es beispielsweise um die Beteiligung an internationalen Militäroperationen geht, sind die Deutschen wesentlicher zurückhaltender als etwa die Briten oder Franzosen), sowie das andauernde und breit verwurzelte Engagement für das Projekt „Europa", also für eine starke Europäische Union; nicht zuletzt, um künftige nationalistische Exzesse bereits im Keim zu ersticken.

Von den anderen Aggressoren des Zweiten Weltkriegs haben weder *Italien* noch *Japan* bisher eine vergleichbare Aufarbeitungsarbeit geleistet. Gerade im Fall von Japan führt dies zu immer wieder frisch aufkeimenden Spannungen mit den ehemaligen Kriegsgegnern, allen voran China und Südkorea.

Ein weiteres Beispiel kollektiver Vergangenheitsbewältigung in den letzten Jahrzehnten stellt die Arbeit der *Wahrheits- und Versöhnungskommission* in *Südafrika* nach Ende der Apartheid dar. Schon der Name der Kommission hebt zwei der wichtigsten Komponenten eines solchen Prozesses hervor: Die **Wahrheit** über Unrecht, Verbrechen und Gräueltaten muss **ans Licht** gebracht und ein **Versöhnungsprozess** soll eingeleitet werden. Weitere Komponenten sind **Strafen**, die weitgehend als **gerecht** empfunden werden (also keine Rache), sowie konkrete, in der Regel finanzielle **Maßnahmen zur Wiedergutmachung**. Auch wenn alle diese Punkte nie flächendeckend verwirklicht werden, so ist ein angestoßener Prozess besser als gar keiner, und er kann auch eine inoffizielle Eigendynamik entwickeln.

Um die gleichen Ziele geht es auch bei der Bewältigung der Massaker von 1994 in *Ruanda*. In diesem Fall bildete sich ein dreigliedriges System heraus, bestehend aus dem Internationalen Strafgerichtshof für Ruanda, den nationalen Militärgerichtshöfen und Völkermordkammern sowie einer auf traditionellen Stammesbräuchen beruhenden *Gacaca-Gerichtsbarkeit*. Typischerweise werden dabei unter der Leitung eines Gremiums aus anerkannt weisen Männern und (heutzutage auch) Frauen die Aussagen von Anklägern und Zeugen aufgenommen und auch die Angeklagten erhalten die Möglichkeit, öffentlich ihre Sicht der Dinge darzulegen. Ziel des Verfahrens ist, wie in

Südafrika, ein von allen akzeptiertes Strafmaß als Sühneleistung (traditionellerweise gemeinnützige Arbeit in der Dorfgemeinschaft oder Reparationszahlungen, meist als Sachleistung) und Versöhnung. Letztere wird unter Umständen mit einem gemeinsamen Mahl gefeiert. Natürlich werden längst nicht in allen Fällen diese Ziele erreicht, aber allein der Versuch zur Aufarbeitung und damit die Lüftung des Mantels des Schweigens sind für viele Opfer und deren Nachkommen wohltuend und heilsam.

Ausstehend ist noch vieles, beispielsweise das Angehen der unverheilten Wunden im Balkan nach den Kriegen in den 1990er-Jahren. Findet dies nicht statt, droht ein Wiederaufflammen solcher Konflikte. Das zeigt sich auch in manchen Ländern nach der Beseitigung von Diktaturen. Sowohl im Irak nach dem Sturz von Saddam Hussein als auch in Libyen nach dem gewaltsamen Tod von Muammar Gaddafi brach nicht etwa ein *willkürliches* Chaos aus, sondern es kamen (nebst rein kriminellen Auswüchsen) alte Ressentiments und Feindseligkeiten bei Bruchstellen entlang religiöser, ökonomischer oder stammesbedingter Trennlinien an die Oberfläche.

Schauen wir uns zum Abschluss ein weiteres konkretes Beispiel etwas detaillierter an, nämlich die Aufarbeitung von „Erbschuld" aus der Geschichte *Australiens*. Eine fortlaufende Untersuchung an der australischen University of Newcastle, durchgeführt mit der aktiven Unterstützung der Behörden und zahlreicher Einzelpersonen im ganzen Land, hat bis 2019 ergeben, dass es in den Jahren 1788 bis 1930 in Australien mindestens 520 ungesühnte Massaker an den als Untermenschen geltenden Aborigines gab (Massaker ist dabei definiert als ein Vorfall, bei dem sechs oder mehr wehrlose Menschen ermordet wurden). Verübt wurden sie durch britische Soldaten, Polizisten und Siedler. Zur Rechenschaft gezogen wurde kein einziger Täter. Und diese Zahl beinhaltet nur die historisch belegbaren Fälle. In den Jahrzehnten danach wurde der Mantel des Schweigens über das Kapitel gelegt. Erst seit Mitte des 20. Jahrhunderts wird ein Mord an einem Aborigine überhaupt juristisch mit der gleichen Elle gemessen wie ein Mord an einem Weißen. Und erst in unseren Tagen, im 21. Jahrhundert, haben die Australier mit einer umfassenden Aufarbeitung dieses dunklen Teils ihrer Geschichte begonnen. Die im Internet abrufbare, laufend ergänzte „massacres map"[128] hat in Australien tiefe Betroffenheit, Anteilnahme und ein verbreitetes Insichgehen ausgelöst.

---

128 Zu finden unter: https://c21ch.newcastle.edu.au/colonialmassacres/map.php.

Mir ist kein vergleichbarer kollektiver Prozess der Schuldaufarbeitung bekannt, der vor 1945 stattfand. Es lässt sich also auch hierin ein zivilisatorischer Fortschritt erkennen. Verwirklicht wird er zwar schmerzhaft langsam, oft punktuell und alles andere als geradlinig. Aber er findet statt und lässt sich belegen. Es ist außerdem schwer vorstellbar, dass künftig die Aufarbeitung von kollektiver Schuld als etwas Unnötiges oder gar Schädliches betrachtet und deshalb unterlassen wird. Schuld wird höchstens geleugnet oder möglichst totgeschwiegen, wie im Fall der offiziellen Türkei angesichts der gezielten Massenvernichtung von Armeniern (Hauptphase 1915–1917). Aber auch in solchen Fällen nimmt der Druck der Weltöffentlichkeit zu. So gesehen lässt sich auch der Entwicklungsprozess in Richtung kollektiver Schuldanerkennung, Reuebekundung und Aussöhnung als historisch gesehen neue Norm wohl nicht mehr aufhalten oder gar in die alte Norm des Ignorierens oder Verschweigens zurückführen.

14) Jüngste globale Phänomene und Anzeichen von Beschleunigung
In den letzten Jahren häufen sich Berichte über ungewöhnlich **reife Jugendliche**, ja sogar **Kinder**, die in einem Maß **Verantwortung** übernehmen und eine Wirkung erzielen, wie es so in der Vergangenheit kaum vorkam. Es werden auch Begriffe wie hochbegabt oder hochsensibel verwendet im Versuch, solche Kinder oder Jugendliche einzuordnen. Meistens wirken sie in einem kleinen Rahmen. Aber zumindest die folgenden zwei Beispiele zeigen, dass aus einer familiären oder lokalen rasch eine globale Bühne werden kann.

Im ersten Fall geht es um das pakistanische Mädchen *Malala Yousafzai* (geb. 1997). Bereits im Alter von elf Jahren begann sie, ein Blog-Tagebuch zu führen, in dem sie vor allem ihr Recht und das Recht aller Mädchen und Frauen auf Bildung verteidigte. Es verbreitete sich rasch im Internet und kostete sie beinahe das Leben. Ein Anhänger der Taliban gab 2012 aus nächster Nähe Schüsse auf sie ab; sie überlebte knapp. Seitdem nutzt sie ihre Bekanntheit (sie ist unter anderem die jüngste Gewinnerin des Friedensnobelpreises), um sich für die Schulbildung von Mädchen weltweit einzusetzen. Ihre Wirkung? Seit 2013 gibt es eine Malala-Stiftung, die sich weltweit diesem Zweck verschrieben hat. Ihr Buch „I am Malala" ist in diverse Sprachen übersetzt und zu einem Weltbestseller geworden. Es wird inzwischen in Kinderbuchform auch im Schulunterricht verwendet. Ihre Vorbildwirkung auf Mädchen in ihrer Heimat sowie anderen Ländern, in denen Schulbildung für Mädchen keine Selbstverständlichkeit ist, lässt sich gar nicht erst abschätzen.

Beim zweiten Fall handelt es sich um die Schwedin *Greta Thunberg* (geb. 2003). Schon als sehr junges Mädchen war ihr der Klimaschutz ein Anliegen. Sie sparte beim Stromverbrauch, wollte nur noch vegan essen und keinesfalls fliegen. Zunächst konnte sie zumindest ihre Familie für diese, dem normalen Konsumverhalten entgegengesetzte Einstellung gewinnen. Ein preisgekrönter Beitrag bei einem Schreibwettbewerb zum Thema Umweltschutz brachte ihr als 15-Jährige erstmals öffentliche Bekanntheit ein. Dann kam der Freitag, 20. August 2018, als sie sich, ganz allein, vor das schwedische Parlamentsgebäude in Stockholm mit einem handgeschriebenen Plakat „Schulstreik für das Klima" setzte. Ihre Haltung erklärte sie einmal in einem Fernsehinterview mit der ihr eigenen Geradlinigkeit: „Ich mag es nicht, wenn Menschen das eine sagen und das andere tun."

Die Folge: Mehrere Millionen Jugendliche und inzwischen auch Erwachsene haben seitdem an den „Fridays for Future"-Demonstrationen und -Veranstaltungen teilgenommen. In Gretas Sog sind vor allem junge Menschen weit mehr als zuvor bereit, beim Umweltschutz selber Verantwortung zu übernehmen. Das Thema wird weltweit diskutiert, ganz besonders natürlich in den Schulen, und grüne Parteien in diversen Ländern erleben nicht zuletzt auch deswegen einen Aufschwung in der Wählergunst. Im September 2019 trat Greta Thunberg an der UNO-Generalversammlung auf und sagte der versammelten Machtelite der Welt unverblümt ins Gesicht: „You are still not mature enough to tell it like it is."[129]

Zu denken geben die teils extrem abschätzigen und gehässigen Kritiken, welche die Teenagerin einstecken muss. Mit einer anderen Meinung in umweltpolitischen Fragen allein lassen sie sich nicht erklären. Ein solches von öffentlicher Aufmerksamkeit begleitetes Engagement erweckt offensichtlich ungute Gegenkräfte – vielleicht weil es das eigene Nicht-Engagement spürbar werden lässt.

Eine dritte, weniger bekannte Jugendliche, nämlich die Schweizerin *Christina von Dreien* (geb. 2001), gehört zu der wachsenden Anzahl von Kindern und Jugendlichen, bei denen Fähigkeiten dokumentiert sind, die sich in einem dreidimensionalen und zeitgebundenen Raster nicht erklären lassen, wie

---

129 Zit. in https://www.theguardian.com/environment/2019/sep/27/climate-crisis-6-million-people-join-latest-wave-of-worldwide-protests. Deutsch: „Sie sind immer noch nicht reif genug, die Dinge so darzustellen, wie sie sind."

beispielsweise Telepathie und Kontakte mit der geistigen (nichtkörperlichen) Welt. Manche von ihnen legen eine für ihr Alter außergewöhnliche Klarsicht an den Tag und sind sich, soweit dies berichtet wird, bewusst, dass sie ihre Fähigkeiten zum Wohl anderer einsetzen müssen. Als Kostprobe sollen die folgenden Aussagen der damals 17-jährigen Christina dienen. Sie beschreibt darin hochkomplexe Sachverhalte in einem für die meisten Menschen bestenfalls spekulativen Bereich mit einer Selbstverständlichkeit, als handle es sich dabei um das Natürlichste auf der Welt: „Eigentlich geht es im gesamten Universum immer nur um Frequenzen. Für jedes sogenannte Problem gibt es eine Lösung, und die Lösung heißt immer: Frequenzerhöhung. Denn die Lösung eines Problems ist niemals auf derselben Frequenzebene zu finden, auf der das Problem entstand."[130] Später ergänzt sie noch: „Jeder einzelne kleine Schritt in die Frequenzerhöhung bringt einen Perspektivenwechsel mit sich. Sobald die eigene Frequenz höher liegt als die Frequenz eines Problems, wird es nicht mehr als ein Problem wahrgenommen."[131] Solche Aussagen kommen bei ihr keineswegs isoliert vor, was doch erstaunlich ist für einen so jungen Menschen. Inzwischen hält Christina auch Vorträge und hat selbst ein Buch verfasst, um ihr Wissen einem größeren Kreis von Menschen zugänglich zu machen.

Engagement bei Jugendlichen (auch solchen ohne Sonderbegabung) für eine bessere Welt ist inzwischen zu einem weltweiten Phänomen geworden. Die Formen sind flexibler, die Gruppierungen kleiner, die Ideologisierung weniger stark ausgeprägt als in den Jugendbewegungen der 1960er und 1970er-Jahre. Dies ist nur eine von verschiedenen sich abzeichnenden gesellschaftlichen Entwicklungen. Eine zunehmende **Abkehr von materialistischen Weltauffassungen** und **Offenheit für eine ganzheitliche**

---

130 Bernadette von Dreien, *Christina – Die Vision des Guten*, S. 77.
131 Ebda., S. 82. Zur Erhellung des von ihr Gemeinten ein Beispiel: Die energetische Frequenz von Groll liegt tiefer als diejenige von Versöhnung. Der Unterschied lässt sich erspüren: Fühlt man sich nach einer Versöhnung „leichter" bzw. „erleichtert", bedeutet dies den Übergang auf eine höhere Frequenzebene, während Groll einen „belastet", also schwer wiegt und somit eine tiefere Frequenzebene darstellt. Für Aura-Sichtige zeigt sich dies farblich. Wut erscheint in Schattierungen von Rot bis Orange (die Farben mit der tiefsten Frequenz auf dem sichtbaren Licht- bzw. Farbspektrum), während friedvolle Gemütszustände im Bereich von Grün, Blau und Violett aufleuchten, jenen Farben mit der höchsten Frequenz.

Spiritualität, ohne Rückfall in wissenschaftsabgewandte und/oder obrigkeitshörige Glaubensformen, ist eine weitere. Im Gesundheitsbereich erleben wir eine **rasch wachsende Sensibilisierung für die Begrenztheit von rein medikamentösen Behandlungen** und für Maßnahmen – insbesondere gesunde Ernährung und Lebensweise –, welche die **Selbstheilungskräfte fördern**. Beobachten lässt sich auch eine **Sensibilisierung für die Destruktivität einer stressfördernden, auf Leistung und Konsum bauenden Lebensart**, angetrieben vom Verlangen nach Besitz und Status. Ansätze zu einer „**sharing economy**", wo viel geteilt und weniger besessen wird, belegen dies. Dem egozentrischen Abkapselungsinstinkt zuwider läuft ein junger Trend zu **kommunalem Zusammenwohnen** in verschiedenen Formen (als Ergänzung zu den eher isolierenden Kleinfamilien- und Einpersonen-Wohneinheiten).

Bei allen diesen Tendenzen gibt es allerdings Bewegungen, die sich dagegen wehren und an alten Mustern festhalten – oft verbunden mit massiver Verunglimpfung und vereinzelt auch Bedrohung der Protagonisten jener Bemühungen um Erneuerung. Dies führt zu einem weitherum wahrgenommenen Gefühl der permanenten Unruhe und zu tief gespaltenen Gesellschaften.

Hinzu kommt die **Beschleunigung bei den meisten der aufgelisteten Entwicklungen** – älteren wie auch neueren. Die vielen angeführten Jahreszahlen können dies belegen. Schon vor der Coronakrise zeigte dies deutlich, dass sich die Menschheit mitten in einem fragilen Wandlungsprozess von evolutionärem Ausmaß (siehe nächsten Abschnitt) befindet.

Nimmt man alles zusammen und schließt auch die hier nicht näher besprochenen technologischen Entwicklungen mit ein, so wird klar: Wir leben jetzt, im frühen 21. Jahrhundert, tatsächlich in einer **Umbruchzeit**, wie sie die Menschheit in dieser Tragweite innerhalb einer historisch gesehen so kurzen Zeitspanne noch nie erlebt hat.

15) Von der Irreversibilität der genannten Entwicklungen

Treten wir an dieser Stelle einen Schritt zurück und überblicken die zuvor aufgelisteten zivilisatorische Errungenschaften. Wie wahrscheinlich ist es, dass eine oder mehrere dieser Entwicklungen kippen und *längerfristig* in die umgekehrte Richtung verlaufen könnten; oder anders gesagt, dass aus Fortschritt Rückschritt wird?

Beginnen wir ganz oben, auf der Stufe der **kosmischen Evolution**. Betrachtet man diese aus der Vogelperspektive, so schälen sich drei Hauptmerkmale heraus: *Insgesamt* bewegt sich die Evolution seit dem Urknall in Richtung einer **Zunahme an Komplexität, Bewusstsein** und **Empfindungsvermögen**. Dies wird ersichtlich, wenn Sie diese Kriterien auf die folgende, exemplarisch zusammengestellte evolutionäre Progression anwenden: subatomare Partikel – Atome – Moleküle – Sandkörner – Mikroben – Algen – Fliegen – Amseln – Wölfe – Menschen. Mit dem Auftreten und der zunehmenden Dominanz des Menschen (Homo sapiens) tritt der *weitere* Verlauf der Evolution anscheinend mehr auf der nicht-physikalischen Ebene zum Vorschein.[132] Langfristig betrachtet haben somit die genannten **nichtmateriellen zivilisatorischen Fortschritte** – etwa das zunehmende Bewusstsein um den Wert jedes Individuums, die Humanisierung der Erziehung und Rechtsprechung, die größere Sensibilität gegenüber dem Leiden von Tieren – wohl *auch* eine **evolutionäre Komponente**. Und Hinweise, dass die Evolution nun kippen würde und in Richtung weniger Komplexität, weniger Bewusstsein und weniger Empfindungsvermögen weiter verlaufen könnte, sind nicht auszumachen.

Evolutionsmäßig betrachtet bedeutet die zunehmende Durchmischung der Bevölkerungen und der Kulturen eine (rasche) Zunahme an Komplexität. Diese kann Angst machen – und tut es auch. Aber die Zeit wirkt diesbezüglich heilsam – durch den Gewöhnungseffekt und weil die heranwachsenden Generationen nichts anderes kennen. Vor nicht einmal 100 Jahren konnte der Zuzug einer katholischen Familie in eine protestantische Gemeinde (oder umgekehrt) für Unruhe und Widerstand sorgen. Es ist wohl nicht abwegig zu behaupten, dass spätestens in weiteren 100 Jahren das Zusammenleben von afrikanischen und europäischen Familien in einer Gemeinde so wenig Aufsehen erregen wird wie heute das Nebeneinander von Katholiken und Protestanten. Anders gesagt, dass nationalistische Ängste und Intoleranz denselben Weg beschreiten werden wie religiöse Ängste und Intoleranz[133]: Die Unterschiede werden mit der Zeit und mit der Erfahrung aus persönlichen Kontakten, dass die Andersartigkeit eher an der Oberfläche liegt und

---

132 Meiner Ansicht nach am besten ausgearbeitet ist diese Sichtweise im Gesamtwerk des Paläontologen und Jesuitenpaters *Teilhard de Chardin* (1881–1955).

133 Die zurzeit weitverbreitete Intoleranz gegenüber dem Islam basiert, wie anderswo schon erwähnt, kaum auf den Inhalten dieser Religion, sondern in erster Linie auf der Gewaltbereitschaft von islamistischen Extremisten sowie auf kulturellen Begleiterscheinungen wie den Rollen- und Kleidungsvorschriften für Frauen.

das Gemeinmenschliche überwiegt, immer weniger wichtig. Dies spricht für die Irreversibilität der Tendenz zu größerer Akzeptanz von Menschen auch außerhalb des eigenen Kulturkreises.

Nach menschlichem Ermessen ist auch die weitere Demontage der Männerdominanz unaufhaltsam. Sie wird auch Kulturen und Institutionen, in denen Frauen immer noch deutlich weniger Rechte haben als Männer – muslimische Bastionen beispielsweise oder die katholische Kirche –, früher oder später erreichen. Und dort, wo diese Dominanz der Männer gebrochen oder zumindest am Bröckeln ist, ist eine Rückkehr in ein gesellschaftlich sanktioniertes patriarchalisches System etwa so wahrscheinlich wie ein erneutes öffentliches Gutheißen der Sklaverei. Keine Rechtsprechung, die einmal humanisiert wurde, kehrt *freiwillig* wieder zu einem System zurück, bei dem ein Schafsdieb zu Tode verurteilt wird. Das Gleiche gilt für das Recht auf Schulbildung und auf medizinische Versorgung: Niemals werden diese Rechte – als gesellschaftlich sanktionierte Maßnahme – einem großen Teil der Bevölkerung wieder entzogen. Es sei denn …

Von Anfang bis heute hat die Gesamtevolution ihre Richtung beibehalten. Nichts deutet darauf hin, dass sie *von selber* eine Gegenrichtung einschlägt: hin, wie gesagt, zu weniger Komplexität, weniger Bewusstsein, weniger Empfindungsvermögen. Erst in unserem Zeitalter, das zu Recht als **neue erdgeschichtliche Epoche** erkannt und versuchsweise **Anthropozän** genannt wird, ist es einem Produkt dieser Evolution – nämlich dem Menschen – möglich, zumindest auf den die Erde betreffenden Prozess autonom einzuwirken. Es kann zu Einzelereignissen oder Ereignisketten kommen, die, wenn nicht die ganze, so doch einen signifikanten Teil der Menschheit so weit zurückwirft, dass der Kampf ums nackte Überleben im Vordergrund steht und so viele der zivilisatorischen Errungenschaften mindestens vorübergehend verloren gehen. Ich spreche hier von **selbstprovozierten Megakatastrophen**. Wir nähern uns mit Riesenschritten der desaströsen Zerstörung diverser Ökosysteme, deren Zusammenspiel so komplex ist, dass die Gesamtfolgen unabschätzbar bleiben. Andere Katastrophen sind zumindest denkbar; sie können allein oder in Kombination auftreten: Krieg unter Einsatz von nuklearen, chemischen oder biologischen Waffen (menschen- oder algorithmengesteuert), Hungersnöte oder Pandemien (deren Umbruchpotenzial die Coronakrise zur Zeit des Schreibens der gesamten Menschheit unübersehbar vor Augen führt). Als Folge könnten Bildung und medizinische Grundversorgung drastisch eingeschränkt werden oder es könnte zu neuen Formen von (in unseren Breitengraden allerdings kaum mehr vorstellbarer) Zwangs-herrschaft kommen. Daraufhin müssten jene Bemühungen um Befreiung, Emanzipierung und Humanisierung, die seit Jahrhunderten zu den beschrie-benen Fortschritten führen, von einer tieferen Stufe aus erneut einsetzen.

Wie viel Ignoranz, Egozentrik und Verantwortungslosigkeit muss noch immer geballt vorhanden sein, dass so etwas in den Bereich des Möglichen gerückt ist? Die Ignoranz nimmt ab (hier leisten die Medien insgesamt gute Arbeit), das Händeringen nimmt zu, aber die Entschlossenheit, die eigene Komfortzone zu verlassen, Verzicht zu üben und sich zu engagieren, ist noch viel zu wenig weit verbreitet.

Das Fazit lautet also: **Kurzfristig** betrachtet sind **einzelne oder meh-rere der erzielten kollektiven Fortschritte durchaus reversibel**, und zwar nicht nur im Katastrophenfall. Sie sind keine Selbstläufer. **Langfristig** betrachtet jedoch, falls Unwissen, Egozentrik und Verantwortungslosigkeit so weit verringert werden, dass Megakatastrophen, die einen Großteil der (über-lebenden) Menschheit in frühere Entwicklungsstadien zurückwerfen wür-den, vermieden werden können, scheint jeder der genannten **Megatrends hin zu mehr zivilisatorischer Reife irreversibel** zu sein.

Die **Probleme**, die zu solchen Katastrophen führen könnten, sind **global**. Auf nationaler Ebene, wo insbesondere die mächtigen Staaten sich gegensei-tig als Rivalen betrachten und sie und viele andere miteinander in Konflikt liegen, werden solche Probleme kaum zu lösen sein. Immer wieder zeigt sich, dass Lösungsbemühungen auf rein nationaler Stufe bestenfalls Stückwerk blei-ben. Betrachten wir ein Beispiel: Wenn ein Staat Steuern auf Anlageerträge erhebt, um das zusätzlich eingenommene Geld zugunsten der Ärmeren ein-zusetzen (Arme haben kaum Mittel für Investitionen und werden in diesem Fall nicht mitbesteuert), werden insbesondere Großinvestoren mit Hilfe des globalen Finanzsystems ihre Anlagen einfach in einem anderen Land tätigen. Dazu müssen sie sich nicht einmal aus ihrem Stuhl erheben – es geht bequem über Computer und Internet. Zur Lösung des Problems, dass Reiche (und auch Firmen) dank globalen Investitionsmöglichkeiten immer reicher werden, ohne angemessene Steuern abliefern zu müssen, während Staaten aufgrund man-gelnder Steuereinnahmen ihre Sozialausgaben kürzen, braucht es also greifen-de supranationale Maßnahmen. Dasselbe gilt auch für Fragen des Klima- und Artenschutzes, der Migration und für ähnliche weltumspannende Probleme. Kurz gesagt: Globale Probleme lassen sich nicht auf nationaler Ebene lösen.

Wie könnte eine **reifere,** das heißt auch **zeitgemäßere Weltordnung** aussehen, die geeignet wäre, derartige Probleme mit realistischen Erfolgsaussichten anzugehen? Es müsste dazu eine heilige Kuh wenn nicht geschlachtet, so doch aus dem Heiligenstand entfernt werden: die Souveränität der Nationalstaaten. Wie oft hört man von Autokraten das Mantra der „Nichteinmischung in innere Angelegenheiten", wenn es darum geht, Kritik an unmenschlichen Praktiken in ihrem Land abzuwehren. Diese Doktrin kann für die Bewohner eines diktatorisch regierten Landes, die von außen keinen Schutz zu erwarten haben, lebensgefährlich sein. Dabei kann das ganze Volk gefährdet sein, wie in Syrien unter Baschar al-Assad, oder eine ethnische oder religiöse Minderheit, wie im Fall der Rohingya in Myanmar. Die Unumstößlichkeit der nationalen Souveränität kann auch für die Bewohner anderer Länder bedrohlich werden, beispielsweise wenn Staudämme an den Oberläufen von Flüssen gebaut werden, die mehrere Staaten als Lebensader durchlaufen (Nil, Euphrat, Brahmaputra, Mekong). Sogar die Menschheit als Ganzes kann in Mitleidenschaft gezogen werden, wenn etwa der überwiegende Teil des Amazonasregenwalds zum „Eigentum" Brasiliens erklärt wird und ein Präsident wie Jair Bolsonaro nicht nur dessen Schutz vernachlässigt, sondern die Abholzung sogar vorantreibt.

Was lässt sich dagegen tun? Es braucht **supranationale Mechanismen,** die ein legitimiertes Eingreifen in juristisch definierten Fällen ermöglichen. Einmal hat dies in der Geschichte bereits geklappt: Als der Irak 1990 unter Saddam Hussein Kuwait annektierte, legitimierte der UNO-Sicherheitsrat kurz danach ein militärisches Eingreifen unter Anführung der USA. Innerhalb von zwei Monaten war Kuwait wieder ein unabhängiges Land. Bei der Invasion Iraks im Jahr 2003 zur Entfernung des Diktators Saddam Hussein fehlte diese supranationale Legitimierung. Eine Weltregierung braucht es für ein solches System nicht. Nationale Regierungen bleiben weiterhin verantwortlich für die Lösung von primär nationalen Problemen. In einer funktionierenden Demokratie wird die Verantwortung weiter nach unten gereicht – bis auf die kommunale Ebene, wo Gemeindeangelegenheiten ohne Einmischung von oben geregelt werden (sofern sie nicht gegen höherstehendes Recht verstoßen). Es braucht schließlich weder eine UNO noch einen Nationalstaat, um zu entscheiden, ob in meiner Kleinstadt ein Schwimmbad gebaut werden soll. Subsidiaritätsprinzip lautet hier das (leider fast unaussprechliche) Zauberwort. Das Gemeinte lässt sich aber auch mit dem Begriff „gesunder Menschenverstand" zum Ausdruck bringen – auch er ein Kriterium für Reife.

Wird das Völkerrecht in diese Richtung angepasst, bräuchte es in den meisten Fällen wohl nicht einmal ein Eingreifen von außen. Allein die Möglichkeit dazu würde auf die nationalen Regierungen einen Einfluss ausüben, der negative Exzesse unwahrscheinlicher werden ließe.

Es gibt schon einige Hoffnungsschimmer: Das System der **UNESCO Weltkultur- und Weltnaturerbestätten** zum Beispiel erhöht den Druck auf nationale Regierungen, ihr kulturelles und natürliches Erbe zum Wohl der ganzen Menschheit zu schützen, und stellt hierfür Geldmittel und Know-how zur Verfügung. Auch auf anderen Gebieten wie etwa der **Ernährung (FAO)** und der **Friedenssicherung (UNO-Blauhelme)** arbeiten Staaten unter der Schirmherrschaft der UNO zusammen. Und schließlich gibt es das supranationale Experiment der über mehrere Zwischenetappen herangewachsenen **Europäischen Union (EU)**, welche eine Pionierrolle hinsichtlich umfassender supranationaler Zusammenarbeit spielt. Wäre die EU ein Mensch, könnte man sagen, dass sie sich zurzeit in der auslaufenden Pubertätsphase befindet. Wie bei einem Teenager muss man einem solchen noch nie dagewesenen Unterfangen die nötige Zeit zum Reifen lassen.

Im Abschnitt zur Demokratisierung kam die Frage auf, ob es in einer genügend reifen Gesellschaft überhaupt noch Herrschaftsformen irgendeiner Art brauchen würde. Eine wichtige Frage, die es noch zu erörtern gilt.

Stellen wir uns dazu einen Idealfall vor: Der Impuls zur Macht wird zwar noch verspürt, dessen Energie wird jedoch umgewandelt in einen Antrieb zur Übernahme von Verantwortung. Männer und Frauen eines Kollektivs nehmen Aufgaben aufgrund ihrer individuellen Fähigkeiten und Erfahrungen wahr. Sie sind diesbezüglich laufend miteinander im Austausch, insgesamt in einer Atmosphäre von Wohlwollen und gegenseitiger Achtung. Das heißt unter anderem, Konflikte werden auf eine konstruktive Art angesprochen und gelöst. Gremien, Strukturen, Hierarchien und Abläufe werden dort gebildet, wo es aus pragmatischen Überlegungen heraus nötig erscheint. Wenn sie sich als überholt erweisen, werden sie angepasst oder aufgelöst. Denn schließlich ist auf einer solchen Reifestufe der **Kooperationsaspekt** wesentlich **stärker ausgeprägt als der Konkurrenzaspekt**.

In kleineren Gruppen, Gruppierungen oder Unternehmen lässt sich ein derartiges Verhalten schon heute beobachten (etwa in der „Fridays for Future"-Bewegung, die nicht zufälligerweise von Jugendlichen angetrieben wird). Je größer ein Kollektiv, desto komplexer wird all dies nur schon aus organisatorischen Gründen. Dennoch: Nicht nur in kleinen Gruppierungen, sondern auch schon in mittelgroßen ist es dank neuester Kommunikationstechnologie möglich, dass alle mit allen im Austausch stehen können. Da jedoch die **Unausgeglichenheit bezüglich persönlicher Reife mit der Größe eines Kollektivs zunimmt**, werden auch die Anzahl und das Ausmaß von Konflikten und Rivalitäten zunehmen. Entscheidend ist schlussendlich, ob eine kritische Schwelle überschritten wird oder nicht. Jenseits dieser Schwelle ist die *Anzahl* bzw. der *Einfluss* von Menschen, die genügend verantwortungsbewusst, weise und gütig sind, groß genug, sodass die Konflikte und Rivalitäten das Boot nicht zum Kippen bringen. Wie groß kann ein solches Boot sein, dessen Belegschaft sich freiwillig eine derartige Ordnung auferlegt, ohne dass die Fahrtüchtigkeit darunter leidet? Und wird irgendwann einmal die entsprechende Denkweise bei einem entscheidenden Teil der Menschheit vorherrschen? Ab dann könnte die Menschheit in einer als Einheit empfundenen und kooperativ agierenden Flotte von Schiffen in eine durch weitgehenden Konsens festgelegte Richtung unterwegs sein. Es ist, wie gesagt, eine Idealvorstellung. Aber dennoch keine reine Utopie, falls die hier aufgezählten Entwicklungsprozesse so weiterlaufen, die Gegenkräfte nicht überhandnehmen und keine Megakatastrophe eintritt.

Da jedes Kollektiv letztlich aus einer Ansammlung und einem Zusammenwirken von Individuen besteht, unterscheiden sich die **Antriebe eines Kollektivs** nicht wesentlich von denen der Einzelpersonen. Auch bei Kollektiven lassen sich Überlebenstrieb, Konkurrenzdenken und Geltungsdrang (vor allem jener der Machthaber) neben Idealen (ethisch-moralische Leitlinien, Hochhaltung von kulturellen Ausdrucksformen und persönlichem Freiraum, Zielvorstellungen zur Steigerung der gesamtgesellschaftlichen Lebensqualität) feststellen. Auch die **Reifezeichen eines Kollektivs** (egal ob Staat, Organisation, Unternehmen, religiöse Gemeinschaft oder Interessengemeinschaft) sind im Großen und Ganzen die gleichen wie bei Individuen: Kooperation statt Konflikte, wertschätzendes Verhalten als gesellschaftliche Norm, Bemühen um Gerechtigkeit nach innen wie nach außen, so auch faire Verteilung der Güter, sowie weniger Gruppenegoismus. Die Voraussetzung für eine Entwicklung in diese Richtungen bildet die internalisierte (das heißt handlungswirksame) Erkenntnis, dass das eigene Kollektiv keine Eigenständigkeit besitzt und damit auch keinen Endzweck in sich selber bietet. Abschottung führt immer in eine Sackgasse. Jedes Kollektiv ist stets Teil eines größeren Ganzen.

4.2.3 Reifestadien (Modelle)

In den vorangehenden zwei Kapiteln wurden Entwicklungslinien bei der individuellen Reifung sowie Belege für einen langfristigen, wenn auch weltweit betrachtet keineswegs synchron verlaufenden zivilisatorischen Fortschritt der Menschheit vorgelegt. Keiner dieser Wege erweist sich jemals als direkt und geradlinig. Sowohl in unserer persönlichen Entfaltung als auch beim zivilisatorischen Voranschreiten der Menschheit lassen sich stets kleine und große Umwege, Abwege und Rückfälle beobachten. In den Kapiteln 4.3 bis 4.5 wird dies anhand von Beispielen veranschaulicht und es werden Fragen nach den Ursachen und einem möglichen Sinn solcher ungeradlinigen Entwicklungen erörtert.

In diesem Kapitel geht es nun darum, anhand von **modellhaften Entwicklungsstufen** einen gewissen Überblick zu gewinnen. Schließlich unterscheidet sich mein Lebens- und Entfaltungsweg von Ihrem, genauso wie die schwedische Gesellschaft anders geformt und geprägt wurde als die kolumbianische. Um sich nicht in der Unüberschaubarkeit von Einzelfällen zu verlieren, braucht es einen Blick für die Gemeinsamkeiten und die großen Linien.

Veranschaulichen wir das anhand eines Beispiels: Wenn ich mit dem Zug oder Auto von Amsterdam über Frankfurt und Zürich nach Lugano im Süden der Schweiz fahre, ist die landschaftliche Vielfalt atemberaubend. Lege ich die gleiche Strecke mit dem Flugzeug zurück, werden mir Myriaden von Einzelheiten entgehen. Aber aus der großen Distanz kann ich verschiedene topographische Stufen klar unterscheiden: Die flache niederländische Ebene geht über in verschiedene deutsche Hügellandschaften. Nach Zürich werden aus wellenförmigen Hügeln steilere voralpine Erhebungen, danach folgt die hochalpine Gebirgslandschaft. Südlich der Alpen in Richtung Lugano nehmen allmählich wieder Hügel überhand, allerdings mit einer anderen, mediterraneren Vegetation bestückt. Während sich bei einer Zugfahrt durch das zentrale und südliche Deutschland de facto kleinere Ebenen mit mal sanfteren, mal schrofferen Anhebungen und Hügelketten ablösen, erscheinen aus der Distanz des Flugzeugs die Unterschiede in diesem Wechselspiel gering genug, um den Oberbegriff „Hügellandschaft" zu rechtfertigen.

Im Folgenden sollen nun menschliche Entwicklungen aus einer ähnlichen Distanz betrachtet werden. Dies führt zu einer modellhaften Vereinfachung (bzw. zu einem höheren Abstraktionsgrad). Aber anders wären die Grundzüge dieser Entwicklungen gedanklich nicht zu erfassen. Ohne seine Werkzeuge – Verallgemeinerung, Vereinfachung, Kategorisierung – kommt der Verstand mit der Realität nicht zurande; sie ist schlicht zu komplex und nuanciert. Wichtig ist einfach, dass Verallgemeinerungen, Vereinfachungen und Kategorisierungen als solche erkannt und nicht mit der Wirklichkeit gleichgesetzt werden. Die Modelle verwenden Stufen, die sich bildhaft auch als Meilensteine entlang des Wegs betrachten ließen, während in Wirklichkeit Übergänge natürlich immer fließend und uneinheitlich verlaufen.

Glücklicherweise sind seit Mitte des 20. Jahrhunderts verschiedene aussagekräftige Entwicklungsmodelle auf diversen Gebieten der Humanwissenschaften vorgelegt worden, die seitdem weitergeführt und verfeinert werden und aus denen wir heute schöpfen können. Zu den wichtigsten Namen in diesem Zusammenhang zählen *Jean Gebser* (1905–1973) mit seinem Modell der Bewusstseinsentwicklung, *Abraham Maslow* (1908–1970) mit seiner Bedürfnispyramide, *Jean Piaget* (1896–1980) mit seinen Erkenntnissen zur kognitiven Entwicklung bei Kindern, *Lawrence Kohlberg* (1927–1987) mit seinen Stufen der Moralentwicklung, *Jane Loevinger* (1918–2008) mit ihren Reifestadien der „Ich"-Entwicklung, *James Fowler* (1940–2015) mit seinen Stufen der Glaubensentwicklung, *Clare Graves* (1914–1986) und seine Nachfolger mit ihrem „Spiral Dynamics"-Modell, das Entwicklungsstadien bei Werten und Hauptantrieben beschreibt, und *Ken Wilber* (geb. 1949), der aus all diesen und anderen menschlichen Evolutionsmodellen schöpft, um seinerseits interdisziplinäre integrale Modelle zu erstellen.

An dieser Stelle vorstellen möchte ich das Erste der obengenannten Modelle. Es ist zu einem Ur- oder Standardmodell geworden, auf das spätere Forscher vielfach zurückgreifen oder auf dem sie aufbauen. Sie sehen unten die **fünf Stufen der Bewusstseinsentwicklung**, herausdestilliert und postuliert vom Schweizer Gelehrten Jean Gebser. Was das Modell so faszinierend macht, ist die Tatsache, dass es sich sowohl auf die **individuelle Entwicklung einer Person** ab der Geburt als auch auf die **kollektive Bewusstseinsentwicklung** ab dem ersten Auftreten von Menschen auf der Erde anwenden lässt. Die Begriffe stammen von Gebser; visuell darstellen möchte ich sein Modell wie folgt:

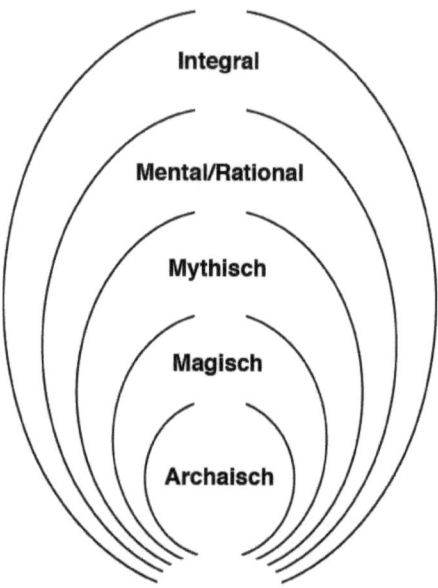

Diese Präsentationsart soll verdeutlichen, dass eine höhere Stufe die früheren nicht vollständig ablöst und hinter sich lässt. Die vorhergehende Stufe wird bloß aus der Position der Dominanz verbannt. Elemente aus früheren Stufen werden dabei entweder integriert oder verdrängt. In beiden Fällen bleiben sie aber latent wirksam. Ferner soll die Darstellung zum Ausdruck bringen, dass eine Öffnung zur nächsthöheren Stufe sich stets anbietet und unter Umständen auch eine gewisse Anziehungskraft ausübt. Und schließlich deutet die Öffnung ins Unbekannte auf mögliche Weiterentwicklungen hin.[134]

Im **individuellen Bereich** markiert die **vorherrschende Stufe** den **normalen Alltagszustand** – ich kann aber zeitweise auch auf eine frühere Stufe zurückfallen oder bei einem „Höhenflug" einen Eindruck von einer nächsten Stufe gewinnen. Im **kollektiven Bereich** markiert die **vorherrschende Stufe** einen tonangebenden **Durchschnittsstand** (man könnte auch von tonangebendem Zeitgeist sprechen), während manche Sub-Gruppen

---

134 Mystische Stufe, Erleuchtungsstufe oder Überbewusstsein könnten als Begriffe dienen, die zumindest eine Ahnung einer nächsthöheren Stufe vermitteln.

des betreffenden Kollektivs mehrheitlich auf einer zurückliegenden Entwicklungsstufe agieren, andere wiederum ihren Zeitgenossen voraus sind.

Nun aber zu den Erläuterungen der einzelnen Bewusstseinsstufen[135]. Gebsers Modell bezieht sich, wie gesagt, sowohl auf die Entwicklung des Einzelmenschen – vom Baby über das Klein- und Schulkind, den Jugendlichen und den Erwachsenen bis hin zum reifen Erwachsenen – als auch auf verschiedene Stadien der Zivilisationsgeschichte. Die höchste Stufe seines Modells ist gemäß Gebser erst in Ansätzen, aber noch nicht flächendeckend erreicht.

Die *archaische Bewusstseinsstufe* repräsentiert einen Urzustand. Beim Individuum ist es die Babyphase, bei der Menschheitsentwicklung die allerfrüheste Phase, in der Gruppen von Homo sapiens ums nackte Überleben kämpften. Das Leben ist weitgehend instinktgeleitet. Ein Baby unterscheidet überdies kaum zwischen innen und außen – zwischen ihm und der Mutterbrust wird zunächst kein größerer Unterschied als zwischen der eigenen Hand und dem eigenen Fuß wahrgenommen. Menschen der Frühzeit haben wohl auch weit weniger als wir unterschieden zwischen dem Ich und der Gesamtgruppe. Man bildete eine Überlebenseinheit. Ein Baby ist isoliert verloren; ein Mensch jener Urzeiten war, getrennt von seiner Gruppe bzw. seinem Clan, ebenfalls nicht lange überlebensfähig.

In einen archaischen Urzustand zurückfallen können Menschen in einer äußersten Notsituation – bei Hungersnot, in Kriegssituationen oder nach einer Naturkatastrophe – oder ganz allgemein bei reeller oder vermeintlicher Lebensgefahr (was in manchen Fällen zu Traumata führt, bei denen der Urzustand des Überlebenskampfes danach in Situationen, die an das ursprüngliche Ereignis erinnern, erneut ausgelöst werden kann). Es braucht einen hohen Grad an Reife, um selbst in Extremsituationen nicht in ein instinktgetriebenes Verhaltensmuster abzurutschen, sondern geistesgegenwärtig zu bleiben.

Auf der *magischen Bewusstseinsstufe* herrschen um mich herum fremde und unberechenbare Kräfte. Als Kleinkind gedeihen kann ich nur im Schutz der Eltern. Auch dem Teddybären (oder Ähnlichem) werden Schutzkräfte zuerkannt. Familienrituale verschaffen zusätzlich ein Gefühl der Sicherheit. Meine vorherrschende Reaktionsweise ist impulsiv – außer dort, wo weise

---

135 Im Folgenden werden nicht Gebsers eigene Erklärungen wiedergegeben, sondern es wird ein Konzentrat aus seinen Gedanken, den Gedanken anderer Autoren sowie eigenen Überlegungen vorgelegt.

Eltern einen mäßigenden Einfluss ausüben. Wechseln wir vom Individuum zum Kollektiv, klingt das zivilisationsgeschichtlich so: Rundherum lauern Gefahren – aus der Natur und durch fremde Stämme. Gedeihen kann ein Stamm nur bei intensivem Zusammenhalt seiner Mitglieder. Auch Totems und anderen sakralen Objekten werden Schutzkräfte zuerkannt. Stammesrituale verschaffen zusätzlich ein Gefühl der Sicherheit. Die vorherrschende Reaktionsweise des Stammes ist impulsiv – außer dort, wo weise Führungsfiguren einen mäßigenden Einfluss ausüben.

Auf der *mythischen Bewusstseinsstufe* – vom Schulkind über das Jugend- bis ins frühe Erwachsenenalter – hat sich mein Ich-Bewusstsein etabliert. Der Aktionsradius wird größer. Gekennzeichnet wird die Phase unter anderem von starken Polaritäten – gut oder böse, richtig oder falsch, Freund oder Rivale. Der Kampf der Seelenkräfte sowie aufkeimende Sehnsüchte und Ideale finden in Heldengeschichten ihren Niederschlag. Auch das religiöse Bewusstsein hat seinen Platz. Nach einer ersten Etablierung folgt die Phase der Rebellion und der erneuten Identitätssuche, nachdem das Kindheits-Ich ausgedient hat. Begleitet wird die zunehmende Ausweitung meines Aktionsradius von meinem Kampf um einen angemessenen Platz in der Gesellschaft. In der Zivilisationsgeschichte handelt es sich hier um die Epoche der Herrschaften mit absolutem Machtanspruch und der Glaubenslehren mit absolutem Wahrheitsanspruch, was zu den entsprechenden Polaritäten führt: hier die Unsrigen, dort die Feinde; wir sind die Rechtgläubigen, die Übrigen sind die Häretiker. Sobald genügend Ressourcen vorhanden sind, kommt der Eroberungsdrang zum Tragen. Die Herrschaftsgebiete werden im Durchschnitt größer, wobei „Großreiche" zwischendurch immer wieder in kleinere Einheiten zerfallen. Es ist somit eine langanhaltende Epoche der quasi permanenten Kämpfe – Eroberungsfeldzüge und Abwehrgefechte; Etablierung, Zerstörung und Neuetablierung. Mythen untermauern die Gesellschaftsstrukturen – etwa der Mythos des gottgegebenen König- oder Kaisertums sowie der Mythos der „hochwohlgeborenen" Adeligen, deren gesellschaftliche Stellung ebenfalls weitgehend als gottgegeben akzeptiert wird. In Indien ist bis heute ein auf Mythen gebautes Gesellschaftssystem in Kraft – das Kastensystem – allerdings vor allem im urbanen Raum bereits in deutlich abgeschwächter Form.

Auf der *mentalen bzw. rationalen Bewusstseinsstufe* wird dem Verstand gegenüber Gefühl, Gemüt und Intuition der Vorrang gegeben. Manchmal soll er gar zum Alleinherrscher im inneren Haus gemacht werden, alles soll rational erklärt werden. Der Einzelmensch – das Ich – denkt und empfindet losgelöst von der Natur und zuweilen auch von der mitmenschlichen Verbundenheit und wird zum Maßstab aller Dinge. Ich als Individuum muss Leistungen erbringen, muss mich in Szene setzen, sonst gelte ich – primär in meinen eigenen Augen – als ein Nichts. Zivilisationsgeschichtlich sind dies die Zeitalter der Aufklärung sowie der Moderne mit ihrem exponentiell ansteigenden wissenschaftlichen und technischen Fortschritt, mit steigendem Wohlstand und weiteren markanten zivilisatorischen Errungenschaften (Bildung, medizinische Versorgung, Hygiene, elektrisches Licht, Fernkommunikation, Mobilität usw.). Es ist aber auch das Zeitalter des Skeptizismus und des Nihilismus, des Individualismus und der Vereinsamung. Vorherrschend ist diese Bewusstseinsstufe bis in unsere Tage, aber die Anzeichen eines Übergangs zur nächsten Entwicklungsebene mehren sich (siehe Kapitel zum kollektiven Reifen). Stichworte hierzu sind Postmoderne und Pluralismus.

Sie können als Vorboten der *integralen Bewusstseinsstufe* gedeutet werden – mit allen Unsicherheiten, die ein Übergang mit sich bringt. Als Pionier auf diesem Gebiet ist Gebser bereits in den 1950er-Jahren zum Schluss gekommen, dass die Vorherrschaft des einseitig rationalen Bewusstseins zur Neige gehe. In unseren Tagen treten die Grenzen und Gefahren einer Überbetonung von Verstand, Wissenschaft und Technologie auf Kosten von Gefühl, Intuition, Sinnfindung und der spirituellen Dimension ganz allgemein noch viel deutlicher zum Vorschein. Eine derartige Einseitigkeit führt unter anderem zur Verherrlichung der (mess- und kommunizierbaren) Leistung. Dies resultiert mittel- oder langfristig in einer Vielzahl von ausgebrannten, verhärteten, zynischen oder resignierten Menschen und erhöht erwiesenermaßen auch die Anfälligkeit für Krankheiten. Weitere Folgen sind die zunehmende Zerrüttung zwischen den Gewinnern der Leistungsgesellschaft und ihren Verlieren sowie die Klima- und Umweltschäden. Immer weitere Teile der Gesellschaft spüren oder erkennen, dass ein Bewusstseinswandel im großen Maßstab vonnöten ist (was sich unter anderem in der Flut von Publikationen zu diesem Thema widerspiegelt).

Bei jedem Übergang droht aber auch eine Überreaktion und damit statt der Entfaltung eines neuen Bewusstseins der Rückfall in altbekannte und eigentlich schon überwundene Denk- und Fühlmuster. Ein Rückfall beispielsweise von der Überbetonung zur Geringschätzung von Verstand, Wissenschaft und Technologie und generell in ein mythisch geprägtes Denken, gemäß dem „Helden" uns retten werden, das die eigene Religion verabsolutiert oder die eigene Nation als etwas Hehres oder gar Heiliges sieht.

Was heißt in diesem Zusammenhang „integral"? Im Idealfall bedeutet es, dass die **positiven Aspekte der früheren Stufen** – überlebenswichtiger Urinstinkt; Spontaneität und Lebensfreude; Ideale, Sehnsüchte und Heldenmut; Vernunft und Logik – zu einer reichhaltigen Quelle für eine kohärente Lebensgestaltung verbunden und genutzt werden. Verstand, Gefühl und Intuition kommen dann auf eine ausgewogene Art zur Geltung. Integration heißt aber auch, dass die **dunkleren Spielarten der Energien aller früheren Stufen erkannt und im Zaum gehalten werden.** Es sind dies zerstörerische Urinstinkte; Impulsivität; Denken und Fühlen in Schwarz-Weiß-Kategorien sowie rücksichtsloser Eroberungswille; kaltherziges Kalkül und egozentrisches Nützlichkeitsdenken. An die Stelle einer dogmatischen Religiosität (oder einer vehementen Verneinung alles Religiösen) tritt auf der integralen Stufe vermehrt eine auf Erfahrung basierte Spiritualität unter Einbezug des religiösen und spirituellen Weisheitsschatzes der Menschheit. Die neuerliche Naturverbundenheit – als weiteres Kennzeichen dieser Stufe – ist kein Rückfall in ein vorwissenschaftliches, mythisches oder gar magisches Naturverständnis, sondern eine transrationale Verbundenheit, bei der die wissenschaftliche Naturkenntnisse mit einem seelischen oder spirituellen Zugehörigkeitsgefühl kombiniert werden.

Es ist die **Stufe** eines **reifen Erwachsenen**. Eine Stufe, die lange nicht alle erreichen, selbst wenn ihnen ein hohes Lebensalter zuteilwird (siehe unter anderem das Kapitel „Auf den Tod hin"). Von einem integralen Bewusstsein auf kollektiver Ebene wird man erst dann zu Recht sprechen können, wenn eine Gesellschaft von einer signifikanten Anzahl von solch reifen Erwachsenen geprägt wird. Noch ist dies nirgendwo großräumig der Fall, obwohl einige Gruppierungen allem Anschein nach bereits auf einem solchen Reifeniveau agieren. Denken Sie beispielsweise an eine Organisation wie „Ärzte ohne Grenzen", die – wie der Name schon sagt – universell ausgerichtet ist und deren Aktivitäten von Idealismus, Mut, Fantasie und großem Sachverstand gekennzeichnet sind.

Eine „Phase" geht dann zur Neige, wenn sie sich erschöpft hat, also wenn sie den aktuellen Anforderungen nicht mehr gewachsen ist. Gelegentliches Verhalten wie das eines pubertierenden Teenagers mag im Erwachsenenalter noch toleriert werden; irgendwann macht man sich dadurch gesellschaftlich jedoch zum Außenseiter. Es sei denn, man findet eine „Peer-Gruppe" von Gleichgesinnten – diese versteht sich dann als Außenseitergruppe. Wie bereits erwähnt heißt aber „zur Neige gehen" nicht, dass die Energien und

Denkweisen der früheren Stufen erloschen sind. Entweder werden sie integriert (was einen gewissen Bewusstheitsgrad erfordert) oder sie versinken ins Unbewusste.

Ist eine Integration gelungen, kann ich fallweise auf diese Energiequelle zurückgreifen. Nehmen wir als Beispiel einen Mann, der generell von einer kompetitiven zu einer kooperativen Grundhaltung vorangeschritten ist. Steht aber ein sportlicher Wettbewerb an, so kanalisiert er bewusst die noch immer latent vorhandenen kämpferischen Ressourcen. Nach Ende des Wettbewerbs – egal, ob Sieg oder Niederlage – nimmt er ebenso bewusst die kooperative Haltung wieder ein. Sind aber die früheren Energien und Verhaltensmuster unbewusst verdrängt worden, so können sie auf unkontrollierbare Art – wie bei einem Vulkan – zum Ausbruch kommen.

So gesehen lässt sich schwerlich bestreiten, dass es sich beim Weg zur integralen Stufe um einen Fortschritt handelt – hin zu größerer Reife im individuellen und zu einer höheren Zivilisationsstufe im kollektiven Bereich.

Betrachten wir zur Ergänzung noch ein zweites Modell. Dessen Stufen finden sich in verschiedenen existierenden Modellen – insbesondere jener der „Spiral Dynamics"-Vertreter sowie von Ken Wilber – und sie lassen sich mehrheitlich auch aus dem oben vorgestellten Modell ableiten. Dienen soll es als eine schematische Darstellung von Etappen bei einem weiteren Teilaspekt der menschlichen Evolution (der nicht-physiologischen Evolution, die sich nicht ohne unser Zutun vollzieht). Es handelt sich hierbei um die **Ausweitung des Zusammengehörigkeitsgefühls**.

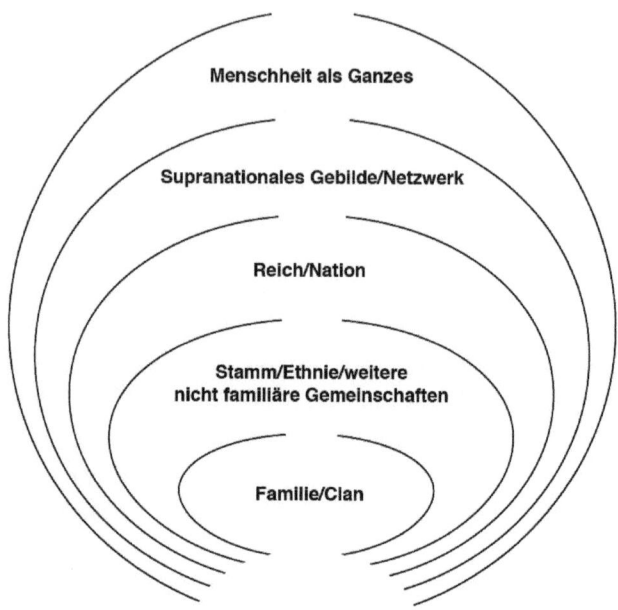

Auch anhand dieses Modells lässt sich eine Progression sowohl bei der individuellen Entwicklung als auch bei der Zivilisationsgeschichte nachvollziehen.[136] Die Frage zu diesem Schema lautet: Welche dieser Stufen enthält das *größte bzw. umfassendste Ganze*, mit dem ich mich innerlich verbunden fühle und mit dem ich mich zumindest teilweise identifiziere? Dabei bleibt die Verbundenheit mit Menschen und Gruppen auf den vorhergehenden Stufen durchaus bestehen, sie ist aber nicht mehr so dominant wie zuvor.

Das Schema soll auch die Tatsache zum Ausdruck bringen, dass innerhalb der gleichen Gesellschaft Menschen und Gruppierungen mit verschieden weit reichendem Verbundenheitsgefühl zeitgleich Seite an Seite leben können. In unseren Breitengraden fühlen sich wahrscheinlich die meisten Menschen – bei unterschiedlicher Gewichtung – mit ihren Familien, mit einem

---

136 Auch hier deutet die Offenheit nach oben eine mögliche Weiterentwicklung an. Denkbare Stichwörter – wiederum behelfsmäßig – wären „Menschheit und Mitwelt" oder gar „Kosmos als Ganzes" (wenn ich mich dauerhafter als bloß einen seligen Moment lang eins mit dem Sternenhimmel fühle ...).

überschaubaren Freundes- und Kollegenkreis und auch mit ihrem Land verbunden. Daneben gibt es aber auch Einzelpersonen und Subkulturen, bei denen die Landeszugehörigkeit kaum eine Rolle spielt. Vorherrschend und identitätsstiftend ist eher ein auf den eigenen Clan oder die eigene Interessensgruppe ausgerichtetes Denken und Fühlen. In nochmals anderen Kreisen ist die Staatszugehörigkeit ebenfalls von untergeordneter Bedeutung, da man im Laufe der Zeit einen supranationalen oder gar universellen Blickwinkel und das entsprechende Lebensgefühl verinnerlicht hat.

Die Erläuterungen zu den einzelnen Stufen können hier kurz gehalten werden. Auf der Stufe *Familie/Clan* ist die Blutsverwandtschaft der Bindefaktor. Diese Stufe kommt neben der Baby- und Kleinkindphase vor allem dann zum Tragen, wenn es ums Überleben geht bzw. wenn Bedrohungen von außen wahrgenommen werden. Man verlässt sich dann am ehesten auf seine Ur- bzw. Kerngemeinschaft.

Auf der nächsthöheren Stufe betreffend die Anzahl der ihr zuzurechnenden Menschen stehen die *Stammesgemeinschaft bzw. die ethnische Gemeinschaft.* Hinzu kommen auch weitere *nicht-familiäre Gemeinschaften.* Es kann sich dabei um einen Freundeskreis (oder sogar nur um eine einzige Freundschaft) sowie um Berufs-, Hobby-, Interessens-, Polit- oder Glaubensgemeinschaften handeln. Sie vermitteln ein Gefühl der Vertrautheit und der Zugehörigkeit auf einer überschaubaren Ebene, wo noch nachhaltige persönliche Beziehungen gepflegt werden. Außerdem ergibt sich oft eine gewisse Affinität zwischen Menschen der gleichen *Sprachgemeinschaft.* Aufgrund der leichteren Verständnismöglichkeit entwickelt sich beispielsweise zwischen einem Spanier und einem Argentinier oder einer Schottin und einer Australierin in der Regel rascher ein Gefühl der Vertrautheit als zwischen einem Franzosen und einem Peruaner.[137]

Noch größer wird der Kreis der Menschen, denen ich mich auch über einen längeren Zeitraum hinweg zugehörig fühle, auf der Stufe der *Nation* (früher waren es mehrheitlich Reiche, wobei es dort beim Grad des

---

137 Besonders deutlich beobachten lässt sich dieses Phänomen, wenn sich zwei wildfremde Menschen mit der gleichen Muttersprache an einem Ort begegnen, wo eine andere Sprache gesprochen wird. Vorausgesetzt, sie sind nicht aus irgendeinem Grund kontaktunwillig oder sich auf Anhieb unsympathisch, ist die Chance groß, dass sich zwischen ihnen rasch ein Vertrauensverhältnis aufbaut, das zumindest kurzzeitig anhält.

Zugehörigkeitsgefühls zweifellos noch größere Unterschiede und Schwankungen gab als bei den späteren Nationalstaaten). Wie bei den vorhergehenden Stufen kann ich auch auf dieser Stufe stehen bleiben. Dann werden Angehörige anderer Nationen bestenfalls geduldet, oft aber als Bedrohung wahrgenommen. Ich lebe mit inneren Barrikaden. Vielfach sind es solche, die ich unhinterfragt von meinen Eltern oder meinem Umfeld übernommen habe. Oder ich habe selber ungute Begegnungen mit Menschen anderer Volksgruppen erlebt und generalisiere nun diese Erfahrungen. Oder auch beides. Sind bei mir hingegen keine solche Barrikaden wirksam oder gelingt es mir mit der Zeit, die existierenden als solche zu erkennen, als hemmend oder schädlich zu taxieren und allmählich abzubauen, spüre ich früher oder später eine innere Bereitschaft oder sogar einen Drang, meinen Horizont und auch mein Zugehörigkeitsgefühl zu erweitern. Diese Entwicklung kann natürlich auch eine andere Sequenz aufweisen. Als Jugendlicher bin ich vielleicht voller Ideale und möchte die ganze Welt umarmen. Dann kommen Erfahrungen oder es festigen sich bei mir Denkstrukturen, die den Idealismus dämpfen und Ängste stärker werden lassen. Darin kann ich steckenbleiben. Oder es folgt etwas, das meine Abwehrhaltung aufweicht und zu einer erneuten Öffnung führt. Eine Öffnung zu einem Gemeinschaftsgefühl, das nationale Abgrenzungen als Identifikationsgrundlage (nicht in praktischen Angelegenheiten wie etwa Gesetzgebung oder Schulwesen) immer überflüssiger und schädlicher erscheinen lässt und das auf etwas Größeres, Umfassenderes zustrebt.

Supranationale politische Strukturen sind eine historisch junge Erscheinung. Der **Völkerbund** nach dem Ersten Weltkrieg erwies sich als ein erster Gehversuch, der scheiterte. Dies jedoch nur vordergründig, denn der Grundgedanke war nun in die Welt gesetzt und bei der Errichtung der **Vereinten Nationen** nach dem Zweiten Weltkrieg musste das Rad nicht mehr neu erfunden werden. Regional gibt es bisher erst einen griffigen supranationalen Zusammenschluss auf politischer Ebene: die **Europäische Union**. Sie befindet sich allerdings noch stärker als die UNO in der Aufbauphase. Aber dank der offenen Grenzen, welche die EU bietet, samt Aufenthalts-, Studien- und Arbeitsmöglichkeiten, können sich Millionen von Menschen bereits jetzt mit Ländern und Kulturen, die sie zuvor nur aus der Ferne oder bei Kurzbesuchen oberflächlich kennenlernen konnten, aus erster Hand vertraut machen. Dies führt insbesondere bei den jüngeren Generationen, die nun mit dieser Möglichkeit aufwachsen und sie in großen Zahlen auch nutzen, zu einer nachhaltigen Erweiterung des Gefühls der Vertrautheit im Vergleich zu den Generationen ihrer Eltern und Großeltern.

Wenn ich mich mit der *ganzen Menschheit* verbunden fühle, habe ich im Prinzip keine Feinde mehr. Ausnahmesituationen, in denen ich mich aufgrund konkreter Bedrohungen wehren muss, sind selten. Und bedroht werden kann ich von einem Familienmitglied oder jemandem aus meinem eigenen Land genauso wie von mir unbekannten Menschen aus fernen Ländern. Das Leben wird einfacher. Mit einer Grundeinstellung von Respekt und Wohlwollen *allen* Menschen gegenüber muss ich vor einer Interaktion keine mühsame Kategorisierung mehr vornehmen. Wenn ich mich frage, ob mein Gegenüber In- oder Ausländer bzw. Christ, Jude oder Muslim ist, tue ich das nur noch aus Neugierde. Je stärker sich eine solche Einstellung etabliert, desto mehr fallen Ängste und Vorurteile weg gegenüber jenen, die zuvor (vielleicht jahrzehnte- oder jahrhundertelang) als Fremde oder gar Feinde galten. Man könnte das Schema auch als eine Veranschaulichung der *insgesamt* fortschreitenden Abnahme der Angst vor den unbekannten, bedrohlichen Fremden bezeichnen.

Relevant ist der Fortschritt hin zu einem umfassenderen Verbundenheitsgefühl vor allem **für den Frieden**. Zu den Bemühungen um Frieden gehört auch die **Art der Konfliktbewältigung** (denn Konflikte wird es immer geben). Speziell auf Familienstufe, wo es am häufigsten zu Konflikten kommt, sorgt der Grad der Verbundenheit (weit mehr als gesetzliche Normen) dafür, dass ganz gewiss über 99 % aller zumeist alltäglichen Konflikte ohne Gewaltanwendung und Blutvergießen über die Bühne gehen. Familiendramen mit schweren Verletzungen oder Todesfolge sind zumeist darauf zurückzuführen, dass die – aus subjektiver Sicht – erlittenen Kränkungen bei den Tätern gerade aufgrund der engen Familienbande ein unkontrollierbares Maß an Wut und Schmerzen auslösten. Gemessen an der Gesamtzahl an Familien ist aber die Häufigkeit solcher Vorkommnisse äußerst gering (obwohl manche von uns dies infolge der Vorliebe der Medien für Dramen dieser Art anders empfinden).

Zu Zeiten und auf Gebieten von Stammesgesellschaften führten Konflikte sehr rasch zu kriegerischen Auseinandersetzungen. Auch in der Epoche selbstherrlicher Reiche und Nationen waren Kriege ein gebräuchliches Instrument der Konfliktbewältigung, wenn auch insgesamt mit abnehmender Häufigkeit (was allerdings auch mit dem steigenden logistischen und finanziellen Aufwand zu tun hat). Weniger häufig heißt aber nicht, dass die zerstörerischen Folgen eines Kriegs geringer geworden wären – im Gegenteil. Hierzu genügt ein Blick auf die zwei Weltkriege des 20. Jahrhunderts. Vielleicht auch angesichts deren verheerender Folgen sowie im Wissen um das Zerstörungspotenzial heutiger Waffen werden heute internationale Konflikte praktisch ausschließlich am Verhandlungstisch ausgetragen, wobei beschränkte militärische Einsätze und Druckmittel wie Sanktionen und Handelsbarrieren auch zum Zuge kommen.[138]

Weiter fortgeschritten in diesem Bereich ist ein **supranationaler Verband** wie die Europäische Union (die Länder umfasst, welche sich zuvor über Jahrhunderte immer wieder bekriegten). Auf Militäraktionen, Sanktionen oder Handelsbarrieren wird hier nicht zurückgegriffen. Verhandlungen zwischen den Mitgliedsländern werden in verschiedenen Gremien auf permanenter Basis geführt, also wesentlich häufiger und intensiver als zwischen Staaten ohne eine derartige Verbindungsstruktur. Damit steigt auch das Niveau der Verhandlungskultur. Denn wenn man häufig miteinander redet, erwächst unwillkürlich eine gewisse Vertrautheit, was wiederum die Chance auf eine gütliche Beilegung von Konflikten auf der Basis von Kompromissen erhöht. Die EU ist ein lebender Beweis, dass es etwas Besseres gibt als Frieden durch Abschreckung, nämlich Frieden durch enge und dauerhafte Zusammenarbeit.

Auch im Verband der Vereinten Nationen werden zahlreiche internationale Probleme zumeist abseits der medialen Scheinwerfer verhandelt und viele werden so zumindest entschärft. Zur Friedenssicherung können Blauhelme stationiert werden. International in breitem Rahmen wirksam ist die UNO insbesondere durch ihre Unterorganisationen – etwa die FAO für ernährungspolitische, die WHO für gesundheitspolitische und die UNESCO für kulturbezogene Angelegenheiten oder das UNHCR für Flüchtlingsfragen.

Was immer es an der EU oder der UNO zu kritisieren gibt – ohne sie wären die Konflikte auf der Welt wesentlich gravierender. Es gäbe signifikant weniger multilaterale Kommunikation zwischen den Ländern und die Chance, dass bei manchen Konflikten militärische Mittel zum Einsatz kämen, wäre

---

138 Im Fokus sind hier Kriege *zwischen* Stämmen, Ethnien und Nationen. Bürgerkriege, bei denen es um die gewaltsame Durchsetzung von partikularen Machtinteressen geht, stellen eine Thematik für sich dar.

höher. So gesehen ist zu hoffen, dass die EU mit der Zeit – denn es braucht Zeit – an Kohärenz und Robustheit gewinnt, ohne dabei übergriffig zu werden und auch Detailfragen europaweit regeln zu wollen, die angesichts nationaler oder gar kommunaler Gegebenheiten besser auf jenen Ebenen zu lösen sind (wo genau die Grenzlinien der Kompetenzen zu ziehen sind, wird aber immer Ansichtssache bleiben). Ähnliches gilt für die künftige Entwicklung der UNO. Und es ist zu hoffen, dass neben Europa auch weitere Weltregionen zu wirksamer supranationaler Zusammenarbeit finden, um länderübergreifende Probleme effektiver angehen zu können und gleichzeitig die Grundlage für ein stärkeres länderübergreifendes Gemeinschaftsgefühl zu legen.

Warum aber soll man angesichts der vielen akuten Konflikte zuwarten, bis die Mächtigen dieser Welt endlich einen ähnlich ausgeprägten Willen zum Frieden und damit auch zur Kooperation an den Tag legen wie bereits eine bedeutende Zahl der Bürgerinnen und Bürger ihrer Länder? Warum warten, bis die Mächtigen eine Bereitschaft zu langen und wiederholten Verhandlungen in einem Geist des guten Willens und mit Verständnis für die Position der Gegenpartei unter Beweis stellen? Zum ersten Mal in der Geschichte der Menschheit stehen nämlich heute technologische Hilfsmittel zur Verfügung, mit denen es einer theoretisch unbeschränkten Anzahl Menschen zweier oder mehrerer miteinander in Konflikt liegender Nationen möglich ist, *direkt* miteinander in Verbindung zu treten und ins Gespräch zu kommen – ohne sich durch die erstarrten Positionen und Verhandlungstaktiken ihrer von Macht- und Partikularinteressen getriebenen politischen Vertreter beeinflussen zu lassen.

Stellen Sie sich vor, dass Internetplattformen und Internetforen errichtet würden, auf denen sich friedenswillige und friedenshungrige Iraner, Amerikaner und Saudis, Amerikaner und Chinesen, Ukrainer und Russen oder Palästinenser und Israelis direkt austauschen und Lösungsvorschläge ausarbeiten könnten. Nicht im kleinen Kreis hinter verschlossenen Türen, sondern in voller Transparenz, sodass die ganze Welt die „Verhandlungen" wahrnehmen und mitverfolgen könnte. Mittels Crowdsourcing würden so auch unkonventionelle und fantasievolle politische, wirtschaftliche, kulturelle und andere Optionen auf den Tisch kommen. Im Rahmen eines solchen Austausches würden sich überdies Freundschaften entwickeln. Er würde zu persönlichen Begegnungen und Ad-hoc-Zusammenkünften führen, sodass man sich auch in der realen Welt näherkäme. Und je länger und öffentlichkeitswirksamer solche Plattformen und Foren aktiv blieben, desto größer würde der Druck auf die betroffenen Regierungen.

Eine solche Kettenreaktion lässt sich bereits jetzt auf dem Gebiet des Klimaschutzes beobachten, wo international vernetzte Aktionen innert kurzer Zeit zu einem Zuwachs an Stimmen für grüne Parteien und einem zunehmenden Druck auf die Politik geführt haben.

Das obige Gedankenkonstrukt stellt also *eine* denkbare Form dar, welche die Entwicklung hin zu weitreichenderem Zusammengehörigkeitsgefühl in nicht allzu ferner Zukunft annehmen könnte. Zum jetzigen Zeitpunkt muss man noch davon ausgehen, dass die Regierungen mancher der genannten Länder bzw. Volksgruppen alles daransetzen würden, um solche Verständigungsaktionen auf Grassroot-Ebene zu unterbinden. Und dass auch auf gesellschaftlicher Ebene erheblicher Gegenwind und erhebliche Anfeindungen zu erwarten wären. Aber die Hoffnung bleibt, dass es durch die Vernetzung von genügend Menschen guten Willens gelingen kann, mittels Entschlossenheit, Mut, Fantasie und Humor solche Mauern des Widerstands zum Bröckeln zu bringen. Und dass somit – auf Initiative von unten diesmal, nicht von oben – eine weitere Wegstrecke hin zu einem friedlicheren, weltumspannenden Zusammenleben der Menschen zurückgelegt werden kann.

4.2.4 Die Individualisierung der Verantwortung

Im Kapitel zum individuellen Reifen wird – als Einstiegsformel – ein Zuwachs an Reife mit einem **Zuwachs** an **Weisheit, Güte und Verantwortungsnahme** gleichgesetzt, bevor diese drei Begriffe dann in mehrere konkrete Aspekte heruntergebrochen werden. Von diesen drei Grundmerkmalen wird das letzte dabei am wenigsten beleuchtet. Deshalb soll ihm hier ein eigenes (kurzes) Kapitel gewidmet werden.

Verantwortungsvoll leben bedeutet zweierlei. Erstens geht es darum, Eigenverantwortung für mein Leben zu übernehmen. Und zweitens bin ich angehalten – ja, es drängt mich irgendwie dazu –, Verantwortung für mehr als mich selbst und mein Eigenwohl an den Tag zu legen. Nämlich dort, wo die eigene Funktion es verlangt, die eigenen Fähigkeiten es ermöglichen und die Umstände es nahelegen. Eine gute Portion Selbstkenntnis, Weltkenntnis und Einfühlungsvermögen ist also gefragt. Das Einfühlungsvermögen hilft mir unter anderem dabei, nicht übergriffig zu werden, also nicht im Verantwortungsbereich anderer das Heft in die Hand nehmen zu wollen. Dies fällt beispielsweise Eltern von heranwachsenden und erwachsenen Kindern oft enorm schwer, ebenso Vorgesetzten im Umgang mit ihren Mitarbeitenden und oft genug auch Ehepartnern. Das Zugestehen von Eigenverantwortung an andere, bei deren Leben ich gerne mitbestimmen würde und es vielleicht auch lange getan habe, ist ein Akt der Selbstbescheidung und gleichzeitig ein kostbares Geschenk an die betreffende Person. Sie wird so von einer Fessel auf ihrem eigenen Reifeweg befreit. Kurzum: Zu entwickeln gilt es **Eigenverantwortung** für meine Lebensgestaltung (wobei ich anderen die ihre zugestehe) und **Mitverantwortung** für das, was um mich herum geschieht.

Entwickeln bedeutet hier einerseits, das richtige Maß zu finden – nicht zu wenig, aber auch nicht zu viel Verantwortung übernehmen zu wollen. Und zweitens muss ich mein Gespür dafür schärfen, wo und wann es an mir liegt, Verantwortung zu ergreifen. Beide Fähigkeiten stellen eine veritable Kunst dar. Wie bei den übrigen Charakteristika von Reife ist ein bewusstes, lebenslanges Üben die Voraussetzung. Und das bedeutet: sich aufraffen, scheitern, aus Enttäuschungen und Frustrationen lernen anstatt zu resignieren – und erneut versuchen.

Der Schwerpunkt der Verantwortung verschiebt sich generell von einer Lebensphase zur anderen (Einzelfälle können natürlich ganz anders verlaufen). Jugendlichen obliegt es vor allem, sich über sich selbst und die eigenen Möglichkeiten und „Berufungsrichtungen" klarer zu werden. Bei einer Mehrheit der Erwachsenen liegt im Alter von ungefähr 30 bis 60 Jahren die Hauptverantwortung im Bereich der Familie und des Berufs. (In anderen Kulturen verschiebt sich dieser Lebensabschnitt nach vorne, weil Ehen in der Regel früher geschlossen werden.) Wenn aber der Nachwuchs flügge geworden ist und auch die berufliche Karriere sich dem Ende zuneigt, können Kräfte, Erfahrung und Talente vermehrt zum Wohl eines weiter gezogenen Kreises von Menschen eingesetzt werden. Wir sollten bis dann auch ein einigermaßen klares Bild der eigenen Stärken und Schwächen gewonnen haben. Dass in uns Menschen überdies ein **Drang zur Übernahme von Verantwortung** im Hinblick auf das Gemeinwohl **angelegt** ist, zeigt sich am ehesten am typischen Idealismus und an der raschen Bereitschaft zum Engagement bei Jugendlichen. Nur leider verkümmern diese oft in der kompetitiven und vielfach auch desillusionierenden Hektik der mittleren Lebensjahre. In späteren Jahren kann das dann zu Blockaden wie Zynismus oder Resignation führen, die einen solchen Drang nicht mehr zur Geltung kommen lassen.

Einerseits erstreckt sich unsere Verantwortung weit über unser Tun hinaus. Verantwortlich sind wir auch für das, *was* wir sagen, *wie* wir es sagen und *wann* wir es sagen. Und auch für unsere Gedanken tragen wir Verantwortung, für ihre Quantität und ihre Qualität, denn aus ihnen gehen unser Sprechen und unser Tun hervor. Andererseits beginnt – und endet – Verantwortung im Kleinen. Ich sehe etwas, das ansteht, und denke nicht, das soll gefälligst Person X oder Y oder sonst jemand übernehmen, sondern erledige es wenn irgendwie möglich selbst. Auch wenn es sich nur um einen Fettflecken am Boden handelt, bei dem unklar ist, wer ihn verursacht hat.

Betrachtet man den historischen Werdegang der Menschheit aus der Perspektive der Eigenverantwortung sowie der Möglichkeit, Verantwortung auch auf gesellschaftlicher Ebene zu übernehmen, so schält sich ein interessanter Schluss heraus: Noch nie waren die Menschen – zumindest in unseren Breitengraden – bei der Gestaltung ihres Lebensweges derart frei von politischen, religiösen und gesellschaftlichen Zwängen wie heute. Gewiss hat auch das höhere Wohlstandsniveau und die damit einhergehende materielle Sicherheit eine wichtige Rolle bei dieser Veränderung gespielt. Und natürlich ist es keine absolute Freiheit. Relativ zu früheren Generationen haben wir jedoch Wahlmöglichkeiten wie nie zuvor. Parallel zur Freiheit wächst aber eben auch die Notwendigkeit, selbst Verantwortung zu übernehmen.

Pauschale Beschreibungen des Lebens von einfachen Menschen in früheren Jahrhunderten finden sich viele, aber Lebensläufe von Einzelpersonen, die einer Schicht unterhalb des Adels und des Bürgertums angehörten und die auch nicht auf irgendeine Art und Weise hervorstachen, sind schwerer aufzuspüren. Zu diesen Raritäten zählt die Lebensgeschichte des *Johannes Hooss* (1670–1755)[139] aus dem nordhessischen Leimbach, damals ein Weiler mit sechs Höfen. Im Alter von sieben Jahren musste Johannes schon auf den Feldern mithelfen; von Schule war natürlich keine Rede. Berichtet wird über seine Freundschaft mit zwei Buben aus dem Nachbardorf. Außerdem liebte er es anscheinend, sich von alten Frauen aus der Nachbarschaft Geschichten von früher erzählen zu lassen. Hauptthemen dabei waren der von ihnen erlebte 30-jährige Krieg sowie dessen Begleiterscheinungen und Folgen: Pest und Hungersnöte. Welche beruflichen Wahlmöglichkeiten hatte er? Er konnte aussuchen zwischen einem Erwachsenenleben als Bauer oder als Söldner.

---

139 Nach Arthur E. Imhof, *Die verlorenen Welten / Alltagsbewältigung durch unsere Vorfahren*, S. 27–56.

Er übernahm den Familienhof. Zweimal heiratete er eine Bauerntochter aus der Umgebung. Auch die Bandbreite an Eheoptionen war offensichtlich sehr schmal. Nicht überliefert ist, ob er sich seine jeweilige Braut selber aussuchte oder ob die Ehen durch Vermittlung zustande kamen. Die erste Frau starb zusammen mit dem vierten Kind bei dessen Geburt; zwei der drei älteren Kinder lebten nicht lange. Die zweite Frau gebar ihm zwölf Kinder; von fünf Töchtern wird berichtet, dass sie das heiratsfähige Alter erreichten. Kinder oder keine Kinder (bzw. wie viele Kinder) – auch diesbezüglich war die Entscheidungsfreiheit wohl nur klein. Schließlich benötigte man überlebende Kinder als Altersvorsorge. Bekannt ist auch, dass Johannes Hooss schließlich den Hof an seine älteste Tochter aus zweiter Ehe und deren Mann vererbte. Der Schluss liegt nahe: Die Wahlmöglichkeiten auf dem (äußeren) Lebensweg – und damit die Verantwortung für die passende Wahl – waren in praktisch jedem Lebensbereich *wesentlich geringer* als bei Menschen unserer Tage.

Im Jahr 2006 (noch vor Ausbruch des Bürgerkriegs in Syrien) kam ich an einem Fortbildungstag mit einer Syrerin ins Gespräch, die inzwischen in der Schweiz lebte und arbeitete und mit einem Schweizer verheiratet war. Sie erzählte mir von ihrem Heranwachsen als wohlbehütetes Mädchen in einer Familie aus der Mittelklasse in Damaskus. Alle wichtigen Entscheidungen wurden im Familienverband getroffen, wobei die Männer das letzte Wort hatten. Es war eine glückliche Jugend. Wäre sie geblieben und hätte sie einen Einheimischen geheiratet, wäre dieses Behütetsein wohl nahtlos weitergegangen. „Erwachsen wurde ich erst in der Schweiz", sagte sie. „Hier musste ich lernen, selber Verantwortung zu übernehmen. In der Familie und im Beruf."

Fast die ganze Menschheitsgeschichte hindurch **haben wenige über viele bestimmt**. Stammesälteste, Clanführer, Adlige, Könige und Kaiser, Premierminister und Präsidenten, Großgrundbesitzer, Firmenchefs und Organisationsleiter. Heerführer über Soldaten, Klerus über Kirchenvolk, Patriarchen über Großfamilien, Herren über Sklaven und Diener. Die Verfügungsgewalt von Eltern (vor allem Vätern) über ihre Kinder war in der Regel absolut. Gesellschaftliche Normen festzulegen, war Sache der Obrigkeit (wozu zumeist auch die religiösen Würdenträger zählten) und diese berief sich auf die gottgewollte Ordnung. Die Obrigkeit war es auch, die zumeist mit harter Hand für die Einhaltung dieser Normen sorgte. Oftmals war dies aber gar nicht nötig: Die drohende familiäre und gesellschaftliche Ächtung bei Missachtung der Normen sowie der hierarchischen Gegebenheiten wirkte zur Genüge als Abschreckung. Der Konformitätsdruck war also enorm groß – Fragen nach dem persönlichen Weg des Individuums standen völlig im Schatten der Frage nach dem Wohl des Kollektivs.

Ein von Machtstrukturen und tradierten Normen aufrechterhaltener Konformitätsdruck lässt sich zwar auch heute noch ausmachen, jedoch in stark abnehmendem Maß und in stark abgemilderter Form. Auszubrechen zeitigt meist weit weniger gravierende Folgen als früher. Dennoch unterwerfen sich viele dem, was sie (subjektiv) als gesellschaftliche Norm empfinden. Obwohl sie eigentlich frei wären, sich zu emanzipieren und „anders" zu handeln. Die Freiheit von der Herrschaft der Wenigen hat nämlich eine Kehrseite: Den „Vielen" kommt nun mehr Eigenverantwortung zu. Manche kann dies überfordern. Andere finden es schwierig oder überhaupt nicht lohnenswert, aus einer einigermaßen akzeptablen Komfortzone auszubrechen, die sich ergibt, wenn man anderen schwierige Verantwortlichkeiten und Entscheidungen überlassen kann.

Schauen wir nun etwas genauer hin, nämlich auf einzelne Lebensbereiche, in denen ein solcher Wandel im Gang ist. Wiederum ist das Augenmerk in erster Linie auf die Länder des „Westens" gerichtet. Aber auch in anderen Weltregionen weisen Entwicklungen (oder zumindest von einer Mehrheit ersehnte Entwicklungen) in die gleiche Richtung.

In der **Politik** führt die Demokratisierung zu Machteinschränkung (Ausmaß und Zeitdauer), Machtteilung sowie zu Möglichkeiten der Machtbeteiligung und der kritischen Meinungsäußerung (siehe Kapitel zum kollektiven Reifen). In einer heutigen Demokratie greift angesichts der globalen Probleme einerseits und der vielen Möglichkeiten von persönlicher Einflussnahme andererseits die Haltung „Die da oben sollen es richten!" je länger, je mehr zu kurz. Tatsächlich nehmen immer mehr Menschen aus der Masse der „Vielen" zumeist in vernetzter Form Einfluss auf das, was um sie herum geschieht – lokal, national und transnational. Allerdings zielen die einzelnen Gruppierungen und Netzwerke in höchst unterschiedliche Richtungen. Somit zählt ein Unterscheiden zwischen diesen Zielrichtungen und ein Abwägen mit Blick auf das Wohl unserer Gesellschaft und unseres Planeten (eine hilfreiche Frage hierbei: Aus welchem Geist stammen sie?) zu den „Reifeprüfungen" unserer Zeit.

Weiten wir den Blick auf nicht- oder scheindemokratische Herrschaftsformen aus: Deren auf Einschüchterung gebautes Haus beginnt zu bröckeln, sobald sie sich mit einer einigermaßen informierten – und daher oft auch zornigen – Bevölkerung konfrontiert sehen, die sich nicht mehr von materiellen

Fortschritten oder Beschwörungen nationaler Einheit beschwichtigen und sich auch nicht durch Angst zurückhalten lässt. Diejenigen Menschen, die sich zu Wort melden und die auf die Straße gehen, um zu protestieren, sind bereit, Eigenverantwortung zu übernehmen, und fordern sie deshalb ein. Ihr Mut (oder auch nur ihr Zorn) reicht aus, um der Gefahr, die sie dabei eingehen, zu trotzen. Man darf getrost annehmen, dass eine wesentlich größere Bevölkerungsschicht in jenen Ländern ebenfalls bereit wäre, Eigen- und Mitverantwortung zu übernehmen, dies aber aus Angst nicht öffentlich kundtut.

In der **Gesellschaft** ist nicht mehr eine Oberschicht wegweisend. Diese Rolle, so scheint es, haben inzwischen Massenmedien und Influencer, Sport-, Film- und Popstars und Promis aller Art übernommen. Aber die gesellschaftlichen Zwänge und Schranken früherer Epochen haben sich wesentlich gelockert. Der Lebensweg des Einzelnen – in Ausbildung, Beruf, Partnerschaft usw. – ist weniger denn je vorgezeichnet. Dies trifft auch auf ehemals klare „Männerrollen" und „Frauenrollen" zu. Gleichzeitig ist die Dominanz von Männern über Frauen in einer historisch gesehen kurzen Zeit enorm zurückgegangen. Ein Patriarchat, wie es jahrtausendelang die Regel war, ist in unseren Breitengraden für die Zukunft unvorstellbar geworden. Auch in jenen Weltregionen und Subkulturen, wo die Männer noch fest im Sattel sitzen, meist in Verbund mit einer autokratischen Herrschaftsform und dem Deckmantel der Religion als Rechtfertigung, *wird* diese Entwicklung kommen. Anzeichen sind genügend da – zum Teil unter der Oberfläche und vor allem bei den jüngeren Generationen. Neben dem angeborenen menschlichen Drang zur Selbstbestimmung bildet die Vorbildwirkung der Freiheiten, welche Frauen im Westen genießen, große Sprengkraft. Die Frage ist bloß, wann und wie rasch dieser Übergang kommt – Bildung und Aufstieg aus Armut sind diesbezüglich entscheidende Stichworte – und wie viele Opfer er verlangt.

Diese weitgehende „Befreiung" des Individuums aus der Verfügungsgewalt von ein paar Wenigen heißt jedoch nicht, dass Ungleichheiten beseitigt sind. Solange die Mehrheit innerhalb einer Gesellschaft primär von einem kompetitiven statt kooperativen Geist getrieben ist, wird es in jedem Bereich Gewinner und Verlierer geben, zum Teil in eklatantem Ausmaß. Es lässt sich folglich der Schluss ziehen: Je mehr individuelles Reifen verwirklicht wird, was unter anderem einen Übergang zu einer primär kooperativen Haltung und einen ausgeprägten Sinn für Gerechtigkeit sowie gesellschaftliche Verantwortungsnahme mit sich bringt, desto mehr wächst eine reifere, das heißt auch weniger ungerechte Gesellschaft als Ganzes heran. Dies passiert nicht erst, wenn die gesamte Bevölkerung einen solchen Schritt vollzogen hat. Es genügt, wenn das (gefühlte) Mehrheitsverhältnis[140] kippt.

Die **Familie** ist nicht mehr das, was sie früher war. Da sind sich alle einig. Aber: Was war sie denn früher? Und was ist sie heute? Jahrhundertelang bedeutete Familie mehrheitlich „Großfamilie". Diese umfasste neben Eltern und Kindern auch Großeltern, Tanten, Onkel und Cousins samt ihren Partnerinnen, Partnern und Kindern, die in engem Austausch standen, ob sie nun unter dem gleichen Dach lebten oder bloß in der gleichen Ortschaft. Bei bürgerlichen Stadtbewohnern waren oft auch Hausangestellte (zum Beispiel Köchinnen und Kindermädchen) Mitbewohner und Bezugspersonen. Handwerkermeister beherbergten Gesellen und Lehrlinge. Auf Bauernhöfen wohnten Landarbeiter („Gesinde") vielfach unter dem gleichen Dach wie die Bauernfamilie.

Die „Kleinfamilie", wo nur noch Eltern und Kinder im gleichen Haushalt leben, gab es als häufigste Familienform etwa seit der Industrialisierung und als Normeinheit erst seit Ende des Zweiten Weltkriegs. Während sie nach wie vor weit verbreitet ist und von Konservativen gerne als *die* anzustrebende Daseinsform hochgehalten wird, sehen wir in der Realität inzwischen eine historisch einmalige Vielfalt in den Formen des Zusammenlebens. Wir sind nicht mehr auf unsere Eltern für die Auswahl von bzw. die Zustimmung zu einem Ehepartner oder einer Ehepartnerin auf Lebenszeit angewiesen. Heirat ist nicht mehr Pflicht, weder gesetzlich noch gesellschaftlich. Patchworkfamilien in allen möglichen Zusammensetzungen sind häufig, ebenso wie Single-Haushalte und Wohngemeinschaften. Neben Paarbeziehungen unter einem Dach gibt es heute zahlreiche Formen der Fernbeziehung. Und es wird weiter experimentiert – mit Polyamorie etwa, dem offenen Ausleben von mehreren Beziehungen gleichzeitig.

Angesichts einer alternden Gesellschaft werden zudem erneut Mehrgenerationen-Wohnformen propagiert und zum Teil schon in die Tat umgesetzt. Im Gegensatz zu früher allerdings weniger auf der Basis von Blutsverwandtschaft. Vielmehr sollen es Wahlverwandtschaften sein. Dies wiederum widerspiegelt einen allgemeinen gesellschaftlichen Trend: Ich wähle mir die

---

140 Messen lässt sich dieses natürlich nicht. Es geht also um ein gespürtes kollektives Energiefeld – man kann es auch den Zeitgeist nennen.

Personen, deren Gesellschaft für mich Gemeinschaft und Stütze bedeutet, selber aus. Verwandtschaft spielt natürlich immer noch eine zentrale Rolle, aber die *Enge* meiner Beziehungen zu den Verwandten kann ich (als Erwachsener) weitgehend selbst bestimmen.

Summa summarum: Auch wenn ich nicht immer frei wählen kann (mangelnde Finanzkraft engt beispielsweise die Bandbreite an Wohnoptionen ein), so kann mir normalerweise niemand direkt oder via gesellschaftlichen Druck eine bestimmte Familien- oder Wohnform aufzwingen. Diese weitgehende *Wahlfreiheit für alle* ist historisch gesehen ein Novum.

Dasselbe gilt auch in Sachen **Religion**. In kleineren Ortschaften oder Bezirken wurde sicher bis in die 1960er-Jahre hinein sehr wohl registriert, wer sonntags zur Kirche ging und wer nicht. Nicht für alle, aber doch für viele war also der Kirchenbesuch weniger ein spirituelles Bedürfnis als die Erfüllung einer sozialen Pflicht oder schlicht eine wöchentliche Gewohnheit wie beispielsweise das samstägliche Autowaschen. Ebenfalls bis etwa zu jener Zeit wusste man zwar um die Existenz anderer Religionen, doch weder kannte man mehr als ein paar Häppchen ihrer Glaubensinhalte, noch kam man mit Angehörigen dieser Religionen in Kontakt. Judentum, Islam, Buddhismus und andere Religionen galten einfach als falsche oder bestenfalls minderwertige Glaubensformen. Wirkliches Interesse für sie entwickelten nur ein paar Fachspezialisten. Schließlich hatte man ja als Katholik oder Protestantin genug damit zu tun, Angehörigen der jeweils anderen Konfession aufzuzeigen, wo sie falsch lagen, und zu überlegen, ob man mit ihnen überhaupt Kontakt pflegen wollte oder durfte.

Seit den 1960er-Jahren verläuft die sich noch im Gang befindliche Entwicklung rasant (wie schon in Kapitel 3.2 dargelegt): Autoritäts- und Anhängerverlust bei den etablierten Kirchen, stark verminderte Weitergabe von Glaubensinhalten an die nächste Generation, bessere Kenntnisse und mehr Wertschätzung der nichtchristlichen Religionen, weitgehende Akzeptanz von Andersgläubigen, Verlagerung von formeller Religiosität hin zu informeller Spiritualität (was nichts über die jeweilige Tiefe aussagt) sowie zu agnostischem oder atheistischem Humanismus. Zynisch und nihilistisch eingestellte Menschen schließlich gab es wohl immer – heute lässt sich diese Einstellung einfach offener kundtun, da kaum noch gesellschaftliche Ächtung deswegen zu befürchten ist.

Kurzum: In den christlich geprägten Kulturen ist der Religionszwang am Verschwinden. Ähnliches wird sich in anderen Kulturen mit größter

Wahrscheinlichkeit früher oder später auch vollziehen. Denn, wie gesagt, der Informationsfluss und damit die Vergleichsmöglichkeiten sind da, und die Anziehungskraft der Wahlfreiheit jeglicher Art ist enorm. Erst wenn die Wahlfreiheit erlangt worden ist, stellen manche fest, dass sie auch zur Qual werden kann.

Der erwähnte **Informationsfluss** ist jener Faktor, der bei allen oben erwähnten Entwicklungen eine wichtige, vielfach sogar entscheidende Rolle spielt. Die Fülle an verfügbaren Informationen ist enorm und deren Fluss ist (ausser in repressiv regierten Ländern) immer weniger steuerbar. Ich bin also auch immer mehr **selbst verantwortlich für das, was ich (nicht) weiß**.

Damit kein Missverständnis entsteht: Wir sprechen hier nicht von Individualisierung im Sinne einer Abkapslung oder gar einer Verstärkung unseres angeborenen Egozentrismus (was allerdings eine Nebenfolge sein kann). Es geht, wie der Titel schon sagt, um die Individualisierung der *Verantwortung*. Das heißt: weniger Verantwortung des Kollektivs mit mächtigen Leitfiguren an der Spitze (und somit weniger Gruppendruck und weniger Willkür), dafür mehr Eigenverantwortung. **Zur persönlichen Entfaltung** als Individuum bin ich jedoch nach wie vor **auf Gemeinschaft angewiesen**. Bloß ist eine solche tragende Gemeinschaft weniger als je zuvor eine Selbstverständlichkeit. Ich bin heutzutage mitverantwortlich für eine förderliche und wohltuende Gemeinschaft, zu deren Funktionieren ich aktiv beitragen muss. Vernachlässige ich sie, beispielsweise aufgrund von Trägheit, übermäßiger Egozentrik, Karriere-, Arbeits- oder Vergnügungssucht, so kann die Folge Vereinsamung bedeuten. Andererseits gilt die Verantwortung auch anderen gegenüber, solchen jenseits meiner Kerngemeinschaft. Konkret heißt das, mir „Beziehungszeit" zu nehmen für jene Menschen, mit denen mich das Leben jeweils, vielleicht auch nur kurz, zusammenführt. Das gilt insbesondere in Bezug auf solche, die es etwa aufgrund von Armut, Behinderung, Krankheit, Schicksalsschlägen oder Alter selber nicht (mehr) schaffen, aus eigener Kraft ein Minimum an lebensqualitätserhaltender Gemeinschaft aufrechtzuerhalten. Da die Anzahl persönlicher Begegnungen beschränkt ist, braucht es in diesem Bereich auch indirekte Solidarität. All dies geschieht letztlich nicht nur zum Wohl jener Menschen, sondern auch zum eigenen Wohl. Denn wenn ich einer Person Zeit für eine Begegnung schenke, erlebe auch ich in dieser Zeit Gemeinschaft. Was wir heute an Fragmentierung und Isolierung erleben, ist also die Folge von *zu wenig* wahrgenommener Verantwortung.

Fassen wir zusammen: Die Entscheidungshoheit und damit auch die Verantwortung für vieles lag jahrtausendelang bei wenigen Machthabern und Würdeträgern. Sie hatten natürlich ihre Berater und Einflüsterer und es gab Einzelpersonen und Gruppierungen, denen sie verpflichtet waren. Zudem schränkten bestehende Traditionen und die Umstände ihre jeweilige Wahlfreiheit ein. Aber auch wenn sie de facto gar nicht so frei in ihrer Verfügungsgewalt waren, wie es von außen vielleicht erscheinen mag – der Gestaltungsspielraum für die große Masse der ihnen Unterstellten war noch viel enger. Deren äußerer Lebensweg sowie viele alltägliche Handlungsweisen waren die längste Zeit weit stärker vorgegeben als in unseren Tagen. Im Kleinen galt dies auch für Familienoberhäupter und den von ihnen abhängigen Familien.

Entscheidungsfreiheit wird mir als Individuum heute immer weniger verwehrt. Wer oder was steht also der auf meinem Reifeweg notwendigen **Übernahme von Verantwortung** – Eigenverantwortung und Mitverantwortung – entgegen? Eigentlich – je länger, je mehr – nur ich selbst.

4.3 ENTWICKLUNGSAUSLÖSER

Im Jahr 2013 stürzte in Sabhar, etwa 25 Kilometer nordwestlich von Dhaka (Bangladesch), ein Gebäude ein und begrub mehr als 3000 Menschen unter sich. 1135 von ihnen starben. Strukturelle Schwächen waren schon in den Tagen zuvor entdeckt worden und die sich im Erdgeschoss befindlichen Geschäfte und eine Bank blieben dementsprechend geschlossen. Dennoch wurden die Belegschaften der Textilfabriken, die in den Obergeschossen untergebracht waren, vom Besitzer sowie den unter Produktivitätsdruck stehenden Managern am verhängnisvollen Tag zur Fortsetzung ihrer Arbeit gezwungen.

Bei einer Recherche sechs Jahre danach[141] zeigte sich, dass seit jener Katastrophe – als Folge des Schocks und der Wut unter der einheimischen Bevölkerung sowie der weltweiten Publizität – die Standards bei derartigen Betrieben in vielen Punkten gestiegen sind. Dies wird auch von Gewerkschaftern und Vertretern von NGOs bestätigt. Textilfabriken in Bangladesch werden nun regelmäßiger überprüft; internationale Modemarken arbeiten

---

141 Gemäß einem Bericht in der Zeitschrift *Publik-Forum*, Nr. 21/2019, S. 12–16.

dazu mit lokalen Gewerkschaftern und NGOs zusammen. Zur Zeit der Katastrophe (2013) betrug der Mindestlohn umgerechnet rund 47 Euro pro Monat. 2019 lag er bei etwa 84 Euro. Außerdem sind Textilbetriebe ab einer bestimmten Größe heutzutage dazu verpflichtet, Betriebsärzte einzustellen und Kindertagesstätten zu betreiben. Auch die neueste Technologie hilft bei diesen Verbesserungen mit: Immer mehr Inspektoren verwenden bei ihren Fabrikbesuchen nun eine App, auf der sie Daten beispielsweise zu Brandschutz, Notausgängen und Luftzirkulation direkt festhalten und übermitteln. Zudem zeigt diese App mittels GPS auch an, dass sie sich tatsächlich in der besagten Fabrik befinden.

Natürlich gibt es nach wie vor reichlichen Verbesserungsbedarf. Das Geflecht von Unternehmen und Subunternehmen erschwert die Kontrollen. Und diese werden fast ausschließlich bei exportorientierten Textilfabriken durchgeführt. Bei den Produktionsstätten für den inländischen Markt sind die Bedingungen für die Arbeitenden meist deutlich schlechter. Aber es ist unbestreitbar, dass es einer Katastrophe wie der von Sabhar bedurfte, um den zuvor schleichenden Entwicklungsprozess derart voranzutreiben, dass er seitdem zu messbaren und mehrheitlich wohl auch nachhaltigen Fortschritten geführt hat.

Dies ist eine lokal begrenzte Katastrophe gewesen, die jedoch auf Missstände in vielen armen Ländern aufmerksam machte und mancherorts zu konkreten Änderungen führte. Im Frühjahr 2020 folgte eine weltweite Katastrophe, die Auswirkungen rund um den Globus hat und weiterhin haben wird. Die Welt nach Abebben der Covid-19-Pandemie wird nie mehr die Gleiche sein wie zuvor. Viele Entwicklungsrichtungen sind möglich. Bleibt die Tendenz zu Solidarität von Staatsseite für notleidende Betriebe, Arbeitnehmer und Selbstständigerwerbende, entwickelt sich daraus doch so etwas wie ein universelles Grundeinkommen? Oder verfestigt sich vielerorts der autoritäre Lenkungsstil der Staatsorgane, der angesichts der Krise mehrheitlich akzeptiert wurde? Werden bei der Ankurblung der Wirtschaft mit staatlicher Finanzhilfe klima- und umweltfreundliche Weichen gestellt? Werden von den ökologischen Gewinnen – signifikant weniger Luftverschmutzung durch Luft- und Straßenverkehr während des Lockdowns – sich einige als nachhaltig erweisen? Und auf sozialer Ebene: Dominiert auf Jahre hinaus die Berührungsangst, mit massiven Folgen für Gastronomie, Hotellerie, Kultur- und Sportveranstaltungen? Oder lässt die Sehnsucht nach persönlicher Nähe sowie den obengenannten Beiträgen zur Lebensqualität eine Mehrheit diese Angst hintenanstellen? Die kommenden Jahre bis Jahrzehnte werden es weisen.

Einschneidendes Leid und die Reaktionen darauf zählen zu den Hauptauslösern von größeren Entwicklungsschüben. Und was sich im Bereich des Kollektiven beobachten lässt, gilt auch für Individuen. Ohne aufrüttelnde Auslöser finden anscheinend kaum relevante Entwicklungsschritte statt. Wir sind dermaßen „daheim" in unserem ge*wohn*heitsmäßigen Verhalten, dass jede nicht selbst gewollte Änderung zunächst wie ein unwillkommener Auszug empfunden wird.

Das Stichwort „Auszug" spielt auch in zwei der bekanntesten Geschichten des Alten Testaments eine Schlüsselrolle. Erstens bei der Geschichte Abrahams, der von Gott aufgefordert wurde, von einem sicheren Wohnort in Haran (in der heutigen Osttürkei) in das ihm unbekannte Land Kanaan (heute Israel und die palästinensischen Gebiete) zu ziehen. Als Motivation gab Gott dem bis anhin kinderlosen Abraham das Versprechen, dass er dort Vater einer großen Zahl an Nachkommen werde. Das zu glauben, fiel dem inzwischen alten Mann und seiner ebenfalls alten Frau Sara natürlich schwer. Auch der Aufbruch aus einer gesicherten Existenz (Abraham und seine Familie waren reich) und die Reise durch gefährliche Gegenden hin zu einem unbekannten Zielort waren nicht gerade verlockend. Und doch vertraute Abraham seiner inneren Stimme, die er als Stimme Gottes interpretierte. Der Wunsch nach Nachkommen, das Versprechen und das Vertrauen darauf bildeten zusammen für Abraham den „Entwicklungsauslöser". Der Weg beinhaltete schließlich zahlreiche Umwege, aber das Vertrauen wurde belohnt: Im hohen Alter gebar Sara Abraham einen Sohn – Isaak. Und dessen Nachkommen wuchsen gemäß der biblischen Erzählung schließlich zum Volk Israel heran. Dieses Volk erlebte später ebenfalls einen Auszug – aus der Sklaverei in Ägypten (die zumindest eine gesicherte Existenz bot) zurück in die alte Heimat. Auch hier erwies sich die Reise keineswegs als ein direktes und sicheres Unterfangen. Im Gegenteil: Sie war leidvoll und voller unerwarteter Wendungen und Irrwege.

Eine der Botschaften dieser beiden Geschichten ist klar: Ohne ein Verlassen der Komfortzone findet keine nennenswerte Entwicklung statt. Wir bleiben ohne Frucht (Abraham) bzw. in Unfreiheit (das Volk Israel).

Entwicklung auf der Reifeskala geschieht, wie es scheint, nicht in einem ununterbrochenen Fluss, sondern in Schüben. Selten in großen, sondern viel häufiger in unmerklich kleinen **Schübchen**. Was aber löst solche Schübe bzw. Schübchen aus? In diesem Kapitel blicken wir auf die **reifungsfördernden Entwicklungsauslöser**. Die reifungsabträglichen Impulse werden im nächsten Kapitel mit dem Titel „Gegenkräfte" unter die Lupe genommen. Im darauffolgenden Kapitel schließlich wird aufgezeigt, dass eine Entwicklung niemals geradlinig verläuft, sondern dass auch Umwege und Rückschläge (Regression) dazugehören, und wie wir solchen Umwegen und Rückschlägen einen Sinn abgewinnen können.

Wenn wir den Anforderungen des Alltags einigermaßen gerecht werden; wenn wir zwar nicht wirklich glücklich, aber auch nicht unglücklich sind; wenn wir im Vergleich zu den Menschen, die für uns eine Messlatte darstellen, zwar nicht hervorragend, aber doch nicht schlecht dastehen, werden wir unsere Lebensweise kaum ändern. Die Jahre vergehen; die durch Gewohnheiten gespurte Verlaufsrinne des Alltags wird stets tiefer und somit immer weniger leicht in andere Richtungen umzulenken.

Zwischendurch denken wir dennoch oftmals: Es wäre gut, wenn ... Daraufhin werden Vorsätze gefasst. Aber die Kraft des Antriebs reicht nicht aus, um tiefgreifende Änderungen, also mehr als nur oberflächliche Retuschen, dauerhaft umzusetzen. Denn zu viel Kraft wird für die Bewältigung des Alltags verbraucht und zu viele konkurrierende Ideen schwächen die Wirksamkeit des ursprünglichen Vorsatzes ab. Wenn der Eigenantrieb nicht ausreicht, braucht es also unvorhergesehene Impulse von außen.

Als Auslöser genügt manchmal eine (scheinbare) **Kleinigkeit**. Ein Zeitungsartikel oder eine Begegnung können schon ausreichen. (Aber *welche* aus den Hunderten von Artikeln, die ich lese, oder den Hunderten von Begegnungen, die ich erlebe, mich nachhaltig beeinflussen werden, weiß ich im Voraus nie.) In seinem Buch „Tribe" erzählt der amerikanische Journalist, Autor und Filmemacher *Sebastian Junger* (geb. 1962) von einer solchen Begebenheit in seiner Jugend. Er war 1986 aus einem gesicherten Vorstadtleben ausgebrochen und reiste per Anhalter kreuz und quer durch die USA. Eines Morgens stand er vor seinem Reisezelt in der Nähe einer Tankstelle in einer verlassenen Gegend, als er einen heruntergekommenen Mann auf sich zukommen sah. Ich habe eigentlich nichts, was man mir rauben könnte, schoss ihm noch durch den Kopf, bevor er sich der Begegnung stellte.

„Ich sah dich da neben deinem kleinen Zelt stehen und wollte schauen, ob es dir gut geht", sagte der Mann. „Hast du etwas zu essen?" Es stellte sich heraus, dass er in einem kaputten Auto lebte und morgens jeweils drei Meilen zu Fuß zu einem Kohlenbergwerk ging und dort fragte, ob es Arbeit gebe. Manchmal lautete die Antwort ja, manchmal nein. Heute war ein „Nein"-Tag. Also brauchte er gemäß eigenen Worten sein Lunchpaket nicht. „Du kannst es haben."

Was Junger nachhaltig beeindruckte, war nicht nur die Tatsache, dass ein wirklich armer Mann ihm sein Mittagessen schenkte, sondern auch, dass er aus eigener Initiative auf ihn zugegangen war und so Verantwortung für ihn, einen Fremden, auf sich genommen hatte. Diese eine Wohltat, so Junger, habe er nie vergessen.[142]

Auch **Kunst** kann derartige Anstöße geben. Sie soll hier in all ihren Ausprägungen verstanden werden, darunter also Malerei, Literatur, Theater, Film, Musik, Tanz und mehr. Ja, Anregen und Wachrütteln gehören sogar zu den Wesensmerkmalen der Kunst und zu dem, was sie von reiner Unterhaltung oder Dekoration unterscheidet.

In seinem Gedicht „Archäischer Torso Apollos" beschreibt *Rainer Maria Rilke* (1875– 1926), wie ihn die Ausstrahlungskraft einer antiken Skulptur, der Kopf und Glieder fehlten, in ihren Bann zog und erschütterte. Das Gedicht schließt mit den folgenden Zeilen:

„…: denn da ist keine Stelle,
die dich nicht sieht. Du musst dein Leben ändern."[143]

Was Rilke poetisch schildert, ist der Effekt der **Aufrüttlung**. Ein anderer, ähnlich gelagerter Effekt, den die Kunst leisten kann, ist derjenige der **Läuterung**. „Katharsis" (wörtlich „Reinigung") nannten die alten Griechen diese Wirkung. In ihrer Kultur waren es vor allem die Tragödien auf der Bühne, denen ein solcher Effekt zugedacht war. Indem wir als Zuschauer miterleben und miterleiden, wie Helden aufgrund charakterlicher Makel in ihrem Unterfangen scheitern, verlassen wir „geläutert" das Theater (oder in unseren Tagen eher das Sofa im Heimkino). Nach einer Unterhaltungsshow im Fernsehen hingegen fühlen wir uns kaum geläutert; auch ertönt dabei im Innern wohl keine Stimme, die uns mit Nachdruck auffordert, unser Leben zu ändern.

Selbst wenn wir ein Katharsis- oder ein Weckruf-Erlebnis haben, verpufft es heutzutage meist rasch wieder angesichts der schieren Schwemme von Eindrücken – Kunst, Unterhaltung, Mitteilungen, Posts, Chats, Werbung und sonstige Ablenkung –, die um unsere Aufmerksamkeit buhlen.

---

142 Nacherzählt aus Sebastian Junger, *Tribe*, S. xix–xx.
143 Rainer Maria Rilke, *Die Gedichte*, S. 503.

Wir stumpfen ab. Vieles, das sich als Auslöser zu einer persönlichen Weiterentwicklung anbieten würde, zieht in der Flut quasi spurlos an uns vorbei.

Wegweiser aus diesem Dilemma heraus lauten somit: „Weniger ist mehr" und „Qualität über Quantität". Folgen wir ihnen, so erhöhen wir nur schon dadurch, dass wir viel Überflüssiges gar nicht an uns heranlassen, die Qualität unserer geistigen Nahrung. Dies macht uns empfänglicher für das, was uns anstoßen und gleichzeitig Orientierung bieten kann.

Im Kapitel zum individuellen Reifungsweg wurde bereits aufgezeigt, dass viele Menschen immer wieder versuchsweise ein paar Schritte unternehmen, aber die wenigsten entschlossen dranbleiben, wenn nicht etwas in ihrem Leben passiert, das ihnen die Dringlichkeit der Sache durch Mark und Bein gehen lässt. Neben den genannten Entwicklungsschübchen kann es – ja, muss es wohl – zu einschneidenderen Ereignissen kommen. Sie sind mehr als ein leichter Anstoß, sie werfen uns schlicht aus der gewohnten Bahn. Im positiven Fall, wie bei einer neuen Liebe, lösen sie eine Aufwärtsspirale mit Kennzeichen wie anhaltender Freude sowie einen merklichen Zuwachs an Energie und Kreativität aus. Im negativen Fall, etwa bei einer schweren Krankheit, setzt zunächst eine Abwärtsspirale ein, mit Symptomen wie Unverständnis, Niedergeschlagenheit und Ablehnung. In beiden Fällen ist aber dem dumpfen Dahintreiben vorerst ein Ende gesetzt. Wir sind wachgerüttelt. Sowohl hereinbrechende Liebe als auch hereinbrechendes Leiden bieten uns die Chance, bewusst an unserer Lebensweise zu arbeiten, da sie für eine Weile die Macht der Routine gebrochen haben. Sie sind potenziell die **großen Entwicklungsauslöser.** Beide Kategorien umfassen natürlich enorm viel. Betrachten wir sie nun im Einzelnen:

Leiden, verursacht durch Unfall, Krankheit, Gewalt, Lieblosigkeit oder verschiedene Arten von Verlust – vielleicht ist es auch „nur" eine innere Unruhe, die ansteigt und irgendwann die Schwelle des Erträglichen überschreitet –, kann eine **Lebenskrise auslösen.** Neben den kurzfristigen Reaktionen kann diese Lebenskrise, wenn unbewältigt, zu anhaltenden Folgen wie Vertrauensverlust und Selbstzweifeln, Schlafstörungen oder Angstzuständen bis hin zur Depression führen. All diese Symptome sind Zeichen, dass es bei der bisherigen Lebensführung eine Korrektur braucht; vielleicht sogar eine einschneidende. Die meisten Menschen schauen in einer solchen Situation vor allem auf die äußeren Umstände und was sich daran ändern lässt. Das allein genügt aber nicht. Leiden fordert uns auf, auch im Innern Arbeit zu leisten, nämlich an der Lebenseinstellung. Der Mystiker und Menschenkenner *Johannes Tauler* (ca. 1300–1361) legt uns im Fall einer solchen Krise Folgendes nahe: „Bleibe bei dir selbst, und laufe nicht aus, sondern leide dich aus."[144]

Das „Leide dich aus" erinnert an die Aufforderung „Weine dich aus". Letztere gilt für kurzfristiges, Erstere für länger anhaltendes seelisches Leiden. Das „Leide dich aus" spielt auch auf die urmenschliche Tendenz an, sich selber und anderen vorzumachen, dass „alles in Ordnung" sei, nachdem die akutesten Symptome des Leids abgeflaut sind, anstatt den notwendigen inneren Heilungsweg zu Ende zu gehen. Eventuell ermöglicht uns nämlich eine bewusst durchlebte, von äußerer Ruhe begleitete Krankenzeit, in der man gemäß den Worten Taulers „bei sich selbst bleibt", Licht auf verdrängte Bedürfnisse und Wünsche zu lenken. Hier allerdings tut sich eine Weggablung auf: Nehmen wir bloß die Bedürfnisse des Egos wahr, schlagen wir eine Richtung ein, bei der wir uns in immer engeren Kreisen nur noch um uns selbst drehen. Es folgt eine Abwärtsbewegung hin zu noch mehr Egodominanz und noch mehr Leiden. Oder aber wir sind empfänglicher geworden für etwas, das uns in eine andere Richtung weist: über uns selbst hinaus zum Dienst an etwas Größerem.

In einer tiefgreifenden Krise gibt es kein Ausweichen oder Verdrängen des Unwohlseins mehr. Der Impuls, den Rilke beim Betrachten eines Kunstwerks spürte, lässt sich nicht mehr ignorieren: Du musst dein Leben ändern.

Im Bereich des Kollektiven, wofür zu Beginn des Kapitels ein Beispiel angeführt wurde, heißt es dann entsprechend: Es muss am System – endlich, dringend – etwas geändert werden. Oder viel erfolgversprechender: *Wir* müssen am System, am Zusammenwirken – endlich, dringend – etwas ändern.

Und **Liebe** … Wem brauche ich da etwas zu sagen? Sie begeistert, motiviert, gibt uns Antriebskraft in Hülle und Fülle. In erster Linie denken wir dabei an die erotisch gefärbte Liebe, aber Liebe kann auch in anderen Bereichen hereinbrechen. Etwa bei den Eltern eines neugeborenen Kindes. Eine auf- oder hereinbrechende Liebe schüttelt unsere Alltagswerte durcheinander: Vieles, das vom Ego bestimmt uns tagein, tagaus umgetrieben hat, wird

---

144 *Johann Tauler's Predigten, Zweiter Theil*, Verlag der Germanischen Buchhandlung, Frankfurt a.M., 1826. https://books.google.ch/books?id=SCAUAAAAYAAJ &pg=PA249&lpg=PA249&dq=%C2%ABBleibe+bei+dir+selbst,+und+laufe+nicht+aus,+sondern+leide+dich+aus.

plötzlich unwichtig. Da das Ego zumindest für eine Weile nicht mehr als unumstrittener Herrscher im Mittelpunkt steht, wird anderes prioritär. Und es öffnet sich ein Freiraum, in dem unser Wesen sich stärker entfalten kann.

Dies gilt auch bei **tiefer Ehrfurcht**. Auch sie kann plötzlich über uns hereinbrechen, etwa beim ungestörten Betrachten des Sternenmeers am Nachthimmel. Auch sie kann uns gleichzeitig erschüttern, aufrütteln und beglücken. Wenn wir ein solches Ehrfurchtserlebnis nachhallen lassen und seine Früchte in uns pflegen, kann es sich ebenfalls als ein entscheidender Entwicklungsauslöser erweisen. Das Leben bekannter Mystikerinnen und Mystiker bezeugt dies. Und wenn wir beobachten, wie Eltern voller Ehrfurcht auf ihr Neugeborenes blicken, wird klar, dass dies eigentlich ein Bauteil wahrer Liebe ist.

In beiden Fällen – starke Liebe und starkes Leiden – wird unser innerer Garten umgegraben und manches zähe Unkraut entwurzelt. Der Boden empfängt eine neue Saat, aus der – bei anhaltender Fürsorge – eine reichere Frucht als zuvor heranwachsen kann.

„Wie bist du eigentlich dazu gekommen, immer auf Achse zu sein?", frage ich Jean.

„Ich denke, ich hatte einfach genug von all dem hier." Er macht eine ausschweifende Handbewegung.

„Verstehe. Ehrlich gesagt, ich hatte damals auch den Eindruck, dass du, na ja, ziemlich am Vergammeln warst."

„So kann man es auch nennen. Elena war endgültig weg. Du weißt, ich bin kein Büromensch … Es hielt mich einfach nichts mehr hier."

Jean und ich drehen gemeinsam noch eine Runde zu Fuß durch die Nachbarschaft, nachdem wir zuvor zusammen mit Michaela und Jana in der städtischen Bibliothek waren, wo Jean die Möglichkeit erhalten hatte, Fotos aus Laos und Kambodscha auszustellen.

Kurz danach sitzen wir zu viert bei uns zu Hause am Wohnzimmertisch. Jean ein bisschen rastlos wie immer, Michaela tief in sich versunken. Bevor eine Unruhe sich festsetzen kann, blickt Jana zu Jean hin und sagt: „Ich finde deine Bilder super! Die Naturaufnahmen sind einfach mega! Die mit dem Licht und dem Wasserfall …" Dann leuchtet Janas Gesicht noch mehr auf: „Wir haben in der Schule gerade ein Projekt über Wasser. Wie es verschmutzt ist und verschwendet wird und so. Darf ich eines deiner Fotos dafür verwenden?"

„Dann macht dir die Schule nun doch wieder ein wenig Spaß?", wirft Michaela mit einem Lächeln ein. Und zu Jean gewandt: „Du solltest sehen, wie sie seit Neustem …"

„Nein, die Schule ist scheiße! Aber das Wasserprojekt ist cool."

„Du meinst, der Projektleiter ist cool …"
Janas Gesicht läuft rot an. Beim Versuch, aus einer Grimasse einen Ausdruck
herablassender Gleichgültigkeit zu formen, schießen ihr Tränen in die Augen. „Stop
it! … Er setzt sich einfach ein. Das ist cool."

Neben Leiden und Liebe, die als Entwicklungsauslöser in unser Leben hereinbrechen können, gibt es noch ein weiteres, praktisch ununterbrochen prä-
sentes Phänomen, das in diesem Zusammenhang wirksam ist. Es handelt sich
dabei um eine vage **Unruhe**, die wohl in uns allen als Dauerbefindlichkeit –
mal schwächer, mal stärker –im Hintergrund vorhanden ist. Wenn wir überhaupt versuchen, eine Ursache dafür zu erkennen, bringen wir sie zumeist mit
einer gerade aktuellen Angelegenheit in Verbindung: Ich muss heute noch
die letzten Weihnachtseinkäufe erledigen; der Projektbericht muss bis Freitag abgegeben werden; ich sollte mich endlich bei meiner Tante melden und
mich entschuldigen, dass ich ihren Geburtstag vergessen habe.

Aber sobald diese Aufgaben erledigt sind, meldet sich die Unruhe erneut.
Also wiederholt sich der Ablauf. Ich identifiziere wiederum die scheinbaren
Ursachen und handle dementsprechend. Vielleicht gibt es aber einen ruhigen Augenblick, in dem gerade nichts ansteht und ich doch eine Rastlosigkeit spüre. Woher kommt sie, diese unterschwellige Unruhe, die auch dann
noch vorhanden ist, wenn sich an der Oberfläche des Alltags die Wellen eigentlich geglättet haben?

Ich möchte dieser Unruhe hier mit der Bezeichnung „**Evolutionsimpuls**" einen Namen geben. Und ich möchte folgende These aufstellen: Unser
individuelles Reifungsprojekt ist Teil des **kosmischen Evolutionspro-
jekts**. Und es ist die Kraft dahinter – hinter allem –, die uns nicht auf unseren Lorbeeren ausruhen lässt, was unsere Entwicklung betrifft. Schließlich
ist jeder und jede von uns sowohl **einzigartig** als auch **allverbunden**. Dies
bedeutet zweierlei: Das, was ich zum Ganzen beitragen kann, kann außer mir
niemand leisten (hierbei geht es um den individuellen Reifungsweg). Und
mein Tun und Nicht-Tun haben – wie bei einem ausgeführten oder nicht
ausgeführten Steinwurf in einen riesigen See und den Wellen, die dieser auslöst oder eben nicht – Auswirkungen auf die gesamte kosmische Entwicklung (den kollektiven Reifungsweg). So gesehen ist das persönliche Reifen
niemals nur Privatsache.

Wohin uns der Evolutionsimpuls drängt, lässt sich auf zwei Arten ausdrücken: Erstens sollen wir uns in den verschiedenen Bereichen des Menschseins

in diejenigen Richtungen (weiter)entwickeln, die im Kapitel zum individuellen Reifen aufgezeigt wurden. Zusammengefasst so, dass von der Trennung verursachenden Egokruste immer mehr abgetragen wird und stets mehr von dem, was wir dem **innersten Wesen** nach sind, **zum Vorschein kommen und wirksam werden kann**.

Und zweitens sollen sich dabei **die uns innewohnenden kreativen Kräfte entfalten**. Nicht nur die künstlerischen oder handwerklichen, sondern allen voran die aus der Liebe heraus entstehenden **Gestaltungsmöglichkeiten unserer Beziehungswelt**. Hin zu mehr Frieden, mehr Harmonie, mehr Freude, mehr Angstfreiheit, mehr Schönheit. Beziehung ist hier im weitesten Sinn verstanden – nämlich zu allen Dingen, Lebewesen und insbesondere Menschen, mit denen wir überhaupt in Berührung kommen. Gemäß der hier vertretenen These handelt es sich beim kosmischen Evolutionsprozess nämlich nicht um einen blinden Vorgang, sondern um einen von Bewusstsein getragenen Schöpfungsvorgang (von unauslotbarer Komplexität), an dem wir alle als Mitschöpferinnen und Mitschöpfer beteiligt sind und somit auch Mitverantwortung tragen.

Die als **Evolutionsimpuls** bezeichnete **diffuse innere Unruhe** löst keine Erschütterung in unserem Leben aus wie hereinbrechendes Leiden oder aufflammende Liebe (es sei denn, sie wächst zu einer Stärke heran, die wirklich großes Leiden hervorruft). Andererseits ist sie, wie gesagt, fast permanent im Hintergrund präsent. Und sie geht mit einer nur in Augenblicken der Stille vernehmbaren Stimme einher, die uns zuflüstert, dass es noch etwas mehr, etwas anderes geben muss. Selbst wenn wir diese Stimme wahrnehmen, missverstehen wir sie jedoch zumeist: Das „Mehr" deuten wir dann als mehr Besitz, mehr Anerkennung, mehr Erlebnisse, vielleicht auch mehr Leistung. Und unter „anderes" verstehen wir, je nach unserer aktuellen Situation, beispielsweise eine andere Arbeit, einen anderen Partner, eine andere Form von Unterhaltung. Die Unruhe, die hier gemeint ist, kommt jedoch nicht vom Ego, sondern vom Wesen. Sie zeigt uns an, dass noch Entwicklungsschritte zu leisten sind. Dass Potenzial brachliegt. Und dass das „Mehr", zu dem sie uns treibt, ein Mehr an Verbindung zur Essenz von allen und allem bedeutet.

Entwicklungsschübe – sei es im kollektiven oder individuellen Bereich (beide sind natürlich aufs Engste miteinander verknüpft) – werden also laufend ausgelöst, im Kleinen wie im Großen. Mögliche Ursachen sind oben beleuchtet worden. Warum also steigt die Entwicklungskurve weltweit nicht steil an? Warum fühlen wir uns nicht zunehmend von weisen und liebevollen Menschen umgeben? Warum werden Regierungspolitik und Unternehmensstrategien nicht immer häufiger von weitblickenden und sich selbst hintenanstellenden Menschen gestaltet? Etwas fehlt also noch in der Gleichung.

Es zeigt sich, dass neben dem stets vorhandenen Evolutionsimpuls und den einzelnen Entwicklungsauslösern eben noch weitere Kräfte am Werk sind. Kräfte, die uns als Individuen, aber auch als Paare, als Familien-, Freundes-, Kollegen- und Interessenverbände, als Gesellschaften und Nationen sowie als Menschheit in der Entfaltung hin zu größerer Reife hemmen und zurückhalten. Oder uns in Richtungen lenken, die keinen erkennbaren Reifefortschritt mit sich bringen oder sich gar als Rückschritt erweisen. Diesen Phänomenen wird in den kommenden zwei Kapiteln nachgegangen.

4.4 GEGENKRÄFTE

Was hindert uns daran, einen Reifeprozess zuzulassen, ihn zu wagen, ihn möglichst bis zum letzten Atemzug durchzustehen?

Wahrscheinlich sind hundert andere Dinge vordringlicher, als über so etwas wie „Reifen" nachzudenken. Vielleicht kann jemand mit dem Begriff „Reife" wenig anfangen; dann bieten sich jedoch alternative Ausdrücke an, wie beispielsweise „Entfaltung des Potenzials" (als ganzheitlicher Mensch, nicht nur ein musikalisches oder handwerkliches Potenzial). Vielleicht meinen wir unbewusst, Reife komme, wie das Alter auch, von selbst. Vielleicht reagieren wir – trotz einer immer wieder aufflackernden inneren Unruhe und Unzufriedenheit – mit der Gegenfrage: „Wozu denn reifen, bin ich etwa nicht reif genug?" Und schließlich: Vielleicht möchten wir ja reifer werden, aber die inneren Gegenkräfte erscheinen schlicht übermächtig. Genau diese Gegenkräfte sollen in diesem Kapitel ans Licht geholt werden.

„Manchmal möchte ich fast, dass mir etwas Schlimmes passiert. Wie wenn ich es verdienen würde."

Ich starre Michaela an. So hat sie noch nie geredet. Wie lange sind wir schon zusammen, wie lange verheiratet? Ich weiß, ihr Tag war aufreibend, sie ist gereizt, aber die Worte scheinen aus einer anderen Dunkelheit zu kommen. Und doch – obwohl ich mir keinen Reim darauf machen kann – bin ich nicht wirklich überrascht.

„Beim Abschlussfest letzte Woche war ein Mann, den ich überhaupt nicht sympathisch fand. Und ich fragte mich, wie es wohl wäre, mit ihm ins Bett zu gehen …"
Ich blicke sie an, als sei ich schockiert.

Sie fährt fort: „… Dann würde ich mir selber wehtun. Und dir grad auch noch mit … Obwohl er mich wahrscheinlich gar nicht hätte haben wollen …"
„Da kennst du die Männer schlecht." Das ist zu wenig. Aber was kann ich noch sagen? „Dich würden alle wollen."

Schlafende Hunde, denke ich. Nicht wecken. Vielleicht denke ich es aber nur, weil eine Beklemmung mich ergriffen hat. Ein Abgrund droht sich aufzutun. Und so, beinahe aus einer Panik heraus, frage ich dann doch: „Michaela, was ist los mit dir?"
Zurück kommt ein gewürgtes Schlucken.

„Wenn du wüsstest …" Um sie zu verstehen, muss ich mich zu ihr hinüberbeugen. „Ich bin ja selber so … Ich weiß nicht. So viel … "

Gemäß der Psychologie von C. G. Jung lassen wir uns in der ersten Lebenshälfte (hier geht es natürlich nicht um Jahreszahlen, sondern um Entwicklungsphasen) unbewusst eine Schutzschicht wachsen. Diese schottet uns ab von einer inneren Dunkelkammer oder auch, um eine andere Metapher zu verwenden, von einem inneren Dschungel, in dem sich einerseits unverarbeitete Traumata, andererseits alles Uneingestandene verbirgt und sein Unwesen treibt: Bosheit, Trägheit, Falschheit und Feigheit; Eitelkeit, Selbstgerechtigkeit und Hochmut, Scham oder Schuldgefühle wegen manchem, das wir getan haben, und manchem, das wir hätten tun können oder sollen. Und anderes mehr, für das wir vielleicht nicht einmal einen Namen finden. All das, mit dem wir lieber nicht konfrontiert werden wollen.

Dieser innere Dschungel, der bildlich gesprochen zwischen der vertrauten Oberfläche des Alltagslebens und der inneren Quelle unserer Lebendigkeit in der Tiefe liegt, ist der Lokus, aus dem das Ungute, das leiderzeugende Handeln kommt. Und der es gleichzeitig den aus der Tiefe kommenden Funken der Lebensfreude, den kreativen Impulsen und den intuitiven Einsichten so schwierig macht, an die Alltagsoberfläche durchzudringen und dort wirksam zu werden.

Manches in diesem Dschungel wird erkannt und verarbeitet und verliert so seine Wirkkraft. Neues kommt hinzu, vor allem, wenn es zu den bereits vorhandenen, leise wuchernden Kränkungen und Enttäuschungen und dem schamhaft Verborgenen passt, und verknüpft sich mit diesen. Wollen wir einen Wandel, kommen wir nicht darum herum, Licht in den Dunkelbereich zu richten und uns mit dem, was dort zum Vorschein kommt, auseinanderzusetzen. Reifen heißt demnach *auch*, dass wir einen solchen Bewusstmachungs- und Klärungsprozess aktiv vorantreiben und so sukzessive weniger Unbewusstes mit uns herumtragen und aus dem Schatten heraus wirksam werden lassen. Dies braucht Mut, wie schon im Kapitel zu den Herzensqualitäten hervorgehoben.

Wenn eine solche Auseinandersetzung nicht geschieht, wird die dschungelartige Trennschicht zwischen unserem äußeren Leben einerseits und unserem inneren Wesen andererseits immer undurchdringlicher. Lebensfreude schwindet und die unerkannten inneren Übel können zunehmend an Einfluss gewinnen, während wir an der Oberfläche angepasst weiter funktionieren. Im Lauf der Jahre wird das in diesem Schattenbereich Enthaltene allmählich knorrig und knorzig, und wir werden, um es in der Psychologensprache auszudrücken, zunehmend neurotisch.

Wir spüren, dass etwas mit unserem Haus (als ein weiteres Bild für unser Dasein) nicht in Ordnung ist. Daraufhin versuchen wir, die unordentlichen Gänge und Räume abzuriegeln und so zu tun, als gehörten sie nicht zu uns. In diesen Räumen befinden sich **Fragmente unserer Persönlichkeit**, die aus dem Blickfeld und unter Verschluss geraten sind. Wir gestalten unser Alltagsleben in einem knapp bemessenen Eingangsbereich, abgeschnitten vom „heimischen Herd" im Hausinnern. Wir spüren dann aber immer wieder, dass wir mit dem, was wir anderen und uns selbst tagtäglich vorleben, nur einen kleinen und erst noch peripheren Teil von dem, was wir sind, zum Ausdruck bringen. Bekommen ferner die „ausgeschlossenen" Fragmente in den Rumpelkammern ein gewisses Maß an Energie, werden sie trotz allem wirksam. Wir handeln dann so, wie wir es eigentlich gar nicht wollen. In der Folge schleicht sich eine Selbstablehnung ein, die von Selbstzweifel bis zum Selbsthass reichen kann. Keinesfalls jedoch soll dies nach außen durchdringen. So legen wir uns ein „Maskenverhalten" zu, gegenüber der Außenwelt und auch gegenüber uns selbst. Es gibt verschiedene solcher Masken: Rechthaberei, Strenge, Arroganz oder Zynismus, Arbeits- oder Fürsorgewut, oder auch Ängstlichkeit, Angepasstheit und Unterwürfigkeit. Wenn wir uns bloß öfters vor Augen halten würden, dass *alle* unsere Mitmenschen mit ihrem eigenen inneren Dschungel zu ringen haben bzw. ihre eigenen Räume der Unordnung vor der Welt zu verbergen versuchen. Dass wir *alle* unsichtbare Lasten tragen und unsichtbare Kämpfe auszufechten haben. Allein schon dieses Bewusstsein würde genügen, um sowohl uns selbst als auch anderen gegenüber mehr Akzeptanz und Nachsicht an den Tag zu legen.

Eine solche Haltung von Akzeptanz und Nachsicht schließlich ist der Schlüssel zu jenen Räumen des inneren Chaos. Sie ermöglicht es uns auch, die dort vorgefundenen Fragmente als Teile unseres Selbst zu erkennen und allmählich zu integrieren. Dies ist der Weg von einer fragmentierten zu einer **kohärenteren Persönlichkeit**, was sich in einem authentischeren Dasein und Verhalten äußert.

Ausprägungen

Um aber herauszufinden, *welche* Fragmente der Persönlichkeit aus meinen dunklen Kammern bzw. *welche* unguten Gegenkräfte aus meinem inneren Dschungel heraus konkret eine hemmende oder schädliche Wirkung entfalten, muss ich Nachforschungen anstellen. Ich lasse beispielsweise Vorkommnisse Revue passieren und versuche zu erkennen, welche Kräfte an meinem Tun und Lassen mitgewirkt haben. Die negativen Kräfte, die ich dabei zutage fördere, bieten keine schöne Ansicht. Wohl deshalb betreiben wir solche Nachforschungen eher selten mit Konsequenz (zu Ende sind sie nie).

Die Einsichten aus der Innenschau kann ich gewichten im Vergleich zu dem, was ich (möglichst unvoreingenommen) bei anderen Menschen beobachte und über Menschen generell erfahre. Die bei mir selbst entdeckten Mängel und Schwächen, Widerstände und Unarten lassen sich somit in eine Matrix der menschlichen Natur einordnen. Ferner kann ich von Menschen profitieren, die eine besondere Scharfsicht in diesem Bereich entwickelt und ihre Erkenntnisse festgehalten haben. Sie schenken mir unter anderem einen Schatz an Begriffen, mit denen ich an mir selbst beobachtete Phänomene einigermaßen dingfest machen kann. Außerdem bestärken sie mich in meinem Unterfangen, weil sie zeigen, dass ich mit meinen Schwächen nicht allein dastehe.

Schauen wir uns diesbezüglich eine systematische Darstellung an, die sich über Jahrhunderte bewährt hat. Ausgewählt habe ich sie deshalb, weil ihr Fokus explizit auf den „Gegenkräften" einer zum Guten hin gerichteten Entfaltung des Menschseins liegt:

Nachdem das Christentum im 4. Jahrhundert im Römischen Reich zur Staatsreligion wurde, war es nach einer langen Zeit der Geringachtung oder gar Verfolgung plötzlich bequem und opportun, sich als Christ zu bezeichnen. Nur wenige Zeitgenossen erkannten damals die riesige Gefahr, die damit verbunden war. Wenn eine einfache Zusage genügt, um dazuzugehören, warum sich das einschneidende „Kehrt um!", das Jesus verlangte, zu Herzen nehmen? Unter den wenigen, die dies erfassten, gab es solche, die daraufhin die

Einsamkeit der Wüste (v. a. im heutigen Ägypten, Syrien und Irak) aufsuchten, um dort, frei von der Ablenkung der hektischen Oberflächlichkeit der Zivilisation, den Selbsterkennungsweg zu gehen und sich dem Wandlungsprozess auszusetzen. Einige blieben Einsiedler, andere zogen Schüler und Suchende an und bildeten mit der Zeit kleine Mönchsgemeinschaften. Sie wurden später als Wüstenväter und Wüstenmütter bekannt. Heute, nach der Wiederentdeckung ihrer Schriften, schätzt man vor allem die tiefe Menschenkenntnis und subtilen psychologischen Unterscheidungen, zu denen sie in den Jahren und Jahrzehnten der Innenschau gelangt sind. Einer der schriftstellerisch Begabtesten unter ihnen war *Evagrius Pontikus* (345–399), der einflussreiche Kirchenämter aufgab, um die letzten 14 Jahre seines Lebens in der ägyptischen Wüste zu verbringen.

Er unterschied acht Kräfte[145], die in uns ihr Unwesen treiben und die unser seelisches und geistiges Wachstum nicht nur hemmen, sondern die Entwicklung gar in die Gegenrichtung zu lenken drohen, weg von dem, was gut und heilsam ist, weg vom „Reich Gottes" im Sinne Jesu, das mitten in bzw. unter uns ist. Sie erzeugen Leiden in uns selber und in unserem Umfeld. Diese Gegenkräfte nannte er – im Einklang mit dem damaligen Weltbild – „**Dämonen**". Abwechslungsweise bezeichnete er sie aber auch als „**versucherische Gedanken**" oder als „**Leidenschaften**". Sie sind zeitlos und universell. Wir alle tragen sie in uns und in uns allen sind sie bis zu einem gewissen Grad wirksam. Mit dem Finger auf andere zu zeigen, kann so gesehen ein Zeichen der Blindheit gegenüber den eigenen Schwächen wie auch der Projektion ebendieser Schwächen sein. Die Auflistung soll uns dabei helfen, die spezifische Ausprägung unserer eigenen „Dämonen" sowie den Grad unserer Anfälligkeit auszumachen. Nicht nur einmal, sondern immer wieder.[146]

---

145 Die Lehre der „acht Kräfte" legt Evagrius Pontikus in seinem Werk *Praktikos* dar. Eine moderne Darstellung und Erläuterung finden sich beispielsweise im Büchlein von Anselm Grün, *Der Umgang mit dem Bösen*. Die Systematik des Evagrius erwies sich übrigens als geistesgeschichtlich höchst einflussreich. Auf ihr basieren, über Umwege und in leichter Abwandlung, mehrere spätere Auflistungen, darunter auch die sogenannten „sieben Todsünden" der katholischen Lehre.

146 Manches, was im Folgenden angeführt wird, kam bereits im Kapitel zur individuellen Reifung zur Sprache. Es kann jedoch hilfreich sein, dasselbe aus einem anderen Blickwinkel zu betrachten. Und während ich bei den acht Überschriften die Begriffe des Evagrius beibehalten habe (in übersetzter Form natürlich), habe ich bei den Kommentaren versucht, seine Einsichten mit moderner Terminologie und aufgrund heutiger Lebenserfahrungen wiederzugeben.

1) **Maßlosigkeit**. Näher am Original wäre die Übersetzung „Völlerei" (in einem vom Fasten geprägten mönchischen Umfeld ist ein primärer Fokus aufs Essen verständlich). Die Bandbreite geht aber weit über das Essen hinaus. Ist jemand extrem wählerisch oder heikel, ist das genauso eine Form von Maßlosigkeit wie das Verschlingen einer Serienepisode nach der anderen oder der Drang nach Perfektion. Egal in welchem Lebensbereich: Mit der Maßlosigkeit verlieren wir uns in einem Gestrüpp abseits des Weges hin zum Wesentlichen.

2) **Unzucht**. Nicht nur das Ausleben von verantwortungsloser, d. h. leiderzeugender Sexualität, sondern vor allem die diesbezüglichen Fantasien standen bei Evagrius im Vordergrund. Denn diese absorbieren den Geist und die Seelenkräfte und schwächen dadurch unsere Verbindung zur Realität, zum Hier und Jetzt und somit auch zur Lebensquelle.

3) **Habsucht**. Auch hier gilt: Ist unser Fokus auf Besitz gerichtet und verbrauchen sich unsere Antriebskräfte in dessen Bewahren, Pflegen und Vermehren, reichen weder Bewusstsein noch Kräfte für ein Voranschreiten auf einem sinnerfüllten Lern- bzw. Reifungsweg.

4) **Traurigkeit**. Eine vorübergehende Traurigkeit ist ein natürliches und in manchen Fällen auch reinigendes Phänomen. Wenn sie sich aber im Gemüt als Resignation oder Niedergeschlagenheit festsetzt, verdunkelt und beschwert sie längerfristig unser alltägliches Tun, Fühlen und Denken. Auch Scham oder Schuldgefühle können hier zur lähmenden Wirkung beitragen. Im schlimmsten Fall, wenn wichtige Aspekte unserer Realität trotz aller rationaler Bemühungen gemütsmäßig inakzeptabel bleiben, wird aus der Niedergeschlagenheit eine Depression. In unserer Entwicklung bedeuten Niedergeschlagenheit bzw. Depression zumindest äußerlich einen Stillstand. Innerlich finden aber wilde Gefechte statt, die am Ende zu einer Erneuerung auf höherer Stufe führen können (aber nicht müssen).

5) **Zorn**. Wie Traurigkeit verdunkelt auch er den Verstand und raubt ihm die Klarheit. Eine aufflackernde und wieder vergehende Wut als Folge von tatsächlich oder vermeintlich erlittenem Unrecht kann – wie eine vorübergehende Traurigkeit – dennoch einen gesunden Verarbeitungsvorgang darstellen. Schwelt der Zorn jedoch unter der Oberfläche weiter und erzeugt

dabei Rachegedanken und Rachegelüste, mündet er in Aggressivität und Gewaltbereitschaft oder mutiert er in einen fortdauernden Groll oder Hass, so werden auf dem Reifeweg notwendige Qualitäten wie Güte, Sanftmut, Friedfertigkeit und Verständnis erdrückt.

6) **Acedia.** Dieser unübersetzbare griechische und später lateinische Begriff enthält Elemente von Lustlosigkeit, Antriebslosigkeit, Überdruss und Trägheit. Nimmt die Acedia überhand, schneidet sie uns – ähnlich wie die Niedergeschlagenheit – die Zufuhr jeglicher Energie und Entschlusskraft für ein Fortschreiten auf dem Weg ab. Außerdem öffnet sie anderen Fehlhaltungen – Missmut, Ressentiment, Neid usw. – Tür und Tor.

7) **Ruhm- und Geltungssucht.** Die Ruhmsucht beginnt zu wuchern, wenn wir andere Menschen als Lobspender benötigen und sie gleichzeitig als potenzielle Konkurrenten im Kampf um einen Platz im Rampenlicht fürchten. Jedes Mal, wenn sie überhandnimmt, verschiebt sich, wie bei den anderen Gegenkräften auch, der Zielpunkt des Wegs. Den Menschen zu gefallen und Anerkennung einzuheimsen, wird dann zum obersten Ziel. Ruhm- bzw. Geltungssucht lässt sich auch als eine Perversion der Liebessehnsucht erklären, bei der wir einer Illusion aufsitzen: Diese lässt uns glauben, dass, wenn wir bewundert und gelobt werden, wir gleichzeitig auch geliebt werden.

8) **Stolz.** Der Stolz trennt uns von unseren Mitmenschen. Durch ihn stellen wir uns auf eine höhere Stufe als sie und schauen auf sie herab, was eine innige Verbindung natürlich verunmöglicht. Egal, ob der Stolz auf äußere Faktoren gründet, etwa Attraktivität, Besitz oder gesellschaftliche Stellung, oder „innere" Faktoren wie Intelligenz oder besondere Leistungen, so folgt früher oder später auf die „Inflation" (so nannte C. G. Jung den Stolz) die „Deflation". Allerspätestens angesichts des Todes, wenn keines dieser Fundamente mehr trägt. Besonders heimtückisch und gefährlich wird der Stolz dann, wenn Menschen bereits auf dem Reifungsweg vorangeschritten sind und dabei der Illusion erliegen, sie selbst hätten dies geleistet und sie stünden somit wertmäßig über der unreifen Masse. Oder wenn sie die erlangte Wachheit und Menschenkenntnis für manipulative Zwecke ausnützen. Dann signalisiert Stolz einen Rückfall oder gar einen Absturz – von der Hingabe an die Tiefe und Weite der Wirklichkeit zurück in eine kleine Welt, in der „ich", „mir" und „mein" wieder im Zentrum stehen. So gesehen ist es

kein Zufall, dass beispielsweise in der katholischen Lehre der Stolz als die schlimmste aller Fehlhaltungen betrachtet wird und auch als das primäre Kennzeichen des Satans gilt.

Wie gesagt, die Frage ist nicht „Sind diese unguten Kräfte *auch in mir* wirksam?" (sie sind es), sondern „*Wie stark* sind sie in mir wirksam?" bzw. „Wo machen sie sich im Alltag bemerkbar?"[147] Aus Sicht der Psychologie ist auch die Reihenfolge der von Evagrius aufgelisteten Dämonen interessant: Bei den ersten drei geht es um die Beherrschung der Triebe, bei den nächsten drei um den Umgang mit Stimmungen und bei den letzten beiden primär um die Geisteshaltung (wobei bei der Ruhm- und Geltungssucht natürlich auch ein starker Triebfaktor im Spiel ist).

In Ergänzung zu den von Evagrius identifizierten Gegenkräften möchte ich noch weitere Spielarten dessen anführen, was uns hemmt in unserem see-lisch-geistig-spirituellen Vorankommen, oder uns davon abzubringen droht. Es sollen damit – ohne Anspruch auf Systematik oder Vollständigkeit – weitere Anhaltspunkte für die Erkennung der eigenen Schwachpunkte geboten werden. Manches überschneidet sich natürlich mit den von Evagrius aufgezeigten Fallen bzw. Versuchungen.

• **Fesseln der Gewohnheit**

Es sind inzwischen rund 1600 Jahre her, als der große Kirchenlehrer *Aurelius Augustinus* (354–430) neben weiteren auch diese Schwäche in sich selbst er-kannte und nicht davor zurückscheute, sie öffentlich zu bekennen: „Und bis-weilen lässt du mich gar Wundersames erleben, ich weiß nicht, welche Won-ne. […] Doch der Mühsal Schwergewicht zieht mich herab, das Gewohnte nimmt mich in Beschlag und hält mich fest."[148] Geändert hat sich seitdem of-fenbar nichts: Die schiere Vertrautheit mit unseren Gewohnheiten, mit dem über Jahre gepflegten Lebensstil, dem Selbstbild, sogar den kleinen Süch-ten und Ängsten macht einen Ausbruch bzw. Aufbruch schwierig. Das Ego wehrt sich immer dagegen, ins Unvertraute vorzustoßen.

---

147 Die Kräfte können sich auch über ihre Kehrseite äußern. Die Kehrseite des Stolzes etwa ist die Selbstverachtung. Vereinfacht erklärt: Ich wäre gerne stolz, finde aber nichts an mir, auf das ich stolz sein kann, und deshalb verachte ich mich.

148 Augustinus, *Bekenntnisse*, S. 296.

- **Angst**

Nicht die Angst vor konkreten Gefahren, die wieder abklingt, sobald die Gefahr vergeht, ist hier gemeint, sondern eine länger anhaltende oder immer wieder auftauchende, diffuse Angst in ihren diversen Erscheinungsformen. Dazu zählen Nervosität, die Neigung, sich viele Sorgen zu machen, generelle Ängstlichkeit, spezifische Phobien, Zwangs- oder Panikstörungen, posttraumatische Belastungsstörung und manches mehr. Wobei der Übergang von dem, was im Alltag noch im Toleranzbereich des „Normalen" liegt, zu dem, was als krankhaft zu bezeichnen ist, offensichtlich fließend ist. Angst, die zur Falle wird, erwächst aus Enttäuschungen, Scham, Schuld und Verletzungen bis hin zu Traumata. Angst hemmt. Angst errichtet Barrikaden. Verkriecht sich ein Mensch hinter solchen Barrikaden, sagen andere: „Ich komme nicht an ihn heran." Sie können dann meist nur noch oberflächlich mit ihm verkehren und nicht mehr von Herz zu Herz, von Seele zu Seele. Das ist tragisch, denn genau die Erfahrung einer Begegnung von Herz zu Herz, von Seele zu Seele ist es, die das Aufweichen der Angst ermöglicht.

- **Ignoranz bzw. Verblendung**

„Ich glaube nur das, was ich sehe oder was man mir beweisen kann!" Oder: „Warum soll *ich* mich denn ändern? Schuld an meinen Problemen sind andere!" Nicht weniger als die Angst oder der Stolz verbauen Einstellungen dieser Art den Weg zu mehr Weisheit, Verantwortungsnahme und Güte. Vergleichen wir zunächst die erste dieser beiden Aussagen mit zwei alltäglichen Vorkommnissen: Jemand erzählt den neuesten Firmenklatsch und ich gehe von dannen mit dem Eindruck, jetzt Bescheid zu wissen. Oder: Auf einer Nachrichten-App lese ich flüchtig eine Schlagzeile und wieder folgt die (bestenfalls halb bewusste) Reaktion: „Ich weiß jetzt Bescheid". Nur das mit eigenen Augen Gesehene oder das Bewiesene? Niemals. Ohne es zu merken, ergänzen wir das Erfahrene und Bewiesene mit nicht überprüften Info-Fragmenten und Schlussfolgerungen und basteln aus allen diesen Elementen mit Hilfe unserer Vorstellungskraft sowie unserem Gespür ein Gesamtbild zusammen. Denn unvollständige Bilder mag unser Hirn nicht – sie lassen sich nur schwer speichern. Und zur zweiten Aussage (die anderen seien schuld): Hier verbauen vor allem die Emotionen – Frust, Wut, Neid usw. – einen ehrlichen Blick nach innen sowie hinter jenes selbst gebastelte Bild, das für uns die Wirklichkeit darstellt. Ignoranz bzw. Verblendung im Sinn einer fehlgeleiteten Haltung haben also nichts mit einem Defizit an Fakten oder geringer Intelligenz zu tun. Sie sind die Folgen der bereits mehrfach angesprochenen „Illusion des Bescheidwissens" sowie einer mangelnden Bereitschaft, den großen Zusammenhängen hinter dem Vordergründigen redlich und entschlossen nachzugehen.

• **Narzissmus**
Er drückt sich in einem übermäßigen Bedarf an Bewunderung aus und steht somit der Ruhm- und Geltungssucht nahe. Sein Ursprung liegt entweder in einer Ich-Überschätzung und entsprechenden Geringschätzung anderer oder einer (uneingestandenen) Geringschätzung der eigenen Person mit entsprechendem Kompensationsbedarf. Manchmal verschwimmt die Grenze und die eine Haltung schwappt in die andere über. Gekoppelt ist der Narzissmus mit einem zwanghaften Verlangen, sich mit anderen zu vergleichen. Narzissmus ist zu einem weitverbreiteten Krankheitsbild geworden in unserer westlichen Gesellschaft mit ihrer intensivierten Fixierung auf Selbstpräsentation (Facebook, Instagram, YouTube, Snapchat und andere verdienen nicht zuletzt damit Milliarden).

• **Egozentrik**
Sie ist ein angeborener Zustand des Menschen; zu unseren Lebensaufgaben gehört es, sie im Zaum zu halten. Ist sie stark ausgeprägt, gibt es phasenweise kaum ein Ereignis, kaum eine Aussage mehr, bei der wir nicht unwillkürlich einen Bezug zu uns selbst herstellen. Wird die Egozentrik extremer, ähnelt das Ego zunehmend einem schwarzen Loch, das immer mehr von dem, was in sein Gravitations- bzw. Berührungsfeld gerät, verschluckt. Es findet fast kein Austausch mehr statt, bei welchem dem Gegenüber nicht Energie entzogen wird; es findet auch fast kein Ausstrahlen nach außen mehr statt.

• **Bedürfnis nach Gruppenidentität unter Abschottung gegen außen**
Allein fühle ich mich zu schwach. Ich brauche etwas, wo ich andocken kann. Aus diesem Grundempfinden heraus schließen sich Menschen beispielsweise einer Fangemeinde oder einer sozialen, politischen oder religiösen Gemeinschaft an, mit der sie sich dann identifizieren. Wenn meine Gruppe kritisiert oder gefährdet ist (subjektiv gesehen), fühle ich mich selbst bedroht. Besonders häufig ist eine Identifikation im obigen Sinn mit dem eigenen Volk, dem eigenen Land oder der eigenen Religion. Nationalismus und religiöser Fundamentalismus sind hierzu die Stichworte.

Liebe zur eigenen Nation kann eine Bereicherung sein, wenn sie ohne Konkurrenzhaltung oder gar Feindseligkeit gegenüber anderen ausgelebt wird. Sie lässt uns nämlich über die Nasenspitze des eigenen Ichs, der Familie oder der unmittelbaren Kleingruppe, zu der wir gehören, hinausblicken. Zum Beispiel bei der Unterstützung der eigenen Nationalmannschaft anlässlich einer Europa- oder Weltmeisterschaft. Nicht verbissen, nicht fanatisch, ohne Herabwürdigung des Gegners und dessen Anhänger. Um am Ende eines Spiels – egal ob bei Sieg, Unentschieden oder Niederlage – das Ganze wieder loszulassen.

Das ist aber Heimatliebe in Idealform. In den Jahren des erstarkten Populismus, die wir gerade durchleben, zeigt sie sich vielfach in den wesentlich hässlicheren Formen des Nationalismus, was sogar diesem Begriff selbst eine neue, düsterere Färbung verliehen hat. Kürzlich las ich von einem Kroaten, der nahe der kroatischen Grenze zum serbisch beherrschten Teil Bosniens lebt. Die Quintessenz seiner ganzen Lebenserfahrung, inklusive der Balkankriege in den 1990er-Jahren sowie der aktuellen Situation in seiner Region, hat er kurz und knapp so auf den Punkt gebracht: „Nationalismus ist Gift." Lange hätte ich es anders formuliert: Nationalismus ist Gruppenegoismus. Inzwischen klingt das für mich zu harmlos und ich schließe mich der Ansicht dieses Kroaten an.

Umgang mit den Gegenkräften

Evagrius macht ganz klar: Von den Dämonen, anders gesagt, von negativen Gedanken oder Leidenschaften angegriffen zu werden, ist an sich nichts Verwerfliches. Entscheidend ist, wie man damit umgeht. Es ist dabei nebensächlich, ob wir die Kräfte des Unguten als von außen oder von innen kommend betrachten. Vielleicht trifft ja beides zu.

Ungute Kräfte können uns **beherrschen**, wenn sie Angst einflößen oder Befriedigungen vorgaukeln, gleichzeitig aber **unerkannt bleiben**. Kommen wir ihnen aber mit dem Licht unseres Bewusstseins auf die Spur und beleuchten gleichzeitig ihren Einfluss auf unser Leben, verlieren sie bereits einiges von ihrer Macht. Weitere Macht schwindet dahin, wenn wir die jeweils identifizierte Kraft bzw. Energie **benennen** und sogar innerlich bei ihr „**verweilen**". Aufkommenden negativen Gedanken werden dabei bewusst positive entgegengesetzt. Ohne dass sich die äußere Realität ändert, kann aus einem halb leeren Glas ein halb volles werden. Beispielsweise indem der Fokus weg von den Ängsten vor etwas Schlimmem, das passieren könnte, hin zur Dankbarkeit für all das Schlimme, das nicht passiert, und das Gute, das passiert ist, verschoben wird. Im besten Fall lässt sich also die **Energie** mancher dieser Kräfte **umpolen und zum Guten einspannen** bzw. der Klammergriff der hemmenden Kräfte durch positive emotionale und gedankliche Energie lösen. So kann zum Beispiel die Energie des Zornes in ein wirksames Engagement münden oder die lähmende Lustlosigkeit in eine Ruhe, aus der wohlüberlegte Handlungen folgen.

Ein Vorgang, wie er oben beschrieben wird, lässt vielfach ein zuvor umrissloses und undefiniertes Ungeheuer zu einem ganz alltäglichen Phänomen schrumpfen. Um diese Übung mit den genannten Schritten in die Wege zu leiten, braucht es jedoch auch eine angemessene Haltung: weder resignierend („diese Kräfte sind zu stark für mich") noch überheblich („mit denen werde ich leicht fertig; ich habe alles im Griff"). Und es handelt sich dabei tatsächlich um ein Üben. Wenn ein einziger Durchlauf genügen würde, hätten wir es nicht mit eingenisteten Kräften zu tun.

Angesichts der Tatsache, dass wir stets beeinflussbar sind, sind die **Kontakte, die wir pflegen und denen wir uns aussetzen**, ein nicht zu unterschätzender Faktor beim Umgang mit unguten Kräften. Gemeint sind damit die reellen, virtuellen und ideellen Kontakte (Kontakte zu den *Ideen* von Menschen). Also alle jene Kontakte, die unser Leben mitgestalten und mitprägen.

Für einen klärenden und reinigenden Vorgang, wie er hier geschildert wird, bietet ein temporärer Rückzug aus dem Alltagsgetriebe einen ausgezeichneten Rahmen. Wir müssen dazu ja nicht wie Evagrius und andere Wüstenväter und -mütter gleich mehrere Jahre in der Wüste verbringen. Ein fruchtbarer Rahmen ergibt sich bereits aus einem kurzen täglichen Rückzug in die Stille für Meditation und/oder Gebet. Halten wir eine solche Praxis durch, so wird es unseren Dämonen je länger, je weniger leichtfallen, aus dem Verborgenen heraus Macht über uns auszuüben.

Der Weg durch den inneren Dschungel und die **Konfrontation mit den eigenen Dämonen** sind **niemals im Alleingang zu schaffen**. Jeder Mensch benötigt Hilfe, Begleitung und Wegweisung. Diese finden wir im Austausch mit Gleichgesinnten, Freunden oder Therapeuten. Aber auch, wenn wir uns öffnen, in weit mehr: Jede kraftspendende Form von Zuspruch und Zuneigung stärkt das Selbstvertrauen im Umgang mit den inneren Widersachern. Jedes Lächeln, jede noch so kleine gute Tat *ist* ein Lichtstrahl. Sie alle tragen zum Schaffen von Lichtungen zwischen altem und nachwachsendem Gestrüpp und somit zur Verkleinerung der scheinbar unzugänglichen und undurchdringlichen Schattenregionen bei. Und schließlich sind in und um uns neben den unguten Energien noch andere Kräfte wirksam. **Kräfte, die Trost, Klarheit und Mut** bieten und die uns eine **Richtung zum Guten weisen.** Zur Wahrung der körperlichen Gesundheit sind uns **Immunkräfte** mitgegeben, zu deren Erhaltung und Stärkung wir aber auch selbst durch eine gesunde Ernährung und Lebensweise beizutragen haben (eine positive Lebenseinstellung ist dabei erwiesenermaßen auch von Nutzen). Auf **seelischer und geistiger Ebene** stehen uns ebenfalls „Immunkräfte" zur Verfügung. Zu den wichtigsten zählen **Achtsamkeit** und die sogenannten **Herzensqualitäten** (Güte, Wohlwollen, Dankbarkeit, Großzügigkeit, Mut, Demut usw., siehe Kapitel 2.3.2). Sie dienen nicht zuletzt als Schutzschild gegen die aufgelisteten Dämonen bzw. Gegenkräfte. Obwohl sie inhärent in uns angelegt sind, müssen sie noch mehr als das körperliche Immunsystem gestärkt und in Form gehalten werden. Wie wir dies konkret durch eine Übungspraxis geschehen lassen können, ist in den Kapiteln zur Meditation bereits ausführlich beschrieben worden. Im Gegensatz zu den körperlichen Immunkräften sind sie zwar chemisch nicht fassbar, aber ihre Auswirkungen lassen sich beobachten: Manche Menschen erweisen sich ganz offensichtlich als immuner gegenüber den Verlockungen der aufgelisteten Gegenkräfte als andere.

Extreme Auswirkungen

Der Sog der Gegenkräfte kann Menschen auf Ab- und Umwege führen, die mit Leiden – eigenem und fremdem – einhergehen. Die Bandbreite dieses Leidens verläuft dabei von weitgehend harmlos über gravierend bis katastrophal. Betrachten wir zum Abschluss Extremfälle. Fälle, in denen das Überhandnehmen von Schwächen bei einem Menschen nicht nur dessen eigene Entwicklung auf Abwege führte und nicht nur im unmittelbaren Umfeld spürbar ungute Auswirkungen zeitigte, sondern auf kollektiver Ebene großflächig enormes Leiden verursachte. Ich denke da an Menschen in Positionen von außerordentlicher Macht. Diese ermöglicht das Ausleben von „Schwächen", die zuvor – innerhalb der Schranken von „normalen" Lebensumständen vor Erreichen einer solchen Machtposition – höchstens im kleinen Rahmen Auswirkungen zeigten. So legten spätere Diktatoren wie Stalin, Hitler, Mao, Ceausescu oder Saddam Hussein nachweislich bereits in jungen Jahren Anzeichen von Narzissmus, Rücksichtslosigkeit und Gewaltbereitschaft an den Tag. Aber erst, als sie Positionen der uneingeschränkten Macht erreichten, konnten sie sich beim Ausleben dieser „Schwächen" ungestraft über gesellschaftliche Normen und gesetzliche Schranken hinwegsetzen. Man kann, zumindest von außen gesehen, nicht einmal von einer entwicklungsmäßigen Regression sprechen. Ihre Entwicklung passt eher zum Syndrom des verwöhnten Kindes, dem keine Grenzen gesetzt werden (siehe nächstes Kapitel, Abschnitt „Über den Sinn von Umwegen"). Natürlich wurde der Aufstieg dieser Männer durch politische und gesellschaftliche Umstände begünstigt und sie konnten sich auf einen entscheidenden Kreis von Helfern stützen. Ihre Unreife nahm dabei, angefeuert von geheucheltem Lob, immer unkontrollierbarere Züge an und wuchs sich schließlich zu krankhafter Selbstüberschätzung, Paranoia und einem Weltbild mit stets weniger Bezug zur Realität außerhalb des riesigen Egos aus. So gesehen war es Unreife – hemmungslose und ungezügelte Unreife –, die direkt oder indirekt das Leiden von Tausenden, ja sogar Millionen von Menschen verursachte.

Lässt sich Leiden derartigen Ausmaßes auf irgendeine Art – etwa mit Blick auf die Gesamtentwicklung der Menschheit – einen Sinn abgewinnen? Verdeutlichen wir sowohl die Dimensionen dieser Frage als auch unsere naturgegebenen Verständnisschranken anhand eines Vergleichs. Wenn ein Feld umgepflügt wird, werden dabei zahlreiche Klein- und Kleinsttiere verletzt oder getötet. Wird aber nicht gepflügt, haben die Menschen nicht genügend Nahrung. Genauso wie es keinem überlebenden Regenwurm möglich ist, den Sinn des Pflügens zu „verstehen" (und er das Geschehen deshalb als sinnlose Tragödie abtun würde), ist es uns mit unserer beschränkten Wahrnehmung verbaut, einen übergeordneten Sinn hinter dem unter Stalin, Hitler, Mao und anderen verursachten Leiden *verstandesmäßig* zu erkennen. Das Heilen von Wunden aus Kriegen oder totalitärer Willkür kann sich zudem über Generationen hinwegziehen. Die Frage, ob es (auch) die Lektionen aus derartigem unsäglichem Leiden sind, welche die Menschheit letztlich voranbringen, lässt sich auch deswegen kaum schlüssig beantworten. Nur wenn ich mit einer Weltsicht lebe, in der das Leiden niemals das Letzte ist und der Tod kein Ende, sondern einen Übergang darstellt – eine Weltsicht auch, die ein Vertrauen in eine innewohnende und gleichzeitig den beschränkten menschlichen Horizont weit übersteigende, unendlich weise und unendlich gütige Kraft mit einschließt –, kann ich vielleicht erahnen, dass alles doch in einem Gesamtsinn eingebettet ist.[149]

---

149 Weitere Überlegungen zu der Rolle und dem möglichen Sinn des Leidens werden in den Kapiteln 5.3 und 6 dargelegt.

4.5 REGRESSION ODER UMWEG?

Die Distanz von Troja an der kleinasiatischen Küste bis Ithaka, einer Insel im Westen Griechenlands, ist geografisch gesehen nicht groß. Dennoch benötigte *Odysseus* gemäß homerischem Epos zehn Jahre voller Irrungen, Wirrungen und Prüfungen, bis er von Troja aus den heimatlichen Hafen wiederfand.

Hänsel und *Gretel* werden von ihren Eltern aus materieller Not verstoßen und in den Wald geschickt. Obwohl sich Hänsel vorgesehen hat und den Weg mit Kieselsteinen kennzeichnet, geht sein Plan schief und sie verlieren sich in der Tiefe des Waldes. Die scheinbare Rettung – das Knusperhäuschen der Hexe – erweist sich als Falle. Denn die Hexe macht Gretel zu ihrer Dienstmagd und hat die Absicht, Hänsel zu mästen und dann zu verzehren. Beide Kinder tragen auf ihre Art jedoch dazu bei, die Hexe zu überlisten und so ihre Freiheit wiederzuerlangen. Und es ist eine Freiheit auf einer neuen Stufe, denn dank der „Schätze" in Form von Perlen und Edelsteinen aus dem Hexenhaus kehren sie nun mit genügend Ressourcen für ein besseres Leben nach Hause zurück.

Gemäß biblischer Erzählung irrten die *Stämme Israels* 40 Jahre in der Wüste Sinai umher, bevor sie den Weg aus der Sklaverei in Ägypten zur Selbstbestimmung in Palästina schafften.

Interessant ist nicht nur die Tatsache, dass sich in keiner der drei Geschichten der geplante, geradlinige Weg realisieren ließ. Auch die topografischen Gegebenheiten der jeweiligen Reisen sind voller Symbolkraft – einmal Meer, einmal dunkler Wald, einmal Wüste. In allen drei Fällen handelt es sich also um ein *unwirtliches* Terrain voller Gefahren und unbekannter Phänomene, das es zu durchqueren gilt. Hierzu passt auch das im vorhergehenden Kapitel verwendete Bild des inneren Dschungels.

Das älteste erhaltene literarische Epos der Welt lässt sich ebenfalls als Reifeweg lesen. Es ist die Geschichte von *Gilgamesch* aus der Zeit der Sumerer (um 2000 v. Chr.). Gilgamesch, zwei Drittel Gott und ein Drittel Mensch, hat zunächst weder seinen Macht- noch seinen Sexualtrieb unter Kontrolle. Als König von Uruk schickt er Männer in den Tod und nimmt sich willkürlich ihre Frauen und Töchter. Die Bewohner Uruks wollen diese Tyrannei nicht länger erdulden und flehen zu den Göttern um Hilfe. Diese erhören ihr Bitten und schaffen einen gleichwertigen Rivalen für Gilgamesch – Enkidu. Die zwei ringen derart heftig miteinander, dass die Erde bebt. Gilgamesch siegt und gleich darauf werden die zwei zu unzertrennlichen Freunden.

Und Gilgamesch braucht diese Freundschaft, denn ohne den Beistand Enkidus würde er die folgenden Auseinandersetzungen und Abenteuer, die ihn weit abseits seines Königspalastes erwarten, nicht bestehen. Es sind eben diese „Umwege", die den Heldenweg ausmachen, denn die gerade Straße des Gewohnheitsmäßigen genügt offensichtlich nicht. Zu den Abenteuern der beiden Freunde zählt der Kampf gegen das Böse in der Form des Riesen Humbaba, den sie schließlich besiegen. Gilgamesch steht nun auf dem Gipfel seines Ruhms. Dann stirbt Enkidu und Gilgamesch, der Gottähnliche, ist untröstlich und wird sich zum ersten Mal seiner Endlichkeit bewusst. Daraufhin verlässt er erneut den gewohnten Pfad seines Alltags, um sich auf die Suche nach Unsterblichkeit zu machen. Nachdem diese erfolglos bleibt, lernt er, seine Sterblichkeit zu akzeptieren – er lernt also Demut. Als er dann tatsächlich stirbt, trauert die ganze Bevölkerung Uruks um ihn.

Die **Mythen** und **Märchen** aus aller Welt bis hin zu den weltweit erfolgreichen Filmen von Disney und Pixar sind voll von Entwicklungsgeschichten samt Gefahren, überraschenden Wendungen, Rückfällen und nicht eingeplanten Umwegen. Sie zeigen es in tausendfacher Variation: Den Menschen ist es nicht gegeben, ihr individuelles Potenzial zu einem „Leben in Fülle" auf einem geradlinigen Pfad ohne Schwierigkeiten und Abwege zu entfalten. Auch wenn in unserem Leben das äußere Drama meist geringer ist als in den geschilderten Epen, gilt das nicht unbedingt für das innere, das seelische Drama.

Die **Geschichten** machen aber auch **Mut**. Denn ein Grundschema besteht darin, dass die Helden oder Heldinnen ihre Mission trotz aller Hindernisse und Gegenkräfte erfolgreich zu Ende bringen. Ihre Mission glückt, auch wenn der Erfolg vielleicht anders ausfällt, als sie es sich zunächst vorgestellt hatten. Solche Geschichten sollen den Helden bzw. die Heldin in uns wecken. Versucht man, aus einer Vielzahl von Sinngeschichten das Wesentliche und Universelle herauszudestillieren, zeigt sich, dass vor allem drei Dinge benötigt werden, um durch alle Gefahren, Widerwärtigkeiten und Widerstände hindurch zu bestehen: erstens **Vertrauen in das Gute, das Wahre und das Schöne** (die Prinzessin, die es zu retten gilt!), zweitens **Ausdauer** und drittens die **Annahme von Hilfe durch die richtige Person zur richtigen Zeit**.

Weiten wir das Verständnis von Umwegen nun aus. Dann fallen nicht nur Abwege oder Irrwege als Folge einer Krise oder Katastrophe in diese Kategorie, sondern auch alle kleinen Umwege im Alltag, die dann beschritten werden müssen, wenn das Leben nicht genau den Verlauf nimmt, der uns unserer Ansicht nach zum anvisierten Ziel führt. Betrachten wir ein alltägliches Beispiel: Ich möchte Wäsche waschen, aber die Waschmaschine ist kaputt. Ausgerechnet heute. Morgen kommen Gäste und ich benötige unbedingt frische Bettwäsche. Ich verspüre Ärger und Frust und auch eine Prise Panik, denn ich habe eigentlich einen vollgeplanten Arbeitstag vor mir. Der Lernstoff liegt vor – an mir liegt es nun, die Situation angemessen zu bewältigen. Gelingt dies nicht – lasse ich etwa meinen Ärger an einem Mitmenschen aus – so kann die Erinnerung an das „Scheitern" später dennoch dazu führen, dass ich mit künftigen, ähnlich gelagerten Fällen besser umgehe. Oder auch nicht. Ein anderer möglicher Verlauf wäre nämlich, dass sich das Anschreien der anderen Person zu einem ernsthaften Konflikt ausweitet, wonach sich mein Ärger zu einem langandauernden Groll verfestigt. Dieser Groll wiederum verdunkelt mir die Lebensperspektive derart, dass ich daraufhin weitere Vorkommnisse negativ interpretiere und so in eine verdüsterte, weltablehnende Gesamthaltung versinke.

Die Zeit läuft ohne Unterlass, unsere Lebensuhr tickt, unsere Entwicklung steht also nie still. Auch in Phasen von **scheinbarer Stagnation** müssten wir uns deshalb fragen: In welche Richtung bewege ich mich Tag für Tag, einen winzigen und unscheinbaren Schritt nach dem anderen?

Wegweiser und Warnschilder

Angesichts der Gefahr, unbemerkt auf Wege zu geraten, die ich im Innersten gar nicht will, braucht es **Wegweiser** und **Warnschilder**. Systematisiert wurden solche Hinweise insbesondere von den Religionen, daneben aber auch von Philosophen und – seit dem 20. Jahrhundert, als das Wissen um den Menschen in immer mehr Spezialgebiete unterteilt wurde – von Psychologen. Betrachten wir zunächst die vielleicht einflussreichste Sammlung derartiger Leitplanken, nämlich die sogenannten „Zehn Gebote" der jüdischen Tora, die vom Christentum übernommen wurden. In einer freien Wiedergabe lauten sie wie folgt:[150]

---

150 Frei nach Exodus 20, 2–17. Je nach Konfession unterscheidet sich die Zählweise etwas; manchmal werden das zweite und dritte Gebot zu einem einzigen zusammengefasst und dafür wird das letzte Gebot in zwei separate unterteilt. Im Original ist der Text nämlich fortlaufend; die Gebote sind also nicht nummeriert.

1. Gott ist; es sollen keine vergänglichen Götzen diesen Raum einnehmen. 2. Fixe Vorstellungen von Gott vermeiden. 3. Achtlose oder missbräuchliche Verwendung des Namens Gottes vermeiden. 4. Zeit für Gott freihalten. 5. Diejenigen achten, durch die wir in die Welt gekommen sind und die uns gehegt und großgezogen haben. 6. Nicht töten. 7. Nicht ehebrechen. 8. Nicht stehlen. 9. Nichts Falsches über andere reden. 10. Nicht solche begehren, die mit anderen liiert sind und nicht das begehren, was andere besitzen.

Jedes der *Warnschilder* (Gebote 6–10) benennt Abwege, auf denen wir uns verirren können; die *Wegweiser* (Gebote 1–5) ihrerseits deuten auf Kraft- und Regenerationsquellen hin.

Um zu verdeutlichen, dass die hinter diesen Geboten stehenden Erkenntnisse dessen, was uns Menschen guttut bzw. was uns auf Abwege führt, universelle Gültigkeit haben und nicht bloß kulturbedingt sind, wollen wir den zehn Geboten zwei für den Buddhismus zentrale Systematiken gegenüberstellen, nämlich die „Fünf Sittlichen Regeln" sowie den „Edlen Achtfachen Pfad". Bei ersterem handelt es sich in unserem Sinn um *Warnschilder*: 1. Nicht töten. 2. Nichts nehmen, was einem nicht zusteht. 3. Nicht unverantwortlich mit der Sexualität umgehen. 4. Nichts Unwahres sagen, andere nicht durch Worte verletzen und banales Geschwätz vermeiden. 5. Keine berauschenden Mittel nehmen, damit Geist und Verstand klar bleiben.[151]

Der „Edle Achtfache Pfad" hingegen bietet uns *Wegweiser*. Bei den ersten fünf Pfaden handelt es sich weitgehend um ins Positive gekehrte Formulierungen der obenstehenden Gebote. Statt vor leiderzeugendem Verhalten zu warnen, wird auf das entsprechende leidvermeidende Verhalten hingewiesen. Bei den abschließenden drei Pfaden hingegen geht es um die Beziehung zur Transzendenz, die in den „Zehn Geboten" zu Beginn thematisiert wird. Das Göttliche wird im Buddhismus nicht benannt, wohl aber Wege zur Verbindung mit ihm. Wird der Achtfache Pfad befolgt, so heißt es, führt er zu: 1. Rechter Erkenntnis 2. Rechter Lebenseinstellung 3. Rechtem Reden 4. Rechtem Handeln 5. Rechtem Lebenserwerb (d. h. keinem unethischen

---

151 Diese Prinzipien oder Verhaltensregeln sind Jahrhunderte lang mündlich überliefert worden, um mit der Zeit im Rahmen verschiedener Textsammlungen bzw. Mönchsregeln festgehalten zu werden. Eine einzelne Urquelle bzw. Urfassung habe ich nicht ausmachen können.

Beruf nachgehen) 6. Rechtem Üben 7. Rechter Bewusstheit 8. Rechtem Sich-Versenken.[152]

Wie Sie sehen, sind die Unterschiede zwischen (vereinfacht gesagt) West und Ost nicht groß; bloß die Schwerpunkte liegen anders. Interessant ist vor allem das Schadenpotenzial, das bei den Buddhisten dem achtlosen oder bösartigen Gerede zugemessen wird. Umgekehrt wird aus jüdisch-christlicher Sichtweise (und auch im Islam) der personenhafte Aspekt Gottes und damit die Wichtigkeit einer Ich-Du-Beziehung zum Absoluten herausgestrichen.

In religiösen, philosophischen, psychologischen, pädagogischen und juristischen Werken (und indirekt auch in der Literatur und anderen Künsten) finden sich mehr derartige Wegweiser und Warnschilder, als ein Mensch in einem einzigen Leben zu Rate ziehen könnte. Und doch ist es nicht so, dass sie in völlig verschiedene Richtungen weisen und so zusammengenommen nur ein Gefühl der Orientierungslosigkeit hinterlassen würden. Grundsätzlich weisen die allermeisten in die gleiche Richtung: Wahrhaftigkeit, Mut, Gerechtigkeit usw. werden generell hochgehalten; Lügen, Feigheit und Ungerechtigkeiten werden generell verpönt.

Systematiken wie die oben genannten werden theoretisch seit Jahrtausenden weiterum akzeptiert und haben sich als kulturell prägend erwiesen. Aber warum dann geraten wir alle irgendwann einmal auf Umwege und Abwege, nicht nur als Individuen, sondern auch im Kollektiven? Warum scheint der Sog der Gegenkräfte (siehe vorhergehendes Kapitel) stärker zu sein als die vernünftigen Hinweise der Wegweiser und Warnschilder?

Verleitung durch Illusionen

Evagrius würde vielleicht sagen: Weil die Dämonen mächtige Illusionisten sind. Anders formuliert: Es braucht nicht viel, um uns so weit zu bringen, dass wir uns selbst etwas vormachen. Betrachten wir hierzu zwei alltägliche Beispiele, anknüpfend an die Evagrische Liste der menschlichen Fallgruben.

---

152 Der Edle Achtfache Pfad bildet die vierte der dem Buddhismus zugrundeliegenden Vier Edlen Wahrheiten. Im Pali-Kanon – der im Buddhismus einer allseits anerkannten „Heiligen Schrift" am nächsten kommt – wird er in der Sutta-Pitaka (Dighanikaya, 22. Lehrgespräch, Abschnitt 21) sowie in der Vinaya-Pitaka (Mahavagga, Kapitel I, Abschnitt 6, Verse 17–23) dargelegt.

Maßlosigkeit: Ich sitze in einer geselligen Runde, es wird getrunken und gelacht. Der Schwips hat bereits meine Zunge gelockert und die Lautstärke meiner Stimme außer Kontrolle geraten lassen. Noch ein Glas? Kann nicht schaden, denke ich. Ich genehmige mir noch eines und mache mich dann auf den Heimweg. Mein Zuhause erreiche ich allerdings erst viele Stunden später via Spitalaufenthalt. Denn ich bin unterwegs vom Fahrrad gestürzt und habe mir den Arm gebrochen. Eigentlich war das Warnschild im Kopf da. Noch stärker war aber die uneingestandene Angst vor dem „Nichts", wenn ich mit den wohltuenden Sinnesgenüssen aufgehört hätte. So bin ich willig der Illusion des „kann nicht schaden" aufgesessen.

Traurigkeit: Ich habe versucht, mit einem langjährigen Freund wieder Kontakt aufzunehmen. Sogar mehr als einmal. Er reagiert nicht. Aus der Enttäuschung wird Traurigkeit und damit verbunden kommen Selbstzweifel auf, und zwar aus dem nicht hinterfragten Schluss heraus, er fände einen Kontakt mit mir unter seiner Würde. Diese Selbstzweifel führen zu einer anhaltenden Niedergeschlagenheit, in der ich mich suhle und mir vorgaukle, dies sei angesichts der trüben Realität meiner Wertlosigkeit die einzig angemessene Haltung.

Über den Sinn von Umwegen

Ließe sich nicht doch ein direkter (und damit kürzerer und sicherer) Weg zu einem guten Leben, einem Leben in Fülle finden? Ein Weg ohne Umwege, auf denen wir uns verirren können; ein Weg, auf dem das Leiden minimiert wird? Nehmen wir zur Illustration einmal an, ein wohlmeinendes Elternpaar wolle ihrem Kind möglichst jedes Ungemach ersparen. Sobald das Kind nur schon ansetzt zu weinen, wird ihm sofort jeder Wunsch gewährt. Nehmen wir auch an, dass später selbst Lehrer und andere Bezugspersonen dabei mitmachen. Jedes Klagen des Kindes, jedes Jammern führt sofort dazu, dass die Dinge nach seinem Willen geschehen. Das Ergebnis eines solchen geglätteten, von Widerständen befreiten Lebenspfades lässt sich leicht ausmalen: ein verwöhntes, launisches, lern- und arbeitsunwilliges kleines Ego-Monster, das für jene Schwierigkeiten im Leben, die ihm niemand vom Leib halten kann, nicht im Geringsten gewappnet ist.

Es gibt jedoch keinen Umweg, der *automatisch* zu einem Reifefortschritt führt. Für einen solchen Fortschritt braucht es in der gegebenen Situation – der „**Lerneinheit**" – ein entsprechendes, bereits erreichtes Maß an Einsicht und Bereitschaft, Eigenverantwortung im Umgang mit der Situation zu übernehmen. Ansonsten wird rasch einmal aus einem kurzen Umweg ein länger anhaltender Irrweg – allerdings mit immer neuen „Lerneinheiten" als Chance zu einem neuen, anderen Umgang mit der aktuellen Lebenssituation. Eine klassische Variante ist das Abdriften in eine Sucht. Die Illusion, der ich anfänglich verfallen bin: Ich bin *nicht* abhängig (sei es von Alkohol oder Drogen) und kann jederzeit aufhören. Deshalb ist der erste Schritt bei dem auf viel Erfahrungswissen gründenden Ausstiegsprogramm der Anonymen Alkoholiker die auch nach außen verkündete Einsicht in die eigene Sucht.

Durch Hindernisse verursachte Umwege auf dem Lebenspfad eröffnen uns also **jene Übungsgelegenheiten, ohne die kein Reifen möglich ist**. Tag für Tag zwingen uns auch im Erwachsenenalter meist unspektakuläre Schwierigkeiten und Herausforderungen, den gewohnten Pfad der Routine bzw. eine geplante Wegstrecke zu verlassen, und sie führen uns in Handlungs- und Erlebnisfelder, in denen wir – ebenso unspektakulär – lernen und innerlich wachsen können. Falls allerdings der Lerneffekt ausbleibt, besteht stets die Gefahr, dass wir noch weiter in unwirtliches Gelände abdriften.

Aus dem bisher Gesagten ergibt sich eine paradoxe Erkenntnis: Eigentlich sitzen wir Illusionen auf und verursachen eigenes und fremdes Leiden, wenn wir uns zu Ab- oder Umwegen verleiten lassen. Aber die Situationen, in die sie uns führen, sind lehrreich und somit wichtig für den Gesamtweg.

Es sind nicht die persönlichen Dämonen (Schwächen/Illusionen) allein, sondern auch die Umstände, die uns auf Abwege führen. Weg von den eigentlich anvisierten Zielen, weg von rechtem Handeln, rechtem Sprechen, rechter Erkenntnis usw. (um die Ausdrücke des „Achtfachen Pfades" zu benutzen). Die Kombination der beiden – eigene Schwächen und Druck der Umstände – gehört zu den Grundbedingungen des Menschseins.

Zu den Grundbedingungen des Menschseins gehören aber auch Veranlagungen und Kräfte, die uns – zumindest ein Stück weit geläutert und gereift – von den Umwegen zurück auf einen gut gerichteten Pfad führen können. Im vorhergehenden Kapitel haben wir an den Kraftzuwachs durch Achtsamkeit und die trainierten Herzensqualitäten erinnert. Zu solchen heilsamen Kräften zählen aber auch die Pendants zu den Dämonen – die **guten Mächte** (auch hier ist es sekundär, ob wir uns diese als von innen oder von außen her wirkend vorstellen). Das in uns allen veranlagte **Gewissen** kann dabei als ihr Sprachrohr verstanden werden.

Der evangelische Pfarrer und Theologe *Dietrich Bonhoeffer* (1906–1945) verkehrte während des Zweiten Weltkriegs in Kreisen, die ein Attentat auf Hitler planten, und unterstützte deren Vorhaben. Seine Haltung begründete er mit

Zeilen wie diesen: „Man muss damit rechnen, dass die meisten Menschen nur durch Erfahrungen am eigenen Leibe klug werden. [...] Tatenloses Abwarten und stumpfes Zuschauen sind keine christlichen Haltungen. Den Christen rufen nicht erst die Erfahrungen am eigenen Leibe, sondern die Erfahrungen am Leibe der Brüder [...] zur Tat und zum Mitleiden."[153] Als die Pläne aufflogen, wurden er und seine Mitverschwörer verhaftet und nach und nach alle zum Tod verurteilt. Ende 1944 wusste er, dass er nur noch kurze Zeit zu leben hatte. In einem Silvesterschreiben aus dem Gefängnis an seine Familie und seine Verlobte brachte er in poetischer Form das zu Papier, was ihn vor dem Abgrund der Verzweiflung bewahrte. Das Gedicht beginnt mit der Zeile „Von guten Mächten treu und still umgeben" und endet mit folgendem Vers:

„Von guten Mächten wunderbar geborgen,
erwarten wir getrost, was kommen mag.
Gott ist mit uns am Abend und am Morgen
und ganz gewiss an jedem neuem Tag."[154]

Es ist wichtig, beide Seiten im Auge zu behalten: meine Schwächen *und* Stärken (aus meinen genetischen Vorgaben sowie meinem Werdegang), wenig förderliche *und* förderliche situative Umstände, ungute *und* gute Mächte, Dämonen *und* Engel[155] (um über Jahrtausende etablierte Bezeichnungen

---

153 Dietrich Bonhoeffer, *Werke*, Band 8, S. 33–34.
154 Dietrich Bonhoeffer, *Widerstand und Ergebung*, S. 205.
155 Falls Sie dieses Thema näher interessiert, verweise ich insbesondere auf Werke von Hypnotherapeuten (siehe Buchhinweise), die Hunderte von Fallbeispielen vorlegen, in denen Menschen bei Rückführungen nicht nur in frühere Leben, sondern auch in die Phase zwischen zwei Leben praktisch unisono über die Präsenz sowohl von Schutzengeln als auch Geistführern erzählen. Daneben gibt es eine inzwischen unüberschaubare Fülle an Berichten von Menschen, die auch ohne Hypnose derartige Wesen wahrnehmen. Interessanterweise scheint diese Fähigkeit besonders bei Kleinkindern verbreitet zu sein. Sie geht zumeist parallel zur Einführung des Kindes in die „normalen" menschlichen Denkkategorien verloren in einem Alter, in dem gleichzeitig der Schleier zu jener weiteren Dimension anscheinend dichter wird. Das Urteil über die Glaubwürdigkeit solcher Berichte ist natürlich den Lesern überlassen. Zu einfach machen es sich meines Erachtens jedoch diejenigen, die – ohne sich überhaupt in die Materie zu vertiefen – alles pauschal als Unfug, Halluzinationen oder Wunschdenken abstempeln.

zu benutzen) sowie die direkte Lebenskraft aus der Urquelle. Sie alle tragen bei zum Energiemix, der mein Handeln im Einzelnen sowie meine Lebens- und Reifungsroute mitsamt den Umwegen beeinflusst. Die letztliche Verantwortung für jeden Schritt, den ich nehme, liegt aber immer bei mir.

Individuelle Regression

So weit zu den Umwegen auf unserem Evolutionspfad und ihrem möglichen Sinn. Wie steht es aber mit Fällen von **Regression**, mit Rückfällen auf frühere, eigentlich schon überwundene Entwicklungsstufen?

Eine vom orthodoxen Mönch und Schriftsteller *Johannes Klimakos* (ca. 579–649) zusammengestellte Systematik des spirituellen Wachstums fand besonders in der Ostkirche Verbreitung und wurde unter dem Namen „Himmelsleiter" bekannt. Bei den meisten der insgesamt 30 Stufen geht es dabei um die Überwindung von Lastern und die Kräftigung der entsprechenden Tugenden. Die allerhöchste Stufe – noch über den „höheren Tugenden" des Gebets, der Stille und der Gelassenheit – ist die Liebe. Nicht so sehr die Systematik des Aufstiegs interessiert uns jedoch hier, sondern die Tatsache, dass es auf dieser Leiter nicht nur aufwärtsgeht. Höchst anschaulich wird dies auf einer oft abgebildeten Ikone aus dem 12. Jahrhundert dargestellt.[156] Darauf sieht man, wie sich eine nicht endende Schlange von Menschen die Leiter hinaufbewegt. Auf jeder Stufe – selbst nahe am Ziel, wo der Heiland und die Heiligen warten – gibt es jedoch solche, die von Teufeln an einer Leine in den Abgrund gezogen werden. Weitere Teufel stehen bereit, jeweils mit einem Pfeil im gespannten Bogen, um ausgewählte Opfer abzuschießen. Mit einer Deutlichkeit, die nichts zu wünschen übrig lässt, wird hier den Betrachtern klargemacht, dass *niemand* vor einem Absturz gefeit ist.

Keiner wundert sich, wenn (scheinbar) prinzipienlose Menschen „abstürzen". Wenn sich hingegen auf dem Reifungsweg – der Leiter – fortgeschrittene Personen zu einem Verhalten verleiten lassen, das dem einer grundsätzlich überwundenen Stufe entspricht, ruft dies eher Unverständnis hervor. Denken wir an Seelsorger, Gurus, angesehene Lehrpersonen und andere Leitfiguren und Vorbilder, bei denen es zu einem solchen „Sturz" kommt. Herbeigeführt werden kann er durch Fälle von finanzieller Ausbeutung ihrer

---

156 Geben Sie im Internet die Suchbegriffe „Klimakos Himmelsleiter 12. Jahrhundert" ein und klicken Sie auf „Bilder", so lässt sich diese Darstellung leicht finden.

Anhänger (Schwachpunkt bzw. Angriffsfläche: Geldgier), von sexueller Ausbeutung (Schwachpunkt: sexuelle Maßlosigkeit) oder von Machtmissbrauch (Schwachpunkt: Machtverliebtheit). Um unser Model mit Reifeskala samt Unterskalen nochmals aufzugreifen: Bei solchen Menschen kommt durch die entsprechenden Vorfälle mindestens ein Unterbereich ans Licht, in dem ihr Reifegrad offensichtlich demjenigen in anderen Bereichen hinterherhinkt, was sie gerade dort speziell anfällig für Verlockungen macht.

Hier handelt es sich tendenziell um aufsehenerregende Fälle. Wie bei den „Umwegen" gibt es jedoch in jedem Leben häufige, nach außen hin unspektakuläre Rückfälle. Ein Mann hat sich beispielsweise angewöhnt, aus Gründen des Umweltschutzes und auch der eigenen Gesundheit zuliebe für kurze Strecken aufs Auto zu verzichten. Dann kommt der Tag, an dem er müde und schlecht gelaunt von der Arbeit zurückkehrt und für den abendlichen Einkauf statt aufs Fahrrad ins Auto steigt. Ein derartiger „Rückfall" bleibt zumeist ohne große Folgen – im Gegenteil, er kann wie ein Weckruf wirken –, wenn er nicht dazu führt, dass das Verhalten in der Folge auf der tieferen, scheinbar bereits überwundenen Stufe (hier im Bereich von Trägheit und Bequemlichkeit) haften bleibt.

Der Schweregrad von Rückfällen ist fließend. Schauen wir uns ein etwas gravierenderes Beispiel an: Nachdem ein Junge als Elfjähriger beim Ladendiebstahl erwischt wurde, jagt ihm das Verhör bei der Polizei und das Entsetzen seiner Eltern einen derartigen Schrecken ein, dass er sich danach nicht mehr an fremdem Eigentum vergreift. Bis ihm Jahrzehnte später eine Arbeitsstelle, bei dem er unter anderem Einnahmen und Ausgaben zu verwalten hat, die Gelegenheit bietet, eine kleinere Geldmenge unbemerkt zu unterschlagen. Er kann der Versuchung nicht widerstehen. Anscheinend hat er in den Jahren nach dem ersten Diebstahl mehr aus Angst denn aus innerer Überzeugung die Finger von fremdem Gut gelassen. Verinnerlicht hat er die Überzeugung (noch) nicht. Bestenfalls handelt es sich hierbei um einen Ausrutscher und er fängt sich geläutert wieder; im schlimmsten Fall schlagen das Fehlverhalten und die entsprechende Einstellung Wurzeln.

Auch hier geht es letztlich um Lektionen, die gelernt werden müssen. Und wie beim schulischen Lernen genügt eine Lektion oft nicht. Bis der Stoff wirklich internalisiert worden ist und das Gelernte auch unter schwierigen Umständen nicht von einer Emotionsflut weggeschwemmt wird, braucht es zumeist mehrere Anläufe und oft auch ein aus der Not heraus verstärktes Maß an Motivation und Entschlossenheit.

Bereits im Kapitel zuvor war von jener Fallgrube die Rede, die subtiler ist als die Anziehungskraft von Macht, Geld oder Sex, und die insbesondere auf Menschen lauert, die auf der Himmelsleiter bzw. dem Reifeweg schon weit fortgeschritten sind. Es ist der **geistige oder spirituelle Stolz.** Denn wenn es mir gelungen ist, an Selbst- und Weltkenntnis zuzulegen, grundsätzlich ein ethisch hochstehendes Leben zu führen und generell den Schwerpunkt vom Haben zum Sein zu verlagern, so nehme ich das natürlich selber auch wahr. Gleichzeitig sehe ich um mich herum Menschen, die sich noch mit ihren Verstrickungen in Konsumgier, Geltungssucht und gekränkter Eitelkeit herumschlagen, und es macht sich bei mir ein Überlegenheitsgefühl breit. Ein derartiger Stolz kann ebenfalls zu einem Absturz führen, bei dem anschließend Verhaltensmuster von eigentlich bereits überwundenen Entwicklungsstufen die Oberhand gewinnen.

Warum ist dieser Stolz so deplatziert? Weil auch er auf einer Illusion, einer verzerrten Wahrnehmung der Realität gründet. Ich halte meine Fortschritte für weitgehend meinen eigenen Verdienst. Dabei verdränge ich die Tatsache, dass ich weder zum eigenen Dasein noch zum Dasein der Gemeinschaft, in der ich gedeihen kann, weder zur Luft, die ich zum Leben benötige, noch zu den Pflanzen und Tieren, die mir als Nahrung dienen, weder zur Ausstattung und Funktionsweise meines Hirns noch zum Vorhandensein meines Bewusstseins irgendetwas selber beitrage oder beigetragen habe. Die Liste ließe sich noch seitenweise fortführen. Außerdem sind mir Gnaden und Begabungen geschenkt worden, die andere nicht erleben bzw. aufweisen. Was wiegt im Vergleich dazu der zweifellos vorhandene eigene Beitrag? Anstatt **Demut und Dankbarkeit als adäquate Haltung** angesichts dieser Faktenlage anzunehmen, anstatt auch eine **mit dem erreichten Reifegrad einhergehende Verantwortung** wahrzunehmen, bläht sich mein Ego auf. Und dieser Stolz kann sich als gefährlich erweisen. Denn plötzlich gelten manche Regeln nicht mehr für mich (hierin besteht der Absturz) und meine hochentwickelten Selbst- und Menschenkenntnisse eignen sich dann hervorragend als Werkzeuge zur Manipulation von Mitmenschen, Gruppierungen, ja sogar ganzen Volksmassen.

Für unsere Umwege und Abwege gibt es anschauliche Symbole. Eines davon ist das **Labyrinth.** Entsprechende Darstellungen existieren bereits aus frühesten Zeiten, eingeritzt oder eingraviert auf Felsen, Steinen und Gefäßen. Das wohl bekannteste Labyrinth befindet sich in der Kathedrale von Chartres und lässt sich begehen. Interpretiert wird dieses Symbol zumeist als unser

Weg zum Heiligen oder als Weg zur eigenen Mitte. Bei einem Labyrinth ist der Pfad vorgegeben. Er führt uns in alle möglichen Richtungen, oft weit weg vom Ziel, aber wenn wir ihm vertrauensvoll und beharrlich folgen, ist uns die Ankunft am Ziel – im Zentrum – sicher.

Anders verhält es sich beim **Irrgarten**. Dort haben wir unterwegs immer wieder eine Wahlmöglichkeit und mancher Weg erweist sich als Sackgasse. Kombinieren wir die Wesenselemente von Labyrinth und Irrgarten zu einer Landschaft mit verschlungenen Pfaden, auf denen wir eigentlich von weisen Mächten geleitet werden, aber gleichzeitig die Freiheit haben, selber andere Routen zu wählen, ergibt sich eine knappe, aber treffende symbolische Darstellung des Lebenswegs. Ebenso eine Darstellung der Möglichkeiten sowie der zurückzulegenden Strecken mitsamt Richtungsänderungen auf dem individuellen und auch dem kollektiven Reifeweg.

Kollektive Regression

Letzterem wollen wir uns nun zuwenden und einen Blick auf Formen kollektiver Regression werfen. Sie findet beispielsweise dann statt, wenn eine Gruppe Menschen zu einer Horde degeneriert. Das können Fußball-Hooligans sein, Protestierende, die Autos zertrümmern und Ladenfenster einschlagen, oder im schlimmsten Fall eine aufgepeitschte Menge, die zu einem Lynch-Mob mutiert. In all diesen Fällen wird die **individuelle Verantwortung stillschweigend abgegeben**. Der verursachte Schaden bzw. das verursachte Leid kann zwar beträchtlich sein, aber das regressive Verhalten ist zumeist nicht von langer Dauer – es wird gesellschaftlich in Schranken gewiesen. Weiten wir nun aber den Blickwinkel aus und betrachten wir vier Beispiele zivilisatorischer Regression von weltgeschichtlichem Ausmaß.

1) Niedergang des weströmischen Reichs. Während einiger Jahrhunderte im Frühmittelalter gingen auf dem Gebiet des vormaligen weströmischen Reichs viele der zivilisatorischen Errungenschaften der Griechen und Römer verloren. Verloren gingen beispielsweise die Rechtsstaatlichkeit mit einem funktionierenden, großräumigen Verwaltungssystem (deren Verlust zu einer größeren Gefährdung von Leib und Leben führte), die weit verbreitete Fähigkeit des Lesens und Schreibens (was einen Niedergang auf den Gebieten der Medizin, Architektur, Mathematik, Philosophie, Literatur usw. zur Folge hatte) sowie der weiträumige Handel und damit eine einigermaßen gesicherte Versorgung mit Nahrung und anderen Gütern. Was hat dazu geführt? Wie immer bei derart komplexen Geschehnissen sind mehrere Faktoren im Spiel; über deren Gewichtung streiten sich Historiker bis heute. Zu den wichtigsten dieser Faktoren zählen: zunehmende Bedrohungen an den Außengrenzen durch germanische Stämme (von denen manche ihrerseits auf Druck der Hunnen nach Westen und Süden drängten); mangelnde personelle Ressourcen für Verwaltung und Armee; sinkende Steuereinnahmen und Versorgungsengpässe (besonders nach dem Verlust der nordafrikanischen Provinzen, der Kornkammer des Reiches, an die Vandalen); Untergrabung der Autorität der kaiserlichen Zentralmacht durch Inkompetenz und endlose Machtkämpfe, durch das Erstarken von Lokalfürsten und Großgrundbesitzern sowie durch das Christentum, das die Autorität Gottes (und damit der kirchlichen Botschaft) über diejenige des Kaisers stellte; abnehmendes bürgerliches Verantwortungsbewusstsein, gekoppelt mit zunehmender Korruption (ein Teufelskreis); abnehmende Innovationskraft (was in der Waffenüberlegenheit der Germanen zum Ausdruck kam) sowie die herablassende Haltung der Römer gegenüber den Germanen. Letztlich aufgrund dieser herablassenden Haltung gelang es den Römern nicht, aus den zuwandernden Stämmen echte Verbündete zu machen, obwohl solche Bündnisse mit gleichzeitiger Ansiedlung der Neuankömmlinge zum Schutz der grenznahen Regionen und Stärkung der Armee geschlossen wurden (die germanischen Völker kamen nicht in der Absicht, das römische Reich zu erobern oder zu zerstören).

Vielleicht aber war das römische Reich, wie andere antike und nachantike Reiche, schlicht ein Riese auf tönernen Füßen. Denn es war auf Sklavenarbeit gebaut. Wenn aber der „gesellschaftliche Vertrag" mit einer so großen Bevölkerungsschicht fehlt, wenn es fundamental an Gleichheit vor dem Gesetz mangelt, ist es wohl nur eine Frage der Zeit, bis ein derartiges Gebilde von innen ausgehöhlt wird.

2) Niedergang der islamischen Hochkultur. Auf einem Gebiet von Spanien im Westen über Nordafrika, den Nahen Osten, Persien und Zentralasien im Osten wuchs zwischen dem 7. und 13. Jahrhundert eine Hochkultur heran, die sich durch Höchstleistungen auf den Gebieten der Medizin, Mathematik, Astronomie, Kunst, Poesie, Architektur und Philosophie (teils aufbauend auf Erkenntnissen aus der Antike, die im Westen verloren gegangen waren) sowie durch Offenheit, Toleranz und Innovationskraft auszeichnete. Obwohl sich die politischen Grenzen immer wieder verschoben, waren es gerade die Offenheit und Toleranz, die Fachkräfte und Meister auch aus der

Ferne zu den Zentren dieser Hochkultur hinzogen und somit die Basis für einen langlebigen Kreativitäts- und Innovationselan schufen. *Das* kulturelle Zentrum ab dem 8. Jahrhundert war Bagdad, der Sitz des religiösen Oberhaupts, des Kalifen. Um 1200 zählte die Stadt geschätzt über eine Million Einwohner – Muslime, Juden und Christen – und war ausgestattet mit einer Universität, einer Sternwarte und einer der reichst bestückten Bibliotheken der Welt (wohlgemerkt vor der Zeit des Buchdrucks).

In einer Zeit, als die islamische Welt politisch bereits etwas geschwächt war, brach Mitte des 13. Jahrhunderts eine Katastrophe aus dem Osten über sie herein – die Mongolen. Diese hatten grundsätzlich die Devise, diejenigen zu verschonen, die sich ihnen kampflos unterwarfen, diejenigen aber, die Widerstand leisteten, gnadenlos zu töten. Aus einer Illusion der Unantastbarkeit heraus wollte sich jedoch der Kalif von Bagdad trotz klarer militärischer Unterlegenheit nicht beugen. In seinem ablehnenden Antwortschreiben auf die Kapitulationsaufforderung des mongolischen Heerführers klang Hochmut durch. Im Februar 1258 durchbrachen die Mongolen nach kurzer Belagerung die Stadtbefestigungen Bagdads. Praktisch die ganze Bevölkerung wurde ausgelöscht und mit ihr zwei bis drei Generationen Gelehrter, Ärzte und Kulturschaffender. Die Stadt wurde gebrandschatzt, Millionen von Büchern sowie andere Kulturgüter wurden vernichtet und die Bewässerungssysteme in der Umgebung mitsamt Dämmen und Kanälen zerstört.[157]

Es war der Mongolensturm, der in mehreren Wellen durch die östliche und zentrale islamische Welt fegte, mit Bagdad ihr damaliges „Herzstück" zerstörte und ihr insgesamt einen Schlag versetzte, von dem sie sich anscheinend bis heute nicht ganz erholt hat. Natürlich spielten wie beim Niedergang des weströmischen Reichs mehrere andere Faktoren ebenfalls eine Rolle, aber die Invasion durch die Mongolen sollte sich im Nahhinein als der Knackpunkt erweisen. Der Niedergang der islamischen Hochkultur hat also mit jenem des Weströmischen Reichs etwas gemeinsam: ein arrogantes Gefühl der Überlegenheit, das nach außen projiziert wird, während innerlich schon vieles morsch ist. Islamische Kultur und Gelehrsamkeit flackerten zwar in einzelnen Regionen immer wieder auf – etwa zur Zeit der Safawiden in Persien, der Mogulen in Indien und phasenweise der Osmanen mit der

---

157 Gemäß Geo-Epoche Nr. 100, „Die Welt seit dem Jahr 1", Artikel „*Sturm aus dem Osten*", S. 128–133.

heutigen Türkei als Zentrum –, aber die Ausdehnung und der Glanz, die Offenheit und Toleranz jener Hochkultur wurden seitdem nie wieder erreicht. Im 19. Jahrhundert und in der ersten Hälfte des 20. Jahrhunderts erlebte die islamische Welt insgesamt mit der Demütigung durch die Mandats- oder sogar Kolonialherrschaft insbesondere der Briten und Franzosen ihren Tiefpunkt. Die gewaltsamen Verwerfungen der letzten rund 70 Jahre sind die Folge davon. Verwerfungen sind jedoch das Gegenteil von Stagnation. So gesehen kann die großräumige Entwicklung sehr rasch entweder zu noch größerer Gewalt und damit zu noch mehr Elend führen oder aber in einen Aufbruch hin zu einer neuerlich offenen, toleranten und kreativen Kultur münden. Angesichts der durchschnittlich sehr jungen Bevölkerungen und einer neuen Generation, die immer weniger bereit ist, die konservative und auf Abwehrhaltung beruhende Gesellschafts- und Herrschaftsordnung ihrer Eltern hinzunehmen, ist letztere Entwicklung mittelfristig eine zumindest nicht unrealistische Möglichkeit.

3) Kommunismus und Faschismus in Europa. Anfang des 20. Jahrhunderts gab es in vielen Ländern Europas erste demokratische Gehversuche. Darunter auch 1917 in *Russland*, wo diese allerdings nur wenige Monate währten, nämlich zwischen der erzwungenen Abdankung des Zaren und der putschartigen Machübernahme der kommunistischen Bolschewiken. Die Rückständigkeit und die große Armut weiter Bevölkerungskreise sowie die eklatante Inkompetenz der zaristischen Zentralregierung (die beschämend deutliche Niederlage gegen das deutsche Kaiserreich im Ersten Weltkrieg war eine Folge davon) ließen die Versprechungen der Kommunisten von Gleichheit und Fortschritt für viele Menschen unwiderstehlich erscheinen. Als das Erwachen nach und nach kam, war aus der Herrschaft der Partei bereits ein eiserner Würgegriff geworden. Nach dem Zweiten Weltkrieg weitete sich der Würgegriff auf Osteuropa aus.

In *Deutschland* führten insbesondere die von den Siegermächten aufgezwungenen, äußerst harten und auch erniedrigenden Friedensbedingungen nach dem Ersten Weltkrieg zu unterschwelligen nationalistischen Ressentiments, die Hitler auszunutzen wusste. Weiterer Nährboden für den aufkeimenden Faschismus bildeten die Schwächen der demokratisch gewählten Regierungen und der herbeigeredete (und herbeigeschriebene) völkische Überlegenheitswahn. Mussolini in *Italien* hatte sich schon vor Hitler den verletzten Nationalstolz der Italiener nach dem ebenfalls mit Landverlust einhergehenden Ende des Kriegs zunutze gemacht. In *Spanien* machten die tiefen sozialen Ungerechtigkeiten sowie die regionalen Spannungen und Spaltungen General Franco für viele zu einer attraktiven Alternative. Allerdings konnte sich Franco mit seiner Form der faschistischen Herrschaft erst nach einem fast dreijährigen Bürgerkrieg durchsetzen. Ein weiterer, entscheidender Faktor in all diesen drei Ländern war die 1929 mit dem Börsencrash einsetzende Weltwirtschaftskrise, welcher auch die demokratisch regierten Länder Europas nichts entgegenzusetzen hatten und welche die Empfänglichkeit für die Versprechungen der Populisten, die zu Diktatoren wurden, wesentlich erhöhte.

In den genannten Ländern kam es somit bei der großen Entwicklungslinie hin zu mehr Demokratisierung zu einem Einbruch. Natürlich haben viele der betroffenen Menschen nach anfänglich weitverbreiteter Unterstützung für die „alternative" Regierungsform deren gewaltbasierte und menschenverachtende Philosophie erkannt (oder am eigenen Leib zu spüren bekommen), aber wie in der Sowjetunion erstickte der rasch errichtete Unterdrückungsapparat jeglichen Widerstand im Keim. Aus einem solchen kollektiven Rückfall in scheinbar bereits überwundene Herrschaftsformen lassen sich keine direkten Schlüsse über die Entwicklung im individuellen Bereich ziehen. Es ist aber doch so, dass Unterdrückung und erst recht Krieg die Tendenz haben, Menschen zu brutalisieren. Wenn es ums Überleben geht, bleibt viel menschliches Potenzial brach liegen. Andererseits aber können im Krieg oder in anderen Notsituationen „normale" Menschen zu Heldinnen oder Helden heranwachsen.

In Deutschland konnte die Demokratie nach der Katastrophe des Zweiten Weltkriegs – mit dem Holocaust als unauslotbarem Tiefpunkt – wieder Wurzel fassen. In Italien ebenso, während die Menschen in Spanien noch bis zu Francos Tod 1975 zuwarten mussten. In Osteuropa kam der Wendepunkt 1989–91 mit dem Zusammenbruch des Kommunismus, wobei die EU-Integration, verbunden mit der wirtschaftlichen Hilfe, danach wesentlich zur raschen Entwicklung demokratischer Institutionen und Normen beitrug. Dass diese vielfach noch auf wackligeren Füßen stehen als in Westeuropa überrascht angesichts der Jugendlichkeit dieser wiedererrichteten Demokratien nicht. In Russland hingegen gestaltet sich die Entwicklung zur echten Demokratie weit zähflüssiger.

4) Populismus, Verrohung des Umgangstons und Kampf um Wahrhaftigkeit in der heutigen Zeit. Mit der digitalen Kommunikationstechnologie ist es heutzutage vor allem über die sozialen Medien ein Leichtes, Gehässigkeiten und Unwahrheiten in Sekundenschnelle um den Globus zu schicken. Während früher ein gewisses Maß an Anstand und Wahrhaftigkeit im Umgang mit anderen gesellschaftlich gefordert war und man bei Missachtung dieser Normen unangenehme Folgen zu befürchten hatte, reduzieren heute der Deckmantel der Anonymität und die schiere Flut an Botschaften und Meinungsäußerungen dieses Risiko auf ein Minimum.

Donald Trump ist ein serieller Lügner (was sehr leicht nachzuweisen ist). „So what?", sagen seine Anhänger. Der Wert von Wahrhaftigkeit ist anscheinend vielerorts gesunken und hat einem weitverbreiteten Zynismus Platz gemacht nach dem Motto: Wer weiß schon bei all diesen Fake-News noch, was wahr ist und was nicht? Und wen kümmert's? Ferner zeigt Trump in seinen Äußerungen auch nicht das geringste Maß an Respekt gegenüber Andersdenkenden. In der Welt eines Donald Trump sind alle mit allen im Wettbewerb. Man muss die eigenen Interessen und die der eigenen Nation durchboxen, koste es, was es wolle. Teile ich diese Weltsicht, so werde ich für Männer wie Trump stimmen, auch wenn ich sie persönlich nicht mag. Natürlich steht Donald Trump mit solchen Charakterzügen nicht alleine da und wäre auch in vergangenen Zeiten nicht alleine dagestanden. Früher aber wäre jemand mit solchen Charakterzügen kaum zum Präsidenten der USA gewählt worden. Das heißt, sie widerspiegeln einen aktuellen gesellschaftlichen Trend. Setzt sich eine solche Haltung weitverbreitet und längerfristig fest, tut sich tatsächlich ein Abgrund zivilisatorischen Rückfalls auf.

Es kann aber auch sein, dass nach dem technologisch ermöglichten Öffnen der Pandora-Büchse, wodurch eine nicht enden wollende Flut an zuvor unter dem Deckel gehaltenen Ressentiments und Hass auf die Menschheit losgelassen wurde, die wahrgenommenen Folgen Anstoß geben zu einem neuen gesellschaftlichen Besinnen. Vielleicht steigt dann der Kurswert von Anstand, Rücksicht und Wahrhaftigkeit dort allmählich wieder, wo er sich zurzeit auf gefährlich tiefem Niveau bewegt, nämlich im öffentlichen und im digitalen Austausch.

Ist die von Trump personifizierte Haltung gesellschaftlich weit genug verbreitet, wie es heute der Fall zu sein scheint, öffnet dies dem Populismus ein wesentlich breiteres Einfallstor als zu Zeiten, in denen zumindest ein oberflächliches Bemühen um Rücksicht und Wahrheit verlangt wurde. Dieses

Einfallstor genutzt haben in unseren Tagen neben Trump auch Staatschefs (nur Männer!) wie Erdogan (Türkei), Orban (Ungarn), Dutarte (Philippinen), Modi (Indien), Bolsonaro (Brasilien) und Johnson (Großbritannien). Die Prognose hier? In einer Demokratie kann das Pendel rasch in die andere Richtung schlagen, wenn die politischen und wirtschaftlichen Entwicklungen die Erwartungen eines signifikanten Teils der Wählerschaft nicht erfüllen. Denn trotz den bei diesen Herren auszumachenden autokratischen bis diktatorischen Zügen sollten die demokratischen Institutionen in ihren jeweiligen Ländern letztlich stark genug sein, um diese in Schranken zu halten (in manchen Ländern allerdings nur knapp). Eine Abwahl wäre dann das Ende. Und die typisch demokratische Pendelbewegung führt zumeist dazu, dass sich neu gewählte Nachfolger vom Typ her von ihren Vorgängern unterscheiden. Bevor aber die Amtszeit jener (und eventuell noch kommender) Populisten zu Ende ist, können sie in ihrer Rücksichtslosigkeit länger anhaltenden Schaden anrichten – durch gesellschaftliche Polarisierung, durch Verschlechterung der internationalen Beziehungen und durch Vernachlässigung des Umweltschutzes. Schlimmstenfalls kann ihre Art zu politisieren gar einen Krieg auslösen.

Im größeren historischen Rahmen ist meines Erachtens die Wahrscheinlichkeit groß, dass der gegenwärtige Vormarsch der Populisten eine vergleichsweise kleine Aberration auf der Entwicklungslinie zu stärkeren Demokratien mit insgesamt verantwortungsvolleren Volksvertretern darstellt. In dieser Ansicht bestärkt mich auch ein Blick auf die Haltungen vieler Vertreterinnen und Vertreter der jungen Generation – der Wählerschaft und Politikerriege von morgen.

Wie ist also die als Kapitelüberschrift gesetzte Frage zu beantworten? Gibt es klare Unterscheidungsmerkmale zwischen Umweg und Regression auf dem Reifepfad? Sind Regressionen nicht auch Umwege, deren Verlauf einfach nicht nur seitwärts, sondern auch abwärts führt? Umwege allerdings, zu deren zeitnahen Auswirkungen oft drastisches Leid zählt, bevor die Entwicklungskurve wieder nach oben zeigt? Und enthalten umgekehrt nicht viele Umwege auch regressive Elemente, d. h. zumindest kurzzeitige Rückfälle in weniger reife Muster? Denken Sie an das zeitweise Abgleiten in eine Sucht oder eine Obsession und die damit verbundenen Verhaltensweisen. Je nach Fall, je nach Sucht- bzw. Obsessionsgrad könnte man dabei eher von Umweg, von Regression oder von beidem sprechen. Die Grenzen sind also fließend;

sie werden, wenn überhaupt, subjektiv gezogen – und sie sind letztlich auch nicht wichtig. Egal nämlich, welche Bezeichnung wir verwenden – Umweg, Abweg, Irrweg, Rückfall, Regression –, sie alle bieten uns **Anschauungsunterricht** (das heißt, wir lernen für uns aus dem Verhalten und auch dem Leiden anderer), **Lernstoff und Übungsmöglichkeiten** auf dem lebenslangen persönlichen und dem epochenübergreifenden kollektiven Reifeweg. Die entscheidende Frage lautet somit: Nehmen wir diese Möglichkeiten wahr?

5 AUF DEN TOD HIN

Die Blätter fallen, fallen wie von weit,
als welkten in den Himmeln ferne Gärten;
sie fallen mit verneinender Gebärde.
Und in den Nächten fällt die schwere Erde
aus allen Sternen in die Einsamkeit.
Wir alle fallen. Diese Hand da fällt.
Und sieh dir andre an: es ist in allen.
Und doch ist Einer, welcher dieses Fallen
unendlich sanft in seinen Händen hält.
(Rainer Maria Rilke, 1875–1926)[158]

Der Körper wird ungelenker, die Kräfte – der Muskeln, der Sinnesorgane, des Intellekts, des Gedächtnisses – lassen nach. Ansprüche und Ambitionen, die noch nicht fahren gelassen worden sind, bleiben je länger, je mehr unerfüllt. Attraktivität, Status und Einfluss schwinden. All das schmerzt. Nicht nur einmal und nicht nur kurz. Der immer wieder aufflackernde Verlustschmerz, der mit dem Altern einhergeht, kann leicht in eine dumpfe, unterschwellige, ewig nagende Unzufriedenheit münden. Vielleicht klammern sich deshalb so viele alte Menschen an das, was der Alterungsprozess ihnen nicht so leicht wegnimmt: einerseits den materiellen Besitz, andererseits die nostalgischen Erinnerungen an die Zeiten, als das Leben es noch gut mit ihnen meinte. Oder sie nehmen eine Opferrolle ein, um, wenn nicht Zuneigung, so doch zumindest Aufmerksamkeit und ein Funken Mitgefühl zu erhaschen.

Gibt es etwas, das diesem allmählichen Verfall *nicht* unterliegt? Ja: unser Innenleben. Es *kann* wie das Äußere verkümmern, *muss* aber nicht. Im Gegenteil. Gerade in dieser Phase wäre (endlich) genügend Zeit da, sich vermehrt der Tiefendimension zu widmen. Um jenseits der dort angestauten Ängste, Scheu, Scham und Widerstände, die uns von einem Tauchgang abschrecken, die Geräumigkeit und Reichhaltigkeit dieser Tiefendimension zu entdecken und zu erforschen. Es handelt sich dabei um jenen Übergang von

---

158 Rainer Maria Rilke, *Die Gedichte*, S. 346.

einer „Haben"- zu einer „Sein"-Haltung, der im Kapitel zum individuellen Reifen bereits thematisiert wurde. Je später im Leben aber das „Sein" bzw. die Erforschung der Tiefe, aus der es seine Nahrung erhält, als wertvoll erkannt und kultiviert wird, desto schwieriger wird es, die für eine entsprechende dauerhafte Verschiebung des Fokus notwendige Energie und Entschlossenheit aufzubringen. Falls die Notwendigkeit dieser Verschiebung überhaupt je ins Bewusstsein durchdringt. Wenn nicht, bleibt beim Altwerden nur ein Gefühl von Niedergang.

Lassen wir uns nämlich auch im Alter von Gewohnheiten und Verhaltensmustern aus den langen Jahren der mittleren Lebensphase treiben, dann wird jede neue körperliche Schwächung, jede Begegnung, die uns die Abnahme der äußeren Attraktivität vor Augen hält, jede Leistungseinbuße gegenüber Jüngeren als Niederlage empfunden. Das führt zu einer Haltung der Resignation oder gar Verbitterung, die dann wie eine innere Mauer jeden leisen Aufruf zum Wandel davon abhält, nachhaltig ins Bewusstsein zu gelangen. Denn die Angebote sind da, und es gäbe nach dem Ausstieg aus dem Berufsleben und dem Auszug des Nachwuchses eigentlich so viel **weniger, das uns vom Wesentlichen ablenkt**, wenn wir nicht nach wie vor derart getrieben wären, im Leben zu punkten. Wenn wir das Leben nicht nach wie vor als einen endlosen Wettkampf betrachten würden. Einen Wettkampf, der in den Jahren des prallen Lebens auf dem Partnerschaftsmarkt, in der Karriere-Arena oder bei der Zurschaustellung von Besitz oder Leistungen ausgetragen wurde. Bei dem es auch um den „geglücktesten" (nicht den glücklichsten!) Nachwuchs, die präsentabelste Wohnung, die aufsehenerregendste Fähigkeit, das ausgefallenste Hobby oder die ungewöhnlichste Reise gehen konnte. Kurzum, einen Wettkampf in all jenen Bereichen, aus denen unser Ego seine Nahrung bezieht.

In den späten Lebensjahren – sofern keine nennenswerte Entwicklung stattgefunden hat und wir immer noch dem Neid anheimfallen und süchtig nach Anerkennungseinheiten sind – verlagert sich der Fokus zunehmend auf die Vergangenheit. Dann brüsten wir uns mehr oder weniger subtil mit alten Verdiensten aus „besseren" Zeiten. Oder wir setzen die gegenteilige Brille auf und berichten ausführlich über Gebrechen, Enttäuschungen und Kränkungen. Wir implizieren damit, dass es um uns (und die Welt) früher viel besser bestellt war, und dürsten dabei nach ein paar Tropfen Verständnis und Mitgefühl. Bis unsere Gesprächspartner entweder eine Gelegenheit zur Flucht wahrnehmen oder ihrerseits mit den eigenen Verdiensten bzw. den eigenen Verlusten aufwarten. Womit der Wettbewerb nahtlos weitergeht.

Aber es wird zunehmend zu einem Wettbewerb ohne Sieger. Alte Menschen, die dauernd reminiszieren, sei es auf die angeberische oder klagende Art, verlieren mit der Zeit den ersehnten innigen Kontakt zu anderen. Und nur verlieren kann man auch beim **existenziellen Wettstreit gegen die Begleiterscheinungen des Alterns** – bloß die Dauer des Widerstandes variiert von Person zu Person. Dies ist eine so offensichtliche Tatsache, dass sie nicht erwähnenswert wäre, wenn dieser Widerstand nicht bei so vielen alternden Menschen eine derart zentrale Stellung im Leben einnehmen würde. Der Widerstand geschieht nicht nur *aktiv*, etwa mit Maßnahmen wie Facelifting oder mit Kleidungs- und Verhaltensweisen, die den Verfall bremsen bzw. kaschieren sollen, sondern vor allem *reaktiv*, indem man auf jedes Anzeichen des Alterns mit Enttäuschung, Ablehnung oder unterschwelliger Verzweiflung reagiert. Gefährlicherweise wird eine solche Abnahme an Lebensfreude vom Umfeld oft als „normal" betrachtet.

Was tun? Wie so oft bei den in diesem Buch getroffenen Unterscheidungen ist auch hier der **Grad an Bewusstsein** bezüglich dessen, was vor sich geht, das alles entscheidende Kriterium. Ohne genügend Bewusstsein betreffend meine *Lebenseinstellung* einerseits und meine aktuelle *Lebensphase* andererseits werde ich mir nie die Frage stellen, ob die zwei zusammenpassen oder ob Veränderungen in der Lebenseinstellung angebracht wären. Auch hier ist also das Bewusstwerden der Ansatzpunkt zu einem Wandlungsprozess.

Als erster Auslöser dient vielleicht jenes **Quantum an Unruhe**, das zumeist unterschwellig bei allen unseren lebenslangen Ego-Profilierungsversuchen mit von der Partie ist. Es ist eine Unruhe, die mir zuflüstert, dass das Erlebte und Gelebte nicht alles sein kann, dass es zum wahren Leben noch etwas mehr geben muss, auch wenn dieses Mehr undefinierbar und unfassbar bleibt.

Diese Unruhe verstärkt sich zumeist aufs Alter hin, wenn wir uns nicht bereits diesem „Mehr" – das, was in diesem Buch die spirituelle Dimension genannt wird –, geöffnet haben. Wir werden aber zunehmend schwerhöriger. Falls sie uns nicht bereits vertraut ist, muss also jene Stimme, die zu Veränderungen drängt, lauter werden, um spät im Leben doch noch Gehör zu finden und einen nachhaltigen Wandel in Gang zu setzen. Oder wir müssen – wie im Kapitel über Entwicklungsauslöser erörtert – aufgeschreckt werden durch einen noch heftigeren Weckruf.

Daneben kann aber auch das Gesetz der „diminishing returns" dieser Stimme der Unruhe neue Kraft verleihen. Es besagt, dass der „Ertrag" – genauer gesagt, der aus einer Aktivität oder einem Erlebnis erfahrene Zuwachs an Wohlgefühl – mit zunehmender Wiederholung abnimmt. Dies gilt nicht nur bei Alkohol, Drogen, Sex oder Spielsucht, wo es immer größere Mengen oder mehr Abarten braucht, um den gleichen „Kick" zu erzeugen. Auch der **Reiz der Alltagsbefriedigungen** kann – gerade im Alter – auf ein derart **tiefes Niveau** sinken, dass sich die Frage, ob ich mit meiner Zeit nichts Erfüllenderes anfangen kann, nicht mehr verdrängen lässt. Auch dadurch kann sich die Tür zu einer Neuausrichtung öffnen.

Viele „ich muss" und „ich sollte" fallen nach Ende des Erwerbslebens und des Kinderaufziehens weg, aber mit ihnen auch ein großer Teil der Strukturen, die unser Alltagsleben bisher zusammengehalten haben. Damit der bisherige Lebensrahmen nicht völlig zusammenbricht, werden instinktiv die entfallenden Verpflichtungen durch neue ersetzt, die eine ähnliche Befriedigung wie in den aktiven Jahren erzeugen sollen. Aber die Kräfte sind nicht mehr die gleichen, und auch der Befriedigungsgrad sinkt, wenn es sich bloß um Ersatzaktivitäten handelt. Das kleiner gewordene Beziehungsnetz lässt sich in der Regel auch nicht mehr gleichwertig erweitern. Früher oder später müssen die meisten von uns sich zwei der besonderen Schrecken des Alters stellen: den Gefühlen der **Langeweile** und der **Einsamkeit**. Erst wenn wir sie gekostet und sie phasenweise aus- und durchgehalten haben, merken wir, dass sie (a) uns nicht umbringen, (b) wieder vergehen, sofern wir sie nicht auf den Thron unseres Bewusstseins setzen, indem wir dauernd in Angst vor ihnen leben, und (c) jenen **Leerraum** bzw. **Freiraum** öffnen können für manch anderes, wozu es uns leise aus dem tiefsten Wesen heraus schon lange treibt.

So verschieden sind wir Menschen nicht. Diese Einsicht hat sich bei mir im Laufe von zahlreichen Reisen und Begegnungen mit Menschen aus den verschiedensten Kulturen, aber auch als Erkenntnis aus Büchern und Filmen immer klarer herauskristallisiert. Es gibt anscheinend eine überschaubare Anzahl **Grundantriebe**, die das menschliche Verhalten prägen. Diese Antriebe sind universell. Bloß die Gewichtung ist von Person zu Person anders. Auch von Kultur zu Kultur bestehen zweifellos Unterschiede in der Rangordnung, obwohl diese schwer fassbar sind, ohne in Stereotype abzugleiten. Überdies ist hier aufgrund der fortschreitenden Durchmischung der Kulturen – als Folge der globalen Migrationsbewegungen und der Kommunikationsmöglichkeiten – ein tiefgreifender Wandel im Gang. Durch die unablässige gegenseitige Beeinflussung verschwimmen die differenzierenden Merkmale immer mehr.

„Antriebe" soll hier als Sammelbegriff verwendet werden für die Triebe, Instinkte, Bedürfnisse, Zielvorstellungen, Wünsche und Sehnsüchte, die uns in unserem alltäglichen Tun, nun, eben antreiben. Man kann sie grob in zwei Kategorien einteilen: Bei der ersten ist die Ego-Komponente größer, bei der zweiten die Wesens-Komponente (gemäß der Unterscheidung auf Seite 273). Lapidarer ausgedrückt wird unterschieden zwischen den „niederen" und den „höheren" Antrieben, von denen manche durchaus im gleichen Augenblick miteinander in Widerstreit liegen können. Der Wunsch, glücklich zu sein, ist die Klammer, die alle umfasst. Allen unseren Antrieben folgen wir in der meist unterschwelligen Annahme, dass sie uns glücklicher machen werden. Diese Hauptantriebe wollen wir uns jetzt vor Augen führen, aufgeteilt in die zwei genannten Kategorien und ohne Anspruch auf Vollständigkeit. Danach werden sie speziell aus der Perspektive des Alterns erörtert.

1) Ich will materielle Sicherheit.
   Ich will Besitz.
   Ich will Wissen.
   Ich will dazugehören.
   Ich will eigenständig sein.
   Ich will Wertschätzung.
   Ich will geliebt werden.
   Ich will einen Partner bzw. eine Partnerin (temporär oder permanent).
   Ich will gesund und fit sein.
   Ich will mich schützen vor Verlust, Ablehnung, Gewalt.
   Ich will Spannendes erleben.
   Ich will benötigt werden.
   Ich will etwas erreichen.
   Ich will es ihm/ihr/ihnen zeigen.
   Ich will, dass es mir und meiner Familie (meinen Freunden, meiner Gruppe usw.) gut geht.
   Ich will meine Ruhe.

2) Ich will seelische und geistige Bereicherung.
   Ich will verstehen.
   Ich will lieben.
   Ich will ein sinnvolles Leben führen.
   Ich will ein besserer Mensch werden.

Ich will Einzelnen und der Gesellschaft als Ganzes nützlich sein.
Ich will Frieden.
Ich will Stille.

Ich will glücklich sein.

Klar ist, dass in der Regel bei armen Menschen die materielle Sicherheit, bei Kranken die Gesundheit und bei Einsamen die Partnersuche oder Erfahrungen von Dazugehörigkeit im Vordergrund stehen werden. Die jeweilige Gewichtung ist also nicht nur charakterlich und eventuell kulturell, sondern auch situativ bedingt, wobei sich die drei natürlich gegenseitig beeinflussen. Klar ist auch, dass manche Bedürfnisse in Widerspruch zueinander stehen und mal das eine, mal das anderer vorherrschen wird (so mag etwa der Wunsch, dazuzugehören, mit dem Wunsch nach Eigenständigkeit konkurrieren).

Und noch ein Faktor muss hinzugerechnet werden: Wir sind alle und zu jeder Zeit in einem Beziehungsgeflecht eingebettet. Die jeweiligen Ausprägungen der Antriebe sind unweigerlich von diesem Beziehungsgeflecht gefärbt.

Betrachten wir zunächst die erste der oben erwähnten Kategorien. Ob es um Beachtung, Ansehen, Macht, Besitz oder Erfolg im Beruf oder in der Liebe geht, die empfundene Grundhaltung hinter diesen Antrieben ist generell dieselbe. *Erstens*: Ich stehe mit anderen in Konkurrenz. *Zweitens*: Der jetzige Stand der Dinge ist nicht (ganz) zufriedenstellend, könnte aber in vielen Fällen auch schlimmer sein. Ich bin nämlich dauernd am Vergleichen – sowohl mit dem Leben anderer als auch mit dem, was bei mir früher war, und dem, was ich mir erhoffe. Somit lebe ich entweder in der Erwartung oder Hoffnung, dass es besser wird, oder in der Angst, dass es schlechter wird. Diese Stimmungslage kann schwanken, manchmal von Stunde zu Stunde. Und aufs Alter hin? Je länger, je mehr gilt: Andere sind attraktiver, leistungsfähiger und interessanter als ich. Sie verbuchen „Erfolge", während meine vermehrt nur noch in der Erinnerung vorhanden sind. Was also den lebenslangen, egogetriebenen Konkurrenzkampf betrifft, gerate ich im Alter stets mehr auf die Verliererstraße. Und zum zweiten Punkt: Die Erwartungen bzw. Hoffnungen auf eine bessere Zukunft verblassen; hingegen steigt die Angst vor kommenden Verlusten, dem kommenden Abbau, dem kommenden … Nein, daran will ich gar nicht denken. Kurz gesagt, falls die in der ersten Kategorie aufgelisteten Antriebe weiterhin mein Verhalten, Denken und Fühlen prägen, so erlebe ich vor allem Enttäuschungen. Sie scheinen nicht jene Stoßrichtung aufzuweisen, die zu einem guten Leben in den späten Jahren und zu einer guten Vorbereitung auf das Sterben führt. Aber schauen wir etwas genauer hin.

Von all diesen Antrieben gibt es einen, der mehr als alle andere im Fokus der Fantasien, der Neugierde, der Sehnsüchte und als Folge auch der Künste (Literatur, Film, Theater, Tanz usw.) steht. Kein anderer geht insgesamt stärker ans Herz und Gemüt (deshalb ist er auch Klatschthema Nummer eins). Es ist der (bereits im Kapitel über das individuelle Reifen beleuchtete) Bereich von *Sexualität-Erotik-Liebe* in seiner ganzen Bandbreite: von spielerischen Andeutungen bis hin zu tödlichen Auseinandersetzungen, von momentaner Beglückung oder Bestürzung bis hin zu Begegnungen mit lebenslangen Folgen – erfreulicher oder weniger erfreulicher Art. In Hinblick auf das Altern wollen wir deshalb – exemplarisch für andere – diesen Bereich detaillierter unter die Lupe nehmen.

Wie bei all den genannten Antrieben ist auch dieser nicht bei allen Menschen gleich stark ausgeprägt, und auch die Entfaltungsmöglichkeiten sind, mitbestimmt von Faktoren wie Ausstrahlung (inklusive Aussehen), gesellschaftlichem Status und anderen persönlichen Umständen, höchst unterschiedlich. Dennoch sind für zahllose Menschen „Erfolge" in diesem Bereich ein Lebenselixier. Dabei reicht die Bandbreite an vitalisierenden Erlebnissen von gegenseitigem Zulächeln und einem um eine Spur länger als üblich gehaltenen Augenkontakt über spielerisches Schäkern und prickelndes Flirten (welche alle die Fantasie beflügeln und einen Schub an Lebensfreude bieten, umgekehrt aber die Beteiligten an Erwartungen fesseln können) bis hin zum kurzfristigen sexuellen Vollzug (was zumeist den Fantasien ein Ende setzt und nach Abklingen nicht unbedingt die Lebensfreude erhöht) oder dem Eingehen einer auf Dauer angelegten Partnerschaft. Auch ein tiefgehendes, offenherziges Gespräch kann ein erotisches Energiefeld erzeugen. Die Möglichkeit von Kummer und Leiden als Folgeerscheinungen wird im Schwall der Gefühle entweder ausgeblendet oder in Kauf genommen.

Vordergründig gilt es nun beim Altern zu akzeptieren, dass auch in diesem Bereich das Ausleben schwieriger und seltener wird. Glücklich sind die, denen es vergönnt ist, in einer gefestigten und gereiften Liebesbeziehung gemeinsam zu altern – für sie ist das Schwinden der erotischen Anziehungskraft wohl wesentlich leichter verkraftbar. Wie bei anderen Antrieben (Machttrieb, Geltungstrieb) lässt sich außerdem eine Umkehr, eine Art ausgleichende Gerechtigkeit beobachten. Diejenigen, bei denen die Natur, das

Leben und ihre eigene Persönlichkeitsstruktur dafür sorgten, dass sie beim großen Liebeskarussell (bzw. dem Machtgerangel oder dem Heischen nach Aufmerksamkeit) mehr eine Zuschauerrolle als einen aktiven Part einnehmen, werden zumindest diesbezüglich das Altern wohl eher als eine Befreiung denn als Verlust erleben. Andersherum werden diejenigen, die sich von Jugend an immer wieder als begehrt und umworben erlebten, das Wegbröckeln von diesem Teil des Selbstbildes, das Versiegen dieser Befriedigungsquelle, mehrheitlich als leidvoll erfahren. Ein solches Verlustgefühl kann sich unter Umständen zu einer schwelenden Unzufriedenheit, Reizbarkeit oder sogar Depression verfestigen.

Bei genauerem Hinsehen zeigt sich aber, dass es auf das Alter hin eher eine Korrektur der Zielrichtung braucht als einen Versuch, die bisherigen Bedürfnisse und Sehnsüchte einfach zu ignorieren oder zu unterdrücken. Bleiben wir hierfür beim Beispiel der erotisch gefärbten Liebessehnsucht. Wie sie ihre Stärke aus dem Zusammenwirken von verschiedenen Antriebselementen erreicht, wurde schon im obenerwähnten Kapitel ausgeführt. Schauen wir uns diese Elemente nochmals einzeln an: den Sexualtrieb, den Drang nach Bestätigung, das Verlangen nach Zweisamkeit und, noch subtiler, die Sehnsucht nach Seelenverbindung. Aufgrund hormoneller Veränderungen nimmt der Sexualtrieb an Stärke ab. Doch zumindest die letzten zwei können – bei entsprechender Anpassung – auch im Alter als positive Antriebe wirken: Freundschaft lässt sich in jedem Alter pflegen, und auch auf seelenverwandte Menschen kann man in jedem Lebensabschnitt treffen. Dann vielleicht erst recht: Merkt man nach vielen Jahrzehnten hektischen und vielfach sinnentleerten Treibens, dass Freundschaft und die Erfahrung von Seelennähe ganz wesentlich zur Lebensqualität beitragen, wird man entsprechende Prioritäten setzen und vermehrt Zeit und Anstrengungen dafür aufwenden.

Ähnliches gilt betreffend die anderen unter 1) aufgelisteten Antriebe. Manche treten aufs Alter hin von selber in den Hintergrund, die anderen aber sollen nicht verdrängt oder abgewehrt, sondern mit realistischem Blick auf die jetzige (und die anstehende) Lebensphase angepasst werden.

Trotz solchen hoffnungsweckenden Überlegungen möchte ich hier aber nichts beschönigen. Bei diesen „Anpassungen" handelt es sich nicht um kosmetische Änderungen wie eine Neueinrichtung des Wohnzimmers. Sie erfordern einen Bruch mit jahrzehntelang gepflegten Lebensformen sowie Denk- und Fühlweisen – und dies in einem Alter, in dem die Energie und der Drang nach Neuem generell abnehmen. Sie erfordern ein Verlassen von gewissen Komfortzonen der Befriedigung (und zwar für immer) in einem Alter, in dem wir es uns eigentlich gemütlich machen wollen. An der Oberfläche hier und dort etwas zurechtzurücken, reicht nicht mehr. Was fürs Reifen im Allgemeinen gilt, gilt ganz besonders für ein „gutes" Altern: **Ohne Paradigmenwechsel geht es nicht**.

Der Wechsel kann langsam und in kleinen Schritten samt Rückfällen erfolgen, aber er vollzieht sich nicht von alleine. Er braucht unser bewusstes Zutun. Er braucht Anregung, Anschauungsunterricht und Hilfe von außen. Er braucht eine **konsequente Übungspraxis**, denn eine neue Haltung ist nicht gebrauchsfertig zu haben, sie muss trainiert werden. Und den nie abgeschlossenen Wandlungsprozess durchzuhalten, bedingt wohl auch ein ausreichendes Maß an **Vertrauen** in eine höhere Kraftquelle, selbst wenn diese unbenannt bleibt und mit keinen bestimmten Vorstellungen in Verbindung gebracht wird.

Auf eine kurze Formel reduziert, geht es um folgenden Paradigmenwechsel: vom unersättlichen Verlangen nach **hedonistischen Freuden** (Freuden, die von außen stimuliert werden) hin zur **eudaimonischen Freude** (Freude, die von innen entzündet und genährt wird); vereinfacht gesagt, hin zu einer nicht leicht zu erschütternden **inneren Zufriedenheit**. Letztere flackert nicht nur temporär auf und braucht in geringerem Maß Nahrung von außen. Genauer gesagt, benötigt sie vor allem Nahrung von der Art, die unausschöpfbar ist. Etwa den Blick auf die Farben in der Morgen- oder Abenddämmerung. Ein anregendes und bereicherndes Buch oder ein Musikstück, welches das Herz berührt. Ein freundliches Wort oder ein Lächeln.

Mit Hilfe der obigen Liste der Grundantriebe lässt sich der erforderliche Paradigmenwechsel auch so erklären: Es geht um eine Verschiebung des Schwerpunktes von Kategorie 1 zu Kategorie 2. Die in Kategorie 2 aufgezeigten Zielsetzungen führen nämlich in Richtung jener inneren Zufriedenheit. Ist man dabei schon etwas fortgeschritten, kann schon der Anblick einer brennenden Kerze genügen, um aus Zufriedenheit Glück werden zu lassen. Und schließlich: Untrennbar verbunden mit dieser an nichts Konkretes gebundenen Zufriedenheit ist die Sehnsucht, stets mehr in sie hineinzuwachsen.

Schauen wir die Sache nun konkreter an und nehmen uns dazu die oben in Kategorie 2 angeführten Antriebe vor. Wenn diese schon in jungen und mittleren Lebensjahren eine wichtige Rolle spielten, dürfte die Schwerpunktverlagerung etwas weniger Mühsal kosten. Die Frage lautet nun: Welche Antriebe können wir wie pflegen, um das Altern nicht bloß als Niedergang zu erleben? Um im Alter den Reifeprozess fortzuführen oder eventuell erst richtig zu lancieren. Und um so das Leben bis zuletzt auf eine erfüllende Art zu gestalten. Es folgen ein paar Vorschläge (wobei nicht systematisch Punkt für Punkt der obigen Liste durchgegangen wird):

Die Welt besser kennen und verstehen lernen

„Ich wollte schon immer … " Jetzt endlich habe ich genügend Zeit zum Reisen, zum Lesen, zur Vertiefung in neue Themen, zum Besuch von horizonterweiternden Veranstaltungen. Auch für die Sinnfrage habe ich nun mehr Muße und kann bei meinen Überlegungen auch meine inzwischen reichhaltige Lebenserfahrung heranziehen. Voraussetzungen sind Neugierde, Sehnsucht nach besserem Verstehen (was nicht das Gleiche ist wie ein Anhäufen von Wissen) und Wachhaltung der Sinnfrage. Das kann auch zu einem bewusster und präziser gewählten Genuss von Kulturgütern, beispielsweise Büchern, Filmen und Musik, führen.

Menschliche Beziehungen pflegen

Das Berufsleben und eventuell das Bemühen um neue Partnerschaften mit ihren Konkurrenzkämpfen liegen (größtenteils) hinter mir, genauso wie das zeitaufwändige Aufziehen von Kindern. Endlich kann ich den Begegnungen mit Mitmenschen, die mir guttun und denen ich guttun möchte, die angebrachte Zeit widmen. Ich kann Familienbeziehungen, Freundschaften und Bekanntschaften mit ihren verschiedenen Intensitätsgraden und den verschiedenen Lebens- und Interessensbereichen, die sie abdecken, kultivieren. Der größere Vorrat an verfügbarer Zeit sollte es mir ermöglichen, mich bei *jeder* zwischenmenschlichen Begegnung zu bemühen, diese mit Wertschätzung, Herzlichkeit und Offenheit zu gestalten. Dann wird es kaum zu einem bei alten Menschen oft erlebten resignativen Rückzug aus der menschlichen Gesellschaft kommen.

Einsatz für andere und für das Weltwohl

Schwächt sich unsere angeborene Konkurrenzhaltung ab und wird die Kooperationshaltung stärker, führt dies unweigerlich zum Wunsch, sich für andere einzusetzen. Zu helfen, sich zu solidarisieren, sich zu engagieren. Nicht (mehr) als beeinfluss- und verführbarer Mensch, der etwas „Größeres" für das Selbstwertgefühl benötigt, sondern als im Wesen gefestigte Person, die sehr wohl selbst unterscheiden kann zwischen dem, was konstruktiv, wohltuend und zusammenführend ist, und dem, was destruktiv, leiderzeugend und trennend wirkt. Und auch als Person, die gleichzeitig realistisch und demütig genug ist, dort auf (wohl ausgewählte) andere Menschen zu hören, wo sie die Grenzen der eigenen Einsicht erkennt.

Warum *Weltwohl* anstatt beispielsweise *Gemeinwohl*? Weil bei einer Abgrenzung zwischen solchen, denen ich zu helfen bereit bin, und solchen, die „mich nichts angehen", die Gefahr besteht, in Mustern des Gruppenegoismus gefangen zu bleiben bzw. in diese zurückzufallen. Vor allem aber, weil es angesichts der größten heute drohenden Gefahren (die allesamt globaler Art sind) stets wichtiger wird, das Wohl der *ganzen* Welt vor Augen zu haben. Das heißt natürlich nicht, dass es nun darum geht, die ganze Welt zu retten. Denken Sie hier zurück an eines der vier Zitate zu Beginn des Buchs: „Eine Welt, in der *ein* Mensch weniger leidet, ist eine bessere Welt." Es erinnert uns daran, dass *jede* kleine Wohltat uns einen Schritt näher zum Endziel bringt. Wir sollten uns vom Ausmaß des globalen menschlichen Leidens nicht lähmen lassen. Aber auch vor keinem Bereich daraus die Augen verschließen.

Wesentliches von Unwesentlichem unterscheiden
Ab einem gewissen Alter ist unser Tagesablauf weit weniger als früher durch berufliche und familiäre Pflichten vorbestimmt. Falls ich den Alltag immer noch als ein Treten im Hamsterrad empfinde, so wird seine Drehzahl weit weniger als früher von Außenfaktoren bestimmt. Ich kann mein Hamsterrad zumeist verlassen unter Einbuße von wenig außer dem eigenen Stolz und der eigenen Geltungssucht. Der Freiraum, der mir erlaubt, selbst zu bestimmen, was für mich wichtig ist, ist wesentlich größer geworden. Die herbstliche Lebensphase birgt also eine erneute Einladung in sich, nämlich die Einladung, mich – wie die Bäume von ihren Blättern – von viel Ausgedientem, Oberflächlichem und nur gewohnheitsmäßig Beibehaltenem zu verabschieden.

Naturbegegnungen mehr Zeit geben
Annäherungen an die Natur können in diversen Rahmen stattfinden, etwa beim Umgang mit Tieren, bei der Gartenarbeit, bei der Betrachtung von Blumen im Freien oder im Wohnzimmer sowie bei Wanderungen durch eine Vielfalt von Landschaften. Geschieht dies im Schweigen, so kann sich dabei die Tiefenwirkung am besten entfalten. Denn wenn die Aufmerksamkeit und die Gefühlswelt durch Interaktionen mit anderen Menschen absorbiert werden, ist die Natur bloß Kulisse; die gefühlsmäßige Berührung findet in viel

geringerem Maß statt. Um diese gefühlsmäßige Berührung mit der Natur geht es jedoch. Denn aus ihr fließt jene feine, subtile, alles durchdringende Kraft, die mehr als nur Kompensation für die gröberen, im Alter schwindenden Individualkräfte darstellt.

Stille, Alleinsein und Langsamkeit als Kraftquellen (wieder)entdecken
Die ungewohnte Leere, wenn kein Berufsalltag die Stunden füllt, wenn Kinder das Zuhause verlassen oder der Partner stirbt, ist ohne innere Bereitschaft (dank mentaler und gefühlsmäßiger Vorbereitung) schwer zu ertragen. Deshalb wohl die oft zu beobachtende Flucht in eine Vielzahl neuer Aktivitäten. Manche Senioren verkünden sogar stolz, dass ihr Terminkalender nicht weniger voll sei als in den Jahren zuvor.

Mit der Aufnahme neuer Aktivitäten zwecks Überdeckung einer inneren Leere wird das Problem jedoch nicht gelöst, sondern nur hinausgeschoben. Denn wenn uns eine Krankheit, ein Unfall oder einfach nur die fortschreitende Gebrechlichkeit auch diese Aktivitäten ganz oder teilweise verunmöglichen, tut sich der vermeintlich bodenlose Abgrund erneut auf; wir sind aber inzwischen ein weiteres Stück wehrloser geworden.

Die neue Leere kann aber auch als Chance betrachtet werden. Immer weniger treibt mich zur Eile an oder zwingt mich, an lärmigem Getriebe teilzunehmen. Langsamkeit und Stille liebzugewinnen, scheint in unserer hektischen und erlebnisorientierten Gesellschaft vielleicht ein ungewöhnliches Ziel. Und doch ist der Übergang ins Alter eine erneute und vielleicht auch letzte Einladung, sich auf Stille, Langsamkeit und auch Alleinsein einzulassen, anstatt vor ihnen zu fliehen. Denn sie werden, sollten wir ein hohes Alter erreichen, auch ungebeten in den letzten Lebensjahren eine immer stärkere Präsenz einnehmen.

Zu meiner Eigenverantwortung gehört es nun, mir die Stille und das Alleinsein auf ein passendes Maß zuzuschneiden. Lebe ich ungewollt allein, etwa nach dem Auszug der Kinder oder Tod des Lebensgefährten, so wird, neben der Akzeptanz, die Ausbalancierung des Alleinseins mit erfüllenden Außenkontakten zu einer meiner Hauptaufgaben gehören. Ist diese einigermaßen gelungen, so können Alleinsein, Stille und Langsamkeit ihr Potenzial als Kraftquelle in mir entfalten. Gerade in einer Stille, mit der ich mich angefreundet habe, ist Raum für jene Erfahrung, dass ich zutiefst niemals allein bin. Dass ich zutiefst geborgen bin. Eine Erfahrung, der schon zuvor in jedem meditativen Rahmen Raum geboten wird und für die sich nun in den letzten Lebensjahren neue Chancen eröffnen.

Da nichts bleibt, wie es ist, ist auch der Umstellungsprozess nie abgeschlossen. Nicht nur bei Schicksalsschlägen, sondern bei jedem erneut festgestellten Abbau – die Gesundheit lässt nach, der Kreis der nahestehenden Menschen wird kleiner – sind beide aufs Neue da: die Herausforderung, das Unvermeidliche so anzunehmen, wie es ist, sowie die Einladung, in jene Tiefe zu gehen, die sich *niemals* abbaut.

Sich um Versöhnung bemühen

In ihrem Buch „City of Lies", einem eindrücklichen Porträt des Lebens in der iranischen Hauptstadt unter dem Mullah-Regime, erzählt die britisch-iranische Journalistin und Schriftstellerin *Ramita Navai* (geb. 1973) die wahre Geschichte von einem Richter in Teheran. Nach seiner Pensionierung mühte er sich ab, alle auffindbaren Kinder derjenigen Männer und Frauen, die er aus politischen Gründen zum Tode verurteilt hatte, zu finden und sie wenn nötig zwei, drei oder vier Mal – unter Qualen und zum Teil Beschimpfungen – um Verzeihung zu bitten.[159]

Selten sind die Fälle unseres moralischen Versagens derart krass, doch auch geringere Vergehen und Konflikte können uns belasten. Das Leben in Ordnung zu bringen, ist einer der Wege, das Altern zu erleichtern und den Abgang vorzubereiten. Besonders im Familienverbund ist dies oft vordringlich. Zentral dabei sind **verzeihen** und **um Verzeihung bitten**. Beide verlangen sowohl Ehrlichkeit mit sich selbst als auch eine große Portion Mut und Durchhaltewillen, denn oft sind – wie beim alten iranischen Richter – mehrere Anläufe nötig. Der Lohn der Bemühungen um Versöhnung kann jedoch eine lange nicht mehr gekannte Leichtigkeit bedeuten.

Mit sich selbst – und der Welt – ins Reine kommen

Im fortgeschrittenen Alter rücken Krankheiten und Gebrechen stärker in den Vordergrund. Dies sollte uns jedoch nicht davon abhalten, spätestens jetzt unseren **akkumulierten seelischen Wunden** Aufmerksamkeit zu schenken. Ansonsten setzt sich ihr negativer Einfluss auf unser Befinden und Verhalten unter dem Radar unseres Bewusstseins fort, was unter anderem dazu führt, dass stets weitere hinzukommen. Die Zahl an positiven, kraftspendenden Erfahrungen von der Art, wie wir sie in jüngeren Jahren machten, und

---

159 Vgl. Ramita Navai, *City of Lies*, S. 88 ff.

durch welche viele seelische Verletzungen aufgewogen wurden, nimmt im enger werdenden Lebensrahmen eher ab. Den nicht geheilten inneren Verwundungen wenden wir uns nun zu, ebenso wie gewissen Mitteln und Wegen zu deren **Linderung und Heilung**.

Sind die Grundarten unserer Antriebe universell, so sind es auch die Grundarten der seelischen Verletzungen. Zu ihnen zählen *Erfahrungen von Gewalt* und *Unrecht, Ablehnung, Enttäuschungen, Kränkungen* sowie *missverstanden, ignoriert, belogen, betrogen* oder *verlassen werden*. (Von *Schuld* war schon im vorhergehenden Abschnitt die Rede.) Während die Ausprägungen dieser Verletzungen im Einzelfall unendlich variantenreich sind, ist – wie bei den Antrieben – die Anzahl der Grundarten also überschaubar.

Weil wir aber (wie die allermeisten Menschen) im Lauf unseres Lebens praktisch alle diese Grundarten an seelischer Verletzung selbst erleben – wenn auch mit großen Unterschieden im Intensitätsgrad – ist zwischenmenschliches Verständnis in diesem Bereich immer möglich. Oft handelt es sich dabei um eine gefühlte oder intuitive Übereinstimmung – ein „Einklingen" in die Verwundung des anderen. Das ist auch die Grundlage, auf der wir uns gegenseitig beim seelischen Heilen unterstützen können. Um auch als Nicht-Therapeut zur **Heilung der seelischen Verletzungen** einer anderen Person **beizutragen**, braucht es in der Regel vier Elemente:

- **Präzis gerichtete Aufmerksamkeit (reifes Zuhören)**: Ich richte meine Wahrnehmung mit ungeteilter Aufmerksamkeit auf die betreffende Person, ohne dass dabei meine Präsenz erdrückend wird. Ich weite (gefühlt) meinen Innenraum aus – das Wahrgenommene sollte niemals den ganzen Raum einnehmen, denn sonst bin ich vereinnahmt – und schalte auf Empfang. Hierfür ist eine kurze innere Vorbereitung in Stille hilfreich. Ich schaue die Person immer wieder an, höre genau zu und fühle mit. Wenn körperlicher Kontakt angebracht ist, berühre ich sie zwischendurch auf eine angemessene Weise, um die Verbundenheit zu unterstreichen.
- **Verstehen**: Ich frage wo nötig nach, einerseits als Zeichen des aufmerksamen Zuhörens, andererseits, um mir selber ein möglichst klares Bild der jeweiligen Geschichte und Umstände zu machen.
- **Akzeptanz**: Ich mache der Person klar, dass ich sie so annehme, wie sie ist, und dass sie nicht beurteilt oder gar verurteilt wird. (Die Beurteilung einer Situation ist etwas anderes.)

- **Wohlwollen**: Die Person soll immer spüren, dass ich ihr wohlgesonnen bin. Dies lässt vielfach ihr Vertrauen derart aufblühen, dass es letztlich über mich als Helfer hinausreicht und als wesentlicher Faktor das Heilungsgeschehen begünstigt.

Mit Hilfe dieser Elemente (in ihrer Gesamtheit kann man sie auch „Liebe" nennen) sollte es gelingen, sich auf andere Menschen auf eine heilsame Art einzustimmen. Es handelt sich dabei nicht um etwas, das sich als esoterischer Hokuspokus abtun lässt[160], denn es geht um reale Frequenzen, ähnlich wie bei Musikinstrumenten. Wollen ein Geiger und ein Gitarrist ein Stück gemeinsam spielen, müssen sie ihre Instrumente zunächst so stimmen, dass sie miteinander harmonisieren bzw. im Einklang sind. Der Unterschied liegt einzig darin, dass, wenn sie ihrem Musikgehör nicht genügend trauen, die Musiker zu einem Stimmgerät greifen können, da sich Tonfrequenzen messen lassen. Für das Einstimmen auf einen anderen Menschen hingegen gibt es kein Hilfsgerät. Da muss ich mich ganz auf mein (trainierbares) Sensorium für menschliche Schwingungen verlassen.

Seelische Verwundungen – kleine und größere Traumata – häufen sich im Lauf eines Lebens an, insbesondere wenn alte kaum abgebaut werden. So gesehen wird die Teilnahme am Heilungsgeschehen auf das Alter hin immer wichtiger, und zwar in erster Linie das **Zulassen der eigenen Heilung**. Der erste Schritt ist natürlich das Eingeständnis, dass ich seelische Heilung nötig habe. Der zweite besteht darin, dass ich mir dabei helfen lasse. So können wir die vier Heilungselemente nochmals aus der Sicht der heilungsbedürftigen Person durchgehen:

- **Präzis gerichtete Aufmerksamkeit**: Ich überwinde die Hemmschwelle und schaue möglichst genau und ehrlich auf die Wunden und die sie

---

160 „Esoterik" ist eines der am achtlosesten verwendeten Wörter unserer Zeit. Da der Begriff zumindest im heutigen Sinn äußert diffus ist und dazu noch einen abwertenden Beigeschmack erhalten hat, wird er gerne für Pauschalurteile verwendet. Kann jemand eine Praxis oder Meinung als „esoterisch angehaucht" abqualifizieren, erspart er/sie es sich, eingehend darüber nachdenken zu müssen. Der Gebrauch des Wortes kaschiert also oft einen Widerwillen, sich mit einer Sache näher auseinanderzusetzen. Ich versuche daher, den Begriff zu vermeiden. (Nach dem einmaligen Gebrauch im obigen Satz wird er folglich in diesem Buch nicht mehr vorkommen.)

verursachenden Umstände – ohne dass dieser Vorgang meinen ganzen gefühlten Innenraum in Anspruch nimmt. Darüber hinaus öffne ich mich zumindest einer anderen Person diesbezüglich, anstatt mich seelisch einzuigeln. Hier ist es oft die Schambarriere, die es zu durchbrechen gilt.

- **Verstehen**: Bei der Selbsterforschung wird mir manches klarer; zusätzliche Klarheit bezüglich meiner Rolle in einem bestimmten Geschehen sowie diejenige anderer gewinne ich im Austausch, da eine weitere Perspektive hinzukommt. So wird die eigene Sichtweise, die vielfach den Schmerz mittels Vorwürfe an mich selbst oder an andere verstärkt, relativiert.
- **Akzeptanz**: Erfahre ich Akzeptanz von außen, fällt es mir leichter, mich selbst so, wie ich bin, anzunehmen. Dazu muss aber die Tendenz zu gesellschaftlichem Rückzug und zur Selbstisolierung, die im Alter aufgrund abnehmender Energien sowie vielfach auch abnehmendem Selbstwertgefühl zunehmen, durchbrochen werden.
- **Wohlwollen**: Hier spielt dasselbe Muster. Spüre ich Wohlwollen und Zuneigung von außen, fällt es mir leichter, mir selbst gegenüber wohlgesonnen zu sein. Wohlwollen erzeugt eine seelische Wärme, die nicht nur in mir selbst heilsam wirkt, sondern auch von mir nach außen ausstrahlt.

Wenn wir Nähe und Unterstützung nicht zulassen, isolieren wir uns immer mehr im selbstgebauten Gefängnis einer Lebensgeschichte voller Vorwürfe und Selbstvorwürfe. Wir spielen gewisse Episoden unzählige Male im Kopf und im Herzen ab, schmücken sie aus und spinnen sie weiter. Sie verlieren dabei aber stets mehr an Realitätsbezug, da ein Abgleichen mit den Versionen der anderen Beteiligten oder auch mit der Sicht von Außenstehenden immer weniger möglich ist.

Wir können also *alle* sowohl zur eigenen seelischen Gesundung als auch zum Heilen der Wunden unserer Mitmenschen beitragen. Aber eben: nur dazu beitragen. Erstens, weil bei tiefgreifenden Wunden es auch die Hilfe von Fachkräften braucht. Und zweitens, weil die eigentliche Heilkraft aus einer Quelle kommt, über die wir nicht verfügen können. Möglich ist es jedoch, den Boden vorzubereiten bzw. die Empfänglichkeit zu erhöhen. Und das ist nicht wenig.

Das Wirken von Heilkräften auf körperlicher Ebene können wir übrigens mit eigenen Augen beobachten. Denken Sie zurück an das letzte Mal, als Sie sich in den Finger geschnitten haben. Die Heilung setzte unmittelbar danach ein.

Sie haben wahrscheinlich unterstützend dazu beigetragen, indem Sie zunächst die Blutung zum Abklingen gebracht und die Wunde gereinigt haben. Eventuell haben Sie dann ein schützendes Pflaster darüber geheftet. Den Rest erledigten die Heilkräfte. Der letzte Beitrag Ihrerseits bestand darin, dass Sie nicht an der sich bildenden Narbe gekratzt und so die Wunde erneut geöffnet haben.

Mit alltäglichen seelischen Wunden – Kränkung, Missachtung usw. – ist es nicht anders. Der natürlichen Heilung im Weg steht auch da nur ein wiederholtes Kratzen, durch das wir das Geschehen, das zur Verletzung führte, sowie die dazugehörigen Emotionen immer wieder neu aufleben lassen. Und so den einmal erlittenen Schmerz („das Bluten") perpetuieren.

Bei schweren seelischen Verletzungen (Traumata) ist es – wie bei schweren Körperverletzungen bzw. Krankheiten – natürlich nicht ganz so einfach. Ein Trauma, so heißt es, ist ein Ereignis, das *subjektiv* als existenzbedrohend erlebt und danach – bewusst oder unbewusst – nicht als Teil der Lebensgeschichte akzeptiert und integriert wird. Zumeist wirkt diese Nichtakzeptanz aus dem Dunkeln des Unbewussten heraus. Als Folge wird eine traumatisierte Person vielleicht Jahre oder sogar ein Leben lang in Situationen aus der Bahn geworfen, in denen eine gefühlsmäßige Assoziation zum ursprünglichen traumatisierenden Erlebnis entsteht. Ohne Akzeptanz aber wird der natürliche Heilungsprozess im Keim erstickt. Das, was das Trauma ausgelöst hat, muss – wenn identifiziert – aktiv aufgearbeitet werden, insbesondere durch das bewusste Wahrnehmen, Verbinden und Deuten von sich wiederholenden körperlichen und psychischen Reaktionen. Dies gelingt selten ohne die Anleitung und Begleitung eines Spezialisten; vor allem dann nicht, wenn das traumatisierende Ereignis in der frühen Kindheit liegt, zur der das Gedächtnis nicht zurückreicht, und so bloß indirekt und anhand von Indizien gearbeitet werden kann.[161] Aber die genannten Grundvoraussetzungen, die einen Heilungsprozess ermöglichen und begünstigen, sind auch hier dieselben und müssen auch von einer Therapeutin oder einem Therapeuten weitgehend erfüllt werden.

Wenn Sie mit einer Schere einen Schnitt in ein Blatt Papier machen, wird dieser Riss niemals zuwachsen. Wenn Sie sich mit der gleichen Schere in den Finger schneiden, heilt die Schnittwunde. So gesehen ist jegliche Heilung von Verletzungen etwas unfassbar Wunderbares. Man würde ihr wohl mit Staunen, Ehrfurcht und Dankbarkeit begegnen, wenn sie nicht so alltäglich wäre.

---

161 Vgl. hierzu etwa Peter A. Levine, *Healing Trauma*, S. 7–24.

Falls nicht spätestens bis zum Übergang ins Altersdasein **eine Neuausrichtung** (wozu auch die Heilungsprozesse zählen) in die Wege geleitet worden ist, werden wir tendenziell immer **rigider** im Bestreben, unserer bröckelnden Fassade einen stets neuen Anstrich der Normalität („schaut, alles ist wie gehabt") zu geben. Dahinter jedoch verbirgt sich ein zunehmend verletztes, ängstliches, enttäuschtes und doch stumm nach Nähe und Verständnis schreiendes Ich, das sich verzweifelt gegen den unerbittlichen Verfall wehrt. Auch die **Abschottung** nimmt tendenziell zu, denn niemand soll diese innere Trauer und Wirrnis zu Gesicht bekommen. Dies wiederum leistet der Vereinsamung Vorschub.

Mit einer Neuausrichtung, die mehr als ein halbherziger Versuch ist, wird man ganz allmählich **fluider** (man geht mit dem Fluss des Lebens, statt sich dagegen zu wehren), **offener** und **transparenter**. Transparent in dem Sinn, dass man immer weniger zu verbergen hat.

Eine Bekannte von mir hat einmal eine Woche lang mit dem damals schon über 85-jährigen Kontemplationslehrer und Buchautor *Franz Jalics* (geb. 1927) zusammengearbeitet. Sie habe ihn, so erzählte sie mir, als „fast durchsichtig" erlebt. Dieses Wort könnte vielleicht eine seelische Zerbrechlichkeit suggerieren, aber bei einem solch reifen (hier passt das Wort ganz und gar) Menschen ist das Gegenteil der Fall. Menschen wie er sind fest in ihrer Mitte, ihrem „Wesen" verankert; um dieses herum jedoch sind die Fassaden aus Vortäuschen und Abwehr immer dünner geworden. Das „Wesen" leuchtet hindurch.

Jack Kornfield (geb. 1945), eine Leitfigur des Buddhismus in den USA und ein renommierter Autor, berichtet von einem amerikanischen Zen-Meister, der zunehmend dement wurde und nur dank der Unterstützung seiner Frau noch zu Hause leben konnte. Eines Abends war beim alten Ehepaar ein langjähriger Schüler zu Besuch angesagt. Auf dessen Klingeln hin öffnete sein ehemaliger Lehrer die Türe und starrte ihn unverwandt an. Dann fasste der alte Mann sich und sagte: „Ich weiß zwar nicht, wer Sie sind, aber Sie sind willkommen. Treten Sie ein." Sein Gehirn war physiologisch am Verfallen, nicht aber seine Authentizität (kein Tun-als-ob). Und das geübte Herz war noch immer lebendig und offen.

Basierend auf überlieferten Erfahrungen aus aller Welt sowie auf den eigenen beschränkten, aber dafür unmittelbaren Beobachtungen möchte ich folgende These vorlegen: Eine Neuausrichtung, wie sie in diesem Kapitel und auch schon zuvor beschrieben wird, ist ohne eine meditative Praxis und/oder eine Gebetspraxis im weitesten Sinn, eine tiefe Naturverbundenheit oder einen anderen Zugang zur spirituellen Dimension, in welcher der Stille ausreichend Raum gewährt wird, in jeder Lebensphase sehr schwierig und im

Alter fast unmöglich zu schaffen. Es bräuchte massive Einwirkung von außen – kurz gesagt, entweder eine Katastrophe oder ein Wunder –, um uns dennoch aus der stets tiefer werdenden Rinne der Routine nachhaltig herauszukatapultieren. Sich in der Rinne der Routine weitertreiben zu lassen, erfordert am wenigsten Energieaufwand.

Ich lade Sie hier ein, selbst wenn Sie vom Seniorenalter noch ein Stück entfernt sind, diese These nicht nur zu reflektieren und mit ihren eigenen Beobachtungen zu vergleichen, sondern auch etwas länger gefühlsmäßig wirken zu lassen.

Stille ist der ideale Rahmen, um eine Neuausrichtung einzuüben. Man entfernt sich dabei langsam vom Zwang, stets aktiv zu sein und alles nach den eigenen Vorstellungen gestalten zu wollen, und übt sich in vertrauensvollem Loslassen, Leerwerden und Sich-Öffnen. Diese Übungspraxis muss nicht einmal einen Namen bekommen. Manche Menschen, die der Stille – sei es in der Natur, an einem speziellen Kraftort oder auch nur in der Form von Innehalten im Alltag – bereits den nötigen Raum geben, wären überrascht, wenn man diese für ein geglücktes Altern so entscheidende Gewohnheit als meditativ oder kontemplativ bezeichnen würde. Allerdings, wie es obige Beispiele des Kontemplations- und des Zenmeisters unterstreichen, erweist sich ein bewusstes und auch formelles Üben (zusätzlich zum informellen) gerade auf die letzte Lebensphase hin als ein besonders starkes Lebenselixier.

Man kann es mit folgendem Vergleich verdeutlichen: Beim Betrachten einer Landschaft habe ich im Lauf des Lebens immer klarer festgestellt, dass die Leerräume mindestens genauso zu ihrem Zauber beitragen wie die einzelnen Gegenstände (Bäume, Sträucher, Wiesen, Steine, Hügel). Die Anzahl oder Vielfalt der unterscheidbaren Objekte ist nicht entscheidend – es ist das Gesamtbild, das zählt. So kann beispielsweise eine karge Wüstenlandschaft von enormer Schönheit und Ausstrahlungskraft sein.

Auch wenn also im Alter die **Welt der Formen** karger wird, so bedeutet das für die Lebensqualität keinen Verlust, solange ich darin geübt bin, dem **Formlosen** Raum und Zeit zu gewähren und darin auch Freude und Frieden zu erfahren. In den drei anschließenden Kapiteln wird die Thematik mit den folgenden Schwerpunkten nochmals vertieft:

Fähigkeit des Loslassens: Diese Fähigkeit ist sowohl im materiellen als auch im immateriellen Bereich für die letzte Lebensphase derart zentral, dass ihr ein eigenes Kapitel zusteht.

Sichtbarkeit des Reifegrads: Der aufs Alter hin stets dringlicher werdende Wechsel des Schwerpunkts (Paradigmenwechsel) stellt einen großen Reifeschritt dar. Gelingt er, so wird unser angeborener Selbstbezug lockerer und humorvoller, und die mit dem Altern verbundenen Verluste werden erträglicher. Gelingt er nicht, dann halten wir zumeist hartnäckig und immer verzweifelter oder resignierter an alten Mustern fest. Die Egozentrik verhärtet sich und geht mit einem zunehmenden Gefühl der Isolierung einher. Mit anderen Worten: Je älter wir werden, desto deutlicher treten in der Regel die grundsätzlichen Unterschiede im Reifegrad zutage.

Todesnähe: Steht der Tod unmittelbar bevor, fallen Verkleidungen, Schönfärberei und Verstellung rasant dahin. Die Sterbephase bietet eine Schau unseres nackten und oft mit Elend verbundenen Daseins einerseits und eine allerletzte und qualitativ einmalige Chance andererseits.

Zum Abschluss sollen die wichtigsten Wegmarken für eine **geglückte Bewältigung der letzten Lebensstrecke** – vom Älterwerden bis hin zum unvermeidlichen Tod – nochmals zusammengefasst werden:

Erstens gilt es, den **Verfallsprozess** sowie dessen **unvermeidliches Ende** möglichst frühzeitig zu **antizipieren** und zu **akzeptieren**.

Zweitens braucht es einen Paradigmenwechsel, nämlich die **Verlagerung der Ausrichtung auf jene Aspekte des Lebens, die von unserer zunehmenden Altersschwäche unberührt bleiben.** Dies bedeutet einerseits das Kultivieren jener Fähigkeiten, die als Kennzeichen von Reife bereits erörtert wurden, also beispielsweise die Fähigkeit zu lieben, zu vergeben, dankbar zu sein, großzügig zu sein und authentisch zu sein. Und andererseits bedeutet es die Hinwendung zu jenen Kraftquellen wie Natur, Stille, Freundschaft und bereichernden Kulturgütern, die ein Leben lang unerschöpflich bleiben. Am wichtigsten aber erweist sich die Hinwendung zur Quelle aller Quellen, die gleichzeitig auch Ziel ist. Eine Hinwendung, die mit Vertrauen verbunden ist. Mit was für einem Vertrauen? Einem Vertrauen darin, dass wir trotz aller Irrungen und Wirrungen, Fehler und Schwächen, niemals am Ziel vorbei enden werden. Unser Leben gleicht dann einer Welle, die aus dem Meer aufsteigt, sich eine Weile lang in ihrer Einzigartigkeit entfaltet und dann fällt. Beim Fallen aber kann sie das Meer nicht verfehlen. Und selbst von jenen Wellen in Küstennähe, die auf Sand oder Felsen niedergehen, fließt das Wasser früher oder später ins Meer zurück.

5.1 WO LOSLASSEN UNERLÄSSLICH WIRD

Vor langer Zeit war einmal ein Königreich, das sich in argen Nöten befand. Unsinnige Kriege, Überschwemmungen sowie Dürreperioden hatten dazu geführt, dass die Staatskasse praktisch leer war. Der König, im Vergleich zu anderen seiner Zunft kein übler Mensch, litt mit, als er sah, wie sein Volk darbte. Auch seine Frau und seine Tochter, die Prinzessin, nahmen Anteil am Leiden der Menschen. Nun war es so, dass am Rande des Reichs, in einer abgelegenen und öden Gegend, ein uralter Drache in einer Höhle lebte. Und da er von allem, was glänzte und funkelte, unwiderstehlich angezogen wurde, hatte er im Lauf seiner mehreren hundert Jahre einen riesigen Schatz an Gold, Diamanten und anderen Juwelen angehäuft.

Eines Tages geschah es, dass die Prinzessin, die durchaus abenteuerlustig war, im Rahmen einer Erkundungsreise in der Nähe seiner Höhle haltmachte. Staubbedeckt und müde nahm sie in einem kleinen See ein Bad. Der Drache sah sie und es war um ihn geschehen.

Was tun? Andere Drachen, mit denen er sich hätte besprechen können, gab es im Umkreis von 1000 Kilometern keine mehr. Das einzige Wesen, zu dem er Kontakt hatte, war eine alte, alleinstehende Frau, die weder Tod noch Teufel fürchtete. Also schüttete er ihr sein Herz aus. Nach reiflicher Überlegung sprach sie zu ihm: „Gehe zum König und halte um die Hand seiner Tochter an. Als Gegenleitung biete ihm deinen ganzen Schatz an Reichtümern an. Der sollte ausreichen, um die Not im Land zu lindern."

Der Drache schluckte mehrmals, tat aber schließlich, was ihm die alte Frau geraten hatte. Auf die Schwierigkeiten, die er zu überwinden hatte, bevor man ihn zum König vorließ, soll hier nicht weiter eingegangen werden. Er stand vor dem Königsthron und trug sein Anliegen vor. Entrüstet lehnte der König ab. Unbemerkt von König und Drachen hatte jedoch die Prinzessin auch den Thronsaal betreten und sich das Gespräch angehört. Sie trat vor und sagte: „Vater, unser Volk ist am Verhungern. Wenn es dies braucht, um es zu retten, bin ich dazu bereit."

Auch das lange Hin und Her zwischen Vater und Tochter – die Königin mischte sich ebenfalls ein – soll hier übersprungen werden. Die Prinzessin hielt an ihrem Entschluss fest und schließlich blieb Vater und Mutter nichts anderes übrig, als in die Heirat ihrer Tochter einzuwilligen.

Ein Hochzeitstag wurde bestimmt. Als dieser kurz bevorstand, bekam es die Prinzessin, die sich lange in ihrem Heldinnenbewusstsein gesonnt hatte, doch mit der Angst zu tun. In ihrer Not suchte sie dieselbe Frau auf, der sich schon der Drache anvertraut hatte. Die Alte hörte geduldig zu und sagte dann: „Die Hochzeit findet statt. Am Ende der Feier jedoch, bevor dich der Drache ins Brautgemach führt, ziehe zehn Roben an, eine über die andere. Und wenn dein neuer Gemahl dich auffordert, dich zu entkleiden, so sage ihm, dass für jede Robe, die du ablegst, er sich ebenfalls einmal häuten soll."

Die Prinzessin nahm sich den Rat zu Herzen und der Hochzeitstag brach an. Dank den Reichtümern des Drachens konnte der König dem Volk ein zwar bescheidenes, aber doch ausreichendes Grundeinkommen für alle verkünden. Es folgte ein rauschendes Fest, an dessen Ende sich Braut und Bräutigam schließlich allein im Schlafgemach befanden. Die Prinzessin nannte ihre Bedingungen und der Drache willigte ohne Bedenken ein, denn Drachen, wie Schlangen, häuten sich regelmäßig. Drei, vier Kleidungsstücke legte die Prinzessin ab; drei bis vier Mal entfernte der Drache mit seinen Krallen eine ganze, panzerartige Hautschicht. Schon begann es zu wehzutun, und beim fünften bis sechsten Mal wurden die Schmerzen beträchtlich. Aber der Drache blieb tapfer. Beim siebten und achten Mal jedoch war seine Haut so zart und empfindlich, dass das geringste Kratzen ihn vor Schmerz aufschreien ließ. Die Prinzessin litt mit; beide spürten aber, dass an Aufhören nicht mehr zu denken war. Bei Schicht neun angelangt, schlug der Drache vor lauter Pein wild um sich und die schluchzende Prinzessin drückte sich gegen die Wand, um nicht erschlagen zu werden. Danach lagen sich beide weinend in den Armen – der Drache inzwischen viel kleiner, schlanker und weniger ungehobelt als zu Beginn. Irgendwie wurde auch die letzte Schicht entfernt; die Prinzessin konnte dabei nicht zusehen. Als sie die Augen wieder öffnete, stand ihr eine strahlende Mannesgestalt gegenüber. Und sie vollzogen das, was die weise alte Frau vorausgesehen hatte.[162]

Der Reifeprozess ist primär subtraktiv. Wir müssen nichts dazubekommen oder erwerben, sondern materiellen, seelischen und geistigen Ballast als solchen erkennen und Schicht um Schicht ablegen. Und so das Leben vereinfachen. Wir müssen lernen, Wesentliches von Unwesentlichem zu unterscheiden und

---

162 Diese Geschichte habe ich vor vielen Jahren einmal gelesen; wo, weiß ich nicht mehr. Einzelne Details musste ich mir neu, wenn auch sinngemäß, ausdenken, aber der Ablauf und der Schluss waren genau so, wie hier geschildert.

uns vom Unwesentlichen zu verabschieden. Beim Wesentlichen aber handelt es sich letztlich, wie das Wort schon impliziert, um Anteile jener Gestalt, auf die hin wir angelegt sind. Die es uns ermöglicht, Frucht zu bringen, was immer mit einem Gefühl der Erfüllung einhergeht. Da aber jede Wesensgestalt einmalig ist, lässt sich keine allgemeingültige Liste dessen zusammenstellen, was nun genau wesentlich ist und was nicht. Wir alle müssen selbst erforschen, was zur eigenen Wesensgestalt gehört – und was von dieser ablenkt oder diese verdeckt. Die Drachengeschichte verdeutlicht, dass diese „Schichten" beim Älterwerden nicht einfach von selber abfallen wie Blätter im Herbst, sondern bewusst abgelegt werden müssen, und dass dieses Ablegen Entschlossenheit erfordert und mit Leiden verbunden ist. Denn früher oder später geht es ans Eingemachte. Es kann sich sogar wie ein kleines Sterben anfühlen. So lässt sich wohl eine bekannte Devise der Sufis erklären: „Sterbe, bevor du stirbst."

In den frühen Lebensphasen ist es umgekehrt. Die Persönlichkeit – das, was wir in diesem Leben als Erwachsene darstellen – baut sich zunächst additiv auf. Materiell wird von uns erwartet, dass wir es weit genug bringen, um selbstständig zu leben. Charakterlich müssen wir Eigenschaften entwickeln, die es uns ermöglichen, uns einerseits in der Erwachsenenwelt durchzusetzen und andererseits von dieser auch akzeptiert zu werden. Und geistig gilt es, eine Wissens- und Verständnisbasis aufzubauen, die idealerweise über das bloß nutzungsorientierte Sachwissen hinaus auch zu einem guten und innerlich reichen Leben beiträgt und unserer Sinnfindung dient. Selbst in diesem additiven Stadium des Erwachsenenlebens haben wir jedoch schon verschiedene „Häutungen" hinter uns. Als Kleinkinder sammeln wir Spielsachen und – immateriell – gewöhnen wir uns kindliche Verhaltensweisen an, von denen es sich in der Jugend zu trennen gilt. Und auch die Jugendschwächen und Jugendexzesse sollten irgendwann abgelegt werden oder zu altersgemäßen Verhaltensmustern heranreifen.

Der Prozess des Loslassens im fortschreitenden Erwachsenenalter – vereinfacht gesagt, der **Übergang von der Addition zur Subtraktion** (neben den parallel verlaufenden Anpassungsprozessen von einer Lebensphase zur nächsten) – lässt sich lange hinausschieben. Aber auf das Altern und das Sterben zu wird er immer vordringlicher. Energie und Kräfte lassen nach; Vereinfachung ist auch aus diesem Grund angesagt. Hier passt das Bild der fallenden Blätter: Auch die Bäume vereinfachen ihr Dasein während der Wintermonate. Aber unser Ego sträubt sich, denn es sieht keinen alternativen Gewinn, sondern nur angstmachenden Verlust.

Im Lauf der Jahrzehnte häuft sich weit mehr als nur materieller Besitz an: Erfolge und Misserfolge, Freuden, Enttäuschungen, Verletzungen und Schuldgefühle prägen sich ein und bleiben als Erinnerungen wirksam; hinzukommen stets tiefer eingravierte Verhaltensmuster. Ängste, die lähmen, und Ziele, die antreiben, wechseln sich ab; eine ganze Bandbreite von seelischen Verbindungen mit anderen Menschen hat sich angesammelt; Urteile, Vorurteile, Wissensfragmente und Gesamtsichten haben sich unhinterfragt gefestigt. All diese Elemente zusammen prägen unsere Einstellung zum Leben und unser Verhalten. Und falls kein bewusstes Loslassen praktiziert worden ist (bloß Vergessenes oder Verdrängtes kann jederzeit wiederauftauchen), häuft sich im Lauf von 60, 70 oder 80 Jahren immer mehr an, teils auf eine für uns kaum mehr entwirrbare Art miteinander verknüpft und verknotet. Um das Bild des Lebens als Weg aufzugreifen: Als rüstige Erwachsene können wir normalerweise eine Wanderung mit einer ordentlichen Menge an Wegzehrung, Utensilien und auch Ballast auf dem Rücken meistern. Je älter wir werden, desto beschwerlicher und freudloser wird jedoch das Voranschreiten mit einem voll beladenen Rucksack. Außerdem gibt es dann kaum noch Platz oder Kraft für Neues.

Ich fahre zum betreuten Wohnheim, wo unsere Mutter seit gut drei Monaten untergebracht ist. Ihre Demenz ist so weit fortgeschritten, dass allein zu leben keine Option mehr war. Finanziell ist die Situation verfahren; noch ist nicht klar, wie viel die Krankenversicherung beisteuert und ob es einen Zuschuss zur Altersrente gibt. Klar ist nur: Lange wird Mutters Angespartes nicht mehr ausreichen, um die Differenz zu decken. Wir müssen das Haus möglichst rasch verkaufen. Und dann weiterschauen. Wir – na ja, das bin zurzeit ich. Michaela hat genug mit den eigenen beruflichen Turbulenzen und familiären Altlasten am Hals. Jean ist in Myanmar bei Phyu Phyu Htwe, um die Angelegenheiten mit ihr und ihrem gemeinsamen Sohn zu regeln. Und Mira … Letzte Woche habe ich sie in ihrer kleinen Wohnung besucht. Wie sie kämpfte, um ihre Depression nicht bei jedem Blick und jedem Wort an die Oberfläche sickern zu lassen. Und wie gut ihr das größtenteils auch gelang. Aber Kraft für anderes bleibt ihr dabei wenig.

Mutter weint leise, als ich sie in die Arme nehme. Danach erzählt sie Geschichten von meiner Geburt und derjenigen von Jean in praktisch den gleichen Worten wie bei meinem letzten Besuch. Zum wiederholten Mal fragt sie, wann sie wieder nach Hause zurückkehren könne. Ich sage wenig. Als ich mich zum Gehen aufmache, kommt die Bitte, sie zum Grab ihrer Eltern zu fahren. „Vater ist ja vor Kurzem gestorben."

Ihr Vater ist vor rund 25 Jahren verschieden. Mir scheint, sie wiederholt sich häufiger als noch vor wenigen Monaten. Uns Kinder kennt sie noch, aber sogar Jana hat sie vor wenigen Wochen zunächst mit Mira angesprochen, um sich dann ohne Ende bei ihr zu entschuldigen.

Ich setze mich nochmals zu ihr hin. Und aus dem Nichts kommt ein Lächeln. „Danke", sagt sie. Und fährt dann fort: „Ich mache euch Mühe, nicht wahr? Ich möchte das nicht. Ich wollte …"

Ein Schweigen tritt ein, das schön ist. Als es abzuklingen beginnt, sage ich: „Lass gut sein, Mutter. Es ist alles in Ordnung so."

Auf der Heimfahrt mache ich einen Umweg zum alten Familienhaus. Ich sitze lange im Wohnzimmer, in den Stricken einer Nostalgie, die ich in einer solchen Stärke noch nie erlebt habe. Wir hatten nicht viele wirklich glückliche gemeinsame Momente in unserer Kindheit, aber genau die vermisse ich mit einer ins Mark gehenden Traurigkeit. Und erst jetzt merke ich, wie unerbittlich sich gewisse Familiensehnsüchte gehalten haben. Etwa die Vorstellung, wie es gewesen wäre, wenn Vater zu uns zurückgekehrt wäre, geläutert, nach seinem Unfall. Oder die Vorstellung, dass das, was wir ein paar Mal erlebten, zur Norm geworden wäre: Mutter als Großmutter, wir erwachsenen Kinder im Kreis um den Wohnzimmertisch, Jean, der Intensive, der wenig spricht, Mira mit ihrem warmherzig-ironischen Humor, der unseren Konflikten einen Anstrich von Harmlosigkeit und Lächerlichkeit verleiht. Und Jana, die ihre Großmutter mit Fragen durchlöchert …

Wie schon in der Drachengeschichte angedeutet, gibt es **verschiedene Schichten des Loslassens**: vom Äußeren zum Inneren, vom Gröberen zum Subtileren. Sie lassen sich in Kategorien zusammenfassen, wobei das, woran man am stärksten hängt und wo die Trennung am schwersten fällt, in jedem Einzelfall etwas anderes ist. Es sind dies die Kategorien des Materiellen, der Sinne, der Seele und des Geistes.

Gerade die Meilensteine beim Übergang in die Altersphase – Ende des Erwerbslebens, Auszug der Kinder, gesundheitliche Einbrüche, Tod des Partners oder der Partnerin usw. – stellen gleichzeitig eine Chance und eine Aufforderung dar, uns wiederum und vielleicht sogar in stärkerem Ausmaß als zuvor zu „häuten". Und danach mit einer neuen Leichtigkeit den sicherlich nicht einfachen Schlussweg, der uns erwartet, in Angriff zu nehmen.

Schauen wir uns nun diese Kategorien im Einzelnen an:

Bereich des Materiellen

Die folgende Erfahrung haben wohl die meisten Menschen – zumindest in Ländern des Wohlstands – durchgemacht: Man bereitet sein Hab und Gut für eine Übersiedlung vor und stellt dabei mit Schrecken fest, was sich alles an Besitz angehäuft hat. Vor allem im Keller und/oder dem Dachboden, aber auch in diversen Schubladen und Schränken. Man führt eine Tauglichkeitsprüfung durch und entledigt sich dann mancher Dinge, oft schweren Herzens. In der Folge jedoch stellt sich (fast) unweigerlich ein Gefühl der Erleichterung ein. Nicht nur ist die Gesamtmasse des materiellen Besitzes zurückgegangen – auch die Seele fühlt sich leichter an.

Loslassen heißt hier **Schwächung der Anhaftung an Besitz**, was eine gerade im Alter wichtige (praktische) Vereinfachung des Lebens ermöglicht. Mit der Tauglichkeitsprüfung versuchen wir festzustellen, welche Objekte unser Leben (jetzt noch) wirklich bereichern, und woran wir eher aus Trägheit, Nostalgie, Besitzgier oder Profilierungssucht festhalten. Gerade der letzte Punkt ist heikel. Von einem ansehnlichen BMW auf einen Kleinwagen zu wechseln oder gar auf das Auto ganz zu verzichten, bringt einen gefühlten Statusverlust mit sich (was eigentlich zum seelischen Bereich gehört – die Kategorien sind aufs engste miteinander verbunden). Ist der Übergang jedoch vollzogen, stellt man vielleicht erfreut fest, dass es sich auch ohne „Status" ganz gut – innerlich sogar freier als zuvor – leben lässt. Eine in Hinblick auf das, was noch bevorsteht, überaus wichtige Erfahrung. Und noch eine letzte Beobachtung: Lockert sich unser Klammern an Besitz, so wächst unsere Großzügigkeit.

Bereich der Sinne

Selten wird uns bewusst, wie gierig wir nach sinnlichen Reizen sind. Im Wachzustand brauchen die Augen etwas zum Sehen, die Ohren etwas zum Hören, der Gaumen etwas zum Kosten, die Hände etwas zum Berühren. Bei den jüngeren Generationen ist zumeist das Smartphone der beständigste Input-Lieferant. Kommen wir nach Hause und sind dort allein, ist oft das Radio, der Fernseher, der Computer oder die Musikanlage nach wenigen Minuten schon in Betrieb. Oder wir greifen zu etwas Lesbarem und gleichzeitig auch nach etwas zum Knabbern oder Trinken. Bleiben sinnliche Reize mit genügender Anziehungskraft aus, stellt sich sehr rasch ein Gefühl der Leere, der Langeweile oder sogar der Angst ein. Die Römer nannten das „horror vacui", die Angst vor der Leere. Wie anderswo schon beschrieben, bietet uns die Meditationspraxis ein passendes Werkzeug, um diesen „Horror" zu überwinden. Je früher wir mit dieser Übungspraxis beginnen, desto leichter fällt es in der Regel, das unersättliche Verlangen nach Sinnes-Input abzuschwächen.

Genau jener Leerraum, in dem wir nichts tun, nichts erleben, nichts genießen außer die Stille, ist der befreite Raum, in dem wir uns mit jener Wirklichkeit verbinden können, die nicht dauernd kommt und geht und die – als das Gegenteil von „Horror" – uns Schutz gewährt. Dann ist dieser innere Leerraum gleichzeitig unser „geschützter Raum" und in gespürter Verbindung mit ihm kann uns kaum etwas in der hektischen Außenwelt in Angst versetzen. Außerdem können wir aus ihm heraus mit dem notwendigen inneren Abstand entscheiden, welche Sinneserfahrungen für uns gerade jetzt angebracht oder gar erfüllend sein können und wo wir besser abschalten oder uns fernhalten.

Die sinnlichen Wahrnehmungen liefern wichtigen Stoff für die Seele und den Geist (siehe nächste Abschnitte), aber es prasseln während unseres Wachdaseins derart viele optische, akustische und andere sinnliche Eindrücke auf uns nieder, dass es zu einer heillosen Überforderung von Seele und Geist führen würde, wenn sie sich mit mehr als nur einem Bruchteil davon vertieft abgeben müssten. Zwar erfüllt das Gehirn von selber eine wichtige Filterfunktion, aber unsere Lebensqualität erhöht sich, wenn wir dieses Filtern bewusst mitsteuern. Bei einer bewussten Reduktion und Auswahl richten wir die Aufmerksamkeit möglichst auf jene Sinneseindrücke, die es für die Erfüllung der gerade jetzt anstehenden Aufgabe braucht, oder auf jene, die wir über den Augenblick des Erlebens hinaus als bereichernd erfahren (beispielsweise auf ein Stück Musik, das auch nach dem Abklingen Spuren von Glück hinterlässt).

Es geht also um das **Lösen aus der (meist unbewussten) Abhängigkeit von sinnlicher Erfahrung**. Ist dieses Abhängigkeitsverhältnis durchbrochen, können wir Augen-, Ohren-, Geruchs-, Geschmacks- oder Berührungsschmaus genießen, ohne in Verlorenheit zu geraten, wenn wir danach – für eine Weile und irgendwann auch für immer – darauf verzichten müssen.

Bereich der Seele

Was sind meine **seelischen Abhängigkeiten**? Gehen wir dieser Frage aus der Sicht eines alten Menschen nach. Bin ich gekränkt, wenn meine erwachsene Tochter sich zwei Wochen lang nicht meldet? Schmerzt die geschwundene gesellschaftliche Anerkennung? Sehne ich mich nach Warmherzigkeit und Zuneigung aus vergangenen Zeiten (deren Mangel mir scheinbar die Kraft raubt, diese selbst zu verschenken) und bin ich voller Wehmut diesbezüglich; eine Wehmut, die leicht in Bitterkeit umschlägt? Habe ich Mühe mit der zunehmenden Anzahl Stunden, die ich allein verbringen muss (oder in gefühltem Alleinsein in einer Partnerschaft, die nur noch aus oberflächlicher Routine besteht)? Bekomme ich es mit der Angst zu tun, wenn Gewohntes nicht mehr da ist? Wenn beruhigende routinierte Abläufe abrupt geändert werden müssen oder kraftspendende menschliche Kontakte wegfallen? Knabbern die Abnahme der Körperkräfte und meine zunehmende Gebrechlichkeit an meiner Lebensfreude? Bekomme ich es mit der Angst zu tun, wenn Krankheits- und Todesfälle in meinem Bekanntenkreis zunehmen?

Lautet die Antwort auf diese Fragen ja, so handelt es sich um Ausdrucksformen ganz normaler seelischer Bedürfnisse. Je stärker jedoch die Bedürftigkeit, desto stärker die Abhängigkeit – wie bei jeder Sucht. Sich davon allmählich zu lösen, braucht vieles, unter anderem Einsicht, Geduld mit sich selber und Entschlossenheit. Wie bei den inneren Panzerschichten des Drachens handelt es sich hier bereits um höchst schmerzempfindliche Schichten. Werden sie entfernt, scheint es dabei schon ans Eingemachte zu gehen.

Anhänglichkeiten und Verstrickungen abzubauen gilt es ganz besonders im **Bereich der Beziehungen.** Eltern von Kindern, die sich auf dem Weg ins Erwachsenenalter befinden, können ein Lied davon singen. Wie viele Spannungen und Streitigkeiten innerhalb von Familien ließen sich vermeiden, wenn Eltern ihren Kindern rechtzeitig ihre Eigenverantwortung zugestehen würden? Um aber zu spüren, *wann* genau der richtige Moment ist, *wann* ich als Vater oder Mutter beiseite stehen muss, um heranwachsende Jugendliche ihren eigenen Weg wählen zu lassen, gleichzeitig aber ihnen nach wie vor Nähe und Beistand zu bieten, wo dies nötig und erwünscht ist, verlangt ein hohes Maß an Bewusstsein und Einfühlungsvermögen. Wenn die Elternrolle ein wichtiges Element meiner Identität (meines Ich-Bilds) bzw. meines Egos (Ich-Bild plus die dazugehörige Gefühlsumhüllung samt daraus resultierenden Bedürfnissen) bildet, wird jedes Loslassen in diesem Bereich natürlich als empfindlicher Verlust erlebt. Auch konfliktbeladene Beziehungen können Verstrickung und Unfreiheit bedeuten. Denken Sie an getrennte bzw. geschiedene Paare, wo Ressentiments noch jahrelang, im schlimmsten Fall sogar bis ans Lebensende schwelen und zur Verdunklung des Lebensgefühls beitragen können.

Solange das Ego am Steuerrad unserer Alltagsgestaltung sitzt, reißt die Bedürftigkeit nie ab. Sie reißt dann ab, wenn wir die Täuschung durchschauen, die uns das Ego vorgaukelt. Dies gelingt uns, sobald wir nicht nur im Kopf, sondern auch im Herz und Gemüt verstehen, dass die Nichterfüllung der Bedürfnisse uns nicht umbringt. Dass sie auch kein unermessliches, lang andauerndes Leiden verursachen wird. Sondern dass die Entzugserscheinungen zumeist von kurzer Dauer sind und relativ rasch von einem Gefühl der Erleichterung abgelöst werden. Wenn wir zum ersten Mal den Geschmack der inneren Freiheit gekostet haben, den uns das **Lösen aus den Fesseln von seelischen Abhängigkeiten** bereitet, können wir gewiss sein, dass wir in einer guten Richtung unterwegs sind.

Und wie steht es mit den **seelischen Verletzungen**? Ein Trauma, so wurde es im vorhergehenden Kapitel formuliert, ist ein Geschehnis, das ich bewusst oder unbewusst nicht als Teil meiner Lebensgeschichte akzeptieren kann. Bildlich ausgedrückt gleicht es etwas, das ich beim Essen zu mir genommen habe und das weder verdaut noch ausgeschieden worden ist, sondern immer noch schmerzerzeugend im Magen rumort. Kann man Traumata loslassen? Hierauf gibt es keine einfache bzw. alles umfassende Antwort. Wie bei körperlichen Leiden finden sich Fälle, wo es genügt, den natürlichen Heilkräften ausreichend Wirkungsraum zu gewähren; andere, wo liebevolle und einfühlsame Zuwendung heilsam wirken; wieder andere, die zusätzlich Therapie benötigen, aber auch solche, die es, wie bei chronischen körperlichen Schmerzen, zu erdulden gilt. Und viele Zwischenbereiche, bei denen eigene Bewusstseinsarbeit und liebevolle Zuwendung, wenn nicht Heilung, so doch ein gewisses Maß an Linderung bewirken können. Nichts von all diesem kann jedoch geschehen, wenn die betreffende Person die Verletzungen nicht als solche bewusst erkennt und ihr Dasein nicht zunächst einmal akzeptiert.

Wir bewegen uns auf den Tod zu. Im folgenden Kapitel wird anhand von Beispielen aufgezeigt, dass Menschen in der eigentlichen Sterbephase sich oft in eine Übergangsdimension hinein bewegen. In dieser Dimension ist einerseits das irdische Erleben stark eingeschränkt, andererseits öffnet sich ein Fenster, durch das Dinge geschehen können – auch Entwicklungs- und Heilungsschritte –, die zuvor kaum denkbar waren.

Bereich des Geistes

Nicht weniger schwierig ist es zumeist, sich von **geistigen Konstrukten** zu lösen. Junge Menschen sind geistig flexibler (dafür zumeist auch manipulierbarer), weil sich ihr Welt- und Ich-Bild noch herausbildet. Je älter Menschen werden, desto seltener lässt sich jedoch ein Abrücken von **fixen Ideen, Vorstellungen und Urteilen** beobachten.

Nehmen wir als Beispiel die Feindesbilder. Das können Migranten sein oder die Reichen und Mächtigen (die sogenannte Elite); oder umgekehrt die Ungebildeten und leicht Manipulierbaren, die immer für die falschen Parteien stimmen. Welch einen großen Reifeschritt stellt es dar, wenn eine ältere Person sich von jahrzehntelang gehaltenen Kategorisierungen und Vorurteilen befreien kann. Und was für Individuen gilt, trifft umso mehr im Bereich des Kollektiven zu. Stellen Sie sich vor, eine nicht zu ignorierende Anzahl Israeli und Palästinenser würden sich zusammenschließen und öffentlich ihre jeweiligen kollektiven Feindesbilder hinterfragen und gemeinsam abzubauen versuchen. Das hätte nicht nur für den Nahen Osten, sondern für die gesamte Menschheit eine unermessliche Vorbildwirkung.

Die wohl am andauerndsten präsente Vorstellung ist das **Ich-Bild**. Es ist zwar meist diffus, wie eine Figur im Nebel, von der mal ein Teil, mal ein anderer sichtbar oder auch nur spürbar wird. Aber es ist enorm wirkmächtig. Aufgebaut ist es aus verschiedenen, subjektiv wahrgenommenen und interpretierten Erfahrungen aus meiner selbstgewobenen Lebensgeschichte. Bei gefestigten Persönlichkeiten fügen sich diese Teile zu einem relativ einheitlichen Gesamtbild zusammen. Bei labileren können verschiedene, teils gegensätzliche Fragmente zu einem wenig kohärenten Patchworkbild führen. Beide haben ihre Kehrseite: Ein gefestigtes Bild kann im Alter leicht rigid und brüchig werden; ein weniger gefestigtes hingegen lässt sich leichter hinterfragen und somit auch loslassen. Uns innerlich distanzieren von unserem Selbstbild stellt einen großen Reifeschritt dar. Damit nämlich öffnen wir einen Raum für mehr Wahrheit. Denn nur ich selber, nur ich allein sehe mich so, wie es mein Ich-Bild suggeriert. Niemand sonst. Allerdings ist auch die Frage „Wie sehen mich die anderen?" ziemlich irreführend. Keine zwei Menschen sehen mich nämlich auf genau die gleiche Art. Keine zwei Personen kennen genau die gleichen Elemente meiner Lebensgeschichte. Alle meine Mitmenschen, selbst die mir nahestehenden, sind nur mit gewissen Episoden meines Lebens vertraut, und auch diese Episoden haben sich bei ihnen auf je verschiedene Art in Gedächtnis und Gemüt eingeprägt. Wer bin ich? Sicherlich mehr und auch anders, als ich mich selbst und andere mich sehen. Warum also nicht dieses höchst subjektive geistige Konstrukt des Ich-Bildes ebenfalls fahren lassen?

Wahrscheinlich ist dies jedoch zu viel verlangt, denn unsere Psyche ist auf ein Ich-Bild angewiesen, um robust genug für ein selbstständiges Agieren innerhalb einer Gemeinschaft zu sein. Für genügend Gelassenheit im Alter reicht es wohl, mein erkanntes Ich-Bild nicht allzu ernst zu nehmen. Nicht allzu empfindlich zu reagieren, wenn das Verhalten anderer nicht dem entspricht, was gemäß meinem Selbstbild angebracht wäre. Und geistig flexibel genug zu bleiben, um jederzeit Input von außen in die Vorstellung meiner selbst zu integrieren (ohne diese Außensicht ihrerseits zu verabsolutieren).

Mein Selbstbild gibt mir also keine auch nur annähernd sichere bzw. objektive Antwort auf die Frage, wer ich bin. Gewissheit ist weder hier noch in anderen geistigen (oder seelischen) Fragen zu haben. **Loszulassen** gilt es somit auch den **Drang nach Gewissheit**.

Nicht nur fixe Ideen und Vorstellungen, sondern auch **Denkmuster**, also konditionierte Denkabläufe, gilt es zu identifizieren und sich zumindest so weit von ihnen zu lösen, dass andere Denkweisen daneben Platz haben. Halten wir an diesen im Lauf des Lebens immer rigider werdenden Gedankenabläufen unhinterfragt fest, ist uns der Zugang zu anderen Arten, auf die Fakten und Ideen miteinander verknüpft werden können, und damit der Zugang zu einem reichhaltigeren Weltbild weitgehend versperrt. Das Ziel ist ein **entkonditionierter Geist** oder, einfacher gesagt, eine **offene Geisteshaltung**. Offen letztlich auch für das Unbekannte, welches der Sterbeprozess und der Tod bringen werden.

Sagen bzw. schreiben lässt sich dies leicht. Gelingen kann eine derart weitgehende Veräußerung all dessen, was uns scheinbar zu der Person gemacht hat, die wir sind, meines Erachtens nur, wenn der gesamte Prozess von einem Vertrauen in einen sinngebenden Rahmen getragen wird. Dafür genügt ein bloß gedachter, abstrakter Rahmen nicht. Es muss sich dabei auch um eine lebendige Kraft handeln, mit der wir immer wieder eine gefühlte Verbundenheit erfahren.

In jedem der genannten Bereiche – im materiellen, sinnlichen, seelischen und geistigen – geht es also darum, **sich von Anhänglichkeit bzw. Abhängigkeit zu lösen**. Inwieweit aber kann ich dies aktiv bewerkstelligen und inwieweit bloß geschehen lassen?

Bei der Schilderung seines spirituellen Weges schreibt der große spanische Mystiker *Johannes vom Kreuz* (1542–1591) von der dunklen Nacht der Sinne und des Geistes. Die „dunkle Nacht" mit ihren depressionsähnlichen Erscheinungen ist seitdem ein Fachbegriff bei der Beschreibung von gewissen Phasen des Loslassens – oder auch des Losgerissen-Werdens – in einem spirituellen Wachstumsprozess. Sie ist jedoch so etwas wie eine „Black Box", denn was genau in dieser Phase geschieht, lässt sich weder willentlich lenken noch begrifflich fassen. Es geschieht etwas mit uns. Wir befinden uns in einer Art Tunnel, in dem uns das Licht entzogen wird und uns nur das Vertrauen, dass es früher oder später einen Ausgang geben wird, die Kraft zum Weitergehen verleiht. Umkehren ist nicht möglich; bleiben wir stehen, so wird der Tunnel für uns tatsächlich endlos. In der Sprache der Mystiker geschieht in dieser Dunkelheit Läuterung bzw. Reinigung. Alles Unwesentliche löst sich oder wird schmerzhaft weggeschrubbt. Loslassen bedeutet also *auch*, die (vermeintliche) Kontrolle über den Reifungs- bzw. Wachstumsprozess abzugeben. Es gilt dabei dasselbe, wie bei der im vorhergehenden Kapitel geschilderten Heilung einer Schnittwunde: Wir säubern und desinfizieren die Wunde und überlassen den Rest – das Eigentliche – der letztlich unerklärlichen Lebens- bzw. Heilkraft.

Am schwierigsten ist wohl das **Lösen aus den Fesseln der Egozentrik**. Vor vielen Jahren nahm ich an einer Gesprächsrunde teil, bei der es um die Frage ging, was Liebe sei. Eine der Antworten (übrigens vom Jüngsten aller Teilnehmenden) ist mir seitdem nicht mehr aus dem Sinn gegangen: „Liebe heißt, sich selber aus der Mitte nehmen." Auch hier also gilt: Die stärkste aller Kräfte – in diesem Fall das stärkste Lösungsmittel – ist die Liebe.

Der Drache hatte dicke Panzerschichten, scheinbar zu seinem Schutz, aber in Wirklichkeit trennten sie ihn bloß von seinem wahren Wesen. So legt sich auch unser Ego Schutzschichten zu, die ihm eine Zeit lang die Illusion der Unverletzlichkeit und der Beständigkeit verleihen. Schutzschichten aber wovor? Vor dem Verwischen oder Zerbröckeln der Ego-Identität. Hinter dem Ego, das immer ein Eigenkonstrukt darstellt, tut sich zunächst eine Leere wie ein bodenloser Abgrund auf, was Angst macht – deshalb die Schutzschichten. Diese Leere macht so lange Angst, bis wir feststellen, dass genau sie der Raum ist, in dem unser nichtkonstruiertes Wesen in Erscheinung treten kann. Wie ein Diamant, der von den ihn verbergenden Verunreinigungen befreit wurde (siehe Seite 137). Dieses Wesen ist einmalig und unzerstörbar. In ihm ist unser ganz eigenes Potenzial angelegt und aus ihm heraus können wir es entfalten.

Und eine weitere Frage: Woran zeigt sich, dass unserem Ego – der Summe unserer Bedürftigkeit, Selbstsucht und Ich-Vorstellungen – etwas an Kraft entzogen worden ist? Wir haben normalerweise keine Prinzessin als

Gegenüber, die unseren Fortschritt spiegelt, indem sie eine weitere Robe ablegt. Es gibt aber mögliche Hinweise, dass wir diesbezüglich auf gutem Weg sind: Wenn wir etwa in geringerem Maß als früher überrascht, irritiert oder beleidigt sind, sobald ein Mitmensch anders auf uns reagiert, als wir es erwarten. Oder wenn wir mehr situationsgerecht und weniger Ich-Bild-gerecht denken und handeln. Ein Beispiel hierfür: Eine Frau sieht sich – und möchte sich der Welt präsentieren – als eine Person, die stark, hilfreich und allen Aufgaben gewachsen ist. So übernimmt sie auf Bitten hin auch dann noch neue Verpflichtungen, wenn sie kurz vor einem überlastungsbedingten Zusammenbruch steht. Reife – und damit Lösung aus der Macht des Egos – heißt für sie in dieser Konstellation, sogar einem Menschen gegenüber, den sie beeindrucken möchte und dem sie noch nie zuvor etwas ausgeschlagen hat, „nein" zu sagen. Weitere Kennzeichen: Wenn sich das Leben leichter anfühlt. Und wenn wir uns selbst nicht mehr ganz so ernst nehmen und auch über uns selber herzhaft lachen können (dann sind wir schon weit fortgeschritten). So verliert das Ego allmählich immer mehr an Kraft und damit an Macht über unser Verhalten und Lebensgefühl, denn es besitzt außerhalb unserer Gedanken und Emotionen keine Nahrungsquelle. Das labile, auf Außenreaktionen angewiesene Selbstbild weicht einem gestärkten und vertrauensvolleren Selbstbewusstsein. Je mehr dies gelingt, desto freier sind wir. Freier und damit insbesondere auch innerlich bereit für die letzte Wegstrecke.

Hätte sich der Drache ohne Aussicht auf den höchsten aller Preise – die Prinzessin – auf den Häutungsprozess eingelassen? Und vor allem: Hätte er ihn ohne sie durchgestanden? Wohl kaum. Bei uns ist es nicht anders. *Entweder* ist es die glühende Sehnsucht nach einem hohen Gut, die uns bereit werden lässt, Gewohntes und scheinbar Unentbehrliches loszulassen. Jesus erzählte hierzu das Gleichnis vom Kaufmann, der sein ganzes Leben lang Ausschau nach schönen Perlen hält. Als er eines Tages auf eine einmalige, in seinen Augen unendlich kostbare Perle stößt, veräußert er sein ganzes Vermögen, um sie zu erwerben. Sein Besitz hat sich dadurch zwar massiv verkleinert. Aber das Verbliebene ist nun von einer genau auf ihn zugeschnittenen Qualität, was seine lebenslange Sehnsucht weitgehend zu stillen vermag. *Oder* es ist Leiden – am eigenen Leib erfahren oder uns auf aufwühlende Weise vor Augen geführt –, das uns den nötigen Anschub verleiht. Im Kontext des Lebensabends beispielsweise, wenn wir miterleben, wie uns nahestehende Menschen am Prozess des Älterwerdens scheitern. Erleben wir ihre Unfähigkeit, Unvermeidliches zu akzeptieren und ihr unsinniges Festklammern an Verhaltensmustern aus jüngeren Jahren hautnah mit, kann dies uns so weit wachrütteln, dass wir entschlossen sind, es anders zu machen.

Loslassen in allen den genannten Bereichen ist keine einmalige Operation (hier greift die Drachengeschichte zu kurz), sondern eine Lebensaufgabe. Der Lebensabend ist die letzte Gelegenheit dazu. Wenn es erst der Sterbeprozess und der Tod selbst sind, die uns all das, an dem wir noch hängen, entreißen, dürfte dies kein friedvolles Sterben werden. Wir sind Pilger, die unterwegs ihren Rucksack immer wieder füllen. Um dieses bereits verwendete Bild nochmals aufzugreifen: Haben wir unseren Rucksack nicht bei früheren Wegabschnitten wiederholt von Unnötigem befreit, wird er genau dann unerträglich schwer, wenn der letzte, schwierige Wegabschnitt ansteht und uns gleichzeitig die Kräfte schwinden. Loslassen von vielem im Lauf des Lebens ist die beste Vorbereitung auf das Loslassen von allem beim Sterben.

5.2 WO REIFE ZUM VORSCHEIN KOMMT

Bei Kindern und Jugendlichen ist klar, dass sie noch einen langen Entwicklungsweg vor sich haben, und daher wird unreifes Verhalten bei ihnen bis zu einem gewissen Grad erwartet und toleriert. Es gibt auf Englisch einen bildhaften Ausdruck hierfür: „You can't expect old heads on young shoulders." Erwachsene wirken unreif, wenn sie gewisse kindliche Verhaltensweisen oder jugendliche Macken (noch) nicht abgelegt haben, aber auch ihnen wird noch Entwicklungszeit und Entwicklungspotenzial zugestanden.

Im Alter ist dies zumeist anders. Denn hier, im Herbst des Lebens, werden naturgemäß die Früchte des bisherigen Lebens erwartet. Weitere Entwicklungsschritte bedeuten dann eher das Ausreifen einer bereits vorhandenen Frucht, während das Hervorbringen von frischer Frucht noch kurz vor Wintereinbruch doch eine Ausnahme bildet. Und da nun im Alter die Ergebnisse des Reifeprozesses vermehrt zum Vorschein kommen, werden die Unterschiede zwischen einer ausgereiften und einer verkümmerten Frucht (um beim selben Bild zu bleiben) immer augenscheinlicher.

Michaela lässt sich erschöpft auf das Sofa fallen. Martha, die Schwester ihres Vaters, hat sich soeben nach einem nicht enden wollenden Sonntagsbesuch verabschiedet.

„Es sind nicht nur die Vorwürfe, dass ich so wenig Kontakt mehr zu Papa habe. Sie hat ja sowieso keine Ahnung, was das betrifft. Aber was ist es dann? Was macht mich so kaputt in ihrer Gegenwart?"

Obwohl sie die Frage mehr in die Luft als an mich gerichtet hat, versuche ich, der Sache auf den Grund zu gehen. „Mir scheint, sie strahlt so eine permanente Unzufriedenheit aus ..."

„Ja, und dann machst du es dir leicht – verschwindest in dein Arbeitszimmer und überlässt sie mir!"

„Ich hatte ja wirklich zu tun ..."

„Nachdem du den ganzen Vormittag Zeitung gelesen hast."

„Bitte, Michaela, lass deinen Frust jetzt nicht an mir aus."

„Ja, ich bin die Frustrierte und du natürlich ganz cool wie immer. Warum ...?" Sie sackt leicht in sich zusammen. Ich überlege gerade, ob ich mich nun entfernen kann, ohne weitere Kritik zu ernten, als ich sehe, wie sich ihre Züge entspannen. „Weißt du was", sagt sie mit einer wesentlich weicheren Stimme, „Frau Gerlach hat mir heute Morgen wieder über den Gartenzaun ein Glas ihres selbst gemachten Brombeergelees geschenkt. Und sie fragt auch immer so nett, wie es uns und Jana geht. Und wenn ich von Jana erzähle, merkt sie sich das und fragt beim nächsten Mal nach ... Was man von dir nicht unbedingt behaupten kann." Aber sie sagt es ohne Vorwurf in der Stimme. „Und wusstest du, dass sie kaum noch gehen kann? Hat sie mir anvertraut. Etwas mit ihrer Beinmuskulatur ist nicht in Ordnung. Bald wird sie einen Rollstuhl brauchen. Aber sie sagt immer, anderen in ihrem Alter ginge es viel schlechter. Und überhaupt, sie habe alles, was sie für ein gutes Leben brauche."*

Ich nicke und trete näher. „Das ist schön. Und weißt du was? ... Ich bin ihr vor ein paar Wochen auf der Straße begegnet und da ist sie vor mir praktisch eingeknickt. Zum Glück konnte sie einen richtigen Sturz verhindern – mit Hilfe ihres Stocks und meines Arms. Als ich ihr hoch half, sagte sie, ja, früher, da seien die Männer vor ihr in die Knie gegangen. Jetzt sei es leider umgekehrt. Wirklich, die Frau hat so einen Schalk."

Wir schauen einander an und kichern beide los – sie auf ihre und ich auf meine Art.

War uns ab einer gewissen Lebensphase die Wichtigkeit von charakterlicher und geistiger Entwicklung bewusst und haben wir diesbezüglich an uns gearbeitet, so wird sich dieser Prozess im Alter wohl fortsetzen. Wurde hingegen ein Großteil des Lebens eher achtlos oder nachahmerisch gestaltet oder primär auf Egobedürfnisse ausgerichtet (und blieben auch die Meilensteine beim Übertritt ins Seniorenalter als Signale unbeachtet), so lässt sich im höheren Alter nicht bloß ein Entwicklungsstillstand, sondern oft sogar eine Regression beobachten – bis hin zu kindischem Verhalten. Neue Impulse von außen, die früher mindestens stückweise Bewusstseins- und Reifearbeit ausgelöst haben, werden seltener. Umgekehrt verstärkt sich die Unzufriedenheit aufgrund von kaum veränderten, aber nun immer weniger leicht zu befriedigenden Bedürfnissen. Der gefühlte Lebenskreis wird enger und der Fokus verharrt mehr und mehr auf den diversen empfundenen Mängeln. Unter solchen Voraussetzungen bleibt auf dem letzten Streckenabschnitt im Normalfall weniger Bewusstsein und Kraft als je zuvor für eine Entwicklung in Richtung von mehr Weisheit, Güte und Verantwortungsnahme.

Blenden wir aber nochmals zur Entwicklung im rüstigen Erwachsenenalter zurück. Diese verläuft tendenziell in zwei Richtungen: *Entweder* ich verbuche in der Summe Erfolge – egal ob subjektiv so erlebt oder objektiv durch Rang, Reichtum oder Ruhm bestätigt –, durch die sich bei mir leicht ein Gefühl von Stolz und Überlegenheit einnistet. *Oder* ich erlebe das Leben insgesamt als eine Serie von Niederlagen und Demütigungen, die das Selbstwertgefühl tief halten. Natürlich gibt es Zwischenformen, wo sich „Siege" und „Niederlagen" in etwa die Waage halten. Doch auch da erweist es sich als schwierig, den schmalen Mittelweg zwischen Über- und Unterschätzung des eigenen Werts als Person zu finden. Wird dieser Mittelweg nicht entdeckt und begangen, so „erstarrt" eine Persönlichkeit in der letzten Lebensphase meist auf der einen oder anderen Seite. Äußere Merkmale eines erstarrten Stolzes (einer Selbstüberschätzung) können sture Rechthaberei, die konstante Herabwürdigung anderer oder ein Rückzug aus gekränkter Eitelkeit sein. Im fortgeschrittenen Alter wirkt ein solches Gebaren jedoch zunehmend lächerlich oder abstoßend, denn die Fassade, mit der sich der Stolz zu rechtfertigen versucht, lässt sich weit leichter durchschauen als in früheren Jahren – sie ist löchrig geworden. Aber auch die gegenteilige Fassade von Schwäche und Hilflosigkeit (Selbstunterschätzung), die sich beispielsweise in einer Klagehaltung oder einer klammernden Anspruchshaltung (helft mir doch; seht ihr nicht, wie bedürftig ich bin?) ausdrückt, wirkt alles andere als authentisch. Beide – Stolz und Selbsterniedrigung – sind Zeichen, dass altersgemäße Reifeschritte nicht vollzogen worden sind.

Die Haltung, mit der sich der schmale Mittelweg zwischen diesen Polen speziell im Alter am besten finden und begehen lässt, heisst **Demut**. Sie kam bereits als wirksames Gegenmittel zum (letztlich auf Verkennung der Realität gebauten) Stolz zur Sprache; sie ist es aber auch hinsichtlich der (ebenfalls auf Verkennung der Realität gebauten) Selbsterniedrigung. Demut steht zwischen der Inflation des Stolzes (ich rage heraus) und der Deflation des Minderwertigkeitsgefühls (alle anderen überragen mich). Zur Verdeutlichung wollen wir nochmals auf unser Sinnbild des Puzzles zurückgreifen. Neige ich zur *Selbstüberschätzung*, so ragt aus meiner Sicht mein Puzzleteil in seiner Bedeutung über viele oder gar die meisten anderen Teilchen hinaus. Je höher aber das Alter, desto deutlicher wird mir vor Augen gehalten, dass ich letztlich doch nur ein winziges und unbedeutendes Teilchen im großen Puzzle ausmache. Das ist bitter. Um nicht in Dauer-Bitterkeit zu versinken, braucht es allerspätestens an dieser Stelle eine Weichenstellung hin zu einer realistischeren Haltung. Bei der *Selbstunterschätzung* erscheint mir das Puzzleteilchen, das ich darstelle, als überflüssig, ja vielleicht sogar als schädlich (ich bringe ja nur Unglück/ich bin für alle nur eine Belastung). Auch hier ist eine Korrektur nötig.

Eine wahrhaft demütige Person (nicht eine, die sich eine Maske der Bescheidenheit aufsetzt) erkennt klar, dass sie ein winziges Teilchen im riesigen kosmischen Puzzle darstellt. Dies bedrückt sie aber keineswegs, denn sie erkennt genauso klar, dass ohne sie das Gesamtbild unvollständig wäre. Ihr ist klar, dass das Zusammenwirken aller Teilchen, das es für ein kohärentes Gesamtbild braucht, weit jenseits ihres Erkenntnishorizontes liegt. Deshalb maßt sie sich auch nicht an, zu wissen, wie das Leben sein müsste, und verfällt nicht in eine Klagehaltung, wenn es nicht so verläuft, wie sie es sich vorgestellt hat. Andererseits weiß sie, dass sie niemals bedeutungslos ist und ihr immer eine Aufgabe bei diesem Zusammenwirken zukommt. Eine solche über viele Jahre, vielleicht erst nach Irrungen und Wirrungen herangewachsene Klarheit ermöglicht es ihr, erfolgreich den engen Weg zwischen Scylla und Charybdis[163] bzw. zwischen den Gefahren – und Illusionen – von Selbstüberhöhung und Selbstabwertung zu navigieren.

---

163 Zwei Figuren aus Homers Odyssee. Odysseus musste auf seinem Heimweg von Troja durch eine Meerenge fahren. Auf einer Seite befand sich ein Felsen mit einer Höhle, in der ein Monster namens Scylla hauste. Es hatte sechs Häupter auf sechs langen Hälsen, dank denen es sich Matrosen aus vorbeifahrenden Schiffen herauspicken konnte. Auf dem gegenüberliegenden Felsen lebte das Meeresungeheuer Charybdis, welches das Meereswasser jeweils einsaugte und dann wieder ausspie. Dies würde den Untergang des Schiffes und der gesamten Mannschaft bedeuten. So ließ Odysseus das Schiff näher an den Felsen der Scylla heranfahren, die ihm daraufhin sechs seiner besten Männer wegschnappte. Aber Odysseus und der Rest der Crew schafften es durch die Meerenge hindurch. Die Geschichte illustriert nicht nur sinnbildlich die Notwendigkeit, manchmal zwischen zwei Übeln entscheiden und mit Klugheit das kleinere wählen zu müssen. Sie deutet auch an, dass jedes nachhaltige Vorankommen gewisse Opfer aus unserer bisherigen Lebensweise verlangt.

Der wahrheitsnahe Mittelweg tut sich dann auf, wenn ich meinen Wert und meine Würde als Person vom Wesen und nicht vom Ego her zu betrachten vermag. Das Ego baut Rollen für mich auf, in denen ich mich zwecks möglichst großen Eigennutzes der Außenwelt präsentiere. Damit präsentiere ich mich aber anders, als ich es meinem Wesen nach bin. Eine solche Spaltung öffnet nicht nur Leiden, sondern auch Irrwegen und Fehleinschätzungen Tür und Tor. Spiele ich solche Rollen lange genug, täusche ich damit überdies nicht nur andere, sondern zunehmend auch mich selbst. Auf der Zielgeraden zum Tod wird das Fortfahren mit derartigen Maskeraden jedoch stets sinnentleerter. Ich entfremde mich damit nicht nur von mir selbst, sondern vermehrt auch von anderen. Demut hingegen ist ein Bestandteil von Weisheit und kommt aus dem Wesen. Sie befreit uns von der Last, eine Scheinwelt aus Rollen aufrechterhalten zu müssen.

Zu einer solchen realistischen Einschätzung des eigenen Werts und der eigenen Würde – und entsprechend natürlich des Werts und der Würde aller anderen Teilchen des Gesamtbildes – stößt eine Person, wenn überhaupt, zumeist erst dann vor, wenn sie ihre Marginalisierung auf dem Jahrmarkt der Eitelkeiten mit Gelassenheit oder auch mit einer guten Portion Humor und Selbstironie zu akzeptieren gelernt hat. Folgerichtig weitet sich ihr Augenmerk daraufhin stets mehr auf die Schönheit, Buntheit und Vielfalt des gesamten Weltenpuzzles aus (aus dem Wesen heraus spürt sie die Verbundenheit mit diesem), statt in den äußerlichen Verfallserscheinungen des eigenen Stückchens gefangen zu bleiben. Andererseits nimmt sie aber – im Bewusstsein ihrer Einzigartigkeit – bis zuletzt jene Verantwortlichkeiten wahr (und sei es auch nur im Kleinen), die sie als ihren ureigenen Beitrag zum Ganzen erkannt hat.

In keiner Lebensphase sind also die Kontraste in Sachen Reife augenfälliger als im Alter. Nicht nur schälen sich logischerweise die Unterschiede zwischen geringen und großen Reifefortschritten nach einem langen Lebensweg deutlicher heraus als nach den ersten paar Etappen. Wir werden im fortgeschrittenen Alter bezüglich unseres erreichten Reifegrads auch für unsere Mitmenschen „durchsichtiger". Denn die Masken der Rollen, die wir lange spielten, sind wie gesagt über die Jahrzehnte dünngewetzt und löchrig geworden und sind außerdem auf das Seniorenalter nicht zugeschnitten. Neue Masken auf einem alten Gesicht wirken ebenso unangebracht. Nur ein unverstelltes Dasein, ein Sosein, wie es unserem Wesen (und Alter) entspricht, schenkt uns in den eigenen Augen und in den Augen anderer eine Würde. Nur dann fühlen wir uns auch im hohen Alter wohl in unserer Haut. Und nur dann fühlen sich andere Menschen in unserer Gesellschaft entspannt und wohl. Genau dieses Sosein, das unser ureigenes Wesen zum Vorschein bringt, ist die Frucht eines geglückten Reifewegs.

5.3 DIE LETZTEN SCHRITTE

„Werde ich sterben?"

„Ich glaube nicht." Ich sah Jana in die Augen und wandte den Blick nicht mehr ab. Aber ihre Augen schlossen sich wieder.

Die Eindrücke, welche die Nacht hindurch in meinem Kopf, meiner Brust und meinen Eingeweiden herumgeschleudert wurden wie abgerissene Äste und Zweige in einem noch nie dagewesenen Sturm, fanden langsam zu einem sinnvollen Ganzen zusammen. Janas Sturz kopfüber vom Reck im Turnunterricht. Schädel-Hirn-Trauma, Koma. Stundenlange Untersuchungen. Zu früh für Prognosen, hieß es. Ärzte und Krankenschwestern, die erschienen und wieder verschwanden wie in einem Film, bei dem man den Anfang verpasst hat und nun die einzelnen Szenen verständnislos über sich ergehen lässt. Michaela mal aufgelöst, mal versteinert. Seit der verzweifelten Umarmung bei meinem Eintreffen im Krankenzimmer wagte ich es nicht mehr, sie zu berühren. Drei Uhr morgens war es, als ich auf die Uhr schaute, dann irgendwann fünf Uhr.

Schließlich kam der Moment, als Jana die Augen aufschlug. Ich beugte mich zu ihr hin, Michaela stürzte herbei. Janas Blick war verschwommen und auf einen Punkt in weiter Ferne gerichtet. Dann folgte jene Frage über das Sterben. Und danach lag sie wieder regungslos vor uns im Spitalbett.

Unser innerer Verarbeitungskreislauf setzte wieder ein, nun aber mit einem Funken Hoffnung. Ein Arzt klärte uns über mögliche Spätfolgen auf: Konzentrationsschwierigkeiten, Niedergeschlagenheit, Störungen der Feinmotorik … Mehr aufzunehmen, war ich nicht in der Lage.

Und nun bin ich hier an diesem Ort und in diesem Moment, als unser Lebenslicht wieder angeht. Janas Augen haben sich geöffnet und sie schaut von mir zu ihrer Mutter, lächelt schwach und dann fixiert sie mich mit ihrem Blick.

„Ich habe Kopfweh."

„Das wird besser."

„Papa, ich weiß jetzt, was wichtig ist."

Schauen wir nun weiter, und zwar hin zum **Sterben**. Der Fokus liegt im Folgenden vor allem auf das Sterben im Alter sowie die Frage nach einem möglichen Danach. Daneben betrachten wir aber auch Nahtoderfahrungen, denn bei ihnen kommt es ebenfalls zu Phänomenen, die eigentlich Teil eines Sterbeprozesses ausmachen – bloß verläuft dieser nicht bis hin zu seinem üblichen Ende. Schließlich wird die vielleicht schwierigste Frage in diesem Zusammenhang gestellt: die Frage nach dem möglichen Sinn eines frühen Todes.

Es ist demütigend, wenn ich inzwischen so hilflos geworden bin, dass mich jemand füttern oder mir beim Toilettengang helfen muss. Aber wie wir in den vorhergehenden Kapiteln gesehen haben, beginnen die Demütigungen beim Altern meist schon viel früher, nämlich mit dem schleichenden Verlust an Attraktivität, Aktionsradius, Einfluss und gesellschaftlichem Status. Bei einem reifen Alterungsprozess nehme ich zumindest manche der vielen kleinen und großen Demütigungen als Chancen zum Loslassen wahr. Damit ich mit einer neuen Leichtigkeit und einer gewissen Lebensfreude auch in den letzten Jahren im Hier-und-Jetzt präsent bin, anstatt nostalgisch in der Vergangenheit zu verweilen oder – belastet durch das Altsein – schwarzzumalen. Anders formuliert: Es bieten sich neue Chancen zur Befreiung aus der Ego-Dominanz, denn das Ego, in Rückzugsgefechten verstrickt, hat uns immer weniger zu bieten.

Was passiert in den letzten Wochen, Tagen, Stunden, wenn der Tod sich nicht mehr abwenden lässt? *Elisabeth-Kübler Ross* (1926–2004), die bekannte schweizerisch-amerikanische Psychiaterin und Sterbeforscherin, unterscheidet schematisch zunächst einmal fünf Phasen beim Umgang mit dem **Bescheid** eines **nahenden**, **unabwendbaren Todes**. Die Reihenfolge, Dauer und Heftigkeit der einzelnen Phasen können unterschiedlich ausgeprägt sein, die Stadien selbst werden aber von fast allen Menschen in einer solchen Situation erlebt. Eine Ausnahme bildet die Stufe der Akzeptanz, die gemäß Kübler-Ross und anderen erfahrenen Sterbebegleitern und Forschern von längst nicht allen erreicht wird.

Phase 1: Nicht-Wahrhaben-Wollen, Hoffnung auf Irrtum
Phase 2: Zorn, Frage nach dem Warum
Phase 3: Wunsch nach Aufschub, nach Verlängerung der Lebensfrist
Phase 4: Niedergeschlagenheit, Trauer um vergebene Chancen
Phase 5: Akzeptanz

Wie stark und wie lange die einzelnen Reaktionsphasen ausfallen, hängt von vielen Faktoren ab, nicht zuletzt vom erreichten Reifegrad. Besonders beim Mass der Akzeptanz wird dies augenfällig.

„Warum ausgerechnet ich?", ist ein häufiger Aufschrei des Herzens, wenn einem Menschen der Tod unvermittelt angekündigt wird. Seltener ist die umgekehrte Haltung: „Warum *nicht* ich?"

Die Schweizerin *Monika Renz*, Psychologin, Musiktherapeutin und Begleiterin von Hunderten von Sterbenden, erzählt von einem Ehepaar, bei dem es die Ehefrau war, die den unausweichlichen Tod ihres Mannes nicht akzeptieren wollte. Während, so Renz, der Mann eher die Haltung „Warum nicht ich?" vertrat, aber aus Rücksicht zu seiner Frau dies nicht laut sagen wollte oder konnte.[164] Beim Sterben – außer es geschieht in Isolation – ist also das Umfeld stets in den Prozess involviert, und zwar meist intensiv. Oft handelt es sich dabei um Familienmitglieder, aber nicht ausschließlich, wie folgender Fall aus einer Spitalabteilung mit terminalen Patienten zeigt.

„Frau Jürgensen war nicht speziell religiös. Das Geheimnis ihres Wesens schien darin zu liegen, dass sie, ohne sich darüber zu verlieren, sich einfach einordnen und hineingeben konnte in den Fluss des Lebens. [...] Die Anteilnahme, die verströmende Liebe und Wärme dieser Frau waren einzigartig. Nicht nur für ihre Bettnachbarin, für welche sie zur ‚Spitalmutter‘ geworden war, die ganze Station wurde durch Frau Jürgensen bereichert. [...] Mit Treffsicherheit nahm sie wahr, wer von ihren Begleitern und Betreuern innerlich da war oder nicht, wem man ein Geheimnis anvertrauen dürfe und wem nicht, wo Ungeist sei und wo Bekömmlichkeit."[165]

Allgemein wird berichtet, dass die Feinspürigkeit von Sterbenden ungewöhnlich hoch sei. Nur eruieren lässt sich das eher selten, denn die Kommunikationsfähigkeit nimmt rapide ab. Aber das Verhalten in der Sterbephase kann auch ganz anders als im oben geschilderten Fall sein.

„Frau Rudolf macht es mir nicht leicht. Ich könne gerade wieder gehen, sagte sie mir schon bei der ersten Kontaktnahme. [...] Ihr Stimmtonfall ist eisern, ebenso hart und kalt ist die Atmosphäre. Einige wenige Lichtblicke, namentlich erweichende Reaktionen auf Klangreisen, geben mir Mut

---

164 Monika Renz, *Zeugnisse Sterbender*, S. 84.
165 Ebda., S. 103. Alle Namen in den Fallbeispielen sind natürlich aus Vertraulichkeitsgründen geändert.

weiterzumachen. Besuche ihres Sohnes aus erster Ehe lehnt sie strikt ab. Trotz ihrer großen Aufbäumung rückt der Tod immer näher. Wir verabschieden uns endgültig. ‚Hatte mein Bemühen einen Sinn?' fragte ich mich. Ihre Schwester verbringt die letzte Nacht mit ihr. Sie erzählt mir im Nachhinein: Die Sterbende habe stundenlang gezittert, inständig, aber unverständlich geredet. Sie habe den Eindruck gehabt von einem großen Bereinigen: ‚Da geschah Läuterung'!", sagte sie wörtlich. Am Morgen wurde auf Wunsch der Sterbenden der bis zum letzten Tag abgelehnte Sohn gerufen. Sie starb in Ergebenheit und Weichheit, in seiner Gegenwart."[166]

Auch das scheint gemäß verschiedenster Berichte aus erster Hand weit verbreitet zu sein: ein letztes Aufräumen, ein letztes Vergeben, ein letztes Loslassen bevor man „gelöst" genug ist, um gehen zu können.

Was passiert demnach beim **eigentlichen Sterbevorgang**? Manche durchschreiten den Sterbeprozess ohne mitmenschliche Begleitung, andere werden abrupt aus dem Leben gerissen, ohne Vorbereitungszeit – in was für einem inneren Zustand, das weiß niemand. Sind aber Anwesende – Angehörige, Pflegende, Sterbebegleiterinnen – da, berichten sie immer wieder von einem Ablauf, der sich bildlich so schildern lässt: Es gibt vor dem eigentlichen Tor des Todes eine Art Schleier. Kurz bevor man tatsächlich stirbt – also das Tor durchschreitet – kann es sein, dass man auf die andere Seite des Schleiers „gezogen" wird, verbunden mit einer Abkopplung von der hiesigen Umwelt. Die Zurückgebliebenen berichten von Worten – wenn Sprache überhaupt noch möglich ist – wie „schön" oder „Licht". Auch ein plötzliches Entspannen des Gesichts oder sogar ein Strahlen können andeuten, dass sich der oder die Sterbende in einer anderen Sphäre befindet. Oft fällt der Schleier danach wieder. Die Person „kehrt zurück". Die alten Leiden und Reaktionsmuster sind wieder da. Oder auch nicht – es hat dann buchstäblich in letzter Stunde eine geheimnisvolle Wandlung stattgefunden. Dokumentierte Fälle dieser Art gibt es heutzutage genug. Erfahrene Sterbebegleiter können meist die knappen Verlautbarungen, zu denen die Sterbenden noch in der Lage sind, entsprechend interpretieren. Sagt eine Frau wiederholt „Er ist da!", obwohl kein männliches Wesen im Raum ist, so ist klar, dass sie von einem anderen Wahrnehmungsbereich aus spricht. (Unerfahrene Anwesende würden hingegen

---

166 Ebda., S. 105 f.

eher zum Schluss kommen, sie habe nun endgültig den Verstand verloren, um dann überrascht zu sein, wenn die Frau danach wieder etwas ganz Vernünftiges sagt.) Es kann sein, dass Patienten mehrmals hin und her „reisen": hinter den Schleier und dann wieder zurück in ihre verfallende körperliche Hülle und ihre diesseitigen Lebensumstände. Keine zwei Fälle sind jedoch gleich.

Der Schleier wird auch bei **Nahtoderfahrungen** aufgehoben. Die betroffenen Personen erhaschen dabei einen Eindruck von der Wirklichkeit jenseits der Todesschwelle. Aber den allerletzten Schritt – über diese Schwelle hinweg – machen sie noch nicht. Dort aber, wo Berichte vorhanden sind, weisen die geschilderten Erfahrungen über das, was sich „jenseits der Schwelle" bzw. „hinter dem Schleier" bei Nahtod- und Sterbefällen befindet, eine erstaunliche Ähnlichkeit auf. Es wird berichtet von einem warmen, unendlich liebevollen Licht, von nahestehenden Verstorbenen, die einem freudevoll entgegenkommen, von Engeln, von unbeschreiblicher Liebe und unbeschreiblichem Frieden. Die meisten erleben im Schnelldurchlauf das vergangene Leben in einer Atmosphäre des Wohlwollens (keine Verurteilung) und in einer auf dieser Welt unmöglichen Klarheit. Sie erleben auch, dass sie „zurückgeschickt" werden. Das heißt, es gäbe ein Weiterleben, wenn die Schwelle endgültig überschritten wird. Ist das Wunschdenken? Sind das Halluzinationen? Gibt es Material, auf dessen Basis wir uns ein Urteil darüber bilden können? Immer mit der Frage, was plausibel ist, denn wir befinden uns hier wie so oft jenseits des Bereichs von „beweisbar" bzw. „widerlegbar".

Tatsache ist, dass es eine inzwischen unüberschaubar große Zahl von dokumentierten Nahtod- und Sterbeerfahrungen aus allen Kulturen und Erdteilen gibt. Nahtoderfahrungen etwa, bei denen, medizinisch gesehen, hirntote Patienten, die schließlich doch überlebten, über das, was um sie herum vor sich gegangen war, im Nachhinein mit großer Genauigkeit berichten konnten. Dazu gehörten auch Details, die sie von ihrer Warte (meist einem Spitalbett) aus selbst bei klarer Sicht, einwandfreiem Gehör und funktionierendem Verstand eigentlich gar nicht hätten wahrnehmen können. Ergänzt werden diese Erinnerungen durch ihre Schilderungen dessen, was sie in einer Dimension jenseits des sinnlich Wahrnehmbaren erfahren hatten.

Exemplarisch soll hier ein solches Erlebnis geschildert werden; in diesem Fall die Nahtoderfahrung einer Sterbenden. Der Bericht stammt von der bereits erwähnten Elisabeth Kübler-Ross, der weltweit wohl bekanntesten Zeugin und Analystin von Sterbeprozessen. Es geht dabei um ein zwölfjähriges

Mädchen, das kurz vor ihrem krebsbedingten Tod ihrem Vater anvertraute, dass sie an einem so schönen Ort gewesen sei, dass sie gar nicht mehr zurückkehren wollte (der Mutter habe sie dies nicht erzählt, um sie nicht traurig zu machen). Das Mädchen berichtete von einer unbeschreiblichen Lichtfülle und von Liebe und dass ihr Bruder sie ganz zärtlich in die Arme geschlossen hätte. Nur eines, erzählte sie, hätte sie im Nachhinein verwirrt: Sie habe ja gar keinen Bruder. Da schossen dem Vater die Tränen in die Augen. Denn ein Bruder war als Kleinkind vor ihrer Geburt gestorben. Und darüber hatte man ihr gegenüber nie etwas verlauten lassen.[167]

Eckhart Tolle (geb. 1948), ein anderer viel gelesener Autor, bringt das Sterben folgendermaßen auf den Punkt: „Der Tod nimmt alles weg, was du nicht bist."[168] Alles Egohafte, das man nicht losgelassen hat, wird einem jetzt entrissen. Nur das Wesen bleibt.

Aber **bleibt wirklich etwas**? Das ist die Frage aller Fragen. Ist der **Tod** für mich das **Ende** jeglicher Existenz, oder ist er ein **Übergang** in eine andere Dimension (in welcher Form auch immer)? Im fortschreitenden Alter ist die nicht nur gedachte, sondern auch gespürte Haltung in dieser Frage wohl das entscheidendste Kriterium überhaupt, was unser Empfinden angesichts des heranrückenden Todes und was die Gestaltung unserer letzten Lebensphase betrifft. Selbst wenn wir durch körperliche Gebrechen oder fortschreitende Demenz weitgehend unselbstständig geworden sind, so ist es die innere Befindlichkeit, die nicht nur unser eigenes Tun färbt, sondern auch stets weniger gefiltert auf unser Umfeld ausstrahlt.

Für jene, die den **Tod** als **absolutes Ende** ihres Seins verstehen, ist vielleicht eine resignierte Gelassenheit das bestmögliche Szenario.

Für jene, die darauf vertrauen (nicht nur gedanklich dies bejahen), dass der **Tod Übergang, nicht Ende** ist und dass dieser Übergang letztlich in den Händen einer gütigen Macht vor sich geht (also Höllenangst kein Thema ist), lässt sich realistischerweise eine zuversichtliche Gelassenheit angesichts des Todes anpeilen. Die Frage, ob das Fortbestehen zunächst als eine Reihe von Wiedergeburten oder direkt als ein Dasein in einer anderen Dimension angenommen wird, ist vergleichsweise zweitrangig. Sie soll jedoch gegen Ende des Kapitels noch aufgegriffen werden.

---

167 Geschildert in Elisabeth Kübler-Ross, *Über den Tod und das Leben danach*, S. 48 f.
168 Eckhart Tolle, *Jetzt*, S. 57.

Was heißt aber **Ewigkeit** – jenes propagierte Fortdauern, für das der Tod keine Barriere bedeutet? Ein Fortdauern in der Zeit, bei dem aus Jahrzehnten Jahrtausende und Jahrmillionen werden, ohne Ende? Nein, dies wird von keiner ernst zu nehmenden Theologie oder Philosophie behauptet. Einen kleinen Hinweis auf Ewigkeit hingegen bekommen wir jedes Mal, wenn wir den Augenblick intensiv und mit einer reichhaltigen Fülle erleben, die nicht ausschließlich an Objekte oder Geschehnisse gebunden ist. Dies lässt uns spüren und vielleicht auch ahnen, dass **Jetzt** und **Ewigkeit** dasselbe sind. Schließlich befinden wir uns von der ersten bis zur letzten Sekunde unseres Lebens nirgendwo anders als im „Jetzt". Oder ist irgendjemand je aus dem Jetzt herausgefallen? Natürlich verweilen wir gedanklich oft in der Vergangenheit oder einer projizierten Zukunft, aber auch dabei findet der entsprechende Denk-, Erinnerungs- oder Fantasier-Vorgang im Jetzt statt. Hat für irgendjemanden das Jetzt je aufgehört? Im Leben nicht. Und Nahtoderfahrungen weisen darauf hin, dass Bewusstsein sich zwar normalerweise durch den Körper manifestiert, aber nicht an den Körper gebunden ist. Wenn der Körper dahinscheidet, muss also das Bewusstsein – und damit das wahrgenommene Jetzt – nicht unbedingt zusammen mit diesem zu Ende gehen.

Ein weiterer Hinweis darauf, dass mit dem Tod nicht alle Lichter ausgehen, ist die Tatsache, dass es bei *allen* Stämmen und Völkern weltweit – unabhängig voneinander – einen Glauben an eine Weiterexistenz nach dem Tod gab und gibt und dass dieser Glaube einen integralen Teil ihrer jeweiligen Religion und Kultur ausmacht. Dies kommt nicht zuletzt in den Bestattungsritualen zum Ausdruck. Spuren solcher Rituale lassen sich dank archäologischer Funde bis in die frühesten Zeiten der Menschheitsgeschichte zurückverfolgen. Außerdem drückt auch die allen Bestattungs- und Abdankungsritualen innewohnende *Ehrfurcht* vor der Gegenwart eines transzendenten Elementes ein zutiefst innewohnendes Gespür dafür aus, dass da noch etwas ist, dem der Tod nichts anhaben kann. Dies alles lässt sich als Indiz dafür deuten, dass tief in unserem kollektiven Bewusstsein eine Ahnung von einem Fortbestehen nach dem Tod eingepflanzt ist. Wäre ein reines Wunschdenken derart tief verankert und derart universell?

Wie so oft haben wir also Indizien, aber keine Beweise. Wir können uns der Frage lange – sehr lange – entziehen. Aber spätestens mit dem ersten Anklopfen des Todes lässt sie sich nicht mehr aus dem Raum bannen. Und die Antwort, die wir in unserem Innen finden, wird die letzte Phase unseres Daseins in diesem Leben wesentlich mitprägen.

Manche Sterbeberichte schildern, wie wir gesehen haben, ein Loslassen, eine Transformation, ein Reifen im Sinne dieses Buchs praktisch in letzter Minute. Auch Jesus wies immer wieder darauf hin, dass es für einen Wandel nie zu spät sei. Am deutlichsten vielleicht mit dem Gleichnis über den Gutsbesitzer, der am Morgen auf den Marktplatz ging und Arbeiter anheuerte, um an seinem Weinberg zu arbeiten. Jedem versprach er einen Denar Tageslohn. Im Lauf vom Tag kehrte er jedoch mehrmals zurück zum Marktplatz, um weitere Arbeitswillige zu suchen, und er fand sie auch, die letzten gegen Abend. Als es dunkel war, wies er seinen Verwalter an, den Arbeitern ihren Lohn auszuzahlen. Auch diejenigen, die erst in der letzten Stunde hinzugestoßen waren, bekamen wie die übrigen einen Denar. Da murrten diejenigen, die den ganzen Tag gearbeitet hatten. Der Gutsherr wies sie aber zurecht und erinnerte sie daran, dass sie genau das bekommen hatten, was ihnen versprochen worden war (Matthäus 20, 1–14).

Der uralte Körper ist gegen Ende verschrumpelt und unansehnlich. Die betreffende Person ist vielleicht inkontinent und riecht unangenehm. Sprachlich verständigen kann sie sich kaum noch – wenn Blicke und Handzeichen nicht richtig interpretiert werden, ist sie zu keiner Kommunikation mehr fähig. Solche Erbärmlichkeit bei anderen auszuhalten und ihnen mit Zeichen der Zuneigung begegnen zu können, zeugt schon von Reife. Solche Erbärmlichkeit bei sich selbst zu akzeptieren, falls man noch bei Bewusstsein ist, umso mehr. Gelingt es, geschieht dabei ein immenses Sich-Öffnen und ein Loslassen „en gros".

Zudem wird, wie wir gesehen haben, ganz kurz vor dem Tod der Schleier zu einer anderen Dimension dünner und es kann zu tiefgreifenden transformativen Einsichten und Erlebnissen kommen, die für Außenstehende nicht mehr nachvollziehbar sind. So betrachtet kann selbst die allerallerletzte Phase des Lebens für den Reifeprozess wichtig sein. Vielleicht sogar sehr wichtig. Wir Zurückgebliebenen wissen es nicht. Aber diese Fakten und diese Überlegungen sollten bei den Diskussionen um Euthanasie und Sterbehilfe mitberücksichtigt werden.

Der Schluss, der an dieser Stelle gezogen werden muss, ist ein nüchterner:

Entweder ist der Tod das Ende; nicht nur des Körpers, sondern auch all dessen, was wir als Seele und Geist bezeichnen. Dann schöpft in der Tat wohl nur eine Minderheit der Menschen ihr innewohnendes Potenzial auch nur einigermaßen aus, bringen nur wenige wirklich ausgereifte Frucht. Nur eine Minderheit kommt, wie es scheint, auf der Reifeskala wirklich weit voran. Im Gegenteil, manche befinden sich zuletzt augenscheinlich sogar in einem noch stärker vom Ego dominierten Zustand, als dies in jüngeren Jahren der Fall war.

Zukunftsraum für Hoffnung ist für den Einzelnen auf null geschrumpft; Lebensfreude bis zuletzt zu bewahren, ist unter diesen Umständen eine fast übermenschliche Leistung. Vielleicht findet man, von Leiden gebeutelt, Trost beim Gedanken an ein Erlöschen, einen schmerzlosen, traumlosen Schlaf, der niemals endet. Oder man verlegt die Hoffnungen auf die Kinder, die Enkel. Aber auch ihr Leben, wie das der ganzen Menschheit, wird einmal zu Ende gehen. Gibt es jenseits des Erdendaseins nichts, ist jede Hoffnung, auch jeder Sinn, etwas Temporäres.

Oder dieses Leben ist bloß eine Etappe auf dem Weg, der sich nach dem Tod fortsetzt, sei es in der Form von Wiedergeburt, sei es in anderen Dimensionen.[169] Dann lässt sich von einem **lebensübergreifenden Sinn** sprechen. Ein Lernweg hin zu mehr Weisheit und Güte und somit zu mehr Lebensfülle findet über den Tod hinaus seine Fortsetzung. „Lektionen" können wiederholt werden. „Gescheitert" ist somit niemand, höchstens auf eine Schleichspur oder auf Um- oder Abwege geraten. (Aber es liegt nicht an uns, solche Urteile über andere zu fällen. Wir kennen ja auch den Ausgangspunkt zu Beginn ihres Lebens nicht.) Die Perspektive weitet sich aus, Hoffnung braucht nicht zu vergehen und es gibt auch weit weniger Grund, warum wir nicht bis zum letzten Atemzug mit Freude leben sollten.

Gibt es zwischen diesen zwei Polen einen Zwischenbereich? Angstzustände aufgrund von Zweifel trotz tiefem Vertrauen in ein Weiterleben? Ein vages Hoffen gegen alle eingefleischte Skepsis? Wir betrachten hier eine kritische, mit keinem anderen Lebensabschnitt zu vergleichende Phase, bei der nur noch sehr wenig kommuniziert wird oder auch nur indirekt nach außen dringt. In manchen Fällen macht es für Zeugen den Anschein, als würden

---

169 Das Bild des Fegefeuers in der christlichen Glaubenswelt (in den lateinischen Urtexten „Purgatorium" genannt, was auf Deutsch „Ort der Reinigung" bedeutet) ist ein Hinweis darauf, dass ein Fortgang des Reifeprozesses nicht unbedingt an weitere Erdenleben gebunden sein muss. Mit solchen Vorstellungen werden auch Gebete für die Verstorbenen begründet.

im eigentlichen Sterbevorgang auch materialistische und skeptische Lebenseinstellungen zuletzt aufgeweicht. In anderen Fällen gibt es keinen derartigen Hinweis. Wir wissen es also nicht. In Demut angesichts der Grenze des Wissbaren können wir bloß dem eigenen, unentrinnbaren Tod ins Auge schauen – auch schon heute, unabhängig von unserem derzeitigen Alter – und uns innerlich so gut wie möglich auf das Unausweichliche vorbereiten. Das ist schon sehr viel, denn in einer solchen Begegnung, besonders wenn sie ernsthaft und wiederholt durchgeführt und so Angst abgebaut wird, kann wichtige Entwicklungsarbeit geschehen.

Eine letzte, aber wichtige Frage in diesem Zusammenhang soll hier noch erörtert werden, nämlich die Frage nach dem möglichen Sinn eines früh zu Ende gehenden Lebens. Menschen, die als Babys, Kinder, Jugendliche oder junge Erwachsene aus dem Leben scheiden, haben ja kaum oder nur ganz kurz eine Chance, auf einem Reifeweg ihr Potenzial zu entfalten. Außerdem löst ihr Tod im Umfeld zumeist ein größeres, schwieriger zu akzeptierendes und zu bewältigendes Leiden aus als der Hinschied einer alten Person. Die Frage ist deshalb so wichtig, weil sie uns zwingt, die Sichtweise über das Einzelschicksal hinaus auszuweiten, denn anders lässt sich einem frühen Tod kaum Sinn abringen.

Nehmen wir hierzu ein weiteres Bild zu Hilfe, zu dem wir früher schon gegriffen haben: das Bild von uns Menschen als einzelne Zellen in einem alles umfassenden Gesamtorganismus. Nun gibt es bei allen mehrzelligen, mit Organen ausgestatteten Lebewesen Vorgänge, bei denen sich einzelne Zellen „opfern" (also nicht aus Altersgründen absterben) zwecks gesunder Weiterentwicklung des Gesamtkörpers. Dies geschieht beispielsweise bei der Verjüngung von Geweben. In der Fachsprache wird ein solcher „verfrühter" Zellentod „Apoptose" genannt. Sind wir gemäß unserem Weltbild tatsächlich alle Teile eines größeren, lebendigen, vom Tod nicht begrenzten Ganzen, so können wir auch ein Vertrauen in uns tragen, dass selbst ein kurzes Leben im Gesamtkontext nicht weniger sinnvoll ist als ein langes. Auch wenn wir diesen Sinn rational aus unserer erdgebundenen Ein-Leben-Perspektive heraus nicht erfassen können.

Um eine derartige Sinnfrage geht es im folgenden Fallbericht.[170] Es lohnt sich an dieser Stelle, ihn ausführlich darzulegen: *Brian Weiss* (geb. 1944), ein

---

170 Aus Brian Weiss, *Many Lives, Many Masters*, S. 27 ff.

anerkannter und akademisch erfolgreicher amerikanischer Psychiater, verwendete schon früh in seiner Karriere Hypnose, um bei Patienten verdrängte oder sehr frühe Erinnerungen aufsteigen zu lassen, die möglicherweise Erklärungen für aktuelle Symptome liefern können. Eines Tages, zu Beginn der 1980er-Jahre, führte eine solche Hypnose die Patientin unvermutet in ein früheres Leben im alten Ägypten zurück. Weder er noch sie hatten eine solche „Rückführung" beabsichtigt. Weder er noch sie glaubten zu jenem Zeitpunkt an Reinkarnation noch hatten sie sich je damit beschäftigt. Die Frau beschrieb jedoch unter Hypnose Einzelheiten aus dem altägyptischen Alltagsleben, die sich historisch bei einem gewissen Aufwand tatsächlich belegen lassen, von denen aber sie – eine Frau ohne besonderes Interesse an Geschichte und in der Zeit vor dem Internet – kaum etwas hätte wissen können. Sie durchlebte während der „spontanen" Rückführung ihren damaligen Tod, das Ertrinken in einer Flut, mit allen dazugehörenden Emotionen wieder. Sie beschrieb, wie der Tod eine abrupte Befreiung von allen irdischen Belastungen und Ängsten darstellte, wie die Seele nach Verlassen des Körpers noch etwas verweilte und auf diesen sowie das Umfeld zurückblickte, bevor sie sich auf ein unendlich klares und liebevolles Licht zubewegte. Nach dieser Hypnose-Erfahrung war die Frau, wie sich bald herausstellte, von einer ihrer Phobien, nämlich der panischen Angst vor Wasser, dauerhaft befreit.

Weiss beschreibt, wie er trotz dieser Erfahrung und trotz weiterer Heilerfolge nach nunmehr bewusst eingeleiteten Rückführungen als streng wissenschaftlich geschulter Mediziner noch eine Weile brauchte, um seine Zweifel abzulegen. Erst als dieselbe Patientin bei einer späteren Rückführung in einer Phase zwischen zwei früheren Leben verweilte und ihm dabei eine angeblich von einem anwesenden „Meister" übermittelte Botschaft wiedergab, zerbröckelte der Rest seiner Skepsis. Und zwar aus folgendem Grund: Sie sprach von einer hoch entwickelten Seele, die zum Wohl der Menschheit für 23 Tage auf die Erde zurückgekehrt war. Diese Botschaft, mit der die Patientin selber nichts anzufangen wusste, war für Brian Weiss erschütternd. Denn seine Frau und er hatten viele Jahre zuvor ihr erstes Kind nach genau 23 Tagen verloren; etwas, wovon nur sein engster Umkreis Bescheid wusste. Der Junge war mit falsch verbundenen Blutgefäßen in der Herzgegend zur Welt gekommen. Trotz aller chirurgischen Eingriffe konnte das Kind nicht gerettet werden. In jener Phase befand sich Brian Weiss als junger Mediziner am Scheideweg seiner weiteren Karriere: Zur Auswahl stand eine Spezialisierung in innerer Medizin oder in Psychiatrie. Beide Richtungen zogen ihn an. Nach diesem tragischen Ereignis jedoch war seine Wut auf die Welt der Chirurgen derart groß, dass es für ihn nur noch den Weg der Psychiatrie gab. Jahrzehnte später interpretierte er das „Opfer" seines Sohnes – so verstand er die Sache – wie folgt: Sowohl als Chirurg als auch als Psychiater hätte er, Brian Weiss, den Menschen dienen können. Aber rückblickend war es ihm nur als Psychiater möglich, das Wiedererleben von Abschnitten aus früheren Leben als Mittel der Heilung einzusetzen und so im Lauf von seitdem bald 40 Jahren zur nachhaltigen psychischen und physischen Gesundung von Tausenden von Frauen und Männern beizutragen. Indirekt war der Wirkungskreis noch viel größer: Nach drei Jahren des Zögerns aus Angst um seinen Ruf und seine berufliche Zukunft in einem skeptischen Umfeld beschloss er, das Erlebte in einem Buch festzuhalten. Danach folgten weitere Bücher, viele von ihnen Bestseller, sowie Übersetzungen in diverse Sprachen, wodurch Millionen von Menschen auf der ganzen Welt an diesen Erfahrungen teilhaben können und so Anregungen für ihre eigene Einstellung zum Tod und der Frage des Danach bekamen und bekommen.

Über vier Kapitel hinweg sind nun Gedanken zu Altern, Loslassen und Sterben aus der Sicht des Reifeprozesses sowie zu Sinn und zu dem, was nach dem Tod kommen mag, vorgelegt worden. Abschließen möchte ich mit einem Gedicht aus vier Zeilen. Es stammt vom englischen Gelehrten *Terence James Stannus Gray* (1895–1986), veröffentlicht unter dessen Pseudonym *Wei Wu Wei*. In knappster Form klingt hier das Wichtigste nochmals an: die Dinge des Lebens in Ordnung bringen, Abschiednehmen sowie die Notwendigkeit des Loslassens und des Vertrauens beim letzten Schritt auf dem Weg ins Unwissbare:

Packe deine Sachen
Gehe zum Bahnhof ohne sie
Steige in den Zug
Und lasse dich selbst zurück.[171]

---

171 Zit. in Kathleen Dowling Singh, *The Grace in Aging*, S. 229. Im englischen Original heißt es: „Pack your bags, Go to the station without them, Catch the train, And leave your self behind." (deutsch von mir). Das von Gray verwendete Pseudonym *Wei Wu Wei* ist eine Anspielung auf einen zentralen Satz des Daoismus: „wu wei". Er bedeutet „nicht handeln" im Sinn von „nichts erzwingen wollen".

6 DRANBLEIBEN

Die Übung ist leicht, aber es ist schwer, ein Übender zu werden.
(Karlfried Graf Dürckheim, 1896–1988)[172]

Verschieben wir nun den Fokus wieder vom Sterben und Übergang zurück zum Leben und seiner Entfaltung. Eine Entfaltung, die, wenn ihr Raum geboten wird, den Samen zu einem guten Altern und einem guten Sterben in sich birgt. Es wurde schon gesagt, dass wir – falls eine Meditationspraxis zu unserem Leben gehört – im Nebeneinander von Versenkung und Alltag, von achtsamen Momenten und unachtsamem Treiben wie auf zwei verschiedenen Pfaden voranschreiten. Und dass es gilt, aus zwei Pfaden einen einzigen Weg werden zu lassen (siehe Kapitel 2.3). Meditationssitzungen, Gebetseinheiten, Spaziergänge in der Natur oder das Eintauchen in ein bereicherndes Buch sollen keine „Wohlfühlinseln" bleiben. Dies ist der Fall, wenn die positive Wirkung im Alltag rasch verpufft und alte Automatismen sowie Denk- und Handlungsmuster wieder die Oberhand gewinnen. Oder auch, wenn aus der beglückenden Versenkungserfahrung heraus ein automatischer Wandel des Alltags erwartet wird. Die unausweichliche Enttäuschung kann dann die Entschlossenheit zum Weiterüben erodieren. In beiden Szenarien geht im Alltag der innere Abstand zu den Geschehnissen wieder verloren und mit ihm die Klarsicht. Zweifel verdrängen die kurz erlangte Gewissheit.

Es ist für die meisten von uns ein weiter Weg, bis es uns gelingt, nicht nur in Momenten der Ruhe und Hingabe, sondern auch in einem **beliebigen Augenblick in unserem alltäglichen Tun bewusst innezuhalten**, um so Stress und Spannungen wahrnehmen und abbauen zu können. Oder in einem **beliebigen Augenblick unser Tun zu verlangsamen**, um es so aus einer gewissen Distanz beobachten und bewusster steuern zu können. Und doch sind diese beiden Fähigkeit seelisch und körperlich derart heilsam, dass ihre Auswirkungen nicht auf uns beschränkt bleiben, sondern sich auch wohltuend auf unser Umfeld auswirken.

---

172 Karlfried Graf Dürckheim, *Der Alltag als Übung*, S. 120.

Der Rundumnutzen dieser Fähigkeiten ist also (so hoffe ich) einleuchtend und sie zu erwerben verlangt weder ein spezielles Wissen noch ein spezielles Talent. Und doch erweist sich die Arbeit als enorm schwierig – selbst dann, wenn wir ihre Notwendigkeit erkannt haben. Ohne unser bewusstes Eingreifen – immer und immer wieder – werden die sich im Laufe des Lebens herausbildenden Rinnen der Routine immer tiefer. Wir müssen gegen Gewohnheiten angehen, damit diese Rinnen allmählich eingeebnet werden. Erst dann tun sich neue Wegrichtungen nach links oder rechts auf, die von Augenblick zu Augenblick bewusst gewählt werden können. Dies verlangt enorm viel Übung und somit einen immer wieder neu genährten **Willen zum Dranbleiben**. Zu diesem Dranbleiben gehört auch das Wachhalten (oder Wiedererwecken) der eigenen intuitiven Gewissheiten, die wir vielleicht schon seit unserer Kindheit in uns tragen, die aber äußerst leicht durch Außeneinflüsse übertönt oder zugedeckt werden. Denn sie sind wichtige Richtungsweiser.

Macht sich jemand bewusst auf diesen Weg, so geschieht dies zumeist aus einer als stark belastend empfundenen Lebenssituation heraus. Der Druck, etwas zu verändern, ist stärker geworden als die Trägheit oder die Angst vor Veränderung. Nehmen wir nun an, es gelingt mir eine Veränderung (etwa die Befreiung aus einer Sucht). Wie jemand, der aus dem Gefängnis entlassen wird, lege ich die ersten Schritte danach mit Erleichterung zurück. Irgendwann aber zeigen sich neue Einschränkungen – ich merke, dass ich trotz fehlender „Gefängnistore" gar nicht so frei bin, wie es zunächst schien. Irgendwann kommen wieder Ängste auf. Irgendwann stoße ich auf Hindernisse. Irgendwann verliere ich die Orientierung, oder das gesetzte Ziel verblasst und ich stelle den gesamten Weg infrage. Um in solchen Phasen nicht in althergebrachte und bequemere Fahrbahnen zurückzugleiten, braucht es Durchhaltewille, eine kraftspendende Übungspraxis sowie Menschen, die uns direkt oder indirekt auf dem Weg begleiten. Letztere können auch **Vorbilder** sein. Sich mit ihrem Leben zu beschäftigen, hat eine inspirierende Wirkung. Es geht natürlich nicht darum, sie zu imitieren, denn unsere eigenen Lebensumstände, Stärken und Schwächen sind anders. Ein solches Vorbild muss im Übrigen weder prominent sein noch ein spektakuläres Schicksal aufweisen.

Vor Kurzem bin ich auf die Lebensgeschichte von *U Win Han* (geb. 1939) gestoßen, der heute als Rentner in seiner Heimat Myanmar lebt.[173] Sein Va-

---

173 Erzählt in: Welthungerhilfe (Hrsg.), *Es ist möglich. Vorbilder für eine bessere Welt – 27 Porträts*, S. 83–87.

ter arbeitete als Landvermesser in der Armee und wurde von dieser zusammen mit seiner Familie zu Weiterbildungszwecken nach London geschickt. Als heranwachsender Junge hatte Win Han schreckliches Heimweh und fand Trost in einer kleinen buddhistischen Gemeinde. Rückblickend erwähnt er die Ironie der Tatsache, dass er aus einem Land mit tausendjähriger buddhistischer Tradition stammt, aber den Sinn und die Tiefe von Buddhas Lehre erst in einem Land mit nur wenigen Buddhisten kennenlernte. In dieser Gemeinde stieß er auch auf ein Flugblatt mit den Worten „Geh weiter." Dieser Satz, der ihn – in seiner Interpretation – dazu aufforderte, seinen eigenen Weg zu gehen, diente ihm von da an immer wieder als Inspiration. Zurück in Myanmar sollte er in den Fußstapfen seines Vaters in der Armee Karriere machen. Er berichtet, wie er und seine Kameraden am ersten Tag der Grundausbildung vom Feldwebel grundlos angeschrien wurden. Obwohl – oder vielleicht gerade weil – es sich dabei um normale Militärpraxis handelte, nahm er seinen Mut zusammen und schrieb einen Brief an den Lagerkommandanten, in dem er sich beschwerte und um seine Entlassung bat. Die Entlassung wurde ihm natürlich verweigert, im Gegenteil – er wurde in eine Kampfzone abkommandiert, in der die Armee Rebellen der Karen-Minderheit gegenüberstand. Dennoch blieb er „seinem" Weg treu, in der Überzeugung, dass sich Buddhismus und Armeementalität – Anbrüllen und angebrüllt werden, blinder Gehorsam, „Wir gegen die anderen"-Mentalität – nicht vereinbaren ließen. Seine Hartnäckigkeit zahlte sich aus. Es wurde ihm schließlich ein Posten als Lehrer zugewiesen und so konnte er seine Überzeugungen an kommende Generationen weitergeben. Die (gedankliche) Begegnung mit einem solchen Menschen macht mir Mut und lässt Richtungen zum Guten hin auch in meinem Leben aufleuchten.

Initiiert wird jeder Weg mit dem Loslassen von Altem – wie bei U Win Han das Verlassen des Armee-Umfelds, das bereits für seinen Vater „Heimat" war. Dadurch ergibt sich zunächst eine Leere, auch durch den Verlust von einem Beziehungsnetz, die Angst machen kann. Ohne einen solchen „entleerten" Raum gibt es aber keinen Platz für Neues. Steht der Raum bereit, *wird* sich Neues einstellen. Neue Erfahrungen – innere und äußere –, neue Einsichten, neue Freuden und neue Sehnsüchte. Wie in der Drachengeschichte (Kapitel 5.1), in der Reichtümer und eine vielschichtige Panzerhaut durch eine Beziehung ersetzt wurden, kommt auf einem solchen bewussten Reifungsweg (oder Weg der Entfaltung, wenn Sie zur Abwechslung einen anderen Begriff hören möchten) nach dem Loswerden von Altem etwas hinzu, das qualitativ anders, hochwertiger und rundum beglückender ist. Und dies bildet dann den Treibstoff, der uns auch in Phasen der Dunkelheit, des Zweifels und der Widerstände in Fahrt halten kann. Vorausgesetzt, wir sagen immer wieder „ja" zum Weg, auch wenn wir nie wissen, was sich hinter der nächsten Biegung verbirgt.

Ein solcher **Entwicklungsprozess** lässt sich mit einem **Pilgerweg** vergleichen. Manche Wegabschnitte scheinen uninteressant. Rechts und links locken Alternativen und Ablenkungen. In anderen Abschnitten ist das Fortschreiten mühsam – die Gegend ist unwirtlich, das Klima rau. Nochmals andere bergen Risiken. Doch es gibt immer wieder Gasthäuser, in denen wir einkehren können. Wir können uns ausruhen, Kräfte tanken, Vergangenes Revue passieren lassen und über die bevorstehende Wegstrecke sowie das Ziel des Weges nachdenken. Es handelt sich dabei also um eine **Selbst- und Standortbetrachtung.** Worauf ist aber bei einer solchen zu achten? Die bereits im Einführungskapitel verwendeten Bilder sollen uns hier nochmals als Hilfe dienen.

Als *Puzzleteilchen* bin ich im Verband mit anderen Teilchen. Die Verbindungen sind teils selbst gewählt, teils vorgegeben. Das Gesamtbild kann ich zwar niemals sehen – und es ist selber noch am Werden – aber ich kann aus der Informationsflut Relevantes herausfiltern, Beobachtungen machen und auf meine Ahnungen hören. Dabei wäge ich ab, ob die Konstellation, in der ich mich befinde, mir, dem für mich überblickbaren Bildteil sowie dem – nach bestem Wissen und Gespür als stimmig angenommenen – Gesamtbild dient oder ob gewisse Verbindungen gelöst und andere eingegangen werden sollten. Wobei ich über längere Zeit bestehende Gefüge natürlich nicht leichtfertig auseinanderreiße.

Beim dynamischen Bild des kosmischen Tanzes lauten die Fragen: Bewege ich mich als *Tänzerin* oder *Tänzer* im Rhythmus der richtigen Musik? Passe ich meine Schritte zu sehr oder zu wenig denjenigen meiner unmittelbaren Umgebung an? Lasse ich mich durch Fesseln oder Verstrickungen in meiner Bewegungsfreiheit einschränken und tue ich genug, um mich von diesen zu befreien? Versuche ich die *Gesamtchoreographie* zu erahnen, bzw. lausche ich im Innern auf die leisen Hinweise dazu? Erkenne ich hilfreiche *Mittänzer* und *Mittänzerinnen* als solche und schenke ich ihnen Vertrauen?

Und schließlich zum Bild der individuellen *Zelle* im Organismus: Was wächst heran? Habe ich mit meinem Verhalten eine gedeihliche oder schädliche Wirkung auf meinen Zellverband? Und ist dieser für den Gesamtorganismus gutartig oder bösartig?

Kurzum: Das Dranbleiben auf dem Entfaltungspfad beinhaltet auch ein regelmäßiges Anhalten, möglichst in einem geschützten Raum, um vom Kompass Gebrauch zu machen. Andererseits kann ein solches Gasthaus auf dem Weg auch allzu bequem werden. Geht es uns in einer Lebensphase wirklich gut und scheint alles im Lot zu sein, möchten wir verweilen. Die Selbst- und Standortbetrachtung wird zur endlosen Nabelschau. Der weitere Weg scheint überflüssig. Oder wir meinen gar in einem Anflug von Hochmut, wir seien schon am Ziel. Meistens gibt uns das Leben selbst dann den nötigen Anstoß. Die Idylle wird gestört; das scheinbar perfekte Leben bekommt einen Riss.

Klar ist aber auch: Ohne solche Raststätten lässt sich der Weg nicht schaffen. Es sind auch Stätten der Begegnung, wo Reisende Geschichten über Erfahrungen auf dem Weg austauschen und sich gegenseitig ermutigen. Und schließlich sind es Ruheorte, wo die Verbindung zur eigentlichen Quelle des Ansporns erneuert werden kann – jener Quelle, die wir die transzendente, religiöse oder spirituelle Dimension nennen, die wir aber auch ohne Namen wahrnehmen. Auch sie treibt uns weiter und nährt uns gleichzeitig unterwegs.

In der Verbindung mit dieser Dimension findet eine Ausweitung statt. Das bedeutet, dass in uns eine **mystische** und **prophetische** Veranlagung zum Leben erweckt wird, worauf sich dann die **dienende** Seite in uns entfalten kann. Moment mal, werden Sie wahrscheinlich einwenden, was hat *das* nun wieder mit meinem Lebensweg zu tun? Geht das nicht ein bisschen weit? Ich bin ja weder Prophetin noch Mystiker. Und dienen möchte ich auch nicht. Helfen ja, aber nicht dienen. Und doch, nehmen wir den ersten beiden Begriffen ihren rein religiösen Kontext sowie (nur kurz) ihre Grandiosität und dem dritten seinen abwertenden Beigeschmack, so kommen sehr wohl Alltagsbezüge zum Vorschein.

Propheten haben *in der Außenwelt* eine Unstimmigkeit klar erkannt, beispielsweise eine Ungerechtigkeit, und setzen sich nun mit Engagement dafür ein, entsprechende Änderungen zu fordern bzw. an ihnen mitzuwirken. Gleichzeitig sehen sie die Folgen von unverändertem Tun klarer als andere voraus. Sie transzendieren Bequemlichkeit und Konformität. Ein alltägliches Beispiel: Vier Mitarbeiterinnen einer Firma sind versammelt und drei lästern wie schon in den Tagen und Wochen zuvor über eine abwesende Kollegin. Die vierte sagt aus tiefster Überzeugung: „Nein! Das ist nicht fair!" Und dann: „Glaubt mir, es kommt nicht gut, wenn wir nicht zusammenhalten. Ich denke, wir sollten versuchen, sie zu verstehen." Sie macht sich – in diesem Moment zumindest – unbeliebt, dafür ist sie mehr sich selbst und weniger ein angepasstes Produkt ihres Umfeldes. *Mystiker* haben *tief im Innern* Grundsätzliches erfahren, das den Rahmen von Alltagserlebnissen sprengt. Dies stellt ihr normales Leben radikal infrage und drängt sie dazu, dieses Leben – zunächst nicht unbedingt äußerlich, gewiss aber innerlich – in neue Bahnen zu lenken. Es ist die überwältigende Berührung mit jener Quelle, aus der alles stammt und aus der auch alle intuitive Einsicht in das Wesentliche ihren Ursprung hat. So verstanden gibt es keinen ersichtlichen Grund, daran zu zweifeln, dass das Potenzial zu beidem – zu prophetischem Wirken und mystischer Erfahrung – in uns *allen* angelegt ist, wenn auch mit graduell unterschiedlichen Schwerpunkten.

Die gleiche Berührung mit etwas Heiligem und unendlich Größerem kann in uns auch eine beglückende Bescheidenheit erwecken (beglückend deshalb, weil wir uns endlich mit der Realität in Kontakt fühlen). Wir sind dann bereit, diesem Größeren und Heiligen zu *dienen*; vor allem, indem wir unseren Nächsten *helfen*. Und zwar genau in jenen Umständen, in die uns das Leben stellt, und in jenen alltäglichen Situationen, die es aufwirft.

Sind wir mehr nach außen gewandt und zupackend, so ist eher die prophetische Seite gefordert und wird sich eher diese entfalten. Zum „Dienst" können wir dann in einem großen oder kleinen Rahmen berufen sein – je nachdem, was die Gegebenheiten verlangen und wofür unsere Talente und Möglichkeiten uns befähigen. Um nicht zu scheitern, braucht es aber die (mystische) Kraft der inneren Überzeugung und der Hingabe. Hieraus erwächst das prophetische Feuer, das uns machtvoll auftreten lässt, wenn es die Situation verlangt. Andere Menschen spüren dann zumeist, dass dieses „machtvoll" nicht bloß aus einer vom Ego genährten Geltungssucht stammt.

Sind wir mehr nach innen gewandt und sind uns entsprechende innere Erfahrungen zuteilgeworden, so liegt unser Dienst primär darin, die erlebte Verbindung zu dem inneren „Mehr-als-ich" zu kultivieren und sie zum „Durchscheinen" zu bringen, sei es als Eltern, Lehrer, Vorgesetzte, Freunde oder schlicht als Mitmenschen. Dass es sich bei Mystik nicht um eine nur wenigen Menschen vorbehaltene Sondererscheinung handelt, bringt der Benediktinermönch und Autor *David Steindl-Rast* (geb. 1926) in aller Klarheit zum Ausdruck: „Es kann nicht oft genug wiederholt werden, dass jeder Mensch von Natur aus Mystiker ist. Mystiker sind nicht besondere Menschen, sondern jeder Mensch ist ein besonderer Mystiker."[174]

---

174 Zit. in Christa Spannbauer (Hrsg.), *Im Hause der Weisheit*, S. 98.

Um zu einem sinnvollen Leben im Dienst von etwas Größerem und Unvergänglichem heranzuwachsen, braucht es beides – die Ausweitung nach innen und die Ausweitung nach außen. Letztlich handelt es sich dabei um zwei Seiten einer Münze. Prophetische Aktion ohne mystischer Boden (es lassen sich für beides auch andere Begriffe verwenden) führt zu Selbstgerechtigkeit. Mystisches Erleben ohne prophetisches Handeln verkommt zu Schwärmerei. Zusammen aber lockern sie den Würgegriff unserer Egozentrik und führen zu befreiterem Tun, Lassen und Erleben. Für „prophetisches" Wirken und für „mystische" Erfahrung sind wir nie zu jung oder zu alt, zu arm oder zu krank, zu unbedeutend oder zu unbegabt. Worum es hier geht, spielt sich nämlich nicht auf der Ego-Ebene ab, von der solche Vergleichsmuster und Vorbehalte stammen. Fehl am Platz sind auch Gedanken wie: Es lässt sich durch *meinen* kleinen Input sowieso nichts verändern bzw. tiefe Einsichten werden *mir* ja sowieso nicht geschenkt. Solche Gedanken wirken wie Blockaden – womit wir uns eine Nicht-Eignung selbst einreden. Natürlich sollte man nicht ins Gegenteil verfallen und größenwahnsinnigen Fantasien Raum geben. Es gilt, nach außen die eigene (prophetische) Verantwortung zu erkennen und – mit gesundem Menschenverstand – situationsgerecht wahrzunehmen. Es gilt, nach innen immer wieder Stille zu suchen und Langsamkeit zu pflegen, um sich so der (mystischen) Kraft-, Inspirations- und Gewissensquelle zu öffnen.

Aber selbst wenn ich mich dieser Quelle immer wieder öffne. Selbst wenn es mir gelingt, über den eigenen Schatten zu springen und mich einzusetzen und dadurch vielleicht etwas zum Guten hin zu bewegen. Selbst wenn ich Momente tiefer Seligkeit und Verbundenheit erlebe. All dies entgleitet mir wieder. Der „Alltag" hat mich rasch wieder im Griff mit seinen so vertrauten Abläufen und meinen mir so vertrauten Verhaltensweisen. Ich lasse mich ohne wirklichen Widerstand verleiten von der sich über alles andere stülpenden Normalität des „simplen" Alltags – ohne Versenkung, ohne aufwühlende Selbstbetrachtungen, ohne vom Tagesprogramm ablenkende Achtsamkeitsübungen. Und die Fragen tauchen dann wie von selbst auf: Brauche ich all das wirklich? Schließlich ist mein Leben, wie es gerade ist, gar nicht *so* schlimm. Wozu also die Bemühungen? Mir persönlich kommen in solchen Momenten die Worte in den Sinn, die Pater *Hugo Enomiya Lassalle* (1898–1990) – einer der Pioniere der Zen-Meditation im Westen – angeblich seinen Schülerinnen und Schülern mitgab, wenn sie über Mühe bei der

Meditation oder generell über Motivationsschwund klagten. Anstatt ausgiebig auf ihr Klagen einzugehen, pflegte er jeweils mit Wohlwollen und sicherlich auch kraft eigener Erfahrungen zu sagen: „Üben Sie weiter." Dasselbe übrigens auch, wenn jemand ganz begeistert von Fortschritten berichtete: „Üben Sie weiter."

„Dranbleiben" heißt also auch, sich nicht von Erfolgserlebnissen blenden zu lassen. Vor allem aber heißt es, sich nicht von leidvollen – also enttäuschenden, frustrierenden und schmerzvollen – Erfahrungen aus der Bahn werfen zu lassen. Nichts ist leichter gesagt und schwerer umzusetzen.

Leiden verkrampft uns, schnürt uns den Hals zu, schürt Ängste, wirft einen Schatten auf alles und lässt so Freude, Zuversicht und Sinn verblassen. Und doch haben wir wohl alle schon das eine oder andere Mal *im Nachhinein* festgestellt, dass wir aus leidvollen Vorfällen mehr gelernt haben und stärker gereift sind als aus freudvollen Erlebnissen. Trotzdem gibt es diese kleine Stimme, die immer wieder fragt: Wäre dies nicht auch *ohne* leidvolle Erfahrung möglich gewesen? Eine „Was wäre wenn"-Frage lässt sich natürlich nie schlüssig beantworten, aber das Gedankenexperiment mit dem Kind, dem alles Leidvolle aus dem Weg geräumt wird (siehe Kapitel „Entwicklungsauslöser"), zeigt doch, dass die realistische Antwort wohl „nein" lautet.

Wenden wir den Blick an dieser Stelle von eigenem zu fremdem Leiden. Genau wie das eigene Leiden erscheint uns dieses auf den ersten Blick nur sinnlos. Und doch hätten wir Menschen, so hartherzig es auch klingen mag, ohne fremdes Leiden niemals Gelegenheit, **Mitgefühl**, **Solidarität** und **Hilfsbereitschaft** zu lernen. Wie rasch diese latent vorhandenen Qualitäten zum Vorschein kommen können, zeigt sich insbesondere nach Naturkatastrophen wie etwa Erbeben oder Überschwemmungen. Auch inmitten der Corona-Krise gab es aus allen Weltteilen berührende Geschichten von Aktionen der Solidarität, die sich oft auch durch besondere Fantasie auszeichneten. Differenzen und Streitigkeiten des Normalalltags werden abrupt beiseitegelegt im Bemühen, gemeinsam den Leidtragenden zu helfen. Wenn – das große Wenn – danach die Differenzen und Streitigkeiten nicht wieder unvermindert aufflackern, ist dabei Reifung geschehen.

Der Gedanke lässt sich noch ausweiten. Die Gängelung des tibetischen Volkes unter der chinesischen Herrschaft dauert schon über ein halbes Jahrhundert und hat teilweise unsägliches Leiden und Verwüstung mit sich gebracht. Ohne diese Vorgänge, die daraus resultierende Massenflucht von Tibetern nach Indien und anderswohin sowie den weltweiten Fokus auf das

Schicksal dieses Volk wäre es jedoch kaum zu einem solchen globalen Interesse an dessen Kultur und der weltweiten Verbreitung der Weisheit, welche diese zu bieten hat, gekommen. Dabei ist es weit mehr die *praktizierte* Weisheit als die theoretische, die in den Herzen zahlloser Menschen rund um den Erdball Spuren hinterlassen hat. Nicht nur der Dalai Lama, sondern auch viele weniger bekannte Tibeterinnen und Tibeter haben mit ihrer gelassenen, hass- und gewaltlosen (aber nicht passiven) Haltung gerade angesichts des Leidens eine Ausstrahlung erzielt, die stärker wirkt als alle Schriften des tibetischen Buddhismus. Und diese Ausstrahlung hält bis heute an. Vielleicht lässt sich so einem scheinbar sinnlosen Leiden in der Gesamtschau ein Sinn abgewinnen. Manche werden einwenden, dies sei zynisch und respektlos gegenüber den Opfern. Ich sehe das aber nicht so. Denn es geht nicht um Rechtfertigung, sondern darum, im nicht rückgängig zu machenden Leiden trotz allem Spuren von Sinn zu finden. Um ein kleinmaßstäblicheres Beispiel zu nehmen: Wenn jemand einer Frau sagt, er finde die Würde, mit der sie den Verlust ihrer Arbeitsstelle trage, vorbildlich und inspirierend, so schöpft diese Frau höchstwahrscheinlich etwas Trost und Stärkung aus dem Wissen, dass ihr Leiden zumindest geringfügig etwas Gutes bewirken kann.

Ein weiteres Beispiel möchte ich hier anführen, und zwar ein hochaktuelles von globalem Ausmaß: Erst aufgrund der existenziellen Bedrohungen, welche durch die Ausbeutung und Verschmutzung unserer Erde und die Extrembelastung ihrer atmosphärischen „Haut" entstanden sind, wandelt sich die Beziehung eines wachsenden Teils der Erdbevölkerung zur Natur. Wäre es *ohne* die immer offensichtlicher und eklatanter werdenden Folgen von Klimawandel, Umweltvergiftung sowie Verlust an Artenvielfalt zum heute in großem Maßstab stattfindenden Bewusstseinswandel gekommen? Wohl kaum. Überall erleben wir Beispiele, wie Menschen, ja ganze Generationen (die Jugend vor allem), eine neue, intimere und fürsorglichere Beziehung zu ihrer Mitwelt entwickeln. Aber wiegt dies das Leiden der Natur und der davon betroffenen Menschen auf? Wird dieser Bewusstseinswandel hinreichend in die Tat umgesetzt (Stichwort „Übernahme von Verantwortung") oder erweisen sich Gewohnheit, Trägheit und egozentrische Antriebskräfte als stärker? Und kommen die Maßnahmen und die Änderungen im Verhalten einer kritischen Anzahl Menschen noch rechtzeitig oder sind die Schäden an den diversen Ökosystemen bereits irreparabel und irreversibel? Welche Folgekatastrophen erwarten uns und wie heftig und weitverbreitet werden sie ausfallen? Zurzeit kann *das* niemand wissen.

Was ich aufgrund des Leidens der Erde aber *doch* weiß – und vor zehn Jahren noch nicht oder nicht in dieser Deutlichkeit wusste: Die „Biomasse" (Gesamtmenge an Tieren und Pflanzen, ausgenommen Nutztiere) und die Biodiversität sind am Schrumpfen. Die weltweite Rindfleischproduktion benötigt Unmengen von Viehfutter, das anstelle von Nahrungsmitteln für Menschen angebaut wird. Tropenwälder werden (auch dafür) abgeholzt. Grasland verdorrt und wird zu Wüste. Flüsse werden verschmutzt und durch Staudämme verbarrikadiert. Korallenriffe – Grundpfeiler der Meeresökologie – werden durch Übersäuerung und Erwärmung der Meere zu Skeletten. Fischarten werden durch Überfischung dezimiert. Polareis schmilzt und der Meeresspiegel steigt, was die Lebensgrundlage von Milliarden von Menschen in Küstennähe bedroht. Land, Flüsse, Seen und Meere werden durch Materialien, die sich auch in Millionen Jahren nicht natürlich abbauen können – Plastik und Atommüll zum Beispiel – verseucht, was Flora und Fauna gefährdet. Ebenso weiß ich, dass es für alle diese Fehlentwicklungen Gegenmaßnahmen gibt, die wir *jetzt* – und nicht erst nach Eintritt einer Katastrophe – ergreifen können, um den Schaden einzudämmen und der Entwicklung eventuell eine andere Richtung zu verleihen. Bin ich bereit, Mitverantwortung zu übernehmen, dann dient dieses Wissen – ein Lerneffekt aus Leiden also – als Weckruf.

Dennoch wären wir kaum fühlende menschliche Wesen, wenn uns angesichts des allgegenwärtigen Leidens nicht manchmal der Mut und die Hoffnung schwinden würden. Wir können schließlich auf so wenig, was in der Welt an Schlimmem passiert, Einfluss nehmen. Deshalb möchte ich zum Schluss dieses Abschnitts einen kleinen (anderswo bereits angetönten) Kontrapunkt setzen, auf dessen Einsatz ich – über die Gesichtsmuskulatur – sehr wohl Einfluss nehmen kann. Ich ziehe die Mundwinkel hoch. Manchmal sind die Muskel außer Übung oder steif und widerspenstig. Aber ich bleibe dran. Und siehe da, ich lächle. Halte ich am Lächeln fest, beginnt nach einer Weile die Schwermut zu schmelzen. Ich mache weiter. Ich lächle anderen zu und einfach so vor mich hin. Es treffen vermehrt Lächeln aus der Umgebung ein. Die Herzenswärme nimmt zu. Durch sie flackern Mut und Hoffnung erneut auf.

Ist Reife machbar? Die Frage wurde bereits im Kapitel über das individuelle Reifen diskutiert; hier soll sie anhand der Geschichte eines Gärtners und seines Gartens aus der Feder der großen spanischen Mystikerin *Teresa von Avila*

(1515–1582) nochmals aufgegriffen werden. Bei Teresa ging es um Fortschritte beim „inneren Beten" (also bei der Kontemplation), aber die Geschichte lässt sich auch auf den gesamten Reifeweg anwenden. Vier Stufen oder Phasen werden dabei unterschieden. Sie sind nicht ausschließlich chronologisch zu verstehen, denn – wie wir gesehen haben – ist jeder Weg auch durch Umwege, Höhepunkte und Rückfälle gekennzeichnet.

Ein Gärtner braucht Wasser, damit sein Garten (seine Seele und sein Geist) gedeihen kann. Zunächst ist das mit mühsamer Arbeit verbunden, denn er schleppt Eimer um Eimer voll Wasser aus dem Brunnen herbei. Dies ist laut Teresa die Phase des „Einsammelns der Sinne" (Sinneseindrücke, Gedanken, Emotionen, Triebe), um größere Stille heranwachsen zu lassen. Dank seiner Entschlossenheit und Hingabe zum Garten entwickelt der Gärtner nach einer gewissen Zeit ein mit Schöpfgefäßen versehenes Rad am Brunnen, was den Arbeitsaufwand verringert und den Wasserertrag steigert. Das ist Phase zwei – Anstrengung und Ruhe halten sich in etwa die Waage. In der dritten Phase schleppt der Gärtner kein Wasser mehr selbst herbei, denn er hat einen Fluss entdeckt und von diesem einen Kanal zum Garten gegraben. So lässt er das Wasser vom Fluss her zu seinem Garten fließen und seine Eigenleistung besteht nur noch im Verteilen des Wassers. In der vierten Phase schließlich haben sich die Himmel geöffnet und es fällt ausgiebig Regen. Alles ist in diesem Augenblick Geschenk.

Auf Miras Wohnzimmertisch liegt neben ungeöffneter Post ein Blatt mit handgeschriebenem Text. Ich nehme es auf und beginne zu lesen:

Kann ich der Erde noch ins Gesicht schauen
Wo sie mich bestürmt
Und vor meinen Augen blüht und bebt?

„Du schreibst wieder Gedichte!"

„Hände weg!" Mira entreißt mir das Blatt. „Sorry. Das ist noch im Werden."

„Du schreibst wieder Gedichte."

„Ja. Die Blockade ist weg." Sie strahlt, gleich danach wird ihr Ausdruck wieder ernst. „Das war das Schlimmste an der Depression. Nichts floss mehr. Nichts kam mir in den Sinn. Es war schrecklich."

„Wie ist sie eigentlich zu Ende gegangen?"

„Ich weiß es nicht. Vor zwei Wochen etwa wachte ich am Morgen auf, sah durch die Vorhänge die Sonnenstrahlen und freute mich, dass ich wach war. Zum ersten Mal seit fast einem Jahr."

„Und hat das Ganze irgendwelchen Sinn gemacht? Ich meine jetzt, im Nachhinein?"
Mira zögert lange.

„Ich weiß nicht. Es ist wohl noch zu früh. Ich fühle mich jetzt so leicht, aber vielleicht vergeht das wieder ... Jedenfalls danke. Danke. Wegen dir und Jean und auch ein paar Freunden habe ich nicht aufgegeben ... Ich habe nie aufgegeben. Das war wohl mein einziger Beitrag."

„Und weißt du überhaupt, warum diese ... Krankheit?"
Mira schaut weg. Sekunden vergehen. Mich beschleichen Vorwürfe; am liebsten würde ich die Frage zurücknehmen.

„Vielleicht musste es einfach so sein. Vielleicht ... Es gab ein paar Dinge, die ich einfach nicht akzeptieren konnte. Die einfach nicht zur Geschichte meines Lebens passten, so wie ich sie mir zurechtgelegt hatte."

Ich denke an die Sache mit Ian, seinen zwei Kindern und der Band. Wovon ich damals allerdings nur den äußeren Ablauf mitbekommen habe.

Unsere Blicke treffen sich kurz, dann senken wir beide die Augen. Schließlich frage ich: „Und jetzt kannst du diese Dinge akzeptieren?"

„Jetzt sind sie nicht mehr wichtig."

6.1 TAUSEND UNSCHEINBARE TÜRCHEN

Ich sitze im Dösezustand vor meinem Computer. Ich merke, dass ich im Dösezustand vor meinem Computer sitze. Mir wird bewusst, dass ich mich durch vier Links durchgeklickt habe (oder waren es fünf?), ohne dass ich mich an die Inhalte der ersten paar Websites erinnern kann. Ich setze mich aufrecht hin. Atme. Nacken und Schultern entspannen sich und ich lege die Handflächen auf den Tisch aus Holz. Schon nach einer kurzen Weile spüre ich, dass so etwas wie Lebendigkeit durch die Hände und die Arme in den gesamten Körper zurückströmt. Dann überlege ich, ob ich wirklich noch Informationen benötige, oder ob ich Google verlassen soll.

Ein Busfahrer schließt die Türen und möchte abfahren. Er sieht einen jungen Mann mit langen Haaren auf die Haltestelle zu rennen. Zu spät, denkt er, und fährt los. Momente später bereut er es. Wird wütend. Warum lasse ich mich so unter Druck setzen? Von diesen Chefs, die Pünktlichkeit über alles verlangen? Er beschließt, das nächste Mal großzügiger zu sein.

Ich binde mir die Schuhe. Das heißt, ich möchte sie binden. In meiner Hast verknoten sich die Schnürsenkel. Ich fluche, versuche den Knoten zu lösen, trotz vielem Zupfen und Zerren ohne Erfolg. Dann kommt mir in den Sinn, dass ich es nicht eilig habe. Ich seufze, fluche nochmals, diesmal aber ohne Ärger. Okay, probieren wir es nochmals in aller Ruhe.

Im Orchester gärt es. Die neue Cellistin wird als arrogant empfunden, einer der Oboisten übt offensichtlich zu wenig und spielt öfters falsch und die Bevormundung durch den Gastdirigenten geht vielen gegen den Strich. Da schlägt eine junge Geigerin vor, man könnte doch mal als Flashmob auf dem Marktplatz auftreten. Den Älteren wird wohlwollend erklärt, was genau ein Flashmob sei. In der Folge kommt rasch Begeisterung auf und auch die neue Cellistin wirkt emsig mit beim Planen des Auftritts – ob er mit oder ohne Dirigenten stattfinden soll, wer wann den Platz betritt und, natürlich, mit welchem Stück man wohl am meisten Freude hervorrufen könnte.

Ich blicke auf den neulich renovierten Brunnen mitten in der Fußgängerzone. Es ist heiß. Zwei kleine Kinder in Unterhosen planschen darin herum, ihre Mütter fassen sich lachend an den Händen beim Versuch, dem hochspritzenden Wasser auszuweichen. Auf der anderen Seite füllt eine ältere Dame eine Flasche mit dem aus einem Löwenkopf-Speier hervorsprudelnden Wasser. Und plötzlich überkommt mich eine Freude, eine Dankbarkeit, dass es diesen Brunnen gibt. Dass hier keine Autos fahren und so all dies möglich wird. Dass es genügend Wasser für alle gibt, hier bei uns. Dass es Wasser gibt.

Eine Frau wohnt seit der Trennung von ihrem Mann allein mit ihrem Teenager-Sohn in einer Blockwohnung. Über ihnen lebt ein alleinstehender, griesgrämiger Mann, der seit seiner Pensionierung außer zum Einkaufen mit seinem alten Volvo kaum noch das Haus verlässt. Beim Blick aus dem Küchenfenster eines Abends stellt die Frau fest, dass die Schneeschicht auf seinem unter einer Straßenlaterne geparkten Auto seit über einer Woche unangetastet geblieben ist. Was könnte wohl los sein mit ihm, denkt sie nochmals kurz vor dem Einschlafen. Na ja, geht mich ja nichts an. Am nächsten Morgen läutet sie an seiner Wohnungstüre. Er öffnet im Schlafrock, offensichtlich kränklich und geschwächt. Über die nächsten Tage wechseln sich Mutter und Sohn mit Einkäufen und Besuchen ab. Das ist das erste Mal seit Langem, schießt es ihr eine Woche später beim Hochsteigen der Wohnhaustreppe durch den Kopf, dass Silvio und ich etwas Gemeinsames planen und durchführen.

Ein 17-jähriger Schüler schaut sich routinemäßig die Posts seiner Klassenkameraden an, dann überprüft er die Reaktionen auf die eigenen. Fast keine. Ein Gefühl der Isolierung überkommt ihn. Nicht zum ersten Mal. Die Hausaufgaben liegen ungemacht auf dem Bett. Wozu das Ganze? Da kommt ihm ein Artikel in den Sinn über Jugendliche in England, die aus Frust sowie dem Verlangen nach mehr Real-Time-Begegnungen aus den sozialen Mediennetzwerken ausgestiegen sind. Radikal. Mit einem Gemisch aus Scheiß-auf-alles-Stimmung und dem Wunsch, zu ganz neuen Ufern aufzubrechen, steht er auf, nimmt sein Smartphone und löscht sein Facebook- und sein Instagram-Account. Einfach so. Einen Moment lang kommt er sich als mutiger Abenteurer vor; dann überrollt ihn ein Wechselbad der Gefühle – mal Erleichterung, wie wenn er gerade einen tonnenschweren Rucksack abgeworfen hätte, mal ein klammes Unbehagen angesichts der Leere, die sich vor ihm auftut.

Im Supermarkt bin ich auf dem Weg zur Kasse, als mir einfällt, dass wir noch Zahnpasta brauchen. Unter den vielen Marken finde ich nach ein paar Minuten die unsrige. In einer Kartonverpackung. War das bisher auch so oder ist das neu? Ich bin mir nicht mehr sicher. Ich gehe zum Filialleiter, den ich flüchtig kenne, und frage ihn. Er zuckt mit den Achseln und sagt, ihm seien da die Hände gebunden. Die Dinge müssten so aufs Regal, wie sie geliefert würden. Aber ich könne ja eine E-Mail an die Zahnpastafirma schreiben. Erklären, dass ich die zusätzliche Verpackung überflüssig fände.

„Okay, mach ich", sage ich.

Natürlich mache ich es nicht. Zu Hause angekommen, gibt es vielerlei anderes, das mich in Beschlag nimmt. Ein paar Wochen später, als ich abends beim Zähneputzen sehe, dass erneut eine Tube fast leer ist, kommt mir die ganze Sache wieder in den Sinn. Ja, ich sollte wirklich schreiben, denke ich.

Als ihre einzige Tochter damals mit Partner und den zwei halbwüchsigen Söhnen nach Kanada auswanderte, brach für Eva eine Welt zusammen. Nicht einmal der Tod ihres Mannes – sein dritter Herzinfarkt war einer zu viel gewesen – hatte sie derart erschüttert. Inzwischen waren die Enkel erwachsen und einer hatte selbst eine Tochter bekommen – Evas Urenkelin. Dann eine zweite. Mehrere Jahre schon wartete Eva sehnsüchtig auf einen Besuch, der mehrmals angekündigt wurde, sich aber immer wieder verzögerte. Schließlich war es so weit – über Weihnachten kamen der Enkel, seine Frau und die zwei Mädchen, inzwischen fünf- und dreijährig, zu Besuch. Selbstverständlich wohnten sie bei ihr, genügend Platz in ihrem Haus hatte sie ja. Es ging hoch zu und her und Eva merkte, dass sie nicht mehr die Jüngste war. Dann noch der Zwischenfall mit dem Küchenmesser – die eine Urenkelin musste notfallmäßig ins Krankenhaus und die Eltern stritten sich lauthals, danach herrschte eisige Stille zwischen ihnen. Nach deren Abreise erlebte Eva etwas Unerwartetes: Sie genoss plötzlich die Ruhe und den Frieden in ihrem Zuhause. Und sie freute sich auf das Treffen mit ihrer verbliebenen Freundin. Es gab viel zu erzählen.

Seine neue Verantwortung als Gruppenchef stellte Mirko vor noch nie dagewesene Herausforderungen – ihn, der bisher nach eigener Ansicht locker und leicht durchs Leben gesegelt war. Um den mentalen Druck etwas abzubauen, zwang er sich, nicht mehr nur gelegentlich, sondern regelmäßig dreimal die Woche von zu Hause aus den Hügel hinauf bis zum Aussichtspunkt und wieder runter zu joggen. Eines Abends erschienen ihm die Rotschattierungen am Himmel hinter den dünnen Schleierwolken ungewöhnlich schön. Mirko machte auf der Bank am Aussichtspunkt halt und saß zehn Minuten lang reglos da. Die ewig kreisenden Gedanken waren kaum noch vernehmbar. Erholt wie schon lange nicht mehr, trabte er danach den Hügel hinunter. Als er am nächsten Tag einem Kollegen davon erzählte, meinte dieser, das sei wohl eine Meditationserfahrung gewesen. Mirko machte das stutzig – in seinen Augen war Meditation etwas für Weicheier, die dem richtigen Leben auszuweichen versuchten.

Kleinere oder größere **Wendungen** oder **Anstöße**, die zu einem **Perspektivenwechsel** führen, sind jederzeit möglich. Planen lassen sie sich nicht; wir können höchstens eine Haltung der Wachheit kultivieren. Dann fallen solche Impulse sozusagen auf einen aufgelockerten und empfangsbereiten Boden, aus dem Früchte hervorgehen können. Solche Vorbereitungsarbeit ist notwendig, denn nicht jeder Anstoß führt automatisch in eine heilsame und wohltuende Richtung. Anstöße können ignoriert werden, oder – im Falle von Widerwertigkeiten bzw. leidvollen Erfahrungen – auch die Ursache für Verhärtung, Ressentiments oder Verzweiflung sein. Dann nämlich, wenn sich in der Folge der Fokus verengt statt erweitert, und nur noch auf die eigenen Verletzungen, Bedürfnisse und Nöte gerichtet bleibt.

Türchen öffnen sich auch bei **kleinen meditativen Alltagsübungen** (siehe Kapitel 2.3.3). Solche Übungen sind zumeist wenig spannend und natürlich repetitiv. Was ja auch für die Gartenarbeit, für die Vorbereitung des Bodens gilt, um beim vorhergehenden Vergleich zu bleiben. Bloß wird bei meditativen Übungen auf einer anderen Ebene, nämlich derjenigen der Seele und des Geistes, gejätet, zurückgeschnitten, bewässert und gepflanzt. Wenn man dann aber sieht, was alles aufblüht, und die Früchte kosten kann, erscheint die Mühe im Rückblick keine Mühe gewesen zu sein.

Es gibt keine Tageszeit oder Alltagssituation, die sich nicht zum Üben eignet. Hier ein paar weitere exemplarische Möglichkeiten:

- Am Morgen beim Waschen oder Duschen achte ich auf das Gefühl des Wassers auf meinem Körper.
- Beim Frühstück (wie auch bei den anderen Mahlzeiten) nehme ich den Geschmack der verschiedenen Nahrungsmittel bewusst wahr. Und denke an die Natur, der ich dieses Essen und damit auch meine Weiterexistenz verdanke.
- Beim Anziehen der Jacke verlangsame ich bewusst die Handbewegungen.
- Gerade der traurig dreinblickenden alten Frau nicke und lächle ich beim Vorübergehen zu (in dörflicher und kleinstädtischer Umgebung ist es sogar möglich, „guten Tag" zu sagen).
- Beim Stau auf dem Weg zur Arbeit ärgere ich mich *nicht* über die anderen Autofahrer, da ich ja selber einer von ihnen bin und damit zum Stau beitrage.
- Bei der Arbeit lasse ich mich durch eine unfreundliche Bemerkung nicht zu einer noch unfreundlicheren Replik hinreißen.
- Inmitten von hektischem Tun richte ich den Körper auf und warte, bis aus einem stoßartigen und stockenden ein ruhiger und fließender Atem geworden ist.
- Auf dem Weg nach Hause bleibe ich im Freien stehen und lasse einen Baum oder eine Blumenvielfalt auf mich wirken.

- Falls ein Familienmitglied abends etwas von seinem oder ihrem Tag erzählt, frage ich nach. Als Zeichen des aufmerksamen Zuhörens, aber auch, weil ich sie oder ihn so ein klein bisschen besser kennenlerne.
- Wenn ich allein bin, öffne ich mich innerlich der umfassenden Wirklichkeit, der ich schon – vermittelt durch die Blumen oder den Baum – begegnet bin. In der Stille gelingt dies am einfachsten.

Diese Liste können Sie ohne Mühe dem eigenen Tagesablauf und den eigenen Gepflogenheiten anpassen. Gewiss finden Sie auch andere Türchen. Nun kommt vielleicht die Frage: Türchen wohin? Da Sie möglicherweise das Wort „Reife" schon nicht mehr hören können, antworte ich: zu einem **Leben in größerer Fülle**. Probieren Sie es aus.

Schlagartige Wandlungen von Saulus zu Paulus oder – wie bei Francesco aus Assisi – von einem Jüngling mit ausschweifendem Lebenswandel zu einem Heiligen, dessen Licht durch die Jahrhunderte strahlt, werden immer die Ausnahme bilden. Aber wenn Menschen in genügend großer Anzahl einen kleinen Schritt vollziehen und sich gegenseitig austauschen, herausfordern und ermutigen …

(Achtung, Utopie)
Pierre-Antoine hat Grund zur Freude. Er ist soeben zum Chef der Forschungs- und Entwicklungsabteilung eines bedeutenden französischen Rüstungsunternehmens ernannt worden. In seinem Geist spielen sich Szenen ab, in denen er in seiner Umgebung mit einer Spur mehr Ehrfurcht begrüßt wird. Und die Lohnerhöhung ist natürlich auch nicht zu verachten. Ich werde Francine ihren Wunsch nach einem Pool im Garten erfüllen, denkt er mit einem Schmunzeln. Am Abend feiert er seine Beförderung mit einer Clique alter Kumpels.

Die Freude wird rasch gedämpft. Schon zwei Tage später erzählt ihm Francine, wie sie in der Bäckerei auf die beiläufige Erwähnung seiner Beförderung hin statt Gratulationen nur Vorwürfe zu hören bekommen habe. Wie kann jemand, so hieß es, für die Waffenindustrie arbeiten und erst noch stolz darauf sein?

Überraschend kommt das für Pierre-Antoine nicht. Schon seit Jahren erhält seine Forschungsabteilung nur noch Bewerbungen von drittklassigen Studienabgängern. Und dann jene Aktion vor einigen Monaten: Eine Gruppe Schüler blockierte das Einfahrtstor zum Hauptgebäude einer englischen

Rüstungsfirma. Spontan schloss sich ein Tanzensemble ihnen an und brachte den Protest in einer spektakulären Choreographie zum Ausdruck. Natürlich wurde das gefilmt und ging via YouTube und soziale Medien um die Welt. Die Reaktionen waren eindrücklich. Unter dem Hashtag #No-Arms (mit unzähligen Ganzkörperbildern, bei denen die Arme wegretuschiert waren) kam es in zahlreichen Ländern zu Protestveranstaltungen gegen die Produktion von Waffen, Munition, Kampfjets und Kriegsschiffen, was den Medien immer wieder Futter für Schlagzeilen lieferte. Nicht nur in Washington, sondern auch in London, Berlin und sogar Moskau gingen Zehntausende mit Parolen gegen die Rüstungsindustrie und den Rüstungsexport auf die Straße. In China wurde ein Blog, der die Verherrlichung des Militärs anprangerte, millionenfach gelesen, bevor er von einer Zensurbehörde gelöscht wurde. Meldungen von neuen Protestaktivitäten tauchen fast wöchentlich auf.

Aber es ist die Traurigkeit in Francines Stimme, die bei Pierre-Antoine den Ausschlag gibt. Drei Tage später reicht er seine Kündigung ein.

6.2 STILLE

Und jetzt werde ich ruhig sein und die Stille das Wahre von den Lügen trennen lassen, wie der Weizen von der Spreu getrennt wird beim Dreschen.
(Dschalaluddin Rumi)[175]

Außerhalb der eigenen vier Wände bzw. im Zusammensein mit anderen verbringen wir viel Zeit, in der wir in einer Geräuschkulisse – Brummen, Surren, Dröhnen, Quietschen, Geraschel, Klappern, Klirren, Knallen, Wort- oder Musikfetzen, Stimmengewirr und vieles mehr – eingehüllt sind. Hinzu kommen die visuellen Reize – Menschen, Objekte, Naturerscheinungen, geschriebene Wortfolgen in Druck- oder Pixelform –, wobei der Blick oft ruhelos vom einen zum anderen schweift. Hört das zumindest dann auf, wenn wir allein zu Hause sind? Eher selten. Denn vielfach erschaffen wir uns mittels Radio, Fernseher, Computer oder Smartphone nahtlos eine weitere

---

175 Zit. in Robert Sardello, *Silence*, S. 34 (deutsch von mir).

Geräuschkulisse bzw. eine Quelle für weiteren visuellen Input. Ist das nicht eigenartig?

Die Antwort auf das Rätsel finden wir beim Ego, jenem bedürftigen und selbstbezogenen Ich. Es benötigt, wie schon gesagt, Drama. Es benötigt Anregung von außen so dringend wie eine Schnittblume Wasser. Die Nahrung des Egos besteht aus den über Augen, Ohren, Nase, Haut oder Gaumen empfangenen Reizen sowie den dazugehörenden Vorstellungen und emotionalen Wallungen. Gehen diese zur Neige – und das tun sie in einer Stille ohne Input von außen –, erlebt das Ego so etwas wie Todesangst.

Zum Glück täuscht sich das Ego. Denn das, was unser Wesen ausmacht, ist nicht wie eine von der Natur abgetrennte, kurz aufblühende, verwelkende und dann für immer vergangene Schnittblume. Unsere Verbindung zum „Sein", dem dauerhaft nährenden Boden, bleibt auch dann bestehen, wenn wir diese Verbindung vergessen haben oder nicht mehr wahrnehmen, und insbesondere auch dann, wenn es eine Weile lang um unsere Sinne herum still wird.

Beim Alltag in einer Kloster- oder Retraitegemeinschaft ist das Verhältnis von Lärm zu Stille im Vergleich zur Normalgesellschaft umgekehrt. Hier lebt man eingebettet in Stille. Sogar das Singen in einer solchen Gemeinschaft steht der Stille näher als dem Gerede. Schweigen ist die Regel, Reden die Ausnahme, auch bei der täglichen Arbeit. Kommunikations- und Unterhaltungsmittel kommen nur in höchst beschränktem Maß zum Einsatz.

Solche Umstände bilden eine entscheidende Voraussetzung für den Zugang zu den tieferen Schichten unseres Wesens. Es ist wie bei einem See: Wenn wir in die Tiefe schauen wollen, muss das Wasser an der Oberfläche ruhig werden. Nehmen wir an, dieser See ist trüb aufgrund von Verschmutzung. Beruhigt sich die Oberfläche, dann kommen zunächst die Verunreinigungen deutlicher ins Blickfeld. Sie lassen sich identifizieren und voneinander unterscheiden – etwa in Verunreinigungen, die von selbst vergehen und solche, die es nicht tun. Je mehr der See danach artgerecht gereinigt wird, desto klarer eröffnet sich der Blick in die Tiefe – vielleicht sogar bis hin zum Grund. All dies steht auch sinnbildlich für die Vorgänge in einer Meditation. Dort rückt in unserem Innern zunächst manch geistiger und seelischer Unrat ins Blickfeld der Aufmerksamkeit, nachdem wir die Ablenkungen von außen abgestellt und uns die Zeit genommen haben, die es braucht, bis sich die auf Gedankenketten und emotionale Regungen folgenden Wellen gelegt haben. Wie bei einem Gewässer lassen sich erkannte Belastungen verarbeiten bzw. reinigen. So gesehen ist es nicht verwunderlich, dass die Praxis der Meditation nahezu ausschließlich in einem klösterlichen oder ähnlich abgeschiedenen Umfeld herangewachsen ist. Kurz gesagt, in einem Umfeld der Stille. Dazu passt ein mönchisches Motto: „Sprich nur, wenn deine Worte besser sind als Stille." In einer solchen Beschaulichkeit – wenig Druck, wenig Aufregung, wenig Ablenkung – vereinfacht sich das Leben. Wir können Rollen ablegen und authentischer werden. Wir können zu dem finden, was in uns veranlagt ist.

Das klingt idyllisch. Zu idyllisch. Denn wäre es so simpel, müssten ja Klöster und andere Orte des Rückzugs einen ungebremsten Zulauf verzeichnen. Was offensichtlich nicht der Fall ist. Das heißt, wir müssen das Phänomen der Stille, den Weg zur Stille und auch ihr Gegenteil genauer unter die Lupe nehmen.

Als das Gegenteil von Stille möchte ich den Begriff „**Lärm**" verwenden. Gleichzeitig soll seine Bedeutung ausgeweitet werden: Er steht hier nicht nur für störend empfundene Geräusche, sondern umfasst auch alles, **was die körperliche, seelische und geistige Unruhe hochhält**. Dazu zählen Phänomene wie die omnipräsente Werbung, die verhindert, dass der Bedürfnis- und damit der Unzufriedenheitspegel sinkt; eine Medienwelt, die auf Negativnachrichten, Sensationen und Skandalen gebaut ist und so eine Dauerempörung oder eine Dauerverängstigung schürt, sowie eine Vielzahl geistiger Fertigprodukte, zu denen wir keinen kreativen bzw. gedanklichen Beitrag leisten müssen, die aber jegliche Ruhe verscheuchen. Dazu gehören Fernsehshows, YouTube-Clips, Videospiele und andere Formen von Unterhaltung, die den Verstand und das Herz abstumpfen. Auch das Vollstopfen des Hirns mit Schnellschuss-Meinungen und Vorurteilen oder die manchmal hämmernden Gedanken, die besagen, dass wir nicht genügen, so wie wir sind, oder dass wir Besseres verdient hätten, sind Teilstücke von solch allgegenwärtigem Lärm. Mit dem Wirbel an Eindrücken, Vorstellungen und Gedanken gehen die entsprechend aufgepeitschten Emotionen einher. Ein so verstandener Lärm hat unter anderem folgende Auswirkungen:

- Er lenkt uns vom gefühlten Innewohnen im Körper ab und mindert somit das Körperbewusstsein.
- Er schwächt unseren Fokus auf den gegenwärtigen Augenblick, indem er die Aufmerksamkeit in viele Richtungen zerstreut oder sie einlullt.
- Er nimmt uns durch zahllose Banalitäten den Blick für das Wesentliche.

Stille hat die gegenteilige Wirkung. Vorausgesetzt allerdings, es handelt sich dabei um mehr als nur die Abwesenheit von äußerem Lärm. Ehepartner oder Bürokollegen können sich z. B. in eisiger Stille einen Raum teilen, aber in ihrem Inneren brodelt es. Auch ganz allein für uns können wir so etwas durchmachen – außen Stille, innen Sturm. Wie der Lärm weist also auch die hier gemeinte Stille weitere Merkmale auf: Sie ist ruhig und friedlich und wärmt das Herz. Eine solche Stille muss nicht unbedingt geräuschfrei sein. Am deutlichsten erleben wir das beim Verweilen in der Natur, wo etwa Vogelgesang im Hintergrund dazugehören kann. (Nicht mehr um Stille handelt es sich dann, wenn das Singen zu einem Erkundungsgegenstand wird.)

Eine so verstandene, friedliche und herzerwärmende Stille hat unter anderem folgende Auswirkungen:

- Sie lässt unser Körperbewusstsein wieder erstarken, da die Sogwirkung von Außenreizen gering ist.
- Sie fördert die innere Sammlung, sodass wir uns besser auf das Hier und Jetzt konzentrieren können – ohne hastiges Hin und Her wie bei der zersplitterten Aufmerksamkeit.
- Sie entkrampft uns, sodass wir Gedankenballast leichter loslassen und heftige Emotionen abklingen lassen können.
- Sie lässt die Sicht auf das Wesentliche wieder klarer und die Verbindung dazu spürbarer werden.
- Sie bildet – durch all dies – einen Freiraum und einen Nährboden für Kreativität und Entfaltung.

Lärm zehrt an den Seelenkräften oder lähmt sie. Stille hingegen lässt die Seele Kraft und Lebendigkeit schöpfen. Auf zwei Arten, so denke ich, können wir ins Reich der Stille gelangen:

Bei der einen handelt es sich um ein **bewusstes Bemühen**. Dazu gehört das Meiden von geisttötenden Zerstreuungen – jenen oben beschriebenen Formen von Lärm. Das verlangt aber ein Erkennen und Bändigen des Egos – ein einschneidendes Unterfangen und deshalb der erste Grund, warum Orte der Ruhe und des Rückzugs keinen Massenansturm erleben. Vor allem aber gehört dazu das bewusste Durchschreiten der **Zwischenzone** zwischen einer ruhelosen Betriebsamkeit und der Sammlung in Stille. Es ist jene Zone, in der die **Stille als angstmachende und schwer auszuhaltende Leere** empfunden wird. Wo wir am liebsten nach jeder noch so trivialen Ablenkung greifen würden wie ein Ertrinkender nach einem Strohhalm. Wo plötzlich, wie oben beschrieben, der Unrat, der sich in uns angestaut hat – das Schmerzliche, Schambeladene und Schuldhafte – die Aufmerksamkeit auf sich zieht. Dies ist der zweite Grund, warum ein aktives Bemühen um Stille (noch) nicht zur gesellschaftlichen Norm geworden ist. „Stille ist nichts für Feiglinge", stellt der Jesuit, Zenmeister und Buchautor *Niklaus Brantschen* (geb. 1937) fest.[176]

Insbesondere in der Meditation aber üben wir diese Wende nach innen mangels Anregung von außen so oft, bis wir irgendwann einmal merken, dass es nichts im Innern gibt, das uns umbringen kann. Irgendwann macht die Stille keine Angst mehr – sie wird vielmehr zur stets kostbareren und unentbehrlicheren Freundin. Noch später – dies ist das Ziel – wird diese Freundschaft derart innig, dass auch äußerer Lärm und Rummel uns und die Stille nicht mehr voneinander trennen können.

Manchmal ist kein Bemühen vonnöten. Bei der zweiten Art, in die Stille zu gelangen, handelt es sich um ein reines **Geschenk**. Ich öffne beispielsweise früh an einem Sonntagmorgen, wenn die Welt um mich herum noch schlummert, schlaftrunken das Fenster und es tut sich völlig unerwartet eine Wunderwelt auf: durch Wolkenschleier schimmernde purpurrote und rosarote Streifen am Himmel vor einem goldenen Horizont; Luft und Vogelstimmen, wie wenn das Leben eben erst begonnen hätte; tiefster Frieden, der sich allmählich auf mich überträgt.

Nehme ich das Geschenk bewusst als solches an, folgen Ehrfurcht und Dankbarkeit wie von selbst. Die beglückende Macht der Stille breitet sich in mir aus. Später schwächt sich das Gefühl ab, aber etwas davon bleibt wie ein Keimling in meinem Innern zurück. Ob er gedeiht, hängt davon ab, ob und wie ich die Verbindung aufrechterhalte.

Ist andererseits das Geschenkbewusstsein zu wenig stark ausgebildet, kann das Ego seine ihm entgleitende Macht rasch zurückholen: indem es mich etwa zum Smartphone greifen und Fotos jener Farbenpracht schießen lässt, um später mit den Bildern zu prahlen.

---

176 Zit. auf der Website zur Ausstellung „Sound of Silence" im Museum für Kommunikation in Bern, November 2018 bis Juli 2019, https://www.mfk.ch/ausstellungen/sounds-of-silence/.

Stille ist ein bisschen wie Fasten. Sie entschlackt und reinigt. Sie verlangsamt die überhitzte Aktivität und macht uns entspannter. In einem solchen Zustand findet **Heilung** statt. Besonders im Bereich der psychosomatischen Erkrankungen, bei denen sich, medizinisch gesehen, keine klaren Ursachen finden lassen. Stille in ihrer Grenzenlosigkeit wirkt ohne Symptombekämpfung, ohne Zufuhr von Mitteln. Sie wirkt wie ein wohltuend warmer, sanfter Strom, der den ganzen Körper bis in die äußersten und verborgensten Winkel durchflutet. Die gleiche unbegrenzte Kraft, die alles ohne unser Zutun erschafft und erhält (etwa indem sie dafür sorgt, dass zwischen 50 Milliarden und 70 Milliarden Zellen, die täglich in unserem Körper absterben, ersetzt werden), macht auch das, was versehrt oder gebrochen ist, wieder ganz. Natürlich müssen wir daran mitwirken – so wie wir an der Richtung unserer gesamten Entwicklung mitwirken müssen. Dort, wo Medikamente oder ärztliche Eingriffe wirklich nötig sind, wird die Kraft der Stille allein diese nicht ersetzen können; genauso, wie sie unsere körperlichen Fitnessübungen nicht überflüssig macht.

Aus einer inneren Stille heraus lässt sich **gut zuhören**. Dies wiederum ist *die* Basis für jeden geglückten zwischenmenschlichen Austausch – und auch ein klares Zeichen von Reife. Sind wir von Lärm umhüllt und durchdrungen, ist wirkliches Zuhören fast unmöglich. Eine innere Stille verringert den Drang, zu unterbrechen und mit der eigenen Meinung oder dem eigenen Wissen zu punkten. Sie entleert uns und macht uns empfangsbereit. Sie führt zu einer Demut, die uns sagt, dass wir aus *jedem* Gespräch etwas lernen können – selbst wenn wir unser Gegenüber schon vierzig Jahre lang kennen. Sie erhöht unsere Sensibilität und ermöglicht uns so, auch etwas von dem, was sich hinter den Worten verbirgt, zu hören. Dank dem Fehlen von inneren Störgeräuschen verfeinert sich auch unsere Selbstwahrnehmung, sodass wir eigene Vorurteile, Wertungen und Meinungen, die im Lauf eines Gesprächs unwillkürlich auftauchen, erkennen und beiseitelegen können. Um dann mit weniger Selbstbezug und mehr Aufmerksamkeit und Empathie zuhören zu können. Zum Ausdruck kommt dies in unserer Körperhaltung, unserem Gesichtsausdruck sowie im Tonfall unserer unterstützenden Bemerkungen und Zwischenfragen. Unsere Gesprächspartner werden nicht nur diese Signale wahrnehmen, sondern auch die Stille, aus der sie stammen und die sie umgibt, zumindest spüren. Und sie werden sie schätzen.

Einen Schritt weiter als ein in Ruhe gebetteter Austausch in Worten geht eine in einer Atmosphäre von Wachheit und Wohlwollen **geteilte Stille**.

Mehrmals habe ich an Retraites teilgenommen, bei denen die allermeiste Zeit im Schweigen verbracht wird. Insbesondere während der gemeinsamen Malzeiten ergibt sich dabei eine Intimität, durch die ein starkes Gespür für das Wesen und die Einzigartigkeit der anderen Teilnehmenden aufkommen kann. Der Kopf erhält wenig Futter für Kategorisierungen und Urteile. Und das Konkurrenzverhalten, das bei gesprochenem Austausch fast unweigerlich ins Spiel kommt, fällt fast gänzlich weg.

Die Stille wartet auf uns. Sie ist stets bereit, in unser Herz und Bewusstsein einzutreten und uns von dort aus ganz zu durchfluten. Wir können sie in der Natur, allein oder in schweigender Gesellschaft empfangen. Die Königs-disziplin, um empfänglicher zu werden, ist aber die Meditation. Denn sie ist gezielt darauf ausgerichtet, uns durch das Abbauen von Lärm und Wider-stand mit der Stille vertraut zu machen. Allmählich öffnen sich Weiten und es wird klar, dass es verschiedene Schichten von Stille gibt. Auf dem Weg in die Weite und Tiefe schrumpft das Ego. Eine von gedanklichen Ich-Be-zügen unterbrochene Stille geht allmählich über in eine andächtige Stille. Und dann noch weiter. Hören wir zum Abschluss ein weiteres Mal auf den großen Sufi-Mystiker und Dichter Rumi: „Sitz ruhig und lausche auf eine Stimme, die sagt: Sei noch stiller."[177]

6.3 DIE WELT BRAUCHT REIFE MENSCHEN

Der Bewusstseinswandel ist heute unterwegs. [...] Kommt er schnell genug und tief genug?
(Carl Friedrich von Weizsäcker, 1912–2007, Physiker und Philosoph)[178]

Mit etwas Stille im Herzen, so hoffe ich, schauen wir jetzt auf einen konkre-ten Fall von vollzogenem Wandel; einem Reiferwerden, das mit typischen Kennzeichen wie gewachsener Ehrfurcht und mehr innerer Zufriedenheit ein-hergeht. Zu Beginn seiner Laufbahn als Förster wusste *Peter Wohlleben* (geb.

---

177 Zit. in Robert Sardello, *Silence*, S. 2 (deutsch von mir).
178 Carl Friedrich von Weizsäcker, *Bewusstseinswandel*, S. 17

1964) nach eigenen Angaben etwa so viel über das Innenleben von Bäumen wie ein Metzger über das Gefühlsleben von Tieren.[179] Im Vordergrund stand das Bewirtschaften des Waldes mit dem Ziel, möglichst viel und gutes Nutzholz zu gewinnen. Es folgte ein allmählicher Gesinnungswandel und daraufhin ein langjähriger Einsatz für ökologisch nachhaltige Forstwirtschaft, die sich – wie er in seinem Revier beweisen konnte – auch ökonomisch auszahlen kann. Dazu zählt ein Verzicht auf Kahlschläge und Monokulturen und eine Rückkehr zu „Urwäldern", also zu Wäldern, die von Menschen nicht mitgestaltet werden. Dieser Philosophiewandel basiert auf der Erkenntnis, dass das Zusammenspiel zwischen den Bäumen untereinander sowie zwischen Bäumen und Moosen, Pilzen, Waldsäugetieren, Kleintieren, Insekten und Bakterien aller Art so komplex ist, dass wir Menschen es erst ansatzweise zu begreifen beginnen. Die „Intelligenz" des Ökosystems Wald ist diesbezüglich der unsrigen baumhoch überlegen. Einfacher formuliert: Ein Wald weiß besser als wir, was ihm guttut. Wir sollten ihn deshalb machen lassen, ohne uns einzumischen, auch wenn das Entwicklungstempo eher in Jahrzehnten oder sogar Jahrhunderten als in Jahren gemessen werden muss.

Seine Erfahrungen und Einsichten vermittelt Peter Wohlleben nun in Waldführungen, Fernsehauftritten und vielverkauften Büchern. Auch wenn nicht jede darin enthaltene Einzelheit wissenschaftlich erwiesen sein mag, tragen seine Werke und Vorträge dazu bei, das Bewusstsein einer breiten Öffentlichkeit für Bäume und Wälder zu erhöhen und die Verbundenheit mit ihnen zu stärken. Interessanterweise war die Liebe zur Natur, die Wohlleben zu diesem Beruf geführt hatte, bei seiner Tätigkeit als „klassischer" Förster in den Hintergrund geraten. Erst als er sich von der primär wirtschaftlich diktierten Herangehensweise verabschiedet hatte, erfasste ihn diese Liebe wieder und prägte fortan seine Aktivitäten. So gesehen beinhaltet Reifen nicht nur ein Wirken nach außen, sondern auch ein Zurückfinden zu sich selbst.

In einer Demokratie profilieren sich Kandidaten für ein politisches Amt in der Regel dadurch, dass sie Versprechen abgeben, die nicht einzuhalten sind, und dass sie ihre Rivalen schlechtmachen. Die USA leben es in einer extremen Art vor, andere Länder ziehen nach: Der politische Wettkampf wird zu einer medialen Schlacht hochstilisiert, in der mit härtesten Bandagen gekämpft wird und Zeichen von Respekt gegenüber dem politischen

---

179 Gemäß Peter Wohlleben, *Das geheime Leben der Bäume*, S. 14.

Gegner so selten sind, dass sie sich eigentlich als Profilierungsmerkmal eigenen würden. Als Folge stellen sich Menschen, denen dieses Auswahlprozedere zuwider ist, schon gar nicht für eine Wahl zur Verfügung. Vielfach wären aber gerade Personen, die einerseits Führungsqualitäten aufweisen, andererseits aber nicht bereit sind, bildlich über Leichen zu gehen, und denen Kooperation lieber ist als Konkurrenzkampf, für ein Regierungsamt geeigneter als die allermeisten der aktuellen Riege von Politikerinnen und Politiker. Kurz gesagt: Menschen, die es so stark zur Macht treibt, dass sie bereit sind, ethische Werte hintanzustellen, sollten keine Macht übertragen bekommen.

Weise Herrscher und andere reife politische Führungsfiguren auf höchster Ebene waren und sind selten. Aber es gab und gibt sie doch. Fünf Beispiele (eines davon ein Vater-Sohn-Paar, bei dem beide aus einem ähnlichen Geist heraus regierten), zeitlich aus der fernen Vergangenheit bis zu unseren Tagen, geografisch aus Asien, Europa, Afrika und Südamerika, sollen dies im Folgenden belegen.

Ashoka (304–232 v. Chr., Herrscher aus der Maurya-Dynastie in Indien 268–232 v. Chr.)
Die Mauryas übernahmen das Zepter in Indien nach dem frühen Tod von Alexander dem Großen, als dessen Reich so rasch zerfiel, wie es errichtet worden war.

Zu Beginn seiner Herrschaft war Ashoka vor allem damit beschäftigt, sein Königreich durch Eroberungen zu erweitern, bis er praktisch den gesamten indischen Subkontinent mit Ausnahme Südindiens unter seiner Gewalt hatte. Das Elend jedoch, das insbesondere sein letzter Feldzug zur Unterwerfung Kalingas (des heutigen Orissas) mit sich brachte, löste bei Ashoka eine persönliche Krise aus, die ihn seine ganze bisherige Lebenshaltung infrage stellen ließ. Bezeugt ist dies in einer von ihm selber verfassten Felsinschrift. Ashoka konvertierte zum Buddhismus und verzichtete in der Folge auf weitere Eroberungen. Er förderte friedliche Beziehungen zu den Nachbarreichen, propagierte religiöse Toleranz und nahm sich gezielt sozialer Probleme an. Seine Untertanen ermahnte er, auf Gewaltanwendung zu verzichten. In diesem Sinn wurden auch Tieropfer verboten, was die brahmanische Priesterkaste gegen ihn aufbrachte. Er selbst lebte als Vegetarier den Fleischverzicht vor. Die Verwaltung unterstellte er der staatlichen Kontrolle, anstatt sie lokalen Potentaten zu überlassen, was zu weniger steuerlicher Willkür führte. Als praktische Beiträge zum Allgemeinwohl förderte er die gerechte Verteilung von Landbesitz, errichtete Schulen und Krankenhäuser (auch Tierspitäler) und ließ entlang der Handelsrouten Brunnen ausheben sowie Obstbäume und weitere schattenspendende Bäume anpflanzen. Außerdem ließ er die Prinzipien seiner auf den Lehren des Buddhismus beruhenden Politik im ganzen Land verbreiten („publiziert" mittels sogenannter Säulen-Edikte). Ashoka blieb aber auch als überzeugter Buddhist Realpolitiker. Während er im ganzen Reich seine Reue über die Gräueltaten bei der Eroberung Kalingas kundtat, wurde den von dort Verschleppten trotzdem nie die Rückkehr erlaubt, um den Zusammenschluss von potenziellen Gegnern zu verhindern.

Sein Vermächtnis – neben seinem ethischen und staatspolitischen Gedankengut und der nie erloschenen Erinnerung an ihn als weisen und gerechten König – liegt vor allem in der nachhaltigen Förderung des Buddhismus. Nicht zuletzt dank den von Ashoka ausgesandten Propagierungsmissionen breitete er sich in den umliegenden Ländern aus und wurde in Ost- und Südostasien zu einem der prägendsten kulturellen Faktoren überhaupt.

Marcus Aurelius (121–180, römischer Kaiser 161–180)
In die Geschichte ging Marcus Aurelius als Philosophenkaiser ein. Sein vor allem von den Stoikern beeinflusstes philosophisches Vermächtnis, die *Selbstbetrachtungen*, verfasste er zum Teil in Feldlagern, denn er musste wiederholt das Reich vor Bedrohungen von außen verteidigen – im Osten gegen die Parther und im Norden gegen die Germanen – und er war sich nicht zu schade, bei seinen Truppen auszuharren. Auch innenpolitisch war er gefordert. So galt es unter anderem, die Folgen einer Tiber-Überschwemmung in Rom sowie einer von Soldaten eingeschleppten Pestepidemie zu bewältigen. Wiederholt setzte er sich für Benachteiligte in der römischen Gesellschaft ein, vor allem für Frauen und Sklaven. Auch eine faire Rechtsprechung lag ihm offensichtlich am Herzen und er konnte bei Fällen, in denen er selbst das Urteil zu fällen hatte, tagelang an den Details arbeiten.

Was ihn besonders auszeichnet, ist die Tatsache, dass er seine philosophischen Überzeugungen nicht als Theorie beließ, sondern erklärterweise darum bemüht war, sie im Alltag auch zu leben. Der Satz „Ringe danach, dass du so bleibst, wie dich die Philosophie haben wollte." (Selbstbetrachtungen, VI, 30, 3) richtete er wohl an sich selbst genauso wie an die Außenwelt. Und ganz sicher an sich selbst gerichtet war die Warnung: „Hüte dich, dass du nicht verkaiserst." (VI, 30, 1).

Auf die Frage, wie man an Götter glauben und sie verehren könne, ohne sie je gesehen zu haben, antwortet er unter anderem: „Ich habe ja auch meine eigene Seele nicht gesehen und doch ehre ich sie. So nun auch mit den Göttern: Aus den Wirkungen ihrer Macht, die ich im Einzelnen erfahre, schließe ich, dass sie existieren, und verehre sie." (XII, 28, 1–2).[180] Solche Worte zeugen von einem verinnerlichten Glauben, auch wenn über dessen Inhalt kaum etwas überliefert ist. Bekannt ist nur, dass er wohl aus staatspolitischen Gründen an den überlieferten römischen Ritualen festhielt.

Das Urteil über seine Herrschaft fiel nach seinem Tod gemäß vorhandenen Quellen fast durchwegs positiv aus. Der zeitgenössische römische Senator und Historiker Cassius Dio zum Beispiel meinte schlicht, Marcus Aurelius habe besser geherrscht als irgendjemand sonst in einer vergleichbaren Machtstellung.[181]

Vater und Sohn
Jigme Dorji Wangchuck (1929–1972, König von Bhutan 1952–1972)
Als Jigme Dorji Wangchuck 1952 in Bhutan den Thron bestieg, gab es in seinem bitterarmen Land ohne Rohstoffe und mit einem rauen Hochgebirgsklima kaum Schulen (die wenigen Menschen, die lesen und schreiben konnten, hatten dies in einem buddhistischen Kloster gelernt), kaum Spitäler und kaum Straßen. Unter seiner Herrschaft wurden über 100 Schulen, ein Dutzend Spitäler und ein fast 1000 Kilometer langes Straßennetz errichtet. Zu Beginn mit absoluter Macht ausgestattet (was für eine Versuchung!), baute er diese selbst

---

180 Alle drei Zitate aus Marc Aurel, *Selbstbetrachtungen*.

181 Zit. in https://de.wikipedia.org/wiki/Mark_Aurel#Nachhaltige_Verehrung_und_Vereinnahmung_in_der_Antike. Wie sehr Marcus Aurelius mit seiner ethisch hochstehenden Haltung gegen die Gewohnheiten seiner Untertanen anzugehen hatte, zeigt folgendes Beispiel aus den Berichten von Cassius Dio: „In der Tat freute sich Marcus [Aurelius] so wenig am Blutvergießen, dass er selbst den Gladiatoren in Rom nur zuzuschauen pflegte, wenn sie gleich Athleten ohne Gefahr für Leib und Leben miteinander kämpften; denn niemals gab er einem von ihnen ein scharfes Eisen in die Hände, sie fochten vielmehr alle mit stumpfen, gewissermaßen mit Knöpfen versehenen Rapieren. Und so wenig wollte er von Mord jeglicher Art wissen, dass er auf Verlangen des Volkes zwar einen im Fraß von Menschenfleisch unterwiesenen Löwen hereinführen hieß, doch weder einen Blick auf das Tier richtete noch seinem Dresseur – ungeachtet der beharrlichen Forderung der Zuschauer – die Freiheit schenkte." (Zit. in http://www-gewi.uni-graz.at/spectatores/entry?id=614&action=detail).

sukzessive ab, indem er den Übergang zu einer parlamentarischen Demokratie einleitete. Zunächst wurde eine Nationalversammlung, bestehend aus 10 Regierungsvertretern, 10 Klostervertretern und 110 Volksvertretern, eingeführt – und so überhaupt erst das Heranwachsen eines politischen Bewusstseins in der Bevölkerung in Gang gesetzt. Außerdem wurde ein unabhängiger Justizapparat errichtet. In einem weiteren Schritt verzichtete er auf das ihm zustehende Vetorecht bei der Gesetzgebung. Das jahrhundertealte Feudalsystem samt Leibeigenschaft wurde eingeschränkt und nach und nach abgeschafft. Bei all dem war er äußerst bemüht, den inneren Frieden im Land zu wahren, indem er Interessensvertreter konsultierte und die durchaus umstrittenen Reformen in seinem traditionsverhafteten Land in kleinen Schritten durchführte. Selber ein praktizierender Buddhist, tat er auch viel zur Bewahrung der einheimischen Kultur, etwa durch die Gründung eines Nationalmuseums, einer Nationalbibliothek sowie Institutionen für Musik, Tanz, Malerei und Skulptur. Außenpolitisch beendete er die Isolation Bhutans durch die Aufnahme von friedensichernden diplomatischen Beziehungen mit den Nachbarländern sowie den Beitritt zu den Vereinten Nationen. Unermüdlich im Einsatz für sein Land (ein Kammerdiener ließ einmal verlauten, dass der König niemals schlafe) starb Jigme Dorji Wangchuck 44-jährig an einem Herzversagen.

Jigme Singye Wangchuck (geb. 1955, König von Bhutan 1972–2006)
Nach dem Tod seines Vaters übernahm Jigme Singye Wangchuck den Thron und führte die Reformbewegung fort. Auch er schränkte damit bewusst die eigene Macht ein (etwa, indem er dem Parlament die Befugnis zugestand, ihn gegebenenfalls durch eine Misstrauensabstimmung abzusetzen; etwas, das sein Vater vergeblich (!) einzuführen versucht hatte) und gab im Jahr 2006 freiwillig den Thron zugunsten seines Sohnes auf. Außerdem war er es, der das Konzept des Bruttosozialglücks (Gross National Happiness) als ganzheitliche Ergänzung zur rein wirtschaftlichen Messgröße des Bruttosozialprodukts (heute abgelöst durch das Bruttoinlandprodukt) propagierte.

Nichts und niemand ist perfekt. Weder Vater noch Sohn gelang es zum Beispiel, den schwelenden und immer wieder aufflackernden Konflikt mit der nepalesischen Minderheit im Land zu lösen. Dennoch sind die freiwillige Einschränkung der Macht bis hin zum Machtverzicht ebenso wie der klare und andauernde Fokus auf das Wohl des Volkes und der Umwelt, die Öffnung zur Welt hin sowie das Bemühen, spirituelle Werte auch in der politischen Dimension umzusetzen, beispielhaft.

Nelson Mandela (1918–2013, Präsident von Südafrika 1994–1999)
Keiner der hier aufgeführten Herrscher und Politiker braucht wohl weniger
Einführung als Nelson Mandela. Deshalb sollen ein paar stichwortartige Eck-
daten genügen: Sohn eines Häuptlings, Studium der Rechtswissenschaften,
einer der Anführer des ANC im bewaffneten Kampf gegen das Apartheid-
Regime, Verurteilung zu lebenslanger Haft, 27 Jahre lang Gefangener auf
Robben Island und anderswo, Freilassung, Abschwören von Gewalt, zwischen 1990 und 1994 Verhandlungen mit den verschiedensten Interessens-
gruppen sowohl auf Seiten der Schwarzen als auch der Weißen, die Geduld,
Fingerspitzengefühl und Kompromissbereitschaft erforderten, Verhandlungs-
durchbruch und Ende der Apartheid 1994, Sieg bei der Präsidentschaftswahl
1994, Verzicht auf eine zweite Amtsperiode 1999. Zu seinen Hauptaufgaben im Präsidentenamt zählte Mandela die Aufarbeitung staatlicher Vergehen während der Apartheid und die nationale Versöhnung, die er vor allem
mittels der „Truth and Reconciliation Commission" vorantrieb. Andere hätten vielleicht ein Tribunal als Form der Abrechnung mit den Unterdrückern
gewählt. Mandela erklärte seine Haltung unter anderem folgendermaßen:
„Mutige Menschen haben keine Angst davor, dem Frieden zuliebe zu vergeben."[182] Im Lauf vieler Gespräche mit seinem langjährigen Journalisten-
freund Rick Stengel sprach er gelegentlich auch über seine Führungsprinzi-
pien. Zu diesen zählten:[183]

* *Ein Vorbild sein und Zuversicht ausstrahlen.* Stengel war 1994 mit Mandela und seinen Wahlkampfhelfern in einem Kleinflugzeug unterwegs, als
  eine der Propellerturbinen ausfiel. Einige der Mitreisenden gerieten in
  Panik, während Mandela scheinbar ungerührt seine Zeitung weiterlas.
  Nach der geglückten Notlandung fragte Stengel nach. „Mann", erklärte Mandela, „ich hatte Todesangst." Die gleiche scheinbare Furchtlosigkeit hatte schon im Gefängnis auf Robben Island viele seiner Mitinsas-
  sen inspiriert. Mandela war kein begnadeter Redner. Sein Markenzeichen
  während des gesamten Wahlkampfes und danach war sein strahlendes,

---

182 Martin Meredith, *Mandela: A Biography*, S. 523–524. Im Original: „Courageous
people do not fear forgiving for the sake of peace."
183 Gemäß Rick Stengel, *Mandela: His 8 Lessons of Leadership*, TIME Magazine, 21.
Juli 2008, S. 25–28.

inklusiv wirkendes und Zuversicht ausstrahlendes Lächeln. Nicht nur auf Plakaten, sondern auch bei Veranstaltungen aller Art.

- *Zwischendurch in den Hintergrund treten und zuhören.* Diese Haltung ließ insbesondere bei Verhandlungen Mitglieder seines Führungskreises und auch der Gegenparteien zur Geltung kommen, was Loyalität bei den einen und Respekt bei den anderen hervorrief.
- *Mit Gegnern Kontakt pflegen.* Mandela lernte im Gefängnis Afrikaans, die Sprache der „Unterdrücker", um ein vertrauensvolles Verhältnis mit den Wärtern aufzubauen. Und er beschäftigte sich mit dem Lieblingssport der weißen Südafrikaner – Rugby –, um auch dadurch manchem Gespräch die Spannungen zu nehmen.
- *Klarstellen, dass es nicht nur schwarz oder weiß, richtig oder falsch gibt.* Aus dieser Haltung heraus sprach er gerne von Südafrika als „Regenbogen-Nation". Eine Haltung, die ihn als Gegenpol zu Populisten dastehen lässt.
- *Wissen, wann nachgeben,* und *wissen, wann abtreten.* Was er ebenfalls vorlebte.

José Mujica (geb. 1935, Präsident von Uruguay 2010–2015)
In jungen Jahren war José Mujica Blumenzüchter und Landwirt. Wegen seiner Tätigkeit in der Guerillabewegung Tupamaros – nach eigenen Aussagen befinden sich in seinem Bauch noch neun Kugeln aus jener Zeit – verbrachte er unter der Militärherrschaft insgesamt 14 Jahre im Gefängnis, überwiegend in Einzelhaft. Er wurde regelmäßig gefoltert, aß Seife und verlor seine Zähne. Zweimal konnte er fliehen. Erst nach der Wiederherstellung der Demokratie 1985 wurde Mujica zusammen mit anderen Tupamaros aus dem Gefängnis entlassen, und die Tupamaros mutierten zu einer politischen Partei. Zu seiner Zeit als politischer Häftling äußerte er sich unter anderem wie folgt: „Nach der Todesstrafe ist Einsamkeit eine der härtesten Bestrafungen." Und: „Ich denke, dass der Mensch viel mehr aus der Not lernt, solange die Not ihn nicht zerstört."[184]

Auch als Präsident lebte Mujica weiterhin auf seinem kleinen Bauernhof am Rande von Montevideo und fuhr einen alten VW Käfer. Er kleidete sich stets als Bauer, selbst bei Treffen mit ausländischen Staatsoberhäuptern. Um Drogendealern das Wasser abzuschneiden, legalisierte er 2012

---

184 Beide Zitate aus: https://netzfrauen.org/2018/10/08/jose-mujica/.

Marihuana – Uruguay war damit das erste Land weltweit, das diesen Schritt wagte. Von den monatlich 12'500 US-Dollar Präsidentengehalt behielt Mujica lediglich 10%, weshalb er als „weltweit ärmster Präsident" beschrieben wurde. Den Rest spendete er an kleine Unternehmen und Nichtregierungsorganisationen. Auch seine Frau spendete einen großen Teil ihrer Einkünfte. In einem Interview erläuterte er diesbezüglich seine Haltung: „In einer modernen Republik soll keiner höher als der andere gestellt sein. [...] Wenn ich zu viele Dinge besitze, muss ich mich ständig drum kümmern [...]. Aber wer sich das Leben erschweren will, bitte."[185]

Zu seinen politischen Zielen und zur Rolle eines Machtinhabers sagte Mujica unter anderem: „Mein Ziel ist es, etwas weniger Ungerechtigkeit in Uruguay herbeizuführen, den am wenigsten Geschützten zu helfen und ein politisches Denken zu verankern." Im Gegensatz zu so vielen gewählten Politikern ging es ihm selten um kurzfristige Vorzeigeerfolge. Selber meinte er lapidar: „Kurzfristig ist nichts zu haben. Es gibt keinen Sieg um die Ecke." Und zur Rolle des Herrschenden als Dienenden – eines der Kennzeichen, die eine Demokratie zu einer reifen Staatsform machen bzw. machen sollten –, hielt er fest: „Ein Präsident ist ein hochrangiger Beamter, der gewählt wird, um eine Funktion zu erfüllen. Er ist kein König, kein Gott. Er ist kein alleswissender Medizinmann. Er ist ein Staatsdiener."[186]

Trotz Zustimmungswerten von rund 70% verzichtete er (wie Mandela) freiwillig darauf, sich als Präsident zur Wiederwahl zu stellen. Er fühle sich zu alt dafür, sagte er auf die für ihn typische schnörkellose Art. Und als er 2018 auch sein Amt als Senator niederlegte, das er seit Ende seiner Präsidentschaft innehatte, entschuldigte er sich noch bei allen Kolleginnen und Kollegen, die er eventuell bei Debatten in der Hitze des Gefechts beleidigt habe. Nicht zuletzt dank Mujica ist Uruguay für südamerikanische Verhältnisse zu einem stabilen und sicheren Land geworden; auch Korruption und Kriminalität sind wesentlich weniger verbreitet als in den Nachbarländern.

---

185 https://www.blick.ch/news/ausland/pepe-mujica-der-aermste-praesident-der-welt-im-exklusiv-interview-nicht-mal-fuer-obama-trug-ich-eine-krawatte-id7104011.html.

186 Alle drei Zitate aus: https://medium.com/swlh/7-valuable-life-lessons-from-the-president-of-uruguay-e91600dcd0fc (deutsch von mir).

Bei aller Unterschiedlichkeit dieser Machthaber lassen sich einige wichtige Parallelen ausmachen: Alle hatten mit Widerständen zu kämpfen, die sich automatisch ergeben, wenn gängige Muster und Gewohnheitsrecht durchbrochen werden. Ohne eine gefestigte, also reife Persönlichkeit ist so etwas nicht durchzustehen. Außerdem wurde eine stark ethisch begründete Ausrichtung nicht nur propagiert, sondern auch persönlich vorgelebt. Zumindest drei von ihnen vollzogen einen sichtbaren Wandel als Folge einer einschneidenden Krise – jahrelange Haft im Fall von Mandela und Mujica, tiefe seelische Krise bei Ashoka. Alle widerstanden der Versuchung zur persönlichen Bereicherung (wenn auch keiner so ausgeprägt wie Mujica) und alle verzichteten so weit wie politisch möglich auf Gewaltanwendung – im Fall von Ashoka, Mandela und Mujica jedoch erst nach einer krisenbedingten Läuterung. Und schließlich legten alle außer Ashoka und der früh verstorbene Jigme Dorji Wangchuck zu einem selbst gewählten Zeitpunkt freiwillig ihre Macht nieder. All dies sind Eckpunkte einer reifen Machtausübung. Die Lebensläufe bieten Anschauungsunterricht im positiven Sinn für jene, die Macht nicht primär aus egozentrischen Gründen anstreben. Auch für Wahlberechtigte können die erwähnten Merkmale als eine Art Checkliste dienen; vorausgesetzt, sie sind zur Einsicht gelangt, dass der Charakter von Kandidatinnen und Kandidaten ein wichtigeres Kriterium darstellt als die Wahlversprechen.

Wir sind jedoch an einem Zeitpunkt der Geschichte angelangt, wo **reife Machthaber und Entscheidungsträger in Politik und Wirtschaft zwar enorm wichtig wären, allein aber nicht mehr ausreichen**. Zu komplex sind inzwischen die Herausforderungen, mit denen sich die innert 70 Jahren um ein Dreifaches angestiegene Weltbevölkerung konfrontiert sieht. Um ihnen gerecht zu werden, braucht es das geballte Wissen, die geballte Sensibilität und die geballte Übernahme von Mitverantwortung einer Vielzahl von Menschen rund um den Globus.

Als Impulsgeber können hingegen **ganz wenige genügen**. Schauen wir uns einen konkreten Fall an: Im November 2019 riefen in Italien vier Freunde – ein Berater für erneuerbare Energie und Teilzeit-Sportlehrer, ein Organisator von Fahrradtouren, ein Ingenieur und eine Physiotherapeutin, alle unter 40 – über die sozialen Medien dazu auf, als Kontrapunkt zu einem Auftritt des Rechtsnationalisten Matteo Salvini in Bologna einen Flashmob zu veranstalten. Der Aufruf der vier brachte knapp 15'000 Menschen auf die Beine. Sie standen dichtgedrängt auf der Piazza Maggiore in Bologna. Dank der großen medialen Beachtung wurde aus dem Flashmob im Nu eine Bewegung, die sich fortan „Sardinen" nannte in Anspielung auf die Dichte eines Sardinenschwarms. Es folgte eine ganze Reihe weiterer „Sardinen"-Demos in verschiedenen Städten Italiens. Laut ihrem Manifest richtet sich die Bewegung gegen einen von „Hass, Lügen und leeren Inhalten" geprägten Populismus.[187] Endlich, so schien es, hatten all diejenigen, die von der grobschlächtigen, nationalistischen und fremdenfeindlichen Politik Salvinis angewidert waren und sich nach mehr Menschlichkeit in der politischen Debatte sehnten, eine Stimme gefunden. Eine Woche vor der richtungsweisenden Regionalwahl in der Provinz Emilia-Romagna im Januar 2020 organisierte die Sardinen-Bewegung eine ebenfalls vielbeachtete Konzertveranstaltung in der Provinzhauptstadt Bologna. Ermöglicht wurde sie durch Crowdfunding. Wenn Inspiration und Initiative einen Widerhall finden, kann es also rasch zu einem breitabgestützten Mittragen von Verantwortung kommen. Analysten begründen übrigens die Niederlage von Salvinis Kandidatin bei jener Wahl unter anderem mit dem aufrüttelnden Effekt der Sardinen.

Von Chile über Italien bis nach Indien und Thailand scheinen immer mehr Menschen bereit zu sein, jenseits von Wahlzetteln in den politischen Prozess einzugreifen und diesen mitzugestalten. Auch unter repressiveren Regimen wie in Algerien oder im Irak legen viele ihre Angst ab, manchmal aus schierer Wut und Verzweiflung, und erheben die Stimme. Auf der Straße oder auf Online-Plattformen. Bei den Impuls- und Ideengebern zu den entsprechenden Aktionen handelt es sich sehr oft um junge Menschen – ein mutmachendes Versprechen für die Zukunft.

Bewegungen wie die Sardinen, #metoo, Fridays for Future oder Black Lives Matter werden früher oder später wieder von der Bildfläche verschwinden. Aber es werden ganz sicher andere in ihre Fußstapfen treten und in ihrem Geist und nach ihrem Vorbild weiterhin Einfluss nehmen.

Der Philosoph *Jürgen Habermas* (geb. 1929) plädierte 2013 angesichts des globalen Charakters aller wirklich bedrohlichen Probleme für eine „Weltbürgergesellschaft ohne Weltregierung".[188] Was das konkret bedeuten könnte, lässt sich aus dem von der **Association of World Citizens** (AWC) bereits

---

187 Gemäß *Il manifesto politico delle sardine* vom 21.11.2019, in https://www.agi.it/politica/sardine-6596346/news/2019-11-21.

188 Jürgen Habermas, *Im Sog der Technokratie*; zit. in *Süddeutsche Zeitung*, 17.7.2013, S. 14.

1972 veröffentlichten Text „A Human Manifesto" ersehen. Dort heißt es in der deutschen Version: „Weltbürgerin und Weltbürger zu werden ist im Grunde ein emanzipatorischer Prozess, bei dem sich die Einzelne und der Einzelne ihre Verantwortung für die Gestaltung der Welt zurückholen, die sie vorher weitgehend einem Staat überlassen hatten."[189]

Die **Werte**, auf denen eine solche Übernahme von Verantwortung basieren könnte, sind bereits in den Kapiteln zum individuellen und kollektiven Reifen beleuchtet worden. Weitherum anerkannt sind beispielsweise die 1948 von den Vereinten Nationen verabschiedeten **Menschenrechte** (30 Artikel) oder das auf einem Minimalkonsens aller großen Religionen beruhende **Weltethos** aus dem Jahr 1993. Letzteres umfasst, kurz und knapp, fünf sogenannte „unverrückbare Weisungen", denen auch areligiöse Menschen humanistischer Gesinnung beipflichten dürften. Sie lauten:

1. Verpflichtung auf eine Kultur der Gewaltlosigkeit und der Ehrfurcht vor allem Leben
2. Verpflichtung auf eine Kultur der Solidarität und eine gerechte Wirtschaftsordnung
3. Verpflichtung auf eine Kultur der Toleranz und ein Leben in Wahrhaftigkeit
4. Verpflichtung auf eine Kultur der Gleichberechtigung und die Partnerschaft von Mann und Frau
5. Verpflichtung auf eine Kultur der Nachhaltigkeit und der Sorge zur Erde[190]

Bei den meisten Menschen geht das ethische Grundempfinden in die gleiche Richtung, auch wenn es oft von egozentrischen Trieben überwuchert wird. Und was das Umsetzen betrifft, lassen sich bewundernswerte Ansätze erkennen. Weltweit werden im Kleinen zahllose Projekte realisiert, die punktuell mehr Solidarität und Gerechtigkeit bewirken. Aber im großen Rahmen geschieht zu wenig. Warum ist dies so?

Erstens deshalb, weil sich einflussreiche und finanzkräftige Menschen bzw. Gruppierungen aktiv, wenn auch zumeist verdeckt, gegen eines oder mehrere

---

189 Zit. aus der Website der deutschen Sektion der AWC unter www.worldcitizens.de.
190 Zit. aus https://www.weltethos.org/geschichte. Ursprünglich waren es nur vier Weisungen. Die fünfte wurde 2018 zum 25. Jahrestag der Weltethos-Bewegung hinzugefügt.

der genannten Prinzipien stemmen. Dazu zählen autokratische Machthaber und ihre Cliquen, Profiteure von wirtschaftlichen Ungerechtigkeiten und umweltschädigenden Praktiken, religiöse Fundamentalisten sowie kriminelle Organisationen. Aber sie allein könnten wenig ausrichten, gäbe es nicht zweitens die riesengroße Zahl an Menschen, die den obengenannten Prinzipien zwar auf Anfrage hin zustimmen würden und denen die Weltprobleme bekannt sind, die aber noch im Dickicht des selbstbezogenen Abmühens verharren und sich nicht oder zu wenig in das Geschehen jenseits ihrer kleinen Alltagswelt einmischen. Und drittens blockieren die Rivalitäten von Nationalstaaten das Erreichen von globalem Konsens. Mehr hierzu unten.

Immer wieder wurde im Lauf des Buchs betont, dass **Reifeprozesse genügend Zeit** benötigen – im individuellen und erst recht im kollektiven Bereich. Angesichts der massiven globalen Risiken, denen die Menschheit ausgesetzt ist – nicht erst seit der Coronakrise – ist jedoch eine **neue Dringlichkeit** spürbar geworden. Es drohen nicht nur weitere Pandemien, sondern auch ökologische Katastrophen, das Zerreißen von Nahrungsketten und somit Hungersnöte; Kriege oder Anschläge mit Einsatz von atomaren, chemischen, biologischen oder via künstliche Intelligenz gelenkten Waffen, zunehmend gewaltsame Massenaufstände aufgrund unhaltbarer Lebensumstände sowie Flüchtlingsströme in weit größerem Ausmaß als bisher, ein Kollaps des hoch globalisierten Finanzsystems oder eine nachhaltige Lahmlegung der nicht minder hoch globalisierten Telekommunikations- und Internetverbindungen.

Eines zeigt sich bei dieser Aufzählung ganz klar (auch dies kam schon zur Sprache, soll aber angesichts seiner Bedeutung wiederholt werden): Keine dieser Bedrohungen lässt sich auf nationaler Ebene und mit nationaler Politik entschärfen. Humanere Formen des Kapitalismus, welche nicht mehr auf Dauerkonsum und damit Dauerraubbau der Ressourcen bauen, und welche die maßlose Ungleichheit und damit auch Anreize zur Massenmigration zu vermindern in der Lage sind, lassen sich nicht nur in einzelnen Ländern einführen. Bei der Verhütung bzw. Bewältigung von Pandemien – dies hat die Coronakrise uns vor Augen geführt – müssen Ärzte, Wissenschaftler, Gesundheitsbehörden sowie Produzenten von Medikamenten und Impfstoffen auf der ganzen Welt zusammenspannen. Weltweite Zusammenarbeit ist auch verlangt, um den Waffenarsenalen ihren Status als menschheitsbedrohendes Pulverfass zu nehmen. Von der ökologischen Bedrohung ganz zu schweigen. Es ist unrealistisch, in einem auf das 19. Jahrhundert zurückgehenden System der rivalisierenden Nationalstaaten auf griffige Lösungen für globale

Probleme zu hoffen. Denn solche Lösungen beinhalten unweigerlich für manche Länder mehr Nach- als Vorteile. Und das ist mit der Philosophie des Nationalstaates nicht vereinbar. So gesehen ist die immer wieder kritisierte „Untätigkeit" der Weltgemeinschaft angesichts der kolossalen weltumspannenden Probleme nicht überraschend – sie ist systembedingt. Sie resultiert aus einem System von militärisch hochgerüsteten Nationalstaaten mit ihrer unantastbaren Souveränität und dem Primat der Nationalinteressen einerseits und ihren stets schwelenden Rivalitäten und Konflikten andererseits.

Der Schluss liegt nahe: Eine der Hauptaufgaben der Menschheit ist es und wird es bleiben, funktionierende Formen der supranationalen Zusammenarbeit zu entwerfen, auszuprobieren und laufend zu verbessern. Der nach dem Ersten Weltkrieg ins Leben gerufene Völkerbund war diesbezüglich ein erster Versuch. Nach dem Zweiten Weltkrieg (immer nach einer Katastrophe!) erfolgte ein weiterer Anlauf in Form der Vereinten Nationen. Wenige Jahre später, 1951, schlossen sich sechs westeuropäische Länder zur Europäischen Gemeinschaft für Kohle und Stahl (EGKS) zusammen, die seitdem über die Zwischenstufen Europäische Wirtschaftsgemeinschaft (EWG) und Europäische Gemeinschaft (EG) zur Europäischen Union (EU) herangewachsen ist. Solchen Zusammenschlüssen und Formen der Kooperation gebührt aus den genannten Gründen jede erdenkliche Unterstützung bei ihrer Weiterentwicklung – inklusive konstruktive Kritik und Verbesserungsentwürfe. Dasselbe gilt auch für Nichtregierungsorganisationen – sowohl die global tätigen wie etwa UNESCO, UNICEF, WHO, Ärzte ohne Grenzen, Reporter ohne Grenzen, Amnesty International, Human Rights Watch, das Rote Kreuz, WWF oder Greenpeace, als auch die unzähligen kleineren karitativen Stiftungen, Vereine und Privatorganisationen, die zwar enger gesteckte Ziele verfolgen, aber vom gleichen Geist der unbegrenzten Menschlichkeit und unbegrenzten Mitwelt inspiriert sind.

Dies ist der eine Weg aus der Sackgasse der rivalisierenden Nationalstaaten. Ein zweiter ist ebenso wichtig. Er geht in die umgekehrte Richtung – hin zu mehr regionalen und lokalen Lösungen. Abläufe im kleineren Rahmen sind weniger komplex und weniger anonym; man ist Teil einer einigermaßen überblickbaren Gemeinschaft. Dank lokalen Initiativen – und dem entsprechenden politischen Druck – lassen sich Innenstädte und Wohnsiedlungen autoarm oder autofrei gestalten, Fahrradwege anlegen und der öffentliche Verkehr fördern. Sodass der meiste öffentliche Raum in den Städten nicht länger dem nahezu sakrosankten Auto geopfert wird, sondern auch als

Begegnungs- und Veranstaltungsstätte sowie als Spielraum für Kinder (und Erwachsene!) dient. Auf regionale Initiativen hin lassen sich Landschaften renaturieren, diversifizieren und schützen. Statt Felder mit krankheitsanfälligen Monokulturen auf chemisch bearbeiteten, kahlen und vor Erosion ungeschützten Böden entstehen Mischlandschaften mit ökologisch abgestimmten Anbau- und Weideflächen, Wäldern, Hecken, Blumenwiesen, Grasflächen und Feuchtgebieten. Wenn ganz allgemein Produktion und Konsum geographisch näher zusammenrücken, werden Transportwege und Lieferketten kürzer. Für die Umwelt ist dies ein Segen. Dabei nimmt man allerdings in Kauf, dass die Produktevielfalt geringer und manches teurer wird, da vieles nicht mehr in Billiglohnländern hergestellt wird. Dieser Weg muss also *auch* mit einer gewissen Bescheidung und Bereitschaft auf Verzicht einhergehen. Im kleinen Rahmen lässt sich überdies Solidarität direkter und unkomplizierter, von Mensch zu Mensch praktizieren. Und was den Frieden betrifft: **Regionen und Gemeinden haben – wie auch supranationale Organisationen – keine Armeen**, mit denen Außenstehende bedroht und die eigene Bevölkerung geknebelt werden können.[191] Sie haben auch nicht die Möglichkeiten, einander indirekt mit Strafzöllen oder anderen Wirtschaftssanktionen zu bekämpfen. Um funktionstüchtig zu bleiben – nach innen und nach außen – müssen sie also auf Konsenssuche setzen. Ferner werden auf regionaler und kommunaler Ebene zwar „nur" kleinmaßstäbige, auf lokale Bedürfnisse zugeschnittene Lösungen verwirklicht, aber in einer Zeit der Instant-Kommunikation können lokale Beispiele weltweit Schule machen. Heutzutage lässt sich rund um den Globus von den Fehlern und den Erfolgen anderer lernen. Im besten Fall kann *eine* kommunale Lösung innert kürzester Zeit auf verschiedenen Erdteilen als Inspiration dienen.

Es braucht also beides – nachhaltige Schritte hin zu supranationalem Konsens im Großen sowie zu genügend regionaler und lokaler Selbstständigkeit, um passende Lösungen im Kleinen zu finden und umzusetzen. Das eine ist ohne das andere nicht möglich. Selbst die harmonischste Region kann *allein* dem Klimawandel oder der Verbreitung von Viren auf ihrem Gebiet nicht

---

191 Der Unterhalt von nationalen Armeen ist den Regierungen weltweit zurzeit fast 2 Billionen (2'000'000'000'000) Dollar *pro Jahr* an Militärausgaben wert. Die Zahl ist von 2019, die Tendenz steigend. Gemäß Frankfurter Rundschau, 27.4.2020, https://www.fr.de/politik/rekordausgaben-ruestung-13717135.html.

Einhalt gebieten. Auf supranationaler Ebene wiederum fehlen die Detail-kenntnisse. Dazwischen steht der Nationalstaat, dem natürlich nach wie vor seine gesetzgebenden, juristischen, sozialen und friedensschützenden Aufgaben zukommen. Es sollten aber griffige Instrumente geschaffen werden, mit denen entweder die globale Staatengemeinschaft oder regionale Staatenbündnisse eingreifen könnten, falls einzelne Nationalstaaten ihre Souveränität und ihr Gewaltmonopol missbrauchen – sei es als Aggression gegen außen, Repression gegen innen oder zum Schaden der Umwelt. Natürlich müsste juristisch definiert werden, was genau einen Missbrauch darstellt, der ein Eingreifen erlauben würde, und wie ein solcher Eingriff vorzunehmen wäre. Aber allein das Vorhandensein solcher Instrumente könnte viele Nationalregierungen von einer übergriffigen Politik abhalten.

Auf eine weltumspannende Riege Politiker zu warten, die solche Maßnahmen in die Wege leiten und sich somit den Herausforderungen des 21. Jahrhunderts gewachsen zeigen, ist ein bisschen wie auf einen Sechser im Lotto zu warten. Nicht ganz auszuschließen, aber höchst unwahrscheinlich. Verwirklichen lassen sich die obengenannten Schritte realistischerweise nur mit breit abgestütztem Engagement von unten, das heißt mit **kleinen, aber äußerst vielen** kreativen, finanziellen, bewusstseinsfördernden und politischen Druck erzeugenden **Beiträgen aus der Zivilbevölkerung**.

Parallel dazu braucht es auch eine **Verschiebung im Verhalten** auf individueller Ebene, etwa in Richtung von weniger und bewussterem Konsum, gewissenhafterem Mobilitätsverhalten und einem nicht nur punktuell wachgehaltenen Umweltbewusstsein. So gehen individuelles und kollektives Reifen Hand in Hand. Verschiebt sich nämlich das Verhalten bei einer genügend großen Zahl von Einzelpersonen, wandelt sich nicht nur der Zeitgeist, sondern es ändern sich gezwungenermaßen auch die Geschäftspraktiken in der Wirtschaft, etwa in den Produktions-, Energie- und Transportbranchen, was sich wiederum auf politische Entscheidungen auswirkt. Ansatzweise lässt sich dies bereits beobachten, und die Corona-Pandemie hat dem Veränderungsprozess neue Impulse verliehen. Wie jeder Wandel ist auch dieser schmerzhaft und wird weiterhin Opfer verlangen, und wie immer wird es manche Menschen härter treffen als andere. Dies wiederum unterstreicht die Vordringlichkeit von institutionalisierter *und* informeller Solidarität.

Die wichtigste Verschiebung – denn auf ihr basieren alle übrigen – muss jedoch im Innern geschehen – im Kopf und im Herzen. Ohne eine **Verschiebung bei der Einstellung** lässt sich kein nachhaltiger Wandel zum Guten in die Wege leiten. Sogar dann, wenn wir uns bereits mit Feuer und Flamme für eine bessere Welt einsetzen, braucht es noch eine essentielle Entwicklung, nämlich weg von einem Engagement mit Feindbild (die bösen Konzerne, die bösen Machthaber, die gierigen Bonzen usw.) und hin zu einem **Engagement ohne Feindbild**. Weg von der „Wir gegen die (bösen) anderen"-Mentalität, denn diese perpetuiert die Konkurrenz- und Kriegsmentalität (Krieg gegen den Terror, Krieg gegen den Hunger, Krieg gegen die Umweltzerstörer, Krieg gegen das Virus), die unsere noch zu wenig gereifte Gesellschaft kennzeichnet. Die Corona-Pandemie hat es erneut überdeutlich gemacht: Wir sind *alle* im gleichen Boot. Mit „alle" meine ich nicht nur alle Menschen, sondern alle Lebewesen sowie alle zum Leben notwendigen Naturerscheinungen (auch Viren![192]). Eine solche Verschiebung in der Lebenseinstellung ist zwar radikal, aber doch nicht so unrealistisch, wie es zunächst erscheinen mag. Wir engagieren uns bloß *für* etwas und nicht mehr *gegen* etwas. Von „Ich bin *gegen* das Abholzen von Regenwäldern" ist es nämlich nur ein winziger Schritt zu „Ich bin *gegen* diejenigen, welche die Regenwälder abholzen (lassen)". Die Alternative? „Ich bin *für* die Erhaltung der Regenwälder". Der Kopf – und noch wichtiger das Herz – reagieren mittelfristig ganz anders auf eine solche positive Formulierung. Man sucht weniger die Konfrontation und mehr das Gespräch, sucht nach Win-Win-Lösungen. Die jahrzehntelangen gewaltlosen Kampagnen eines Mahatma Gandhi (für die Unabhängigkeit Indiens) oder eines Martin Luther King (für die rechtliche Gleichstellung der Schwarzen in den USA) aus dieser Geisteshaltung heraus sind Belege dafür, dass eine derartige Einstellung erfolgreich sein kann. Gelingt dieser Gesinnungswandel – der größtmögliche Reifeschritt –, so tun sich bei Konflikten Lösungswege auf, die zuvor durch Schuldzuweisungen, Hass und gegenseitiges Unverständnis verbarrikadiert waren.

Ein Quantum Unruhe braucht es immer, um uns Menschen zu Veränderungen anzutreiben. Wir sprachen hierbei auch von einem evolutionären Impuls. Der Reifungsprozess – persönlich wie auch kollektiv – besteht größtenteils aus unscheinbaren Schritten, die sich erst im Rückblick als nachhaltig erweisen. Kleine Fortschritte werden im Moment selber ebenso selten wahr-

---

192 Manche Viren erweisen sich beispielsweise in symbiotischen Lebensverbänden als nutzbringend, andere bei der Behandlung von Krebs und weiteren Krankheiten.

genommen wie kleine Rückschritte. Vielfach geht vor lauter Abstrampeln im Hamsterrad überdies der Blick für ein größeres Ziel verloren. Wie oft haben Sie im Leben schon das Gefühl gehabt, dass Sie an Ort treten? Oder dass Sie gar in Richtungen gleiten, in die Sie eigentlich nicht gehen wollen? Im kollektiven Rahmen kommen ähnliche Eindrücke der Ohnmacht und Orientierungslosigkeit in unseren Tagen fast ohne Unterlass über diverse Medien und über das Kulturschaffen zum Ausdruck. Um einem solchen nebelartigen und hoffnungsarmen Zustand zu entkommen, benötigt es sichtbare Schritte in eine gute Richtung. Nicht nur von ein paar wenigen Leuchtfiguren. Sondern ebenso von ganz vielen Menschen, darunter auch solchen, die uns nahestehen und ähnlich sind und doch auch als Vorbilder dienen können. Denen wir uns anschließen oder mit denen wir uns sinnvoll vernetzen können. Oder die uns zumindest die Gewissheit verleihen, in unserem Bemühen nicht allein zu sein. Gefragt sind nicht Menschen, die uns in ihren Bann ziehen, sondern solche, deren Beispiele uns die Tür zur eigenen Freiheit weisen.

Nebst kleinen Schritten kommt es unterwegs aber auch zu Quantensprüngen. Bei deren Auslösern im Kollektiven kann es sich um eine Pandemie, eine Naturkatastrophe oder einen Krieg handeln. Im Persönlichen bringen vielleicht eine nicht mehr zu besänftigende Unruhe, eine Erschöpfung oder ein Schicksalsschlag jemanden dazu, vom Hamsterrad zu steigen (oder zu fallen). Auch ein Übermass an Schock, Empörung oder Wut kann dies bewirken.

Ungebändigt führen solche starken Auslöser jedoch leicht zu kopf- oder auch herzlosen Handlungen. Gereifteren Menschen gelingt es eher, die einhergehenden emotionalen Kräfte in die ursprüngliche, behutsame Kraft der Liebe münden und so wandeln zu lassen, um dann auf eine kreative und konstruktive Art zu agieren. Mit der Zunahme ihrer je eigenen Ausprägung von Weisheit und Güte übernehmen sie vermehrt Verantwortung. Das ist keine Utopie. Viele tun es jetzt schon, einzeln oder im Verband, und verschaffen sich Gehör. Es ist zu hoffen, dass ihre Zahl in absehbarer Zeit anwächst. Denn eines lässt sich nicht mehr bestreiten: **Dringender als je zuvor benötigt unsere Welt heute die Stimme, den Beitrag und die Vorbildwirkung von möglichst vielen reifen Menschen.**

Schöpfer von geglückter Lyrik sind in der Lage, tief in die Wirklichkeit einzutauchen und – in wenigen Worten gefasst – Erhellendes hervorzubringen. Sie erreichen über den Verstand hinaus ein geöffnetes Herz, oder tragen zur

Öffnung der Herzen bei. So möchte ich mit einem Gedicht abschließen in
der Hoffnung, dass es weiterklingt:

Nicht müde werden
sondern dem Wunder
leise
wie einem Vogel
die Hand hinhalten.[193]

---

193 Hilde Domin: *Nicht müde werden*, in Hilde Domin, *Gesammelte Gedichte*, S. 294.

NACHWORT

Mutter holte ich für den einen Tag aus dem Wohnheim, obwohl mir ihre Betreuerin davon abgeraten hatte. Mira kam mit dem Fahrrad; Jean, Phyu Phyu und ihr Söhnchen Chris mit dem Bus. Auch Jana ist für einmal zu Hause geblieben, anstatt den Sonntag mit ihrer besten Freundin zu verbringen. Wir sitzen teils auf dem Sofa, teils auf Stühlen rund um unser Kaffeetischchen, neben das wir das Klapptischchen aus dem Garten gestellt haben.

„Du hast übrigens ein wichtiges Kriterium für Reife vergessen, Papa", sagt Jana. Mein Buch ist vor einiger Zeit erschienen, ab und zu wird es für meine fiktiven Weggefährten noch zum Thema.

„Welches denn?"

„Disziplin! Ich meine Selbstdisziplin. Ohne die geht nichts. Ich seh das bei all diesen Rumhängern."

„Ja", sage ich etwas kleinlaut. „Vielleicht ist sie in den anderen Punkten mit enthalten. Zum Beispiel bei der Triebkontrolle ..."

„Nein, Selbstdisziplin müsste unbedingt separat stehen!"

„Vielleicht wäre sich anständig kleiden auch ein Kriterium?", wirft Michaela mit einem vielsagenden Blick auf Janas sehr kurzen Rock ein.

„Was SOLL ...", platzt es aus Jana heraus, bevor sie sieht, wie Mira ihr zuzwinkert.

Ein leises Lachen bricht los im Kreis, es erfasst Chris und schließlich auch Phyu Phyu. Jean blickt zu ihr hin.

„Warum fragen wir nicht Phyu Phyu, was sie unter Reife versteht? Alles nur aus Sicht von Europäern ist doch etwas einseitig, meint ihr nicht?"

Wir nicken und er erklärt daraufhin Phyu Phyu auf Englisch, worum es geht; es braucht ein paar Anläufe. Sie überlegt, fragt nach. Schließlich sagt sie: „I understand. What was the word in German?"

„Reife!", sagt Jana, Phyu Phyus selbsternannte Deutschlehrerin.

„Reife is what you are doing now."

Unser Mangel an Verständnis verrät sich im Mangel an Reaktionen.

„Together. Talking, laughing, loving ... Making good life for Chris."

Auf einmal kommt ein Schluchzen. Von unserer Mutter. Begleitet von Worten, aber nur in Bruchstücken. Jean reagiert am schnellsten. Er quetscht sich neben sie aufs Sofa, legt ihr den Arm um die Schulter und wischt ihr die Tränen ab, noch bevor sie von der Wange heruntertropfen.

LITERATURVERZEICHNIS

Aufgelistet hier sind die im Buch zitierten Werke sowie eine Auswahl weiterer Werke, die für mich Licht in die betrachteten Themenfelder gebracht haben. Bei englischsprachigen Büchern habe ich dort, wo sich eine deutsche Übersetzung ausfindig machen ließ, deren Titel in Klammern hinzugefügt.

Adler, Alfred: *Menschenkenntnis*, Fischer-Verlag, Frankfurt am Main, 1990.

Alexijewitsch, Swetlana: *Secondhand-Zeit. Leben auf den Trümmern des Sozialismus*, Suhrkamp, München, 2015.

Assadi, Abdi: *Schatten auf dem Pfad*, Theseus Verlag, Bielefeld, 2011.

Augustinus, Aurelius: *Bekenntnisse*, Deutscher Taschenbuch Verlag, München, 1986.

Aurelius, Marcus (Kaiser): *Selbstbetrachtungen*, Kröner-Verlag, Stuttgart, 2008.

Ausländer, Rose: *Gedichte*, Fischer Taschenbuch Verlag, Frankfurt am Main, 2012.

Benor, Ehud: *Worship of the Heart: A Study of Maimonides' Philosophy of Religion*, SUNY Press, 2012.

Bloom, William: *The Power of Modern Spirituality*, Piatkus, London, 2011.

Bobert, Sabine: *Jesus-Gebet und neue Mystik*, Buchwerft-Verlag, Kiel, 2010.

Bohm, David: *Wholeness and the Implicate Order*, Ark Paperbacks, London & New York, 1983. (dt.: *Die implizite Ordnung*).

Bonhoeffer, Dietrich: *Werke*, hrsg. von Eberhard Bethge u. a., Christian Kaiser Verlag, Gütersloh, 1986–1999, Band 8.

Bonhoeffer, Dietrich: *Widerstand und Ergebung*, Gütersloher Verlagshaus, 1978.

Brach, Tara: *Einführung in die Meditation*, KOHA-Verlag, Burgrain, 2014.

Butler-Bowdon, Tom (Hrsg.): *50 Philosophy Classics*, Nicholas Brealey Publishing, London & Boston, 2013

Butler-Bowdon, Tom (Hrsg.): *50 Psychology Classics*, Nicholas Brealey Publishing, London & Boston, 2017.

Christian, David: *Big History*, Carl Hanser Verlag, München, 2018.

Davidson, Richard & Begley, Sharon: *The Emotional Life of Your Brain*, Plume, New York, 2013. (dt.: *Warum regst du dich so auf?*).

de Chardin, Teilhard: *Das Herz der Materie*, Patmos Verlag, Düsseldorf, 2005.

Der Ochs und sein Hirte, erläutert von Meister Daizohkutsu R. Ohtsu mit japanischen Bildern aus dem 15. Jahrhundert, Klett-Cotta-Verlag, Stuttgart, 2008.

Diamond, Jared: *Guns, Germs and Steel*, Penguin Random House, London, 2017. (dt.: *Arm und Reich*).

Die Bibel (Einheitsübersetzung der Heiligen Schrift), Stuttgart, 1985.

Diers, Michaela (Hrsg.): *Sich öffnen für den Augenblick*, Herder Spektrum, Freiburg. im Breisgau, 2005.

Domin, Hilde: *Gesammelte Gedichte*, S. Fischer Verlag, Frankfurt am Main, 2008.

Dowling Singh, Kathleen: *The Grace in Aging*, Wisdom Publications, Somerville, USA, 2014.

Dürckheim, Karlfried Graf: *Meditieren – wozu und wie*, Johanna Nordländer Verlag, Rütte, 2009.

Dürckheim, Karlfried Graf: *Der Alltag als Übung*, Verlag Hans Huber, Bern, 2012.

Dürr, Hans-Peter (Hrsg.): *Physik und Transzendenz*, Scherz Verlag, Bern, München, Wien, 1986.

Dürr, Meyer-Abich, Mutschler, Pannenberg, Wuketis: *Gott, der Mensch und die Wissenschaft*, Pattloch Verlag, Augsburg, 1997.

Einstein, Albert: *Mein Weltbild*, Hrsg. C. Seelig, Ullstein Verlag, Frankfurt, 1960.

Es ist möglich. Vorbilder für eine bessere Welt – 27 Porträts, Welthungerhilfe (Hrsg.), Knesebeck, München, 2012

Esser, Wolfgang: *Mystisches Bewusstsein erwacht in uns. Religiosität der Zukunft*, Verlag Via Nova, Petersberg, 2010.

Fietzek, Petra & Wild, Peter: *Aus Heimweh nach mir*, Matthias-Grünewald-Verlag, 2008.

Fromm, Erich: *Haben oder Sein*, Deutscher Taschenbuch Verlag, München, 1979.

Goleman, Daniel & Davidson, Richard: *The Science of Meditation*, Penguin Life, 2017.

Govinda, Anagarika: *Buddhistische Reflexionen*, Fischer Taschenbuch Verlag, Frankfurt am Main, 1990.

Grün, Anselm: *Der Umgang mit dem Bösen*, Vier-Türme-Verlag, Münsterschwarzach, 1980.

Habermas, Jürgen: *Im Sog der Technokratie*, Suhrkamp Verlag, Berlin, 2013.

Hageneder, Fred: *Happy Planet*, Neue Erde GmbH, Saarbrücken, 2019.

Hart, David Bentley: *The Experience of God. Being, Consciousness, Bliss.* Yale University Press, New Haven and London, 2013.

Heimans, Jeremy & Timms, Henry: *Die neuen Mächte (New Power)*, Siedler Verlag, München, 2018.

Helferich, Christoph: *Geschichte der Philosophie*, J.B. Metzler, Stuttgart, 1992.

Imhof, Arthur: *Die verlorenen Welten. Alltagsbewältigung durch unsere Vorfahren*, CH. Beck, 1984.

Jäger, Willigis: *Wiederkehr der Mystik*, Herder Spektrum, Freiburg im Breisgau, 2005.

Jäger, Willigis et al.: *Zen im 21. Jahrhundert*, J. Kamphausen-Verlag, Bielefeld, 2009.

Jalics, Franz: *Kontemplative Exerzitien*, Echter Verlag, Würzburg, 2008.

Jung, C.G.: *Gesammelte Werke*, Bd. 11, Zürich 1963.

Junger, Sebastian: *Tribe*, 4th Estate, London, 2016. (dt.: *Tribe: Das verlorene Wissen um Gemeinschaft und Menschlichkeit*).

Kornfield, Jack: *After the Ecstasy, The Laundry*, Rider, London, 2000. (dt.: *Nach der Erleuchtung Wäsche waschen und Kartoffeln schälen*).

Kornfield, Jack: *The Wise Heart*, Rider, London, 2008. (dt.: *Das weise Herz*).

Kornfield, Jack: *Bringing Home The Dharma*, Shambala, Boston & London, 2011.

Kübler-Ross, Elisabeth: *Über den Tod und das Leben danach*, Silberschnur-Verlag, Güllesheim, 2015.

Küng, Hans: *Projekt Weltethos*, Piper, München & Zürich, 1993.

Küng, Hans & Kuschel, Karl-Josef: *Erklärung zum Weltethos*, Piper, München & Zürich, 1993.

Küstenmacher, Marion et al.: *Gott 9.0*, Gütersloher Verlagshaus, Gütersloh, 2018.

Lambert, Willi: *Das siebenfache Ja*, Echter Verlag, Würzburg, 2006.

Lao Zi: *Tao Te King* (Das Buch vom rechten Wege und von der rechten Gesinnung), übertragen und erläutert von Jan Ullenbrook, Ullstein, Berlin, 1986.

Levine, Peter: *Healing Trauma*, Sounds True Inc., Boulder, Colorado, 2008. (dt.: *Vom Trauma befreien*).

Lewis, C.S.: *The Screwtape Letters*, Collins Fount, Glasgow, 1989. (dt.: *Dienstanweisungen für einen Unterteufel*).

Lewis, C.S.: *The Great Divorce*, Collins Fount, Glasgow, 1990. (dt.: *Die große Scheidung*).

Main, John: *Word into Silence*, Canterbury Press Norwich, London, 2014.

Meister Eckhard: *Deutsche Predigten und Traktate*, übersetzt von Josef Quint, Diogenes Taschenbuch, 1979.

Meredith, Martin: *Mandela: A Biography*, New York: Public Affairs, 2010.

Moody, Raymond: *Leben nach dem Tod*, Rowohlt Taschenbuch Verlag, Hamburg, 1997.

Mursell, Gordon (Hrsg.): *Die Geschichte der christlichen Spiritualität*, Kreuz Verlag, Stuttgart, 2002.

Navai, Ramita: *City of Lies*, Weidenfeld & Nicolson, London, 2015 (über das Alltagsleben in Teheran).

Newton, Michael: *Journey of Souls*, Llewellyn Publications, Woodbury, Minnesota, 2019. (dt.: *Die Reisen der Seele*).

Ott, Ulrich: *Meditation für Skeptiker*, O.W. Barth Verlag, München, 2010.

Otto, Rudolf: *Das Heilige*, Verlag C.H. Beck, München, 1987.

Pascal, Blaise: *Größe und Elend des Menschen* (Auswahl aus den *Pensées*), Insel-Verlag, Frankfurt a. M., 1979.

Peng-Keller, Simon: *Kontemplation*, Kreuz-Verlag, Freiburg im Breisgau, 2012.

Pieper, Josef (Hrsg.): *Thomas von Aquin, Sentenzen über Gott und die Welt*, Johannes Verlag, Trier, 1987.

Pinker, Steven: *Enlightenment Now*, Penguin Books, New York, 2018. (dt.: *Aufklärung jetzt*).

Platon: *Der Staat*, in Wilhelm Nestle (Hrsg.), *Platon Hauptwerke*, Alfred Kröner-Verlag, Stuttgart, 1973.

Primault, Rosemarie & Walter, Rudolf (Hrsg.): *Die Augen meiner Augen sind geöffnet. Erfahrungen der Dankbarkeit*. Herder Verlag, Freiburg im Breisgau, 2006.

Quarch, Christoph & Hartlieb, Gabriele (Hrsg.): *Eine Mystik, viele Stimmen*, Herder Spektrum, Freiburg im Breisgau, 2004.

Rankin, Lissa: *Warum Gedanken stärker sind als Medizin*, Penguin Verlag, München, 2014.

Renz, Monika: *Hinübergehen*, Kreuz Verlag, Freiburg im Breisgau, 2011.

Renz, Monika: *Zeugnisse Sterbender*, Junfermann Verlag, Paderborn, 2008.

Ricard, Matthieu: *Happiness*, Atlantic Books, London, 2015. (dt.: *Glück*)

Ricard, Matthieu: *The Art of Meditation*, Atlantic Books, London, 2010 (dt.: *Meditation*)

Rilke, Rainer Maria: *Die Gedichte*, Insel-Verlag, Frankfurt am Main, 1992.

Rohr, Richard & Ebert, Andreas: *Das Enneagramm*, Claudius Verlag, München, 1992.

Rohr, Richard: *The Naked Now*, Crossroad, New York, 2009. (dt.: *Pure Präsenz*).

Rohr, Richard: *Immortal Diamond*, SPCK Publishing, London, 2013. (dt.: *Werde, wer du wirklich bist*).

Rutishauser, Christian & Hasenhauer, Michael (Hrsg.): *Mystische Wege*, Vier-Türme-Verlag, Münsterschwarzach 2016.

Sardello, Robert: *Silence*, Goldstone Press & North Atlantic Books, Berkeley, California, 2006. (dt.: *Ruhe*).

Sen, Amartya: *Die Identitätsfalle*, C.H. Beck, München, 2007.

Sharma; Arvind (Hrsg.): *Innenansichten der großen Religionen*, Fischer, 1997.

Sheldrake, Rupert: *Die Wiedergeburt der Natur*, Scherz Verlag, Bern, München, Wien, 1993.

Sheldrake, Rupert: *Die Wiederentdeckung der Spiritualität*, O.W. Barth, München, 2018.

Spannbauer, Christa: *Im Haus der Weisheit*, Kösel-Verlag, München, 2008.

Steindl-Rast, David: *Achtsamkeit des Herzens*, Herder Spektrum, Freiburg im Breisgau, 2005.

Stutz, Pierre: *Verwundet bin ich aufgehoben*, Penguin-Verlag, 2017.

Stutz, Pierre: *Geborgen und frei*, Kösel-Verlag, Münschen, 2018.

Sudbrack, Josef: *Mystik*, Matthias-Grünewald-Verlag, Mainz, 1988.

Tacey, David: *The Spirituality Revolution*, Brunner-Routledge, New York, 2004.

Tolle, Eckhart: *Jetzt*, J. Kamphausen Verlag, Bielefeld, 2008 (engl. Original: *The Power of Now*).

Tolle, Eckhart: *A New Earth*, Penguin Books, London, 2005 (dt.: *Eine neue Erde*).

Tolle, Eckhart: *Stillness Speaks*, Hodder & Stoughton, London, 2003 (dt.: *Stille spricht*).

Upanishaden, herausgegeben, übersetzt und kommentiert von Bettina Bäumer, Kösel-Verlag, München, 2009.

von Dreien, Bernadette: *Christina – Die Vision des Guten*, Govinda-Verlag, Rheinau/Jestetten, 2018.

von Weizsäcker, Carl Friedrich: *Bewusstseinswandel*, Hanser-Verlag, München, 1988.

Wehr, Gerhard: *Angelus Silesius*, marixverlag, Wiesbaden, 2011.

Weiss, Brian: *Many Lives, Many Masters*, Piatkus Books, London, 1994. (dt.: *Die zahlreichen Leben der Seele*).

Wilber, Ken: *the integral vision*, Shambhala, Boston & London, 2007. (dt.: *Integrale Vision*).

Wohlleben, Peter: *Das geheime Leben der Bäume*, Ludwig-Verlag, München, 2016.

Wolz-Gottwald, Eckhard: *Die Mystik in den Weltreligionen*, Verlag Via Nova, Petersberg, 2011.

Eingangszitate (Kapitel „Einführung und Grundgedanken"):
Dürckheim, Karlfried Graf: *Der Alltag als Übung*, S. 7.
Caritas Schweiz: Plakatspruch in den Jahren 1983–1984.
Sultan Ben Salman Al Saud (Astronaut): zit. in Küstenmacher, Marion et al., *Gott 9.0*, S. 193.
Talmud, Mishna, Pirkei Avot (Chapters of the Fathers), 2, 21: „It is not incumbent upon you to complete the task; and you are not free to desist from it."
Zit. in https://torah.org/learning/maharal-p2m21part1/.
(deutsch von mir).

Da in diesem Buch Denkerinnen und Denker sowie Dichterinnen und Dichter aus allen Epochen erwähnt und zitiert werden, habe ich – als Hilfe zur historischen Einordnung – im gesamten Text zu ihren Namen das Geburts- und (bei Verstorbenen) das Todesjahr hinzugefügt. Bei ein paar wenigen noch lebenden Personen ließ sich das Geburtsjahr nicht eruieren.

DANKSAGUNG

Ich danke meiner Frau Yvonne. Du hast mir während des ganzen Schreib-prozesses den Boden unter den Füssen stabil gehalten und den Rücken ge-stärkt. Du hast mir Freiräume fürs Schreiben geschaffen, und als wir zwi-schendurch in deiner afrikanischen Heimat waren, hast du wie aus dem Nichts einen Arbeitsort, einen Laptop und eine Internetverbindung organisiert, so-dass ich auch dort weiter an diesem Buch arbeiten konnte.

Ich danke Susanne Rahman, meiner Gegenleserin ab (fast) der ersten Stunde. Durch deinen sprachlichen und gedanklichen Input sowie deine einfühlsamen und ermutigenden Kommentare wurde dies zu einem rund-um besseren Werk.

Ich danke Peter Bretscher, Karin Ricklin-Etter, meiner Schwester Barba-ra von Hardenberg, meinem Bruder Christian Striegel und meinem Neffen Damian Striegel. Eure konkreten Hinweise, probenden Fragen und aufmun-ternden Worte haben mir und dem Buch gut getan. Und Christian, danke natürlich für das Bild, das jetzt den Umschlag ziert.

Ich danke all denjenigen in meinem Umfeld, die mir geduldig zuhörten, als ich von den Themen, die mich rund ums Buch gerade beschäftigten, aus-führlich und begeistert erzählte. Das Erzählen selbst und eure Repliken lös-ten bei mir prompt wieder neue Gedanken aus. Ohne euch wäre das Buch weniger reichhaltig geworden.

Ich danke meinem Vater, Karl Heinz Striegel. Deine breitgestreute in-tellektuelle Neugier und Freude an tiefgehenden Diskussionen haben mich geprägt. Und ich danke meiner Mutter, Ilse Striegel. Du hast uns Kindern vorgelebt, was Herzensgüte bedeutet.

Ich danke Viktoria Zachs, meiner engagierten, aufgestellten und hilfrei-chen Betreuerin beim Novum-Verlag, sowie dem Lektorats- und Layout-team, das mit Adleraugen das umfangreiche Manuskript von Ungemach al-ler Art säuberte und danach so ansehnlich gestaltete.

Ich danke allen meinen geistigen Meistern und Lehrern, lebenden und verstorbenen. Von eurer Weisheit konnte und kann ich wie aus einem Brun-nen schöpfen. Ihr seid so zahlreich (Gott sei Dank), dass ich an dieser Stelle nur wenige beim Namen nennen kann. Ich habe vier ausgewählt, deren Bü-cher ich im Lauf meines bisherigen Lebens am häufigsten zur Hand nahm und die mir so am meisten geistige Nahrung geboten haben: C.S. Lewis (in meinen jüngeren Jahren), Richard Rohr, Jack Kornfield und Eckhart Tolle. Die Namen vieler anderer finden sich im Literaturverzeichnis. Eure Bücher haben Ahnungen, die ich in mir trug, bestätigt und klarer werden lassen. Sie wirkten aber auch als Korrektiv und haben mir zudem manche neue Denkrichtung gewiesen.

Ich danke jetzt schon allen Leserinnen und Lesern, die bereit sind oder sein werden, Zeit zu investieren und sich in das Buch zu vertiefen. Möge es Rohstoff bieten, den ihr (hier ganz am Schluss erlaube ich mir, das formelle „Sie" beiseite zu lassen) zu Impulsen für euer Leben verarbeiten könnt. Dass daraus Gutes entsteht und weiterverbreitet wird, ist mein sehnlichster Wunsch.

Der Autor

Martin Striegel wurde 1957 in London als Sohn
österreichischer Eltern geboren. Seit 1969 lebt er
mit Unterbrüchen in Winterthur (Schweiz). Von
jung auf umfasste sein Interesse im Wesentlichen
drei Dinge: Menschsein, Sprache und Fußball. Als
er merkte, dass sein Talent zum Fußballer nicht
ausreichte und sich sein Interesse am Menschsein
nicht mit einem Broterwerb verbinden ließ, konzen-
trierte er sich auf Sprachen und arbeitete fortan als
Lehrer, Übersetzer und Dolmetscher (Englisch und
Russisch). Daneben schloss er ein Fernstudium in
Theologie ab und ließ sich zum Meditationslehrer
ausbilden. Er ist Vater von vier Kindern und lebt zusammen mit seiner zweiten Frau. In deren Heimat
Burkina Faso betreiben die beiden einen Kinder-
garten. Lassen es Zeit und Zeiten zu, reist er mit
ungebrochener Leidenschaft durch die Welt und
sucht die Begegnung mit Menschen. Dies ist sein
erstes Buch – ein Buch über das Menschsein.

Der Verlag

Wer aufhört besser zu werden, hat aufgehört gut zu sein!

Basierend auf diesem Motto ist es dem novum Verlag ein Anliegen neue Manuskripte aufzuspüren, zu veröffentlichen und deren Autoren langfristig zu fördern. Mittlerweile gilt der 1997 gegründete und mehrfach prämierte Verlag als Spezialist für Neuautoren in Deutschland, Österreich und der Schweiz.

Für jedes neue Manuskript wird innerhalb weniger Wochen eine kostenfreie, unverbindliche Lektorats-Prüfung erstellt.

Weitere Informationen zum Verlag und seinen Büchern finden Sie im Internet unter:

www.novumverlag.com